Franz Klenger
Ellen Falk-Kalms

Kostenträgerrechnung mit SAP R/3®

Aus dem Bereich IT erfolgreich lernen

Franz Klenger
Ellen Falk-Kalms

Kostenträgerrechnung mit SAP R/3®

Ergebnis- und Marktsegmentrechnung – mit Testbeispiel und Customizing – für Studenten und Praktiker

Bibliografische Information Der Deutschen Bibliothek
Die Deutsche Bibliothek verzeichnet diese Publikation in der Deutschen Nationalbibliografie; detaillierte bibliografische Daten sind im Internet über <http://dnb.ddb.de> abrufbar.

„SAP", „R/3", „ABAP" und „mySAP.com" sind Marken der SAP Aktiengesellschaft Systeme, Anwendungen, Produkte in der Datenverarbeitung, Neurottstr. 16, D-69190 Walldorf. Die Autoren bedanken sich für die freundliche Genehmigung der SAP Aktiengesellschaft, das Warenzeichen im Rahmen des vorliegenden Titels verwenden zu dürfen. Die SAP AG ist jedoch nicht Herausgeberin des vorliegenden Titels oder sonst dafür presserechtlich verantwortlich.

Höchste inhaltliche und technische Qualität unserer Produkte ist unser Ziel. Bei der Produktion und Auslieferung unserer Bücher wollen wir die Umwelt schonen: Dieses Buch ist auf säurefreiem und chlorfrei gebleichtem Papier gedruckt. Die Einschweißfolie besteht aus Polyäthylen und damit aus organischen Grundstoffen, die weder bei der Herstellung noch bei der Verbrennung Schadstoffe freisetzen.

1. Auflage April 2003

Der Vieweg Verlag ist ein Unternehmen der Fachverlagsgruppe BertelsmannSpringer.
www.vieweg-it.de

Konzeption und Layout des Umschlags: Ulrike Weigel, www.CorporateDesignGroup.de
Umschlagbild: Nina Faber de.sign, Wiesbaden

ISBN-13: 978-3-528-05830-2 e-ISBN-13: 978-3-322-84981-6
DOI: 10.1007/978-3-322-84981-6

Inhalt (Kurzfassung)

Inhalt

Vorwort

Betriebswirtschaftlich: Kosten*träger*rechnung
Das eigentliche Ziel der Kostenrechnung ist die **Kosten*träger*rechnung**, weil nur die -*träger*rechnung erlaubt, Ergebnisse pro Produkt (Kostenträger) zu bestimmen. Allerdings sind die organisatorischen Anforderungen der -*träger*rechnung **anspruchsvoller** als bei der -*stellen*rechnung. Benötigt wird insbesondere eine Stückkalkulation, für die wiederum Stückliste/Rezeptur und Arbeitsplan Voraussetzung sind.

Die Praxis hat für die -*träger*rechnung im Ist **eine "geniale" Vereinfachung** gefunden: Ist-Umsatz minus Ist-Absatz mal Plan-Stückkalkulation. Wird diese als Teilkostenrechnung (Deckungsbeitragsrechnung) ausgeführt, so ergibt sich eine gut verständliche und in vielen Fällen hinreichend genaue Aufteilung des Gesamtergebnisses auf Produkte oder sonstige Kostenträger. Organisatorische Voraussetzung sind daher "nur" eine funktionierende **Fakturierung** und eine **Planstückkalkulation**. Für diesen Fall ist unser Testbeispiel eingerichtet.

SAP-Sprachgebrauch: Ergebnis- und Marktsegmentrechnung
Im Sprachgebrauch von SAP handelt es sich um die Ergebnis- und Marktsegmentrechnung. Der Schwerpunkt liegt auf dem **CO-PA-Modul** des R/3-Systems, trotzdem wird der Integrationszusammenhang zur Fakturierung (Modul SD) und Stückkalkulation (Modul CO-PC) nicht vernachlässigt. Die Masken nehmen Bezug auf den **R/3-Releasestand 4.6.**

Dreifacher Nutzen
- **Einführung in die Kosten*träger*rechnung**
- **Durchblättern** (unabhängig vom System), um einen **Eindruck von der Implementierung** zu gewinnen
- **Durchtasten am System**

Customizing
Das Anpassen an die kundenspezifischen Anforderungen (SAP-Begriff: Customizing) ist nicht wie in so vielen "Musterfirmen" weggelassen, sondern **wesentlicher Bestandteil.**

Auch sonst haben wir die **bewährten Prinzipien unserer ersten Arbeit** über Kosten*stellen*rechnung mit SAP R/3 (inzwischen in 3. Auflage) beibehalten, aber die vorliegende -*träger*rechnung bewusst ***un*abhängig** von der -*stellen*rechnung gehalten.

Empfehlung zum Einsatz des Testbeispiels
Wir haben Wert gelegt auf ein **eigenes gut dokumentiertes und nachvollziehbares**

Testbeispiel (als Tabellenkalkulation). Auf die Alternative, ein IDES-Beispiel zu verwenden, haben wir verzichtet.

Wir danken der SAP AG, dass sie außer dem verständlichen Wunsch, dass ihre Masken als solche gekennzeichnet werden, keinen Einfluss auf die Darstellung genommen hat. Wir dürfen uns daher erlauben, **wohlwollend**, aber - wie es sich für eine Hochschule gehört - nicht völlig unkritisch **gegenüber der SAP** zu schreiben.

Einige ergänzende betriebswirtschaftliche Ausführungen sind in Downloads ausgelagert (siehe Anhang 4.3).

Danksagungen

Es hat zwei "Steilvorlagen" zu dieser Arbeit gegeben:

Die erste Vorlage stammt von Joachim Schlüter und Michael Hüsken, beide bei den Nienburger Glaswerken tätig. Sie haben als Unternehmens-Praktiker und Lehrbeauftragte das Grundkonzept in einem Kurs durchgeführt. Von ihnen haben wir uns die Grundidee "abgeguckt", daß es nicht um Kostenträgerrechnung per se (an sich) geht, sondern um eine Näherungsrechnung!!!
Da sie aber pausenlos bei der Erwirtschaftung (negotium) des Bruttosozialproduktes eingespannt sind, verfügen sie nicht (neg-) über die Muße (-otium), um ihr Konzept in Form eines Buches sorgfältig auszuarbeiten. Den Vertretern der Hochschule ist die "Muße" (otium) gewährt, allerdings auf Basis eines Gegengeschäftes: Sie sollen den akademischen Nachwuchs auf den Stand der Technik heben, was wir hiermit tun. Außerdem müssen die Praktiker ihr Know-how schützen, wir geben es gerne weiter.

Die zweite Vorlage haben Sandra Lüers und Susanne Schulze als studentische Pioniere geleistet, denen man zumuten konnte, wochenlang vor dem SAP-System zu sitzen und dessen rätselhafte Reaktionen zu entschlüsseln. Sie haben geraten, die Dinge einfach zu halten, weil dies schon kompliziert genug sei. Gutschriften, Gratislieferungen und vieles, was wir sonst noch wissen ("nice to know" aber not "need to know") sind dem zum Opfer gefallen. Je einfacher das Konzept erscheint, desto besser ist unsere Aufgabe gelungen. Bevor sie in die Praxis gingen, haben sie noch "ihren" Professor und sich in einem Cartoon festgehalten (s. S. 480).

Andreas Tabanella hat erste Erfahrungen mit dem IDES-System gesammelt, die uns bewogen haben, doch ein eigenes Testbeispiel zu verwenden.

Günter Brinkmann ist als unser SAP-Systemmann weiterhin unentbehrlich, Lidia Klimenko hat die Textentwürfe in Form gebracht und Skizzen (scribbles) in Bilder verwandelt und dabei die Flinte nicht ins Korn geworfen, Andreas Soll hat an der Rohfassung der Tabellenkalkulation des Testbeispiels mitgewirkt, Phuoc Hoang Ly hat uns in der letzten Kurve mit Genauigkeit und Sorgfalt unterstützt.

Nicolas hat während des Projektes "new dimensions" verfolgt.

Dortmund 2003

Franz Klenger Ellen Falk-Kalms

0. Einordnung

0.1 Profil dieser Arbeitsunterlage

Zur schnellen Information des Lesers sind im Folgenden einige Eigenschaften des hier verfolgten Konzeptes zu einem **Profil dieser Arbeitsunterlage** zusammengefasst.

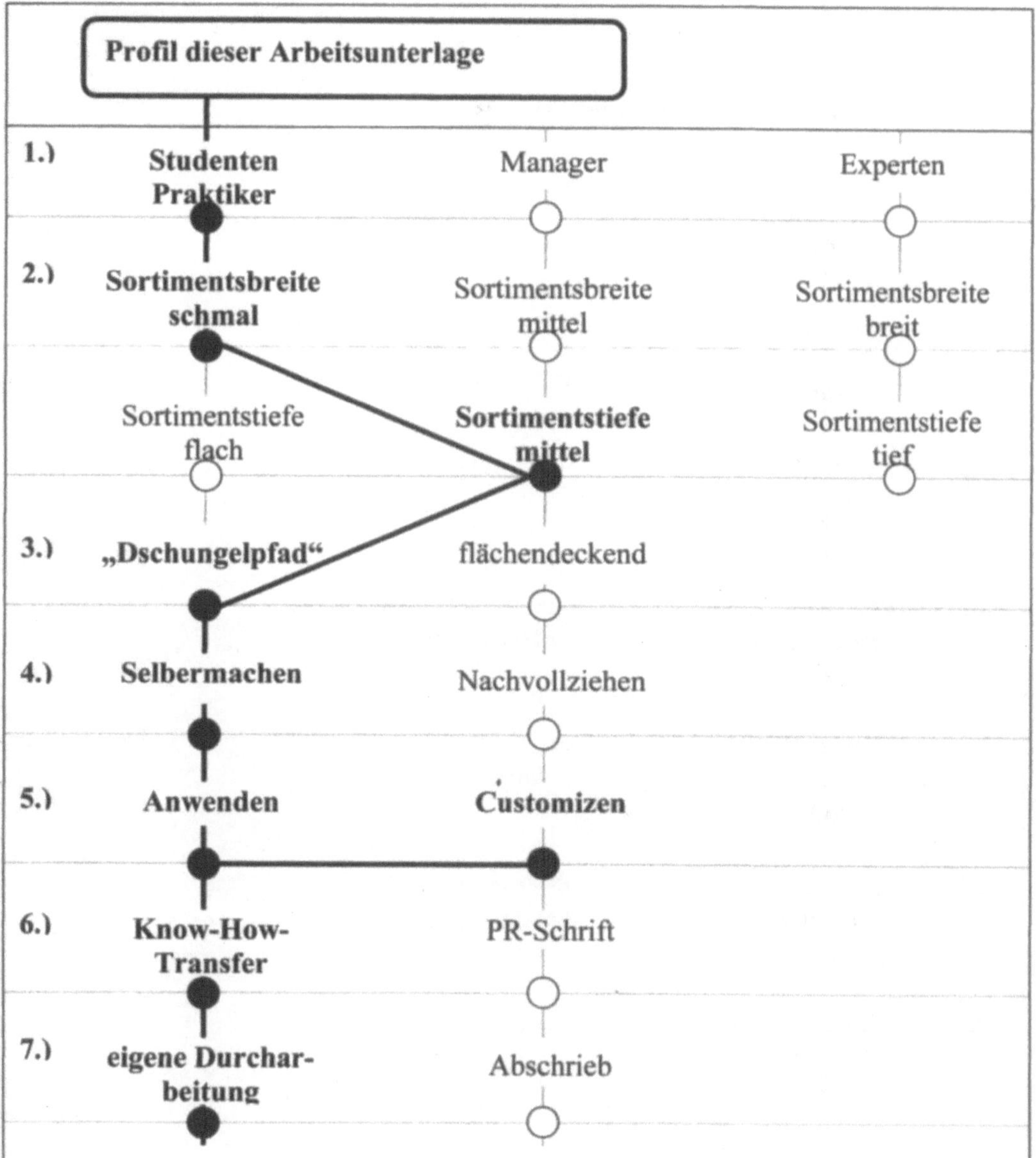

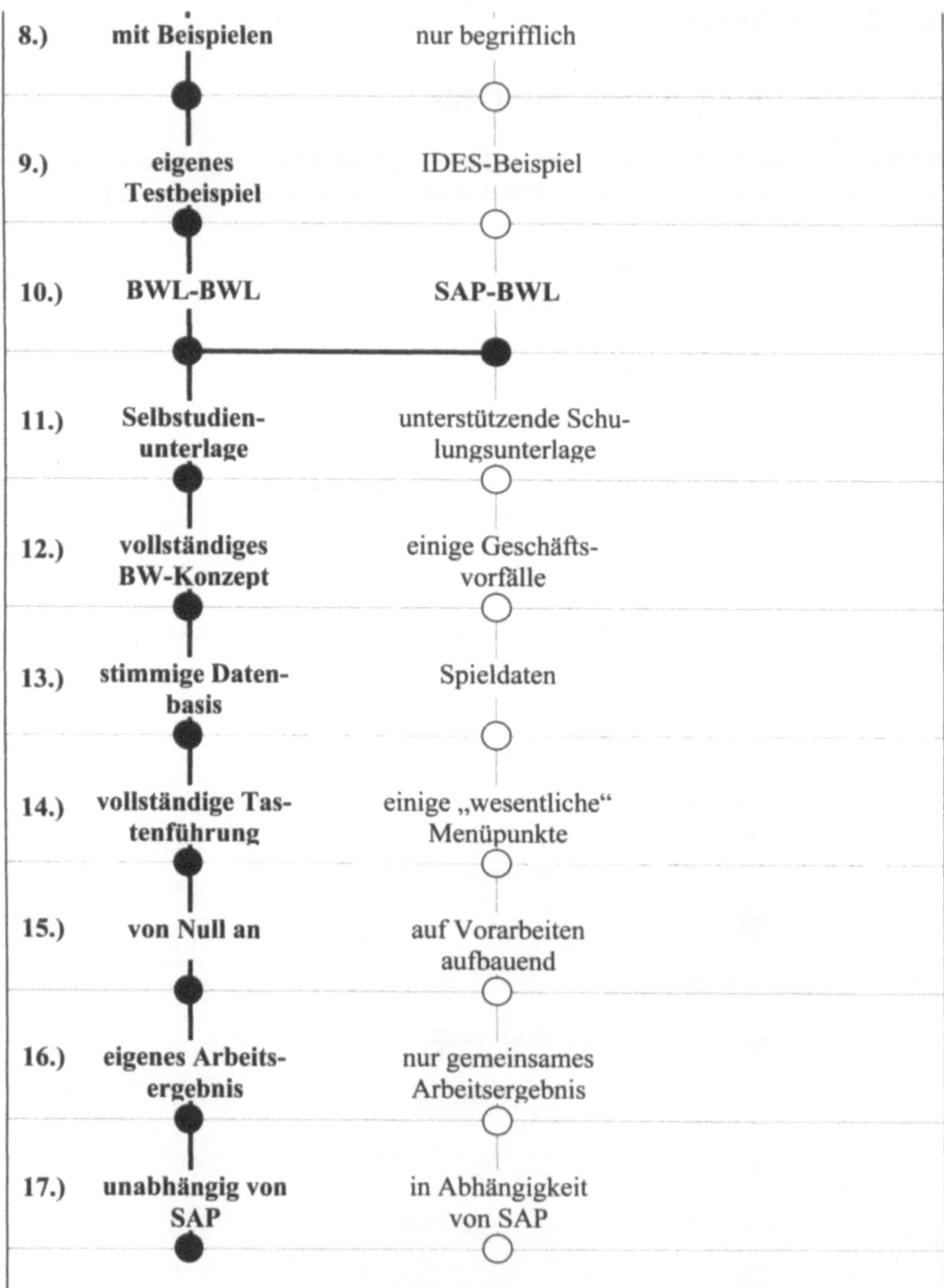

Bild 0.1/1: Profil dieser Arbeitsunterlage

eine Krähe hackt der anderen kein Auge aus

Gleichzeitig liefert dieses Profil eine **Checkliste** für die Einordnung der sehr heterogenen **SAP-Literatur**. Eine Einsortierung "des Wettbewerbs" anhand der Checkliste betrachten wir jedoch nicht als unsere Aufgabe. Möge der Leser urteilen.

Eine textliche Beschreibung des Profils ist als Download verfügbar. Siehe Anhang "Hinweise zu den Download-Seiten".

0.2 Gang der Untersuchung

<table>
<tr><td>Kapitel 1</td><td colspan="2">Betriebswirtschaftliche Grundlagen
Exakte Lösung
Näherungsrechnung
Vergleich
(Rechenbeispiel)</td></tr>
<tr><td>Kapitel 2</td><td rowspan="2">Testbeispiel</td><td>BW-Konzept
(als Tabellenkalkulation)
Dateninput
Bewertete Geschäftsvorfälle
Auswertungen</td></tr>
<tr><td>Kapitel 3
Modul 1
...
Modul 11</td><td>Implementierung mit dem SAP R/3-System
(Customizing und Anwendung im Wechsel)
Unternehmensstruktur und Stammdaten
Ergebnisbereich
Istbuchungen
Auswertungen/ Berichte (Datenwürfel)</td></tr>
</table>

Bild 0.2/1: Gang der Untersuchung

1. Kapitel: Betriebswirtschaftliche Grundlagen

Es werden zunächst - **unabhängig von der SAP-Realisierung** - betriebswirtschaftliche Grundlagen besprochen.

Der kostenrechnerisch Vorgebildete wird seinen Nutzen aus der Erörterung zweier Aspekte ziehen, die standardmäßig in den Lehrwerken zur Kostenrechnung eher stiefmütterlich, wenn überhaupt, behandelt werden, in der Praxis aber eine große Rolle spielen:

- die Verbindung zur **Materialwirtschaft**

- die **Näherungsrechnung** und die Abschätzung des Fehlers.

Ohne die **Materialwirtschaft/Bestandsrechnung** würde die Herkunft der erforderlichen Daten im Dunkeln bleiben. Erst wenn man die Komplikationen verstanden hat, die durch die Materialwirtschaft/Bestandsrechnung in die "normale" Kostenträgerrechnung unvermeidlich hineingetragen werden, ist man von der Notwendigkeit und Praxisrelevanz einer "schnellen" Näherungsrechnung überzeugt.

Dass man "nicht exakt" rechnet, sondern mit hinreichender Genauigkeit, ist der zweite Aspekt, den es zu verstehen gilt. Die Vorteile, die man sich durch die **Näherungsrechnung** einhandelt, sind geringere organisatorische Voraussetzungen (Fakturierung und Plan-Stück-Kalkulation reichen aus) und damit größere Schnelligkeit in der Berichterstattung.

Eine Näherungsrechnung setzt allerdings voraus, dass irgendwer im Unternehmen, den **Fehler** der Näherung **abzuschätzen** in der Lage ist. Auch dazu werden Hinweise gegeben.

Der kostenrechnerisch nicht Vorgebildete wird durch die maßgeschneiderte Zulieferung der betriebswirtschaftlichen Grundlagen in die Lage versetzt, das Behandelte nachzuvollziehen, ohne ständig auf Voraussetzungen verwiesen zu werden, die ihm angeblich fehlen.

Um dies zu erreichen, werden die Grundlagen nicht nur begrifflich, sondern an Hand eines **Rechenbeispiels** vorgeführt. Diese Beispiel ist **einfacher als das später in der SAP-Software zu realisierende Testbeispiel**. Dafür ermöglicht es aber auch einen **Vergleich zwischen exakter Rechnung und Näherungsrechnung**, während das Testbeispiel für die Implementierung mit der SAP-Software nur als Näherungsrechnung durchgeführt wird.

Für die vornehmlich SAP-Interessierten ist es durchaus möglich, das 1. Kapitel zu überschlagen und direkt mit dem 2. Kapitel zu starten.

2. und 3. Kapitel: Ergebnis- und Marktsegmentrechnung im Testbeispiel

Im 2. und 3. Kapitel werden für das Testbeispiel das BW-Konzept und die Implementierung mit der SAP-Software dargestellt.

Diese Darstellung folgt dem **Phasenschema**. Es wird in drei Phasen/Schritten vorgegangen:

- 1. Phase: BW-Konzept (Betriebswirtschaftliches Konzept)
- 2. Phase: Customizing (Anpassung)
- 3. Phase: Anwendung

Am Ende der Phasen werden **Meilensteine** (nachprüfbar dokumentierte Arbeitsergebnisse) erreicht. Das BW-Konzept ist als Tabellenkalkulation dokumentiert, am Ende der Implementierung liegt das ge-customizte und für eine Periode angewandte System im SAP-Modul CO-PA vor.

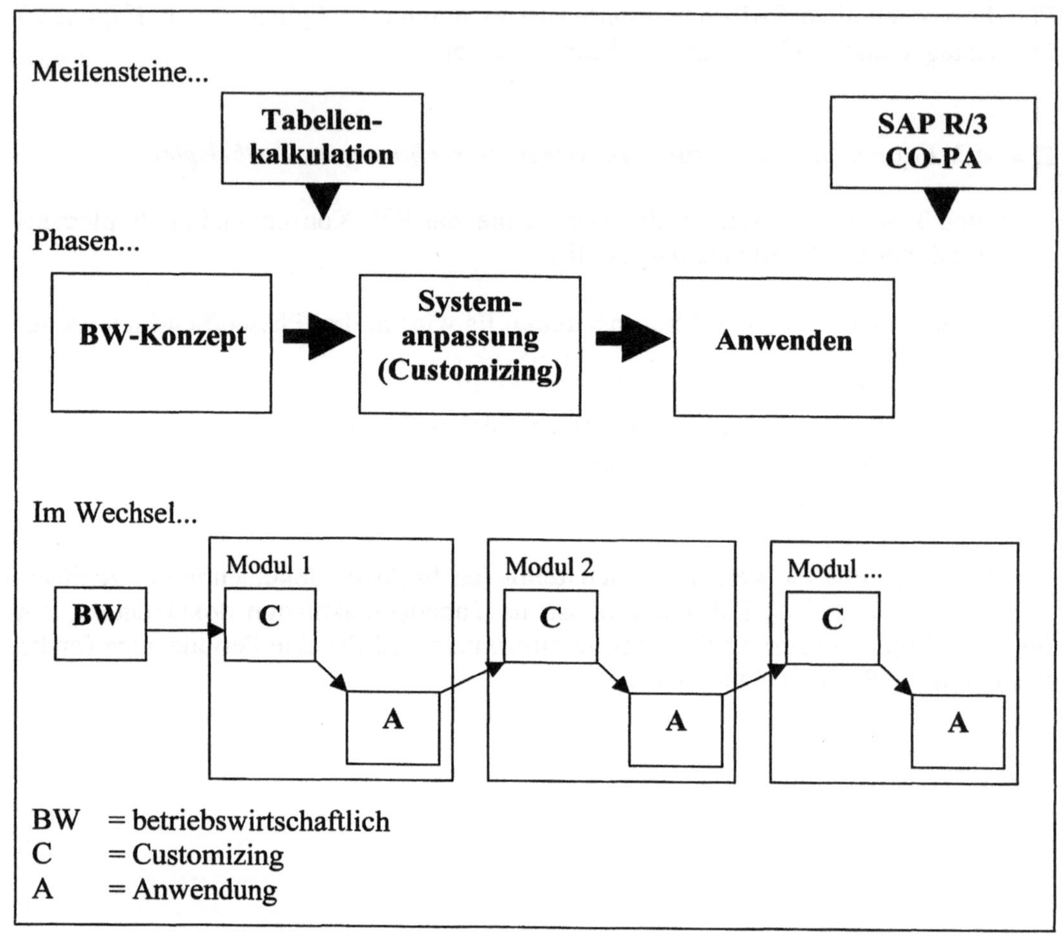

Bild 0.2/2: Phasenschema

1. Phase: BW-Konzept (Betriebswirtschaftliches Konzept)

Unter BW-Konzept ist die konkrete, **operational definierte betriebswirtschaftliche Aufgabenstellung** zu verstehen.

Wir haben die Form eines Testbeispiels gewählt, das mit Hilfe der **Tabellenkalkulation** realisiert wurde, **um das betriebswirtschaftliche Konzept zu dokumentieren**. (Siehe Punkt 2.1 Testbeispiel.)

Das BW-Konzept beinhaltet eine Festlegung **für eine bestimmte betriebswirtschaftliche Variante** unter einer Vielzahl von Möglichkeiten. Damit sind - für einen Betriebswirt immer schwierig - **Entscheidungen zu treffen.** Lieber würde er unentschieden und damit flexibel bleiben und Ad-hoc-Auswertungen und damit Ad-hoc-Entscheidungen bevorzugen.

Immerhin sind heutzutage die IT-Systeme ein wenig flexibler geworden, so dass man nicht alles bis ins letzte Detail im Vorhinein schon festlegen muss. Sortierungen sind beispielsweise beliebig möglich, sie müssen nicht heute schon vorgedacht werden.

Aber aus Aufwandsgründen muss man sich im Grundkonzept durchaus festlegen, denn dass in der IT/DV im Prinzip alles möglich ist, was die vorhandenen Daten hergeben, ist nur ein Gemeinplatz (eine Plattitüde).

Im konkreten Fall heißt die betriebswirtschaftliche Festlegung, dass man sich für die Näherungslösung der Kostenträgerrechnung (Istumsätze minus Plankalkulation) entschieden hat.

Die Begründung hierfür, die Diskussion der Alternativen, die Einordnung der Näherungslösung ist in Kapitel 1 Grundlagen geschehen.

Intensiv muss man sich auch mit dem Thema **Abgrenzung** beschäftigen, da man normalerweise zeitnah pro Monat Ergebnisse ermitteln will. Alle Vorgänge, die keine monatliche Abrechnungsbasis haben und/oder im nachhinein abgerechnet werden (z. B. Jahresbonus), müssen daher "vorwegempfunden" werden.

2. Phase: Customizing (parametrische Anpassung der Software)

In dieser Phase muss geprüft werden, ob **das betriebswirtschaftlich Gewollte von der Software geleistet werden kann**, d. h. ob es vorgedacht ist und durch Ändern von Parametern (Einstellungen) realisiert werden kann. **Customizing** steht dabei im Gegensatz zur (unvergleichlich viel teureren) **Individualprogrammierung**. Entweder sind die Forderungen des betriebswirtschaftlichen Konzeptes ohne Programmieren (aber durch Customizen) zu erfüllen, oder es muss eigens programmiert werden (es müssen in der SAP-Umgebung "ABAPs" geschrieben werden - ABAP ist die SAP-eigene Programmiersprache).

Angenommen, die gestellten Forderungen sind von der Software, so wie sie ist, erfüllbar, dann müssen die Einstellungen vorgenommen werden (Customizing), um aus den vorgedachten Alternativen die benötigte auszuwählen.

Beispiel:
Man möchte ein Deckungsbeitragsschema aus Umsatz- und Kostenzeilen (die schon angelegt sind) aufbauen, wobei es möglich sein sollte, die Reihenfolgen der Zeilen

frei zu wählen.
Wenn die Software dies vorgedacht hat (die freie Anordnung der Zeilen), muss man nur noch im Customizing eine Reihenfolge festlegen, zuerst Umsatz, dann Einzelkosten Vertrieb usw.

Nebenbemerkung: "im Leben" ist es durchaus schwierig, jemanden zu finden, der einem sagen kann, was die SAP-Software - und sei es nur in einem abgegrenzten Gebiet - kann und was sie nicht kann. Das liegt einmal daran, dass das Gesamtgebilde der SAP-Software von niemandem mehr überblickt wird und dass das Herstellen von (wenigstens partiellem) Überblick als Beratungsgeschäft betrieben wird, in dem man erst einmal Erfahrungen darüber sammeln muss, welcher Berater tatsächlich "Durchblick" hat oder wer dies nur von sich selbst glaubt bzw. behauptet.

Das Know-how des "Customizing-Beraters" besteht auch darin, zu wissen, ob irgendwo im SAP-System eine Funktion besteht/Lösung existiert, die man, obwohl sie vordergründig von der Beschreibung her gar nicht zum Problem passt, dennoch nutzen kann. Manchmal kann man auch eine Funktion so umfunktionieren, dass sie "passt".

Beispiel: Man sucht im Programm der Materialwirtschaft nach "Fertigen Erzeugnissen" und findet sie nicht. Aber man kann den Materialstamm nutzen, denn der IT/DV ist es egal, ob es sich bei den Beständen um Rohstoffe oder Fertige Erzeugnisse handelt, SAP nennt beides Material. Da muss der begriffsorientierte Betriebswirt allerdings erst mal drauf kommen, dass Fertige Erzeugnisse „Material“ sind.

Noch ein Beispiel: Man möchte die Farbe eines Artikels speichern und sucht im Artikelstamm nach der Eigenschaft Farbe oder nach freidefinierbaren Feldern für die Eigenschaften/Attribute des Artikels. Und findet nichts. Man kann sich aber helfen, indem man im Modul CO-PA selbstdefinierte/neudefinierte Merkmale einrichtet.

Für das Testbeispiel ist es gelungen, mit den vorgedachten Lösungen im SAP-System auszukommen. Es muss nur ge-customized und nicht programmiert werden.

3. Phase: Anwendung

Es werden nun Stammdaten und Bewegungsdaten in das vorbereitete ("gecustomizte") System eingegeben und der laufende Betrieb abgewickelt (Auswertungen „gefahren“ usw.).

Im Testbeispiel werden Customizing und Anwendung im Wechsel durchgeführt, damit man unmittelbar in der Anwendung sieht, welches die Auswirkungen des customizing sind, denn man will ja verstehen, warum man so und nicht anders gecustomized hat.

2. Kapitel: Ergebnis- und Marktsegmentrechnung im Testbeispiel: BW-Konzept

Im 2. Kapitel wird das betriebswirtschaftliche Konzept des Testbeispiels vorgestellt, das - wie gesagt - noch unabhängig von der Implementierung in "irgendeiner" Software ist.

Im Mittelpunkt stehen Geschäftsvorfälle/Aufträge für Artikel, für die eine Kostenträgerrechnung (SAP-Begriff: Ergebnis- und Marktsegmentrechnung) durchgeführt wird.

Die Darstellung des Testbeispiels ist dreigeteilt:

- Daten-Input
- Bewertete Geschäftsvorfälle
- Auswertungen in Form einer Kostenträgerrechnung nach Artikeln, Kunden, Kundengruppen und Farben (zu Farben gleich mehr)

Im Daten-Input werden alle nötigen Angaben für die Kalkulation der Deckungsbeiträge pro Auftrag/Artikel gemacht.

Mit Hilfe der Angaben zum Daten-Input können die Geschäftsvorfälle/Aufträge bis zur jeweiligen Deckungsbeitragsstufe bewertet werden. Die derart bewerteten Geschäftsvorfälle bilden nunmehr den Datenpool, aus dem durch Sortierung in beliebige Richtung die verschieden Auswertungen erhalten werden können, z. B. eine Deckungsbeitragsrechnung nach Artikeln, Kunden, Kundengruppen, (und nach beliebigen Merkmalen von Aufträgen, Kunden und Artikeln).

Vorwegnehmend: Als Beispiel für eine Auswertung nach Artikelmerkmalen wird eine Deckungsbeitragrechnung nach Farben (DB der grünen Flaschen) vorgeführt. Voraussetzung ist natürlich, dass im Artikelstamm (oder sonst wo) die Farbe angegeben ist. Ob eine Auswertung nach Farben betriebswirtschaftlich sinnvoll ist, steht hier nicht zur Diskussion. Dies lässt sich sicherlich nicht allein durch Nachdenken entscheiden, sondern ist ein Tatfrage. Dass Konsumenten Farbpräferenzen haben, wäre jedenfalls nichts Ungewöhnliches.

Sodann erfolgen einige Bemerkungen zur Vorbereitung des Systems, zu Alternativen der Bearbeitung des Testbeispiels, zur Organisation der Arbeitsgruppen und zum Musterzeitplan.

3. Kapitel: Ergebnis- und Marktsegmentrechnung im Testbeispiel: Implementierung mit dem SAP R/3-System (Customizing und Anwendung im Wechsel)

Im 3. Kapitel geschieht die Implementierung des Testbeispiels mit SAP R/3.

Das Kapitel ist in 11 Module gegliedert, die jeweils den betriebswirtschaftlichen Hintergrund, die Konzeption und Begrifflichkeit der SAP-Software und eine komplette Tastenführung beinhalten.

Customizing und Stammdaten

Zunächst (Module 1 bis 5) werden in den verbundenen SAP-Modulen die notwendigen Einstellungen vorgenommen (in einem auf das Testbeispiel beschränkten Umfang), Unternehmensstruktur und Stammdaten in den Modulen **CO, LO, CO-PC, SD** angelegt.

Ergebnis- und Marktsegmentrechnung

Im Modul 6 wird **der Ergebnisbereich mit Merkmalen und Wertfeldern strukturiert.** Im Modul 7 werden Systemeinstellungen für die Merkmale und im Modul 8 für die Wertfelder angegeben, nach denen später Daten zugeordnet werden. Im Modul 9 werden die **Istbuchungen** vorgenommen und im Modul 10 wird mit **Auswertungen /Berichten (Datenwürfel)** „die Ernte eingefahren".

Datenspeicherung: Ergebnisbereich als Vorstufe zum Data Warehouse

Im Nachspann zu der realisierten Ergebnis- und Marktsegmentrechnung wird im Modul 11 die Datenspeicherung im Ergebnisbereich besprochen, wodurch der SAP-Begriff Ergebnisbereich als getrennte Datenbasis klarer wird.

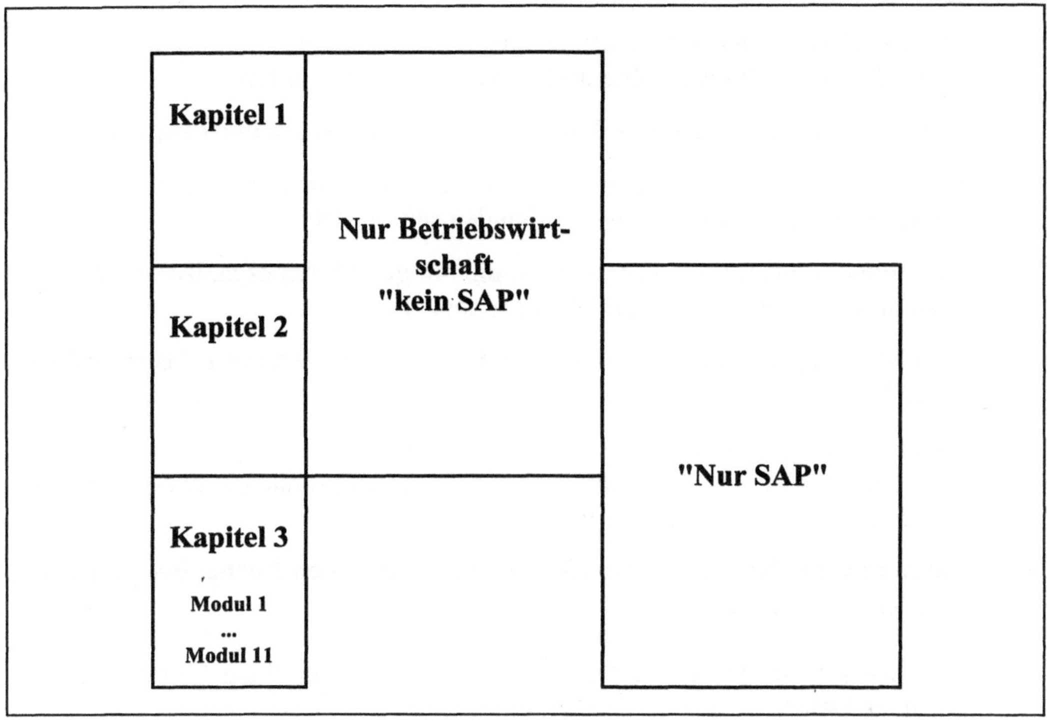

Bild 0.2/3: Lesarten

Wer (zunächst) nur an der SAP-Implementierung interessiert ist, konzentriere sich auf Kapitel 2 + 3.
Auch wer kein Interesse an der SAP-Implementierung hätte, könnte das Buch mit Nutzen lesen: Kapitel 1 + 2.

0.3 Nutzen dieser Arbeitsunterlage

Im Folgenden sind Stichworte zum Nutzen dieser Arbeitsunterlage gelistet, die zwar kurz erläutert werden, die aber erst im Verlaufe der Untersuchung näher erklärt werden (an dieser Stelle braucht man sie noch nicht zu verstehen, aber man hat sie schon mal gehört).

Im Marketing würde man vom USP (unique selling proposition oder consumer benefit) der Arbeitsunterlage sprechen.

- Relevantes Thema: Kostenträgerrechnung ist ein schnelles Analyseraster des Controllers, um **Erfolgsquellen und Verlustquellen** zu orten
- **Betriebswirtschaftliche Grundlagen** werden **maßgeschneidert** zugeliefert
- **Exakte Lösung** ist (zu) kompliziert, weil u. a. eine **funktionierende Materialwirtschaft** (für die Bewertung) vorhanden sein müsste
- **Näherungsrechnung wünschenswert,** die mit geringeren organisatorischen Voraussetzungen auskommt und daher schneller ist
- Wenn Näherungsrechnung: **wo** kann **genähert** werden, **wo** muss das **Ist** erfasst werden?
- Wenn Näherungsrechnung, wie groß ist der Fehler?
  Oder: kann man eine **Brücke zur exakten Rechnung** schlagen, ohne die exakte Rechnung selbst durchzuführen?
- **Exakte Lösung, Näherung, Brücke**: in einem einfachen **Rechenbeispiel auf vergleichbarer Basis**
- (Perioden-) **Abgrenzung** für die kurzfristige (z. B. monatliche) Ergebnisrechnung unerlässlich
- Auswertung im **mehrdimensionalen Datenwürfel**
- Was nicht zugeordnet werden kann (z. B. Sonderbonus), wird auch nicht zugeordnet, sondern in einer eigenen Kategorie **„nicht zugeordnet“** ausgewiesen
- Die Kategorie **„nicht zugeordnet“ ist je nach Sortierungsrichtung unterschiedlich**
- Das **betriebswirtschaftliche Konzept (BW-Konzept)** als erster Meilenstein im Phasenschema bedeutet **Entscheidung** für eine Kostenträgervariante (aus einer Vielzahl von möglichen)
- Das **BW-Konzept** lässt sich als **Tabellenkalkulation** realisieren
- Die **IT-Implementierung** (mit SAP R/3 oder einer anderen Software) ist hingegen **etwas anderes als** die **Tabellenkalkulation**, weil ein Organisationsproblem gelöst werden muss und nicht nur ein Rechenproblem
- **BW-Konzept** und **IT/DV-Implementierung** (mit der SAP-Software) aus einem Guss aufgrund des **durchgängigen Testbeispiels**

Bild 0.3/1: Nutzen dieser Arbeitsunterlage

- Relevantes Thema: Kostenträgerrechnung ist ein schnelles Analyseraster des Controllers, um **Erfolgsquellen und Verlustquellen** zu orten.

  Die Kostenträgerrechnung ist für das Controlling wichtiger als die Kostenstellenrechnung.

  Die **Kostenträgerrechnung ist *das* Controlling-Instrument**, da sie das Unternehmensgesamtergebnis auf Erfolgsquellen aufteilt und damit **Ursachen** des Erfolges nachweist.

  Da die Kostenstellenrechnung als Voraussetzung für die Kostenträgerrechnung gebraucht wird (für die Kalkulationsparameter (Zuschlagssätze, Stundensätze) der Stückkalkulation), ist sie der leicht realisierbare Zwischenschritt zu einem Kostenrechnungssystem.
  Für eine Kostenstellenrechnung muss in der Finanzbuchhaltung nur eine Kostenstellenkontierung ergänzt werden (kleine Untertreibung), für eine Kostenträgerrechnung muss ein bisschen mehr getan werden.

- **Betriebswirtschaftliche Grundlagen** werden **maßgeschneidert** zugeliefert, statt diese (mit vorwurfsvollem Ton) vorauszusetzen.

- **Exakte Lösung** ist (zu) kompliziert, weil u. a. eine **funktionierende Materialwirtschaft** (für die Bewertung) vorhanden sein müsste.

  Die Kostenträgerrechnung ist von den Voraussetzungen her anspruchsvoller als die Kostenstellenrechnung. Für eine exakte Lösung muss insbesondere die Materialwirtschaft zeitnah funktionieren (was nicht immer vorausgesetzt werden kann).

- **Näherungsrechnung wünschenswert,** die mit geringeren organisatorischen Voraussetzungen auskommt.

  Eine Näherungslösung ist auch möglich: Voraussetzung ist Fakturierung und Stückkalkulation.

- Wenn Näherungsrechnung: **wo** kann **genähert** werden, **wo** muss das **Ist** erfasst werden?
  Grundsätzlich kann dort genähert werden, wo die Abweichungen zwischen Plan und Ist gering sind, wo das nicht der Fall ist, muss das Ist erfasst werden. In unserer Wirtschaftsform, in der der Absatzbereich der Engpass ist, kann in vielen Fällen in der Produktion (im Ist) mit der Plan-Stückkalkulation gearbeitet werden, wohingegen Umsatz und umsatzbezogene Daten im Ist zu erfassen sind.

  Fazit: **Näherung im Produktionsbereich, Ist-Erfassung im Absatzbereich**.

- Wenn Näherungsrechnung, wie groß ist der Fehler?
  Oder: kann man eine **Brücke zur exakten Rechnung** schlagen, ohne die exakte Rechnung selbst durchzuführen?

  Wenn als Kostenträgerrechnung eine Näherungslösung praktiziert wird, muss der Controller in der Lage sein, mit hinreichender Genauigkeit den Fehler zur exakten Lösung abzuschätzen. Dies ist relativ genau möglich, allerdings nur unter Zuhilfenahme einer ebenfalls genäherten Bestandsveränderung.

- **Exakte Lösung, Näherung, Brücke**: in einem **einfachen Rechenbeispiel** auf vergleichbarer Basis.

  An einem einfachen Rechenbeispiel wird exakte Lösung, Näherungslösung und Brücke demonstriert.

- (Perioden-) **Abgrenzung** für die kurzfristige (z. B. monatliche) Ergebnisrechnung unerlässlich.

  Kostenarten bzw. Erlösschmälerungen, die nicht auf Monatsbasis abgerechnet werden (sondern z. B. auf Quartals- oder Jahresbasis) sind periodengerecht abzugrenzen. Im Testbeispiel wird sogar noch eine Stufe weiter gegangen und auf Ebene des einzelnen Geschäftsvorfalls abgegrenzt.

- Auswertung im **mehrdimensionalen Datenwürfel**.

  Vordergründig ist die Kostenträgerrechnung ein zweidimensionales Schema aus Kalkulationszeilen und Kostenträgern. Da aber die Kostenträger ihrerseits mehrdimensional sind (Aufträge, Artikel, Kunden) muss die Auswertung in einer mehrdimensionalen Matrix („mehrdimensionaler Würfel") erfolgen können, d. h. die Auswertung muss für alle "Dimensionen" der Kostenträger möglich sein.

- Was nicht zugeordnet werden kann (z. B. Sonderbonus), wird auch nicht zugeordnet, sondern in einer eigenen Kategorie **„nicht zugeordnet"** ausgewiesen.

  Schlüsseln ist in einer modernen Kostenrechnung verpönt. Stattdessen rechnet man zu (man kontiert). Was geschieht mit dem Bodensatz der nicht-zugeordneten Geschäftsvorfälle? Sie bleiben nicht zugeordnet und werden in einer Sonderkategorie ausgewiesen.

- Die Kategorie **„nicht-zugeordnet" ist je nach Sortierungsrichtung unterschiedlich**.

  Ein Sonderbonus lässt sich der Kundengruppe zuordnen, nicht aber unbedingt dem Artikel. Bei Sortierung nach Kundengruppe lässt sich in diesem Beispiel alles ohne

Rest zuordnen, bei den Artikeln bleibt die Restkategorie „nicht zugeordnet". Das muss man nur wissen und man darf die Restkategorie in der Gesamtschau nicht vergessen!

- Das **betriebswirtschaftliche Konzept (BW-Konzept)** als erster Meilenstein im Phasenschema bedeutet **Entscheidung** für eine Kostenträgervariante (aus einer Vielzahl von möglichen).

  BW-Konzept heißt: Begründete Entscheidung für eine bestimmte Variante und gegen die anderen möglichen (statt nur über alles und jedes zu reden), das ist der Sinn des (schriftlich zu fixierenden) BW-Konzeptes.

  Das BW-Konzept ist eine harte, aber lehrreiche Schule für die Verbal-Philosophen unter den Betriebswirten.

- Das **BW-Konzept** lässt sich **als Tabellenkalkulation** realisieren.
  Die Realisierung mit der Tabellenkalkulation ist ein guter Test dafür, ob das betriebswirtschaftliche Konzept operational formuliert werden kann.

- Die **IT-Implementierung** (mit SAP oder einer anderen Software) ist hingegen **etwas anderes als** die **Tabellenkalkulation**, weil ein Organisationsproblem gelöst werde muss und nicht nur ein Rechenproblem.

  Auch die IT/DV-Implementierung ist für alle „Verbal-Philosophen" eine nützliche Schule, weil der organisatorische Aufwand klar wird, der zu treiben ist, nachdem doch eigentlich betriebswirtschaftlich schon alles klar ist. Mit anderen Worten: wer hat jemals über solche scheinbaren Trivialitäten wie Buchungskreis, Belegnachweis, Nummernkreise geredet, geschweige denn sie organisatorisch gelöst.

- **BW-Konzept** und **IT/DV-Implementierung** (mit dem R/3-System) aus einem Guss aufgrund des **durchgängigen Testbeispiels.**

  Die **Verbindung** zwischen BW-Konzept und IT/DV-Implementierung wird **durch das durchgängige Testbeispiel** sichergestellt.

  Das ermöglicht den Vergleich zwischen Rechenbeispiel und Organisationsproblem.

Wer zunächst nur an der SAP- Implementierung interessiert ist, gehe gleich zu Kapitel 2 und 3. Kapitel 1 ist allerdings unentbehrlich für den Controller, der die in Kapitel 2 und 3 praktizierte Näherungslösung einordnen können und insbesondere die Fehlerrechnung verstehen will. Sie kann aber ohne weiteres „im Nachhinein" (nach der SAP- Implementierung) gelesen werden.

1. Betriebswirtschaftliche Grundlagen

1.1 Kostenträgerrechnung innerhalb der Kostenrechnung

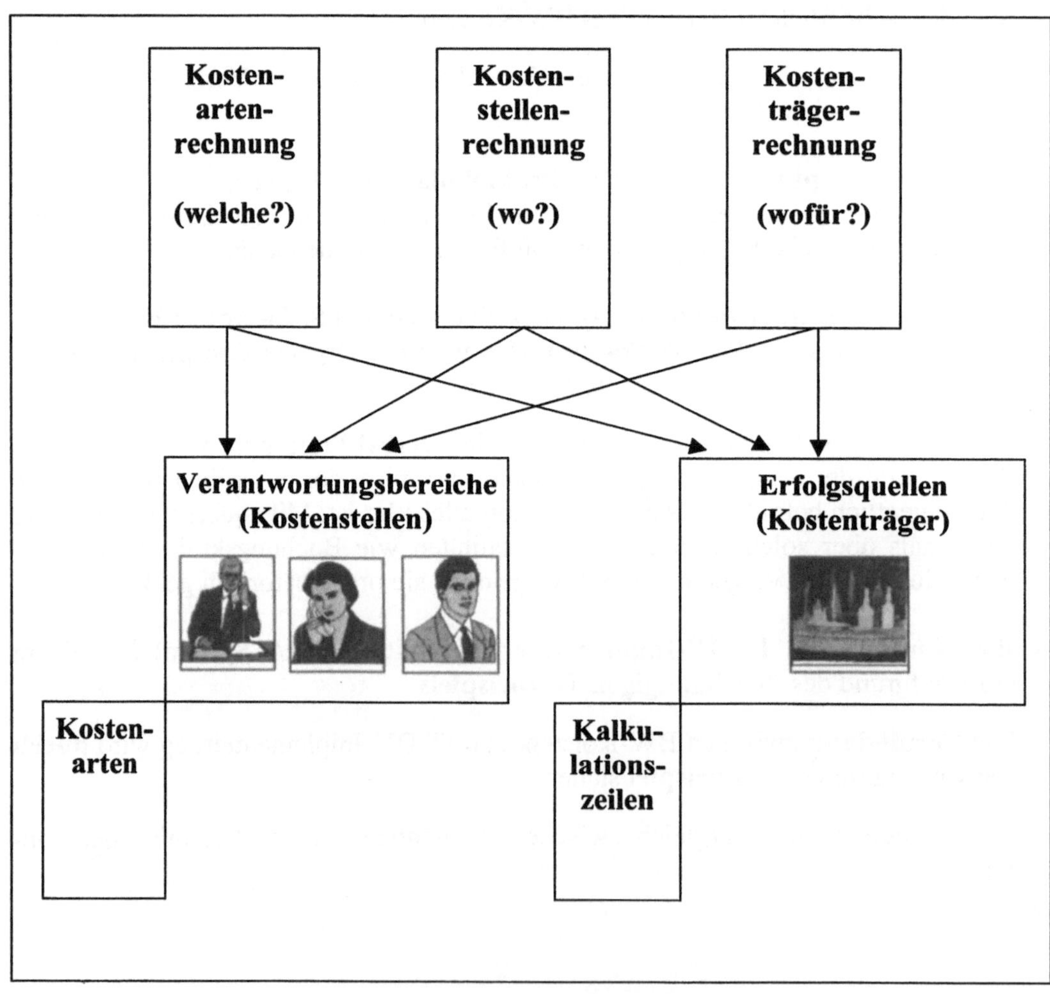

Bild 1.1/1 Bestandteile der Kostenrechnung
(Quelle: Klenger, Operatives Controlling, S. 195,
Flaschen in einem Stilleben von Morandi, 1929, Pinacoteca di Brera, Mailand)

Die Kostenrechnung wird traditionell immer noch in Kostenarten-, Kostenstellen- und Kostenträgerrechnung eingeteilt entsprechend der zugeordneten Fragen

- **welche** Kosten sind angefallen
  (Beispiel Material, Personal, Energie, Abschreibung, Zinsen)
- **wo** sind Kosten angefallen, d. h. in welchen Verantwortungsbereichen
  (Beispiel: Einkauf, Produktion, Vertrieb, Verwaltung)
- **wofür** sind Kosten angefallen, d. h für welche verkaufsfähigen Produkte und Dienstleistungen
  (Beispiel: Bierflaschen und Marmeladengläser in der Glasindustrie)

Das ist für den ersten Einstieg zwar nicht falsch, aber dennoch liefert die Kostenrechnung nur **zwei Ergebnisse** (Dokumente, Auswertungen), nämlich

- **die Kostenstellenrechnung**
  (altertümlich Betriebsabrechnungsbogen / BAB genannt)
  in den Spalten stehen die **Kostenstellen**, in den Zeilen die **Kostenarten**

  Ergebnisse (Umsatz minus Kosten) können in der Kostenstellenrechnung nicht ermittelt werden, weil im allgemeinen Fall an der Leistungserstellung mehrere Kostenstellen beteiligt sind und daher eine Zuordnung des Umsatzes zu einer Kostenstelle nicht sinnvoll ist.

- **die Kostenträgerrechnung**
  in den Spalten stehen die **Produkte**, in den Zeilen das **Kalkulationsschema** mit **Umsatzzeilen, Kostenzeilen** und **Ergebniszeilen**.

  Bei den Kostenzeilen muss man nach Einzelkosten und Gemeinkosten unterscheiden: die Einzelkosten können direkt ins Kalkulationsschema und damit in die Kostenträgerrechnung übernommen werden. Bei den Gemeinkosten geht das nur auf indirektem Weg über den Umweg der Kostenstellenrechnung. Im Kalkulationsschema erscheinen in diesem Fall Kostenstellenkosten in Form von Zuschlagssätzen und Stundensätzen (das wird im Folgenden noch ausgeführt werden).

Darauf dass SAP einen abweichenden Sprachgebrauch verfolgt, wird noch eingegangen. In der Betriebswirtschaftslehre werden jedenfalls unter Kostenträgerrechnung eher **Ergebnisse** pro Produkt ermittelt und nicht nur Kosten gesammelt.
Nur wenn man der Meinung wäre, dass die Kostenträgerrechnung nur Kosten erfasst, müsste man neben Kostenarten-, Kostenstellen- und Kostenträgerrechnung noch eine Ergebnisrechnung (genauer Betriebsergebnisrechnung) einführen.

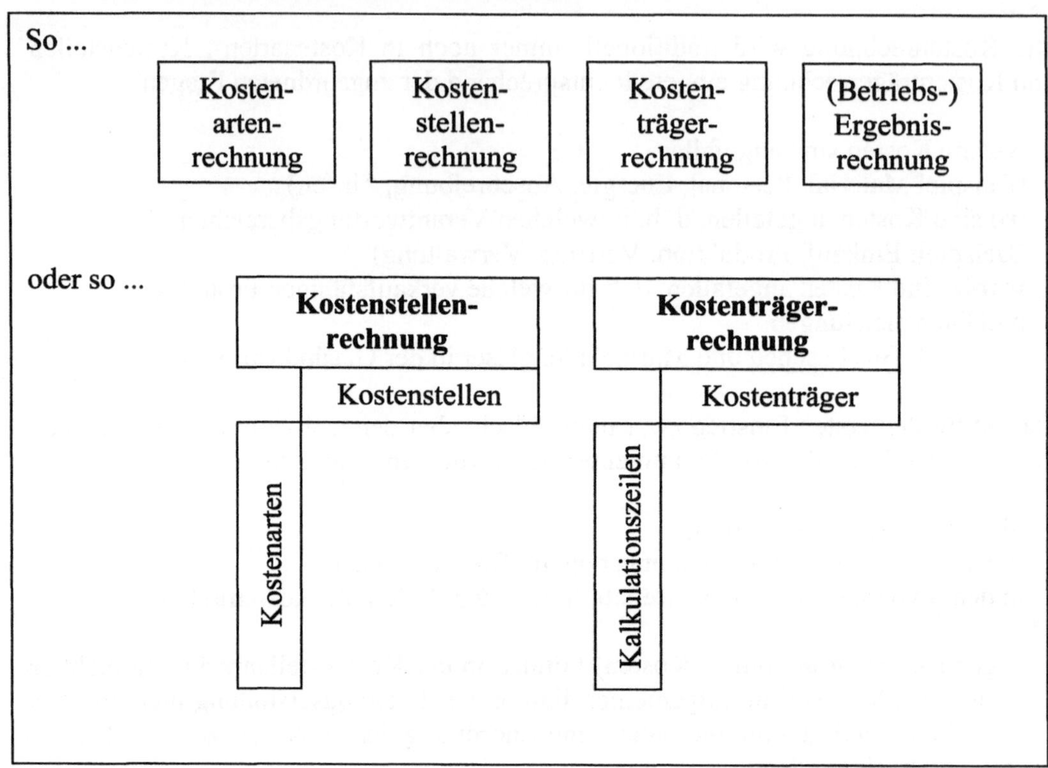

Bild 1.1/2: Sprechweisen: 4 Rechnungen oder nur 2

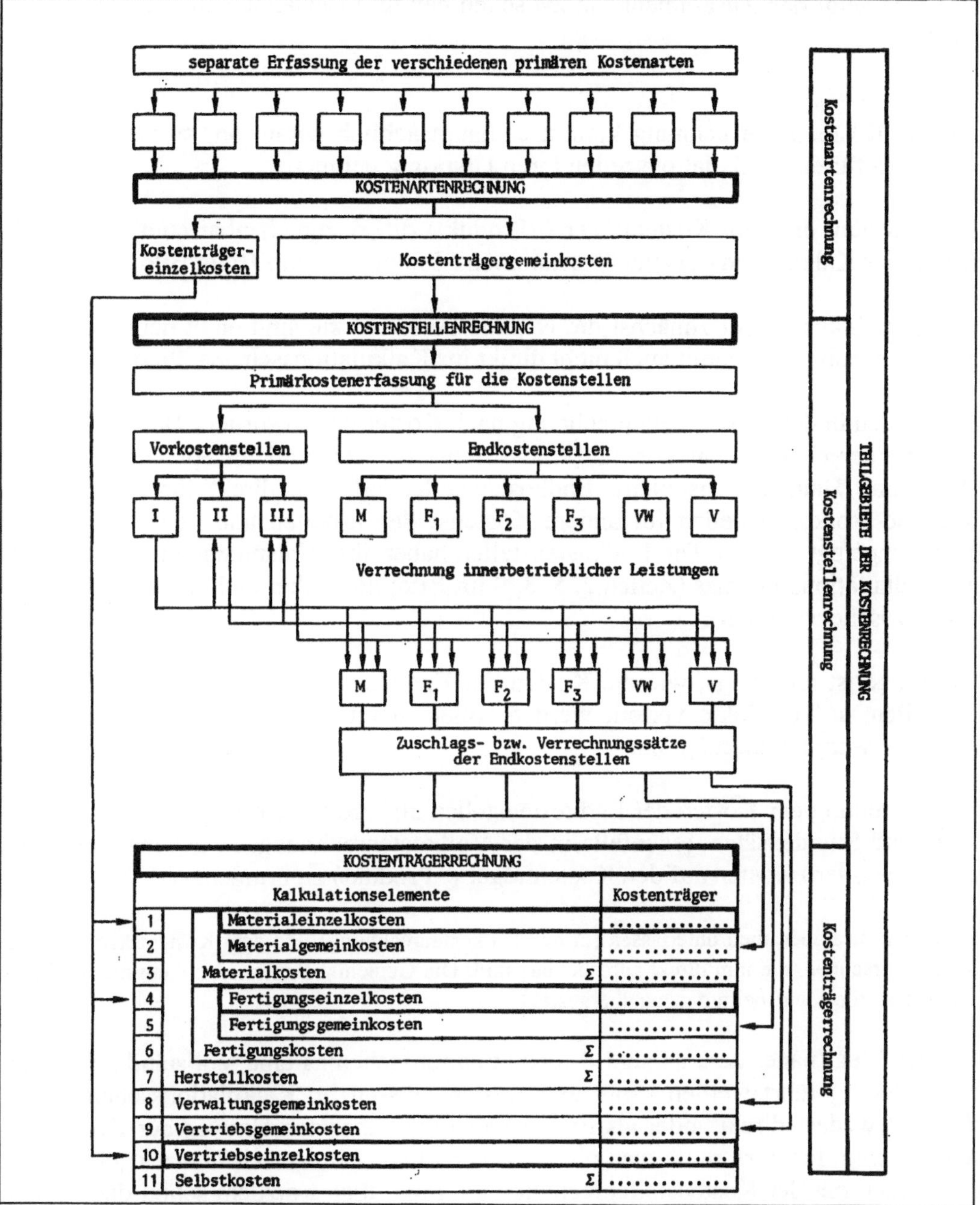

Bild 1.1/3 Zusammenhang zwischen den Bestandteilen der Kostenrechnung
(Quelle: Hummel/Männel, Kostenrechnung 1, S. 130)

Das Bild zeigt den Zusammenhang zwischen den drei Bestandteilen der Kostenrechnung.

Für die Kostenträgerrechnung kommt es hauptsächlich darauf an, zu verstehen, wo die Daten für die Kalkulationszeilen ihren Ursprung nehmen:

Einzelkosten, die dem Kostenträger (=Produkt) direkt zurechenbar sind, werden direkt in das Kalkulationsschema übernommen (Zeilen 1, 4, und 10 im Bild).

Für Gemeinkosten gilt zunächst die Negativ-Aussage: sie sind nicht dem Kostenträger zurechenbar und damit auch nicht direkt ins Kalkulationsschema übernehmbar.

Sie werden in der Kostenstellenrechnung nach Kostenstellen sortiert. Bei den Kostenstellen unterscheidet man Vor- und Endkostenstellen (ein anderer Sprachgebrauch ist Hilfs- und Hauptkostenstellen). Endkostenstellen arbeiten direkt für das Produkt, während Vorkostenstellen für andere Kostenstellen arbeiten und deren Kosten auf diese umgelegt werden. Die Endkostenstellen haben ihre Entsprechung in einer Zeile des Kalkulationsschemas (Zeilen 2, 5, 8, 9 im Bild; die bisher nicht genannten Zeilen sind Zwischensummen).

Die Frage ist allerdings, wie die Kosten der Endkostenstellen, die ja Gemeinkosten darstellen, auf Produkte verteilt werden sollen, denn eine direkte Zurechnung auf Produkte war ja nicht möglich.

Die Verteilung der Kosten der Endkostenstellen auf Produkte erfolgt über Zuschlagssätze und Stundensätze, jedenfalls in der Vollkostenrechnung, in der man versucht, alle (die vollen) Kosten auf den Kostenträger (=Produkt) zu bringen.

Man kann dies aber auch unterlassen (in der Teilkostenrechnung) und dem Kostenträger nur jene Kosten zurechnen, die ihm direkt zurechenbar sind. Die Gemeinkosten werden dann nur als Block dem Gesamtdeckungsbeitrag gegenübergestellt.

Das Bild legt nahe, dass anhand des Kalkulationsschemas eine Vollständigkeitskontrolle durchgeführt werden kann: alle Kosten müssen im Kalkulationsschema „landen“, entweder „direkt“ oder als Endkostentstellen über den Umweg der Kostenstellenrechnung. Insofern muss man eine Kostenrechnung immer als Ganzes „designen“. Fängt man mit der Kostenstellenrechnung an, muss man trotzdem schon die Kostenträgerrechnung „im Hinterkopf“ mitdenken, denn dort müssen alle Kosten „landen“ und dem Umsatz gegenüber gestellt werden.

Nicht in dem Bild berücksichtigt ist das Kostenrechnungssystem und die Materialwirtschaft. Still schweigend ist von einer Istkostenrechnung und einer Vollkostenrechnung ausgegangen worden (siehe in Punkt 1.6 Varianten der Kostenträgerrechnung). Die Rolle der Materialwirtschaft im Rahmen der Kostenrechnung wird in Punkt 1.7 Ablauf der exakten Kostenträgerrechnung erläutert.

Außerdem fällt in dem obigen Bild auf, dass in der Kostenträgerrechnung entweder die Umsätze vergessen wurden oder die Verfasser in ihren Begriffsbildungen *kosten*orientiert und nicht *ergebnis*orientiert sind.

1.2 Grundschema der Kostenträgerrechnung

Die **Kostenträgerrechnung** ist - noch ohne alle Komplikationen - **ein 2-dimensionales Schema** mit **Kalkulationszeilen** in der Vertikalen (y-Achse) und Kostenträgern (=Abrechnungsobjekten) in der Horizontalen (x-Achse).

		Kostenträger (=Abrechnungsobjekte)			
		z. B. Artikel			
		1	2	3	Σ
Kalkulations-zeilen	Umsatz				
	Kosten				
	Ergebnis				

Bild 1.2/1: Grundschema der Kostenträgerrechnung

Bei den Kostenträgern oder Abrechnungsobjekten denke man zunächst an den Hauptfall, nämlich Produkte. Bei den Kalkulationszeilen denke man an Umsatzzeilen, Kostenzeilen und Ergebniszeilen.

Das Ziel der Kostenträgerrechnung ist es, **das Gesamtergebnis des Unternehmens auf kleinere Einheiten, z. B. auf Produkte, aufzuteilen**. Dadurch gewinnt man ein Analyse-Instrument, mit dem die **Ursachen eines Verlustes** schnell **eingekreist** werden können.

Nebenbemerkung:
Das Interesse des Management an der Kostenträgerrechnung (und am Rechnungswesen überhaupt) ist wie immer unsymmetrisch. Wird Gewinn erzielt, erscheint die Kostenrechnung fast als ein Luxus. Wenn hingegen ein Verlust entstanden ist, dann ist die Kostenträgerrechnung auf einmal unabdingbar und muss „ganz schnell" realisiert werden. Organisatorische Projekte gehen aber nie „ganz schnell", deshalb nutzt der Controller die guten Zeiten im Unternehmen, um sein System aufzubauen und in schlechten Zeiten, wenn seine Analysen "gefragt" sind, aussagefähig zu sein.

Bild 1.2/2: Das unsymmetrische Interesse des Managements an der Kostenträgerrechnung

Kalkulationszeilen
Bei der Kostenträgerrechnung handelt es sich - entgegen der Bezeichnung - nicht nur um Kosten, sondern immer um **Umsätze minus Kosten**, d.h. um Ergebnisse.

Der Begriff "**Kostenträgerrechnung**" ist somit **eine betriebswirtschaftliche Fehlbezeichnung**, besser wäre **Ergebnisrechnung nach Produkten**.

Präziser wäre **Betriebsergebnisrechnung** nach Produkten, denn es wird das kalkulatorische Betriebsergebnis aufgeteilt.

Kostenträger
Kostenträger sind (im Allgemeinverständnis) die **Abrechnungsobjekte**, für die Ergebnisse ermittelt werden. Dies sind in der Serienproduktion die Produkte. Es wird noch zu erörtern sein, dass der eigentliche Anknüpfungspunkt für die Kostenträger als Abrechnungsobjekte die (Kunden-)Aufträge sind, die im Fall der Serienproduktion ohne Schwierigkeiten in die einzelnen Produktpositionen zerlegt werden können. Da hinter dem Auftrag auch immer ein Kunde steht, können aus dem Auftragsergebnis auch die Kundenergebnisse entwickelt werden. Letztlich können auch alle Attribute der Produkte und Kunden als Sortiermerkmale für die Kostenträgerrechnung herangezogen werden.

Im Folgenden werden die beiden Dimensionen der Kostenträgerrechnung

- **Kalkulationszeilen**
- **Abrechnungsobjekte (als Kostenträger)**

in weiterem Detail behandelt.

1.3 Kalkulationszeilen

Die Kalkulationszeilen umfassen - wie schon gesagt - Umsatzzeilen und Kostenzeilen (und im Saldo Ergebniszeilen).

Auch wenn in das Zeilenschema der Kostenträgerrechnung viele Branchenspezifika einfließen, so kann man doch an einem Beispiel ohne Verlust der Allgemeingültigkeit das Wesentliche erläutern.

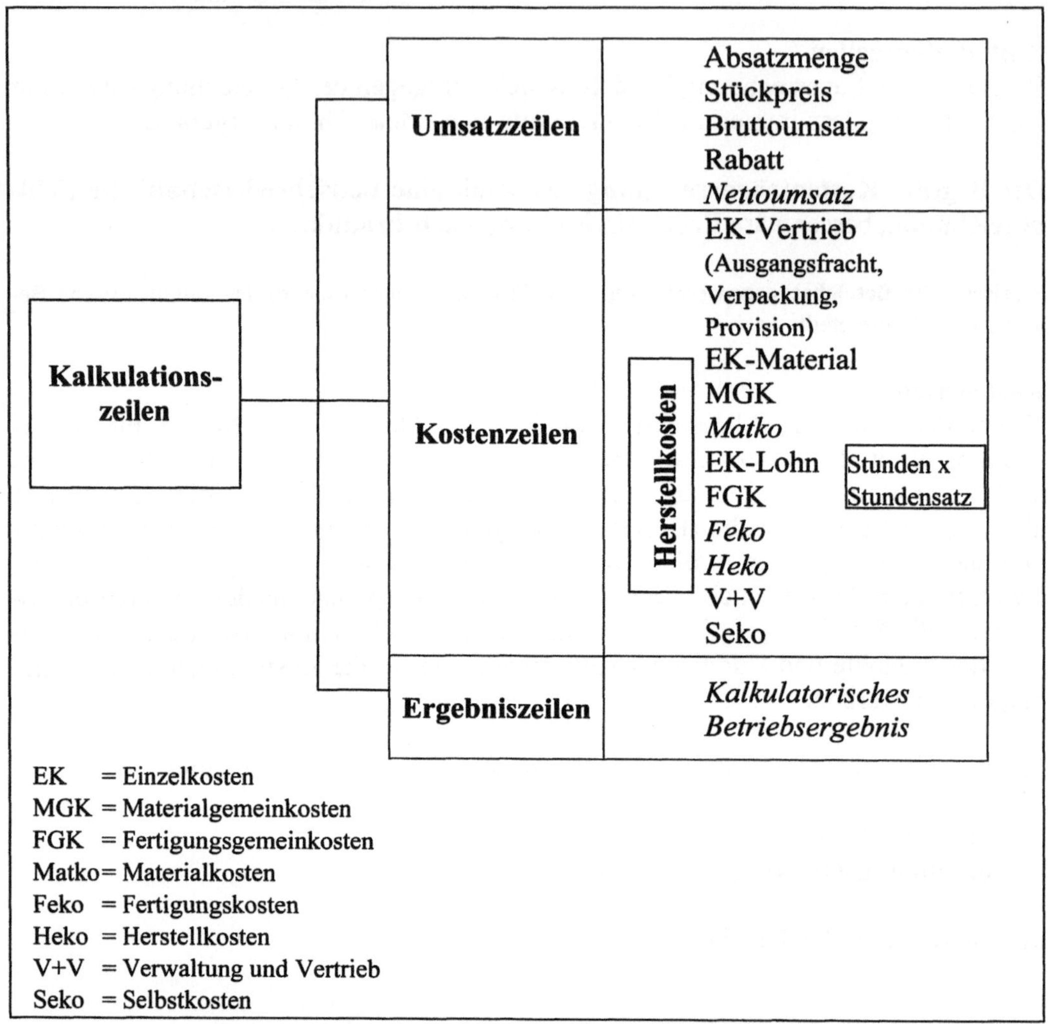

Bild 1.3/1: Beispiel zu Kalkulationszeilen

Die **Umsatzzeilen** umfassen bei Standardprodukten die Absatzmenge und den Stückpreis, aus deren Multiplikation sich der Bruttoumsatz ergibt. Vom Bruttoumsatz werden Rabatte (Erlösschmälerungen) abgezogen und man gelangt zum Nettoumsatz.

Quelle der Umsatzzeilen ist die Fakturierung (Rechnungsstellung).

Der Leser, der schon etwas mehr Vorwissen hat, fragt sich an dieser Stelle vielleicht: muss außer dem Umsatz vielleicht noch die Bestandsveränderung für Unfertige und Fertige Erzeugnisse berücksichtigt werden (oder im „Fachchinesisch" der Kostenrechnung: Umsatzkostenverfahren oder Gesamtkostenverfahren). Der Leser möge sich hinsichtlich dieser Frage gedulden. Sie wird in Punkt 1.6 Varianten der Kostenträgerrechnung behandelt.

Bei den **Kostenzeilen** ist die Unterscheidung in **Einzelkosten** und **Gemeinkosten** von ausschlaggebender Bedeutung (Einzelkosten sind dem Produkt direkt zurechenbar, auf dieses kontierbar, während dies bei Gemeinkosten nicht der Fall ist).

In dem Beispiel sind zunächst Zeilen angegeben, die nicht mit der Herstellkostenkalkulation zu tun haben. Dies sind insbesondere **Einzelkosten des Vertriebs** (Ausgangsfracht, Verpackung, Provision).

Es folgt die **Herstellkostenkalkulation** mit dem Einzelkostenmaterial und den Materialgemeinkosten (Zwischensumme Materialkosten), sodann Einzelkostenlohn und Fertigungsgemeinkosten (alternativ können diese beiden Zeilen auch als Stunden mal Stundensatz kalkuliert werden) (Zwischensumme Fertigungskosten).

Die Begriffe Einzelkostenmaterial und Einzelkostenlohn weisen darauf hin, dass es auch Gemeinkostenmaterial und Gemeinkostenlohn gibt. Dem Material oder Lohn sieht man ohne weiteres nicht an, ob es sich um Einzelkosten oder Gemeinkosten handelt. Beides ist möglich. Das Material, das ins Produkt eingeht, ist Einzelkostenmaterial, das Material, das in der Kostenstelle (für kleine Reparaturen) verwendet wird ist Gemeinkostenmaterial. Beim Lohn ist in Zeiten der Automatisierung kaum noch ein „Löhner" zu finden, der direkt am Produkt arbeitet. Wenn es ihn noch gibt (z. B. als Erntehelfer), dann ist er Einzelkostenlohn, jedenfalls in den Zeitanteilen, in denen er direkt am Produkt arbeitet. Der Gabelstaplerfahrer (Mulifahrer) stellt Gemeinkosten dar, weil man aus Aufwandsgründen darauf verzichtet, zu erfassen, für welches Produkt er gerade arbeitet.

In den Kalkulationszeilen der Kostenträgerrechnung erscheint in den Einzelkostenzeilen folgerichtig nur Einzelkostenmaterial und -lohn, während Gemeinkostenmaterial und -lohn in die Kosten*stellen*rechnung eingeht und nur über Kalkulationsparameter (Zuschlagssätze, Stundensätze) in die Kostenträgerrechnung gelangt.

Materialkosten und Fertigungskosten geben in der Summe die Herstellkosten.
Die **Verwaltungs- und Vertriebskosten** werden üblicherweise als Zuschlag auf die Zwischensumme Herstellkosten gerechnet.

Selbstkosten sind die **Summe aller Kostenzeilen**, im Beispiel Einzelkosten Vertrieb, Herstellkosten und Verwaltungs- und Vertriebskosten.

In der Ergebniszeile wird die Differenz zwischen Nettoumsatz und Selbstkosten ausgewiesen. Es handelt sich hierbei - wie noch auszuführen sein wird - genauer gesagt um das **kalkulatorische Betriebsergebnis** (d.h. ohne betriebsfremde und außerordentliche Vorgänge und mit kalkulatorischen Wertansätzen bei Abschreibungen und Zinsen zum Beispiel).

Im Folgenden soll das **Zustandekommen der Kostenzeilen** näher erläutert werden.

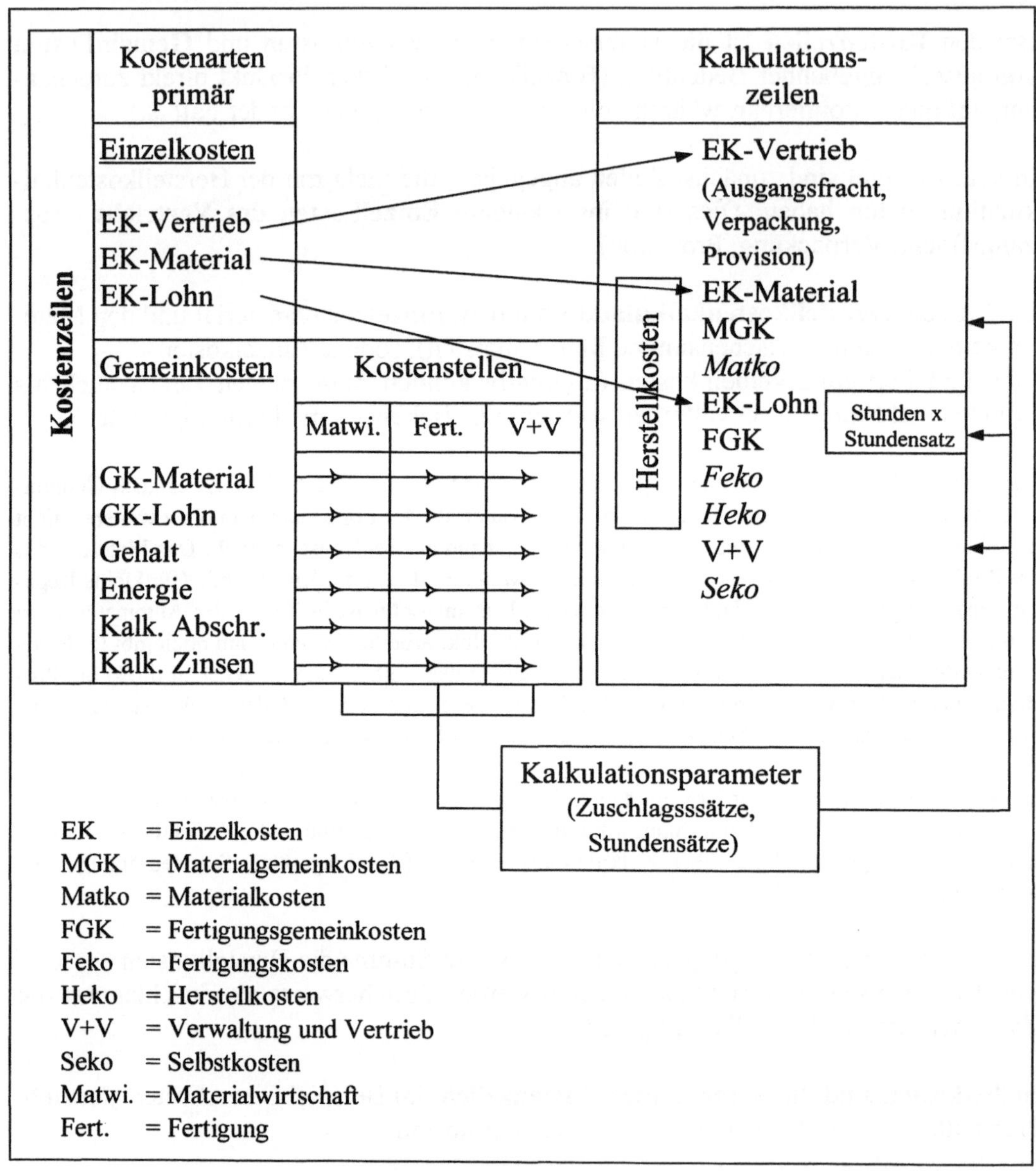

Bild 1.3/2: Herkunft der Kostenzeilen

Die Kostenzeilen nehmen ihren Ursprung in der Kostenartenrechnung. Die Kostenarten werden - wie gesagt - nach Einzelkosten und Gemeinkosten unterschieden.

Einzelkosten sind Kosten, die dem Kostenträger/Abrechnungsobjekt durch Kontierung zurechenbar sind. Dies muss "ohne Zwang", d.h. ohne Schlüsselung möglich sein, ansonsten sind es Gemeinkosten.

Gemeinkosten sind dem Kostenträger/Abrechnungsobjekt nicht zurechenbar.
Die Gemeinkosten können aber auf Kostenstellen (Verantwortungsbereiche) kontiert werden (sind diesen zurechenbar).

Auf den Kostenträger gelangen die Gemeinkosten in der Weise, dass je Kostenstelle Kalkulationsparameter gebildet werden, d.h. Zuschlagssätze oder Stundensätze, die auf geeignete (d.h. für geeignet erachtete) Zuschlagsbasen verrechnet werden. Beispielsweise werden die Kosten der Kostenstelle Materialwirtschaft als Materialgemeinkosten prozentual auf das Einzelkostenmaterial verrechnet (=aufgeschlagen), ebenso Fertigungsgemeinkosten auf Einzelkostenlohn und Verwaltungs- und Vertriebskosten auf die Zwischensumme Herstellkosten (die Fertigungskosten können alternativ auch durch Stunden mal Stundensatz berechnet werden).

Die prozentuale oder stundensatzmäßige Verrechnung der Gemeinkosten als Kostenstellenkosten ist natürlich nur eine "Krücke", denn ob die zwischen prozentualer Verrechnung und Zuschlagsbasis unterstellte Proportionalität tatsächlich besteht, hat niemand nachgeprüft und sie lässt sich allgemeinverbindlich auch kaum beweisen. Dennoch ist es eine für viele Fälle ausreichende Hilfskonstruktion.

Wir können also festhalten, dass die Kostenzeilen in einem eher komplizierten Verfahren, nämlich als Kostenrechnung, entwickelt werden. Will man auf eine Verrechnung von Gemeinkosten nicht verzichten, so ist eine Kostenstellenrechnung als Vorbedingung erforderlich. Daraus ersieht man, dass die Kostenträgerrechnung unter anderem wegen der Vorbedingung einer funktionsfähigen Kostenstellenrechnung (aber auch wegen anderer Vorbedingungen wie Stückkalkulation, Stücklisten, Arbeitspläne) organisatorisch wesentlich anspruchsvoller ist als die Kostenstellenrechnung.

Das Kostenträgerergebnis soll noch in den Zusammenhang des Unternehmensergebnisses gestellt werden.

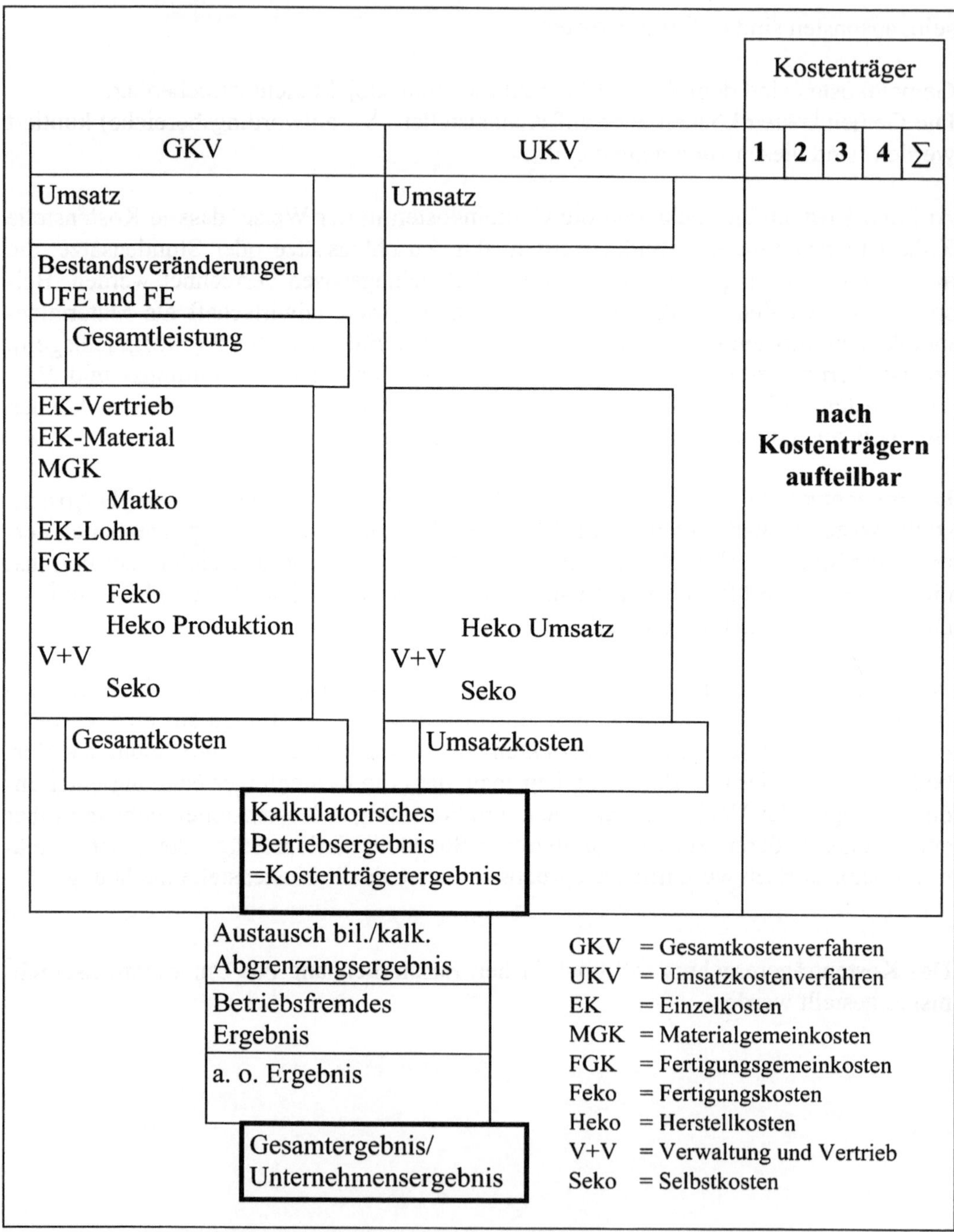

Bild 1.3/3: Kostenträgerergebnis als kalkulatorisches Betriebsergebnis (mit Überleitung zum Unternehmensergebnis)

Bis zum kalkulatorischen Betriebsergebnis kann – das sei hier vorweggenommen (siehe 1.6 Varianten der Kostenträgerrechnung) - entweder im Gesamtkostenverfahren (GKV) oder im Umsatzkostenverfahren (UKV) dargestellt werden, üblich ist das UKV. Wenn das UKV gewählt wird, begnügt man sich mit dem Herstellkostenniveau, um nicht die darunter liegende Kalkulationsstruktur zeilenweise durch die gesamte Bestandsbewertung mitschleppen zu müssen (im einzelnen verständlich wird dies erst in 1.7 Ablauf der exakten Kostenträgerrechnung).

In der Kostenrechnung werden für einige Kostenarten kalkulatorische Ansätze verwendet, so für kalk. Abschreibungen und kalk. Zinsen. Das Ergebnis, das auf diese Weise ermittelt wird, ist das kalkulatorische Betriebsergebnis (das in der Kostenträgerrechnung auf Produkte usw. aufteilt wird). Die Überleitung zum Unternehmensergebnis erfolgt in der Weise, dass zunächst die kalkulatorischen Ansätze gegen bilanzielle wieder ausgetauscht und dass das Abgrenzungsergebnis, das nahe bei null erwartet wird, zur Kontrolle miterfasst wird.

Die kalkulatorischen Ansätze haben für das interne Rechnungswesen ihren Informationswert: das wäre das Ergebnis (nämlich das kalk. Betriebsergebnis), wenn wir den Betrieb zu Wiederbeschaffungswerten reproduzieren können müssten und wenn wir das gesamte betriebsnotwendige Kapital verzinsen müssten. Da der Gesetzgeber für das externe Rechnungswesen unverändert Anschaffungswerte und für die Zinsberechnung nur das Fremdkapital zur Grundlage macht, ist anschließend zu den bilanziellen Werten überzuleiten.

Abgegrenzte Kostenarten müssten über das Jahr gesehen in den Verrechnungsraten den tatsächlichen Kostenanfall decken, so dass das Abgrenzungsergebnis (nahe) bei null liegen sollte.
Beispiel: ratierlich verrechnete Urlaubsgelder müssen übers Jahr gesehen mit den tatsächlich gezahlten übereinstimmen (dass von „Geld“ und „gezahlt“ die Rede ist, ändert nichts daran, dass es sich in der Welt der Kostenrechnung um Kosten handelt, verrechnet gegen tatsächlich/Ist/effektiv).

Sodann werden das betriebsfremde (Standardbeispiel: Ergebnisse aus Wertpapieranlagen in einem produzierenden Betrieb) und ein eventuelles außerordentliches Ergebnis (Standardbeispiel: Anlagenverkäufe über Buchwert) ergänzt. Insgesamt ergibt diese Brücke die Überleitung zum Unternehmensergebnis.

Auch wenn den Kostenrechner diese Brücke nicht zu interessieren braucht und er sich „in seiner Welt“ bewegen kann, so muss doch irgendjemand im Unternehmen (üblicherweise ein "aufgeklärter" Controller) diese Brücke im Auge behalten.

1.4 Kostenträger (=Abrechnungsobjekte)

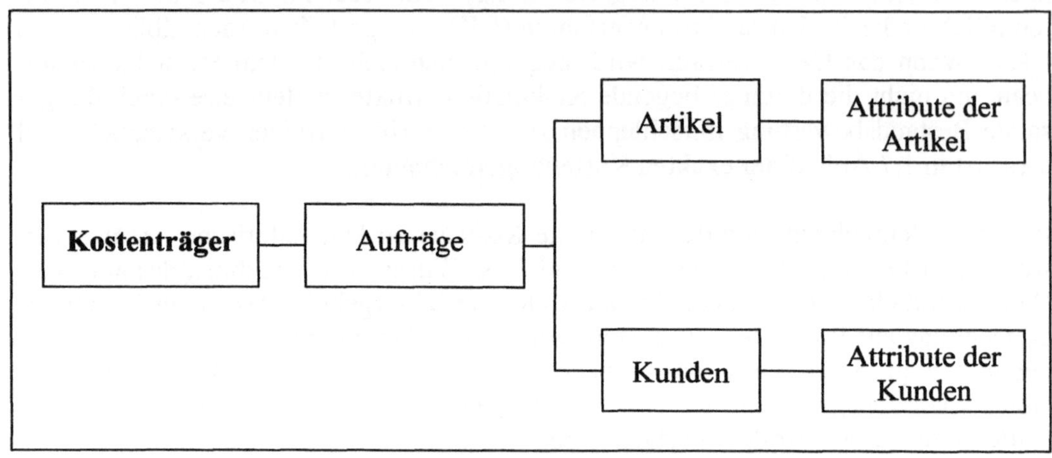

Bild 1.4/1: Kostenträger (=Abrechnungsobjekte)

Die zweite Dimension der Kostenträgerrechnung (nach den Kalkulationszeilen) sind die Kostenträger bzw. Abrechnungsobjekte.

In einem ersten Verständnis wurden als Kostenträger die Produkte bezeichnet. Dieses muss jetzt verallgemeinert werden.

Der Ausgangspunkt für die Bestimmung von Kostenträgern sind die (Kunden-)**Aufträge**, weil für Aufträge in jedem Fall Umsätze erzielt werden, denen "nur noch" die zugehörigen Kosten gegenübergestellt werden müssen.

Dass die Lehrbücher die Produkte als Kostenträger favorisieren, liegt daran, dass sie auf den Fall der **Serienproduktion** konzentriert sind, wo in der Tat die Aufträge ohne weiteres in **Auftragspositionen** zerlegt werden können, die **einzelne Produkte** darstellen.

Dennoch wird man festhalten müssen, dass zunächst der ursprüngliche Kostenträger der Auftrag ist. Ist der Auftrag in Standardprodukte zu zerlegen, so ist auch ein Produktergebnis möglich. Da hinter dem **Auftrag** immer ein **Kunde** steht, sind Aufträge ein und desselben Kunden auch zu einem Kundenergebnis zusammenfassbar. Schließlich sind alle Attribute des Auftrages, der Produkte und der Kunden ebenfalls als "Abrechnungsobjekt" möglich, in sofern, als man die Aufträge bzw. Auftragspositionen mit entsprechenden Attributen und dazugehörigen Gegenüberstellungen von Umsatz und Kosten verdichten kann.

So ist zum Beispiel ein **Ergebnis des Außendienstmitarbeiters** ermittelbar, wenn alle Aufträge, die ein bestimmter Außendienstmitarbeiter erbracht hat, mit Umsatz und Kosten zusammengezählt werden.

Oder es ist, wie im Testbeispiels noch gezeigt werden wird, **ein Ergebnis aller grünen Flaschen** berechenbar, wenn im Artikelstammsatz die Farbe des Produktes hinterlegt ist. In diesem Fall ist es möglich, die Ergebnisse bzw. Deckungsbeiträge aller Auftragspositionen mit grünen Flaschen zu addieren.

Bei den derart definierten Kostenträgern (Aufträge, Produkte, Kunden, Außendienstmitarbeiter, Farben usw.) handelt es sich zunächst nur um eine Umsortierung der Ergebnisse je Auftrag bzw. Auftragsposition.

Darüber hinaus wird noch über solche Geschäftsvorfälle zu sprechen sein, die vielleicht nur einem Kunden, nicht aber einem einzelnen Auftrag und schon gar nicht einer Auftragsposition zugeordnet sind. In diesem Fall entstehen - das sei hier vorwegnehmend gesagt - entweder unterschiedlich tiefe Deckungsbeitragsstrukturen oder die Kategorie "nicht zugeordnet", die je nach Sortierungsrichtung unterschiedlich sein kann.

1.5 Abgrenzung

Das Thema Abgrenzung ist *nach* 1.3 Kalkulationszeilen und 1.4 Kostenträger einzuordnen, weil es eine Kombination von Kalkulationszeilen und Kostenträgern beinhaltet: Was sind die richtigen (abgegrenzten) Inhalte der Kalkulationszeilen, jeweils bezogen auf die Periode und das Kalkulationsobjekt (Kostenträger)?

1.5.1 Traditionelle Periodenabgrenzung

Das Thema Abgrenzung ist aus der Finanzbuchhaltung zumeist als Jahresabgrenzung bekannt, indem Vorgänge, die über die Jahresgrenzen hinausreichen nur mit ihrem auf das laufende Jahr entfallenden Anteil berücksichtigt werden, um ein periodengerechtes Ergebnis zu erzielen.

Standardbeispiel: Es werde am 1. 7. Miete in Höhe von 1.200 für ein Jahr im Voraus bezahlt. Wenn das Geschäftsjahr vom 1.1. bis 31. 12. geht, sind nur 600 im laufenden Jahr zu berücksichtigen, der Rest ist abzugrenzen.

Der Abgrenzungsmechanismus wird in der Finanzbuchhaltung, die mit dem Jahresabschluss (Bilanz und GuV) immer noch auf das Jahr orientiert ist, üblicherweise nur als *Jahres*abgrenzung praktiziert. Mit den gestiegenen Anforderungen der Aktionäre und Analysten gewöhnt man sich auch in der Finanzbuchhaltung inzwischen an unterjährige externe Berichte bis hinunter zum Quartal.

Das innerbetriebliche Berichtswesen war demgegenüber immer schon auf den Monat ausgerichtet. Mit den monatlichen Abgrenzungsproblemen hat man üblicherweise aber nicht die Finanzbuchhaltung belastet, sondern hat diese nur in der Kostenrechnung vorgenommen, da das innerbetriebliche Berichtswesen ohnehin stärker auf der detaillierteren Kostenrechnung basierte.

Etwaige Differenzen, die dadurch zwischen Kostenrechnung und Finanzbuchhaltung entstehen, hat man in einem geordneten und integrierten Rechnungswesen in einer Abstimmbrücke erfasst (siehe 1.3), in einem ungeordneten Rechnungswesen stehen sie unabgestimmt nebeneinander.

Die Kostenträgerrechnung hat sich regelmäßig mit der Abgrenzungsproblematik auseinander zu setzen, da sich viele Vorgänge (z. B. Jahresbonus) nicht auf die enge Abrechnungsperiode des Monats beziehen und man für die Auftragsabrechnung primär auf den Auftrag kommen muss.

1.5.2 Abgrenzung auf den Auftrag (Kostenträger)

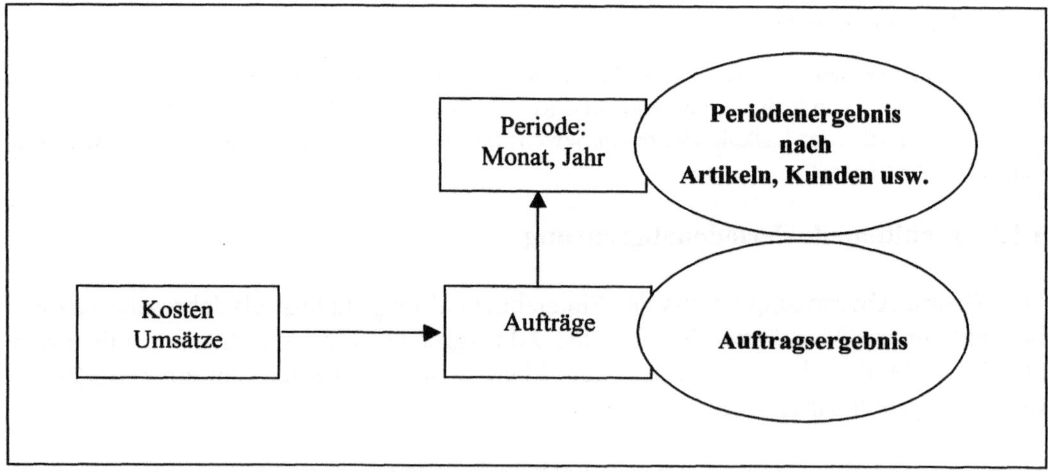

Bild 1.5/1: Auftragsergebnis und Periodenergebnis

In der Kostenträgerrechnung ist jetzt hinzuzulernen, dass primär die **Abgrenzung auf den Auftrag** benötigt wird. Von dort aus wird durch Verdichtung das Periodenergebnis (Monat und Jahr) erhalten.

Vom Auftragsergebnis zum Periodenergebnis

Im Vorgriff auf unser Testbeispiel (Kapitel 2) sei schon jetzt darauf hingewiesen, dass als wichtige Vorstufe für die Kostenträgerzeitrechnungen (nach Artikeln, Kunden, Kundengruppen und sogar Farben als Artikelattribut) eine **Kalkulation der einzelnen Auftragsposition** (sozusagen die Stückrechnung in unserem Beispiel) benötigt wird (siehe Bild 2.1.4/10 **Bewertete Geschäftsvorfälle)**. Das ist eigentlich nicht weiter verwunderlich, da man – jedenfalls im Ist – von den Details ausgehen und durch geduldige Verdichtung zu den hochverdichteten Aussagen der Kostenträgerzeitrechnung kommt. Nur die traditionellen Kostenrechnungslehrbücher, die sich um den Untergrund der Auftragsabrechnung (und überhaupt um die Datenbasis der Kostenrechnung) nicht kümmern, müssten hinzulernen, dass unter Abgrenzung zunächst Abgrenzung auf den Auftrag zu verstehen ist.

Seminarteilnehmer, deren Erfahrungshintergrund aus der Anlagenfertigung stammt, kommen hier regelmäßig ins Grübeln, weil die Aufträge sich zumeist über mehrere Monate, wenn nicht Jahre erstrecken. Ihnen kann – jedenfalls vordergründig - geholfen werden, indem man sie auf das Umsatzkostenverfahren verweist: Das Monatsergebnis lässt sich als Summe aller in dem Monat zu Umsatz gewordenen Aufträge auffassen. Dabei werden im Umsatzkostenverfahren bekanntlich dem Umsatz alle Kosten ("seit Menschengedenken") des Auftrags gegenübergestellt und nicht nur die Kosten des Fakturierungsmonats.

Wie kommt man mit den Kosten auf den Auftrag?

Bei Auftragseinzelkosten, die definitionsgemäß dem Auftrag zurechenbar sind, ist dies kein Problem. Bei Auftragsgemeinkosten erfolgt eine Verrechnung über Zuschlags- und Stundensätze in der Kalkulation.

Beispiele:
Materialeinzelkosten:
Sind (als Materialverbrauch, =Materialentnahme, =Materialabgang) auf den Auftrag kontierbar.

Materialgemeinkosten:
Sind als Materialgemeinkostenzuschlag auf den Auftrag verrechenbar. Der Zuschlag kommt aus den Materialkostenstellen (Lager, Einkauf usw.) und wird auf die Materialeinzelkosten bezogen. Beide, Kostenstellenkosten und Materialeinzelkosten, haben einen Periodenbezug (Jahr oder Monat).

Lohneinzelkosten:
Sind dem Auftrag weitgehend zurechenbar. Zeitlohnbestandteile ohne Bezug zum Kalkulationsobjekt werden in die Fertigungsgemeinkosten aufgenommen und werden als Zuschlag auf Lohneinzelkosten oder in den Stundensatz aufgenommen (ebenso Lohnnebenkosten).

Gehaltskosten:
Beziehen sich größtenteils auf den Monat. Gehaltsbestandteile, die jährlich bezahlt werden, müssen auf den Monat umgerechnet (abgegrenzt) werden. Die Gehaltskosten fließen in die Zuschlagssätze für Fertigungsgemeinkosten, Vertriebs- und Verwaltungskosten ein und gelangen so in die Kalkulation und auf den Auftrag.

Die **Periodenkosten** erhält man **aus den Auftragskosten** wie folgt:
Die Selbstkosten (bzw. Herstellkosten) des Monats erhält man als Umsatzkosten durch Verdichtung über *die* Aufträge, die in dem jeweiligen Monat zu Umsatz geworden sind. Sie enthalten auch Kosten früherer Perioden. Im Gesamtkostenverfahren müsste man nur die Kosten des laufenden Monats nehmen (aber *aller* Aufträge, auch die nicht Umsatz geworden sind) und der Gesamtleistung (Umsatz + Bestandsveränderung UF+F) gegenüberstellen. Das Gesamtkostenverfahren führt zum gleichen Ergebnis wie das Umsatzkostenverfahren, ist aber im Zusammenhang mit dem Auftragsergebnis bei den Praktikern wenig gebräuchlich.

1.6 Mehrdimensionaler Würfel

Die beiden Dimensionen "Kalkulationszeilen" und "Kostenträger" werden in einem **mehrdimensionalen Würfel** kombiniert. Die Mehrdimensionalität ist durch den Kostenträger bedingt, der Aufträge, Artikel und Kunden sein kann, aber eben nicht alternativ sondern gleichzeitig, so dass eine kombinatorische Darstellung, eben der Würfel entsteht.

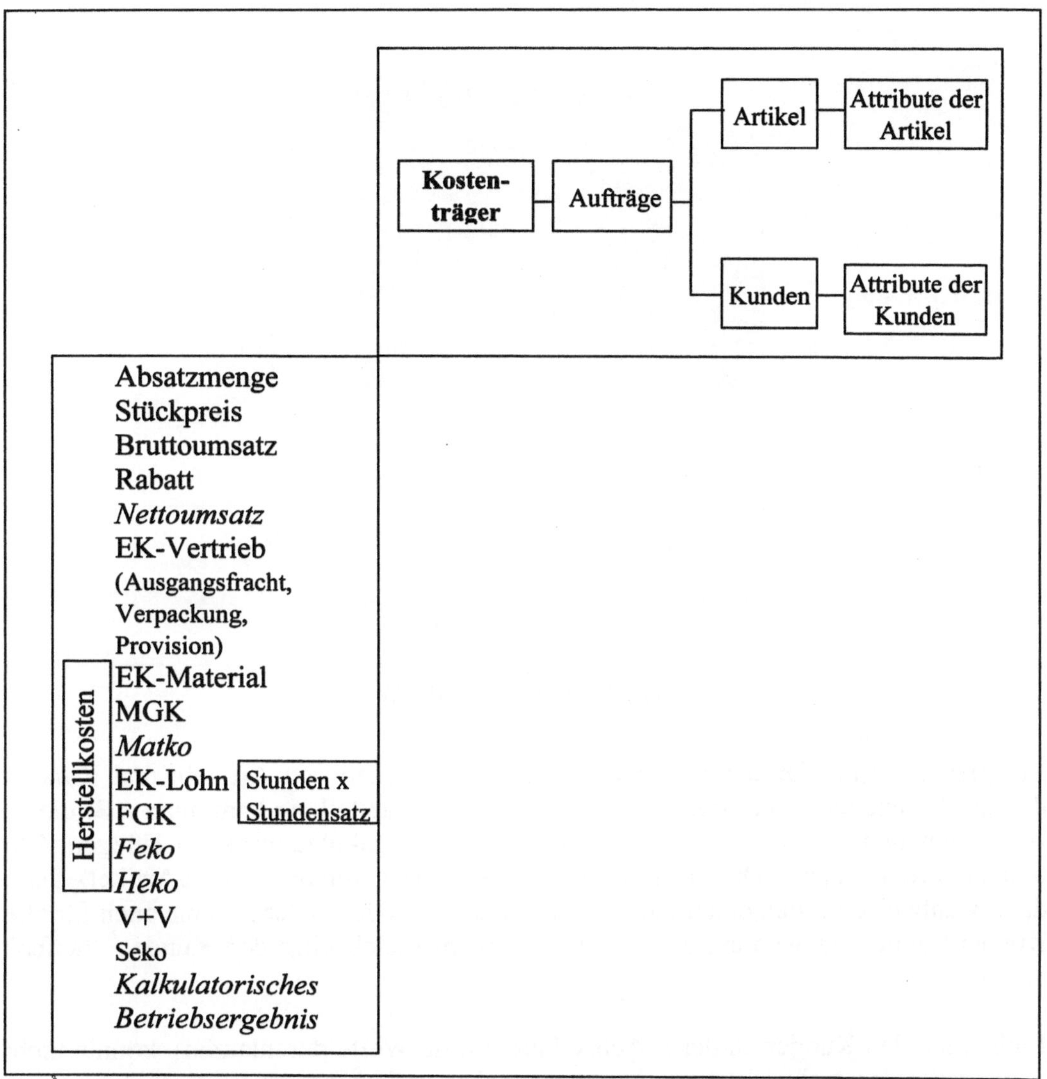

Bild 1.6/1: Kombination von Kalkulationszeilen und Kostenträgern

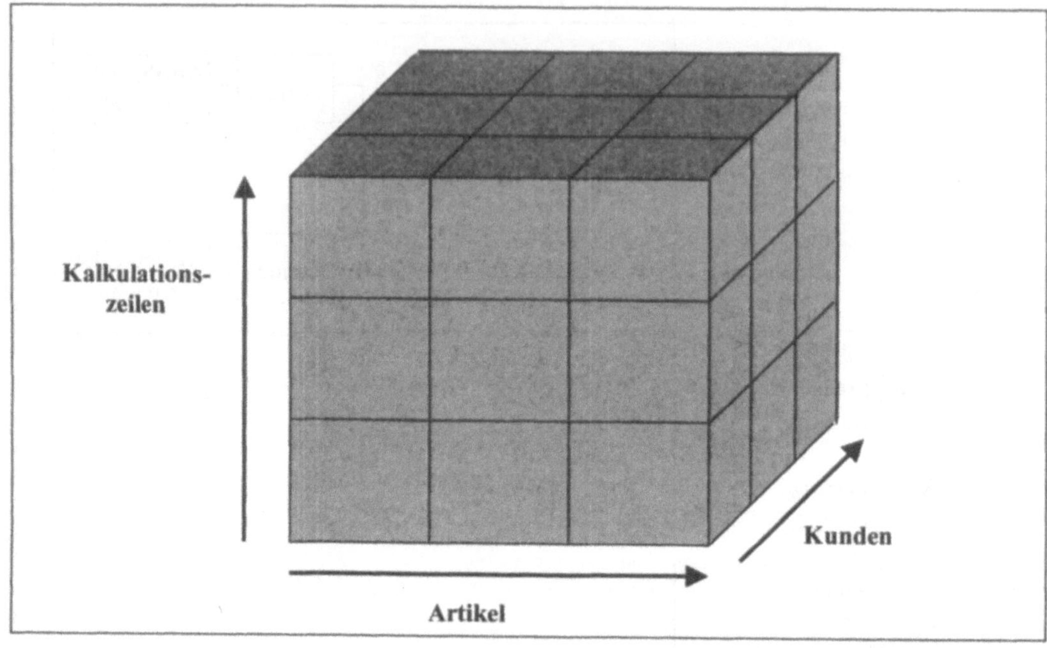

Bild1.6/2: Mehrdimensionaler Würfel

Beispiel: die Kalkulationszeilen werden in Abhängigkeit von Artikeln und Kunden dargestellt, entsprechend drei Dimensionen. In der Darstellung kann man z.B. die x-Achse mit den Artikeln und die y-Achse mit den Kalkulationszeilen belegen. Wo bleiben die Kunden? Das ausgewählte Schema (Kalkulationszeilen/Artikel) kann dann wahlweise für den einen oder anderen Kunden (oder in der Summe auch für alle Kunden) angezeigt werden, aber man kann nicht gleichzeitig den Kunden "laufen" lassen.

Ließe man den Kunden in der x-Achse laufen (alle Werte durchlaufen), könnte nicht gleichzeitig der Artikel laufen, denn die y-Achse ist ja schon durch Kalkulationszeilen belegt.

Zwar könnte man z. B. die Kunden auf x und die Artikel auf y legen, aber dann muss man sagen, was die angezeigten Zahlen bedeuten sollen, d. h. welche Kalkulationszeile man gerade anzeigt (etwa Umsatz), aber eben nicht gleichzeitig auch noch alle Kalkulationszeilen. Eine derartige Darstellung ist aber wahrscheinlich für einen Betriebswirt, der die ganze Kalkulation auf einen Blick sehen will, nicht sehr sinnvoll, sondern nur frustrierend.

Dass dieser Würfel mehrdimensional ist und dass man sich eigentlich mehr als drei Dimensionen schlecht vorstellen kann bzw. diese nicht darstellen kann, spielt dabei keine Rolle.

Von den mehr als zwei Dimensionen werden immer nur zwei aufs Papier bzw. den Bildschirm gebracht, die übrigen sind Parameter, d. h. beliebig aber fest.

Die Parameter können "durchgeschaltet werden", d. h. nacheinander immer neue Werte annehmen, aber zu einer Zeit kann immer nur einer angezeigt werden, während die echten Dimensionen laufen, d. h. alle Werte annehmen.

Mathematisch gesprochen sind es Projektionen oder Sichten aus dem mehrdimensionalen Raum auf eine Ebene, graphisch wird ein Schnitt durch den mehrdimensionalen Würfel gelegt.

In den Auswertungen müssen zudem **Sequenzen (Reihenfolgen)** beliebig festlegbar sein: erst Kunden, innerhalb der Kunden dann Artikel, oder aber auch – nach Laune – umgekehrt: erst die Artikel, dann die Kunden, die diesen Artikel gekauft haben.

Dieser einfache Sachverhalt des mehrdimensionalen Würfels ist z. B. in Microsoft Excel als Pivot-Tabelle realisierbar.

Einstein fand, dass z. B. die Länge eines Lineals von Raum (3 Dimensionen) und Zeit (1 Dimension), zusammen 4 Dimensionen, abhängig sei. Einige Leute sagten nun, dass man sich 4 Dimensionen nicht vorstellen könnte, sondern nur 3. Einige Scharlatane behaupteten auch von sich, dass sie sich mehr als 3 Dimensionen sogar vorstellen könnten.

Gemeint war aber nur, dass man eben 4 Zahlen braucht, um bestimmte Sachverhalte zu beschreiben.

1.7 Varianten der Kostenträgerrechnung

Abschnitt 1.7 wurde aus Gründen eines handhabbaren Gesamtumfangs ausgegliedert, ist aber als Download (siehe Anhang "Hinweise zu den Download-Seiten") verfügbar.

In diesem Abschnitt soll dargestellt werden, dass die Kostenträgerrechnung eine Vielzahl von Varianten aufweist.

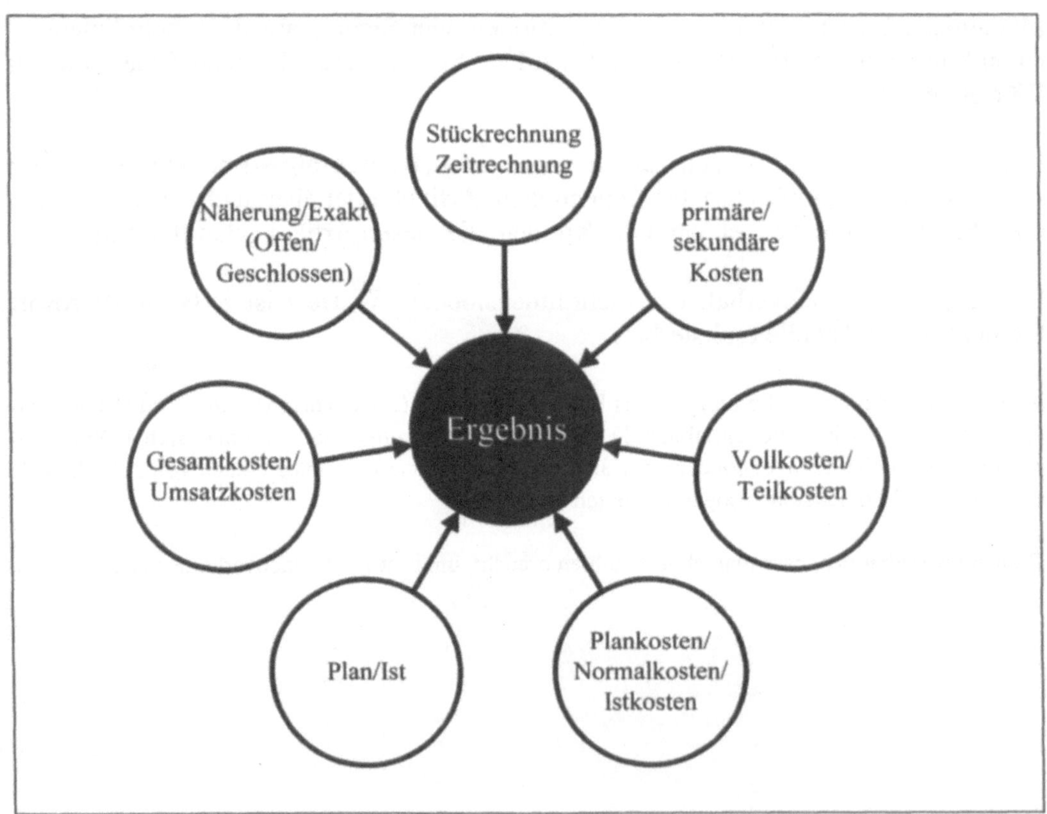

Bild 1.7/1: Varianten der Kostenträgerrechnung

1.8 Ablauf der exakten Kostenträgerrechnung

Abschnitt 1.8 wurde aus Gründen eines handhabbaren Gesamtumfangs ausgegliedert, ist aber als Download (siehe Anhang "Hinweise zu den Download-Seiten") verfügbar.

In diesem Abschnitt wird an einem Beispiel zunächst gezeigt, wie der Ablauf bei der exakten **Kostenträgerrechnung** im Plan und **im Ist** ist (am Ist ist man hauptsächlich interessiert).

Für dasselbe Beispiel, für das die exakte Lösung vorgeführt wird, wird dann die Näherungslösung praktiziert, so dass eine volle Vergleichbarkeit gegeben ist. Insbesondere wird für das Beispiel eine Fehlerbetrachtung durchgeführt, d. h. untersucht, wie groß der Fehler zwischen exakter Lösung und Näherungslösung ist und wie eine Brücke gebaut werden könnte, um die Differenz zu verkleinern.

Diese Darlegungen werden bewusst an einem **gesonderten Beispiel** durchgeführt, das **weniger kompliziert** ist **als das Testbeispiel**, das später für die SAP-Implementierung benutzt wird.

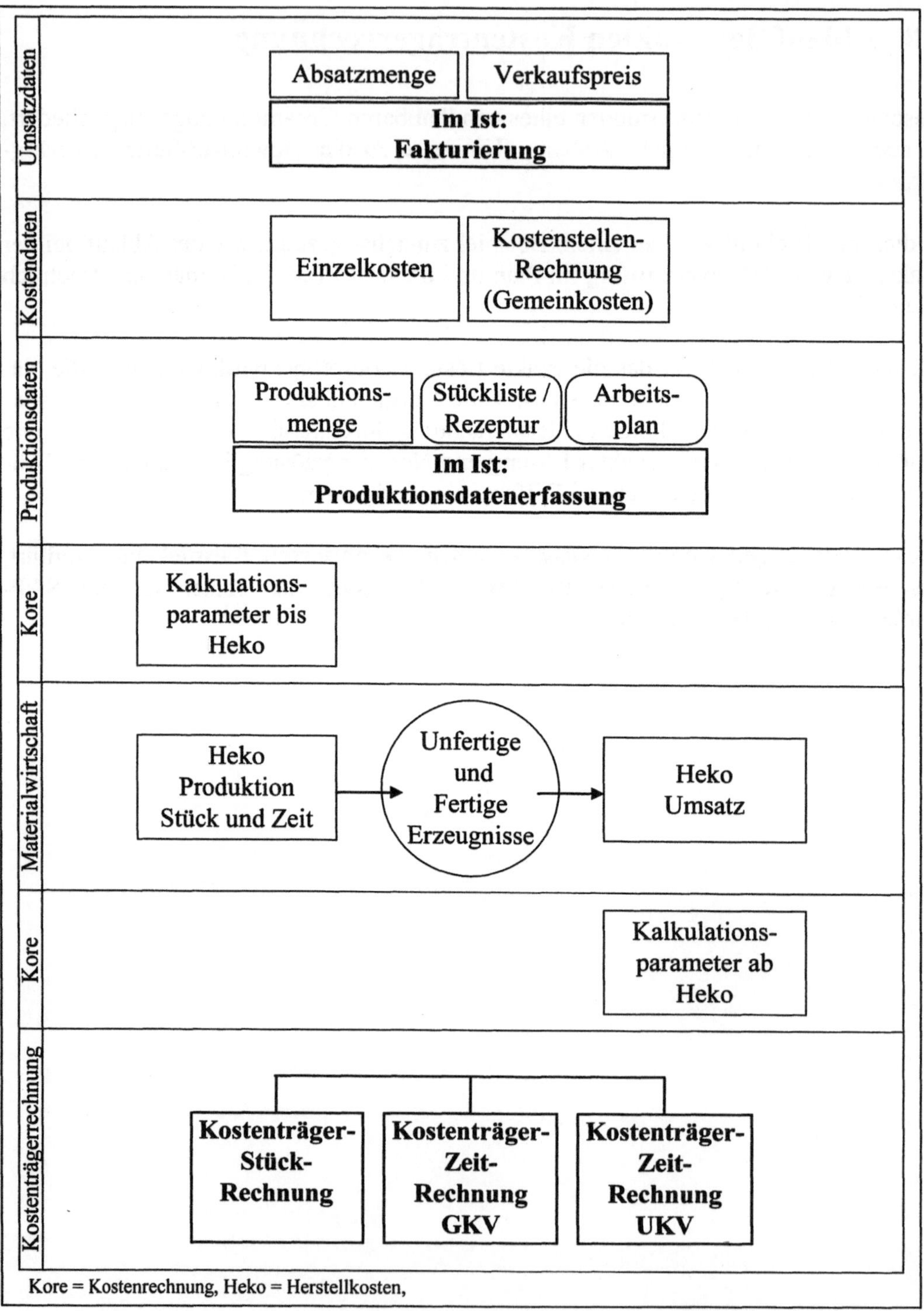

Bild 1.8/1: Berechnungsablauf der exakten Kostenträgerrechnung (Plan und Ist)

Dieses Bild bezieht die **Materialwirtschaft** mit ein, ein Aspekt, der in der Lehrbuch-Kostenrechnung oft vernachlässigt wird.

Aus dem Bild geht hervor, dass von den Umsatz-, Kosten- und Produktionsdaten ausgehend zunächst ein Teil der Kalkulationsparameter (bis Heko) bestimmt werden kann. Damit ist es möglich, die Herstellkosten der Produktion zu bestimmen. Dann wechselt man in die Bestandsführung (Fertige und Unfertige Erzeugnisse) und ermittelt die Herstellkosten des Umsatzes. Damit kann man auch die noch fehlenden Kalkulationsparameter (ab Heko) bestimmen.
Schließlich sind als Endergebnisse die Kostenträger-Stückrechnung und die Kostenträgerzeitrechnung (wahlweise im Umsatzkosten- oder Gesamtkostenverfahren) ableitbar.

1.9 Näherungslösung für die Kostenträgerrechnung im Ist

Abschnitt 1.9 wurde aus Gründen eines handhabbaren Gesamtumfangs ausgegliedert, ist aber als Download (s. Anhang "Hinweise zu den Download-Seiten") verfügbar.

In diesem Abschnitt wird für dasselbe Beispiel wie in Abschnitt 1.7 gezeigt, wie die Näherungsrechnung verläuft und wie man eine Fehlerabschätzung anstellen kann.

Kostenträgerrechnung / Ist	
Exakte Lösung	**Näherungslösung**
Fakturierung	Fakturierung
Kostendaten	
Produktionsdaten	
Materialwirtschaft	
	Plan-Stückkalkulation

Bild 1.9/1: Exakte Lösung versus Näherungslösung

Der Vorteil dieser Näherungsrechnung ist - wie wiederholt gesagt -, dass sie mit **geringen organisatorischen Voraussetzungen** auskommt.

Funktionieren muss "nur" die **Fakturierung** und die **Plan-Stückkalkulation.**

Die Fakturierung wird auch aus anderen Gründen als der Kostenträgerrechnung im Unternehmen gebraucht und dürfte zu den funktionierenden Basisfunktionen gehören (weil schließlich das Geld eingetrieben werden muss).

Die Planstückkalkulation hat schon höhere Voraussetzungen (Stückliste/Rezeptur, Arbeitsplan) als die Fakturierung. Die Beschränkung auf die *Plan*-Stückkalkulation bedeutet im Bereich der Herstellkosten, d. h. **im Bereich der Produktion**, den **Verzicht auf** die laufende **Erfassung der Produktionsdaten**. Es ist durchaus möglich, dass diese Betriebsdaten aus anderen Gründen als der Kostenträgerrechnung erfasst werden, aber man verzichtet auf ihre Auswertung für Zwecke der Kostenträgerrechnung.

Das 2. und das 3. Kapitel, die das Testbeispiel und dessen Implementierung mit der SAP-Software enthalten, sind unabhängig vom 1. Kapitel aufgebaut.

2. Kostenträgerrechnung im Testbeispiel: Betriebswirtschaftliches Konzept

2.1 Testbeispiel

2.1.0 Überblick

Im Folgenden wird das Testbeispiel dokumentiert, das mit der SAP-Software implementiert werden soll.

Daten-Input und Auswertungen sind als Tabellenkalkulation realisiert, was - wie schon gesagt - kein schlechter Test für das betriebswirtschaftliche Konzept ist, da man sich nach der Diskussion der prinzipiellen Möglichkeiten nun festlegen muss.

Das bezieht sich auf die beiden Dimensionen der Kostenträgerrechnung:

- Kalkulationszeilen und
- Kostenträger (= Abrechnungsobjekte)

Die **Kalkulationszeilen** stellen im Testbeispiel ein Deckungsbeitragsschema dar, dessen einzelne Zeilen im Folgenden erläutert werden.

Umsatz / Grundpreis
Verpackungszuschlag
Brutto-Umsatz
Rabatt
Netto-Umsatz
Skonto
Bonus
Gruppenbonus
Sonderbonus
Zwi-Su 1
DB 1
Fracht
Provision
Zwi-Su 2
DB 2
var HK Umbau
var HK Energie
var HK Gemenge
var HK Verpackung
var HK Lager
variable Herstellkosten
DB 3

Bild 2.1.0/1: Deckungsbeitragsschema des Testbeispiels

Die Anordnung der Zeilen des Kalkulationsschemas ist zwar im Prinzip frei definierbar. Betriebswirtschaftlich bedarf eine bestimmte Zeilenreihenfolge aber immer einer Begründung. In der obigen Gliederung sind zunächst die Zeilen des Absatzbereichs zusammengefasst (bis DB 2), sodann folgt der Produktionsbereich. Alternativ wäre auch die Ausgliederung des Sonderbonus in eine gesonderte Deckungsbeitragsstufe denkbar, wenn das "Normalgeschäft" von außerordentlichen Einflüssen getrennt werden sollte.

Die Grenze zwischen Erlösschmälerungen und Kosten ist fließend (Skonto, Bonus), letztlich ist diese Begriffsunterscheidung auch unerheblich, weil beide umsatz- bzw. deckungsbeitrags-mindernd sind.

Kostenträger (=Abrechnungsobjekte) sind im Testbeispiel zunächst einmal

- Artikel
- Kunden

im weiteren Sinne auch Merkmale von Kunden oder Artikeln, wie:

- Kundengruppen
- Farben

Ausgangspunkt dieser Auswertungen nach Artikeln, Kunden usw. sind allerdings die **Kundenaufträge**, die die originären (ursprünglichen) Kostenträger sind:

- Kundenaufträge/Rechnungspositionen

Strenggenommen werden **Rechnungspositionen** (=Fakturapositionen) betrachtet (zwischen Kundenauftrag und Rechnungsstellung/Fakturierung könnten noch Veränderungen eintreten, die hier aber nicht interessieren sollen).

17 Aufträge, 6 Artikel, 10 Kunden, 2 Kundengruppen/Konzerne

Im Testbeispiel wird von 17 Aufträgen / Geschäftsvorfällen ausgegangen, einer davon ist die Gewährung eines Sonderbonus.

Bei den Artikeln soll es sich um Flaschen (im weiteren Sinn Glasbehälter) handeln. Im Testbeispiel wird von 6 Artikeln ausgegangen.

Im Testbeispiel gibt es 10 Kunden, von denen einige Kundengruppen/Konzernen (Kästle-Gruppe, Vereinigte Mineral) angehören.

Pro Faktura gibt es nur eine Position. Pro Kunde können in der betrachteten Periode durchaus mehrere Fakturapositionen vorkommen.

Die Darstellung des Zahlenmaterials ist wie folgt gegliedert:

- Daten-Input
- Bewertete Geschäftsvorfälle
- Auswertungen

2.1.1 Daten-Input

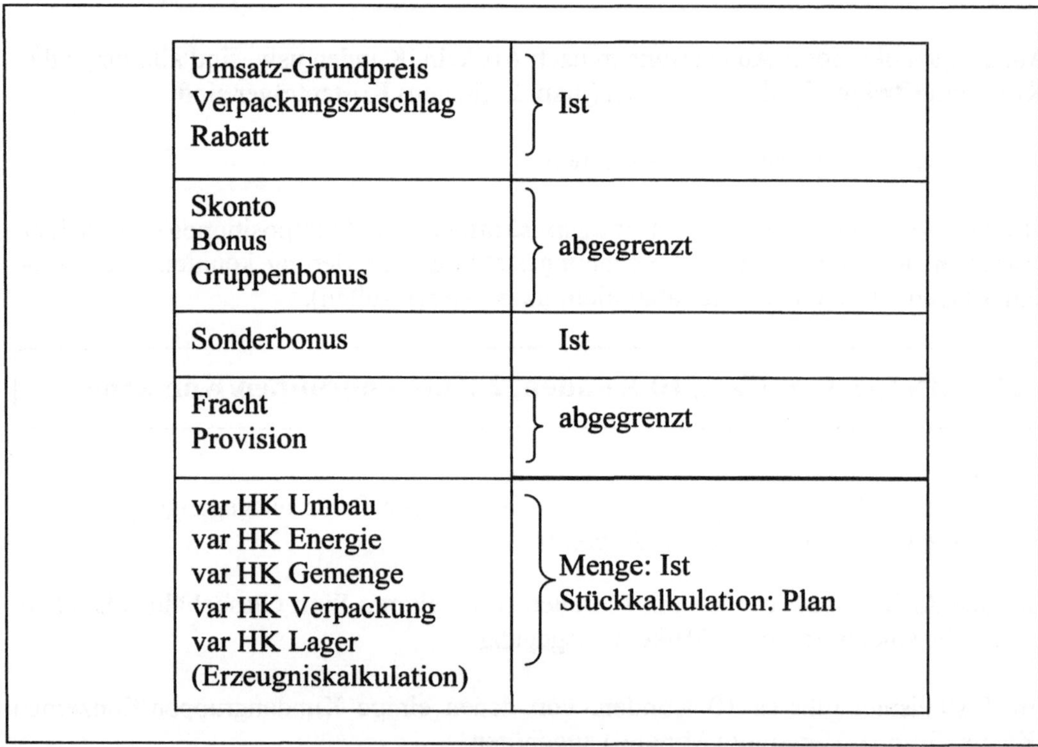

Umsatz-Grundpreis Verpackungszuschlag Rabatt	} Ist
Skonto Bonus Gruppenbonus	} abgegrenzt
Sonderbonus	Ist
Fracht Provision	} abgegrenzt
var HK Umbau var HK Energie var HK Gemenge var HK Verpackung var HK Lager (Erzeugniskalkulation)	} Menge: Ist Stückkalkulation: Plan

Bild 2.1.1/1: Datenquellen im Überblick

Hier wird angegeben, wie die Zeilen und Spalten des Kalkulationsschemas gefüllt werden sollen, zunächst die Zeilen:

Drei Datenquellen sind zu unterscheiden:

- **Ist**: Diese Kalkulationszeilen stammen aus einer Isterfasung.
- **abgegrenzt**: Bei diesen Kalkulationszeilen liegen die Kosten nicht periodengerecht vor und müssen periodengerecht angenähert und sogar auf den Geschäfts-

vorfall bezogen werden.

- **Istmenge x Plan-Stückkalkulation**: In den Zeilen der variablen Herstellkosten wird die Plan-Stückkalkulation genommen und mit der Istmenge multipliziert.

Man kann auf die Berücksichtigung von Produktionsabweichungen verzichten, wenn diese im Verhältnis zu den marktbedingten Abweichungen (Absatzschwankungen, Preisdruck in Rabatten) vernachlässigbar sind und in keinem Verhältnis zum Erfassungsaufwand stehen würden.

Kalkulationsschema	**Daten-Quelle**	**SAP-Quelle Ideal-Praxis**	**SAP-Quelle Testbeispiel**
Umsatz-Grundpreis	Ist	SD	PA
Verpackungszuschlag	Ist	SD	PA
Brutto-Umsatz			
Rabatt	Ist	SD	PA
Netto-Umsatz			
Skonto	abgegrenzt	PA	PA
Bonus	abgegrenzt	PA	PA
Gruppenbonus	abgegrenzt	PA	PA
Sonderbonus	Ist	SD / FI	PA
Zwi-Su 1			
DB 1			
Fracht	abgegrenzt	PA	PA
Provision	abgegrenzt	PA	PA
Zwi-Su 2			
DB 2			
var HK Umbau **var HK Energie** **var HK Gemenge** **var HK Verpackung** **var HK Lager**	Istmenge x Planstückkalk.	CO-PC	CO-PC
variable Herstellkosten			
DB 3			

Stammdaten		**SAP-Quelle Ideal-Praxis**	**SAP-Quelle Testbeispiel**
Artikel		MM	MM
Kunde		SD	SD

Bild 2.1.1/2: Datenquellen nach SAP-Modulen

Wegen der Modularisierung der R/3-Software ist noch das Modul angegeben, in dem die jeweiligen Daten erfasst werden (und im PA-Modul mitkontiert werden).

Dabei ist zu unterscheiden, ob die Daten aus einem vollimplementierten System ("I-deal-Praxis") übernommen werden können, oder ob sie - wie im Testbeispiel - direkt ins PA-Modul eingegeben werden, um das Testbeispiel handhabbar zu halten. Der Integrationszusammenhang mit SD und MM (mit CO-PC ohnehin) wird gleichwohl berücksichtigt, indem die Stammdaten (Kunde, Artikel) in diesen Modulen direkt erfasst werden, nicht aber die Bewegungsdaten (bei den Kalkulationszeilen handelt es sich um Bewegungsdaten).
Diese Vorgehensweise des Testbeispiels ist übrigens auch praxisrelevant, weil nicht immer von einem vollimplementierten SAP-System ausgegangen werden kann, sondern als (manchmal sehr dauerhafte) Übergangslösung die direkte Eingabe in PA über eine Schnittstelle aus Fremdsystemen gewählt wird.

Der Daten-Input ist entlang den Zeilen des Kalkulationsschemas gegliedert.

Umsatzdaten nach Rechnungspositionen

Je Rechnungsposition sind angegeben:
- der Kunde,
- der Artikel,
- die Absatzmenge,
- der Verkaufspreis (als Grundpreis) pro Mengeneinheit,
- ein Verpackungszuschlag pro Mengeneinheit (als Zusatzumsatz) und
- der Rabatt

Diese Daten kommen in praxi aus der Auftragsabwicklung (SD),
in dem Testbeispiel werden sie in PA eingegeben (bei Umsatz/Grundpreis und Verpackungszuschlag als Endergebnisse in ausmultiplizierter Form, nicht mit Absatzmenge und Stückwert).

Berechnungen im Testbeispiel:
Umsatz /Grundpreis (EUR)
= Absatzmenge (Stück) x Grundpreis pro 100 Stück (EUR/100 Stück) / 100

Verpackungszuschlag (EUR)
= Absatzmenge (Stück) x Verpackungszuschlag pro 100 Stück (EUR/100 Stück) / 100
(als **Zusatzumsatz)**

Brutto-Umsatz (EUR)
= Umsatz / Grundpreis (EUR) + Verpackungszuschlag (EUR)

Rabatt (EUR)
= Rabatt-%-Satz x Brutto-Umsatz
Der Rabatt-%-Satz ist auftragsbezogen (als Verhandlungsergebnis) vorgegeben.

Netto-Umsatz (EUR)
= Brutto-Umsatz (EUR) - Rabatt (EUR)

Skonto nach Kunden

Skonto wird für die Kostenträgerrechnung (Ergebnisrechnung) unabhängig vom tatsächlichen Skonto-Zieh-Verhalten abgegrenzt, d. h. es muss ein Prozentsatz angenommen werden, der die Skontokondition und das erwartete Skonto-Zieh-Verhalten des Kunden berücksichtigt.

Das tatsächliche Skontoverhalten interessiert für die Ergebnisrechnung nicht (aber man wird die Differenzen zwischen "per Prozentsatz verrechnet" und "tatsächlich" wie bei allen Abgrenzungskostenarten im Auge behalten).

Beispiel: Die Zahlungskondition laute: zahlbar innerhalb 10 Tagen mit 2 % Skonto oder 30 Tage netto Kasse.

Fall 1: Kunde zieht erfahrungsgemäss immer Skonto: Es werden 2% für Skonto angesetzt, ohne im konkreten Fall zu prüfen, ob der Kunde, wie bisher tatsächlich Skonto zieht.

Fall 2: Kunde zieht gelegentlich Skonto, gelegentlich nicht. Bezogen auf den Umsatz zieht er in 80 % "der Fälle": Skontoabgrenzung 1,6 %.

Fall 3: Kunde zieht nie Skonto (obwohl in allen Lehrbüchern steht, dass dies wohl der teuerste Kredit ist, den man sich vorstellen kann. Vielleicht ist der Kunde "klamm" oder einfach nur in der Buchhaltung schlecht organisiert). Skontoabgrenzung 0 %.

Berechnung im Testbeispiel:
Skonto (EUR)
= Skonto-%-Satz x Netto-Umsatz

Bonus nach Kunden

Der Bonus ist eine Umsatzgutschrift, die der Kunde z. B. bei Überschreitung eines bestimmten Absatzvolumens erhält (um ihn zu Mehrabsatz zu motivieren). Der Bonus muss unabhängig von der tatsächlichen Bonusabrechnung abgegrenzt werden, um den anteiligen Monatswert bzw. den anteiligen Wert pro Geschäftsvorfall zu erhalten. D. h. es muss ein Bonussatz angenommen werden (im Beispiel als EUR/100 Stück), der die diesem Kunden gewährte Bonusgewährung anteilig möglichst gut trifft.
Da die Bonuskondition üblicherweise nach einer Mengenstaffel erfolgt, ist der erwartete Jahresabsatz des Kunden zu schätzen und der für diesen erwarteten Absatz zutreffende Bonussatz anzusetzen.

Für das einzelne Geschäft kann eigentlich gar kein Bonus angegeben werden, da wie gesagt die Bonusabrechnung erst im Nachhinein bezogen auf eine Periode, wenn Gesamtabsätze usw. vorliegen, und nicht für den Einzelfall gemacht wird.

Beispiel: Bonusstaffel:
Jahresabsatz > 1 Mio Stück, Bonus 1,00 EUR /100 Stück
Jahresabsatz > 2 Mio Stück, Bonus 2,00 EUR /100 Stück
Kunde wird voraussichtlich einen Jahresumsatz von 1,2 Mio Stück erreichen (muss geschätzt werden). Bonus für Abgrenzung 1,00 EUR / 100 Stück.

Rechnungsabsatz des Kunden beträgt 100.000 Stück: Abgegrenzter Bonus: 100.000 Stück x 1,00 EUR / 100 Stück = 1.000 EUR.

Die Bonusabrechnung erfolge am Jahresende: tatsächlich gewährter Bonus im betrachteten Monat: 0 EUR.

Die Differenzen zwischen "als Bonus verrechnet" und "tatsächlich gewährt/bezahlt" sind im Auge zu behalten, d. h. auf Abgrenzungsaufträgen oder -konten zu erfassen.

Berechnung im Testbeispiel:
Bonus (EUR)
= Absatzmenge (Stück) x Bonus pro 100 Stück (EUR/100 Stück) / 100

Gruppenbonus nach Kundengruppen

Die großen Handelsgruppen setzen oft einen zusätzlichen Bonus durch. Maßstab ist der Gruppenumsatz (im Testbeispiel wird angenommen, dass Kästle-Nord und Kästle-Süd jeweils einen Bonus von 1 EUR/100 Stück erhalten, darüber hinaus erhält die Kästle-Gruppe einen zusätzlichen Gruppenbonus von 2 EUR/100 Stück auf den Gruppenabsatz).

Es gilt alles zum kundenbezogenen Bonus bereits Gesagte.

Berechnung im Testbeispiel:
Gruppenbonus (EUR)
= Absatzmenge (Stück) x Gruppenbonus pro 100 Stück (EUR/100 Stück) / 100

Sonderbonus

Der Sonderbonus wird fallweise und ohne Bezug zu einem konkreten Umsatzgeschäft gewährt (im Testbeispiel für eine Kundengruppe). Im Gegensatz zum Gruppenbonus gibt es keine Berechnungsgrundlage (wie Gruppenabsatz), sondern es ist ein Pauschalwert, der in einer gesonderten Buchung (Bonusgutschrift) der Kundengruppe gutgeschrieben wird.

Er mindert den Deckungsbeitrag des Kunden/der Kundengruppe, ohne dass eine Zuordnung zu einem konkreten Einzelgeschäft möglich ist. Diese "Unglücksfälle" (=Deckungsbeitragsverschlechterungen) sind deswegen immer nur dem Ist zu entnehmen, weil eine Berechnungsgrundlage fehlt.

Die Gründe für die Gewährung des Sonderbonus können so vielfältig wie das Geschäftsleben sein: Man denke an

- die pauschale Abgeltung von Kundenreklamationen,
- einen Ausgleich für einen eingetretenen Preisverfall am Markt (der quasi ein Nachverhandeln bereits abgeschlossener Kaufverträge bedeutet),
- ein Jubiläum der Kundenfirma, zu dem der Lieferant /Hersteller seiner Freude durch einen Sonderbonus Ausdruck verleiht,
- den Geburtstag des Geschäftsführers der Kundenfirma, den der Lieferant / Hersteller zum Anlass nimmt, einen Sonderbonus mit vielen Wünschen für ein langes Leben und noch viele schöne Aufträge zu verbinden.

Der Sonderbonus, der dem Artikel nicht zugeordnet werden kann (und damit auch keiner Farbe), ist ein schönes Beispiel für die Zuordnungsprobleme der Kostenrechnung und die professionellen und unprofessionellen Wege zu ihrer Lösung.

Die wunderbar einfache Lösung wird sein, dass man bei Bedarf eine Kategorie "nicht zugeordnet" bilden wird, deren Deckungsbeiträge man in der Gesamtbetrachtung dann allerdings nicht vergessen darf. (Siehe unter Punkt 2.1.3 Auswertungen.)

Der Sonderbonus ist der Kundengruppe (im Beispiel: Kästle-Gruppe) zuzuordnen. Die Kundengruppe ist ein Verdichtungsbegriff. Für die Bonusgutschrift braucht man aber eine "normale" Empfangsadresse (im Beispiel: Kästle Zentrale), die ebenfalls der Gruppe zugeordnet wird.

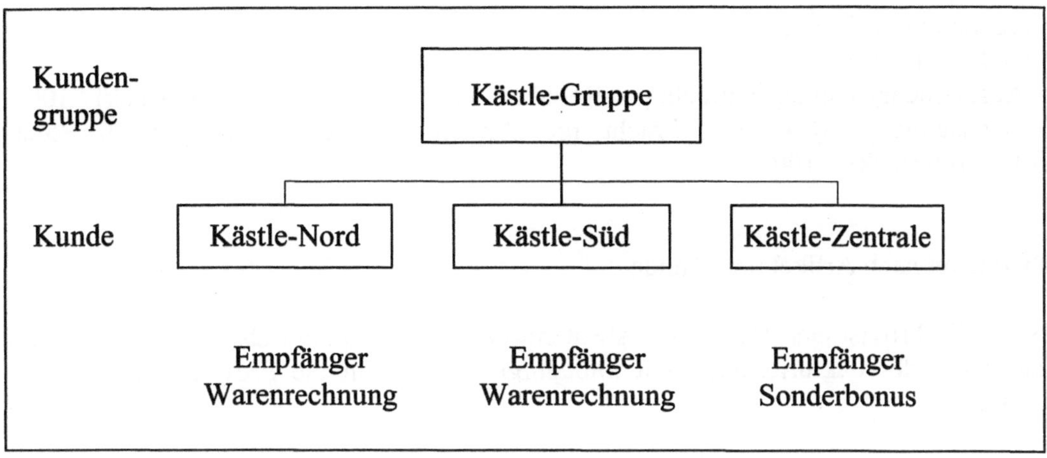

Bild 2.1.1/3: Verdichtungsknoten und Zentral-Adresse

Berechnung im Testbeispiel:
Sonderbonus (EUR)
= Sonderbonus (EUR)

Zwi-Su 1 (EUR)
= Skonto (EUR) + Bonus (EUR) + Gruppenbonus (EUR) + Sonderbonus (EUR)

DB1 (EUR)
= Netto-Umsatz (EUR) - Zwi-Su 1 (EUR)

Fracht nach Artikel und Region

Auch Frachten sind abzugrenzen, da zum Zeitpunkt der Fakturierung nicht unbedingt auch schon die Frachtabrechnung vorliegt.

Im Testbeispiel sind 2 Fracht-Tabellen vorgesehen, die beide (additiv) anzuwenden sind, eine Region-abhängige Fracht-Tabelle und eine Region-Artikel-abhängige Frachttabelle.

Dass man beide Tabellen zu einer vereinigen könnte, ist zwar richtig, aber durch die zwei Tabellen bleiben die beiden Komponenten der Frachtberechnung nachvollziehbar (außerdem lässt sich an zwei Tabellen die sog. Zugriffsfolge bei der SAP-Software demonstrieren, siehe 3. Kapitel).

Berechnung im Testbeispiel:
Fracht (EUR)
= Absatzmenge (Stück) x Fracht pro Region u. pro 100 Stück(EUR/100 Stück) / 100
+ Absatzmenge (Stück) x Fracht pro Artikel und Region u. pro 10 Stück (EUR/100Stück) / 100

Provision nach Artikel und Kunde

Auch die Provisionen (für einen Absatzmittler/Vertreter) sind abzugrenzen, da zum Zeitpunkt der Fakturierung nicht unbedingt auch schon die Provisionsabrechnung vorliegt.

Insbesondere wenn die Provisionsgestaltung nicht nur auf das Einzelgeschäft abstellt, sondern Sonderprovisionen für das Erreichen von Jahresumsätzen und Ähnliches vorsieht, ist wiederum eine Abschätzung über die tatsächliche Erreichung der Zielvorgaben nötig.

Berechnung im Testbeispiel:
Provision (EUR)
= Absatzmenge (Stück) x Provision pro Artikel und Kunde und pro 100 Stück (EUR/100 Stück) / 100

Zwi-Su 2 (EUR)
= Fracht (EUR) + Provision (EUR)

DB 2 (EUR)
= DB 1 (EUR) - Zwi-Su 2 (EUR)

Damit ist im Kalkulationsschema (hier: Deckungsbeitragsschema) des Testbeispiels der Absatzbereich abgeschlossen, es folgt der Produktionsbereich.

Variable Herstellkosten

Die Plan-Stückkalkulation liegt nach Artikeln vor. Es ist eine Unterteilung nach Umbau, Energie, Gemenge, Verpackung, Lager gegeben.

Berechnung im Testbeispiel:
Var HK Umbau (EUR)
= Absatzmenge (Stück) x var HK Umbau pro 100 Stück (EUR/100 Stück) / 100

Var HK Energie (EUR)
= Absatzmenge (Stück) x var HK Energie pro 100 Stück (EUR/100 Stück) / 100

Var HK Gemenge (EUR)
= Absatzmenge (Stück) x var HK Gemenge pro 100 Stück (EUR/100 Stück) / 100

Var HK Verpackung (EUR)
= Absatzmenge (Stück) x var HK Verpackung pro 100 Stück (EUR/100 Stück) / 100

Var HK Lager (EUR)
= Absatzmenge (Stück) x var HK Lager pro 100 Stück (EUR/100 Stück) / 100

Variable Herstellkosten (EUR)
= var HK Umbau (EUR) + var HK Energie (EUR) + var HK Gemenge (EUR) + var HK Verpackung (EUR) + var HK Lager (EUR

DB 3 (EUR)
= DB 2 (EUR) - variable Herstellkosten (EUR)

DB 3 % von Brutto-Umsatz
= DB 3 (EUR) / Brutto-Umsatz (EUR)

Jede Kennzahl ist begründungspflichtig: Warum DB 3 auf Brutto-Umsatz und nicht auf Netto-Umsatz bezogen? Mit dem Brutto-Umsatz verfügt das Unternehmen über einen einheitlichen Maßstab, auf den alle Markt- und sonstigen Einflüsse bezogen werden können. Allerdings sind die Grundpreise als Marktpreise selbst wieder eine sehr heterogene Basis, weil in sie schon Nachfrage, Wettbewerb und Kalkulationserfordernisse eingehen. Das Rabattgeschehen ist im vorliegenden Fall nicht sehr ausgeprägt, die "Musik" (der Erlösschmälerungen) spielt eher bei den Boni. Trotzdem sollte das Rabattgeschehen immer miteinbezogen werden. Dem alten Rechnungswesen-Usus (Brauch) die Brutto-Umsätze gar nicht zu buchen und auf dem Netto-Umsatz als dem Rechnungsendbetrag aufzusetzen, liegt die Vorstellung zu Grunde, dass alles was sich vor dem Rechnungsendbetrag abspielt ohnehin "Phantasie und Marketingtäuschung" ist (man verlangt einen Mondpreis, um dem Einkäufer mit einem Riesenrabatt ein Erfolgserlebnis zu verschaffen). Inzwischen ist allerdings der feste Bezugspunkt Nettoumsatz auch längst aufgeweicht, wie die Boni zeigen. Fazit: Man beziehe die ganze Strecke vom Brutto-Umsatz bis DB 3 ein, also ist Brutto-Umsatz die geeignete Bezugsbasis.

Was in den Erfolgsrechnungen fehlt, ist eine *durchgängige* (und nicht nur DB 3) Prozentuierung *aller* Kalkulationszeilen auf den Brutto-Umsatz (=100 %) in einer eigenen Spalte. Dadurch wird die Analyse erschwert. Allerdings würde sich die Zahl der notwendigen Spalten verdoppeln, so dass hier darauf verzichtet wird.

2.1.2 Bewertete Geschäftsvorfälle

Mit Hilfe des Dateninput ist es nun möglich, die Geschäftsvorfälle jeweils anhand des Kalkulationsschemas (bis DB 3) zu bewerten. Die bewerteten Geschäftsvorfälle ("Auftragscontrolling") stellen den Pool an Grundbausteinen dar ("Atome"), von dem ausgehend verschiedene Auswertungen als Verdichtungen vorgenommen werden können.

Im Testbeispiel sind 17 Geschäftsvorfälle gegeben, die in der Summe einen Deckungsbeitrag von 482,8 TEUR ergeben.

Der Geschäftsvorfall 1 (1. Rechnung) sei näher beschrieben:

Kunde Müller hat 100.000 Stück 100-g-Kaffeegläser zum Grundpreis von 14,-- EUR/100 Stück erhalten (s. Bild 2.1.4/10: Bewertete Geschäftsvorfälle).
Verpackungszuschlag und Rabatt sind nicht angefallen, Skonto wurde mit 3 % verrechnet (unabhängig davon, wie der Kunde sich zahlungsmäßig im konkreten Fall verhalten wird), es ist weder Bonus noch Gruppenbonus (der Kunde gehört keiner Gruppe an) angefallen. Fracht wurde mit 0,1 EUR/100 Stück für Region Nord und mit zusätzlich 0,02 EUR/100 für das 100-g-Kaffeeglas und Region Nord verrechnet. Provision ist nicht angefallen.
Die variablen Herstellkosten für das 100-g-Kaffeeglas betragen 3,05 EUR/100 Stück (= (0,20 + 0,20 + 2,30 + 0,15 + 0,20) EUR/100 Stück), so dass bei einer Absatzmenge von 100.000 Stück 3.050 EUR verrechnet werden.

Bei Geschäftsvorfall 5 wurde bei einer Absatzmenge von 500.000 Stück ein Bonus von 1,00 EUR / 100 Stück verrechnet entsprechend 5.000 EUR und ein Gruppenbonus (Kästle-Nord gehört der Kästle-Gruppe an) von nochmals 2,00 EUR / 100 Stück entsprechend 10.000 EUR.

Hingewiesen sei noch auf den Geschäftsvorfall 17 (Bonusgutschrift), der sich auf einen Sonderbonus für die Kästle-Gruppe in Höhe von 5.000 EUR (pauschal) bezieht.

Andere Geschäftsvorfälle ("nice to know")
Wie im Vorwort gesagt, sollte das Konzept nicht gleich mit allen Komplikationen überfrachtet werden. Außer den Auftragspositionen und dem Sonderbonus gibt es "im Leben" noch eine Vielzahl an "Stör- und Unglücksfällen", für die - obwohl anzahlmäßig unbedeutend - dennoch im Einzelnen festgelegt werden muss, wie vorzugehen ist.

Einige Beispiele:

Reklamationsgutschrift
Artikel seien beim Kunden und werden nicht zurückgesandt. Kunde macht laut Aufstellung Bruch

im Füller (Abfüllmaschine), Aufräumarbeiten, Produktionsausfall geltend, insgesamt 10.000 EUR, die anerkannt werden.

Es wird eine Wertgutschrift erteilt.

Es wird im Kalkulationsschema eine eigene Zeile Reklamationsgutschriften gebildet, um diese Fälle getrennt sehen zu können.

Rücklieferung
Bei einem Standardartikel (beim kundenspezifischen Artikel nicht sinnvoll) erfolgt Rücklieferung der gesamten Sendung, weil ein Fehler geltend gemacht wird. Hersteller stellt auf Prüfmaschine fest, dass nur eine Form (von mehreren) fehlerhaft war, so dass 90 % an Lager zurückgehen kann, 10 % nur als Scherben weiterverarbeitet werden kann.
Umsatz und (Umsatz-)Kosten werden zurückgebucht, im Materialwirtschaftsmodul wird ein Lagerzugang zu Herstellkosten notiert.

Gratislieferung
Statt eines Rabatts oder wegen Qualitätsmängeln wird eine Gratislieferung geleistet (Naturalrabatt). Absatz und Umsatz sowie (Umsatz-)Kosten werden normal gebucht, damit die Umsatz- und Mengenstatistik stimmt. In einer gesonderte Kalkulationszeile Gratislieferung wird eine Gegenbuchung in Höhe des Umsatzes erzeugt.

2.1.3 Auswertungen

Es werden (beispielhaft, weitere sind möglich) vier Auswertungen vorgenommen

- **Artikelerfolg** (Deckungsbeitrag nach Artikeln)
- **Kundenerfolg** (Deckungsbeitrag nach Kunden)
- **Kundengruppenerfolg** (Deckungsbeitrag nach Kundengruppen)
- **Farberfolg** (Deckungsbeitrag nach Farben (der Artikel))

In der Summe muss natürlich immer der gleiche Deckungsbeitrag (im Testbeispiel 482,8 TEUR) herauskommen.

Exkurs über die "Nicht-Zugeordneten":
Bei der Sortierung nach Artikeln fällt der Sonderbonus, der keinem Artikel zuordenbar ist, unter die Kategorie "nicht zugeordnet" (ebenso ist es bei der Sortierung nach Kunden und nach Farben), während er bei der Sortierung nach Kundengruppen unter Kästle-Gruppe fällt. Dafür gibt es aber dort Kunden, die keiner Kundengruppe angehören. Die Kategorie "nicht zugeordnet" beinhaltet bei den Artikeln etwas anderes als bei den Kundengruppen: bei den Artikeln die Vorgänge, bei denen ein Bezug zum Artikel fehlt (Sonderbonus), bei den Kundengruppen alle Kunden, die nicht zu einer Kundengruppe (Konzern usw.) gehören (weder "Kästle" noch "Vereinigte Mineral"), sondern nicht konzerngebundene Stand-alone-Kunden sind.

Diese Lösung ist von einer genialen Einfachheit.

Jeder denkt zwar, dass er auch darauf gekommen wäre. Man muss aber nur einmal daran erinnern, welche Handstände die Kostenrechner früher gemacht haben und auch heute noch stattdessen machen, um zu erkennen, dass diese Behandlung der "Nicht Zugeordneten" überhaupt nicht selbstverständlich ist.

Es gibt mindestens drei Arten von Lösungen:

1) als Kostenträger "**nicht zugeordnet**"
   Das ist die hier praktizierte "Ideal-Lösung". In jeder Sortierungsrichtung gibt es eine Spalte (Kategorie) "nicht zugeordnet". Sie nimmt alle Fälle auf, die in der jeweiligen Sortierungsrichtung nicht ohne Zwang hineinpassen. Diese Restkategorie muss man in der Gesamtbetrachtung allerdings dann nicht vergessen.
   Beispiel (wie oben): Sonderbonus ist nicht artikelbezogen, nicht kundenbezogen, sondern nur kunden*gruppen*bezogen. In die Auswertung nach Farben passt er auch nicht hinein, weil Farbe ein Artikelmerkmal ist: Wenn keine Zuordnung zu Artikeln möglich ist, dann auch keine Zuordnung zu Artikelmerkmalen.

2) als **Modifizierung des Zeilenschemas** in Abhängigkeit vom Kostenträger.
   Vorgänge, die der jeweiligen Sortierungsrichtung nicht zugeordnet werden können, werden zeilenmäßig umgegliedert und in tieferen DB-Stufen oder in die Restfixkosten übernommen, die nur in der Summenspalte ausgewiesen werden.
   In der letzten DB-Stufe stimmen die verschiedenen Sortierungsrichtungen wie es sein muss wieder überein, nicht aber in den Zwischenstufen. Das ist ein unschöner Nebeneffekt, dass die DB-Stufen (bis auf die letzte) je nach Sortierungsrichtung nicht zum gleichen Ergebnis kommen.

Kundenerfolg	Summe	Artikelerfolg	Summe
Umsatz / Grundpreis	718.800	Umsatz / Grundpreis	718.800
Verpackungszuschlag	12.400	Verpackungszuschlag	12.400
Brutto-Umsatz	731.200	Brutto-Umsatz	731.200
Rabatt	5.738	Rabatt	5.738
Netto-Umsatz	725.462	Netto-Umsatz	725.462
Skonto	21.764	Skonto	21.764
Bonus	45.000	Bonus	45.000
Gruppenbonus	30.500	Gruppenbonus	30.500
Sonderbonus	5.000	-	
Zwi-su 1	102.264	Zwi-su 1	97.264
DB 1	623.198	DB 1	628.198
Fracht	6.082	Fracht	6.082
Provision	2.522	Provision	2.522
Zwi-su 2	8.604	Zwi-su 2	8.604
DB 2	614.594	DB 2	619.594
var Herstellkosten	131.775	var Herstellkosten	131.775
DB 3	482.819	DB 3	487.819
-	0	**Sonderbonus**	5.000
DB 4	482.819	DB 4	482.819

Bild 2.1.3/1: Unterschiedliche DB-Stufen je nach Sortierungsrichtung

3) als **Schlüsselung**

Ironisch:
Der traditionelle Kostenrechner hat ein Faible für Schlüsselungen aller Art. Zwar hat es sich herumgesprochen, dass es keine verursachungsgerechten Schlüssel gibt, so dass Schlüsselungen immer willkürlich sind. Besonders schön kommt das im "Tragfähigkeitsprinzip" zum Ausdruck: Man schlüsselt die Kosten dahin, wo sie am ehesten getragen werden können. Wo wenig Kosten sind und daher hohe Deckungsbeiträge, werden durch Schlüsselung Lasten hinverlagert. Schöner

Nebeneffekt der Schlüsselung: Durch Schlüsselung wird der Kostenrechner unentbehrlich, denn nur er weiß noch, wie er die Kosten (falsch) geschlüsselt hat.

Bei der Verteilung/Schlüsselung der Kosten gibt es wieder verschiedene Möglichkeiten:

a) Mit der Streusandbüchse über Gerechte und Ungerechte:
Im Beispiel Sonderbonus: über alle Produkte.

b) Selektiv (differenziert):
Im Beispiel Sonderbonus: nur über *die* Produkte *der* Kunden, deren Zentrale in den Genuss des Sonderbonus gekommen ist.

Schlüssel? Irgendeiner, z. B. Umsatz oder Deckungsbeitrag oder sonst ein (falscher) Schlüssel.

Vorteil der Schlüsselung: Die Summe der Artikelergebnisse ist auch das Gesamtergebnis.

Nebenbemerkung
Der Kostenrechner/Controller kann als Entschuldigung für die Schlüsselung immer seine Gesprächspartner ins Feld führen (immer Nicht-Betriebswirte wie Ingenieure, Vertriebsleute, Juristen, Pfarrer und ähnliche). Da ist die Versuchung übergroß, ein Ergebnis zu präsentieren, das die Klientel auch versteht. Wer versteht schon, dass die Summe über alle Produktergebnisse nicht das Gesamtergebnis ergibt (weil es die Restkategorie der Nicht-Zugeordneten gibt). Da aber "nicht-zugeordnet" wie ein Versagen des Kostenrechners klingt, produziert ein schwacher Kostenrechner eben lieber die gewünschten Gefälligkeitsergebnisse und schlüsselt und schlüsselt.

Ende des Exkurses über die "Nicht-Zugeordneten".

Nach den Zeilen des Kalkulationsschemas sind jetzt die Spalten zu besprechen: die Kostenträger, nämlich Artikel, Kunden und deren Attribute. Diese sind ohne Problem. Die Kundenhierarchie ist in Kapitel 3 Modul 5 dargestellt.

Es folgt das komplette Testbeispiel als Tabellenkalkulation (durchgängig im Querformat).

Damit ist das betriebswirtschaftliche Konzept operational definiert. Es könnte jetzt in *irgendeiner* Software umgesetzt werden.

Danach folgt die Umsetzung in der SAP R/3-Software (in Kapitel 3).

2.1.4 Testbeispiel als Tabellenkalkulation

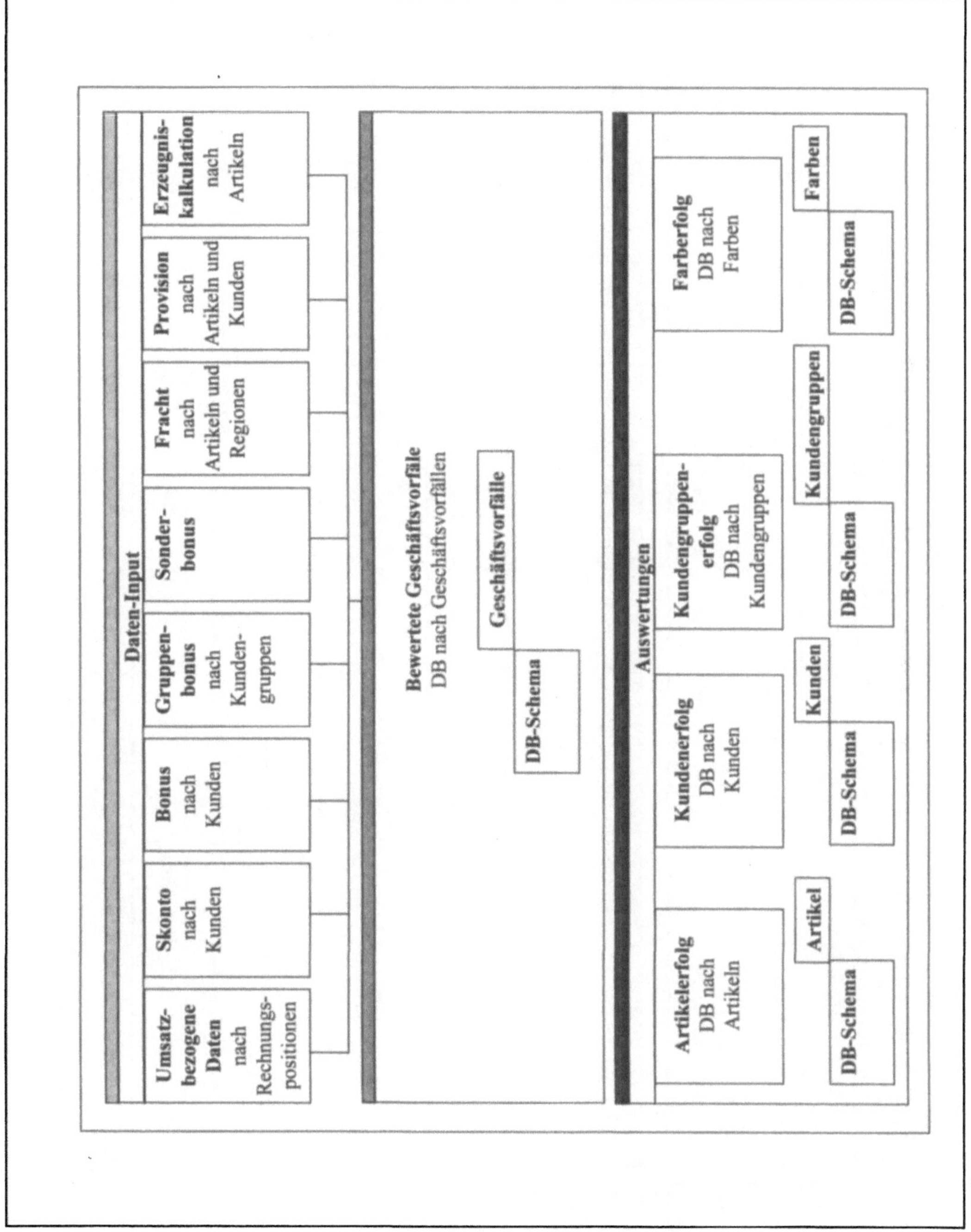

Bild 2.1.4/1: Überblick über das Testbeispiel

	A	B	C	D	E	F	G	H	I	J
1										
2	**Umsatzbezogene Daten (Absatzmenge, Grundpreis, Verpackungszuschlag, Rabatt)**									
3	nach Rechnungspositionen (Faktura-Positionen, Auftragspositionen)									
4										
5	Geschäftsvorfall-Nr		1	2	3	4	5	6	7	8
6										
7	**Kunde**									
8		Kunden-Nr	1100	1300	2000	1500	1200	1900	1400	1600
9		Kunde	Mueller	Obstler	Schlosser	Jacobi	Kästle-	Möller	Herzog	Gebelstein
10							Nord			
11										
12		Region	Nord	Süd	Nord	Nord	Nord	Süd	Süd	Nord
13										
14		Kundengruppe	ohne	ohne	ohne	ohne	Kästle-	ohne	Vereinigte	Vereinigte
15							Gruppe		Mineral	Mineral
16										
17	**Artikel**									
18		Artikel-Nr	900	500	700	900	900	1000	700	400
19		Artikel-Bezeichnung	100g Kaff	0,70 l Spiri	0,75 l Brun	100g Kaff	100g Kaff	0,75 l Fru	0,75 l Bru	0,70 l Bru
20		Artikelgruppe	Kaffee	alk	AFG	Kaffee	Kaffee	AFG	AFG	AFG
21										
22		Farbe	braun	grün	grün	braun	braun	braun	grün	weiss
23		Farbgruppe	bunt	bunt	bunt	bunt	bunt	bunt	bunt	weiss
24										
25	**Mengen/Werte**									
26		**Absatzmenge (Stück)**	**100.000**	**300.000**	**250.000**	**200.000**	**500.000**	**190.000**	**350.000**	**140.000**
27										
28		**Grundpreis (EUR/100 Stück)**	**14,00**	**20,00**	**25,00**	**15,00**	**15,00**	**15,00**	**25,00**	**25,00**
29										
30		**Verpackzuschlag (EUR/100 Stück)**	**0,00**	**0,00**	**3,00**	**0,00**	**0,00**	**1,00**	**0,00**	**1,00**
31										
32		**Rabatt (% von Brutto-Umsatz)**	**0%**	**0%**	**0%**	**0%**	**3%**	**2%**	**0%**	**1%**

Bild 2.1.4/2: Umsatzbezogene Daten (1)

	A	B	K	L	M	N	O	P	Q	R
1										
2	**Umsatzbezogene Daten (Absatzmenge, Grundpreis, Verpackungszuschlag, Rabatt)**									
3	nach Rechnungspositionen (Faktura-Positionen, Auftragspositionen)									
4										
5	Geschäftsvorfall-Nr		9	10	11	12	13	14	15	16
6										
7	**Kunde**									
8		Kunden-Nr	1200	1800	1300	1900	1500	1600	1300	1100
9		Kunde	Kästle-	Kästle-	Obstler	Möller	Jacobi	Gebelstein	Obstler	Mueller
10			Nord	Süd						
11										
12		Region	Nord	Süd	Süd	Süd	Nord	Nord	Süd	Nord
13										
14		Kundengruppe	Kästle-	Kästle-	ohne	ohne	ohne	Vereinigte	ohne	ohne
15			Gruppe	Gruppe				Mineral		
16										
17	**Artikel**									
18		Artikel-Nr	600	900	500	1000	900	400	500	900
19		Artikel-Bezeichnung	0,33 l Soft	100g Kaff	0,70 l Spiri	0,75 l Fru	100g Kaff	0,70 l Bru	0,70 l Spiri	100g Kaff
20		Artikelgruppe	AFG	Kaffee	alk	AFG	Kaffee	AFG	alk	Kaffee
21										
22		Farbe	grün	braun	grün	braun	braun	weiss	grün	braun
23		Farbgruppe	bunt	bunt	bunt	bunt	bunt	weiss	bunt	bunt
24										
25	**Mengen/Werte**									
26		**Absatzmenge (Stück)**	**400.000**	**300.000**	**350.000**	**250.000**	**300.000**	**160.000**	**160.000**	**120.000**
27										
28		**Grundpreis (EUR/100 Stück)**	**10,00**	**15,00**	**20,00**	**15,00**	**15,00**	**25,00**	**20,00**	**14,00**
29										
30		**Verpackzuschlag (EUR/100 Stück)**	**0,00**	**0,00**	**0,00**	**0,00**	**0,00**	**1,00**	**0,00**	**0,00**
31										
32		**Rabatt (% von Brutto-Umsatz)**	**0%**	**3%**	**0%**	**2%**	**0%**	**1%**	**0%**	**0%**

Bild 2.1.4/2: Umsatzbezogene Daten (2)

	A	B	C	D	E	F	G	H	I	J
1										
2	**Skonto**									
3	(nach Kunden)									
4										
5	Kunden-Nr	1100	1200	1300	1400	1500	1600	1800	1900	2000
6	Kunde	Mueller	Kästle-	Obstler	Herzog	Jacobi	Gebelstein	Kästle-	Möller	Schlosser
7			Nord					Süd		
8										
9	Region	Nord	Nord	Süd	Süd	Nord	Nord	Süd	Süd	Nord
10										
11	Kundengruppe		Kästle-		Vereinigte		Vereinigte	Kästle-		
12			Gruppe		Mineral		Mineral	Gruppe		
13										
14										
15	**Skonto**	**3%**	**3%**	**3%**	**3%**	**3%**	**3%**	**3%**	**3%**	**3%**
16	von Netto-Umsatz									

Bild 2.1.4/3: Skonto

	A	B	C	D	E	F	G	H	I	J
1										
2	**Bonus**									
3	nach Kunden									
4										
5	Kunden-Nr	1100	1200	1300	1400	1500	1600	1800	1900	2000
6	Kunde	Mueller	Kästle-	Obstler	Herzog	Jacobi	Gebelstein	Kästle-	Möller	Schlosser
7			Nord					Süd		
8										
9	Region	Nord	Nord	Süd	Süd	Nord	Nord	Süd	Süd	Nord
10										
11										
12	Kundengruppe		Kästle-		Vereinigte		Vereinigte	Kästle-		
13			Gruppe		Mineral		Mineral	Gruppe		
14										
15										
16	**Bonus (EUR/100 Stück)**	**0,00**	**1,00**	**2,00**	**1,00**	**0,00**	**1,50**	**1,00**	**2,00**	**0,00**

Bild 2.1.4/4: Bonus

	A	B	C
1			
2	**Gruppenbonus**		
3	nach Kundengruppen		
4			
5	Kundengruppe	Kästle-	Vereinigte
6		Gruppe	Mineral
7			
8	**Gruppenbonus (EUR/100 Stück)**	**2,00**	**1,00**

Bild 2.1.4/5: Gruppenbonus

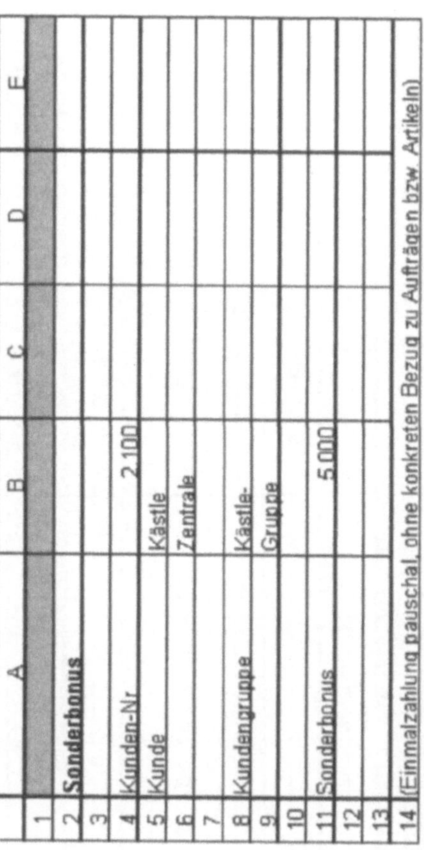

	A	B	C	D	E
1					
2	**Sonderbonus**				
3					
4	Kunden-Nr	2.100			
5	Kunde	Kästle			
6		Zentrale			
7					
8	Kundengruppe	Kästle-			
9		Gruppe			
10					
11	Sonderbonus	5.000			
12					
13					
14	(Einmalzahlung pauschal, ohne konkreten Bezug zu Aufträgen bzw. Artikeln)				

Bild 2.1.4/6: Sonderbonus

	A	B	C	D	E	F	G
1							
2	Fracht wird additiv aus zwei Tabellen berechnet:						
3							
4	**Fracht**			**Fracht**			
5	nach Regionen			nach Artikeln und Regionen			
6							
7	Fracht	Fracht		Artikel-Nr	Artikel-Bezeichnung	Fracht	Fracht
8	Nord	Süd				Nord	Süd
9	EUR/100 Stück	EUR/100 Stück				EUR/100 Stück	EUR/100 Stück
10							
11	0,10	0,15		400	0,70 l Brunnenflasche		
12				500	0,7 l Spirituosenflasche	0,10	0,08
13				600	0,33 Softdrinkflasche		
14				700	0,75 l Brunnenflasche		
15				900	100 g Kaffeeglas	0,02	0,04
16				1000	0,75 l Fruchtsaftflasche		

Bild 2.1.4/7: Fracht

	A	B	C	D	E	F	G	H	I	J	K
1											
2	**Provision**										
3	nach Artikeln und Kunden										
4	(von Netto-Umsatz)										
5											
6	Kunden-Nr		1100	1200	1300	1400	1500	1600	1800	1900	2000
7	Kunde		Mueller	Kästle-	Obstler	Herzog	Jacobi	Gebelstein	Kästle-	Möller	Schlosser
8				Nord					Süd		
9	Artikel-Nr	Artikel-Bezeichnung									
10											
11	400	0.70 l Brunnenflasche				1%		1%			
12	500	0.7 l Spirituosenflasche									
13	600	0.33 Softdrinkflasche									
14	700	0.75 l Brunnenflasche				2%		2%			
15	900	100 g Kaffeeglas									
16	1000	0.75 l Fruchtsaftflasche									

Bild 2.1.4/8: Provision

	A	B	C	D	E	F	G	H	I	J	K
1											
2	**Artikeldaten/ Stückkalkulation**										
3											
4	Artikel-Nr	Artikel-Bezeichnung	Artikelgruppe	Farbe	Farbgruppe	variable Herstellkosten					
5						Umbau	Energie	Gemenge	Verpackung	Lager	Summe
6						EUR/100 Stück	EUR/100 Stück	EUR/100 Stück	EUR/100 Stück	EUR/100 Stück	EUR/100 Stück
7											
8	400	0,70 l Brunnenflasche	AFG	weiss	weiss	0,24	0,50	2,30	0,10	0,24	3,38
9	500	0,7 l Spirituosenflasche	alk	grün	bunt	0,20	0,50	2,05	0,20	0,20	3,15
10	600	0,33 Softdrinkflasche	AFG	grün	bunt	0,15	0,45	2,50	1,00	0,15	4,25
11	700	0,75 l Brunnenflasche	AFG	grün	bunt	0,25	0,40	1,40	0,30	0,25	2,60
12	900	100 g Kaffeeglas	Kaffee	braun	bunt	0,20	0,20	2,30	0,15	0,20	3,05
13	1000	0,75 l Fruchtsaftflasche	AFG	braun	bunt	0,40	0,40	2,50	0,20	0,40	3,90

Bild 2.1.4/9: Artikeldaten/Stückkalkulation

	A	B	C	D	E	F	G	H	I	J	K	L	M	N	O	P	Q	R	S	T	U
1																					
2	**NUR Überblick ! Lesbar auf den nächsten 4 Seiten**																				
3	**Geschäftsvorfälle**																				
4																					
5	Geschäftsvorfall-Nr		1	2	3	4	5	6	7	8	9	10	11	12	13	14	15	16	17		**Gesamt**
6																					
7	**Kunde**																				
8		Kunden-nr	1.100	1.300	2.000	1.500	1.200	1.900	1.400	1.600	1.200	1.800	1.300	1.900	1.500	1.600	1.300	1.100	2.100		
9		Kunde	Mueller	Obstler	Schlosser	Jacobi	Kästle-	Möller	Herzog	Gebelstein	Kästle-	Kästle-	Obstler	Möller	Jacobi	Gebelstein	Obstler	Mueller	Kästle		
10							Nord				Nord	Süd							Zentrale		
11																					
12		Kundengruppe					Kästle-		Vereinigte	Vereinigte	Kästle-	Kästle-				Vereinigte			Kästle-		
13							Gruppe		Mineral	Mineral	Gruppe	Gruppe				Mineral			Gruppe		
14																					
15		Region	Nord	Süd	Nord	Nord	Nord	Süd	Süd	Nord	Nord	Süd	Süd	Süd	Nord	Nord	Süd	Nord	ohne		
16																					
17	**Artikel**																				
18		Artikel-Nr	900	600	700	900	900	1.000	700	400	600	900	600	1.000	900	400	500	900	ohne		
19		Artikel-Bez	100g Kaff	0,70 l Spirit	0,75 l Brun	100g Kaff	100g Kaff	0,75 l Fru	0,75 l Bru	0,70 l Bru	0,33 l Soft	100g Kaff	0,70 l Spirit	0,75 l Fru	100g Kaff	0,70 l Bru	0,70 l Spirit	100g Kaff	ohne		
20		Artikelgrupp	Kaffee	alk	AFG	Kaffee	Kaffee	AFG	AFG	AFG	AFG	Kaffee	alk	AFG	Kaffee	AFG	alk	Kaffee	ohne		
21		Farbe	braun	grün	grün	braun	braun	braun	grün	weiss	grün	braun	grün	braun	braun	weiss	grün	braun	ohne		
22		Farbgruppe	bunt	bunt	bunt	bunt	bunt	bunt	bunt	weiss	bunt	bunt	bunt	bunt	bunt	weiss	bunt	bunt	ohne		
23																					
24	Absatzmenge (Stück)		100.000	300.000	250.000	200.000	500.000	190.000	350.000	140.000	400.000	300.000	350.000	250.000	300.000	160.000	160.000	120.000			**4.070.000**
36																					
37																					
38																					
39	**Bewertete Geschäftsvorfälle (TEUR)**																				
40																					
41	Geschäftsvorfall-Nr		1	2	3	4	5	6	7	8	9	10	11	12	13	14	15	16	17		Gesamt
42																					
43	**Absatzmenge (Stück)**		**100.000**	**300.000**	**250.000**	**200.000**	**500.000**	**190.000**	**350.000**	**140.000**	**400.000**	**300.000**	**350.000**	**250.000**	**300.000**	**160.000**	**160.000**	**120.000**			**4.070.000**
44	(Absatzmenge hier wiederholt, um alle Daten für die Istbuchungen "zusammen" zu haben)																				
45																					
46	**Umsatz / Grundpreis**		**14.000**	**60.000**	**62.500**	**30.000**	**75.000**	**28.500**	**87.500**	**35.000**	**40.000**	**45.000**	**70.000**	**37.500**	**45.000**	**40.000**	**32.000**	**16.800**			**718.800**
47	**Verpackungszuschlag**		**0**	**0**	**7.500**	**0**	**0**	**1.900**	**0**	**1.400**	**0**	**0**	**0**	**0**	**0**	**1.600**	**0**	**0**			**12.400**
48	*Brutto-Umsatz*		*14.000*	*60.000*	*70.000*	*30.000*	*75.000*	*30.400*	*87.500*	*36.400*	*40.000*	*45.000*	*70.000*	*37.500*	*45.000*	*41.600*	*32.000*	*16.800*			*731.200*
49	**Rabatt**		**0**	**0**	**0**	**0**	**2.250**	**608**	**0**	**364**	**0**	**1.350**	**0**	**750**	**0**	**416**	**0**	**0**			**5.738**
50	*Netto-Umsatz*		*14.000*	*60.000*	*70.000*	*30.000*	*72.750*	*29.792*	*87.500*	*36.036*	*40.000*	*43.650*	*70.000*	*36.750*	*45.000*	*41.184*	*32.000*	*16.800*			*725.462*
51																					
52	**Skonto**		**420**	**1.800**	**2.100**	**900**	**2.183**	**894**	**2.625**	**1.081**	**1.200**	**1.310**	**2.100**	**1.103**	**1.350**	**1.236**	**960**	**504**			**21.764**
53	**Bonus**		**0**	**6.000**	**0**	**0**	**5.000**	**3.800**	**3.500**	**2.100**	**4.000**	**3.000**	**7.000**	**5.000**	**0**	**2.400**	**3.200**	**0**			**45.000**
54	**Gruppenbonus**						**10.000**		**3.500**	**1.400**	**8.000**	**6.000**				**1.600**					**30.500**
55	**Sonderbonus**																		**5.000**		**5.000**
56	*Zwi-su 1*		*420*	*7.800*	*2.100*	*900*	*17.183*	*4.694*	*9.625*	*4.581*	*13.200*	*10.310*	*9.100*	*6.103*	*1.350*	*5.236*	*4.160*	*504*	*5.000*		*102.264*
57	*DB 1*		*13.580*	*52.200*	*67.900*	*29.100*	*55.568*	*25.098*	*77.875*	*31.456*	*26.800*	*33.341*	*60.900*	*30.648*	*43.650*	*35.948*	*27.840*	*16.296*	*-5.000*		*623.198*
58																					
59	**Fracht**		**120**	**690**	**250**	**240**	**600**	**285**	**525**	**140**	**400**	**570**	**805**	**375**	**360**	**160**	**368**	**144**			**6.032**
60	**Provision**		**0**	**0**	**0**	**0**	**0**	**0**	**1.750**	**360**	**0**	**0**	**0**	**0**	**0**	**412**	**0**	**0**			**2.522**
61	*Zwi-su 2*		*120*	*690*	*250*	*240*	*600*	*285*	*2.275*	*500*	*400*	*570*	*805*	*375*	*360*	*572*	*368*	*144*			*8.554*
62	*DB 2*		*13.460*	*51.510*	*67.650*	*28.860*	*54.968*	*24.813*	*75.600*	*30.956*	*26.400*	*32.771*	*60.095*	*30.273*	*43.290*	*35.377*	*27.472*	*16.152*	*-5.000*		*614.644*
63																					
64	**var HK Umbau**		**200**	**600**	**625**	**400**	**1.000**	**760**	**875**	**336**	**600**	**600**	**700**	**1.000**	**600**	**384**	**320**	**240**			**9.240**
65	**var HK Energie**		**200**	**1.500**	**1.000**	**400**	**1.000**	**760**	**1.400**	**700**	**1.800**	**600**	**1.750**	**1.000**	**600**	**800**	**800**	**240**			**14.550**
66	**var HK Gemenge**		**2.300**	**6.150**	**3.500**	**4.600**	**11.500**	**4.750**	**4.900**	**3.220**	**10.000**	**6.900**	**7.175**	**6.250**	**6.900**	**3.680**	**3.280**	**2.780**			**87.885**
67	**var HK Verpackung**		**150**	**600**	**750**	**380**	**750**	**380**	**1.050**	**140**	**4.000**	**450**	**700**	**500**	**450**	**160**	**320**	**180**			**10.960**
68	**var HK Lager**		**200**	**600**	**625**	**400**	**1.000**	**760**	**875**	**336**	**600**	**600**	**700**	**1.000**	**600**	**384**	**320**	**240**			**9.240**
69	*var Herstellkosten*		*3.050*	*9.450*	*6.500*	*6.100*	*15.250*	*7.410*	*9.100*	*4.732*	*17.000*	*9.150*	*11.025*	*9.750*	*9.150*	*5.408*	*5.040*	*3.660*			*131.775*
70	*DB 3*		*10.410*	*42.060*	*61.150*	*22.760*	*39.718*	*17.403*	*66.500*	*26.223*	*9.400*	*23.621*	*49.070*	*20.523*	*34.140*	*29.969*	*22.432*	*12.492*	*-5.000*		***482.869***
71																					
72	*DB 3 % von Brutto-Umsatz*		*74,4%*	*70,1%*	*87,4%*	*75,9%*	*53,0%*	*57,2%*	*76,0%*	*72,0%*	*23,5%*	*52,5%*	*70,1%*	*54,7%*	*75,9%*	*72,0%*	*70,1%*	*74,4%*			*66,0%*

Bild 2.1.4/10: Bewertete Geschäftsvorfälle (1)

	A	B	C	D	E	F	G	H	I	J	K	L
1												
2	**Geschäftsvorfälle**											
3												
4	Geschäftsvorfall-Nr		1	2	3	4	5	6	7	8	9	10
5												
6	**Kunde**											
7		Kunden-nr	1.100	1.300	2.000	1.500	1.200	1.900	1.400	1.600	1.200	1.800
8		Kunde	Mueller	Obstler	Schlosser	Jacobi	Kästle-	Möller	Herzog	Gebelstein	Kästle-	Kästle-
9							Nord				Nord	Süd
10												
11		Kundengruppe					Kästle-		Vereinigte	Vereinigte	Kästle-	Kästle-
12							Gruppe		Mineral	Mineral	Gruppe	Gruppe
13												
14		Region	Nord	Süd	Nord	Nord	Nord	Süd	Süd	Nord	Nord	Süd
15												
16	**Artikel**											
17		Artikel-Nr	900	500	700	900	900	1.000	700	400	600	900
18		Artikel-Bezeichnung	100g Kaff	0,70 l Spirit	0,75 l Brun	100g Kaff	100g Kaff	0,75 l Fru	0,75 l Bru	0,70 l Bru	0,33 l Soft	100g Kaff
19		Artikelgruppe	Kaffee	alk	AFG	Kaffee	Kaffee	AFG	AFG	AFG	AFG	Kaffee
20		Farbe	braun	grün	grün	braun	braun	braun	grün	weiss	grün	braun
21		Farbgruppe	bunt	bunt	bunt	bunt	bunt	bunt	bunt	weiss	bunt	bunt
22												
23	Absatzmenge (Stück)		100.000	300.000	250.000	200.000	500.000	190.000	350.000	140.000	400.000	300.000
24	Grundpreis (EUR/100 Stück)		14,00	20,00	25,00	15,00	15,00	15,00	25,00	25,00	10,00	15,00

Bild 2.1.4/10: Bewertete Geschäftsvorfälle (2)

	A	B	C	D	E	F	G	H	I	J	K	L
38												
39	**Bewertete Geschäftsvorfälle (TEUR)**											
40												
41	Geschäftsvorfall-Nr		1	2	3	4	5	6	7	8	9	10
42												
43	**Absatzmenge (Stück)**		**100.000**	**300.000**	**250.000**	**200.000**	**500.000**	**190.000**	**350.000**	**140.000**	**400.000**	**300.000**
44	(Absatzmenge hier wiederholt, um alle Daten für die Istbuchungen "zusammen" zu haben)											
45												
46	**Umsatz / Grundpreis**		**14.000**	**60.000**	**62.500**	**30.000**	**75.000**	**28.500**	**87.500**	**35.000**	**40.000**	**45.000**
47	**Verpackungszuschlag**		**0**	**0**	**7.500**	**0**	**0**	**1.900**	**0**	**1.400**	**0**	**0**
48	*Brutto-Umsatz*		*14.000*	*60.000*	*70.000*	*30.000*	*75.000*	*30.400*	*87.500*	*36.400*	*40.000*	*45.000*
49	**Rabatt**		**0**	**0**	**0**	**0**	**2.250**	**608**	**0**	**364**	**0**	**1.350**
50	*Netto-Umsatz*		*14.000*	*60.000*	*70.000*	*30.000*	*72.750*	*29.792*	*87.500*	*36.036*	*40.000*	*43.650*
51												
52	**Skonto**		**420**	**1.800**	**2.100**	**900**	**2.183**	**894**	**2.625**	**1.081**	**1.200**	**1.310**
53	**Bonus**		**0**	**6.000**	**0**	**0**	**5.000**	**3.800**	**3.500**	**2.100**	**4.000**	**3.000**
54	**Gruppenbonus**						**10.000**		**3.500**	**1.400**	**8.000**	**6.000**
55	**Sonderbonus**											
56	*Zwi-su 1*		*420*	*7.800*	*2.100*	*900*	*17.183*	*4.694*	*9.625*	*4.581*	*13.200*	*10.310*
57	*DB 1*		*13.580*	*52.200*	*67.900*	*29.100*	*55.568*	*25.098*	*77.875*	*31.455*	*26.800*	*33.341*
58												
59	**Fracht**		**120**	**690**	**250**	**240**	**600**	**285**	**525**	**140**	**400**	**570**
60	**Provision**		**0**	**0**	**0**	**0**	**0**	**0**	**1.750**	**360**	**0**	**0**
61	*Zwi-su 2*		*120*	*690*	*250*	*240*	*600*	*285*	*2.275*	*500*	*400*	*570*
62	*DB 2*		*13.460*	*51.510*	*67.650*	*28.860*	*54.968*	*24.813*	*75.600*	*30.955*	*26.400*	*32.771*
63												
64	**var HK Umbau**		***200***	***600***	***625***	***400***	***1.000***	***760***	***875***	***336***	***600***	***600***
65	**var HK Energie**		***200***	***1.500***	***1.000***	***400***	***1.000***	***760***	***1.400***	***700***	***1.800***	***600***
66	**var HK Gemenge**		***2.300***	***6.150***	***3.500***	***4.600***	***11.500***	***4.750***	***4.900***	***3.220***	***10.000***	***6.900***
67	**var HK Verpackung**		***150***	***600***	***750***	***300***	***750***	***380***	***1.050***	***140***	***4.000***	***450***
68	**var HK Lager**		***200***	***600***	***625***	***400***	***1.000***	***760***	***875***	***336***	***600***	***600***
69	*var Herstellkosten*		*3.050*	*9.450*	*6.500*	*6.100*	*15.250*	*7.410*	*9.100*	*4.732*	*17.000*	*9.150*
70	*DB 3*		*10.410*	*42.060*	*61.150*	*22.760*	*39.718*	*17.403*	*66.500*	*26.223*	*9.400*	*23.621*
71												
72	*DB 3 % von Brutto-Umsatz*		*74,4%*	*70,1%*	*87,4%*	*75,9%*	*53,0%*	*57,2%*	*76,0%*	*72,0%*	*23,5%*	*52,5%*

Bild 2.1.4/10: Bewertete Geschäftsvorfälle (3)

	A	B	M	N	O	P	Q	R	S	T	U
1											
2	**Geschäftsvorfälle**										
3											
4	Geschäftsvorfall-Nr		11	12	13	14	15	16	17		**Gesamt**
5											
6	**Kunde**										
7		Kunden-nr	1.300	1.900	1.500	1.600	1.300	1.100	2.100		
8		Kunde	Obstler	Möller	Jacobi	Gebelstein	Obstler	Mueller	Kästle		
9									Zentrale		
10											
11		Kundengruppe				Vereinigte			Kästle-		
12						Mineral			Gruppe		
13											
14		Region	Süd	Süd	Nord	Nord	Süd	Nord	ohne		
15											
16	**Artikel**										
17		Artikel-Nr	500	1.000	900	400	500	900	ohne		
18		Artikel-Bezeichnung	0,70 l Spirit	0,75 l Fru	100g Kaff	0,70 l Bru	0,70 l Spirit	100g Kaff	ohne		
19		Artikelgruppe	alk	AFG	Kaffee	AFG	alk	Kaffee	ohne		
20		Farbe	grün	braun	braun	weiss	grün	braun	ohne		
21		Farbgruppe	bunt	bunt	bunt	weiss	bunt	bunt	ohne		
22											
23	Absatzmenge (Stück)		350.000	250.000	300.000	160.000	160.000	120.000			**4.070.000**
24	Grundpreis (EUR/100 Stück)		20,00	15,00	15,00	25,00	20,00	14,00			

Bild 2.1.4/10: Bewertete Geschäftsvorfälle (4)

	A	B	M	N	O	P	Q	R	S	T	U
38											
39	**Bewertete Geschäftsvorfälle (TEUR)**										
40											
41			11	12	13	14	15	16	17		Gesamt
42											
43			**350.000**	**250.000**	**300.000**	**160.000**	**160.000**	**120.000**			**4.070.000**
44	(Absatzmenge hier wiederholt, um alle Daten für die Istbuchungen "zusammen" zu haben)										
45											
46	**Umsatz / Grundpreis**		**70.000**	**37.500**	**45.000**	**40.000**	**32.000**	**16.800**			**718.846**
47	**Verpackungszuschlag**		**0**	**0**	**0**	**1.600**	**0**	**0**			**12.447**
48	*Brutto-Umsatz*		*70.000*	*37.500*	*45.000*	*41.600*	*32.000*	*16.800*			*731.248*
49	**Rabatt**		**0**	**750**	**0**	**416**	**0**	**0**			**5.787**
50	*Netto-Umsatz*		*70.000*	*36.750*	*45.000*	*41.184*	*32.000*	*16.800*			*725.512*
51											
52	**Skonto**		**2.100**	**1.103**	**1.350**	**1.236**	**960**	**504**			**21.816**
53	**Bonus**		**7.000**	**5.000**	**0**	**2.400**	**3.200**	**0**			**45.053**
54	**Gruppenbonus**					**1.600**					**30.554**
55	**Sonderbonus**								**5.000**		**5.055**
56	*Zwi-su 1*		*9.100*	*6.103*	*1.350*	*5.236*	*4.160*	*504*	*5.000*		*102.320*
57	*DB 1*		*60.900*	*30.648*	*43.650*	*35.948*	*27.840*	*16.296*	*-5.000*		*623.255*
58											
59	**Fracht**		**805**	**375**	**360**	**160**	**368**	**144**			**6.091**
60	**Provision**		**0**	**0**	**0**	**412**	**0**	**0**			**2.582**
61	*Zwi-su 2*		*805*	*375*	*360*	*572*	*368*	*144*			*8.615*
62	*DB 2*		*60.095*	*30.273*	*43.290*	*35.377*	*27.472*	*16.152*	*-5.000*		*614.706*
63											
64	**var HK Umbau**		**700**	***1.000***	**600**	***384***	**320**	***240***			***9.304***
65	**var HK Energie**		***1.750***	***1.000***	**600**	***800***	***800***	***240***			***14.615***
66	**var HK Gemenge**		***7.175***	***6.250***	***6.900***	***3.680***	***3.280***	***2.760***			***87.931***
67	**var HK Verpackung**		***700***	***500***	***450***	***160***	***320***	***180***			***10.947***
68	**var HK Lager**		***700***	***1.000***	***600***	***384***	***320***	***240***			***9.308***
69	*var Herstellkosten*		*11.025*	*9.750*	*9.150*	*5.408*	*5.040*	*3.660*			*131.844*
70	*DB 3*		*49.070*	*20.523*	*34.140*	*29.969*	*22.432*	*12.492*	*-5.000*		***482.939***
71											
72	*DB 3 % von Brutto-Umsatz*		*70,1%*	*54,7%*	*75,9%*	*72,0%*	*70,1%*	*74,4%*			*66,0%*

Bild 2.1.4/10: Bewertete Geschäftsvorfälle (5)

	A	B	C	D	E	F	G	H	I	J
1										
2	**Artikelerfolg** (DB nach Artikeln) (TEUR)									
3										
4	**Artikel-Bezeichnung**	100g Kaff	0,70 l Spirit	0,75 l Brun	0,75 l Fru	0,70 l Bru	0,33 l Soft	nicht		**Gesamt**
5								zugeordnet		
6	**Umsatz / Grundpreis**	**225.800**	**162.000**	**150.000**	**66.000**	**75.000**	**40.000**			**718.800**
7	**Verpackungszuschlag**	**0**	**0**	**7.500**	**1.900**	**3.000**	**0**			**12.400**
8	*Brutto-Umsatz*	*225.800*	*162.000*	*157.500*	*67.900*	*78.000*	*40.000*			*731.200*
9	**Rabatt**	**3.600**	**0**	**0**	**1.358**	**780**	**0**			**5.738**
10	*Netto-Umsatz*	*222.200*	*162.000*	*157.500*	*66.542*	*77.220*	*40.000*			*725.462*
11										
12	**Skonto**	**6.666**	**4.860**	**4.725**	**1.996**	**2.317**	**1.200**			**21.764**
13	**Bonus**	**8.000**	**16.200**	**3.500**	**8.800**	**4.500**	**4.000**			**45.000**
14	**Gruppenbonus**	**16.000**	**0**	**3.500**	**0**	**3.000**	**8.000**			**30.500**
15	**Sonderbonus**							**5.000**		**5.000**
16	*Zwi-su 1*	*30.666*	*21.060*	*11.725*	*10.796*	*9.817*	*13.200*	*5.000*		*102.264*
17	*DB 1*	*191.534*	*140.940*	*145.775*	*55.746*	*67.403*	*26.800*	*-5.000*		*623.198*
18										
19	**Fracht**	**2.034**	**1.863**	**775**	**660**	**300**	**400**			**6.032**
20	**Provision**	**0**	**0**	**1.750**	**0**	**772**	**0**			**2.522**
21	*Zwi-su 2*	*2.034*	*1.863*	*2.525*	*660*	*1.072*	*400*			*8.554*
22	*DB 2*	*189.500*	*139.077*	*143.250*	*55.086*	*66.331*	*26.400*	*-5.000*		*614.644*
23										
24	**var HK Umbau**	**3.040**	**1.620**	**1.500**	**1.760**	**720**	**600**			**9.240**
25	**var HK Energie**	**3.040**	**4.050**	**2.400**	**1.760**	**1.500**	**1.800**			**14.550**
26	**var HK Gemenge**	**34.960**	**16.605**	**8.400**	**11.000**	**6.900**	**10.000**			**87.865**
27	**var HK Verpackung**	**2.280**	**1.620**	**1.800**	**880**	**300**	**4.000**			**10.880**
28	**var HK Lager**	**3.040**	**1.620**	**1.500**	**1.760**	**720**	**600**			**9.240**
29	*var Herstellkosten*	*46.360*	*25.515*	*15.600*	*17.160*	*10.140*	*17.000*			*131.775*
30	*DB 3*	*143.140*	*113.562*	*127.650*	*37.926*	*56.191*	*9.400*	*-5.000*		***482.869***
31										
32	*DB 3 % von Brutto-Umsatz*	*63,4%*	*70,1%*	*81,0%*	*55,9%*	*72,0%*	*23,5%*			*66,0%*

Bild 2.1.4/11: Artikelerfolg

	A	B	C	D	E	F	G	H	I	J	K	L	M
1													
2	**Kundenerfolg** (DB nach Kunden) (TEUR)												
3													
4	**Kunde**	Mueller	Öbstler	Schlosser	Jacobi	Kästle-	Kästle-	Möller	Herzog	Gebelstein	Kästle		**Gesamt**
5						Nord	Süd				Zentrale		
6													
7	**Umsatz / Grundpreis**	**30.800**	**162.000**	**62.500**	**75.000**	**115.000**	**45.000**	**66.000**	**87.500**	**75.000**			**718.800**
8	**Verpackungszuschlag**	**0**	**0**	**7.500**	**0**	**0**	**0**	**1.900**	**0**	**3.000**			**12.400**
9	*Brutto-Umsatz*	*30.800*	*162.000*	*70.000*	*75.000*	*115.000*	*45.000*	*67.900*	*87.500*	*78.000*			*731.200*
10	**Rabatt**	**0**	**0**	**0**	**0**	**2.250**	**1.350**	**1.358**	**0**	**780**			**5.738**
11	*Netto-Umsatz*	*30.800*	*162.000*	*70.000*	*75.000*	*112.750*	*43.650*	*66.542*	*87.500*	*77.220*			*725.462*
12													
13	**Skonto**	**924**	**4.860**	**2.100**	**2.250**	**3.383**	**1.310**	**1.996**	**2.625**	**2.317**			**21.764**
14	**Bonus**	**0**	**16.200**	**0**	**0**	**9.000**	**3.000**	**8.800**	**3.500**	**4.500**			**45.000**
15	**Gruppenbonus**	**0**	**0**	**0**	**0**	**18.000**	**6.000**	**0**	**3.500**	**3.000**			**30.500**
16	**Sonderbonus**										**5.000**		
17	*Zwi-su 1*	*924*	*21.060*	*2.100*	*2.250*	*30.383*	*10.310*	*10.796*	*9.625*	*9.817*	*5.000*		*102.264*
18	*DB 1*	*29.876*	*140.940*	*67.900*	*72.750*	*82.368*	*33.341*	*55.746*	*77.875*	*67.403*	*-5.000*		*623.198*
19													
20	**Fracht**	**264**	**1.863**	**250**	**600**	**1.000**	**570**	**660**	**525**	**300**			**6.032**
21	**Provision**	**0**	**0**	**0**	**0**	**0**	**0**	**0**	**1.750**	**772**			**2.522**
22	*Zwi-su 2*	*264*	*1.863*	*250*	*600*	*1.000*	*570*	*660*	*2.275*	*1.072*			*8.554*
23	*DB 2*	*29.612*	*139.077*	*67.650*	*72.150*	*81.368*	*32.771*	*55.086*	*75.600*	*66.331*	*-5.000*		*614.644*
24													
25	**var HK Umbau**	**440**	**1.620**	**625**	**1.000**	**1.600**	**600**	**1.760**	**875**	**720**			**9.240**
26	**var HK Energie**	**440**	**4.050**	**1.000**	**1.000**	**2.800**	**600**	**1.760**	**1.400**	**1.500**			**14.550**
27	**var HK Gemenge**	**5.060**	**16.605**	**3.500**	**11.500**	**21.500**	**6.900**	**11.000**	**4.900**	**6.900**			**87.865**
28	**var HK Verpackung**	**330**	**1.620**	**750**	**750**	**4.750**	**450**	**880**	**1.050**	**300**			**10.880**
29	**var HK Lager**	**440**	**1.620**	**625**	**1.000**	**1.600**	**600**	**1.760**	**875**	**720**			**9.240**
30	*var Herstellkosten*	*6.710*	*25.515*	*6.500*	*15.250*	*32.250*	*9.150*	*17.160*	*9.100*	*10.140*			*131.775*
31	*DB 3*	*22.902*	*113.562*	*61.150*	*56.900*	*49.118*	*23.621*	*37.926*	*66.500*	*56.191*	*-5.000*		***482.869***
32													
33	*DB 3 % von Brutto-Umsatz*	*74,4%*	*70,1%*	*87,4%*	*75,9%*	*42,7%*	*52,5%*	*55,9%*	*76,0%*	*72,0%*			*66,0%*

Bild 2.1.4/12: Kundenerfolg

	A	B	C	D	E	F
1						
2	**Kundengruppenerfolg** (DB nach Kundengruppen (TEUR)					
3						
4	**Kundengruppe**	Kästle-	Vereinigte	nicht		**Gesamt**
5		Gruppe	Mineral	zugeordnet		
6						
7	**Umsatz / Grundpreis**	**160.000**	**162.500**	**396.300**		**718.800**
8	**Verpackungszuschlag**	**0**	**3.000**	**9.400**		**12.400**
9	*Brutto-Umsatz*	*160.000*	*165.500*	*405.700*		*731.200*
10	**Rabatt**	**3.600**	**780**	**1.358**		**5.738**
11	*Netto-Umsatz*	*156.400*	*164.720*	*404.342*		*725.462*
12						
13	**Skonto**	**4.692**	**4.942**	**12.130**		**21.764**
14	**Bonus**	**12.000**	**8.000**	**25.000**		**45.000**
15	**Gruppenbonus**	**24.000**	**6.500**	**0**		**30.500**
16	**Sonderbonus**	**5.000**				**5.000**
17	*Zwi-su 1*	*45.692*	*19.442*	*37.130*		*102.264*
18	*DB 1*	*110.708*	*145.278*	*367.212*		*623.198*
19						
20	**Fracht**	**1.570**	**825**	**3.637**		**6.032**
21	**Provision**	**0**	**2.522**	**0**		**2.522**
22	*Zwi-su 2*	*1.570*	*3.347*	*3.637*		*8.554*
23	*DB 2*	*109.138*	*141.931*	*363.575*		*614.644*
24						
25	**var HK Umbau**	**2.200**	**1.595**	**5.445**		**9.240**
26	**var HK Energie**	**3.400**	**2.900**	**8.250**		**14.550**
27	**var HK Gemenge**	**28.400**	**11.800**	**47.665**		**87.865**
28	**var HK Verpackung**	**5.200**	**1.350**	**4.330**		**10.880**
29	**var HK Lager**	**2.200**	**1.595**	**5.445**		**9.240**
30	*var Herstellkosten*	*41.400*	*19.240*	*71.135*		*131.775*
31	*DB 3*	*67.738*	*122.691*	*292.440*		***482.869***
32						
33	*DB 3 % von Brutto-Umsatz*	*42,3%*	*74,1%*	*72,1%*		*66,0%*

Bild 2.1.4/13: Kundengruppenerfolg

	A	B	C	D	E	F	G
1							
2	**Farberfolg** (DB nach Farben) (TEUR)						
3							
4	**Farbe**	braun	grün	weiss	nicht		**Gesamt**
5					zugeordnet		
6							
7	**Umsatz / Grundpreis**	**291.800**	**352.000**	**75.000**			**718.800**
8	**Verpackungszuschlag**	**1.900**	**7.500**	**3.000**			**12.400**
9	*Brutto-Umsatz*	*293.700*	*359.500*	*78.000*			*731.200*
10	**Rabatt**	**4.958**	**0**	**780**			**5.738**
11	*Netto-Umsatz*	*288.742*	*359.500*	*77.220*			*725.462*
12							
13	**Skonto**	**8.662**	**10.785**	**2.317**			**21.764**
14	**Bonus**	**16.800**	**23.700**	**4.500**			**45.000**
15	**Gruppenbonus**	**16.000**	**11.500**	**3.000**			**30.500**
16	**Sonderbonus**				**5.000**		**5.000**
17	*Zwi-su 1*	*41.462*	*45.985*	*9.817*	*5.000*		*102.264*
18	*DB 1*	*247.280*	*313.515*	*67.403*	*-5.000*		*623.198*
19							
20	**Fracht**	**2.694**	**3.038**	**300**			**6.032**
21	**Provision**	**0**	**1.750**	**772**			**2.522**
22	*Zwi-su 2*	*2.694*	*4.788*	*1.072*			*8.554*
23	*DB 2*	*244.586*	*308.727*	*66.331*	*-5.000*		*614.644*
24							
25	**var HK Umbau**	**4.800**	**3.720**	**720**			**9.240**
26	**var HK Energie**	**4.800**	**8.250**	**1.500**			**14.550**
27	**var HK Gemenge**	**45.960**	**35.005**	**6.900**			**87.865**
28	**var HK Verpackung**	**3.160**	**7.420**	**300**			**10.880**
29	**var HK Lager**	**4.800**	**3.720**	**720**			**9.240**
30	*var Herstellkosten*	*63.520*	*58.115*	*10.140*			*131.775*
31	*DB 3*	*181.066*	*250.612*	*56.191*	*-5.000*		***482.869***
32							
33	*DB 3 % von Brutto-Umsatz*	*61,6%*	*69,7%*	*72,0%*			*66,0%*

Bild 2.1.4/14: Farberfolg

2.2 Ergebnis- und Marktsegmentrechnung innerhalb des SAP® R/3®-Systems

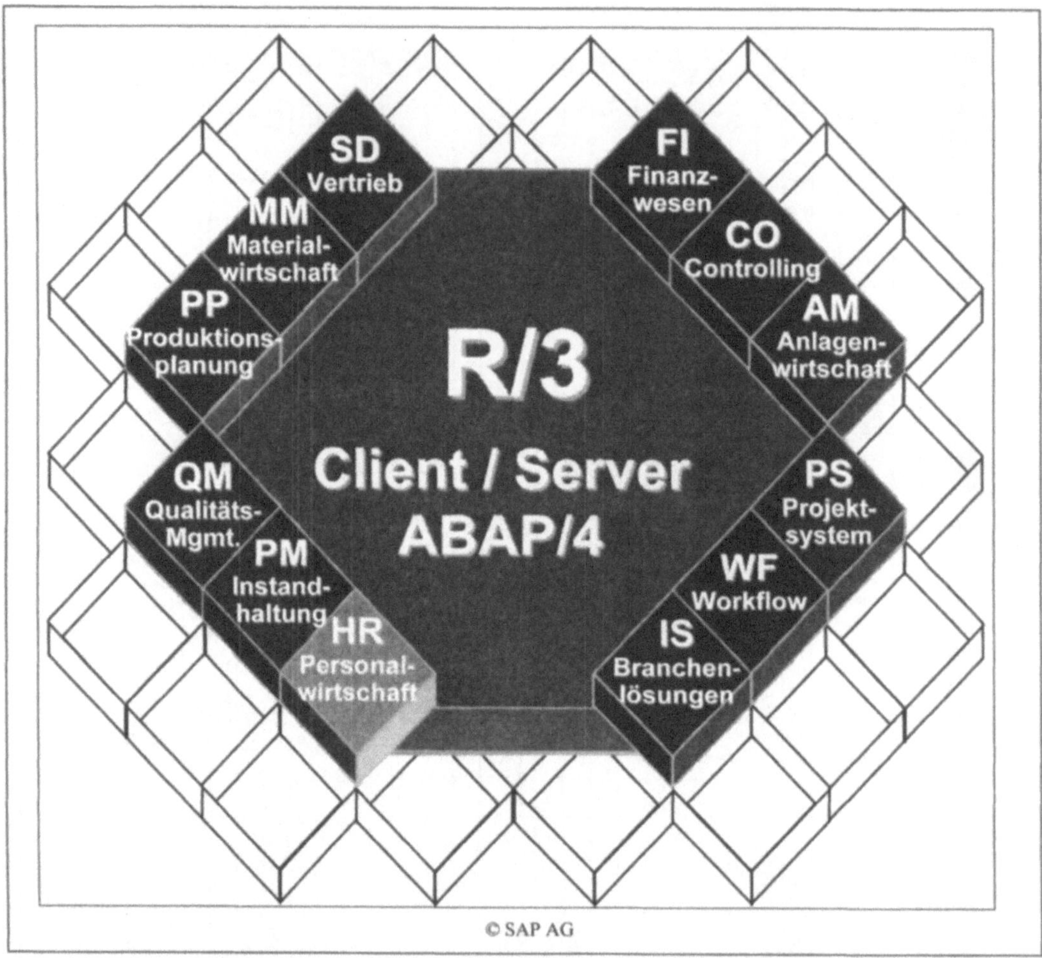

Bild 2.2/1: SAP-Wabe (Quelle: ältere SAP-Dokumentation)

Die "SAP-Wabe" gab seinerzeit einen einprägsamen Überblick über die SAP-Produkte.

Im Zeitalter des E-Business hat sich der Verkaufsschwerpunkt verlagert. Einen einprägsamen Überblick über die SAP-Produkte gibt es nicht mehr.
Die alte Wabe heißt jetzt ERP (Enterprise Resource Planning). Hinzu gekommen sind New-Dimension-Produkte, insbesondere das Business Warehouse, das eine eigene Systembasis benötigt. Außerdem hat die E-Commerce-Welt schnell wechselnde neue

Stichworte und Produktversprechen hervorgebracht.

Zwei Bilder aus dem OSS (Online Service System) geben einen Eindruck über die Modularisierung des Gesamtsystems und über den hier interessierenden Bereich der Kostenrechnung und des Controlling, der in der SAP-Terminologie die Module CO Controlling und EC Unternehmenscontrolling umfasst.

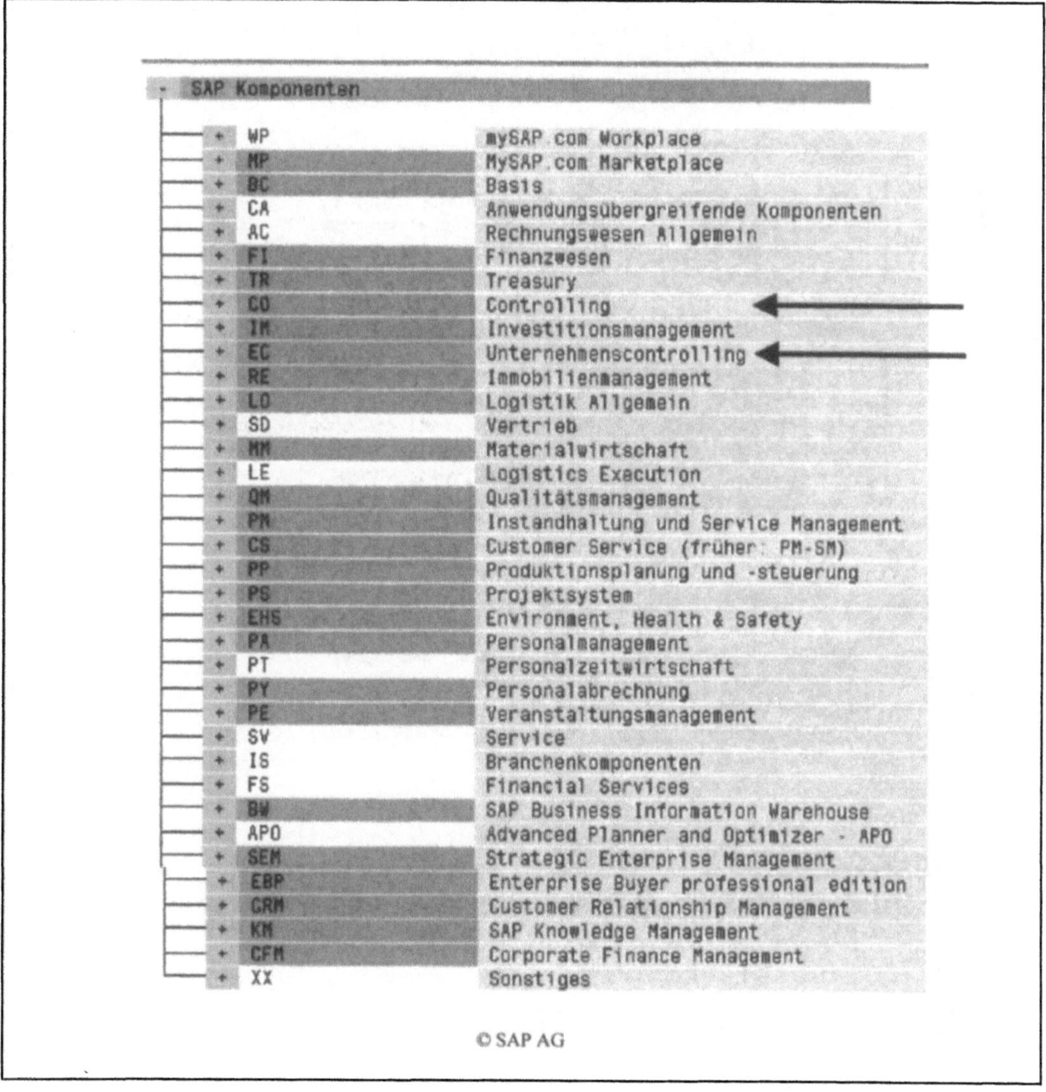

Bild 2.2/2: SAP Komponenten (Quelle: Online Service System)

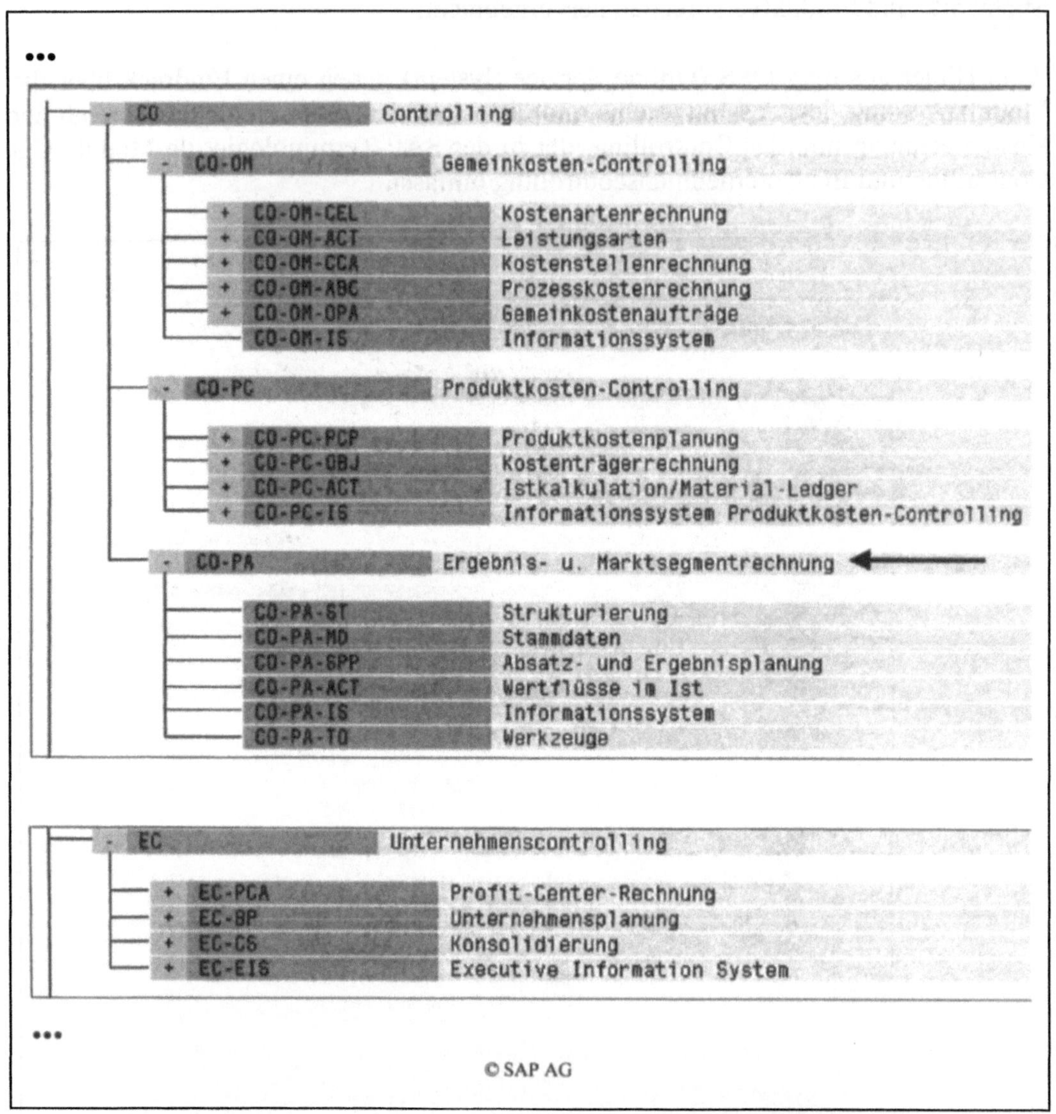

Bild 2.2/3: Kostenrechnung innerhalb des SAP-Systems (Quelle: Online Service System)

2.3 Vorbereitung des Systems

Grundkonzept

Bei der Vorbereitung des Systems ist die Grundfrage zu klären: **Wie sollen die Arbeitsgruppen (2-er-Teams) in der SAP-Organisationsstruktur arbeiten**, sollen sie das Testbeispiel in einem eigenen Buchungskreis realisieren oder in einem eigenen Mandanten oder wie auch immer?

Bei der Ergebnis- und Marktsegmentrechnung kommt als Besonderheit hinzu, dass der Ergebnisbereich mit Merkmalen und Wertfeldern eigens zu generieren ist. Es ergibt sich die Frage: **Soll jede Arbeitsgruppe ihren eigenen Ergebnisbereich generieren?**

Die Entscheidung in dieser Frage hat **weitreichende Konsequenzen**, da der Ergebnisbereich auf Mandantenebene, die Strukturen des Ergebnisbereichs mit Merkmalen und Wertfeldern sogar mandantenübergreifend angelegt werden, sodass beim Customizen die Gruppen nicht gleichzeitig, sondern nur hintereinander arbeiten können, weil ansonsten Kollisionen entstehen (das System ist gesperrt, weil gerade eine andere Gruppe tätig ist, es entstehen lästige Wartezeiten). Auch ist das Rückdrehen des Systems (das Löschen der Ergebnisbereiche) leider sehr mühsam. Um all diesen Schwierigkeiten aus dem Wege zu gehen, könnte man auf den Ausweg verfallen, nur *einen* Ergebnisbereich zu verwenden, der vom Systemadministrator vorgefertigt ist, und die Teilnehmer nur noch nachvollziehen zu lassen. Diesen Weg sind wir bewusst nicht gegangen, woraus sich die im Folgenden erklärte, etwas komplizierte Arbeitsorganisation und der etwas verschachtelte Musterzeitplan ergeben, die sich aber in der praktischen Erprobung schon bestens bewährt haben.

Die möglichst weitgehende eigenständige Customizing-Arbeit der Arbeitsgruppen war uns wichtiger. Da der Ergebnisbereich und seine Strukturierung für das Thema Ergebnis- und Marktsegmentrechnung zentral sind, sollte nicht ohne wichtigen Grund auf die eigenständige Arbeit der Gruppen in diesem Bereich verzichtet werden.

Es wird daher nach unserem Vorschlag bei 12 Teilnehmern (als Obergrenze) mit **sechs 2-er-Teams** gearbeitet, denen - möglichst - **jeweils ein eigener Mandant** zur Verfügung gestellt werden sollte, um mehr Parallelarbeiten auch beim Customizen zu ermöglichen.

In der zentralen Frage der Strukturierung der Ergebnisbereiche **wird jede Gruppe "ihren" Ergebnisbereich** generieren (damit man es einmal persönlich gemacht hat und sich nicht auf den allwissenden Systemadministrator verlassen muss). Auch die Merkmale und Wertfelder werden von jeder

Gruppe "für sich" angelegt (mit einer angehängten Gruppennummer zur Unterscheidung). Da Merkmale und Wertfelder mandatenübergreifend sind, entsteht zwar auf der obersten Ebene unterhalb des Systems ein gewisses "Gedränge". Das Prinzip lautete aber, dass jede Gruppe ein komplettes eigenes Arbeitsergebnis erreichen können soll, um sich nachher "rundum" auszukennen. Für arbeitsteilige Projektarbeit ist in der vielberufenen Praxis noch genügend Gelegenheit. Deshalb wird auch das "Gedränge" in Kauf genommen.

Im Folgenden (und im Anhang "Hinweise für den Systemadministrator") wird zunächst die Vorbereitung des Systems detailliert beschrieben, wenn man entsprechend unserem Vorschlag jede Gruppe ihren eigenen Ergebnisbereich generieren lässt.

Im Anschluss daran werden noch einige Betrachtungen darüber angestellt, wie man vorgehen könnte, wenn man die Teilnehmer lieber weniger customizen lassen möchte und stattdessen mit nur *einem* Ergebnisbereich, der vom Systemadministrator schon vorher angelegt wurde, arbeiten will.

Wie wurde es gemacht?

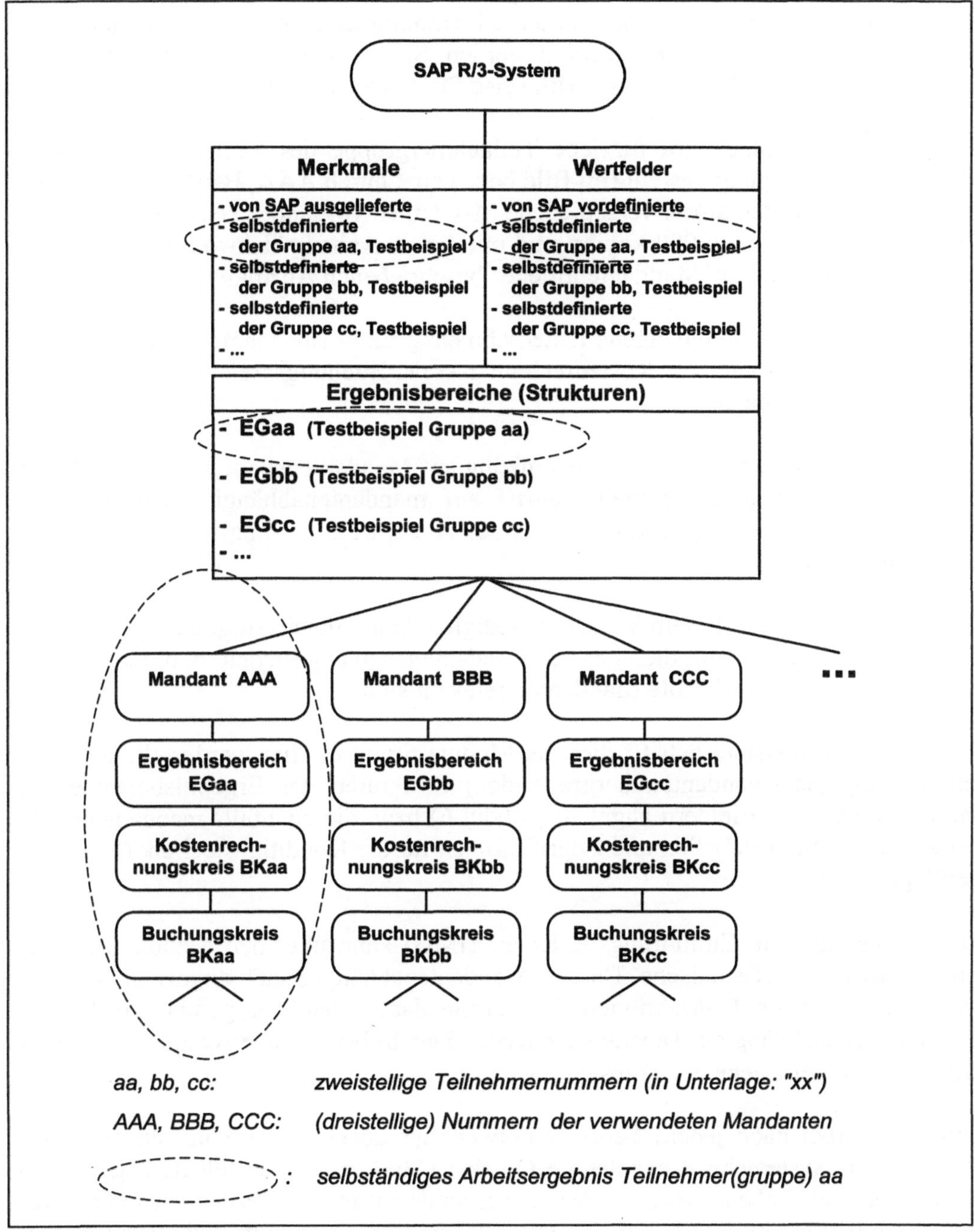

Bild 2.3/1: Organisation der Arbeitsgruppen im System

Die zweistelligen Gruppennummern (im Bild aa, bb, cc, ...) dienen zur Identifikation sämtlicher im R/3-System angelegter Objekte einer Teilnehmergruppe. Diese sollte, um Konflikte mit einigen systeminternen Objektnummerierungen zu vermeiden, aus dem Intervall 50 <= xx <= 89 gewählt werden. Siehe hierzu auch "Einrichtung von Benutzerstammsätzen" im Anhang "Hinweise für den Systemadministrator".

In unserem Vorschlag wird für jede Teilnehmergruppe des Seminars ein eigener Mandant zur Verfügung gestellt (im Bild bezeichnet durch AAA, BBB, CCC, ...). Bei sechs Gruppen sollten also 6 verschiedene Mandanten vorhanden sein, die vom SAP-Auslieferungsmandanten 000 kopiert und mit den in Anhang "Hinweise für den Systemadministrator" unter "Mandantenpflege" beschriebenen Attributen versehen sind.

Jede Gruppe legt dann eine eigene Unternehmensstruktur (mandantenspezifische Attribute des Ergebnisbereichs, Kostenrechnungskreis, Buchungskreis, Werk, ...) unterhalb ihres Mandanten an.

Damit werden Wartezeiten beim Customizing auf Mandantenebene verhindert. Diese treten sonst beim gleichzeitigen Zugriff auf mandantenabhängige Customizing-Tabellen zum Schutz gegen konkurrierendes Ändern auf, bedingt durch die Sperrtechnik des Systems.

Wartezeiten treten bei diesem Vorschlag lediglich beim gleichzeitigen Zugriff auf die Customizing-Tabellen auf, die über der Mandanteneben angesiedelt, d. h. mandantenunabhängig und damit für alle Mandanten relevant sind.

In unserem Testbeispiel betrifft dies die Module 6 und 8. Hier werden die mandantenunabhängigen (mandantenübergreifenden) Strukturen der Ergebnisbereiche mit Merkmalen und Wertfeldern angelegt (Modul 6) bzw. die ebenfalls mandantenunabhängigen Konditionstabellen und Zugriffsfolgen für die Konditionstechnik (Modul 8) gepflegt.

Für Interessierte: Im Einführungsleitfadens (IMG) kann über den Menüaufruf "Zusatzinformation - Technische Daten -Mandantenabhängigkeit" angezeigt werden, welche Customizing-Transaktionen sich auf mandantenunabhängige und welche sich auf mandantenabhängige Tabellen beziehen. Die Information erscheint im Hierarchiebaum auf der Ebene der Transaktionen.

Um das hierbei nach jedem Seminar notwendige Löschen der von den einzelnen Gruppen auf Systemebene angelegten Objekte (Merkmale, Wertfelder, Ergebnisbereiche), das mit hohem Arbeitsaufwand verbunden wäre, zu vermeiden, wurde vor jeder Seminardurchführung das gesamte R/3-System gesichert und dieser Sicherungsstand unmittelbar nach Seminarende zurückgespielt.

Wie könnte man es anders machen?

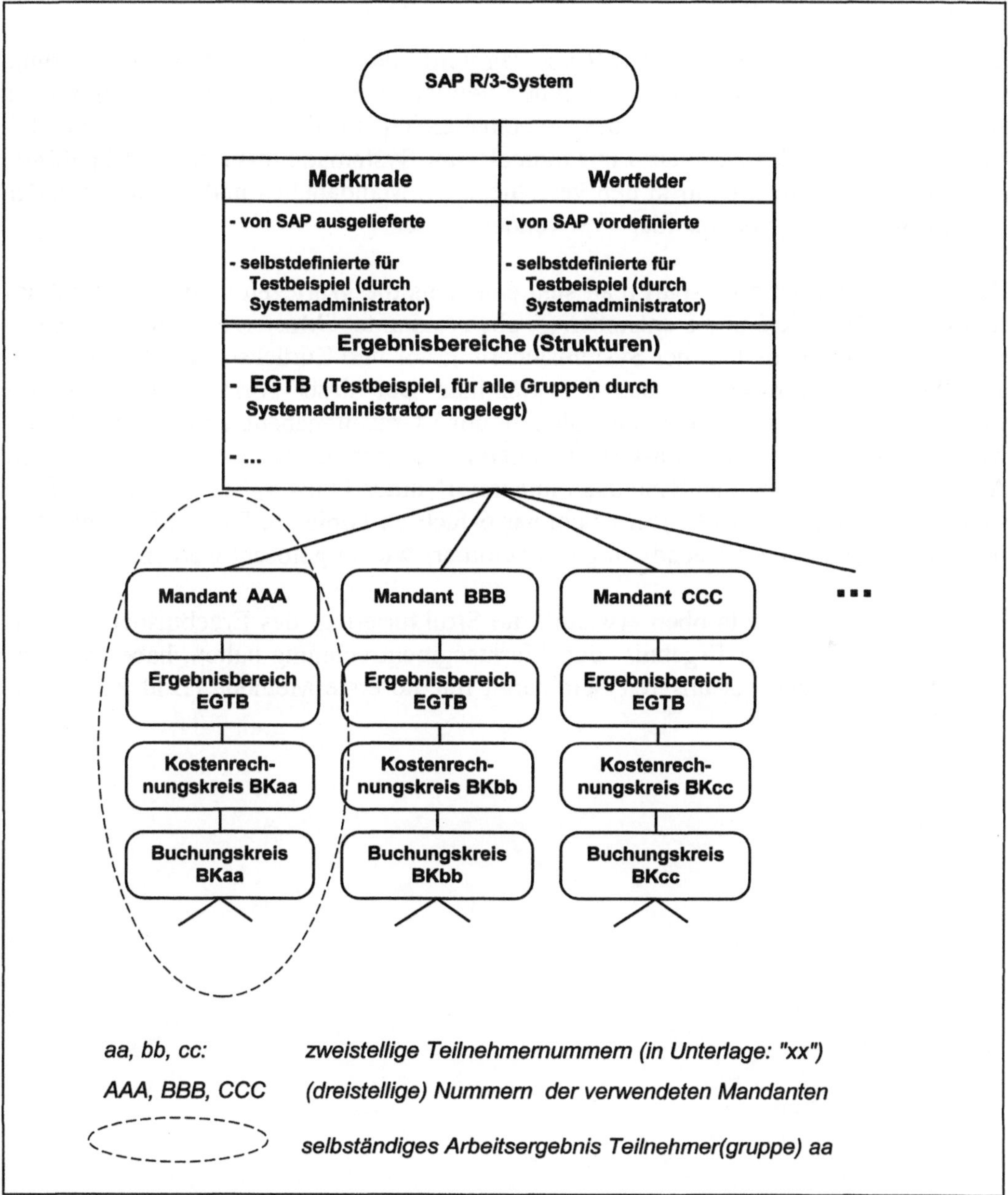

Bild 2.3/2: Alternative Organisation der Arbeitsgruppen im System

Eine weitere Organisations-Möglichkeit ist in Bild 2.3/2 dargestellt. Auch hier wird für jede Gruppe ein eigener Mandant zur Verfügung gestellt.

Im Unterschied zu unserem ersten Vorschlag wird hierbei jedoch auf die Generierung eines eigenen Ergebnisbereichs je Gruppe verzichtet. Das Anlegen aller benötigten Merkmale und Wertfelder sowie des Ergebnisbereichs für das Testbeispiel ("EGTB") wird (vor Beginn des Seminars) nur einmal vom Systemadministrator durchgeführt. Diese Objekte können dann in den verschiedenen Mandanten - und damit von jeder Gruppe unabhängig voneinander - verwendet werden

Bei dieser Organisation erspart man sich einerseits die Wartezeiten, die bei der Ausführung der Module 6 und 8 entstehen (s. oben und unter "Musterzeitplan") und andererseits die Notwendigkeit der Systemsicherung vor und Zurücksetzung des Systems auf diesen Sicherungsstand nach dem Seminar. Bei dieser Form der Organisation werden während des Seminars nur Objekte auf Mandantenebene eingerichtet. Daher wäre es hinreichend, einen Mastermandanten für das Seminar zu erstellen (der wie im Anhang "Hinweise für den Systemadministrator" unter 1) bis 4) beschrieben gepflegt sein müsste) und diesen für jedes Seminar 6-fach zu kopieren. Diese Mandantenkopien könnten dann nach Beendigung des Seminars wieder gelöscht werden.

Da wir aber, wie bereits oben erwähnt, die Strukturierung des Ergebnisbereichs für eine zentrale Frage der Ergebnis- und Marktsegmentrechnung halten, haben wir uns trotz dieser Vorteile bei unseren Seminaren für die erste Methode (Bild 2.3/1) entschieden.

2.4 Alternativen der Bearbeitung des Testbeispiels

Es gibt drei Alternativen der Bearbeitung des Testbeispiels:

- Selbststudium
- Traditionelle Vorführung
- Projektarbeit

1) Selbststudium: Vorgehen nach der vorliegenden Unterlage
Das Testbeispiel ist für das Durchtasten am System ausgearbeitet und kann damit im Selbststudium erarbeitet werden. Das ist sicherlich die **bevorzugte Bearbeitungsmöglichkeit**.

Ebenso sind aber alternative Bearbeitungsmöglichkeiten denkbar.

2) Traditionelle Vorführung
Auch diese Vorgehensweise ist selbstverständlich möglich. Der Dozent führt vor und kommentiert seine Demonstration. Die Teilnehmer vollziehen nach und können sich dabei aber auf eine ausgearbeitete Unterlage stützen.

3) Projektarbeit: "Sprung ins kalte Wasser"
In der Organisation als Projektarbeit wird ein wesentlich größeres Maß an eigener Konzeptions- und Sucharbeit einschließlich Vertrautwerden mit dem SAP-System im Trial-and-Error-Verfahren verlangt.

Man kann einer Projektgruppe einfach nur das Testbeispiel als Tabellenkalkulationsvorlage (in Kapitel 2.2) zur Verfügung stellen und die übrigen Unterlagen nur zur Kontrolle verwenden.

2.5 Organisation des Seminars

(bei Arbeit im Selbststudium)

1) Kurzpräsentation (Briefing) je Modul
(„keine Vorlesung")

2) Selbständige Arbeit am System mit Selbststudienunterlage

3) Betreuung stand-by

4) Durchsprache / Nachbereitung
ca. 3 bis 4 mal pro Seminar
(in unserem Jargon: "Kreuzweg", "via dolorosa")

Bild 2.5/1: Seminarstil Selbststudium

1) Kurzpräsentation (Briefing) je Modul:
("keine Vorlesung")

Auch wenn keine traditionelle Vorlesung gehalten werden soll, ist zu Beginn eines jeden Moduls eine Kurzpräsentation unentbehrlich: über die SAP-Begrifflichkeiten und über das, was gemacht werden soll. Dabei ist man als Teilnehmer durch die vorliegende Arbeitsunterlage - wie gesagt - davon befreit, sich panisch alles merken zu müssen. Ebenso ist man vom Mitschreiben der Aufgabenstellung entlastet.

2) Selbständige Arbeit am System mit Selbststudienunterlage:

2-er Gruppen je PC/Bildschirm, jede 2-er Gruppe arbeitet und erzielt unabhängig von den anderen Gruppen ein vollständiges Arbeitsergebnis (s. Bild 2.3/1).

Bei einigen Customizing-Arbeiten auf Mandantenebene müssen die Gruppen aufeinander warten, um Kollisionen zu vermeiden.

3) Betreuung stand-by:

Je 10 Teilnehmer sollte eine Betreuung zur Verfügung stehen, um bei Fehlbedienung und sonstigen Irrtümern sowie Systemabstürzen und sonstigen technischen Pannen Hilfestellung geben zu können.

4) Durchsprache / Nachbereitung:

Die abgeschlossenen Module werden an Hand von Metaplantafeln, auf denen die wesentlichen Inhalte stichwortartig festgehalten sind, besprochen. Der Dozent agiert idealerweise als Moderator, der die Teilnehmer reden lässt. Bei unrichtigen oder zweifelhaften Statements korrigiert der Moderator nur im äußersten Notfall selbst. Statt dessen fordert er zunächst andere Teilnehmer zu einer Stellungnahme auf.

Die Durchsprache erfolgt bis zu drei Mal während des Seminars, immer wieder von vorne beginnend, um den Zusammenhang herzustellen. Selbstverständlich werden beim 2. und 3. Durchgang die bereits behandelten Inhalte nur noch in verdichteter Form besprochen.

2.6 Musterzeitplan

1. Seminartag

<table>
<tr><th></th><th></th><th></th><th colspan="6">was?</th></tr>
<tr><th>wann?</th><th>wo?</th><th>wer?</th><th>1. Grp.</th><th>2. Grp.</th><th>3. Grp.</th><th>4. Grp.</th><th>5. Grp.</th><th>6. Grp.</th></tr>
<tr><td rowspan="3">09:00-10:30</td><td rowspan="3">Plenum</td><td rowspan="3">Seminarleiter</td><td colspan="6">Einführung</td></tr>
<tr><td colspan="6">Aufgabenbesprechung BW-Konzept</td></tr>
<tr><td colspan="6">Vorschau : M0 - M1</td></tr>
<tr><td>10:30-11:30</td><td>PC-Pool</td><td>Teilnehmer</td><td>M0 - M1</td><td>M0 - M1</td><td>M0 - M1</td><td>M0 - M1</td><td>M0 - M1</td><td>M0 - M1</td></tr>
<tr><td colspan="9">- Mittagspause -</td></tr>
<tr><td>12:30-13:30</td><td>Plenum</td><td>Seminarleiter</td><td colspan="6">Vorschau : M2 - M5</td></tr>
<tr><td>13:30-15:00</td><td>PC-Pool</td><td>Teilnehmer</td><td>M2 - M5</td><td>M2 - M5</td><td>M2 - M5</td><td>M2 - M5</td><td>M2 - M5</td><td>M2 - M5</td></tr>
<tr><td>15:00-15:30</td><td>Plenum</td><td>Seminarleiter</td><td colspan="6">Vorschau : M6</td></tr>
<tr><td rowspan="3">15:30-17:30
(ca. 40
Min./Grp.)</td><td rowspan="3">PC-Pool
+
Gruppen-
Raum</td><td rowspan="3">Teilnehmer</td><td>M6</td><td colspan="5">Vorbereitung BW-Konzept</td></tr>
<tr><td>V. BW-K.</td><td>M6</td><td colspan="4">Vorbereitung BW-Konzept</td></tr>
<tr><td colspan="2">Vorb. BW-Konzept</td><td>M6</td><td colspan="3">Vorb. BW-Konzept</td></tr>
</table>

2. Seminartag

<table>
<tr><th></th><th></th><th></th><th colspan="6">was?</th></tr>
<tr><th>wann?</th><th>wo?</th><th>wer?</th><th>1. Grp.</th><th>2. Grp.</th><th>3. Grp.</th><th>4. Grp.</th><th>5. Grp.</th><th>6. Grp.</th></tr>
<tr><td rowspan="3">08:00-10:00
(ca. 40
Min./Grp.)</td><td rowspan="3">PC-Pool
+
Gruppen-
Raum</td><td rowspan="3">Teilnehmer</td><td colspan="3">Vorb. BW-Konzept</td><td>M6</td><td colspan="2">Vorb. BW-Konzept</td></tr>
<tr><td colspan="4">Vorbereitung BW-Konzept</td><td>M6</td><td>V. BW-K.</td></tr>
<tr><td colspan="5">Vorbereitung BW-Konzept</td><td>M6</td></tr>
<tr><td>10:00-12:00</td><td rowspan="2">Plenum</td><td>Teilnehmer</td><td colspan="6">Präsentation BW-Konzept</td></tr>
<tr><td>12:00-13:00</td><td>Seminarleiter
+
Teilnehmer</td><td colspan="6">Durchsprache M1- M6</td></tr>
<tr><td colspan="9">- Mittagspause -</td></tr>
<tr><td>14:00-14:30</td><td>Plenum</td><td>Seminarleiter</td><td colspan="6">Vorschau : M7</td></tr>
<tr><td>14:30-15:00</td><td>PC-Pool</td><td>Teilnehmer</td><td>M7</td><td>M7</td><td>M7</td><td>M7</td><td>M7</td><td>M7</td></tr>
<tr><td rowspan="2">15:00-16:00</td><td rowspan="2">Plenum</td><td rowspan="2">Seminarleiter</td><td colspan="6">Vorschau : M8</td></tr>
<tr><td colspan="6">Aufgabenbesprechung Bewertung</td></tr>
<tr><td rowspan="3">16:00-19:00
(ca. 60
Min./Grp.)</td><td rowspan="3">PC-Pool
+
Gruppen-
Raum</td><td rowspan="3">Teilnehmer</td><td>M8</td><td colspan="5">Vorbereitung Aufgabe Bewertung</td></tr>
<tr><td>V.Aufg.B.</td><td>M8</td><td colspan="4">Vorb. Aufgabe Bewertung</td></tr>
<tr><td colspan="2">Vorb.Aufg.Bew.</td><td>M8</td><td colspan="3">Vorb. Aufg. Bewertung</td></tr>
</table>

Bild 2.6/1: Musterzeitplan (1)

3. Seminartag

<table>
<tr><th></th><th></th><th></th><th colspan="6">was?</th></tr>
<tr><th>wann?</th><th>wo?</th><th>wer?</th><th>1. Grp.</th><th>2. Grp.</th><th>3. Grp.</th><th>4. Grp.</th><th>5. Grp.</th><th>6. Grp.</th></tr>
<tr><td rowspan="3">9:00-12:00 (ca. 60 Min./Grp.)</td><td rowspan="3">PC-Pool + Gruppen-Raum</td><td rowspan="3">Teilnehmer</td><td colspan="3">Vorb. Aufgabe Bewertung</td><td>M8</td><td colspan="2">Vorb.Aufg.B.</td></tr>
<tr><td colspan="4">Vorb. Aufgabe Bewertung</td><td>M8</td><td>V.Aufg.B</td></tr>
<tr><td colspan="5">Vorbereitung Aufgabe Bewertung</td><td>M8</td></tr>
<tr><td colspan="9">- Mittagspause -</td></tr>
<tr><td>13:00-15:00</td><td>Plenum</td><td>Seminarleiter + Teilnehmer</td><td colspan="6">Durchsprache M1-M8</td></tr>
<tr><td>15:00-15:30</td><td>Plenum</td><td>Seminarleiter</td><td colspan="6">Vorschau : M9 - M10</td></tr>
<tr><td>15:30-16:30</td><td>PC-Pool</td><td>Teilnehmer</td><td>M9 - M10</td><td>M9 - M10</td><td>M9 - M10</td><td>M9 - M10</td><td>M9 - M10</td><td>M9 - M10</td></tr>
</table>

4. Seminartag

<table>
<tr><th></th><th></th><th></th><th colspan="6">was?</th></tr>
<tr><th>wann?</th><th>wo?</th><th>wer?</th><th>1. Grp.</th><th>2. Grp.</th><th>3. Grp.</th><th>4. Grp.</th><th>5. Grp.</th><th>6. Grp.</th></tr>
<tr><td>9:00-11:00</td><td>Plenum</td><td>Teilnehmer</td><td colspan="6">Aufgabenpräsentation Bewertung</td></tr>
<tr><td>11:00-12:30</td><td>Plenum</td><td>Seminarleiter + Teilnehmer</td><td colspan="6">Durchsprache M1 - M10</td></tr>
<tr><td colspan="9">- Mittagspause -</td></tr>
<tr><td>13:30-14:00</td><td></td><td>Seminarleiter</td><td colspan="6">Vorschau : M11 (Data Warehouse)</td></tr>
<tr><td>14:00-14:30</td><td>PC-Pool</td><td>Teilnehmer</td><td>M11</td><td>M11</td><td>M11</td><td>M11</td><td>M11</td><td>M11</td></tr>
<tr><td>14:30-15:00</td><td>Plenum</td><td>Seminarleiter + Teilnehmer</td><td colspan="6">Schlußbesprechung</td></tr>
</table>

Bild 2.6/1: Musterzeitplan (2)

Der Musterzeitplan für die Durchführung des Testbeispiels umfasst **vier Tage** bei konzentrierter Arbeit und eingespielter Betreuung. Wenn man sich noch nicht so sicher ist, sehe man ausreichende Zeitreserven vor für die ungeplanten Ereignisse wie Fehlbedienungen und Systemabstürze und die Fehlersuche zu deren Behebung.

Es arbeiten **6 Gruppen zu je 2-3 Teilnehmern** parallel mit zwei Ausnahmen: Modul 6 und Modul 8. In Modul 6 und Modul 8 erfolgen **Customizing-Arbeiten** auf Systemebene. Dabei kann **nur jeweils eine Gruppe im System** arbeiten, die anderen müssen warten und sich mit anderen Aufgaben beschäftigen: der Vorbereitung einer Präsentation zum Betriebswirtschaftlichen Konzept (BW-Konzept) und der Lösung einer Aufgabe zur Konditionstechnik.

1.Tag: Nach **Einführung** (ausgewählte Folien aus Kapitel 1) und **Aufgabenverteilung BW-Konzept** (Bild 2.6/2) wird **jeweils zunächst eine Vorschau** auf die im Folgenden zu bearbeitenden Module gegeben, worauf dann die Arbeit der Teilnehmer am PC erfolgt. Im **Modul 6** muss **nacheinander** gearbeitet werden. Um die Wartezeiten zu minimieren, können die Gruppen 4-6 am ersten Tag früher aufhören, weil sie erst am nächsten Tag morgens früh ihre Customizing-Arbeiten erledigen. Die Gruppen 1-3, die am ersten Tag diese Arbeiten im Modul 6 erledigt haben, können am nächsten Morgen später antreten, nämlich spätestens zur Präsentation des BW-Konzeptes, die im Plenum erfolgt.

Aufgabenstellung/Präsentation BW-Konzept

Das Betriebswirtschaftliche Konzept des Testbeispiels (Kap. 2.2) soll in wenigen Folien von den Teilnehmern dargestellt werden, insbesondere

- die Zeilen des Deckungsbeitragsschemas inkl. Daten-Input
- Abgrenzung
- die Kostenträger Auftragsposition, Artikel, Kunde und Attribute der Kostenträger, z. B. Kundengruppe (als Beispiel für Kundenhierarchie), Farbe (als Artikelattribut)
- nicht zugeordnete Vorgänge (nach Sortierungsrichtungen)
- bewertete Geschäftsvorfälle
- Auswertungen (Würfel)

Bild 2.6/2: Aufgabenstellung/Präsentation BW-Konzept

2. Tag: Die Präsentation des **BW-Konzeptes** erfolgt durch die Teilnehmer. Die **Durchsprache** (im Jargon: Kreuzweg) erfolgt als Wanderung entlang von Metaplantafeln, auf denen die wichtigsten Stichworte auf Kärtchen festgehalten sind. Es ist Aufgabe des "Moderators" die Teilnehmer zum Sprechen zu bringen (anstatt selbst in Vorlesungsstil zu verfallen). Wichtig ist es, auf Begründungen zu drängen statt nur reine Beschreibungen zu akzeptieren.
Beim **Modul 8** gibt es am zweiten Tag eine ähnliche **Organisation wie beim Modul 6** am 1. Tag. Gruppe 1-3 erledigt die Customizing-Arbeiten auf Systemebene hintereinander am Ende des 2. Tages, während die Gruppen 4-6 diese Arbeiten am 3. Tag zu Beginn erledigen.
Man sieht, dass der Ehrgeiz, die Gruppen auch Customizing auf Systemebene machen zu lassen, Auswirkungen auf die Organisation der Gruppenarbeit hat. Eine Er-

leichterung ergäbe sich in dieser Hinsicht, wenn man den Systemadministrator wie in 2.3 Vorbereitung des Systems beschrieben hier weitgehende Vorarbeiten machen ließe (was von uns aber nicht verfolgt wurde).
Die selbständige Lösung von **Aufgaben zur Bewertung** (s. Modul 8) soll die weitere Durchdringung der Konzepte sicherstellen (statt nur eines passiven Nachvollzugs).

3. Tag: Die **erneute Durchsprache** umfasst wieder alle bisher bearbeiteten Module, wobei Module 1-6 jetzt schneller durchlaufen und der Schwerpunkt auf die Konditionstechnik (Modul 8) gelegt werden kann.

4. Tag: die Teilnehmer präsentieren ihre **Lösungen zur Konditionstechnik** und können durch entsprechende Nachfragen immer wieder zu Begründungen angeregt werden (Warum ist das so gelöst? Was hat sich SAP vermutlich dabei gedacht?)
Die **3. Durchsprache** kann auf Aspekte des Gesamtzusammenhangs ausgerichtet werden: Warum waren welche Customizing-Arbeiten nötig und was haben sie für die Auswertungen bewirkt?
In Modul 11 wird die **Datenspeicherung** angesehen und im Hinblick auf ein Data Warehouse erörtert. Grundlegende Begriffe wie Ergebnisobjekt, Ergebnisbereich werden einer weitergehenden Klärung zugeführt.
In der **Schlussbesprechung** kann ein Meinungsbild über die Seminararbeit aber auch über die (ersten?) Erfahrungen mit der SAP-Software gewonnen werden.

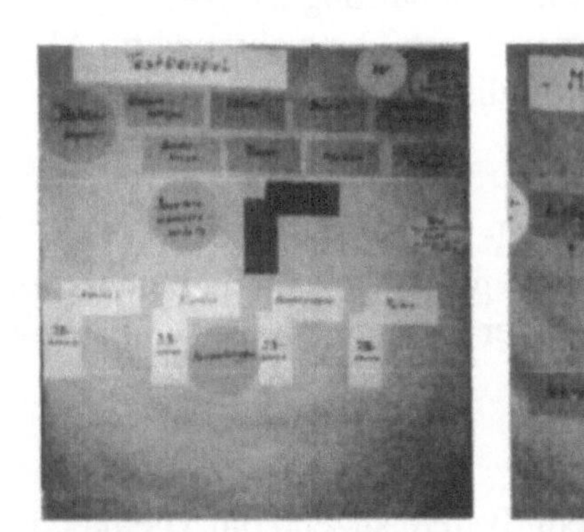
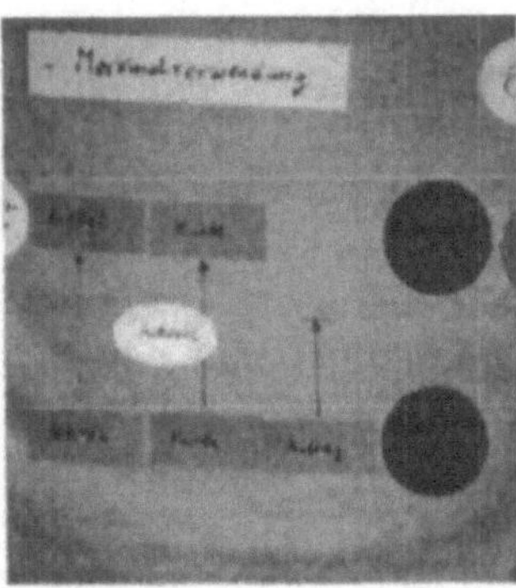
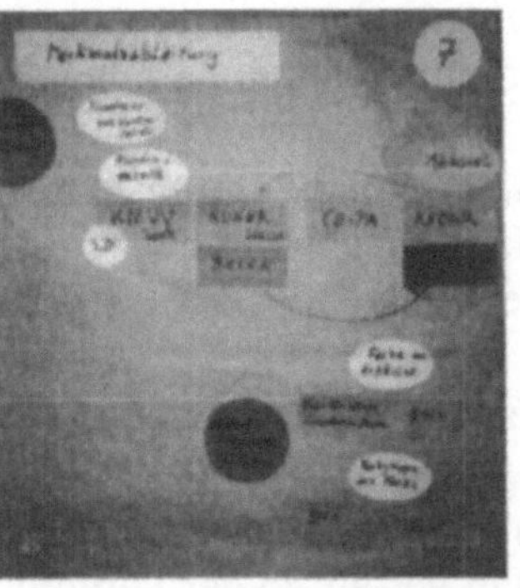

Bild 2.6/3: Durchsprache anhand von Metaplantafeln

2.7 Wie weiter ?

ars longa, vita brevis (lateinisch, Telgrammstil: Kunst lang, Leben kurz)
Seneca (De brevitate vitae) zitiert Hippokrates (Aphorismen)
die Kunst ist lang, doch kurz ist unser Leben

The life so short, the craft so long to learn (englisch, ca. 14 Jahrhundert)
Geoffrey Chaucer (nach Jorge Luis Borges)

Wie kann das Thema SAP nach dem Seminar weiterverfolgt werden ?

2.7.1 Alternativen

Wie weiter ?

1) nicht weiterverfolgen
2) Seminare: andere Themen, anderer Stil
3) Diplomarbeit
4) Praxis

Bild 2.7.1/1: Wie weiter?

1) nicht weiterverfolgen
Man hat in dem vorliegenden Seminar über das SAP-System mehr erfahren als mancher Entscheider, der - ohne zu wissen was er tut - die Anschaffung der SAP-Software beschließt. Aber man will das nicht weiterverfolgen - eine ehrenwerte Alternative, in der man unabhängig von einem sehr spezialisierten Know-how bleibt.

2) Seminare: andere Themen, anderer Stil
Man besucht weitere Seminare über andere SAP-Module, vielleicht auch unter Anwendung anderer Vermittlungsmethoden. Insbesondere projektorientierte Seminare, in denen die Infrastruktur unvergleichlich viel schlechter ist und man ganz auf sich und die vermeintlichen Hilfen (Doku) angewiesen ist.

3) Diplomarbeit
Man vertieft in der Diplomarbeit selbständig vor dem System sitzend ein Thema oder findet ein Praxisprojekt, auf dem man mitarbeiten kann (sehr selten, weil die *effektive* Projektdauer eher nach Jahren als nach den wenigen Monaten einer Diplomarbeit zählt).

4) Praxis
Man geht in die Praxis und erwirbt dort das nötige Know-how.

2.7.2 Hilfen beim Erwerb von SAP-Know-how

Leider gibt es keinen Königsweg zu SAP, aber einige Hilfen, die nicht das mühsame und frustrierende Trial-and-Error ersetzen.

Kein Königsweg

Wer noch erwartet, die Antwort auf alle Fragen zu SAP in der **Dokumentation** zu finden, wird bald enttäuscht. Aber dennoch ist sie besser als gar nichts.

Wer Zugang zu der (kostenpflichtigen) **Hotline** hat (Hochschulen in der Regel nicht), kann schnell Erfahrungen darüber sammeln, dass man sich an der Hotline Mühe gibt (aber Mühe allein genügt nicht). Oft weiß die Hotline auch nur das, was in der Dokumentation steht (und manchmal nicht mal das).

Wohl dem, der **Freunde** hat, die etwas wissen. Ohnehin macht die IT-Branche ihre Adepten zwangsläufig zu soziablen Menschen.

Die **Schulung bei SAP** (z. B. ein halbes Jahr in Walldorf verteilt über zwei Jahre) ist zwar empfehlenswert, wenn man jemanden findet, der sie bezahlt. Aber ein Königsweg ist sie eben auch nicht.

Was bleibt ist das **Trial-and-Error-Verfahren**: wochenlanges Sitzen vorm System und Rätselraten.

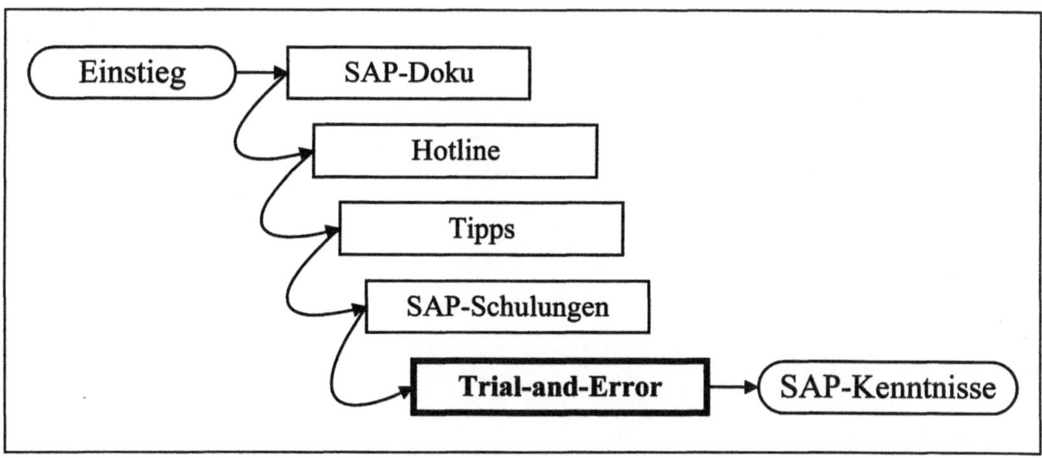

Bild 2.7.2/1: Hilfen beim Erwerb von SAP-Know-how

3. Kostenträgerrechnung im Testbeispiel: Implementierung mit der SAP® R/3®-Software (Customizing und Anwendung im Wechsel)

Das soll herauskommen:

Ergebnisbericht (interaktive Recherche)

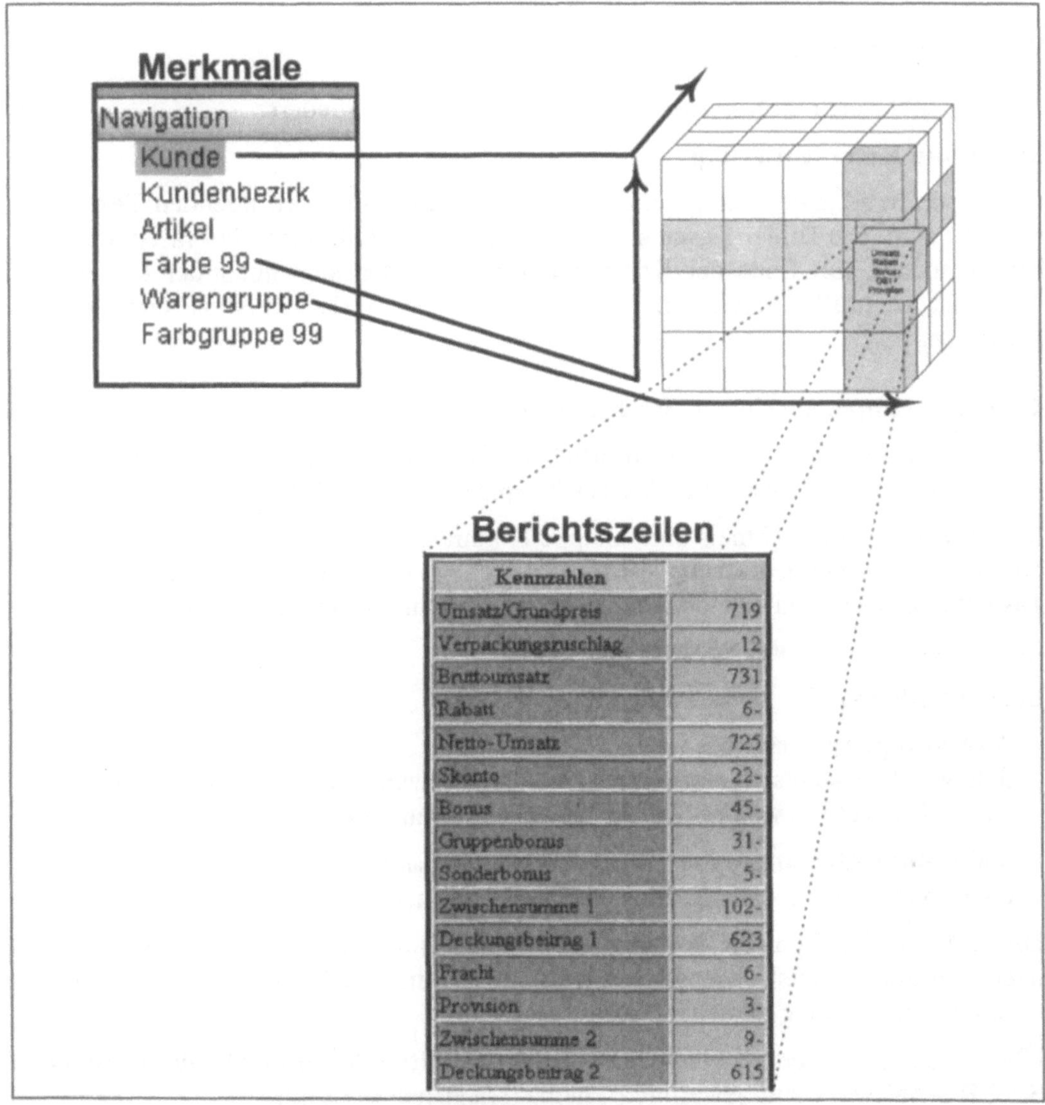

Bild 3/1: Ergebnisbericht (interaktive Recherche)

Am Ende der "Tastenarbeit" wird jede Gruppe ihren eigenen, interaktiven Ergebnisbericht erstellt haben, der die Auswertung der Daten des Testbeispiels in Form des vorgegebenen Deckungsbeitragsschemas (=Berichtszeilen) für alle beliebigen Kombinationen der Kostenträger bzw. deren Attribute (Merkmale) erlaubt. Die Merkmale (der Kostenträger) stellen also im bildlichen Vergleich die Dimensionen eines mehrdimensionalen Datenwürfels dar, dessen einzelne Zellen jeweils für den Deckungsbeitragsbericht einer ganz bestimmten Kombination von Merkmalswerten (eines einzelnen Ergebnisobjektes) stehen.

Wie gelangt man dorthin?

Die Durchführung und Kommentierung ist in Module gegliedert.

Bilder und Kommentierung

Das Modul wird jeweils eingeleitet mit Bildern, die im darauffolgenden Text kommentiert sind. Die Bilder lassen sich in Seminarveranstaltungen als Präsentationsfolien einsetzen. Am Ende der Kommentierung befinden sich unter der Überschrift **"Was ist zu tun"** Übersichten über die im folgenden Tastenteil zu erledigenden Aufgaben.

Tastenteil (Implementierung im R/3-System)

Jedes Modul wird mit einem ausführlichen "Tastenteil" abgeschlossen, der eine genaue Anleitung zur Umsetzung des Testbeispiels in das SAP R/3-System gibt.

Im Tastenteil wird nochmals eine knappe Kommentierung gegeben, die der Wiederholung und Zusammenfassung dient. Dadurch ist es eigentlich möglich, mit dem Tastenteil zu beginnen und das Testbeispiel direkt am System durchzutasten.

Der Tastenteil ist in **zwei Spalten** gegliedert:

In der **rechten Spalte** findet man:

- **Anweisungen** (Schriftart Arial 10),
  d. h. welche Daten sind einzugeben, welche Auswahlen aus Menüs oder Datenlisten sind zu treffen, welche Schaltflächen sind anzuklicken, etc.
- und **Kommentierungen** (Schriftart Times New Roman 12),
  die sich auf die Umsetzung des Testbeispiels beziehen.

Die **linke Spalte** dient zur **Kontrolle**: Hier kann abgelesen werden - zum Teil anhand von Screenshots - wie der jeweilige Bildschirminhalt nach korrekter Ausführung einer Anweisung aussehen muss.

Über beide Spalten erstrecken sich **wichtige Definitionen und Charakteristika der SAP R/3-Software** zum jeweiligen Thema (**Schriftart Britannic Bold 10**).

3.0 Überblick und Arbeiten mit dem R/3-System

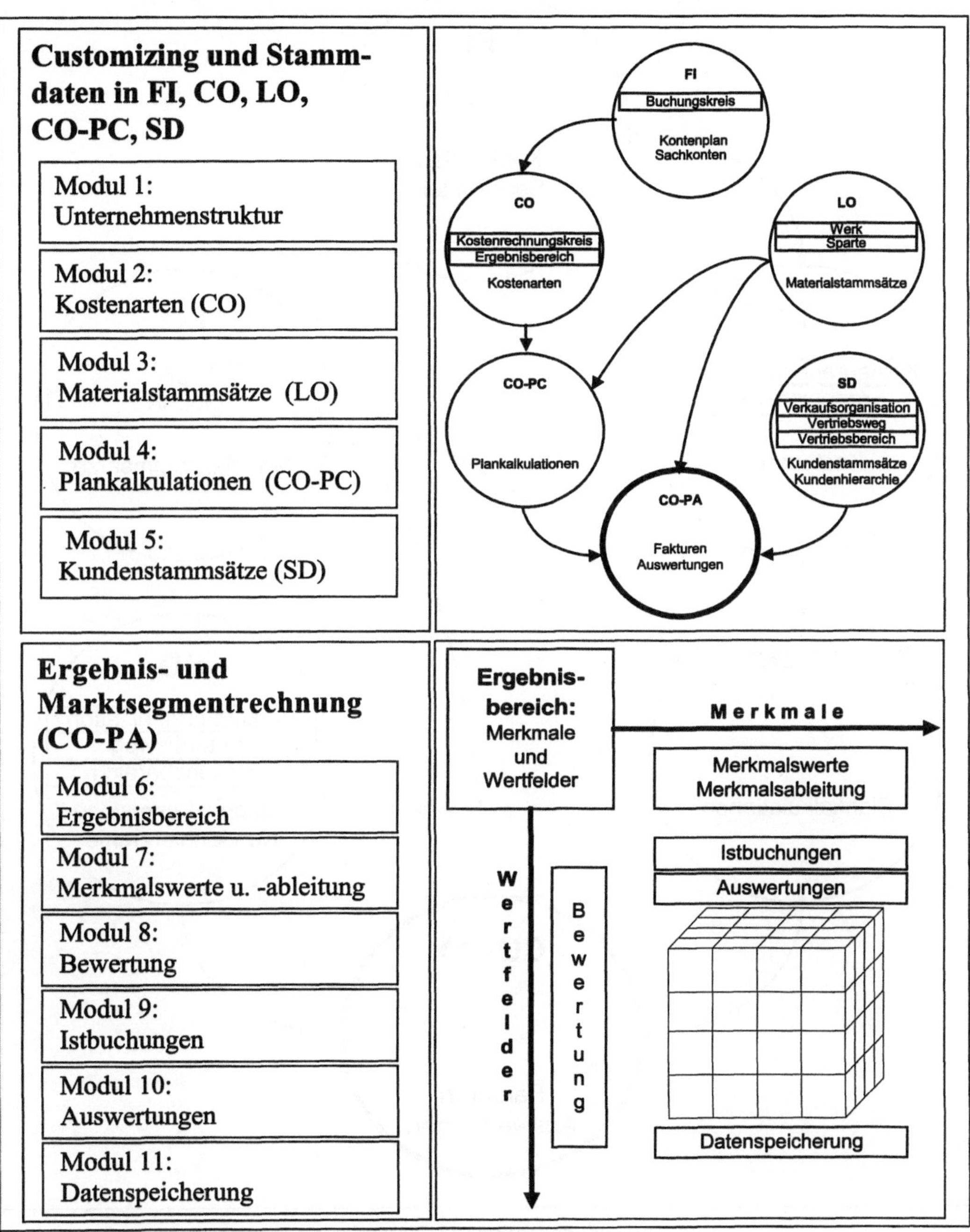

Bild 3.0/1: Modulstruktur des Testbeispiels (1)

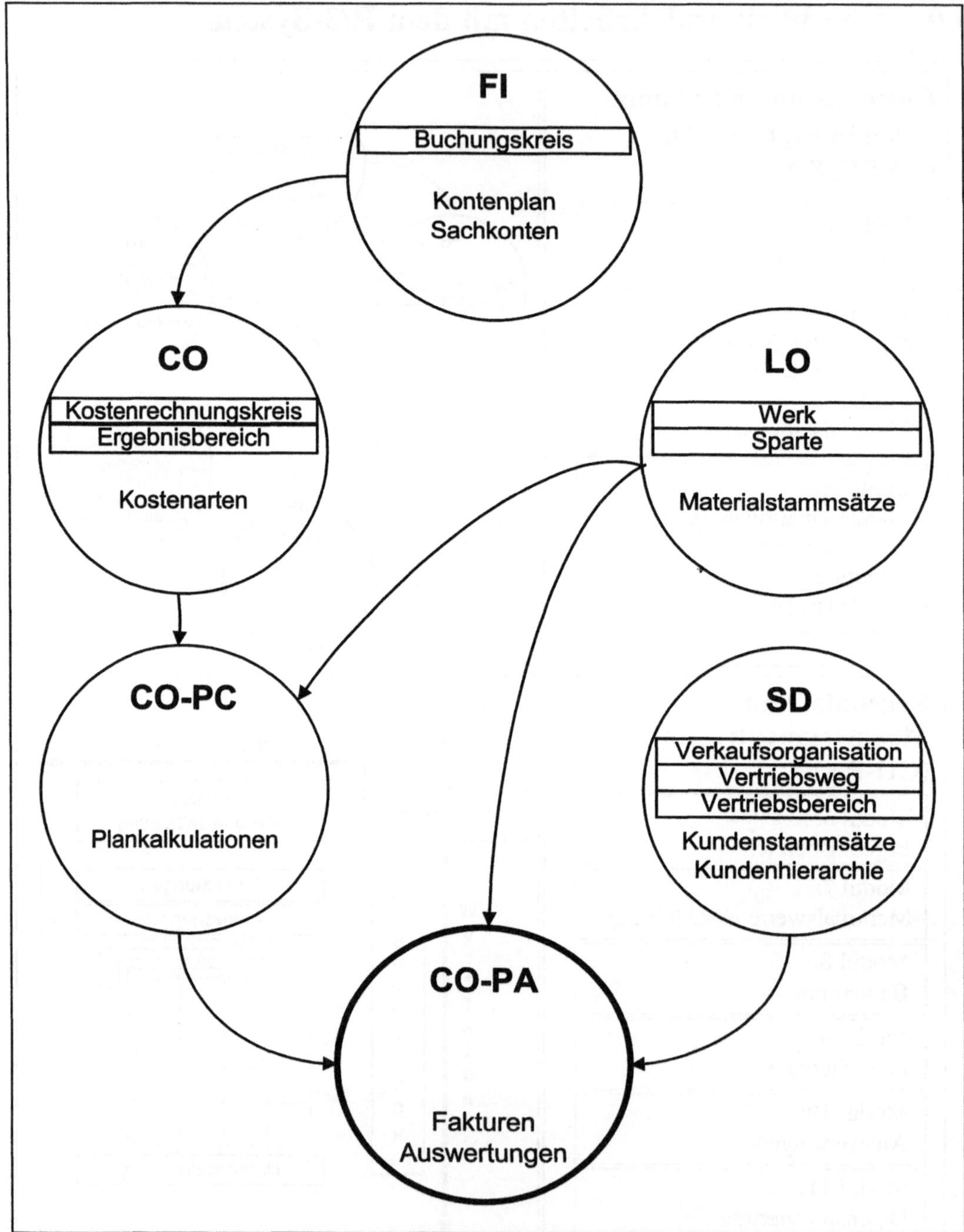

Bild 3.0/1: Modulstruktur des Testbeispiels (2)

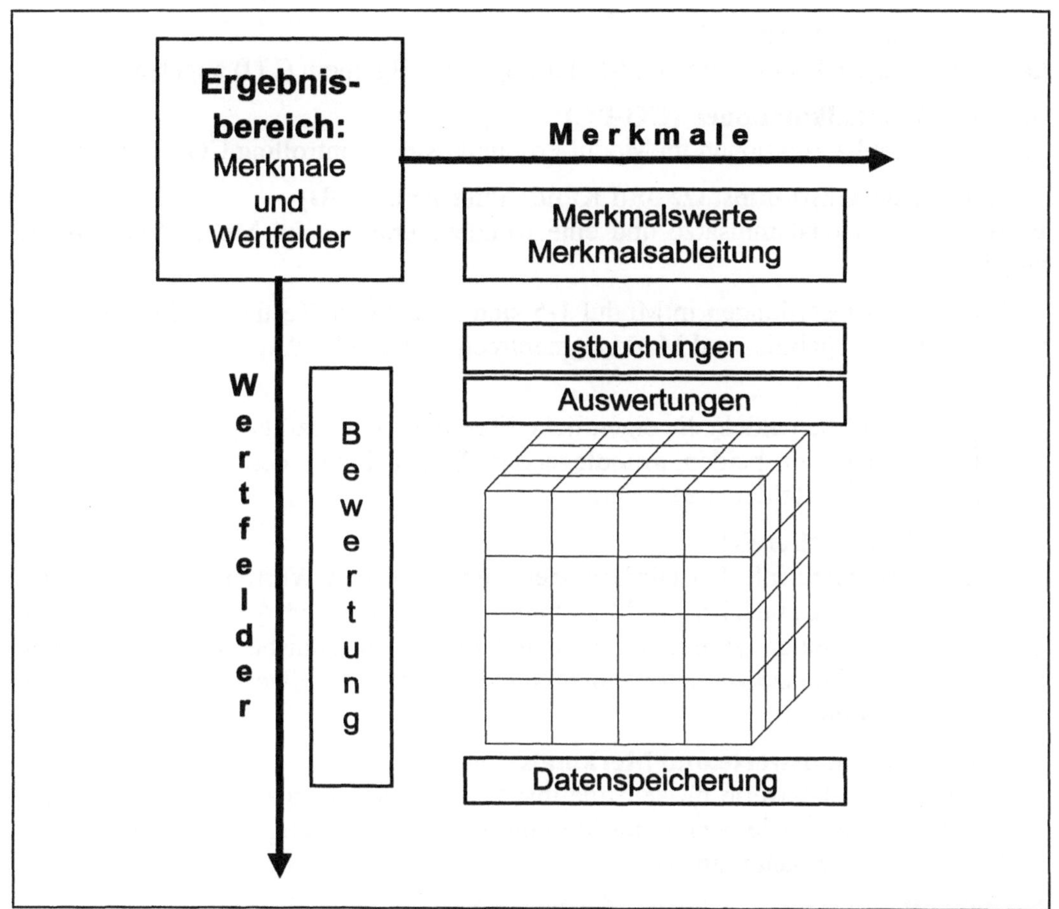

Bild 3.0/1: Modulstruktur des Testbeispiels (3)

Die Module 1-5 behandeln das Customizing und die Stammdaten in den R/3-Modulen FI, CO, LO, CO-PC, SD, soweit sie für die Implementierung des Testbeispiels erforderlich sind.

Modul 1: Unternehmensstruktur
Es wird die SAP-Unternehmensstruktur (Abrechnungsstruktur) angelegt und zwar:

- in FI Finanzbuchhaltung	Buchungskreis, Kontenplan
- in CO Controlling	Kostenrechnungskreis, Ergebnisbereich (vorerst nur Name und Nummer)
- in LO Logistik	Werk, Sparte
- in SD Vertrieb	Verkaufsorganisation, Vertriebsweg, Vertriebsbereich.

Modul 2: Kostenarten (CO)
Es werden Kostenarten im Modul Controlling (CO) angelegt.

Modul 3: Materialstammsätze (LO)
Es werden Materialstammsätze im Modul Logistik Allgemein (LO) angelegt.

Modul 4: Plankalkulationen (CO-PC)
Es werden Plankalkulationen im Modul Produktkosten-Controlling CO-PC angelegt.

Modul 5: Kundenstammsätze und Kundenhierarchie (SD)
Es werden Kundenstammsätze und eine Kundenhierarchie im Modul Vertrieb SD angelegt.

Die gesamten Einstellungen in Modul 1-5 sind in unserem Testbeispiel die Voraussetzung für die Ergebnis- und Marktsegmentrechnung in CO-PA.

Die Module 6-11 behandeln die eigentliche Ergebnis- und Marktsegmentrechnung. Sie sind entlang der beiden grundlegenden Dimensionen des Ergebnisbereichs: Merkmale und Wertfelder strukturiert.

Modul 6: Ergebnisbereich
Der Ergebnisbereich mit den Dimensionen Merkmale und Wertfelder wird strukturiert. Dafür werden zunächst die Merkmale (der Kunden und Artikel) neudefiniert, soweit sie nicht schon vorhanden sind und in den Ergebnisbereich übernommen werden können. Ebenso werden die benötigten Wertfelder teilweise neudefiniert und teilweise übernommen.

Modul 7: Merkmalswerte und Merkmalsableitung
Es werden Merkmalswerte für selbstdefinierte Merkmale festgelegt und Ableitungsregeln, die angeben, wie bestimmte Merkmale aus anderen abgeleitet werden sollen (z. B. Farbe aus Artikelnummer).

Modul 8: Bewertung
Hier werden Verfahren zum Füllen der Wertfelder festgelegt: Übernahme aus dem Vertrieb, aus der Materialkalkulation (Herstellkosten) und Berechnung der abzugrenzenden Kosten (SAP-Konditionstechnik).

Modul 9. Istbuchungen
Es werden die Istbuchungen (im Testbeispiel durch direkte manuelle Erfassung im Modul CO-PA und explizites Anstoßen von Merkmalsableitung und Bewertung) vorgenommen.

Modul 10: Auswertungen
Es wird die Ernte eingefahren, indem in beliebige Richtungen des "mehrdimensionalen Würfels" ausgewertet wird: DBs nach Artikeln, Kunden, Kundengruppen usw.

Modul 11: Datenspeicherung
Es wird abschließend die Datenspeicherung - im Testbeispiel die der gebuchten Istdaten - in der pro Ergebnisbereich generierten Datenbasis betrachtet.

Modul 0: Arbeiten mit dem R/3 System

Modul 0 ist technischer Natur und gibt eine kurze Einführung in die Handhabung der R/3-Oberfläche.

Hauptarbeitsweisen im Testbeispiel

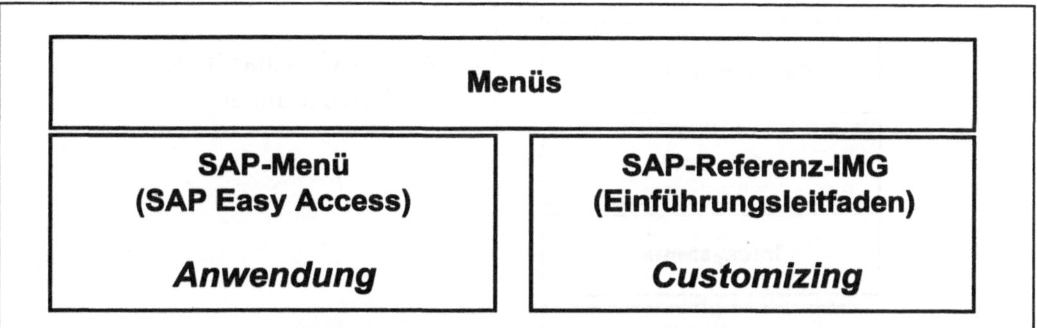

Bild 3.0/2 (Modul 0): Hauptarbeitsweisen im Testbeispiel

In der SAP-Software bewegt man sich für das Testbeispiel in zwei Hauptarbeitsweisen:

- Customizing
- Anwendung

Customizing ist die parametrische Auswahl aus vorgedachten Lösungsalternativen, **Anwendungen** sind die betriebswirtschaftlichen Sachverhalte, die in der gecustomizten Umgebung gelöst werden.

Beispiel: Man customized die Eingabebildschirme für die Istbuchungen, d. h. man bestimmt das Ausssehen der Bildschirme (ob die Eingabefelder Muss- oder Kann-Felder sind). Bei der Anwendung (hier Istbuchung) nutzt man die vorher im Customizing gestalteten Bildschirme.

Gliederung des SAP-Menüs

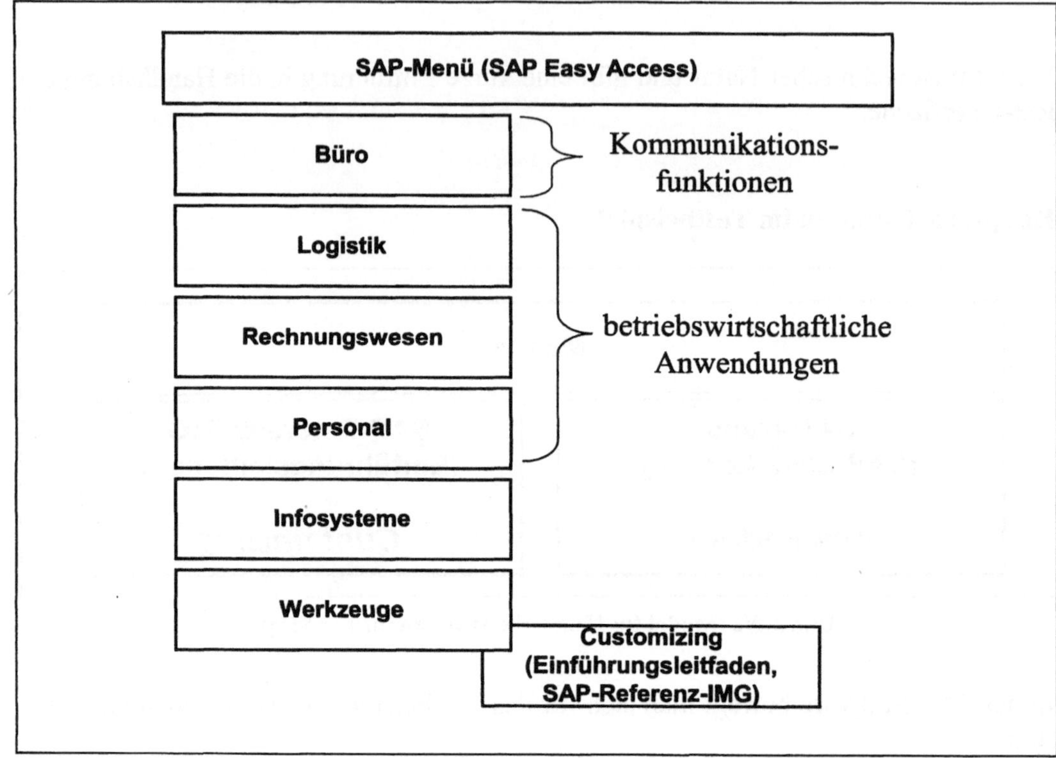

Bild 3.0/3 (Modul 0): SAP-Menü

Das SAP-Menü (Anwendungsmenü) gliedert sich auf der obersten Ebene in

- Büro (Kommunikationsfunktionen)
- die betriebswirtschaftlichen Anwendungen Logistik, Rechnungswesen, Personal, (das Unternehmen wird softwaremässig nach Querschnittsfunktionen untergliedert)
- die Infosysteme
- die Werkzeuge (unter diesem Punkt findet sich das Customizing (die Einrichtung/Anpassung des Systems) und u. a. die Entwicklungsumgebung und Systemverwaltungsfunktionen.

Customizing

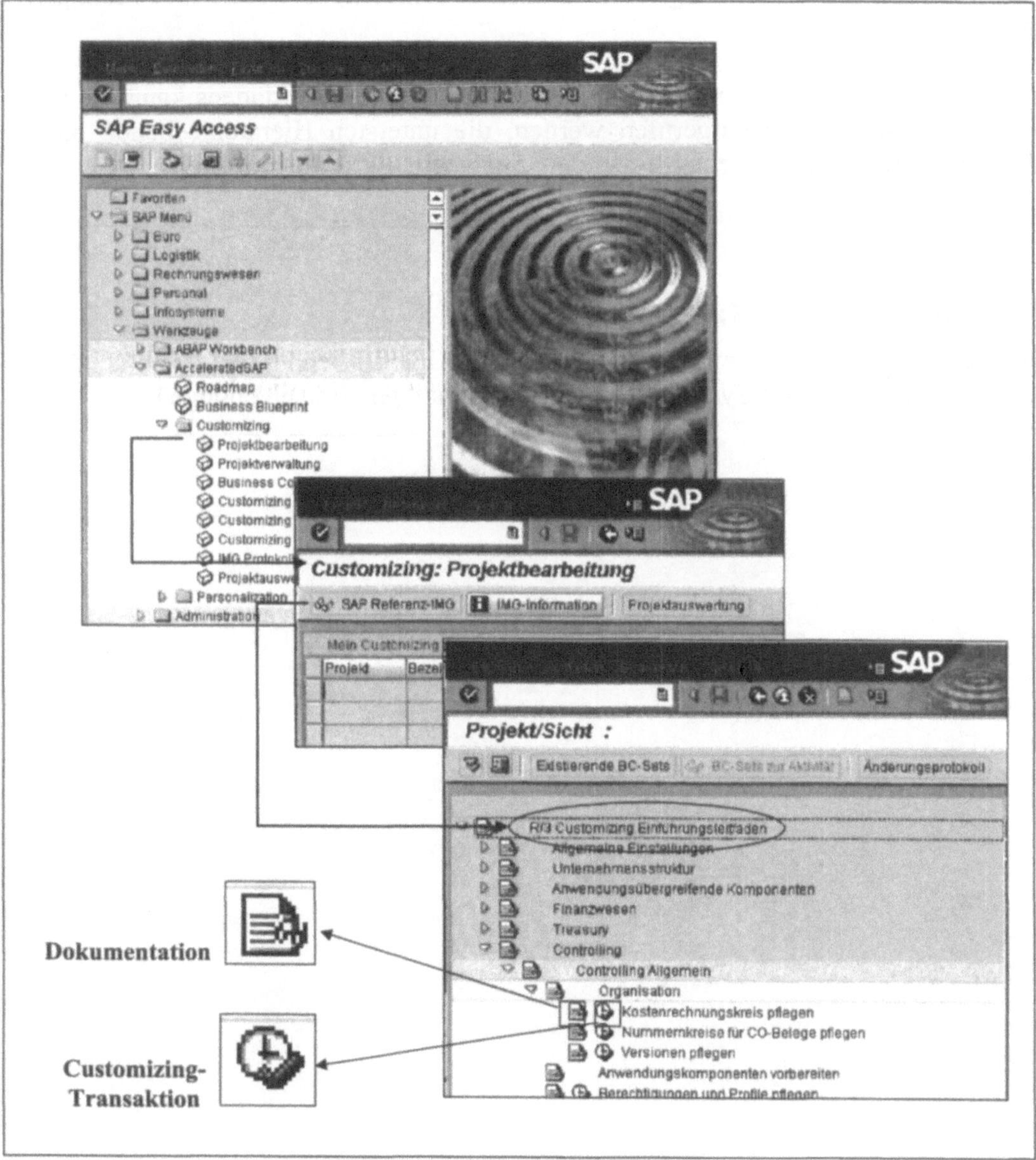

Bild 3.0/4 (Modul 0): Customizing

Als Werkzeug für das Customizing umfasst das R/3-System den Einführungsleitfaden oder SAP-Referenz-IMG (IMG: Implementation Guide).

Dieser ist hierarchisch strukturiert und bildet, ähnlich wie das SAP-Menü, die Struktur sämtlicher R/3-Anwendungskomponenten ab (ähnlich, aber eben auch nicht ganz übereinstimmend).

Zu jedem Punkt des Customizing-Menüs bzw. Einführungsleitfadens kann die relevante **Dokumentation** aufgerufen werden, die untersten Hierarchieebenen bieten Funktionen zum Start der entsprechenden **Customizing-Transaktionen**.

Wichtige Symbole und Tasten

Das nachfolgende Bild zeigt die Bedeutung der häufig benötigten Symbole für die Standardfunktionen des Systems bzw. der tastenmäßigen Entsprechungen.

Symbol	Bezeichnung	Taste(n)
	Datenfreigabe, Enter	↵
	Sichern, Buchen	Strg + S
	Zurück (eine Stufe in der R/3-Anwendungshierachie)	F3
	Beenden (die gerade aktuelle R/3-Anwendung mit Möglichkeit zum Sichern)	Umschalt + F3
	Abbrechen (die gerade aktuelle R/3-Anwendung ohne Sicherung)	F12
	Neuen Modus (R/3-Fenster) **erzeugen**	
	Hilfe	F1
	Blättern	Strg Bild ↑ · Bild ↑ · Bild ↓ · Strg Bild ↓
hinter Eingabefeldern	**Wertehilfe** (mögliche Eingabewerte werden angelistet)	F4

Bild 3.0/5 (Modul 0): Symbole und Tasten für Standardfunktionen

Anzeige	Eingabe/Auswahl

Modul 0: Arbeiten mit dem R/3-System (Bedienungsgrundlagen zu R/3-Release 4.6)

M0.1 R/3-System starten und Erstanmeldung durchführen

Anzeige	Eingabe/Auswahl
	Bevor Sie sich als Benutzer am R/3-System anmelden können, müssen Sie von Ihrer Betriebssystemebene aus zunächst das Präsentationsprogramm SAP GUI starten.

Das *SAP GUI* (Graphic User Interface), die grafische Benutzeroberfläche des SAP R/3-Systems, ermöglicht dem Nutzer am PC (= Präsentationsserver der Client/Server-Architektur von R/3) die Kommunikation mit dem SAP R/3-System.

Anzeige	Eingabe/Auswahl
	Der Startaufruf des SAP GUI hängt von der Betriebssystemumgebung ab und könnte daher von dem nachfolgend Beschriebenen abweichen. Befragen Sie in diesem Fall Ihren Systemverwalter.
	Wählen Sie aus dem Windows Start-Menü: **`Programme -`** **`SAP Frontend 4.6`**
Untermenü (Programmgruppe) "SAP Frontend 4.6" ist geöffnet.	Klicken Sie auf 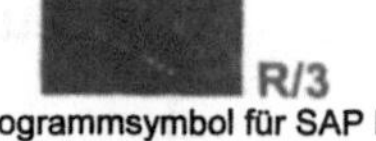 **R/3** (=Programmsymbol für SAP R/3)
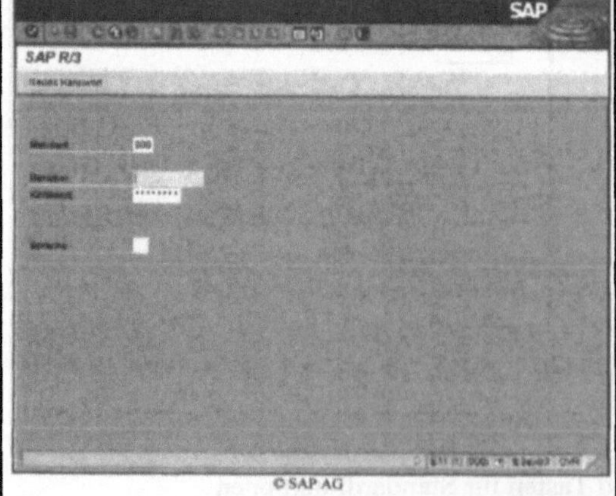 © SAP AG	

Anzeige	Eingabe/Auswahl
	SAP GUI wurde gestartet. Sie sehen den Anmeldebildschirm des R/3-Systems. Geben Sie in Feld *Mandant* ein: ***xyz*** ('*xyz*' durch **Mandantennummer** für das Testbeispiel ersetzen) Sollte Ihnen die Mandantennummer für das Testbeispiel nicht bekannt sein, so erfragen Sie diese bitte bei Ihrem Systemverwalter. Geben Sie in Feld *Benutzer* ein: **erg***xx , xx = Ihre Teilnehmernummer* (= Ihr R/3-**Benutzername** für das Testbeispiel)
	Bitte beachten Sie: *Dem Benutzernamen wurde hier zur Identifizierung – wie übrigens später auch bestimmten betriebswirtschaftlichen Objekten des R/3-Systems – eine **zweistellige Teilnehmernummer** (xx) angehängt. Diese kann z. B. der **PC-Nummer** des jeweiligen Teilnehmer-PCs entsprechen.* *Sollten Sie an Ihrem PC keine entsprechende Nummer vorfinden, so wenden Sie sich bitte an Ihren Kursleiter bzw. Systemverwalter .*
	Geben Sie in Feld *Kennwort* ein: ***sapkost*** (= **Initialkennwort** für **Erstanmeldung**) Das Feld Sprache ist in der Regel auf "Deutsch" voreingestellt und muß nur gefüllt werden, wenn man in einer anderen Sprache arbeiten will. Drücken Sie Taste ↵ **(=Return-Taste)**

Anzeige	Eingabe/Auswahl
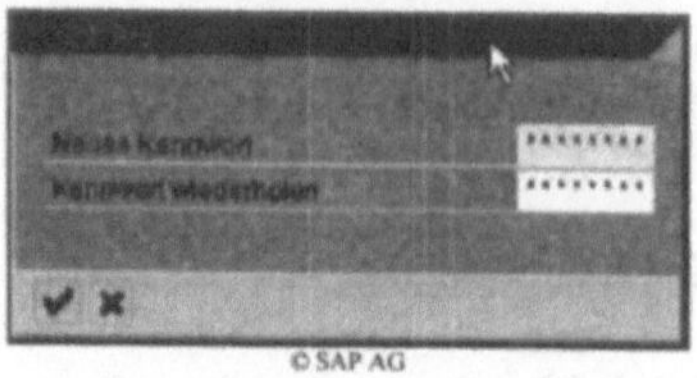 Neues Kennwort ******** Kennwort wiederholen ******** © SAP AG	Dialogfenster zur Eingabe Ihres persönlichen Kennwortes erscheint (nur bei Erstanmeldung).
Ein SAP-Kennwort muss mindestens drei und darf höchstens acht Zeichen lang sein. Es darf nicht mit einem Leerzeichen, einem ?, einem ! oder drei gleichen Zeichen beginnen und nicht "pass" oder "init" lauten.	
	Stellen Sie den Cursor auf das Feld *Neues Kenwort* Geben Sie in die Eingabefelder (also **zweimal !**) ein: *persönliches Kennwort* (*'persönliches Kennwort'* durch **Ihr gewünschtes Kennwort** für weitere Anmeldungen ersetzen) ↵
Copyright-Fenster erscheint.	↵
Falls vorhanden, sehen Sie an dieser Stelle das Systemnachrichten-Fenster mit aktuellen Infos der Systemverwaltung. **"SAP Easy Access" mit SAP-Menü:** SAP Easy Access Favoriten SAP Menü Büro Logistik Rechnungswesen Personal Infosysteme Werkzeuge © SAP AG	

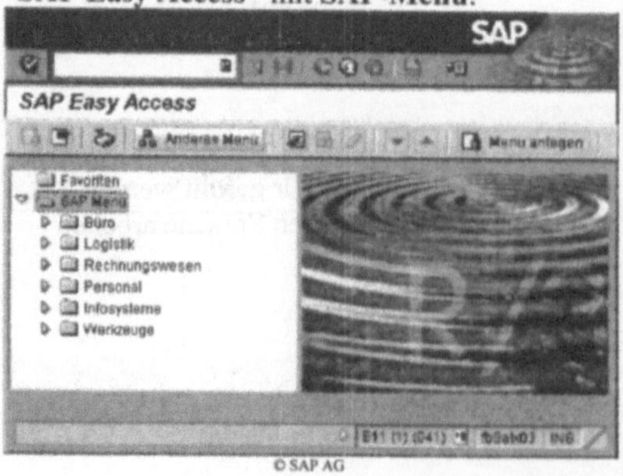

Anzeige	Eingabe/Auswahl

***SAP Easy Access* heißt ab dem Release 4.6 das neue Einstiegsmenü des R/3-Systems, das entweder als *SAP-Standardmenü* alle verfügbaren Menüs des R/3-Systems umfassen kann und damit den Zugang zu sämtlichen R/3-Transaktionen (Anwendungen) bietet oder aber ein vom Systemverwalter eingeschränktes Menü als benutzerspezifischen Einstieg in das SAP-System anzeigt.**

Sollte das angezeigte Menü von dem hier abgebildeten **SAP-Standardmenü** abweichen, so hat Ihr Systemverwalter für Sie ein spezifisches Benutzermenü definiert.
Öffnen Sie in diesem Fall das SAP-Standardmenü, indem Sie aus der Menüleiste

Menü -
SAP Menü

wählen. Dadurch werden alle verfügbaren Menüs des SAP-Systems angezeigt.

M0.2 Weiteren R/3-Modus (Bildschirm) öffnen

Klicken Sie (in der Systemfunktionsleiste) auf

(= Neuen Modus erzeugen)

Alternativ können Sie die Funktion "Neuen Modus erzeugen" auch über die Auswahl von

System -
Erzeugen Modus

in der Menüleiste ausführen.

Anmerkung:

*In den R/3-Anwendungen werden häufig genutzte Funktionen auch als **Drucktasten** (Schaltflächen, Ikonen) in der System- und Anwendungsfunktionsleiste alternativ zur entsprechenden Menüauswahl angeboten (s. auch Tabelle "Wichtige Drucktasten" in der Einführung zu diesem Modul).*

In der aktuellen Unterlage wird das Anklicken dieser Drucktasten zum Ausführen von Funktion in der Regel der entsprechenden Funktionsauswahl in der Menüleiste vorgezogen.

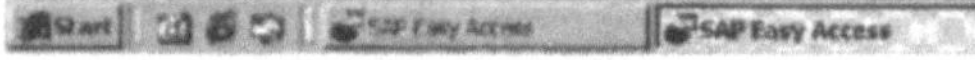

Anzeige	Eingabe/Auswahl
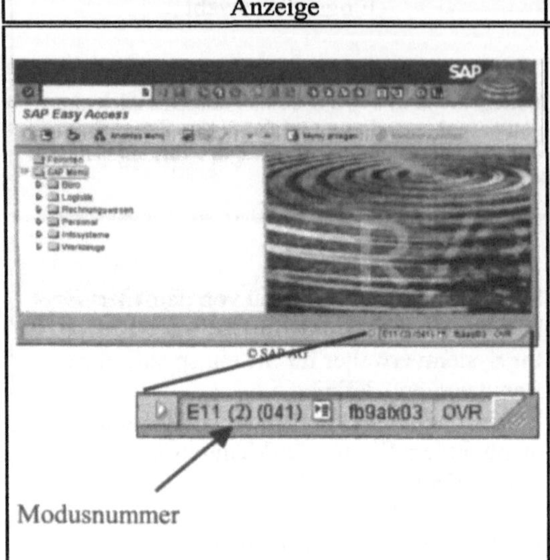	Der SAP-Einstiegsbildschirm "SAP Easy Access" erscheint in einem zusätzlichen Fenster, dem neuen Modus. Die Modusnummer (hier: 2) ist in der Statusleiste (in Klammern neben dem Systemnamen) ersichtlich.
Windows-Taskleiste:	In der (Windows-)Taskleiste befinden sich nun zwei Programmschaltflächen "SAP Easy Access".

M0.3 Im SAP (Standard-)Menü arbeiten

M0.3.1 Online-Hilfe zur aktuellen Anwendung starten

Anzeige	Eingabe/Auswahl

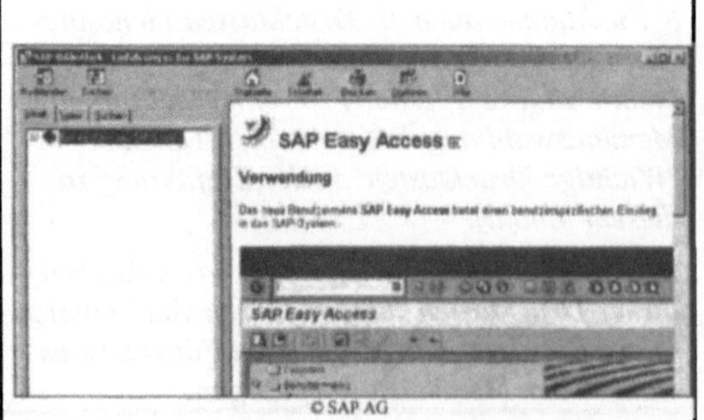	Wählen Sie aus der Menüleiste:
	`Hilfe -`
	`Hilfe zur Anwendung`

Anzeige	Eingabe/Auswahl
	Fenster mit Online-Hilfe zum gerade aktuellen Bildschirm (zur aktuellen Anwendung) wird geöffnet (hier: zu SAP Easy Access). Schließen Sie das Hilfe-Fenster wieder.

M0.3.2 Untermenüs des SAP-Menüs öffnen

Die einzelnen *Untermenüs* im SAP-Menü lassen sich durch Mausklick auf den jeweils links vom Menüeintrag stehenden Pfeil öffnen (aufklappen) ▷ bzw. wieder schließen (zuklappen) ▽ .

Anzeige	Eingabe/Auswahl
SAP Easy Access mit **SAP Menü** 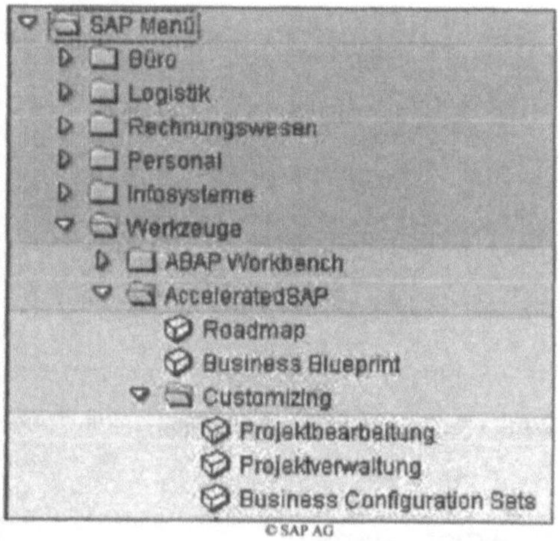 SAP Menü Büro Logistik Rechnungswesen Personal Infosysteme Werkzeuge ABAP Workbench AcceleratedSAP Roadmap Business Blueprint Customizing Projektbearbeitung Projektverwaltung Business Configuration Sets © SAP AG	Wählen Sie im SAP-Menü die Untermenüs (jeweils durch Anklicken von ▷) : **Werkzeuge -** **Accelerated SAP -** **Customizing** Ausgewählte Untermenüs werden geöffnet (aufgeklappt).

M0.3.3 Dokumentation zur markierten Anwendung anzeigen

Anzeige	Eingabe/Auswahl
	Markieren Sie (durch Anklicken) im Untermenü Customizing die Anwendung (R/3-Transaktion): **Projektbearbeitung**

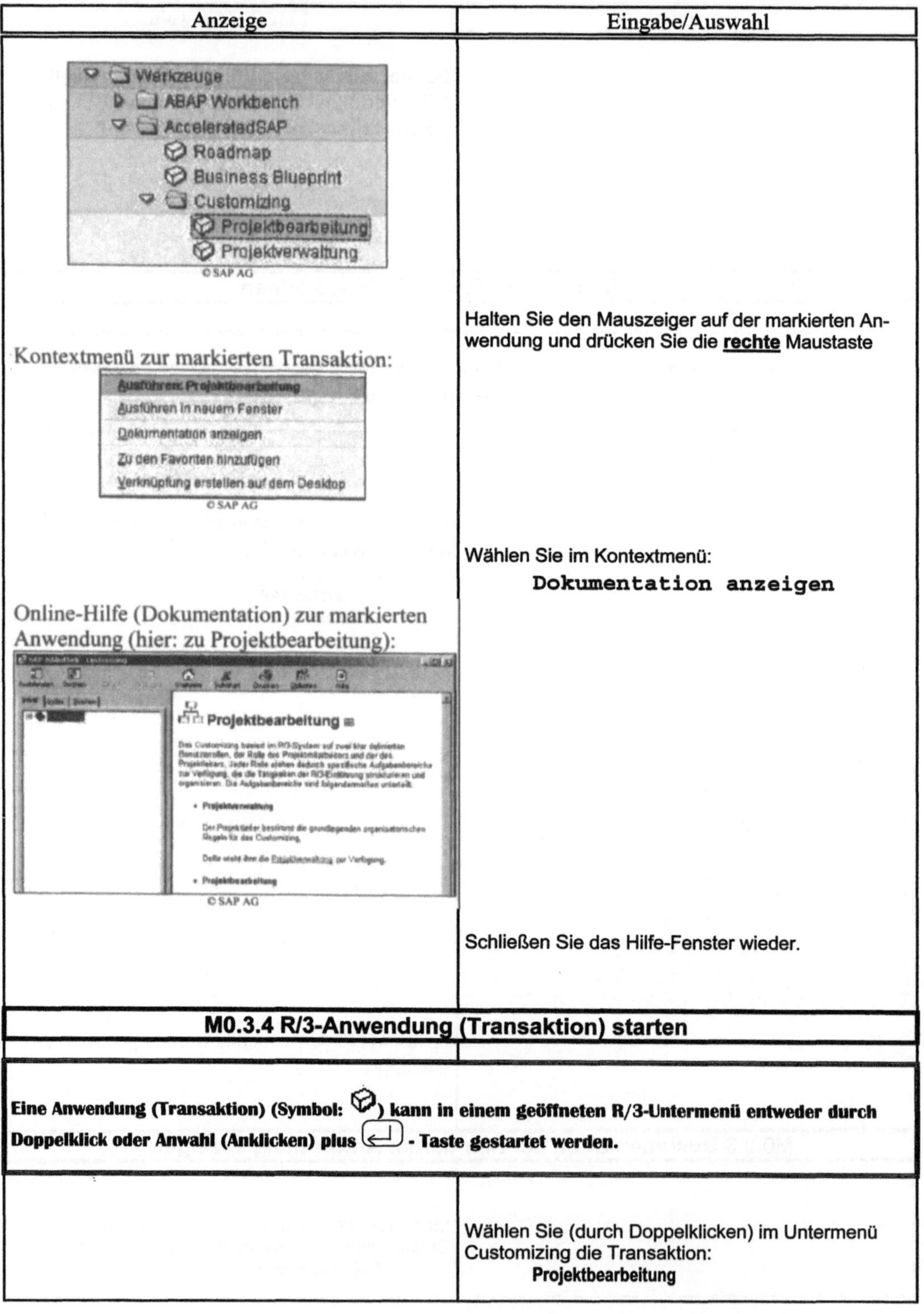

Anzeige	Eingabe/Auswahl
	Halten Sie den Mauszeiger auf der markierten Anwendung und drücken Sie die **rechte** Maustaste
Kontextmenü zur markierten Transaktion:	
	Wählen Sie im Kontextmenü: `Dokumentation anzeigen`
Online-Hilfe (Dokumentation) zur markierten Anwendung (hier: zu Projektbearbeitung):	
	Schließen Sie das Hilfe-Fenster wieder.

M0.3.4 R/3-Anwendung (Transaktion) starten

Eine Anwendung (Transaktion) (Symbol: ⬡) kann in einem geöffneten R/3-Untermenü entweder durch Doppelklick oder Anwahl (Anklicken) plus ↵ - Taste gestartet werden.

Anzeige	Eingabe/Auswahl
	Wählen Sie (durch Doppelklicken) im Untermenü Customizing die Transaktion: **Projektbearbeitung**

Anzeige	Eingabe/Auswahl
Bildschirm "**Customizing**: **Projektbearbeitung**": 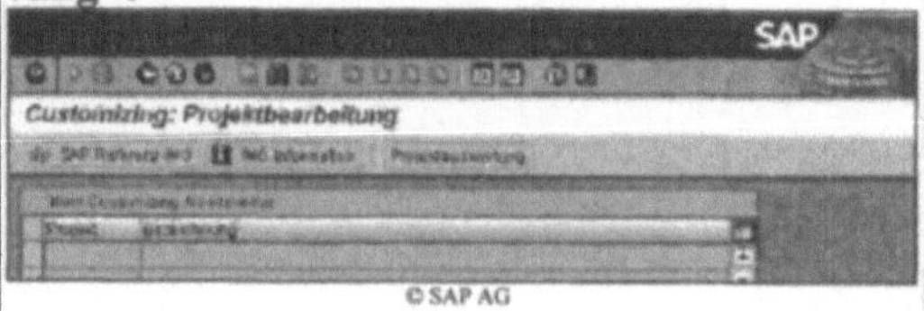 © SAP AG	Die Transaktion wurde gestartet, der erste Anwendungsbildschirm (hier: Customizing: Projektbearbeitung, s.u.) der Transaktion ist geöffnet .

M0.4 Mit dem Einführungsleitfaden (SAP-Referenz-IMG) arbeiten

Als Werkzeug für das *Customizing* (Konfiguration, unternehmensspezifische Anpassung des R/3-Systems) liefert SAP den sogenannten *Einführungsleitfaden* oder *SAP-Referenz-IMG (IMG: Implementation Guide)* aus. Über diesen sind alle Arbeitsschritte zur Einstellung sämtlicher R/3-Anwendungen, gegliedert nach Anwendungsmodulen, samt zugehöriger Dokumentation zusammengefasst.

Für einzelne Einführungsprojekte benötigte Funktionen (z. B. für die Einführung eines einzelnen R/3-Moduls) können als sogenannte *Projekt-IMGs*, die echte Teilmengen des sehr komplexen SAP-Referenz-IMG darstellen, zusammengefasst und generiert werden.

M0.4.1 SAP-Referenz-IMG (Einführungsleitfaden) starten

Anzeige	Eingabe/Auswahl
Bildschirm "**Customizing**: **Projektbearbeitung**":  © SAP AG	Der aktuelle Bildschirm zeigt hier unter "Mein Customizing Arbeitsvorrat" keine Projekt-IMGs an. (Dies wäre der Fall, wenn Ihrer SAP-Benutzerkennung ein Projekt zugeordnet wäre, d.h. Sie als Projektmitarbeiter eingetragen wären.) Klicken Sie auf Schaltfläche (Drucktaste)  SAP Referenz-IMG

Anzeige	Eingabe/Auswahl
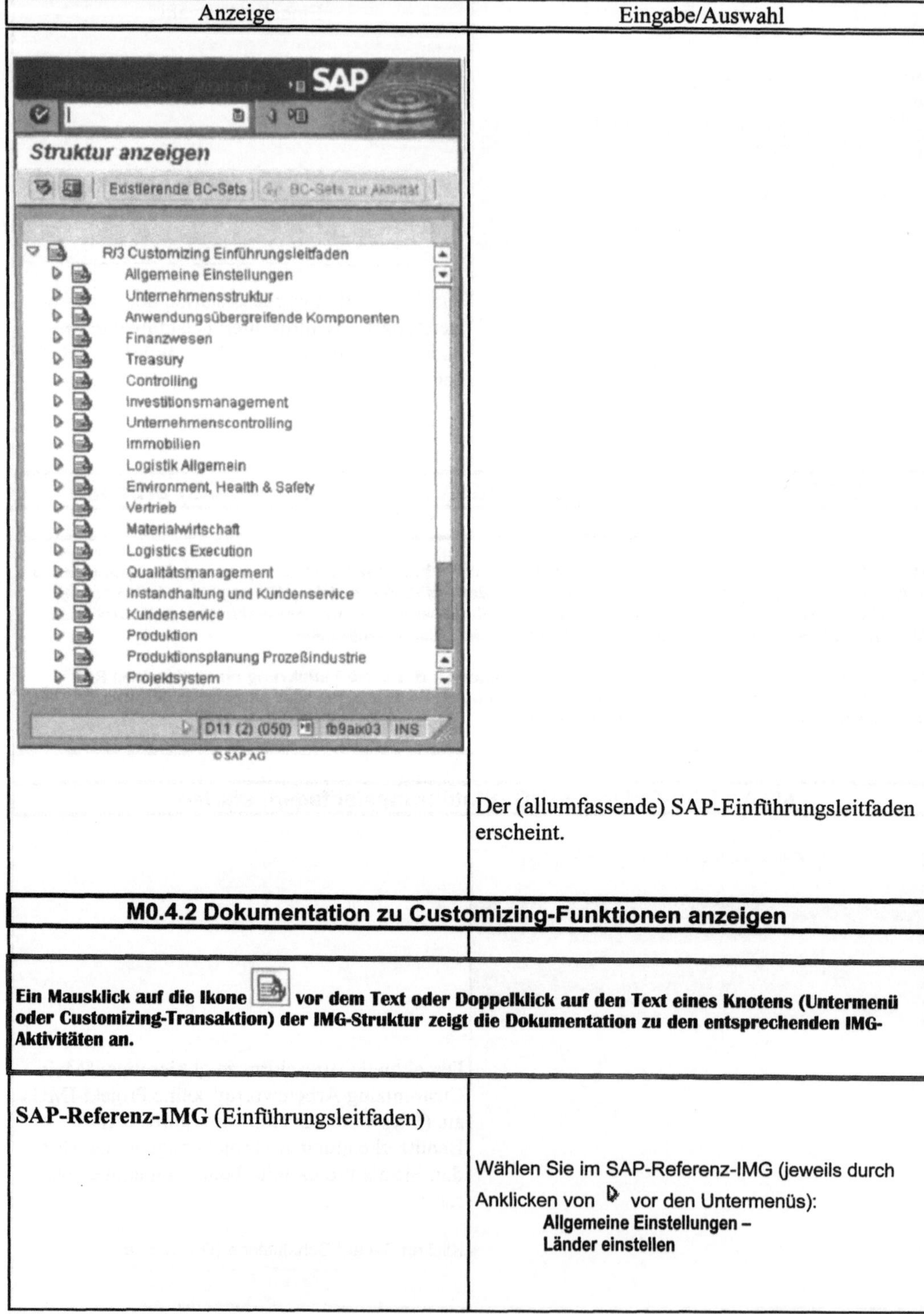	Der (allumfassende) SAP-Einführungsleitfaden erscheint.

© SAP AG

M0.4.2 Dokumentation zu Customizing-Funktionen anzeigen

Ein Mausklick auf die Ikone vor dem Text oder Doppelklick auf den Text eines Knotens (Untermenü oder Customizing-Transaktion) der IMG-Struktur zeigt die Dokumentation zu den entsprechenden IMG-Aktivitäten an.

Anzeige	Eingabe/Auswahl
SAP-Referenz-IMG (Einführungsleitfaden)	Wählen Sie im SAP-Referenz-IMG (jeweils durch Anklicken von ▷ vor den Untermenüs): **Allgemeine Einstellungen –** **Länder einstellen**

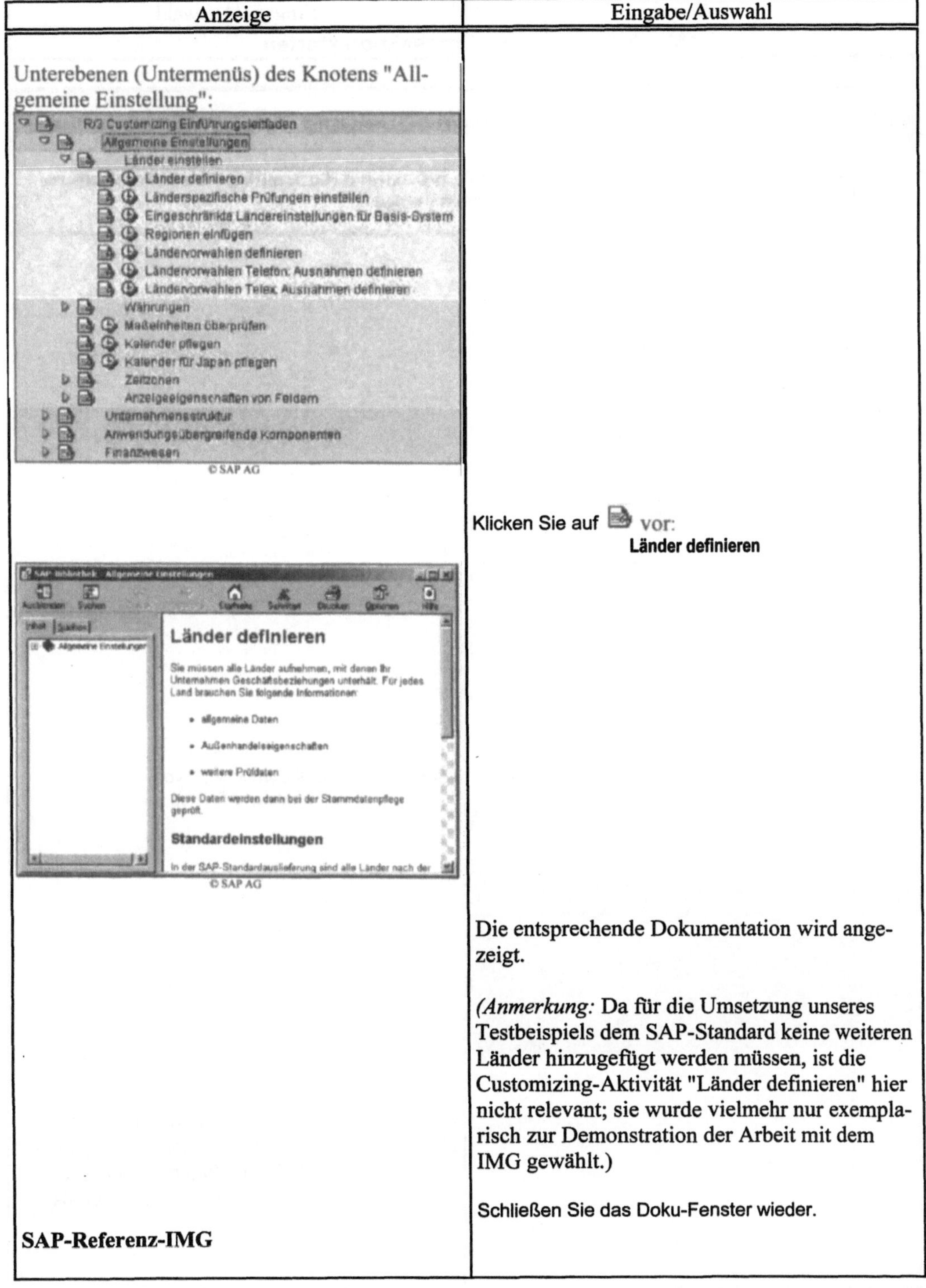

Anzeige	Eingabe/Auswahl
Unterebenen (Untermenüs) des Knotens "Allgemeine Einstellung": © SAP AG	
	Klicken Sie auf [icon] vor: **Länder definieren**
© SAP AG	Die entsprechende Dokumentation wird angezeigt. *(Anmerkung:* Da für die Umsetzung unseres Testbeispiels dem SAP-Standard keine weiteren Länder hinzugefügt werden müssen, ist die Customizing-Aktivität "Länder definieren" hier nicht relevant; sie wurde vielmehr nur exemplarisch zur Demonstration der Arbeit mit dem IMG gewählt.)
SAP-Referenz-IMG	Schließen Sie das Doku-Fenster wieder.

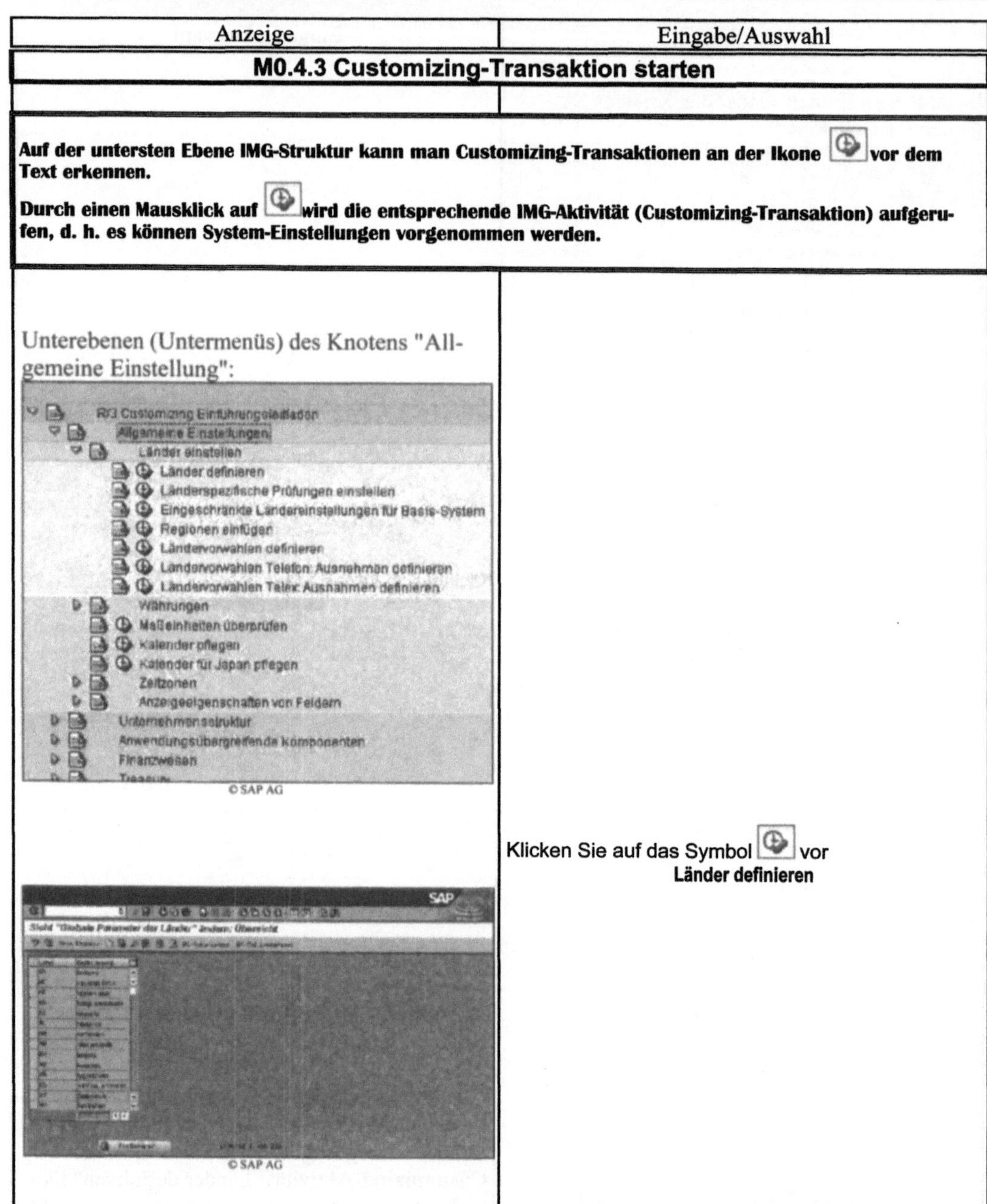

Anzeige	Eingabe/Auswahl
M0.4.3 Customizing-Transaktion starten	
Auf der untersten Ebene IMG-Struktur kann man Customizing-Transaktionen an der Ikone vor dem Text erkennen. **Durch einen Mausklick auf wird die entsprechende IMG-Aktivität (Customizing-Transaktion) aufgerufen, d. h. es können System-Einstellungen vorgenommen werden.**	
Unterebenen (Untermenüs) des Knotens "Allgemeine Einstellung": © SAP AG	Klicken Sie auf das Symbol vor **Länder definieren**
© SAP AG	Einstiegsbildschirm der ausgewählten Customizing-Transaktion erscheint (hier: Einstiegsbild der Transaktion "Globale Parameter der Länder", die - wie bereits oben erwähnt - nur als Beispiel dient).

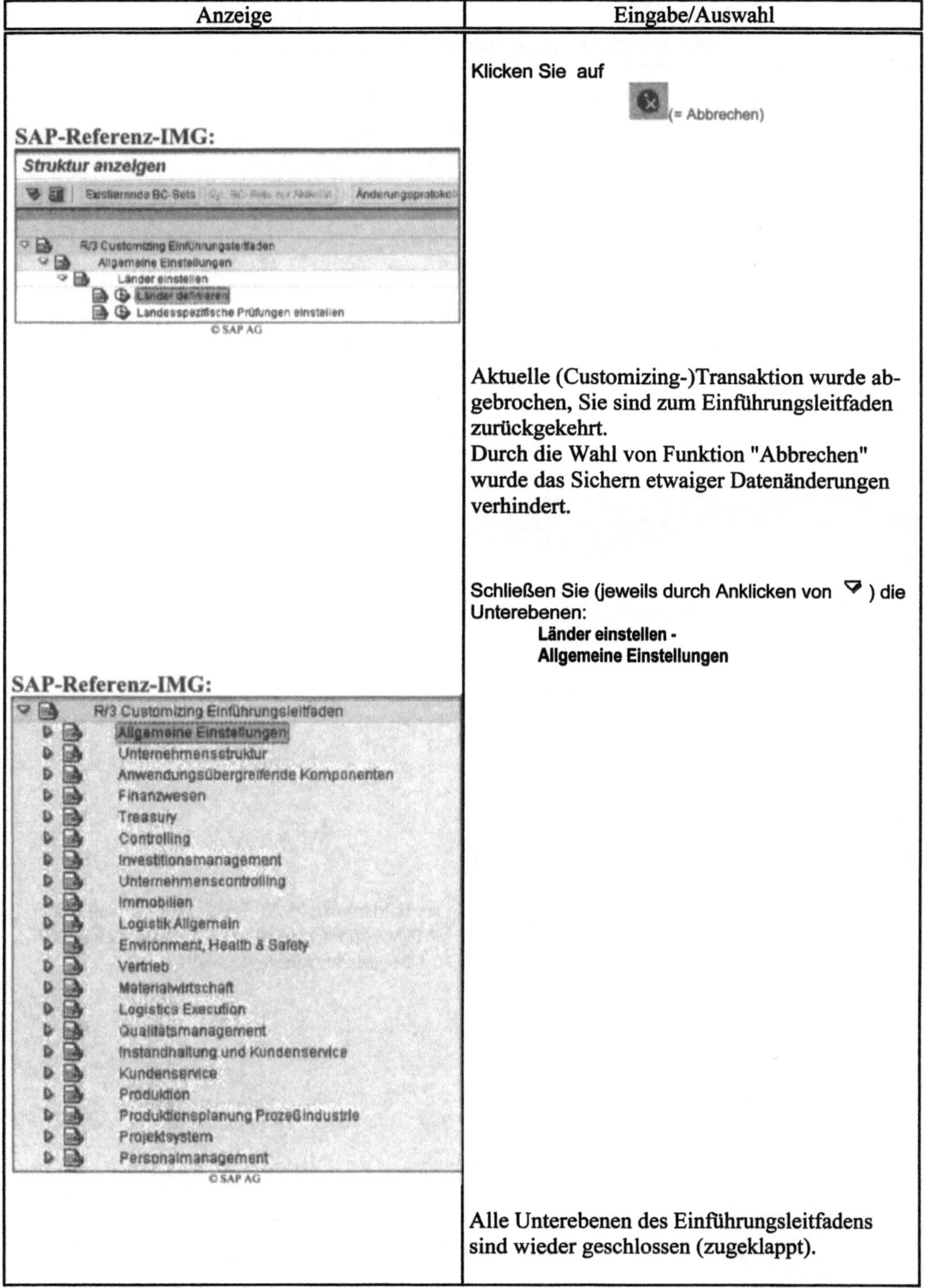

Anzeige	Eingabe/Auswahl
	Klicken Sie auf (= Abbrechen)
SAP-Referenz-IMG: Struktur anzeigen Existierende BC-Sets · Änderungsprotokolle R/3 Customizing Einführungsleitfaden Allgemeine Einstellungen Länder einstellen Länder definieren Landesspezifische Prüfungen einstellen © SAP AG	Aktuelle (Customizing-)Transaktion wurde abgebrochen, Sie sind zum Einführungsleitfaden zurückgekehrt. Durch die Wahl von Funktion "Abbrechen" wurde das Sichern etwaiger Datenänderungen verhindert.
	Schließen Sie (jeweils durch Anklicken von) die Unterebenen: **Länder einstellen -** **Allgemeine Einstellungen**
SAP-Referenz-IMG: R/3 Customizing Einführungsleitfaden Allgemeine Einstellungen Unternehmensstruktur Anwendungsübergreifende Komponenten Finanzwesen Treasury Controlling Investitionsmanagement Unternehmenscontrolling Immobilien Logistik Allgemein Environment, Health & Safety Vertrieb Materialwirtschaft Logistics Execution Qualitätsmanagement Instandhaltung und Kundenservice Kundenservice Produktion Produktionsplanung Prozeßindustrie Projektsystem Personalmanagement © SAP AG	Alle Unterebenen des Einführungsleitfadens sind wieder geschlossen (zugeklappt).

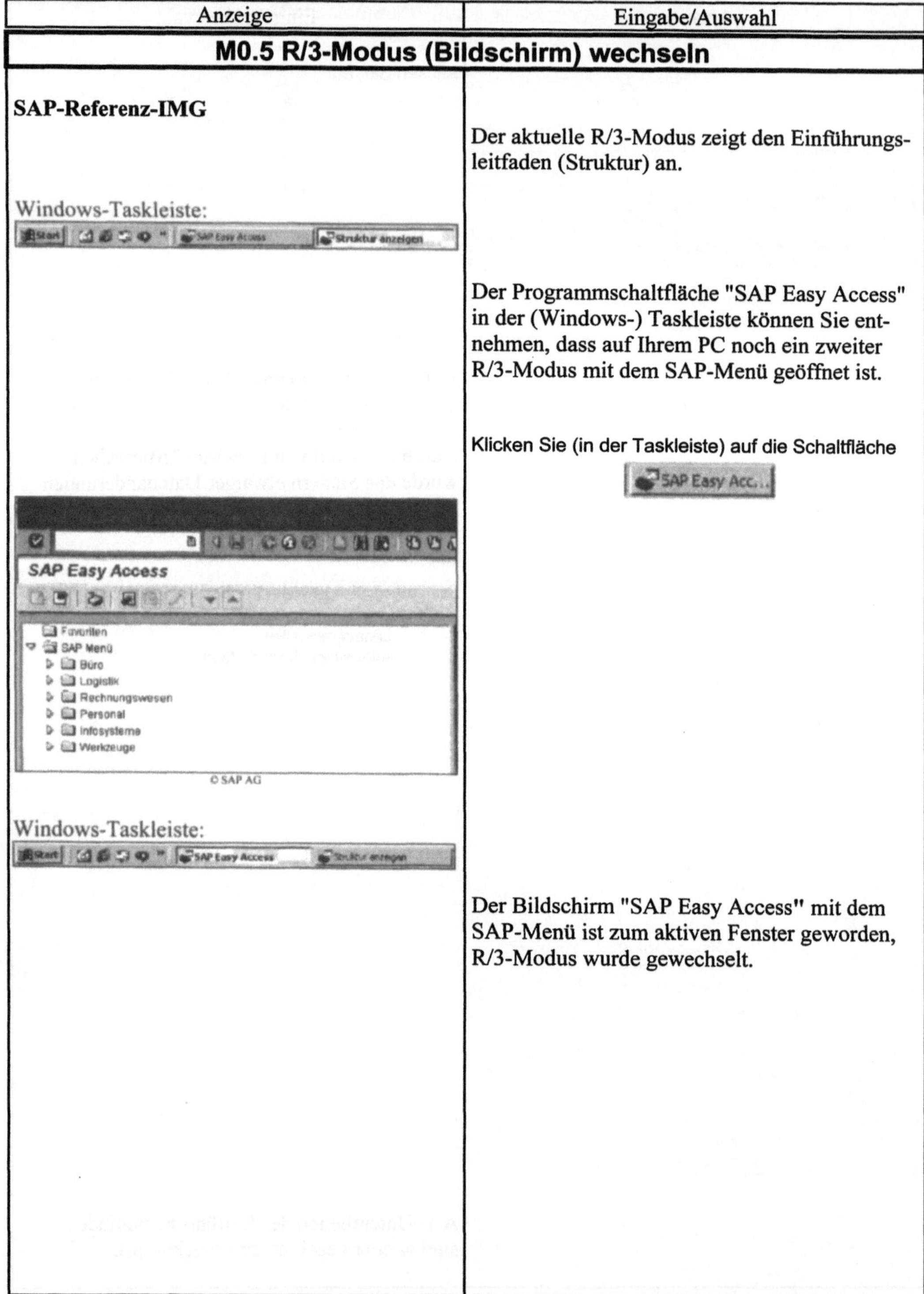

Anzeige	Eingabe/Auswahl
M0.5 R/3-Modus (Bildschirm) wechseln	
SAP-Referenz-IMG	Der aktuelle R/3-Modus zeigt den Einführungsleitfaden (Struktur) an.
Windows-Taskleiste: Start, SAP Easy Access, Struktur anzeigen	Der Programmschaltfläche "SAP Easy Access" in der (Windows-) Taskleiste können Sie entnehmen, dass auf Ihrem PC noch ein zweiter R/3-Modus mit dem SAP-Menü geöffnet ist.
	Klicken Sie (in der Taskleiste) auf die Schaltfläche SAP Easy Acc...
SAP Easy Access: Favoriten, SAP Menü, Büro, Logistik, Rechnungswesen, Personal, Infosysteme, Werkzeuge © SAP AG	
Windows-Taskleiste: Start, SAP Easy Access, Struktur anzeigen	Der Bildschirm "SAP Easy Access" mit dem SAP-Menü ist zum aktiven Fenster geworden, R/3-Modus wurde gewechselt.

Anzeige	Eingabe/Auswahl
M0.6 Abmelden vom R/3-System	
	Auswahl aus Menüleiste: **`System -`** **`Abmelden`**
Dialogfenster "**Abmelden**": 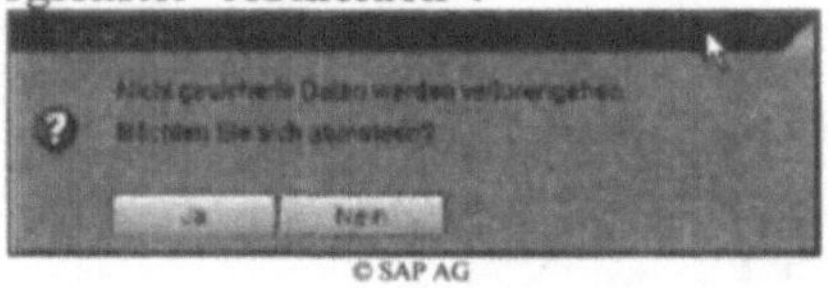 © SAP AG	
	Klicken Sie auf Schaltfläche 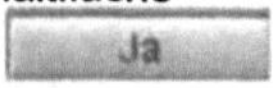 Ja
	Alle geöffneten R/3-Modi (Fenster des R/3-Systems) werden geschlossen.

3.1 Customizing und Stammdaten in FI (Finanzwesen), CO (Controlling Allgemein), LO (Logistik Allgemein), CO-PC (Produktkosten-Controlling) und SD (Vertrieb)

Modul 1: Unternehmungsstruktur

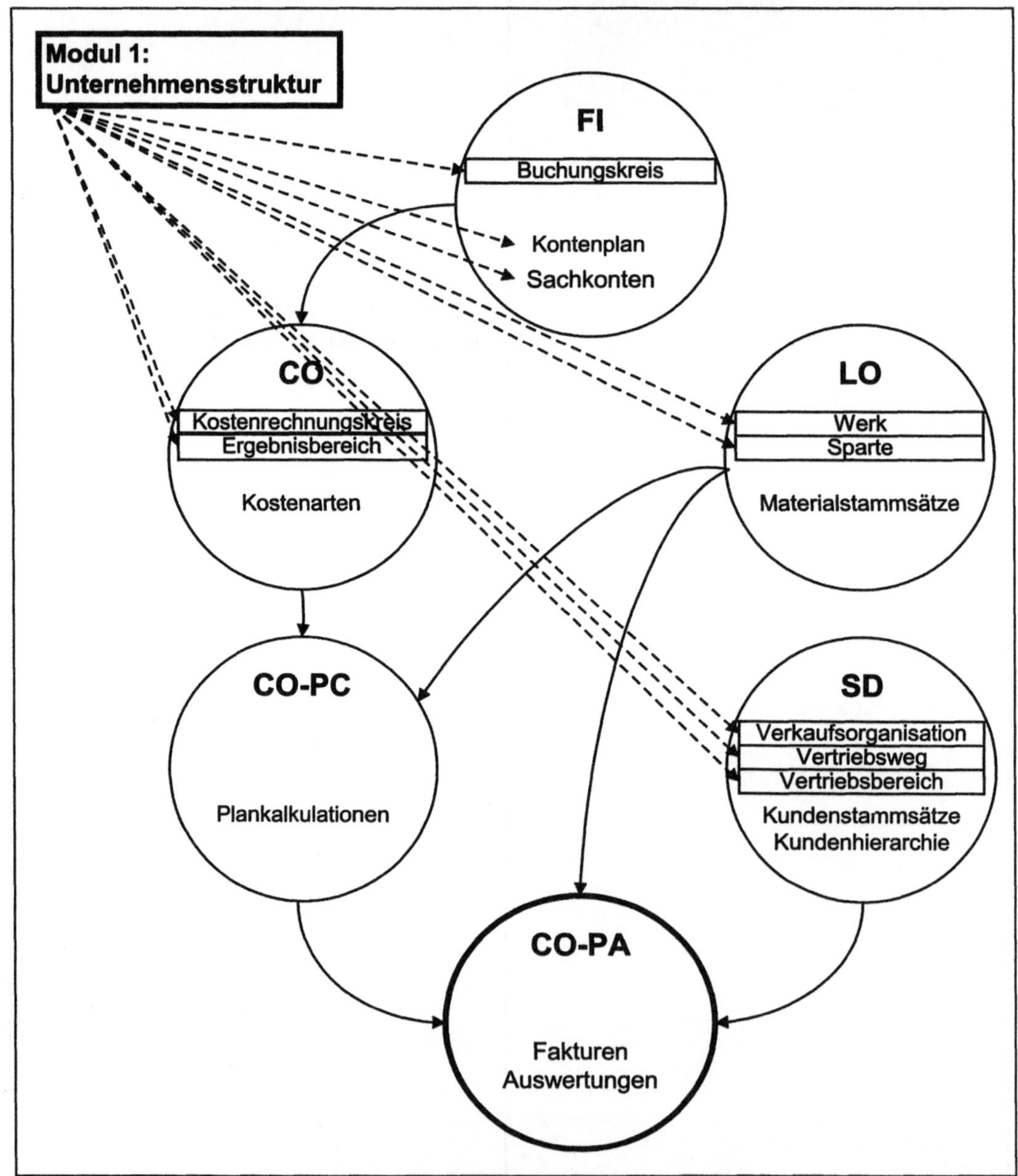

Bild 3.1/1 (Modul 1): Modulstruktur des Testbeispiels

Grundstruktur der R/3-Organisationseinheiten im Testbeispiel

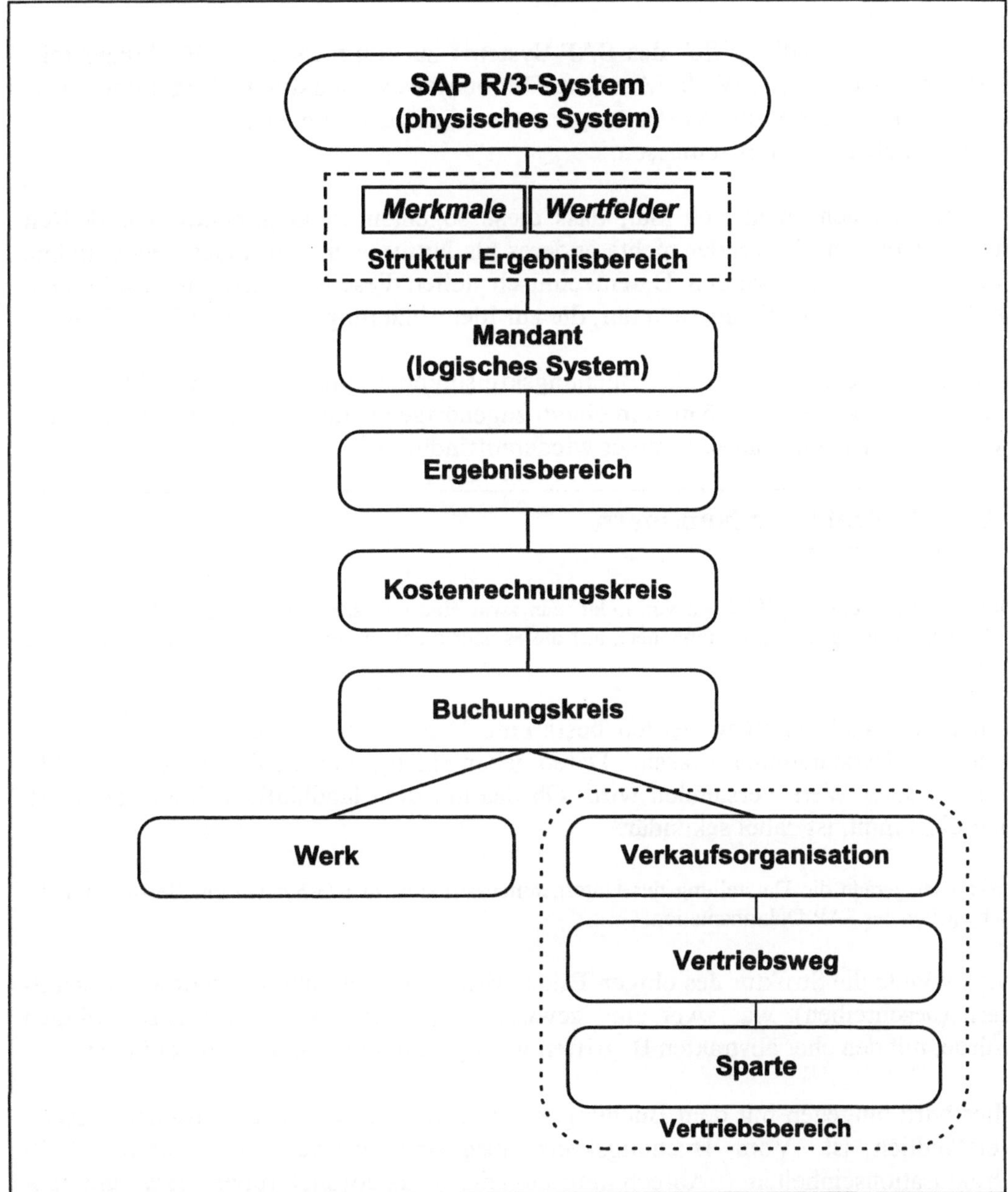

Bild 3.1/2 (Modul 1): Grundstruktur der R/3-Organisationseinheiten im Testbeispiel

Mit Unternehmensstruktur meint SAP die Struktur der Abrechnungseinheiten (Abrechnungsstruktur), nicht – wie im allgemeinen Sprachgebrauch – das Organigramm.

Es sind die "Grundbegriffe" des SAP-Systems zu besprechen wie Buchungskreis, Kostenrechnungskreis, Werk, Mandant. Der betriebswirtschaftlich Vorgebildete verbindet damit bestimmte Vorstellungen, die aber nicht unbedingt mit den SAP-Begriffen übereinstimmen müssen.

Vor allem mache man sich klar, dass diese sogenannten **Organisationseinheiten** zunächst für den Anwender nichts anderes als **Nummern** sind, unter denen andere Daten abgespeichert werden. Datentechnisch stellen diese Nummern zumeist Schlüssel (oder Teile eines Schlüssels) dar, die zur Identifizierung von Datensätzen dienen.

Beispiel: Daten, die unter der Buchungskreisnummer (und weiteren Schlüsselelementen) erfasst werden, können in einem zugehörigen Datensatz gespeichert werden, der über die Buchungskreisnummer wiederauffindbar ist.

Eine Vielzahl von Nummern

Beispiel: Mit dem Begriff Werk verbindet man zwar eine gewisse Vorstellung (Hallen, Sheddächer, Schornsteine, Lärm, Blaumänner), auf die es aber nicht ankommt. Zunächst ist "Werk" eine Nummer.

Unter der Werksnummer werden bestimmte Daten erfasst. Die Gesamtheit dieser unter der Werksnummer erfassten Daten geben einen Eindruck davon, was im SAP-System unter Werk verstanden wird. Ob das mit dem landläufigen Sinn von Werk übereinstimmt, ist dabei sekundär.

Leider ist gerade die Darstellung der Unternehmensstruktur im R/3-System ein Beispiel für die Schwächen der SAP-Dokumentation.

Man könnte die Struktur des obigen Bildes von oben nach unten (top-down) abschildern (beschreiben), was zwar eine gewisse Logik hätte, aber auch dazu zwingen würde, mit den eher abstrakten Begriffen wie System und Mandant zu beginnen.

Hier wird hingegen mit dem Buchungskreis begonnen, weil er am anschaulichtsten verständlich ist. Vom Buchungskreis ausgehend werden die anderen SAP-Organisationseinheiten (=Abrechnungseinheiten) zugeordnet (über- bzw. untergeordnet).

Buchungskreis: Unter der Nummer des Buchungskreises werden alle Buchungen erfasst, die eine **selbständig bilanzierende Einheit** betreffen. Selbständig bilanzierende Einheit bedeutet, dass eine Bilanz und eine Gewinn- und Verlustrechnung für diese Einheit erstellt werden kann. Es müssen also nicht nur Ergebnisse (Gewinn/Verluste) ermittelbar sein, sondern es müssen auch die Vermögenswerte für die betreffende Einheit getrennt erfassbar sein, genauer: es müssen alle Positionen einer Bilanz (Aktiv- und Passivseite) erfassbar sein, insbesondere die Passivseite mit Eigenkapital und Fremdkapital.

Für eine interne Unterteilung des Unternehmens, z. B. in Sparten im landläufigen Sinn, wären wohl (Betriebs-) Ergebnisse ermittelbar unter Verwendung von kalkulatorischen Zinsen, die von der Aktivseite der Bilanz (Anlagevermögen, Vorräte, Forderungen) bestimmt werden können. Auf eine Zuweisung von Eigenkapitel und Fremdkapital verzichtet man aber zumeist, es sei denn, die Sparte hätte eine eigene Rechtspersönlichkeit (Rechtsform), so dass neben anderen juristischen Formalien auch ein Eigenkapital (und ein Fremdkapital) festgelegt wäre.

In unserem **Testbeispiel** wird pro 2-er-Team ein Buchungskreis angelegt.

Vom Buchungskreis in der Hierarchie der SAP-*Organisationseinheiten nach unten gehend*:

Werk: Das Werk ist eine Einheit der Produktion (im Sinne der SAP-Terminologie damit eine Einheit der Logistik bzw. Materialwirtschaft). Unter der Nummer des Werkes können Beschaffung, Produktion, Disposition und Ähnliches durchgeführt werden.

In der logischen Struktur des SAP-Systems stehen die Organisationseinheiten Buchungskreis und Werk im Verhältnis 1:n, d. h. einem Buchungskreis können ein oder mehrere Werke zugeordnet werden.

In unserem **Testbeispiel** wird pro 2-er-Team ein Werk angelegt und dem Buchungskreis 1:1 zugeordnet. (Für die Ergebnisrechnung ist das Werk in unserem Testbeispiel eigentlich nicht erforderlich, es werden damit nur Pflichtanforderungen des SAP-Systems (mindestens ein Werk) erfüllt: die Stückkalkulation bezieht sich auf ein Werk).

Verkaufsorganisation: SAP-Organisationseinheit des Vertriebs, unter deren Nummer Geschäftsvorfälle abgewickelt werden und die für eine verkaufende Einheit im rechtlichen Sinne steht, die z. B. Verantwortung trägt für Produkthaftung und Regressansprüche von Kunden. In allen Verkaufbelegen ist die Eingabe einer Verkaufsorganisation obligatorisch.

Buchungskreis und Verkaufsorganisation stehen in der logischen Struktur im Verhältnis 1: n, d. h. einem Buchungskreis können mehrere Verkaufsorganisationen zugeordnet werden. Für die Beziehung zwischen Vertrieb und Materialwirtschaft gilt im R/3-System allgemein, dass eine Verkaufsorganisation Produkte aus mehreren Werken verkaufen kann, ein Werk gleichzeitig mehreren Verkaufsorganisationen zugeordnet sein kann, die Produkte aus diesem Werk verkaufen. D. h. Werk und Verkaufsorganisation stehen im Verhältnis n:m.

In unserem **Testbeispiel** wird pro 2-er-Team eine Verkaufsorganisation angelegt und dem Buchungskreis zugeordnet. (Eine Zuordnung zum Werk ist für das Testbeispiel nicht erforderlich.)

Vertriebsweg: Unter der Nummer des Vertriebsweges wird der Vertriebskanal erfasst.

Beispiel für Vertriebsweg: Sekt kann über Vertriebsweg Handel oder den Vertriebsweg Gastronomie verkauft werden. Staubsauger können im Direktvertrieb (an der Haustür, z. B. Vorwerk) oder über den Handel (z. B. Karstadt) verkauft werden.

Ein Vertriebsweg kann einer oder mehreren Verkaufsorganisationen zugeordnet werden, jede Verkaufsorganisation kann Produkte über mehrere Vertriebswege vertreiben. Verkaufsorganisation und Vertriebsweg stehen also im Verhältnis n:m.

In unserem **Testbeispiel** wird pro 2-er-Team ein Vertriebsweg angelegt.

Sparte: Unter einer Sparte wird allgemein eine Organisationseinheit verstanden, die nicht nach funktionalen, sondern nach anderen Gesichtspunkten gebildet wurde: Produktsparte, Regionalsparte.

Im SAP-System ist Sparte ein Begriff des Vertriebs (Programmbereich, Angebotsbereich). Unter der Nummer der Sparte werden vertriebliche Zuständigkeiten (Gewinn- oder Deckungsbeitragsverantwortung) für verkaufsfähige Produkte und Dienstleistungen verstanden.

Beispiel: Sparte alkoholische Getränke, Sparte alkoholfreie Getränke

Der Sparte werden andere SAP-Organisationseinheiten des Vertriebs, die Verkaufsorganisation und der Vertriebsweg zugeordnet. Sparte verhält sich zu Verkaufsorganisation und zu Vertriebsweg wie n:m (eine Sparte kann einer oder mehreren Verkaufsorganisationen zugeordnet werden und über einen oder mehrere Vertriebswege vertrieben werden; eine Verkaufsorganisation kann Produkte einer oder mehrerer Sparten über einen oder mehrere Vertriebskanäle verkaufen).

In unserem **Testbeispiel** wird pro 2-er-Team eine Sparte ("Glas") angelegt.

Vertriebsbereich: Der Vertriebsbereich stellt eine bestimmte Kombination aus den Organisationseinheiten **Verkaufsorganisation, Vertriebsweg** und **Sparte** dar. Er legt fest, über welchen Vertriebsweg Produkte einer Sparte von einer Verkaufsorganisation verkauft werden können und ermöglicht somit den Ausschluss von nicht gewünschten Kombinationen dieser drei Organisationseinheiten des Vertriebs.

Die aufgeführten Organisationseinheiten des Vertriebs sind für das Testbeispiel eigentlich nicht erforderlich. Mit ihrer Definition werden Mindestanforderungen des SAP-Systems erfüllt, die daher rühren, dass zum einen bei Anlegung der Kundenstammsätze (im SAP-Vertriebsmodul SD) die Kunden einem Vertriebsbereich zugeordnet werden müssen (die vertriebsspezifischen Daten eines Kundenstammsatzes werden pro Vertriebsbereich definiert), zum anderen bei der Erfassung der Fakturen (im Testbeispiel im SAP-Modul CO-PA) die Eingabe einer Verkaufsorganisation zu den Musseingaben zählt.

Vom Buchungskreis in der Hierarchie der SAP-*Organisationseinheiten nach oben gehend*:

Kostenrechnungskreis: Unter der Nummer des Kostenrechnungskreises wird die Kostenrechnung abgewickelt.

Der Kostenrechnungskreis steht zum Buchungskreis im Verhältnis 1: n, d. h. der Kostenrechnungskreis ist dem Buchungskreis übergeordnet. Einem Kostenrechnungskreis können ein aber auch mehrere Buchungskreise zugeordnet werden. Das hat den Sinn, dass unter der Nummer eines Kostenrechnungskreises eine **buchungskreisübergreifende** Kostenrechnung betrieben werden kann.

Beispiel für eine buchungskreisübergreifende Kostenrechnung:
Konzernumlage soll im Rahmen der Kostenrechnung durchgeführt werden können (statt über Belastungsbelege).

Weiteres Beispiel für eine buchungskreisübergreifende Kostenrechnung: Angenommen: In einer Non-Profit-Organisation müssen einige organisatorische Einheiten (Sozialstationen, Altenheime) aufgrund der gesetzlichen Vorschriften in der Rechtsform einer GmbH geführt werden, im Sinne der SAP-Abrechnungsstruktur sind also Buchungskreise zu bilden. Für die Gesamtheit dieser Gesellschaften gibt es (aus Aufwandsgründen) nur eine einheitliche Verwaltung, die einer der GmbHs zugeordnet ist. Weil die formal selbständigen Gesellschaften die gleiche Leistung erbringen und weil eine einheitliche Verwaltung existiert, liegt es nahe, die formalrechtlich selbständigen Gesellschaften nach demselben Schema abzurechnen und auch mit Anteilen der Verwaltungskosten zu belegen. Diese Anforderungen lassen sich sinnvollerweise in einer rechtsform- und buchungskreisübergreifenden Kostenrechnung abdecken.

Man beachte: Das SAP-System erlaubt es, eine buchungskreisübergreifende Kostenrechnung einzurichten. Über die Sinnhaftigkeit einer derartigen Lösung muss betriebswirtschaftlich entschieden werden. Nicht alles was systemtechnisch möglich ist, ist betriebswirtschaftlich sinnvoll. Die Träume über eine konzernweit einheitliche Kostenrechnung sind oft nichts weiter als die unüberlegten, nicht zu Ende gedachten Phantastereien eines zentralwirtschaftlichen "Denkers" in der Zentrale. Ob es sinnvoll ist, eine konzernweite (d. h. rechtsform- und damit buchungskreisübergreifende) Kostenrechnung einzuführen, um gelegentlich vielleicht einen Kostenvergleich zwischen Werken durchführen zu können, ist unter Berücksichtigung des Koordinationsaufwandes und der unvermeidlichen Schwerfälligkeit einer solchen Lösung zu entscheiden.

In unserem **Testbeispiel** wird pro 2-er-Team ein Kostenrechnungskreis angelegt, der dem Buchungskreis 1:1 zugeordnet wird.

Ergebnisbereich: Unter der Nummer des Ergebnisbereichs wird das **Schema der SAP-Ergebnisrechnung mit den beiden Dimensionen Merkmale** (frei definierbare Auswertungskriterien, z. B. Kunde) **und Wertfelder** (frei definierbare Auswertungsgrößen, z. B. Umsatz) angelegt. Anders als bei den anderen aufgeführten Organisationseinheiten ist die Datenstruktur eines Ergebnisbereichs noch nicht im System vorhanden, sondern muss zunächst im Customizing nach den individuellen Erfordernissen des Unternehmens modelliert werden (s. u. bei "Struktur Ergebnisbereich").

Der Ergebnisbereich ist nicht zu verwechseln mit dem Ergebnisobjekt, womit eine Kombination von Merkmalswerten gemeint ist, für die ein Ergebnis ermittelbar ist. **Ergebnisobjekt** wäre damit identisch mit dem Kostenträger in einer konkreten Ausprägung. Es soll ausgedrückt werden, dass nicht nur Auftrag, Kunde, Produkt und deren Attribute Kostenträger sein können, sondern auch beliebige Kombinationen dieser Elemente. Im "mehrdimensionalen Würfel" wäre ein Ergebnisobjekt durch eine **Zelle** repräsentiert: Kaffeegläser des Kunden Kästle-Nord sind eine Merkmalswertkombination (in der SAP-Sprache ein Ergebnisobjekt), für die ein Ergebnis ermittelt werden kann.

Dass Merkmalswertkombinationen als Ergebnisobjekte mit den zugehörigen Ergebnissen gespeichert werden, ist ein Hinweis darauf, dass redundante Datenspeicherung vorliegt, die aus Performance-Gründen nötig sein wird. Im Sinne eines relationalen Datenmodells würde man davon ausgehen, dass man Auswertungen für eine beliebige Merkmalswertkombination bei Bedarf erzeugt, aber nicht "auf Vorrat" speichert.

Der Ergebnisbereich hingegen ist der zweidimensionale Raum, der von Merkmalen und Wertfeldern aufgespannt wird.

Der Ergebnisbereich stellt als Organisationseinheit des Controlling die höchste Auswertungsebene für das Ergebniscontrolling dar und kann Teile eines Unternehmens abbilden, für die eine einheitliche Segmentierung des Absatzmarktes vorliegt. Einem Ergebnisbereich können bei der kalkulatorischen Ergebnisrechnung ein oder mehrere Kostenrechnungskreise zugeordnet werden. Ergebnisbereich und Kostenrechnungskreis stehen also im Verhältnis 1: n. (Anmerkung: Bei der buchhalterischen Ergebnisrechnung ist die Zuordnung mehrerer Kostenrechrechnungskreise zu einem Ergebnisbereich systemtechnisch ausgeschlossen, da dort mit Konten gearbeitet wird und unterschiedliche Kostenrechnungskreise verschiedene Kontenpläne nutzen können (s. u.).)

In unserem **Testbeispiel** arbeitet jedes 2-er-Team in einem eigenen, selbstangelegten Ergebnisbereich, der dem Kostenrechnungskreis 1-1 zugeordnet ist.

Mandant ist an sich der oberste Abrechnungsbegriff im SAP-System (logisches System), in dem alle betriebswirtschaftlichen Anwendungen integriert mit derselben Datenbasis arbeiten. Alle Mandanten in einem R/3-System besitzen getrennte Stammdaten und einen eigenständigen Satz von Tabellen in der unterliegenden Datenbank.

Der Mandantennummer werden die anderen Begriffe wie Buchungskreis usw. untergeordnet.

Mandant und Ergebnisbereich stehen im Verhältnis 1:n.

Festlegungen auf Mandantenebene gelten für alle untergeordneten SAP-Organisationseinheiten, insbesondere Buchungskreise.

Im praktischen Betrieb hat man mindestens einen Testmandanten und einen Produktivmandanten.

Bei dem Begriff "Mandant" hat man vielleicht ursprünglich an ein firmenunabhängiges Rechenzentrum gedacht, das seine Kunden als "Mandanten" strikt getrennt abrechnet.

Struktur Ergebnisbereich: Die (Daten-)Struktur des Ergebnisbereichs wird durch **Merkmale** (die bestimmen, welche Objekte im Informationssystem ausgewertet werden können) und - bei der kalkulatorischen Ergebnisrechnung wie auch im Testbeispiel - durch **Wertfelder** (zum Führen von Werten und Mengen, im allgemeinen für vertriebsbezogene "Kennzahlen" wie Erlöse, Erlösschmälerungen, Kosten ...) definiert. Da diese Datenstrukturen aus technischer Sicht den Aufbau von Datenbanktabellen (u. a. Einzelposten- und Objekttabellen) bestimmen, die bei Generierung in der zentralen Datenbank des R/3-Systems angelegt werden, sind sie **mandantenunabhängig**, d.h. in allen Mandanten des Systems verfügbar.

Durch das Anlegen mandantenabhängiger Parameter (das sind Attribute wie Währung und Geschäftsjahresvariante) wird der Ergebnisbereich in einem Mandanten "bekannt" gemacht. Danach können **mandantenabhängig** Stamm- und Bewegungsdaten pro Ergebnisbereich erfasst werden.

Auch bereits im System vorhandene Merkmale und Wertfelder sind in der Hierarchie über dem Mandanten angesiedelt, da sie beispielsweise zur Abbildung der allgemeinen Strukturen eines Kunden oder eines Artikels (der Kunde "als solcher", der Artikel "als solcher ") zentral in der Datenbank des R/3 Systems angelegt sind und somit in allen Mandanten dieses Systems zur Verfügung stehen. Konkrete Kunden und konkrete Artikel sind hingegen mandantenabhängig.

In unserem **Testbeispiel** werden pro 2-er-Team Merkmale und Wertfelder zum Teil aus bereits vorhandenen Datenbanktabellen übernommen und zum Teil neu angelegt. Aus diesen wird, wiederum pro 2-er-Team, eine Ergebnisbereichstruktur definiert und im Mandanten für den operativen Zugriff "bekannt" gemacht.

SAP R/3-System (physisch): In dem physischen SAP R/3-System können mehrere Mandanten abgewickelt werden (z. B. Testmandant und Produktivmandant). Alle Daten eines R/3-Systems werden in einer Datenbank gehalten, in dieser wird jedoch für jeden Mandanten ein eigenständiger Satz von Tabellen angelegt.

Üblicherweise hat man auch mehrere physische SAP-Systeme, schon allein um das IDES-System (das die Ausbildungsfirma der SAP enthält) verfügbar zu haben, das eine eigene Systembasis neben dem "normalen" System benötigt.

Kontenplan in der logischen Struktur des R/3-Systems

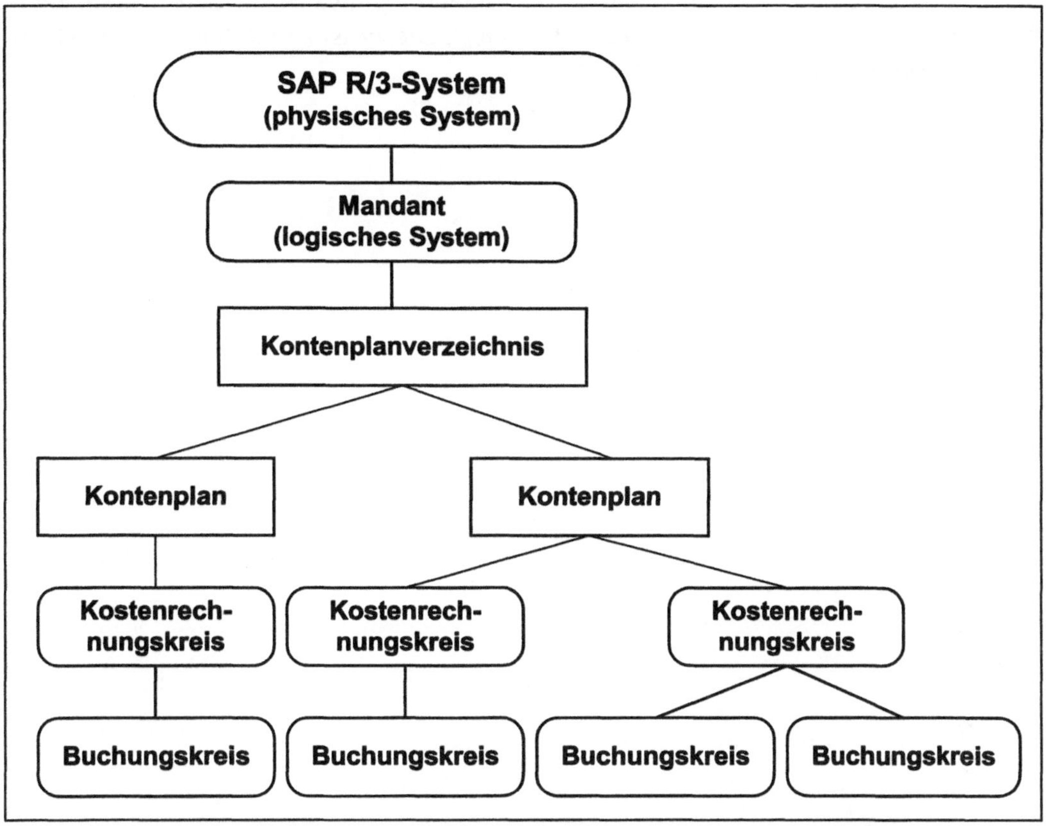

Bild 3.1/3 (Modul 1): Kontenplan in der logischen Struktur des R/3-Systems

Kontenplan: Der Kontenplan ist ein **Verzeichnis** aller Sachkonten der Finanzbuchhaltung und aller Kosten- und Erlösarten der Kostenrechnung. Die Konten eines operativen Kontenplans können gleichzeitig Aufwands- bzw. Ertragskonten in der Finanzbuchhaltung und Kosten- bzw. Erlösart in der Kostenrechnung sein.

Das SAP-System erlaubt es, einen buchungskreis- und kostenrechnungskreisübergreifenden Kontenplan anzuwenden. Über die Sinnhaftigkeit eines derartigen einheitlichen Kontenplans muss nach betriebswirtschaftlichen Gesichtspunkten entschieden werden.

Kontenplanverzeichnis: Das Kontenplanverzeichnis enthält alle Kontenpläne eines Mandanten. Mit der Auslieferung des R/3-Systems sind bereits einige Standardkontenpläne vorhanden, die kopiert und angepasst werden können.

In unserem **Testbeispiel** wird mit der Kopie des SAP-Standardbuchungskreises auch der - um wenige Sachkonten ergänzte (s. Anhang "Hinweise für den Systemadministrator") - SAP-Musterkontenplan INT kopiert. Dieser ist somit den Buchungskreisen aller Teilnehmergruppen zugeordnet.

Was ist zu tun?

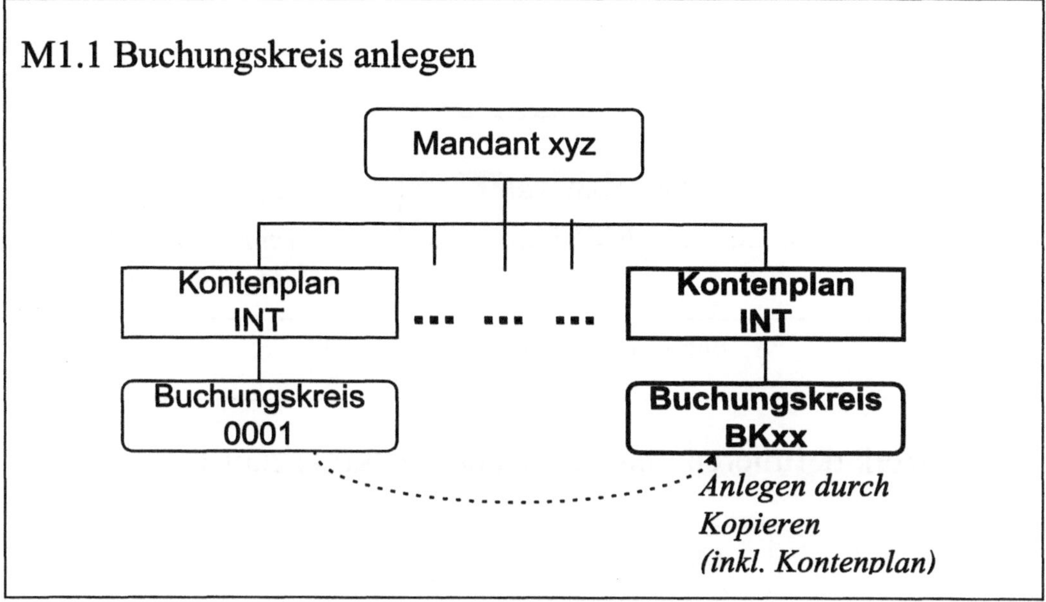

Bild 3.1/4 (Modul 1): Überblick M1.1

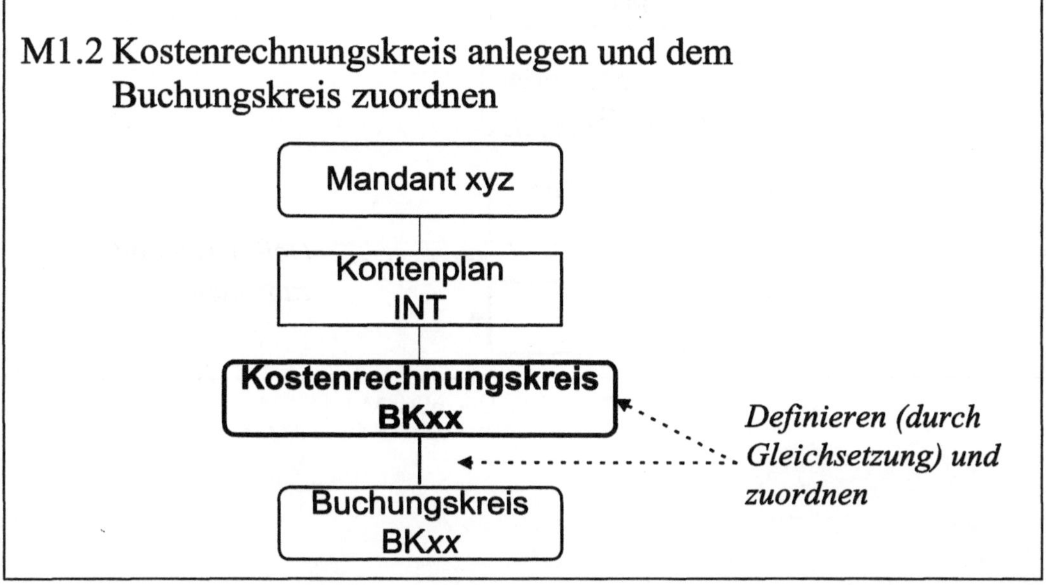

Bild 3.1/5 (Modul 1): Überblick M.1.2

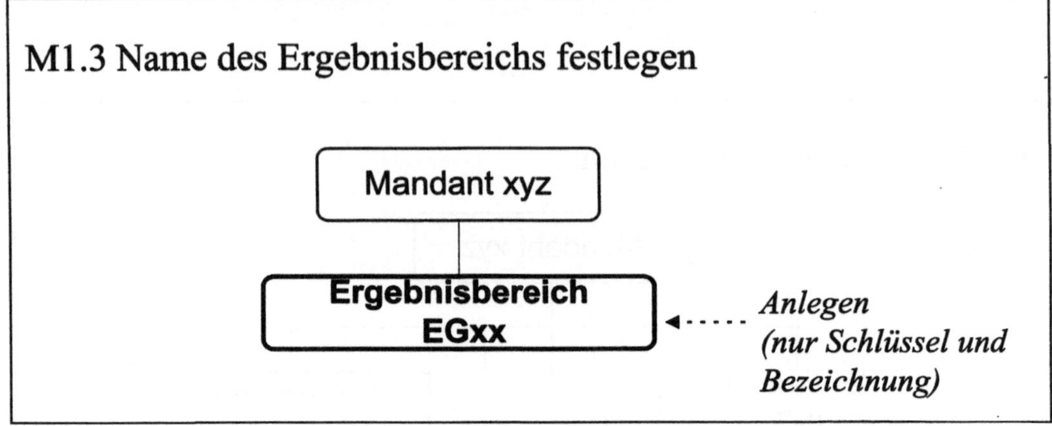

Bild 3.1/6 (Modul 1): Überblick M.1.3

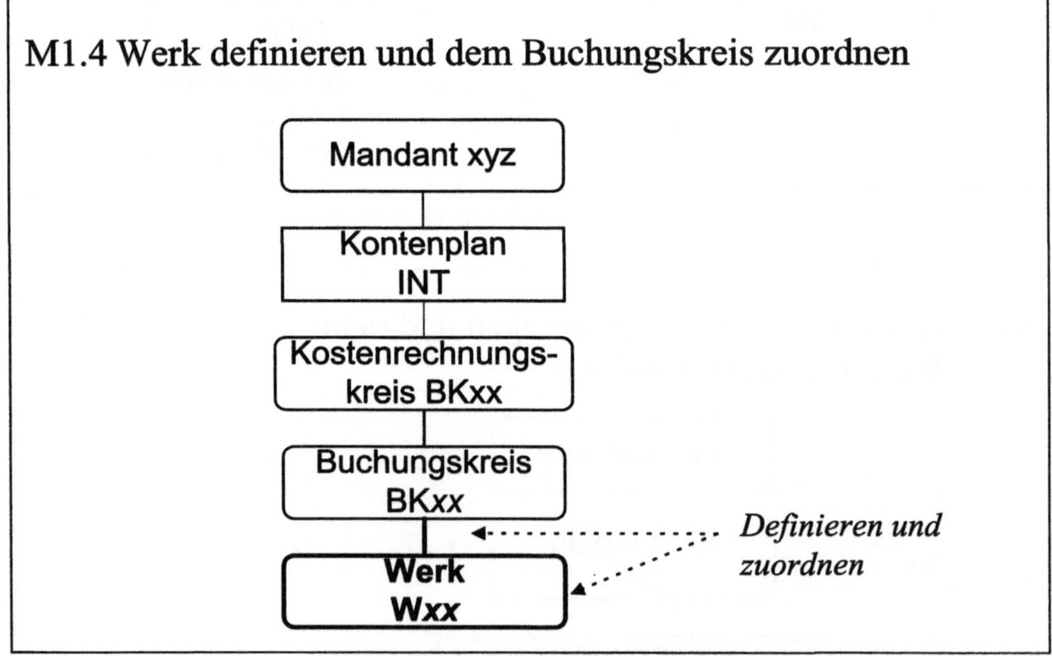

Bild 3.1/7 (Modul 1): Überblick M.1.4

M1.5 Sparten definieren

Mandant xyz
Sparte xx
Anlegen

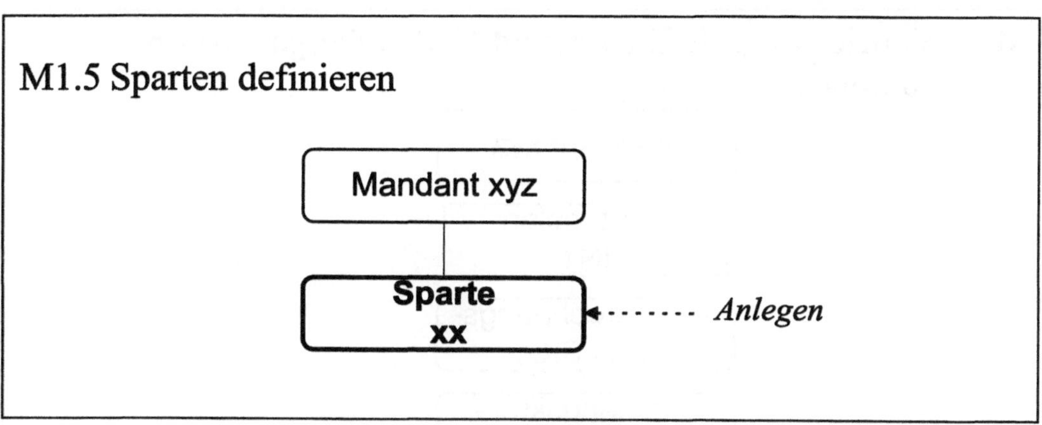

Bild 3.1/8 (Modul 1): Überblick M.1.5

M1.6 Verkaufsorganisation definieren und dem Buchungskreis zuordnen

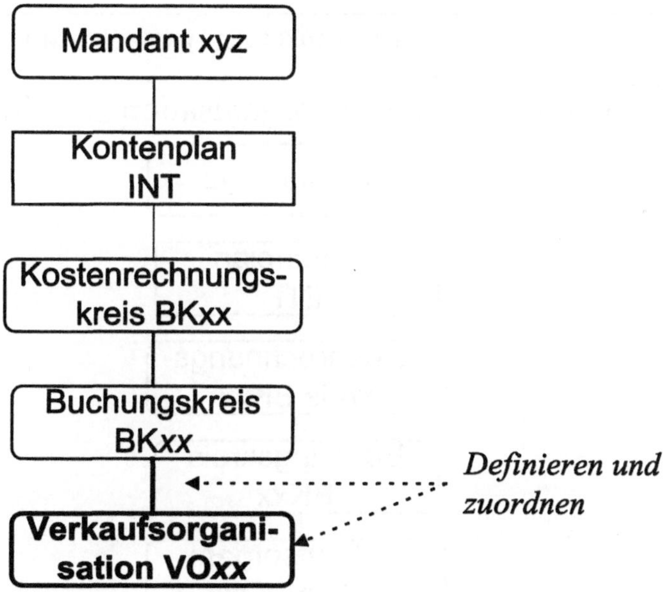

Mandant xyz
Kontenplan INT
Kostenrechnungs-kreis BKxx
Buchungskreis BKxx
Verkaufsorgani-sation VOxx
Definieren und zuordnen

Bild 3.1/9 (Modul 1): Überblick M.1.6

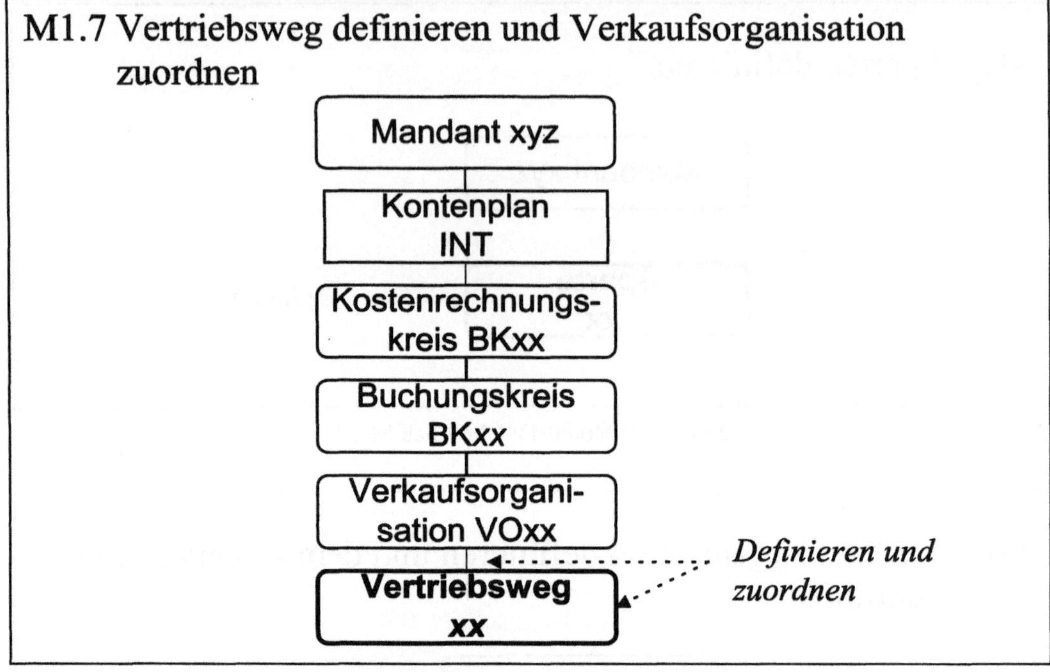

Bild 3.1/10 (Modul 1): Überblick M.1.7

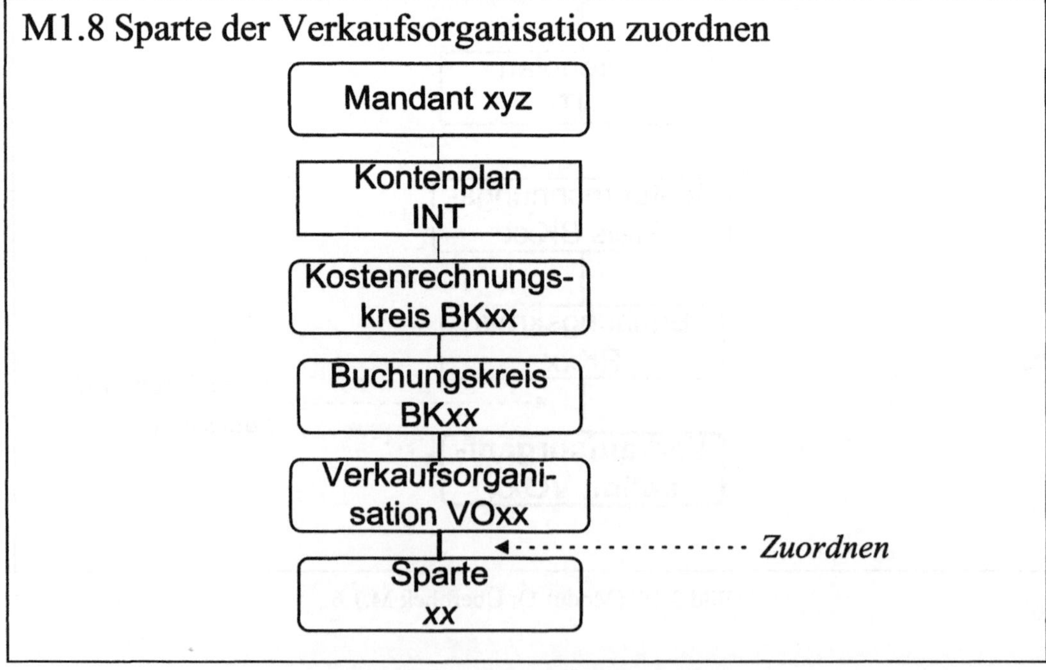

Bild 3.1/11 (Modul 1): Überblick M.1.8

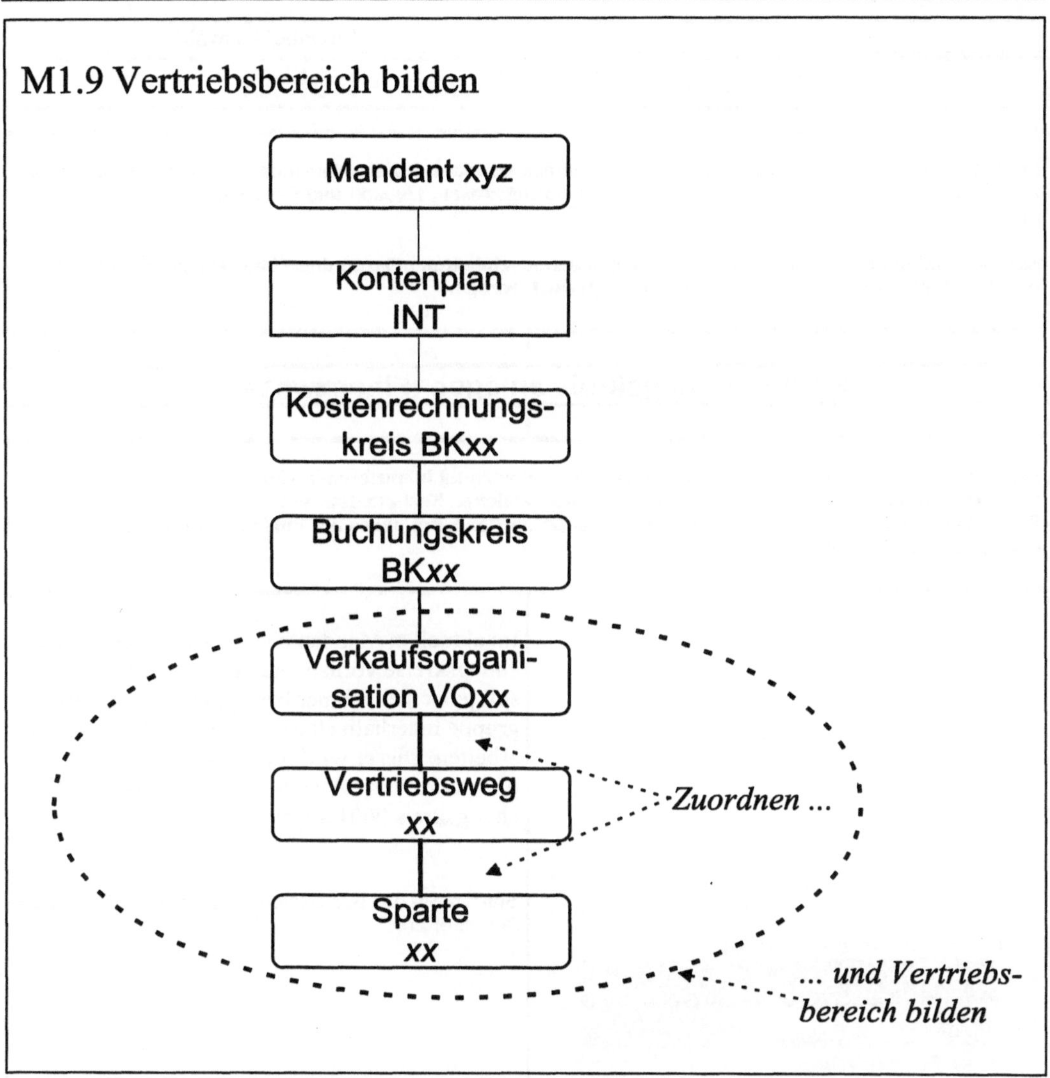

Bild 3.1/12 (Modul 1): Überblick M.1.9

Anzeige	Eingabe/Auswahl

Modul 1: Unternehmensstruktur

Im R/3-System stehen zur Abbildung der Unternehmensstruktur Schlüsselelemente, sogenannte *Organisationseinheiten* für die Unternehmensbereiche Rechnungswesen, Logistik und Personalwirtschaft zur Verfügung.

Nach Definition der bereichsspezifischen Organisationseinheiten müssen diese über entsprechende Zuordnungsfunktionen zueinander in Beziehung gesetzt werden.

M1.1 Buchungskreis anlegen (Finanzwesen)

Die Organisationseinheit *Buchungskreis* stellt eine selbständig bilanzierende Einheit dar. Im Buchungskreis werden die Geschäftsvorfälle des externen betrieblichen Rechnungswesens abgebildet.
Bevor das System FI (Finanzbuchhaltung) eingesetzt werden kann, muss als Mindeststruktur ein Buchungskreis vorhanden sein.

Anzeige	Eingabe/Auswahl
	Im aktuellen Mandanten sind bereits einige Buchungskreise vorhanden. Für das Testbeispiel soll jeder Teilnehmer bzw. jede Teilnehmergruppe innerhalb eines eigenen Buchungskreises arbeiten. Dieser wird im Folgenden durch Kopieren des von SAP ausgelieferten Standardbuchungskreis 0001 angelegt.
SAP Easy Access mit **SAP Menü:** 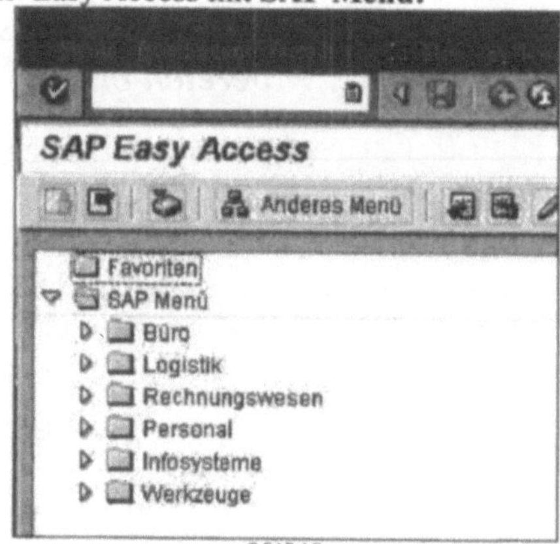 © SAP AG	Starten Sie das R/3-System und melden Sie sich als Benutzer an.
SAP Easy Access mit **SAP Menü**	Öffnen Sie einen zweiten R/3-Modus (Bildschirm).

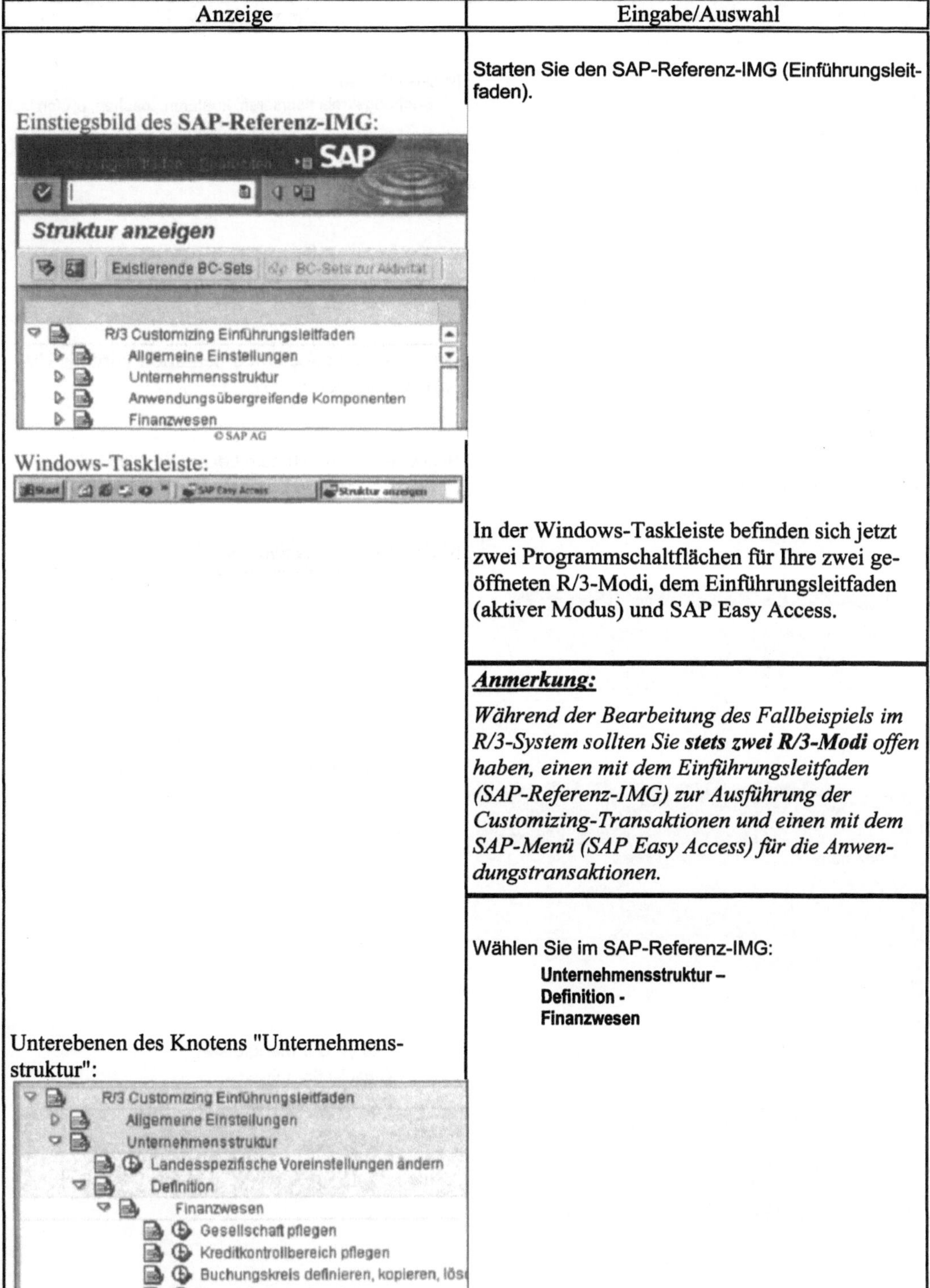

Anzeige	Eingabe/Auswahl
Einstiegsbild des **SAP-Referenz-IMG**:	Starten Sie den SAP-Referenz-IMG (Einführungsleitfaden).
Windows-Taskleiste:	In der Windows-Taskleiste befinden sich jetzt zwei Programmschaltflächen für Ihre zwei geöffneten R/3-Modi, dem Einführungsleitfaden (aktiver Modus) und SAP Easy Access.
	Anmerkung: *Während der Bearbeitung des Fallbeispiels im R/3-System sollten Sie* ***stets zwei R/3-Modi*** *offen haben, einen mit dem Einführungsleitfaden (SAP-Referenz-IMG) zur Ausführung der Customizing-Transaktionen und einen mit dem SAP-Menü (SAP Easy Access) für die Anwendungstransaktionen.*
Unterebenen des Knotens "Unternehmensstruktur":	Wählen Sie im SAP-Referenz-IMG: **Unternehmensstruktur – Definition - Finanzwesen**

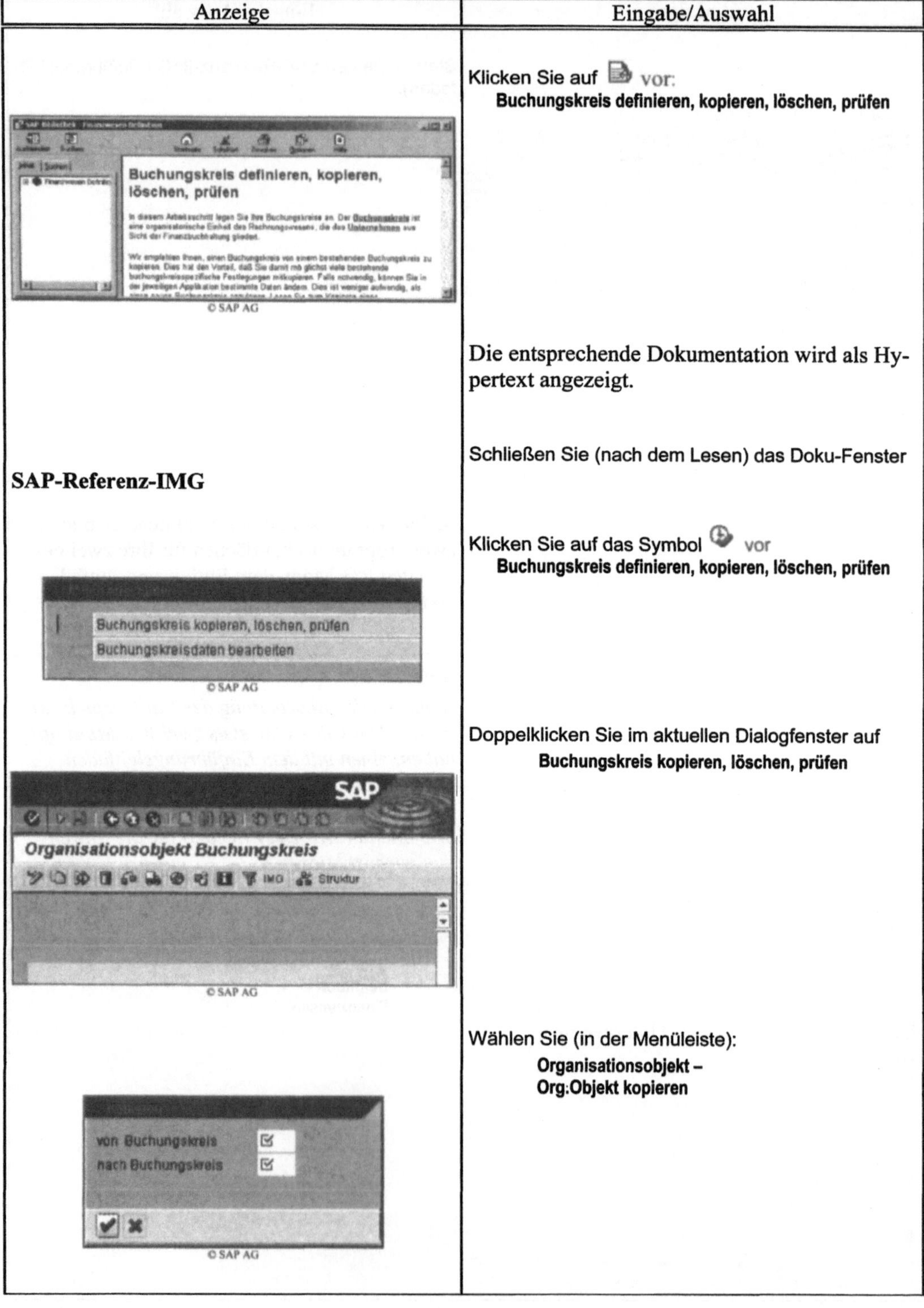

Anzeige	Eingabe/Auswahl
Buchungskreis definieren, kopieren, löschen, prüfen © SAP AG	Klicken Sie auf vor: **Buchungskreis definieren, kopieren, löschen, prüfen**
	Die entsprechende Dokumentation wird als Hypertext angezeigt.
SAP-Referenz-IMG	Schließen Sie (nach dem Lesen) das Doku-Fenster
Buchungskreis kopieren, löschen, prüfen Buchungskreisdaten bearbeiten © SAP AG	Klicken Sie auf das Symbol vor **Buchungskreis definieren, kopieren, löschen, prüfen**
Organisationsobjekt Buchungskreis © SAP AG	Doppelklicken Sie im aktuellen Dialogfenster auf **Buchungskreis kopieren, löschen, prüfen**
von Buchungskreis nach Buchungskreis © SAP AG	Wählen Sie (in der Menüleiste): **Organisationsobjekt – Org:Objekt kopieren**

Anzeige	Eingabe/Auswahl
	Beide Felder des Dialogfensters "Kopieren" sind **Muss-Felder**, d.h. Felder mit Eingabepflicht.

Muß-Felder **(=Felder mit Eingabepflicht) werden im R/3-System ab Release 4.6 durch ein Kästchen mit Häkchen ☑ gekennzeichnet.**

Eingabefelder ohne Eingabepflicht werden als *Kann-Felder* bezeichnet.

Anzeige	Eingabe/Auswahl
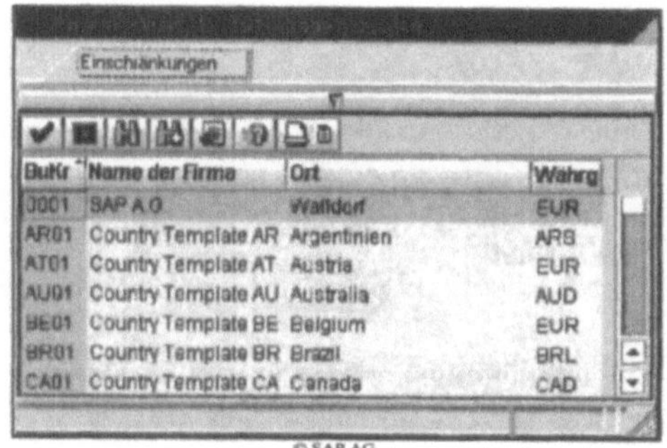 © SAP AG	Werteauswahl (Feld <u>*von Buchungskreis*</u>): Stellen Sie den Cursor auf Feld <u>*von Buchungskreis*</u> Klicken Sie auf (= Wertehilfe) Sie erhalten in einem gesonderten Fenster die Liste aller möglichen Eingabewerte, hier aller bereits im System vorhandenen Buchungskreise. Wählen Sie (durch Doppelklick) den Wert 0001 aus der Tabelle: <u>*von Buchungskreis*</u>: ***0001*** (= SAP-Auslieferungsbuchungskreis für Deutschland) Eingabe (Feld <u>*nach Buchungskreis*</u>): <u>*nach Buchungskreis*</u>: ***BKxx,*** *xx = Ihre Teilnehmernummer* (= Ihr Buchungskreis für das Testbeispiel) ↵

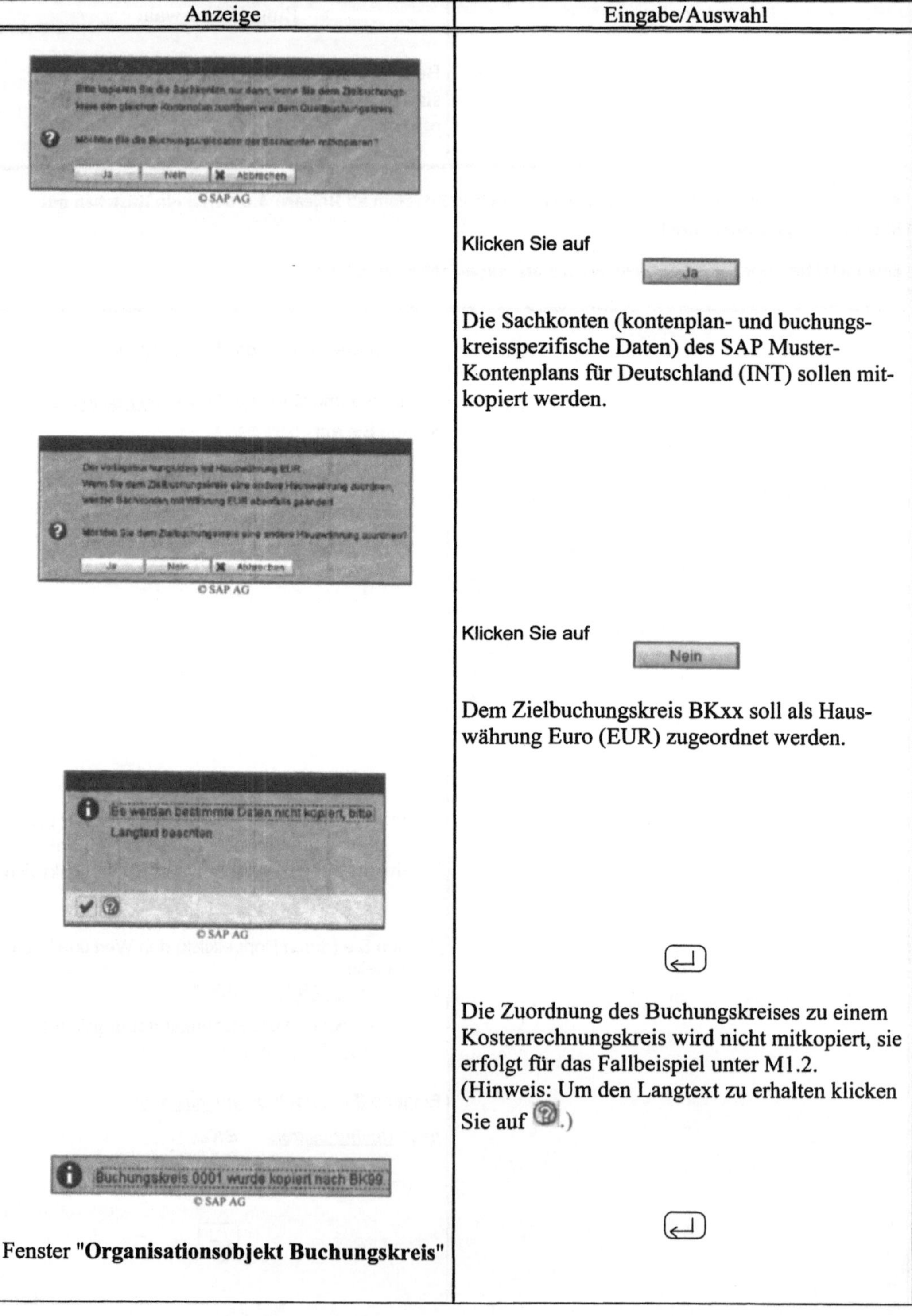

Anzeige	Eingabe/Auswahl
© SAP AG	Klicken Sie auf [Ja] Die Sachkonten (kontenplan- und buchungskreisspezifische Daten) des SAP Muster-Kontenplans für Deutschland (INT) sollen mitkopiert werden.
© SAP AG	Klicken Sie auf [Nein] Dem Zielbuchungskreis BKxx soll als Hauswährung Euro (EUR) zugeordnet werden.
Es werden bestimmte Daten nicht kopiert, bitte Langtext beachten © SAP AG	⏎ Die Zuordnung des Buchungskreises zu einem Kostenrechnungskreis wird nicht mitkopiert, sie erfolgt für das Fallbeispiel unter M1.2. (Hinweis: Um den Langtext zu erhalten klicken Sie auf [?].)
Buchungskreis 0001 wurde kopiert nach BK99 © SAP AG Fenster "**Organisationsobjekt Buchungskreis**"	⏎

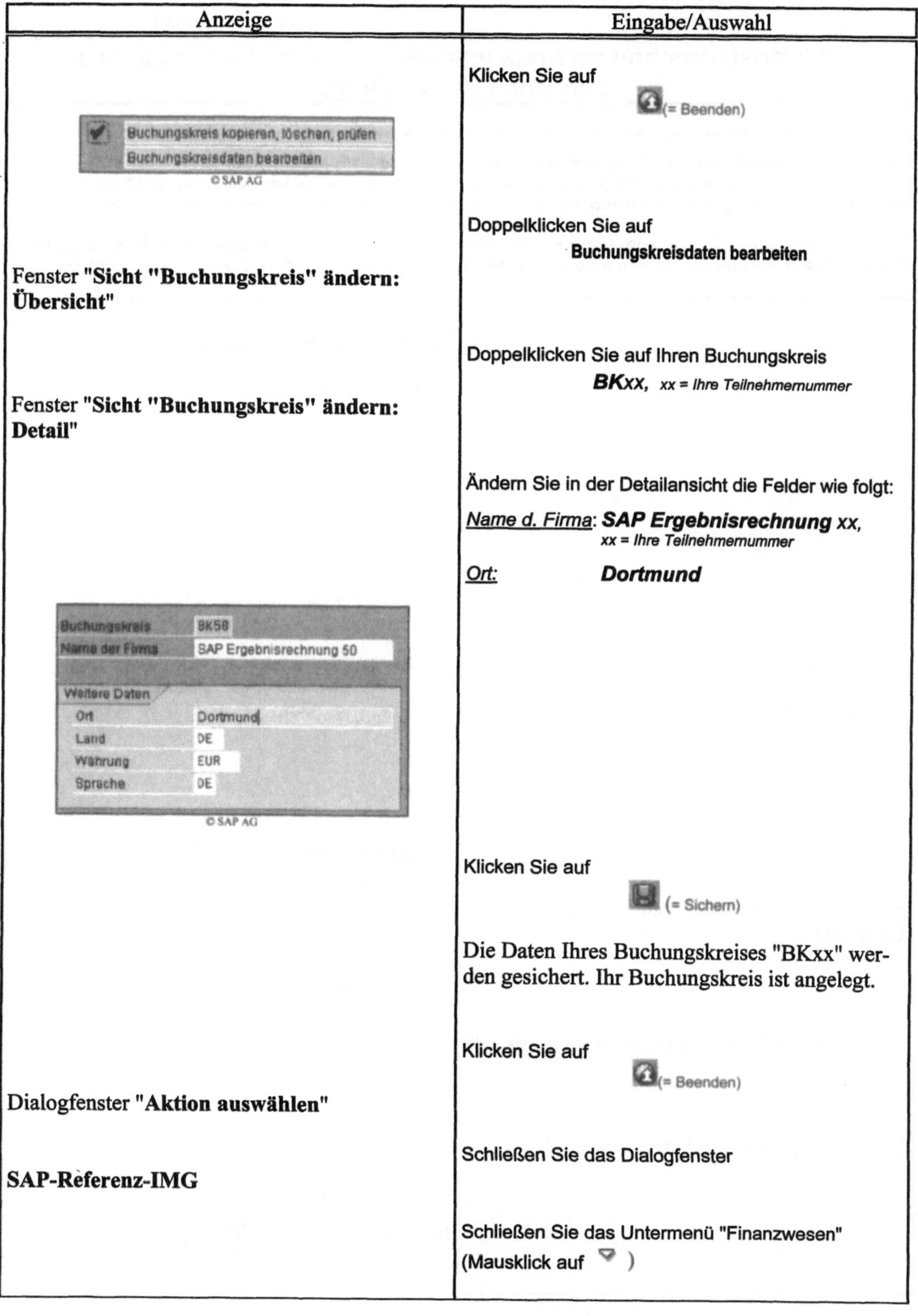

Anzeige	Eingabe/Auswahl
	Klicken Sie auf (= Beenden)
Buchungskreis kopieren, löschen, prüfen Buchungskreisdaten bearbeiten © SAP AG	Doppelklicken Sie auf **Buchungskreisdaten bearbeiten**
Fenster "**Sicht "Buchungskreis" ändern: Übersicht**"	Doppelklicken Sie auf Ihren Buchungskreis ***BKxx***, *xx = Ihre Teilnehmernummer*
Fenster "**Sicht "Buchungskreis" ändern: Detail**"	Ändern Sie in der Detailansicht die Felder wie folgt: *Name d. Firma*: ***SAP Ergebnisrechnung** xx*, *xx = Ihre Teilnehmernummer* *Ort*: ***Dortmund***
Buchungskreis BK50 Name der Firma SAP Ergebnisrechnung 50 Weitere Daten Ort Dortmund Land DE Währung EUR Sprache DE © SAP AG	
	Klicken Sie auf (= Sichern) Die Daten Ihres Buchungskreises "BKxx" werden gesichert. Ihr Buchungskreis ist angelegt.
	Klicken Sie auf (= Beenden)
Dialogfenster "**Aktion auswählen**"	Schließen Sie das Dialogfenster
SAP-Referenz-IMG	Schließen Sie das Untermenü "Finanzwesen" (Mausklick auf)

Anzeige	Eingabe/Auswahl

M1.2 Kostenrechnungskreis anlegen und dem Buchungskreis zuordnen (Controlling)

Der *Kostenrechnungskreis* ist die betriebswirtschaftliche Organisationseinheit, innerhalb der eine Kostenrechnung durchgeführt wird. Im Kostenrechungskreis werden die innerbetrieblichen Geschäftsvorfälle abgebildet, wobei die primären Kosten aus dem externen Rechnungswesen übernommen werden.

Im R/3-System ist es möglich, entweder mehrere Buchungskreise zu einer buchungskreisübergreifenden Kostenrechung zusammenzufassen oder die Kostenrechnung auf Buchungskreisebene durchzuführen.

Anzeige	Eingabe/Auswahl
	Kostenrechnungskreis anlegen
Unternehmensstruktur Landesspezifische Voreinstellungen ändern Definition Finanzwesen Controlling Kostenrechnungskreis pflegen Ergebnisbereich anlegen © SAP AG	Wählen Sie im SAP-Referenz-IMG: **Unternehmensstruktur – Definition - Controlling**
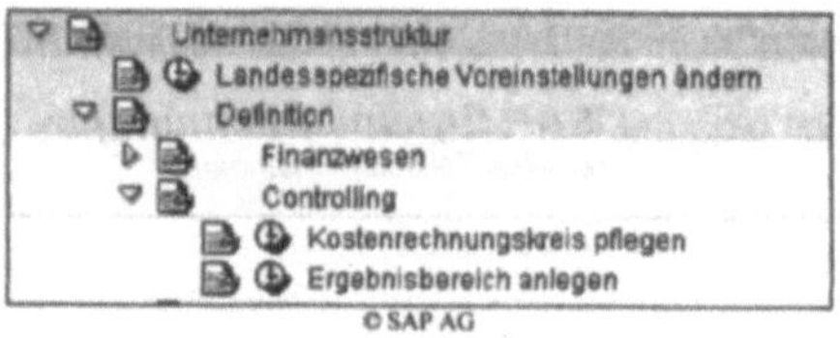 Kostenrechnungskreis kopieren, löschen, prüfen Kostenrechnungskreis pflegen SAP-Auslieferungsdaten löschen © SAP AG	Wählen Sie (Mausklick auf ⊕): **Kostenrechnungskreis pflegen**
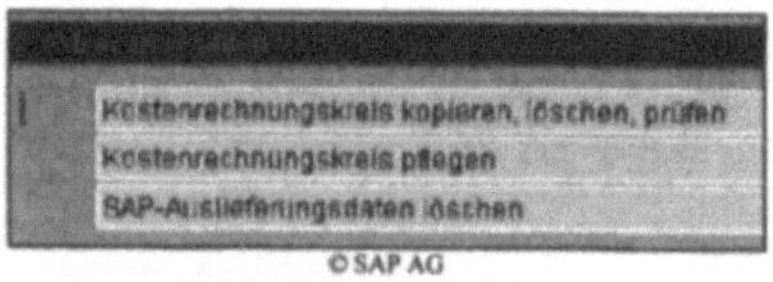	Doppelklicken Sie auf **Kostenrechnungskreis pflegen**
Fenster "**Sicht "Grunddaten" ändern: Übersicht**"	Klicken Sie auf  [Neue Einträge]
Fenster "**Neue Einträge: Detail Hinzugefügte**"	Klicken Sie auf  [Kokrs = Bukrs]
Dialogfenster "**Auswahl Buchungskreis**"	Eingabe bzw. Auswahl: *Buchungskreis:* ***BKxx,*** *xx = Ihre Teilnehmernummer*

Anzeige	Eingabe/Auswahl
	Auswahl: *Bukrs->Kokrs (Zuordnungssteuerung):* ***Kostenrechnungskreis analog Buchungskreis***
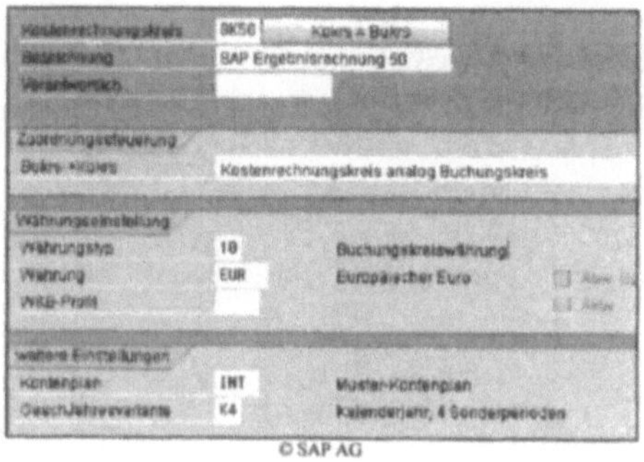 	
	Die Schaltfläche **[Kokrs = Bukrs]** bewirkt die Definition des Kostenrechnungskreises durch Gleichsetzung mit dem Buchungskreis. Schlüssel, Kontenplan, Währung und Geschäftsjahresvariante des Buchungskreises werden übernommen.
	Klicken Sie auf (= Sichern)
	Die Daten werden gesichert. Ihr Kostenrechnungskreis BKxx ist angelegt.
	Klicken Sie auf (= Beenden)
Dialogfenster "**Aktion auswählen**"	Schließen Sie das Dialogfenster
	<u>Kostenrechnungskreis dem Buchungskreis zuordnen</u> Wählen Sie im SAP-Referenz-IMG: **Unternehmensstruktur –** **Zuordnung -** **Controlling**

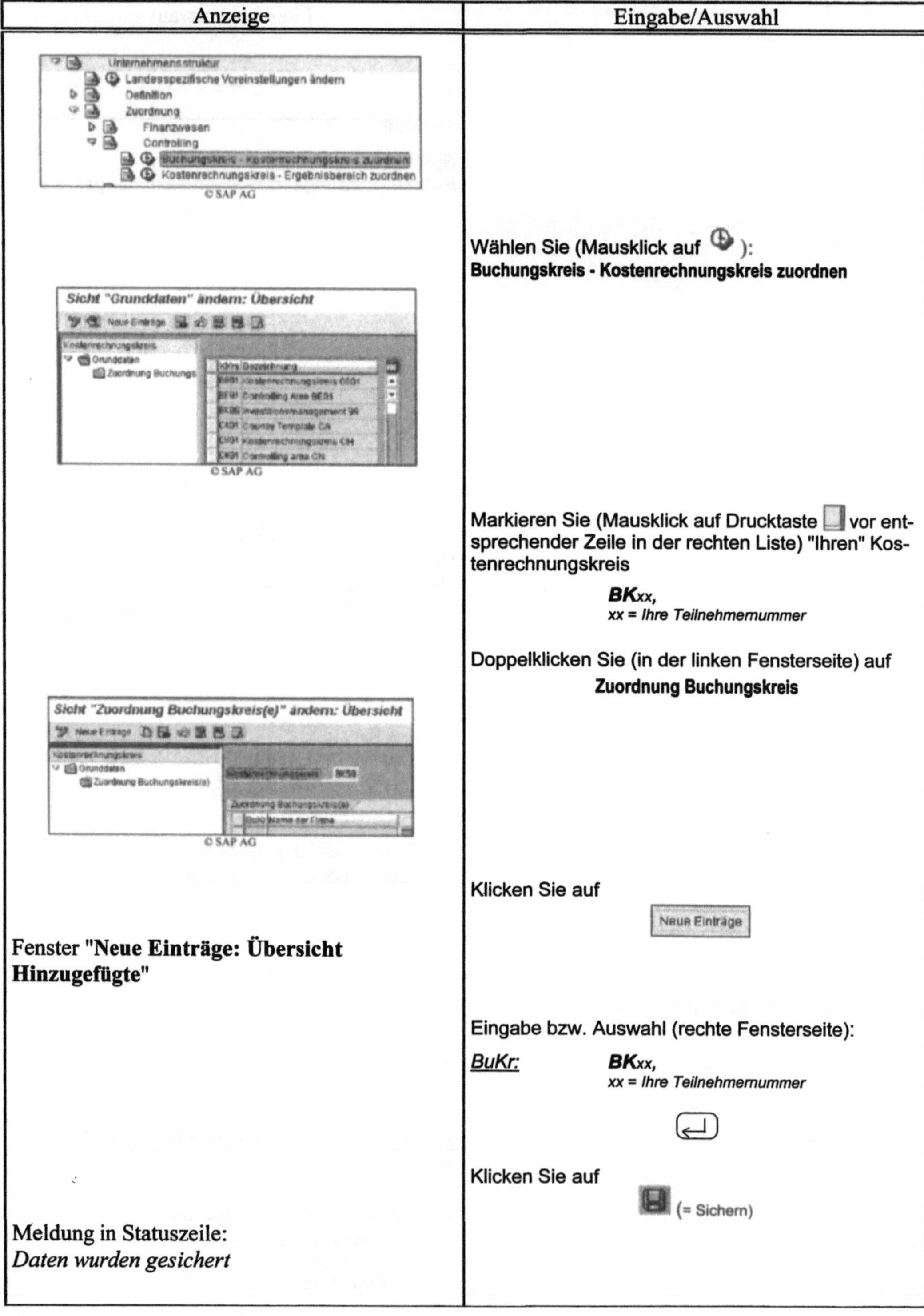

Anzeige	Eingabe/Auswahl
© SAP AG	Wählen Sie (Mausklick auf): **Buchungskreis - Kostenrechnungskreis zuordnen**
© SAP AG	Markieren Sie (Mausklick auf Drucktaste vor entsprechender Zeile in der rechten Liste) "Ihren" Kostenrechnungskreis ***BK**xx,* *xx = Ihre Teilnehmernummer* Doppelklicken Sie (in der linken Fensterseite) auf **Zuordnung Buchungskreis**
© SAP AG	Klicken Sie auf Neue Einträge
Fenster "**Neue Einträge: Übersicht Hinzugefügte**"	Eingabe bzw. Auswahl (rechte Fensterseite): *BuKr:* ***BK**xx,* *xx = Ihre Teilnehmernummer* Klicken Sie auf (= Sichern)
Meldung in Statuszeile: *Daten wurden gesichert*	

Anzeige	Eingabe/Auswahl
SAP-Referenz-IMG	Klicken Sie auf (= Beenden)

M1.3 Name des Ergebnisbereichs festlegen (Controlling)

Der *Ergebnisbereich* ist die Organisationseinheit des Controlling, die das Unternehmen aus Sicht der Ergebnis- und Marktsegmentrechnung gliedert.

Beim Anlegen des Ergebnisbereichs (unter Customzing Unternehmensstruktur) wird zunächst nur Name und Bezeichnung der Organisationseinheit definiert, die dazugehörigen funktionalen Ausprägungen (Strukturen) werden erst bei der Systemeinstellung für die Komponente "Ergebnis- und Marktsegmentrechnung" angelegt.

Anzeige	Eingabe/Auswahl
	Wählen Sie im SAP-Referenz-IMG: **Unternehmensstruktur –** **Definition -** **Controlling** **Ergebnisbereich anlegen**
Fenster "**Sicht "Definition Ergebnisbereich" ändern: Übersicht**"	Klicken Sie auf Neue Einträge
Fenster "**Neue Einträge: Übersicht Hinzugefügte**"	Eingabe: *Ergebnisbereich:* ***EGxx,*** *xx = Ihre Teilnehmernummer* *Bezeichnung Ergebnisbereich:* ***Ergebnisbereich xx,*** *xx = Ihre Teilnehmernummer* Klicken Sie auf (= Sichern) Mit Sicherung der Daten ist zunächst nur der Name Ihres Ergebnisbereiches (EGxx) festgelegt. Um den Ergebnisbereich selbst anzulegen, muss, im Gegensatz zu den anderen organisatorischen Einheiten, zunächst seine individuelle Struktur bestimmt werden. Das geschieht hier für das Fallbeispiel erst weiter unten, unter Modul 6.

Anzeige	Eingabe/Auswahl
SAP-Referenz-IMG	Klicken Sie auf (= Beenden)

M1.4 Werk definieren und dem Buchungskreis zuordnen (Logistik allgemein)

Das *Werk* ist im R/3-System die organisatorische Einheit der Logistik, die das Unternehmen aus Sicht der Produktion, Beschaffung, Instandhaltung und Disposition gliedert.
In einem Werk werden Materialien produziert bzw. Waren und Dienstleistungen bereitgestellt.

Die organisatorische Einheit Werk wird vom R/3-Modul Vertrieb und von der Materialwirtschaft gemeinsam genutzt.

Anzeige	Eingabe/Auswahl
	Da die Materialbewertung in den Kalkulationen werksbezogen ist (vgl. M4.2), muss hier als Mindestanforderung des Systems mindestens ein Werk angelegt werden, auch wenn dies ansonsten für das Testbeispiel ohne Belang ist.
	Werk definieren
	Wählen Sie im SAP-Referenz-IMG: **Unternehmensstruktur – Definition - Logistik allgemein Werk definieren, kopieren, löschen, prüfen**
Werk definieren Werk kopieren, löschen, prüfen © SAP AG	
	Doppelklicken Sie auf **Werk definieren**
Fenster **"Sicht "Werke" ändern: Detail"**	Klicken Sie auf Neue Einträge
Dialogfenster **"Neue Einträge: Detail Hinzugefügte"**	Eingabe: *Werk:* ***Wxx,*** *xx = Ihre Teilnehmernummer*

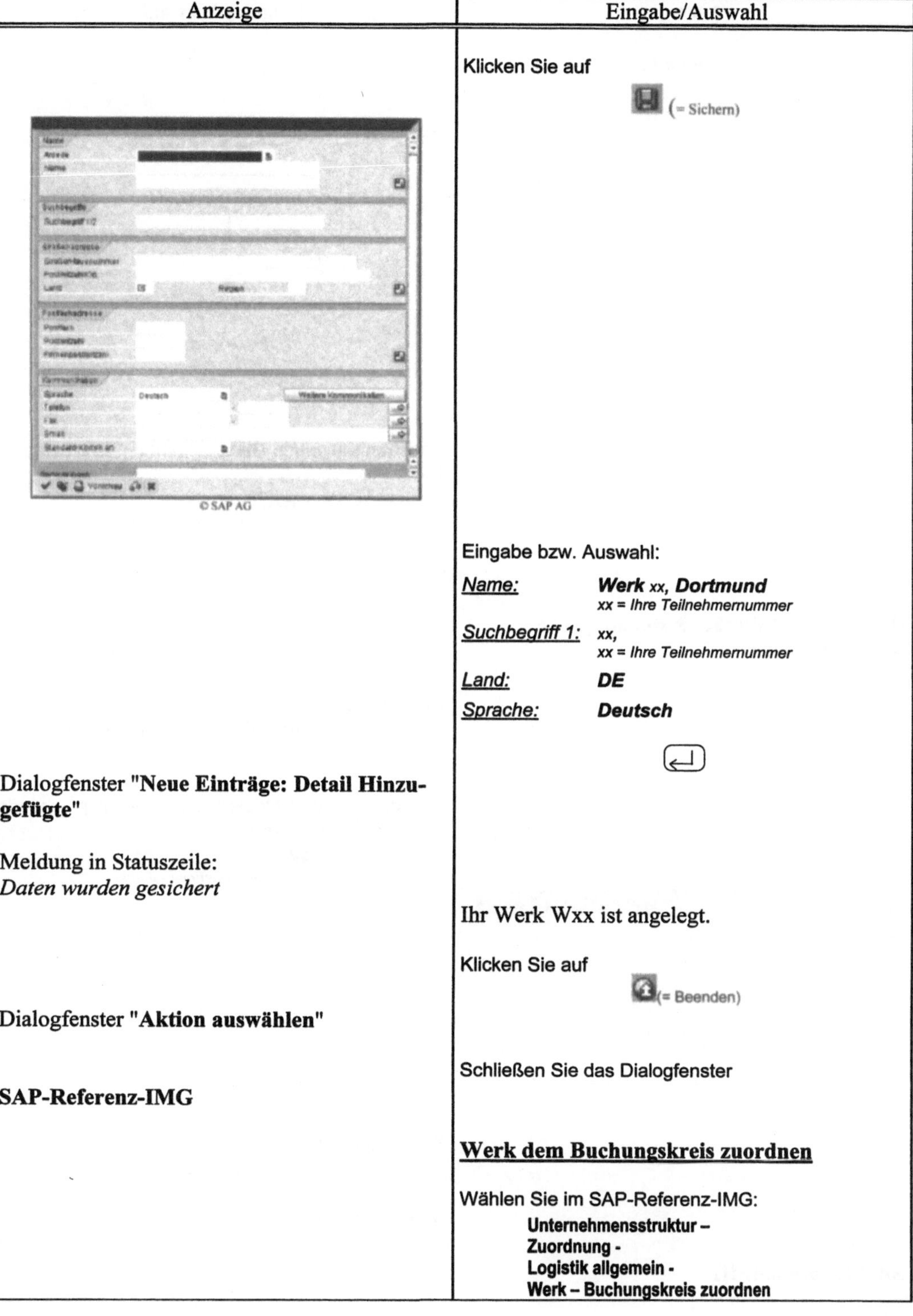

Anzeige	Eingabe/Auswahl
	Klicken Sie auf (= Sichern)
© SAP AG	
	Eingabe bzw. Auswahl: _Name:_ ***Werk** xx, **Dortmund*** *xx = Ihre Teilnehmernummer* _Suchbegriff 1:_ *xx,* *xx = Ihre Teilnehmernummer* _Land:_ ***DE*** _Sprache:_ ***Deutsch***
Dialogfenster "**Neue Einträge: Detail Hinzugefügte**"	
Meldung in Statuszeile: *Daten wurden gesichert*	Ihr Werk Wxx ist angelegt.
	Klicken Sie auf (= Beenden)
Dialogfenster "**Aktion auswählen**"	Schließen Sie das Dialogfenster
SAP-Referenz-IMG	**Werk dem Buchungskreis zuordnen**
	Wählen Sie im SAP-Referenz-IMG: **Unternehmensstruktur –** **Zuordnung -** **Logistik allgemein -** **Werk – Buchungskreis zuordnen**

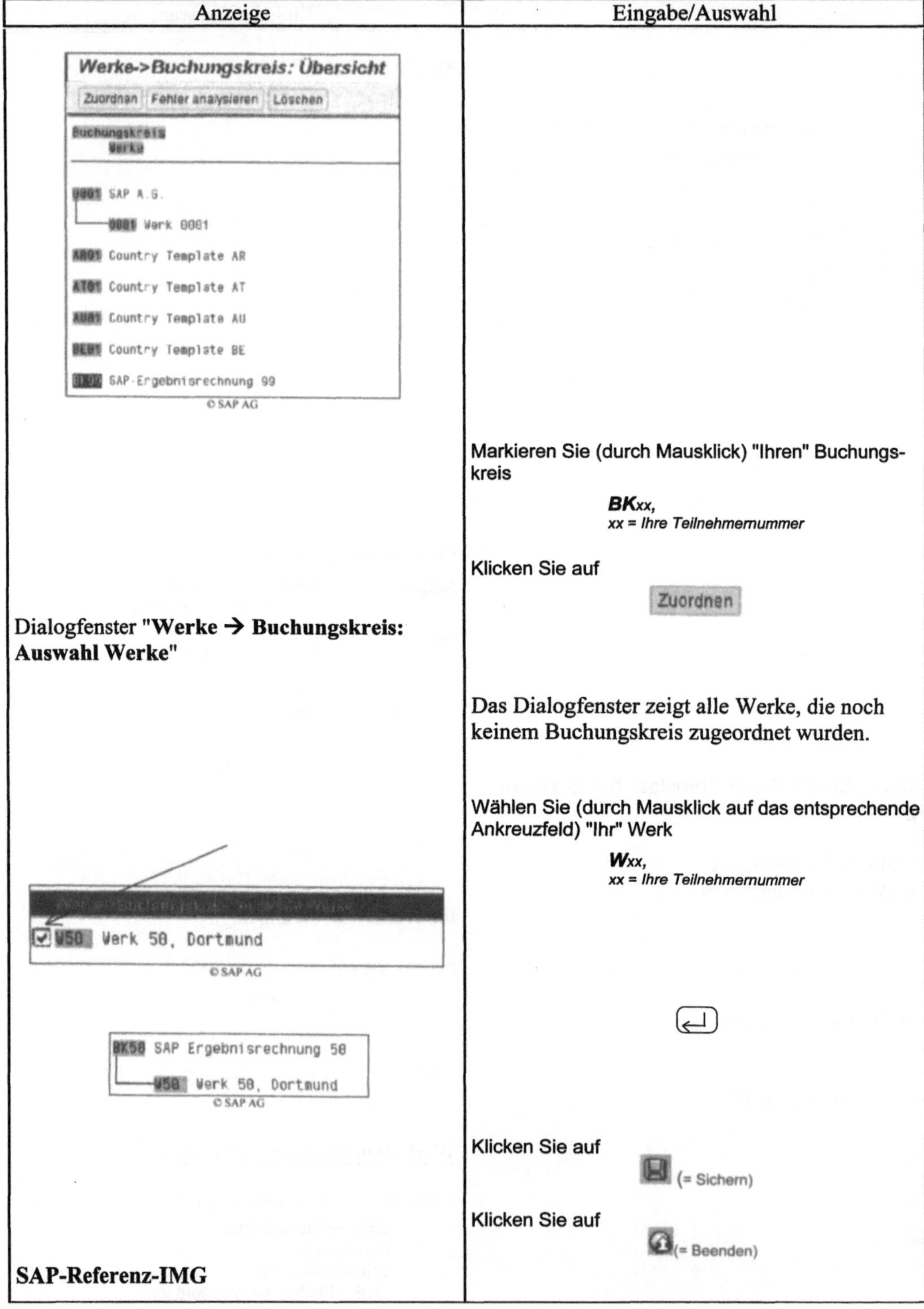

Anzeige	Eingabe/Auswahl
Werke->Buchungskreis: Übersicht Zuordnen · Fehler analysieren · Löschen Buchungskreis Werke 0001 SAP A.G. 0001 Werk 0001 AR01 Country Template AR AT01 Country Template AT AU01 Country Template AU BE01 Country Template BE SAP Ergebnisrechnung 99 © SAP AG	
	Markieren Sie (durch Mausklick) "Ihren" Buchungskreis ***BK**xx,* *xx = Ihre Teilnehmernummer*
	Klicken Sie auf Zuordnen
Dialogfenster "**Werke → Buchungskreis: Auswahl Werke**"	
	Das Dialogfenster zeigt alle Werke, die noch keinem Buchungskreis zugeordnet wurden.
W58 Werk 58, Dortmund © SAP AG	Wählen Sie (durch Mausklick auf das entsprechende Ankreuzfeld) "Ihr" Werk ***W**xx,* *xx = Ihre Teilnehmernummer*
BK58 SAP Ergebnisrechnung 58 W58 Werk 58, Dortmund © SAP AG	
	Klicken Sie auf (= Sichern)
	Klicken Sie auf (= Beenden)
SAP-Referenz-IMG	

Anzeige	Eingabe/Auswahl
M1.5 Sparten definieren (Logistik Allgemein)	
Die *Sparte* ist eine organisatorische Einheit des Vertriebs, die im Hinblick auf die vertriebliche Zuständigkeit oder die Gewinnverantwortung für verkaufsfähige Materialien oder Dienstleistungen gebildet werden kann.	
	Wählen Sie im SAP-Referenz-IMG: **Unternehmensstruktur –** **Definition -** **Logistik allgemein -** **Sparte definieren, kopieren, löschen, prüfen**
Sparte definieren Sparte kopieren, löschen, prüfen © SAP AG	
	Doppelklicken Sie auf **Sparte definieren**
Fenster "**Sicht "Sparten" ändern: Übersicht**"	
	Klicken Sie auf Neue Einträge
Dialogfenster "**Neue Einträge: Übersicht Hinzugefügte**"	
	Eingabe: *Sparte:* *xx,* *xx = Ihre Teilnehmernummer* *Bezeichnung:* ***Glas***
	Klicken Sie auf (= Sichern)
	Die Sparte xx ist angelegt.
	Klicken Sie auf (= Beenden)
Dialogfenster "**Aktion auswählen**"	
	Schließen Sie das Dialogfenster
SAP-Referenz-IMG	
	Schließen Sie das Untermenü "Logistik Allgemein".

Anzeige	Eingabe/Auswahl
M1.6 Verkaufsorganisation definieren und dem Buchungskreis zuordnen (Vertrieb)	

Die *Verkaufsorganisation* ist eine organisatorische Einheit der Logistik, die das Unternehmen nach den Erfordernissen des Vertriebs gliedert.

Eine Verkauforganisation ist in genau einem Buchungskreis eingebunden; ihr können ein oder mehrere Werke zugeordnet sein. Jede Verkaufsorganisation besitzt eine eigene Adresse.

Innerhalb einer Verkaufsorganisation können eigene Stammdaten (Kunden- und Materialstammsätze), eigene Konditionen und Preisfindungen definiert werden. Alle Positionen eines Vertriebsbelegs (Auftrag, Lieferung oder Faktura) gehören zu einer Verkaufsorganisation.

Anzeige	Eingabe/Auswahl
	Verkaufsorganisation definieren
	Wählen Sie im SAP-Referenz-IMG: **Unternehmensstruktur – Definition - Vertrieb - Verkaufsorganisation definieren, kopieren, löschen, prüfen**
Dialogfenster "**Aktion auswählen**"	Doppelklicken Sie auf **Verkaufsorganisation definieren**
Fenster "**Sicht "Verkaufsorganisation" ändern: Übersicht**"	Klicken Sie auf Neue Einträge
Fenster "**Neue Einträge: Detail Hinzugefügte**"	Eingabe: Verkaufsorganisation: ***VOxx*** ***Verk-Organisation xx,*** *xx = Ihre Teilnehmernummer*
	Klicken Sie auf (= Sichern)
Dialogfenster "**Adresse bearbeiten: VOxx**"	Eingabe bzw. Auswahl: Name: ***Verkaufsorganisation xx*** *xx = Ihre Teilnehmernummer* Suchbegriff 1: ***xx,*** *xx = Ihre Teilnehmernummer* Land: ***DE*** Sprache: ***Deutsch***

Anzeige	Eingabe/Auswahl
Dialogfenster "**Neue Einträge: Detail Hinzugefügte**"	⏎ "Ihre" Verkaufsorganisation VOxx ist angelegt.
Dialogfenster "**Aktion auswählen**"	Klicken Sie auf (= Beenden)
SAP-Referenz-IMG	Schließen Sie das Dialogfenster **Verkaufsorganisation dem Buchungskreis zuordnen**

Durch Zuordnung *der Verkaufsorganisation* zu einem Buchungskreis wird die Verbindung zwischen dem Vertrieb (Modul SD) und dem Finanzwesen (Modul FI) hergestellt.

Jede Verkaufsorganisation gehört zu genau einem Buchungskreis.

Anzeige	Eingabe/Auswahl
	Wählen Sie im SAP-Referenz-IMG: **Unternehmensstruktur – Zuordnung - Vertrieb – Verkaufsorganisation – Buchungskreis zuordnen**
Verkaufsorganisationen->Buchungskreis: Übersicht Zuordnen Löschen Felder analysieren Markieren/Entmark. Verschieben Buchungskreis Verkaufsorganisationen SAP A.G Verkaufsorg 0001 Country Template AR Country Template AT Country Template AU Country Template DE SAP-Ergebnisrechnung 99 Country Template BR © SAP AG	Markieren Sie (durch Mausklick) "Ihren" Buchungskreis ***BKxx,*** *xx = Ihre Teilnehmernummer* Klicken Sie auf Zuordnen

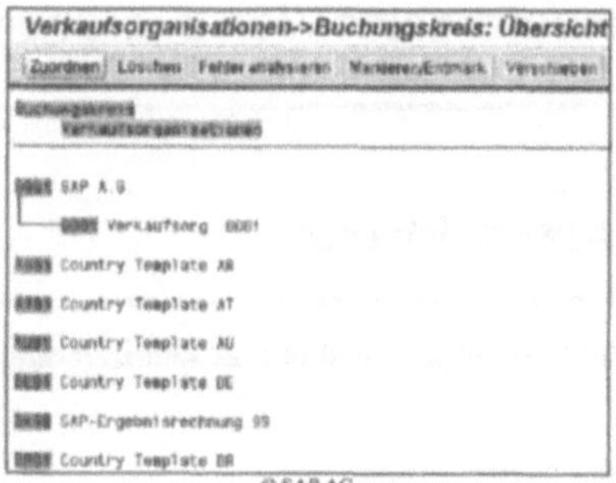

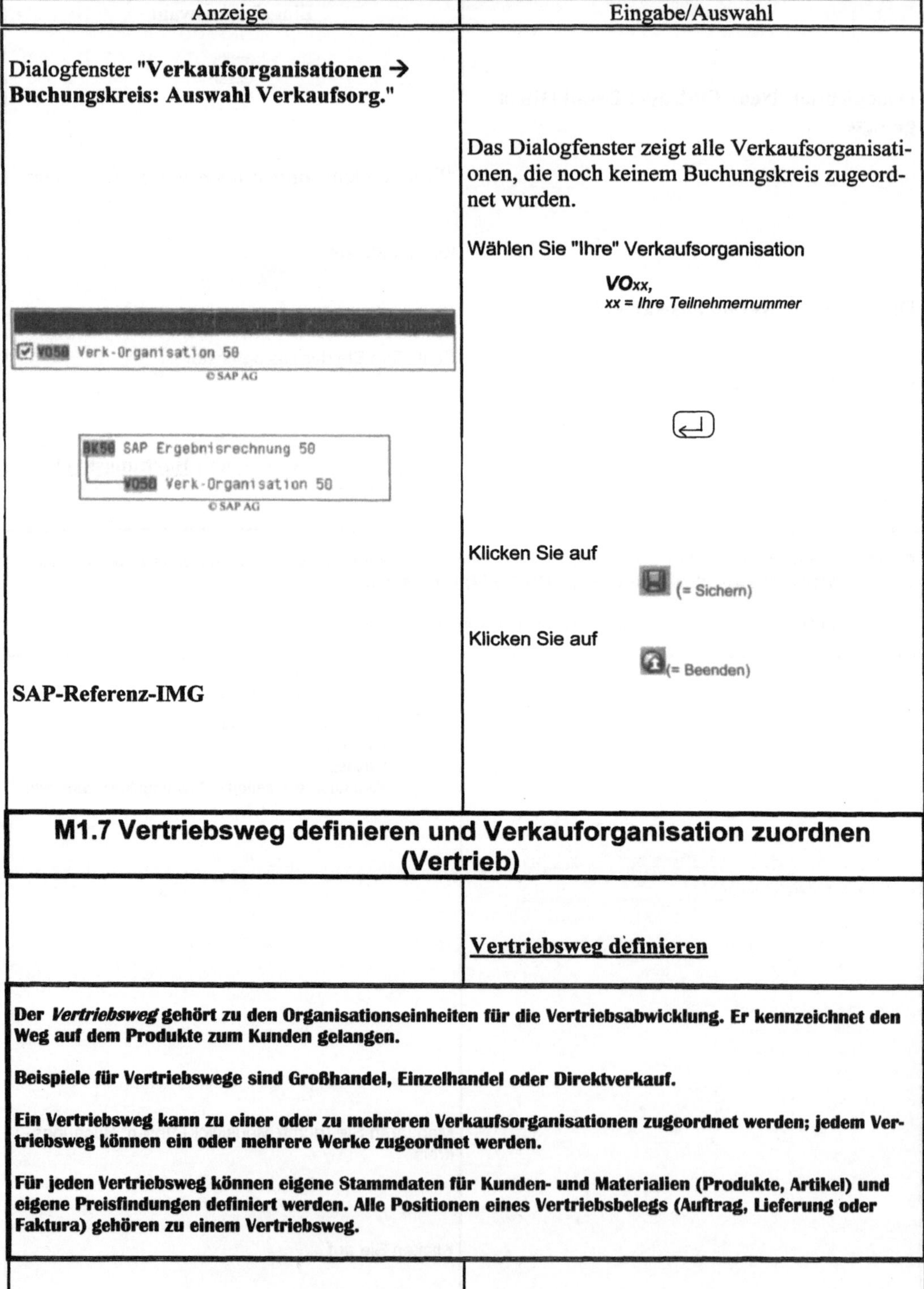

Anzeige	Eingabe/Auswahl
Dialogfenster "**Verkaufsorganisationen → Buchungskreis: Auswahl Verkaufsorg.**"	Das Dialogfenster zeigt alle Verkaufsorganisationen, die noch keinem Buchungskreis zugeordnet wurden. Wählen Sie "Ihre" Verkaufsorganisation ***VO**xx*, *xx = Ihre Teilnehmernummer*
VO50 Verk-Organisation 50 © SAP AG	
BK50 SAP Ergebnisrechnung 50 VO50 Verk-Organisation 50 © SAP AG	
	Klicken Sie auf (= Sichern)
SAP-Referenz-IMG	Klicken Sie auf (= Beenden)

M1.7 Vertriebsweg definieren und Verkauforganisation zuordnen (Vertrieb)

	<u>Vertriebsweg definieren</u>

Der *Vertriebsweg* gehört zu den Organisationseinheiten für die Vertriebsabwicklung. Er kennzeichnet den Weg auf dem Produkte zum Kunden gelangen.

Beispiele für Vertriebswege sind Großhandel, Einzelhandel oder Direktverkauf.

Ein Vertriebsweg kann zu einer oder zu mehreren Verkaufsorganisationen zugeordnet werden; jedem Vertriebsweg können ein oder mehrere Werke zugeordnet werden.

Für jeden Vertriebsweg können eigene Stammdaten für Kunden- und Materialien (Produkte, Artikel) und eigene Preisfindungen definiert werden. Alle Positionen eines Vertriebsbelegs (Auftrag, Lieferung oder Faktura) gehören zu einem Vertriebsweg.

Anzeige	Eingabe/Auswahl
	Wählen Sie im SAP-Referenz-IMG: **Unternehmensstruktur – Definition - Vertrieb - Vertriebsweg definieren, kopieren, löschen, prüfen**
Dialogfenster "**Aktion auswählen**"	Doppelklicken Sie auf **Vertriebsweg definieren**
Fenster "**Sicht "Vertriebswege" ändern: Übersicht**"	Klicken Sie auf Neue Einträge
Fenster "**Neue Einträge: Übersicht Hinzugefügte**"	Eingabe: *Vertriebsweg:* xx *Bezeichnung:* ***Vertriebsweg*** *xx,* *xx = Ihre Teilnehmernummer* Klicken Sie auf (= Sichern) Sie haben "Ihren" Vertriebsweg xx angelegt. Klicken Sie auf (= Beenden)
Dialogfenster "**Aktion auswählen**"	Schließen Sie das Dialogfenster
SAP-Referenz-IMG	
	Vertriebsweg der Verkaufsorganisation zuordnen

Zu einer Verkaufsorganisation können ein oder mehrere Vertriebswege gehören, ein Vertriebsweg kann anderseits für mehrere Verkaufsorganisationen gültig sein.

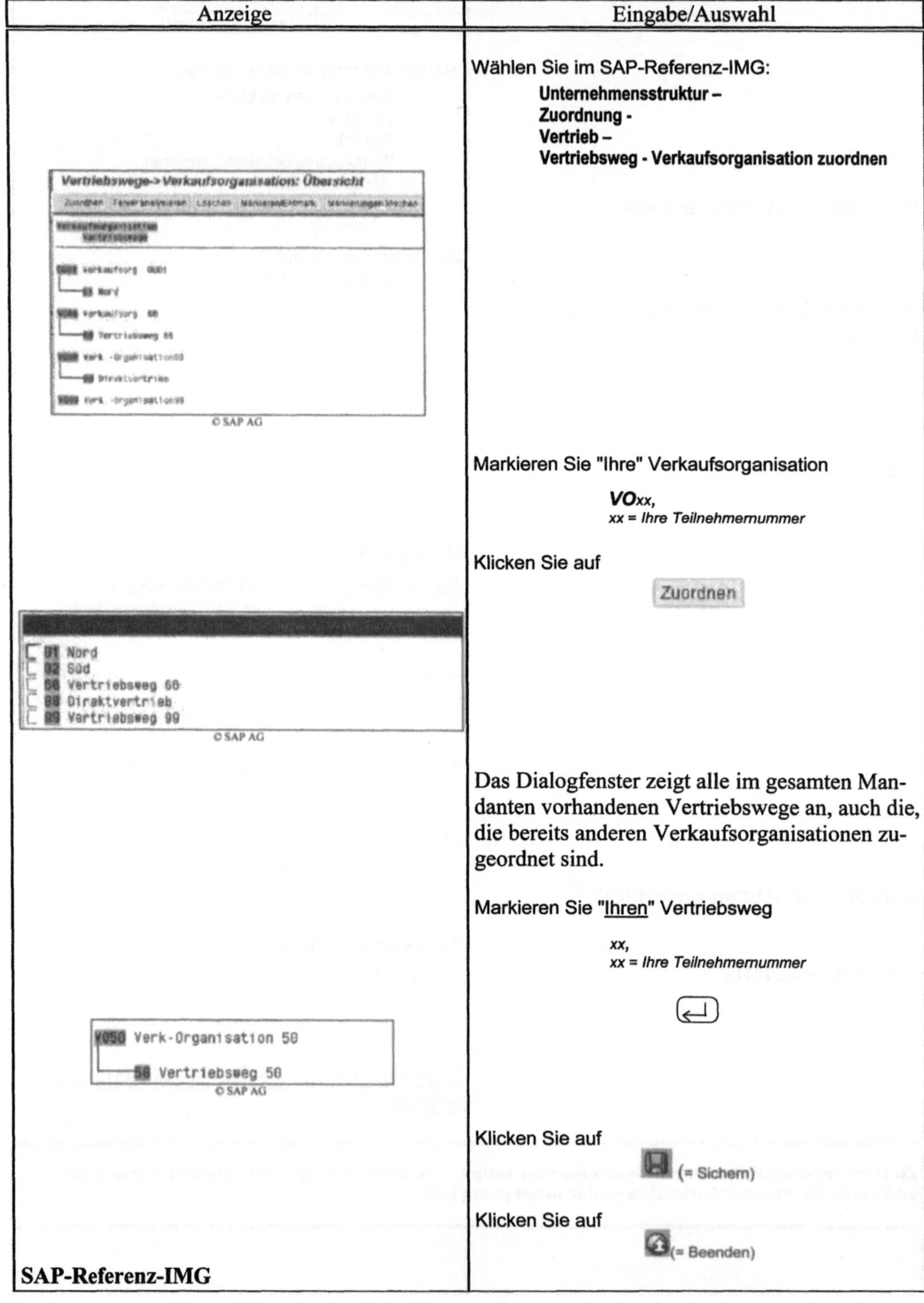

Anzeige	Eingabe/Auswahl
	Wählen Sie im SAP-Referenz-IMG: **Unternehmensstruktur –** **Zuordnung -** **Vertrieb –** **Vertriebsweg - Verkaufsorganisation zuordnen**
© SAP AG	Markieren Sie "Ihre" Verkaufsorganisation ***VOxx,*** *xx = Ihre Teilnehmernummer* Klicken Sie auf Zuordnen
© SAP AG	Das Dialogfenster zeigt alle im gesamten Mandanten vorhandenen Vertriebswege an, auch die, die bereits anderen Verkaufsorganisationen zugeordnet sind. Markieren Sie "<u>Ihren</u>" Vertriebsweg *xx,* *xx = Ihre Teilnehmernummer*
© SAP AG	Klicken Sie auf (= Sichern) Klicken Sie auf (= Beenden)
SAP-Referenz-IMG	

Anzeige	Eingabe/Auswahl
M1.8 Sparte der Verkauforganisation zuordnen (Vertrieb)	
Eine Sparte kann zu einer oder zu mehreren Verkaufsorganisationen gehören.	
	Wählen Sie im SAP-Referenz-IMG: **Unternehmensstruktur –** **Zuordnung -** **Vertrieb –** **Sparte - Verkaufsorganisation zuordnen**
Bildschirm "**Sparte -> Verkaufsorganisation zuordnen: Übersicht**"	Markieren Sie "Ihre" Verkaufsorganisation ***VO**xx,* *xx = Ihre Teilnehmernummer* Klicken Sie auf Zuordnen
Dialogfeld "**Sparte -> Verkaufsorganisation: Auswahl Sparten**"	Das Dialogfenster zeigt alle im gesamten Mandanten definierten Sparten, auch die, die bereits anderen Verkaufsorganisationen zugeordnet sind. Markieren Sie "Ihre" Sparte *xx,* *xx = Ihre Teilnehmernummer* ↵
VO50 Verk-Organisation 50 └─50 Glas © SAP AG	Sichern Sie die gemachte Zuordnung.
Meldung in Statuszeile: *Die Daten wurden gesichert*	Beenden Sie anschließend die (Customizing-) Transaktion.
SAP-Referenz-IMG	

Anzeige	Eingabe/Auswahl
M1.9 Vertriebsbereich bilden (Vertrieb)	

Ein *Vertriebsbereich* wird gebildet als eine bestimmte Kombination von Verkaufsorganisation, Vertriebsweg und Sparte.

Ein Vertriebsbereich legt fest, über welchen Vertriebsweg Produkte einer Sparte von einer Verkaufsorganisation verkauft werden können.

Debitoren-(Kunden-)Stammsätze besitzen neben allgemeinen und buchungskreisspezifischen Daten auch einen vertriebsspezifischen Teil. Diese Daten sind von der Organisation in einem Vertriebsbereich abhängig und werden für die einzelnen Vertriebsbereiche getrennt definiert.

Anzeige	Eingabe/Auswahl
	Wählen Sie im SAP-Referenz-IMG: **Unternehmensstruktur –** **Zuordnung -** **Vertrieb –** **Vertriebsbereich bilden**
Bildschirm "**Vertriebsbereiche: Übersicht**"	
	Markieren Sie "Ihre" Verkaufsorganisation ***VO**xx,* *xx = Ihre Teilnehmernummer*
	Klicken Sie auf Zuordnen
50 Vertriebsweg 50 © SAP AG	
	Das Dialogfenster zeigt nur Vertriebswege an, die der markierten Verkaufsorganisation zugeordnet sind.
	Markieren Sie "<u>Ihren</u>" Vertriebsweg *xx,* *xx = Ihre Teilnehmernummer*
VO50 Verk-Organisation 50 50 Vertriebsweg 50 © SAP AG	
	Markieren Sie jetzt in der Strukturhierarchie "Ihren" Vertriebsweg: *xx,* *xx = Ihre Teilnehmernummer*

Anzeige	Eingabe/Auswahl
	Klicken Sie auf  Zuordnen
58 Glas © SAP AG	Das Dialogfenster zeigt nur Sparten an, die der dem Vertriebsweg übergeordneten Verkaufsorganisation zugeordnet sind. Markieren Sie "<u>Ihre</u>" Sparte *xx,* *xx = Ihre Teilnehmernummer*
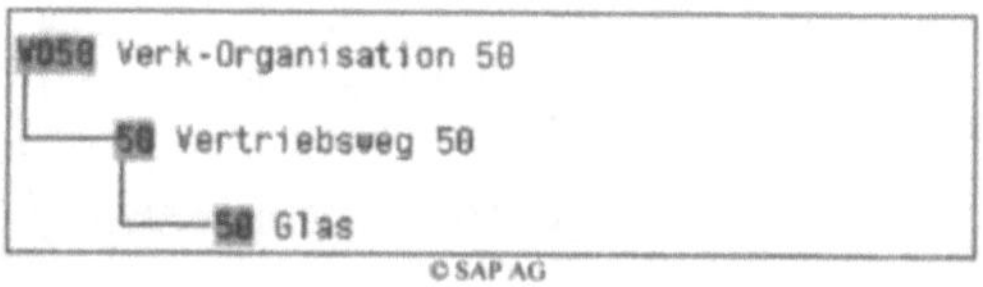 V058 Verk-Organisation 58 58 Vertriebsweg 58 58 Glas © SAP AG	
Meldung in Statuszeile: *Die Daten wurden gesichert*	Sichern Sie den neu gebildeten Vertriebsbereich.
SAP-Referenz-IMG	Beenden Sie anschließend die (Customizing-) Transaktion. Schließen Sie das Untermenü "Unternehmensstruktur" des Einführungsleitfadens.

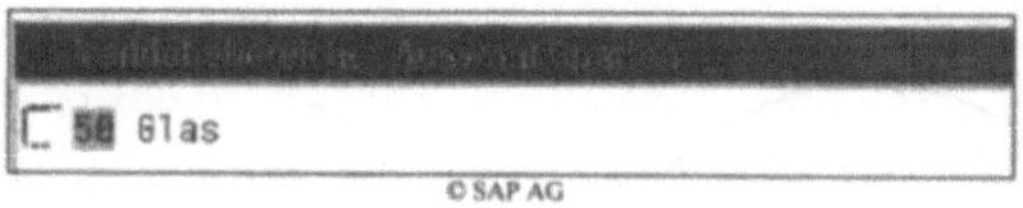

Modul 2: Kostenarten (Controlling Allgemein CO)

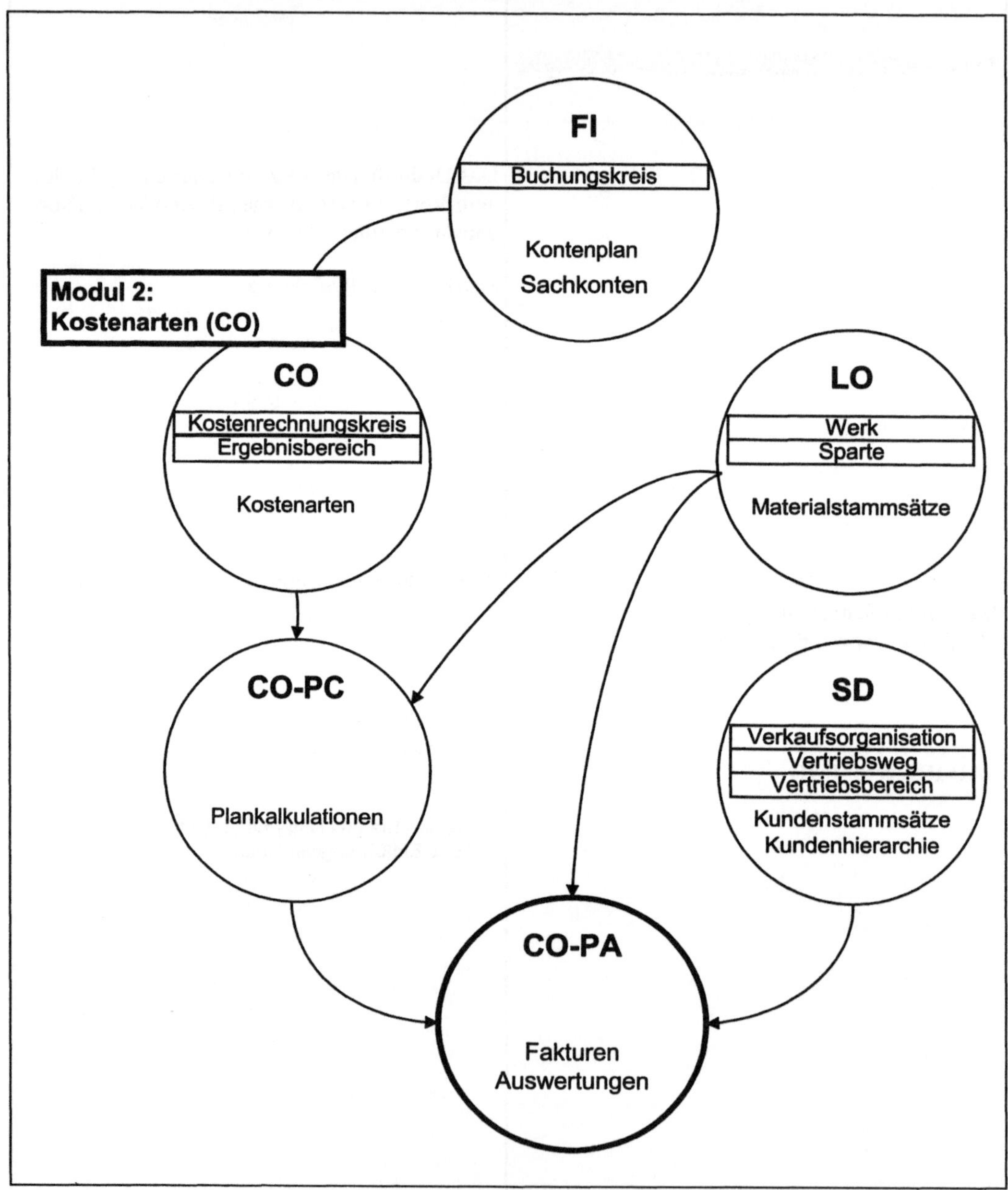

Bild 3.1/13 (Modul 2): Modulstruktur des Testbeispiels

In den folgenden Modulen 2 bis 5 werden Voreinstellungen in den SAP-Anwendungsmodulen Controlling (CO), Logistik (LO), Produktkosten-Controlling (CO-PC), und Vertrieb (SD) vorgenommen.

Hier, in Modul 2, werden notwendige kostenrechnungsrelevante Grunddaten des Kostenrechnungskreises gepflegt und es werden Kostenarten angelegt, die als Voraussetzung für die Plankalkulation erforderlich sind.

Zunächst muss dem Kostenrechnungskreis eine (Kostenstellen-)Standardhierarchie (im Testbeispiel KSHIERxx) zugeordnet werden. Obwohl für unser Testbeispiel keine Kostenstellenrechnung benötigt wird, muss dennoch der oberste Hierarchiepunkt einer Kostenstellenhierarchie angelegt werden, damit Kostenvorgänge zugeordnet werden könnten.

Für das Testbeispiel muss anschließend die kalkulatorische Ergebnisrechnung aktiviert werden. Unterschiede zwischen den beiden möglichen Formen der Ergebnisrechnung im CO-PA, der buchhalterischen (geschlossene Rechnung, Ist) und der kalkulatorischen (offene Rechnung, Standards) können der Gegenüberstellung in der nachfolgenden Abbildung entnommen werden.

Formen der Ergebnisrechnung

kalkulatorische Ergebnisrechnung	buchhalterische Ergebnisrechnung
Gliederung von Kosten und Erlösen nach frei definierbaren Wertfeldern	Verwendung von Kosten- und Erlösarten (Kontenform)
kalkulatorischer Wertansatz: automatisierte Bewertung mit Standardwerten sofort je Geschäftsvorfall	buchhalterischer Wertansatz: zeitgleiche Übernahme der Werte in Finanzbuchhaltung und Ergebnisrechnung
vollständiger Ergebnisausweis jederzeit möglich	vollständiger Ergebnisausweis erst nach Anfall der tatsächlichen Istwerte möglich
Abweichungungen vom Ist müssen in Kauf genommen werden	internes und externes Rechnungswesen jederzeit abgestimmt

Bild 3.1/14 (Modul 2): Formen der Ergebnisrechnung

Die kalkulatorische Ergebnisrechnung bietet den Vorteil des zeitnahen vollständigen Ergebnisausweises durch die automatische Bewertung zum Zeitpunkt des Geschäftsvorfalls. Dabei werden Werte, die zum Zeitpunkt der Buchung noch nicht feststehen und bei denen das tatsächliche Ist von untergeordneter Bedeutung ist, kalkulatorisch auf der Basis von Erfahrungswerten (Beispiel: Skonti, Boni) und Standards (Beispiel: Planherstellkosten) ermittelt und den entsprechenden Feldern (Wertfeldern, s. Modul 6) zugewiesen.

Ein weiterer Vorteil der kalkulatorischen Ergebnisrechnung ist die Möglichkeit der Aufgliederung von Herstellkosten in fixe und variable Anteile für die Deckungsbeitragsrechnung. Auch lässt sich nur bei dieser Form der Ergebnisrechnung eine Bewertung mit der Kostenelementeschichtung aus der Produktkostenplanung (CO-PC) verwirklichen.

Die Nutzung der Bewertung im CO-PA setzt allerdings einen hohen Customizing-Aufwand voraus, auf den im Testbeispiel später sehr ausführlich eingegangen werden wird (s. Modul 8: Customizing: Bewertung, M9.2.4 Bewertungsanalyse).

Von den Kostenarten zu den Kalkulationszeilen im Ergebnisbericht

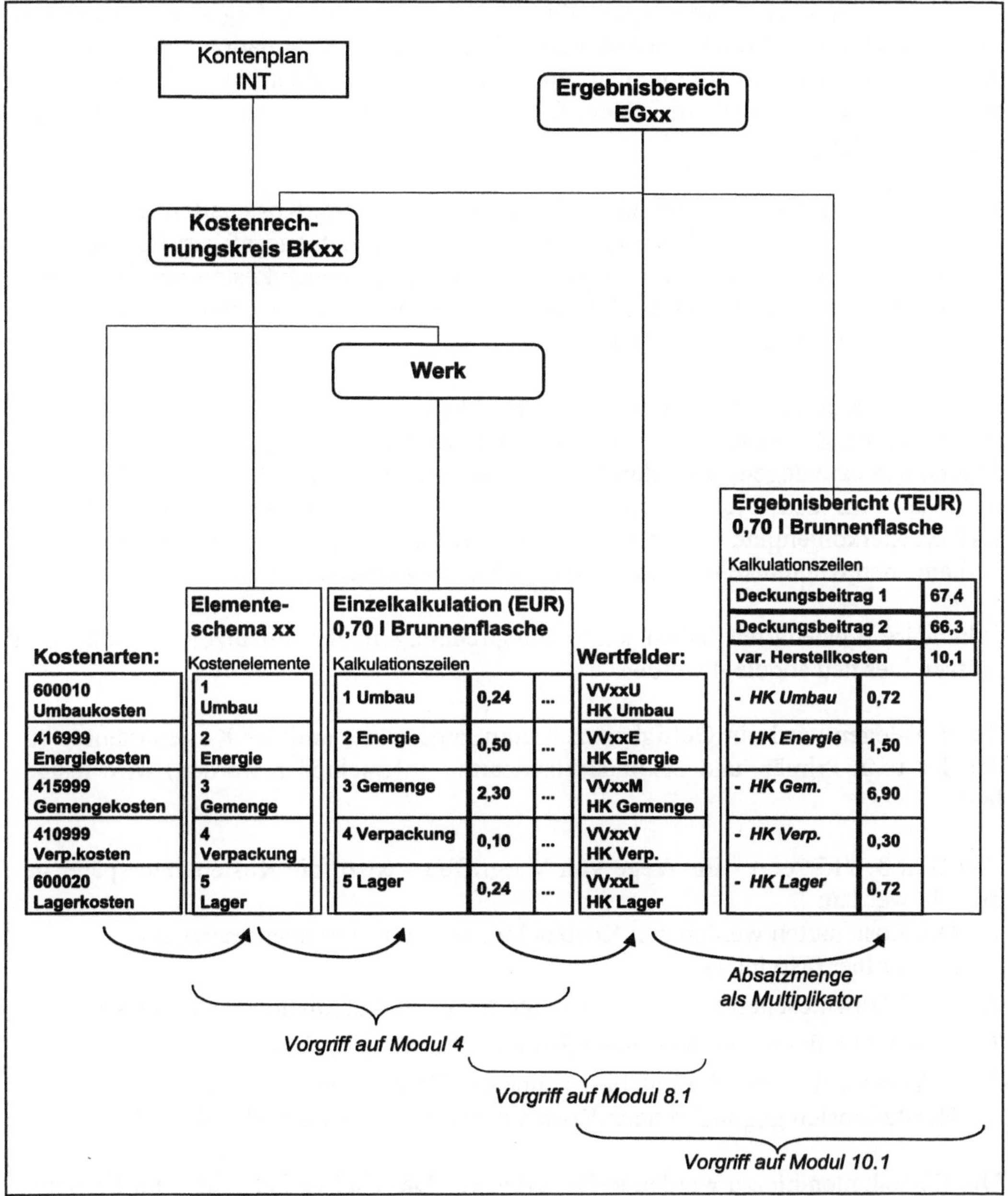

Bild 3.1/15 (Modul 2): Kostenarten → Kalkulationszeilen im Ergebnisbericht

Bei den Kostenarten wird nach primär und sekundär unterschieden.

Unter **primären Kostenarten** werden alle "natürlichen" Kostenarten wie (Material, Personal, Energie, Abschreibungen, Zinsen, Fremdleistungen, Abgaben) verstanden, die die Kosten der Produktionsfaktoren erfassen. In die Kalkulation werden nur *die* primären Kostenarten übernommen, die Einzelkostencharakter haben. Für das Testbeispiel werden Verpackungskosten, Energiekosten und Gemengekosten als Primärkosten aufgefasst.

Sekundäre Kostenarten sind hingegen zusammengesetzte Kostenarten (in der Kostenrechnung), die die Primärkostenarten beinhalten, jedoch ausgefiltert für eine Kostenstelle. Durch die sekundären Kostenarten werden Gemeinkosten als Zuschlags- und Stundensätze verrechnet. Im Testbeispiel werden Umbaukosten und Lagerkosten als Sekundärkostenarten aufgefasst.

Da die primären Kostenarten bereits als Sachkonto der Finanzbuchhaltung im Kontenplan vorhanden sein müssen, sind in der Finanzbuchhaltung zuvor entsprechende Sachkonten anzulegen, was durch den Systemadministrator bereits erfolgt ist (s. "Hinweise für den Systemadministrator" im Anhang). Diese Konten wurden im SAP-Musterkontenplan INT als *zusätzliche* Konten angelegt, da unter den bereits vorhandenen Konten keine "passenden" gefunden werden konnten.

Sekundäre Kostenarten haben keine Entsprechung in der Finanzbuchhaltung und müssen hier neu angelegt werden.

Beim Anlegen wird ein Gültigkeitszeitraum zugeordnet und der Kostenartentyp (über den u. a. Primär- und Sekundärkostenarten unterschieden werden) wird festgelegt.

Das Bild 3.1/15 zeigt - im Wege von Vorgriffen - wozu die Kostenarten später gebraucht werden:

1. Die Kostenarten werden den Kostenelementen eines Elementeschemas zugeordnet (Modul 4)
2. Das Elementeschema dient als Vorlage für Einzelkalkulationen (Modul 4)
3. Durch Zuordnung der Kostenelemente zu Wertfeldern (Modul 8.1) ...
4. ... lassen sich in den Kalkulationszeilen des Ergebnisberichts die Herstellkosten gegliedert nach Kostenelementen ausweisen (Modul 10.1)

Die Einzelheiten hierzu werden später erläutert. Das Ziel ist jedenfalls, im Ergebnisbericht noch erkennen zu können, aus welchen Kostenarten sich die Herstellkosten zusammensetzen.

Was ist zu tun?

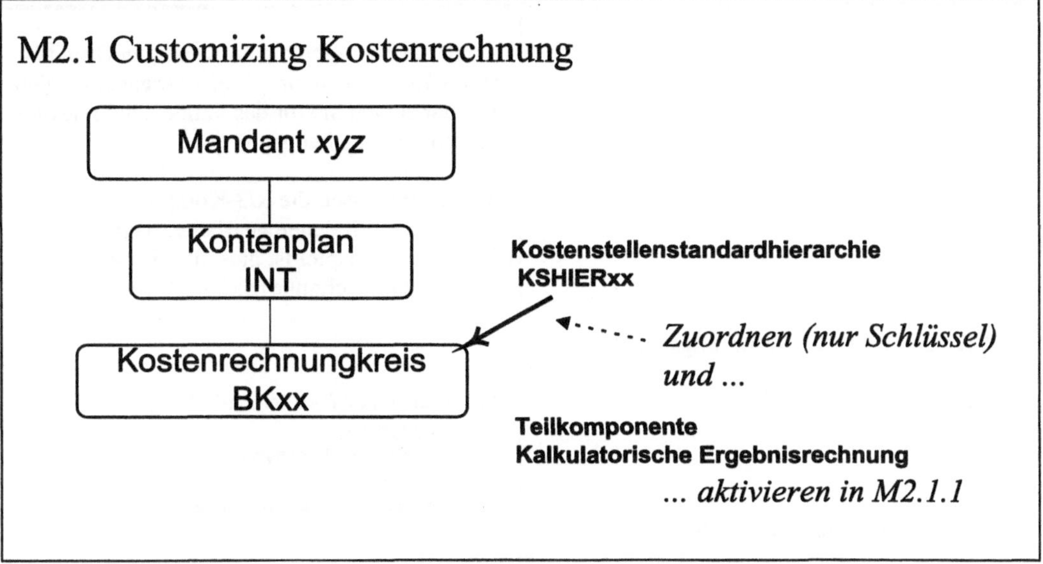

Bild 3.1/16 (Modul 2): Überblick M.2.1

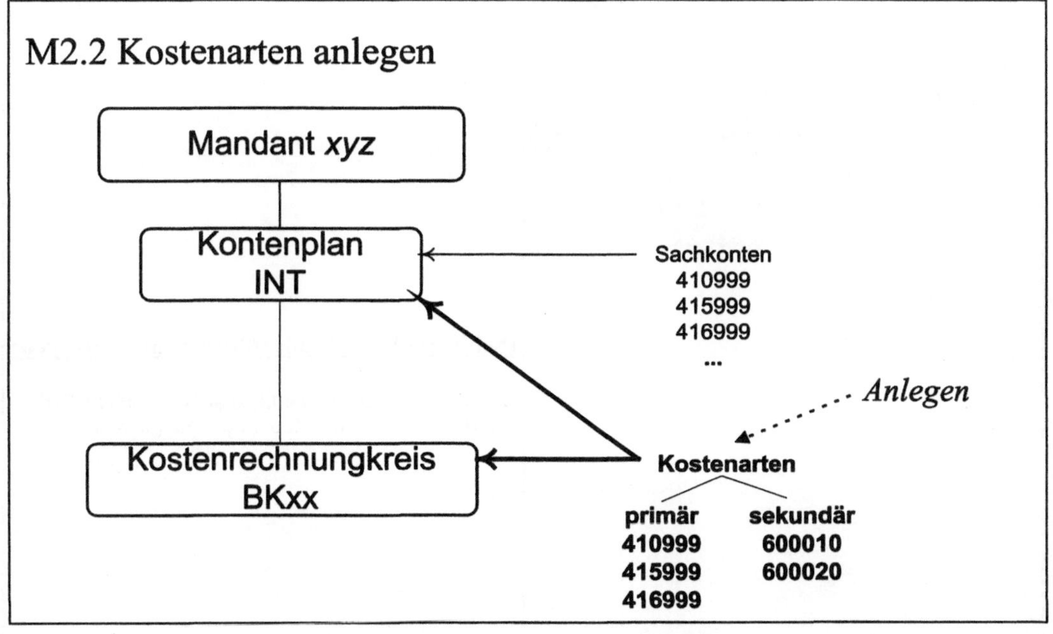

Bild 3.1/17 (Modul 2): Überblick M.2.2

Anzeige	Eingabe/Auswahl

Modul 2: Kostenarten (Controlling Allgemein CO)

M2.1 Customizing Kostenrechnung

M2.1.1 Kostenrechungskreis pflegen

Es müssen nun noch die notwendigen Grunddaten des Kostenrechnungskreises ergänzt werden (hier nur soweit sie für das Fallbeispiel relevant oder Pflichteingaben sind).

Außerdem müssen die R/3-Komponenten des Controlling, mit denen gearbeitet werden soll (für das Testbeispiel ist dies nur die kalkulatorische Ergebnisrechnung) aktiviert werden.

SAP-Referenz-IMG (Einführungsleitfaden)

Wählen Sie im SAP-Referenz-IMG:

Controlling –
Controlling Allgemein -
Organisation –
Kostenrechnungskreis pflegen

Dialogfenster "**Aktion auswählen**"

Doppelklicken Sie auf

Kostenrechnungskreis pflegen

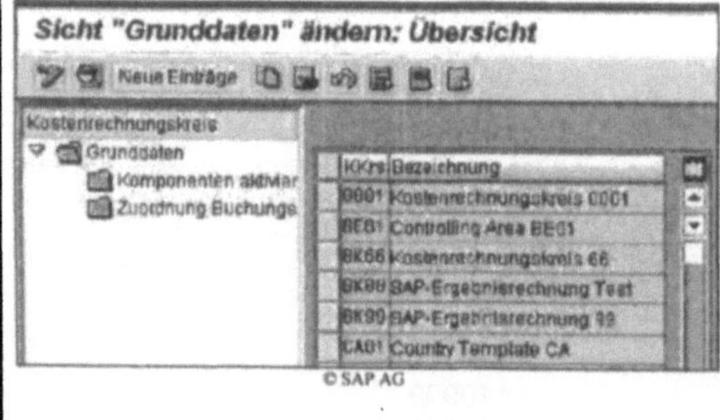

© SAP AG

(Schlüssel für) Standardhierarchie eintragen:

Doppelklicken Sie in der Liste auf der rechten Bildschirmseite auf Ihren Kostenrechnungskreis

***BK**xx, xx = Ihre Teilnehmernummer*

Anzeige	Eingabe/Auswahl
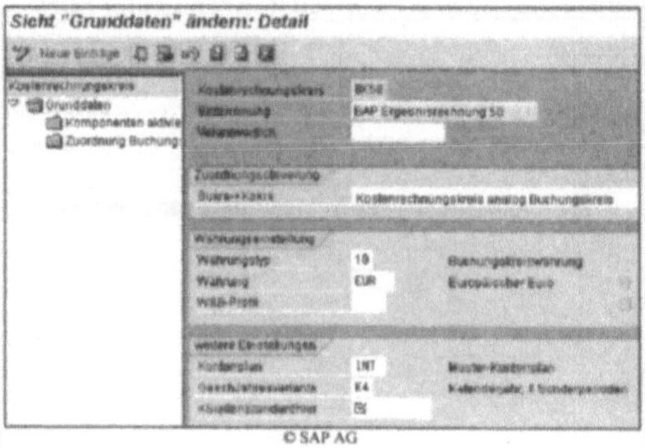 © SAP AG	Der Bildschirm enthält das Mussfeld "Kostenstellenstandardhierarchie".

Die *(Kostenstellen-) Standardhierarchie* stellt eine Kostenstellengruppe bzw. eine Baumstruktur zur Gliederung von Kostenstellen dar, die durch feste Zuordnung zum Kostenrechnungskreis unter allen Kostenstellenhierarchien eines Kostenrechnungskreises ausgezeichnet ist.

Für jeden neu angelegten Kostenrechnungskreis muss zunächst der Name für den obersten Knoten der Standardhierarchie dieses Kostenrechnungskreises festgelegt werden.

Anzeige	Eingabe/Auswahl
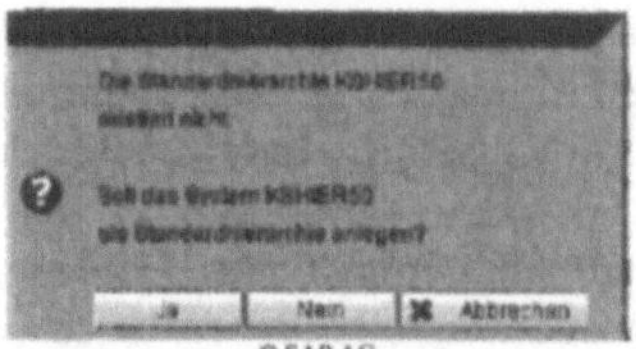 © SAP AG Bildschirm "**Sicht "Grunddaten" ändern: Detail**"	Auch wenn das Fallbeispiel die Kostenstellenrechnung nicht tangiert und damit auch weder Kostenstellen noch eine Kostenstellenhierarchie angelegt werden müssen, ist an dieser Stelle ein Name für die (nicht benötigte) Standardhierarchie einzutragen. Eingabe: *KStellenStandardhier:* ***KSHIERxx,*** *xx = Ihre Teilnehmernummer* Klicken Sie auf

Anzeige	Eingabe/Auswahl
	Teilkomponenten der Kostenrechnung aktivieren:
	Doppelklicken Sie auf (in der Hierarchiestruktur auf der linken Bildschirmseite) **Komponenten aktivieren/Steuerungskennzeichen**
Bildschirm "**Sicht: "Komponenten aktivieren/Steuerungskennzeichen" ändern: Übersicht**"	Klicken Sie auf Neue Einträge
Bildschirm "**Neue Einträge: Detail Hinzugefügte**"	Eingabe: *Geschäftsjahr:* ***jjjj***, *jjjj =aktuelles Jahr* Auswahl: *Ergebnisrechnung:* ***Komponente aktiv für kalkulatorische Ergebnisrechnung***
© SAP AG	Sichern Sie Ihre Eingaben Damit haben Sie die kalkulatorische Ergebnisrechnung aktiviert, d.h. die Kontierung von Geschäftsvorfällen auf Ergebnisobjekte ermöglicht. Das System bucht von jetzt an Belege aus der Finanzbuchhaltung oder dem Vertrieb, die auf ein Ergebnisobjekt kontiert werden im Modul CO-PA, außerdem könnten Controllingobjekte (Aufträge, Projekte, Kostenstellen) an Ergebnisobjekte abgerechnet werden, falls die entsprechenden CO-Komponenten aktiviert wären.

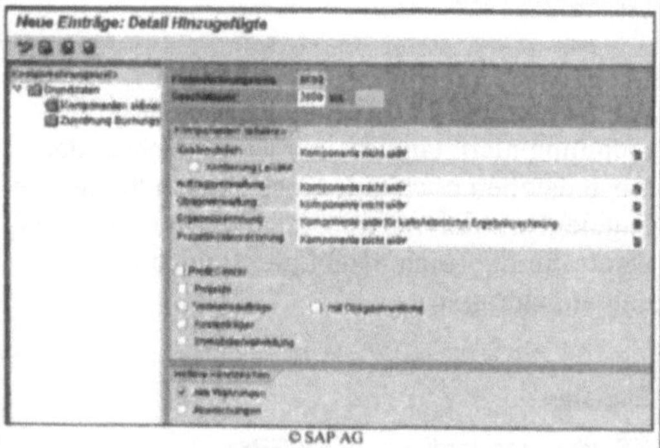

Anzeige	Eingabe/Auswahl
	Klicken Sie auf (= Beenden)
Dialogfenster "**Aktion auswählen**"	Die (Customizing-)Transaktion wird beendet.
SAP-Referenz-IMG	Schließen Sie das Dialogfenster
SAP Easy Access mit **SAP Menü**	Wechseln Sie zum **SAP-Menü** (SAP-Eingangsbildschirm Easy Access).

M2.2 Kostenarten anlegen

Beim Anlegen von *Kostenarten* ist zwischen primären und sekundären Kostenarten zu unterscheiden:

- ***primäre Kostenarten* können nur angelegt werden, wenn sie zuvor in der Finanzbuchhaltung als Sachkonto angelegt wurden,**
- ***sekundäre Kostenarten* werden ausschließlich in der Kostenrechnung verwendet und dürfen nicht in der Finanzbuchhaltung angelegt werden.**

Anzeige	Eingabe/Auswahl
	Die hier angelegen Kostenarten werden im Testbeispiel ausschließlich für die manuelle Plankalkulation benötigt, wo – exemplarisch – eine Kostenschichtung mit fünf Kostenelementen angelegt werden soll (s. dazu später unter Modul 4).
SAP Easy Access mit **SAP Menü**	<u>**Primäre Kostenarten anlegen:**</u> Wählen Sie im SAP-Menü: **Rechnungswesen -** **Controlling -** **Kostenartenrechnung –** **Stammdaten –** **Kostenart –** **Einzelbearbeitung –** **Anlegen primär**
Dialogfeld "**Kostenrechnungskreis setzen**"	

Anzeige	Eingabe/Auswahl
	Eingabe bzw. Auswahl: Kostenrechnungskreis: ***BKxx***, *xx* = Teilnehmernummer (= Ihr Kostenrechnungskreis)
Bildschirm "**Kostenart anlegen: Einstiegsbild**"	Eingabe bzw. Auswahl: Kostenart: ***410999*** (= Verpackungskosten) Gültig ab: ***01.01.jjjj***, , *jjjj* = aktuelles Jahr gültig bis: ***31.12.9999*** (= Gültigkeitszeitraum)
Bildschirm "**Kostenart anlegen: Grundbild**"	Stellen Sie den Cursor auf das Feld "Kostenartentyp" und klicken Sie auf (=Wertehilfe)
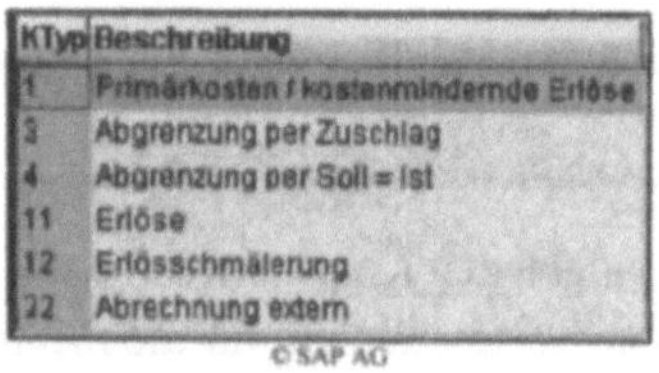	Die Werteliste zeigt alle möglichen (SAP-Standard-) Kostenartentypen für primäre Kostenarten an.

KTyp	Beschreibung
1	Primärkosten / kostenmindernde Erlöse
3	Abgrenzung per Zuschlag
4	Abgrenzung per Soll = Ist
11	Erlöse
12	Erlösschmälerung
22	Abrechnung extern

Der *Kostenartentyp* klassifiziert Kostenarten nach ihrer Verwendung und steuert welche Verrechnungsmethoden für eine Kostenart zulässig sind.

So können z. B. primäre Kostenarten des Typs 01 bei allen Primärbuchungen in der Finanzbuchhaltung belastet werden, diejenigen des Typs 03 nur bei der Abgrenzung mit Hilfe des Zuschlagsverfahrens in der Kostenstellenrechnung.

Bei den sekundären Kostenarten legt z. B. der Kostenartentyp 43 (Innerbetriebliche Leistungsverrechnung) fest, dass eine Kostenart nur für die Durchführung innerbetrieblicher Leistungsverrechnungen genutzt werden kann.

	Eingabe bzw. Auswahl: Kostenartentyp: ***1*** (= Primärkostenart)

<table>
<tr><th>Anzeige</th><th>Eingabe/Auswahl</th></tr>
<tr><td> 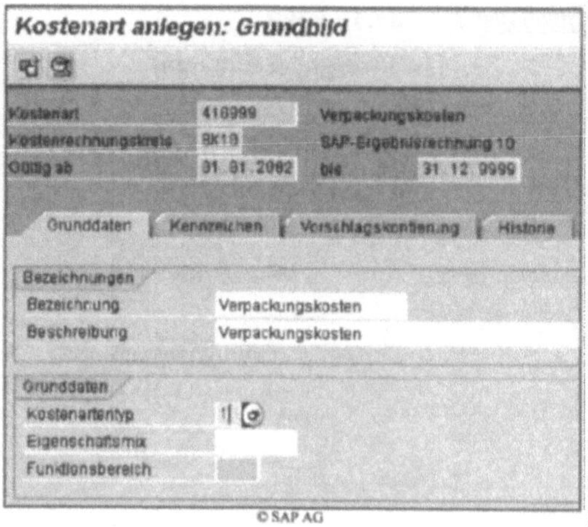© SAP AG</td><td></td></tr>
<tr><td>Bildschirm "Kostenart anlegen: Einstiegsbild"
Statuszeile:
Kostenart wurde hinzugefügt.</td><td>Sichern Sie die Eingaben.</td></tr>
<tr><td></td><td>Primärkostenart 410999 ist angelegt.
Legen Sie nun die weiteren primären Kostenarten (415999 und 416999) nach der Tabelle 1, Anhang: Eingabetabellen an.
Beenden Sie nach Eingabe aller primären Kostenarten die Transaktion.</td></tr>
<tr><td>SAP Easy Access mit SAP Menü</td><td><u>Sekundäre Kostenarten anlegen:</u>
Wählen Sie im SAP-Menü:
Rechnungswesen -
Controlling -
Kostenartenrechnung –
Stammdaten –
Kostenart –
Einzelbearbeitung –
Anlegen sekunär</td></tr>
<tr><td>Bildschirm "Kostenart anlegen: Einstiegsbild"</td><td>Eingabe bzw. Auswahl:
<u>Kostenart</u>: 600010
<u>Gültig ab:</u> 01.01.jjjj, , jjjj = aktuelles Jahr</td></tr>
</table>

Anzeige	Eingabe/Auswahl
	<u>*gültig bis:*</u> ***31.12.9999*** (= Gültigkeitszeitraum) ↵
Bildschirm "**Kostenart anlegen: Grundbild“**	Eingabe bzw. Auswahl: <u>*Bezeichnung*</u>: ***Umbaukosten*** <u>*Kostenartentyp*</u>: ***43*** (= Verrechnung Leistung/Prozesse) ↵
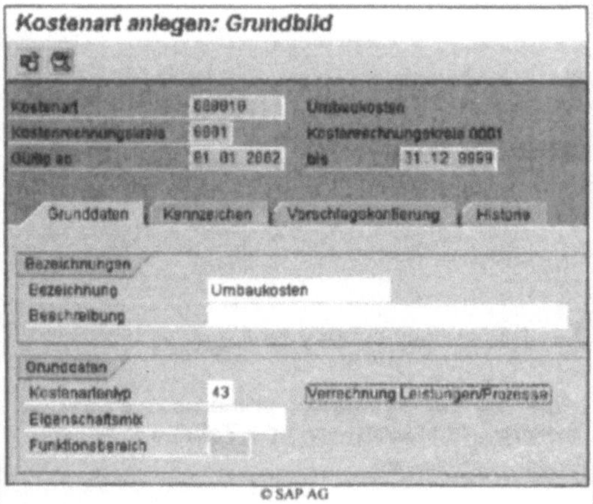 ***Kostenart anlegen: Grundbild*** Kostenart 600010 Umbaukosten Kostenrechnungskreis 0001 Kostenrechnungskreis 0001 Gültig ab 01.01.2002 bis 31.12.9999 Grunddaten / Kennzeichen / Vorschlagskontierung / Historie Bezeichnungen Bezeichnung Umbaukosten Beschreibung Grunddaten Kostenartentyp 43 Verrechnung Leistungen/Prozesse Eigenschaftsmix Funktionsbereich © SAP AG	
Bildschirm "**Kostenart anlegen: Einstiegsbild**" Statuszeile: *Kostenart wurde hinzugefügt.*	Sichern Sie die Eingaben.
	Legen Sie nun noch die **sekundäre Kostenart 600020** nach der **Tabelle 1**, Anhang: Eingabetabellen an.
SAP Easy Access mit **SAP Menü**	Beenden Sie nach Eingabe aller Kostenarten die Transaktion.
	Schließen Sie das Untermenü "Controlling

Modul 3: Materialstammsätze (Logistik Allgemein LO)

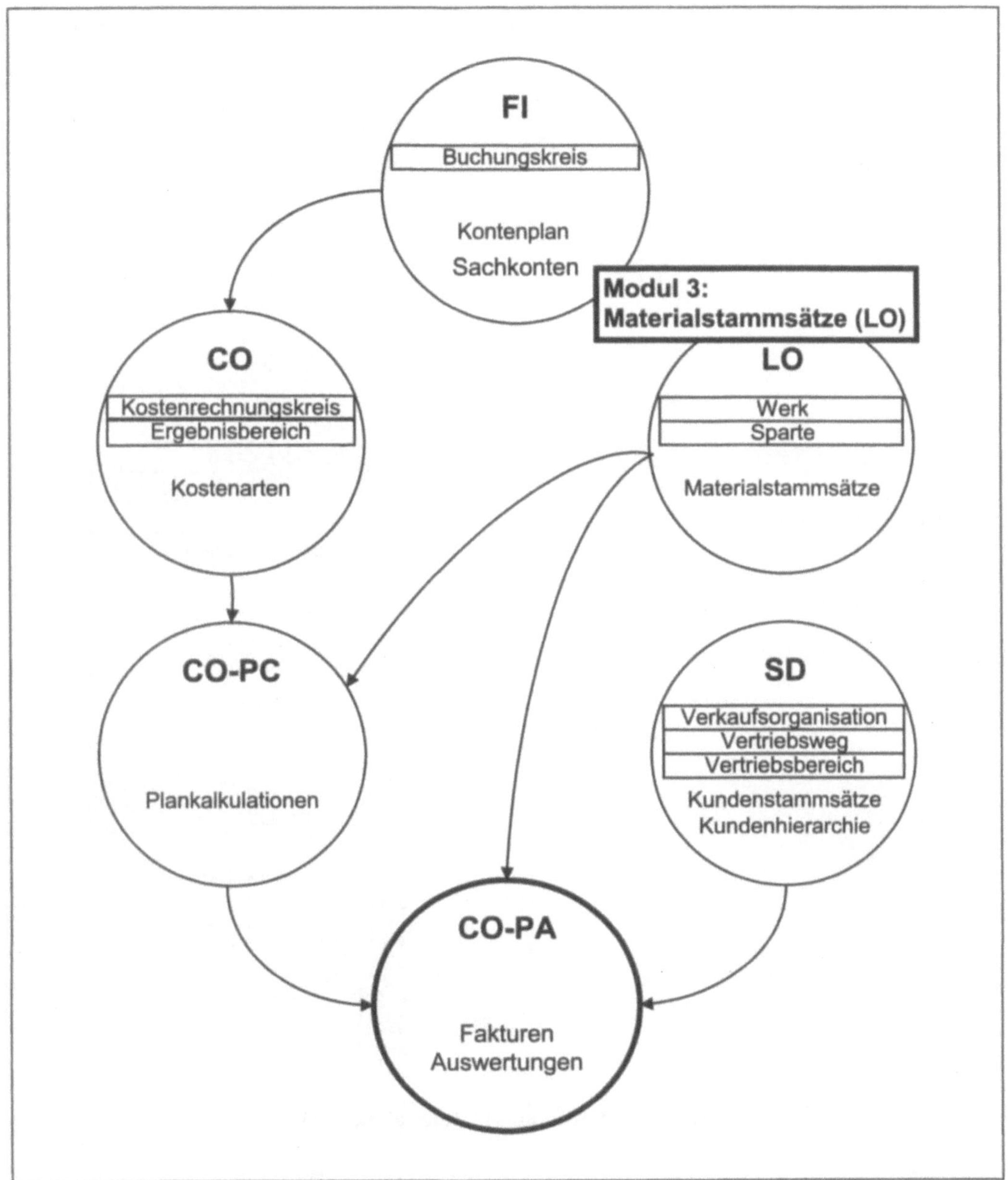

Bild 3.1/18 (Modul 3): Modulstruktur des Testbeispiels

Hier werden die Artikelstammsätze für die verkaufsfähigen Artikel angelegt.

Steuerung der Materialerfassung

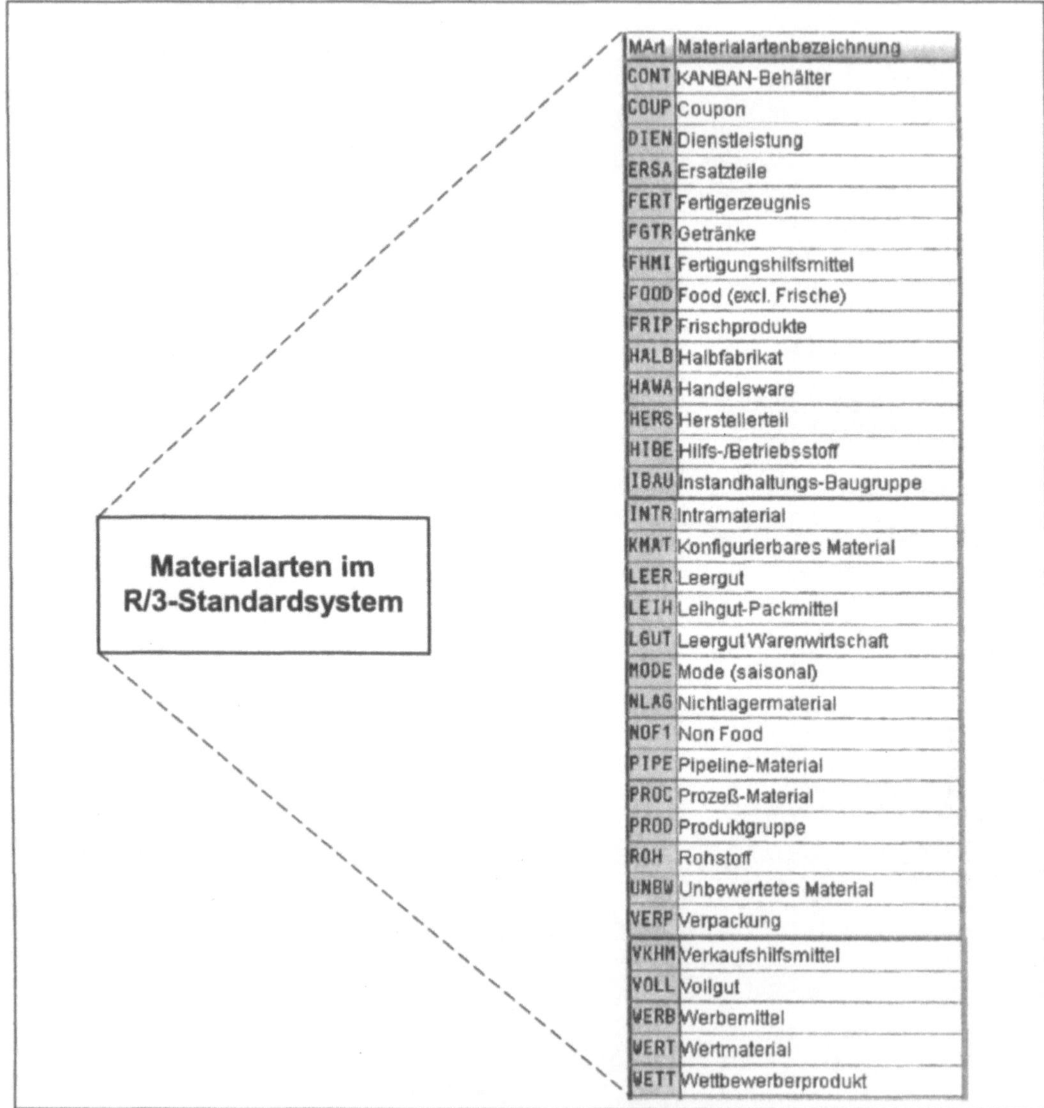

MArt	Materialartenbezeichnung
CONT	KANBAN-Behälter
COUP	Coupon
DIEN	Dienstleistung
ERSA	Ersatzteile
FERT	Fertigerzeugnis
FGTR	Getränke
FHMI	Fertigungshilfsmittel
FOOD	Food (excl. Frische)
FRIP	Frischprodukte
HALB	Halbfabrikat
HAWA	Handelsware
HERS	Herstellerteil
HIBE	Hilfs-/Betriebsstoff
IBAU	Instandhaltungs-Baugruppe
INTR	Intramaterial
KMAT	Konfigurierbares Material
LEER	Leergut
LEIH	Leihgut-Packmittel
LGUT	Leergut Warenwirtschaft
MODE	Mode (saisonal)
NLAG	Nichtlagermaterial
NOF1	Non Food
PIPE	Pipeline-Material
PROC	Prozeß-Material
PROD	Produktgruppe
ROH	Rohstoff
UNBW	Unbewertetes Material
VERP	Verpackung
VKHM	Verkaufshilfsmittel
VOLL	Vollgut
WERB	Werbemittel
WERT	Wertmaterial
WETT	Wettbewerberprodukt

Bild 3.1/19 (Modul 3): Materialarten (1)

Die SAP verwendet einen sehr weit gefassten Begriff des "Materials".

Nach der Logik der Software ist ein Artikel als Fertiges Erzeugnis ebenso "Material" wie ein Rohstoff.

Zur Klassifizierung der unterschiedlichen "Materialien" dient die **Materialart**. Diese legt u. a. fest, ob das Material eigengefertigt oder fremdbezogen wird, ob es als Bestandteil für ein zu fertigendes Produkt oder zum Verkauf bestimmt ist oder ob es z. B. nur als Verpackung für andere Materialien dienen soll. So werden Materialen beim Anlegen der Stammsätze über die Materialart beispielsweise unterschieden in Rohstoffe, Halbfabrikate, Fertigerzeugnisse, Handelsware oder Verpackungsmaterial. Auch für eine Dienstleistung wird ein Materialstammsatz der entsprechenden Materialart angelegt.

Die Materialart besitzt darüber hinaus Steuerfunktionen für das Anlegen von Materialstammsätzen wie Nummernvergabe und Design sowie Reihenfolge der fachbereichsspezifischen Erfassungsbildschirme (s. Bild 3.1/22).

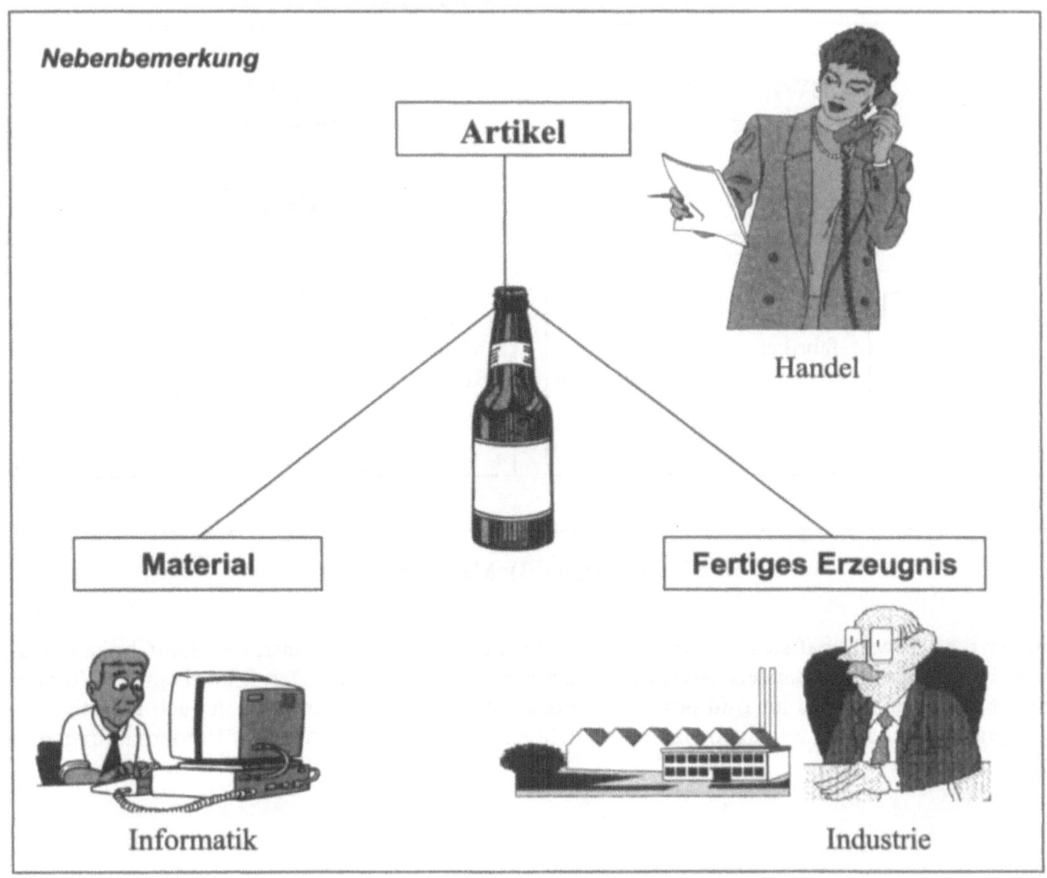

Bild 3.1/19 (Modul 3): Materialarten (2)

Oberbegriffe

Es sei die Nebenbemerkung erlaubt, dass es zwar im Datenmodell nahe liegen mag, sowohl Roh-, Hilfs- und Betriebsstoffe als auch Fertige Erzeugnisse und Handelswaren im selben Format eines Stammsatzes zu erfassen, gleichwohl ist der Oberbegriff Material für Fertige Erzeugnisse und Handelsware gewöhnungsbedürftig. Material ist im landläufigen Verständnis eher ein Synonym (sinnverwandt) für Rohstoff.

Dass Handelsware Material sein soll, ist so gewöhnungsbedürftig, dass die SAP in ihren Branchenpaketen für den Handel (Retail) dem Händler als Anwender wohlweislich nicht zumutet, seine Artikel unter Material zu suchen. Im Menü heißt es brav Artikel. Im Datenmodell werden die Artikeldaten dann natürlich doch im Materialstammsatz gespeichert, wo auch sonst.

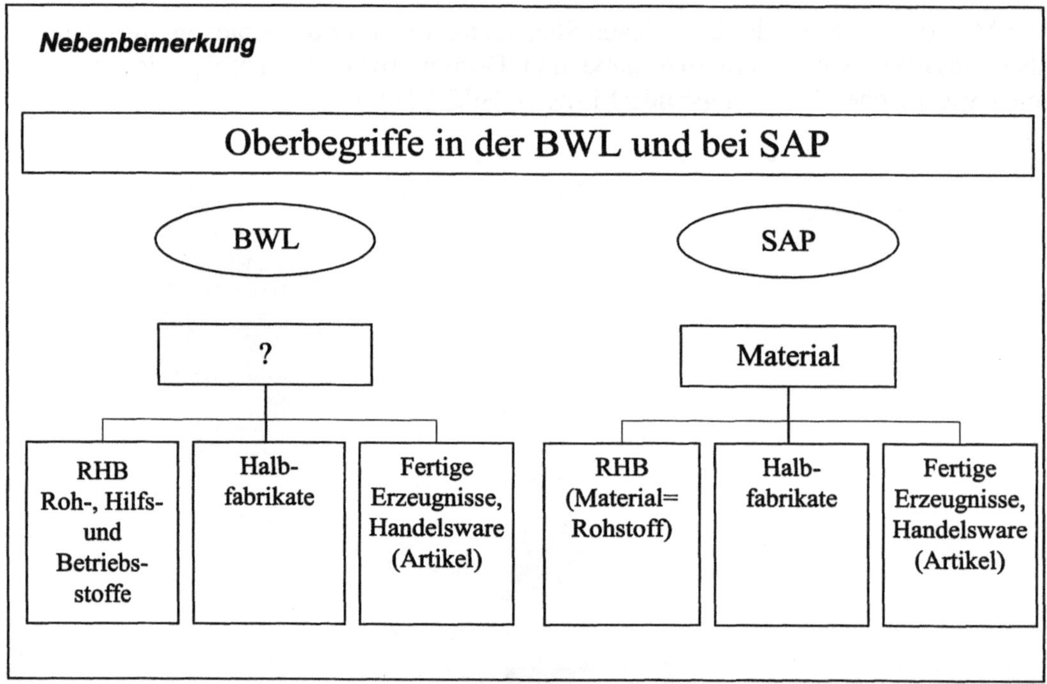

Bild 3.1/19 (Modul 3): Materialarten (3)

In der Betriebswirtschaftslehre ist für so unterschiedliche Dinge wie Rohstoffe, Halbfabrikate, Fertige Erzeugnisse und Handelswaren kein Oberbegriff gebräuchlich. Der Bilanzbegriff "Vorräte" meint etwas anderes als im Bild gesucht. Zu den Vorräten würden im übrigen auch unfertige Erzeugnisse gehören, die im allgemeinen Fall nicht als Stammsätze, sondern auf Betriebsaufträgen zu erfassen wären.

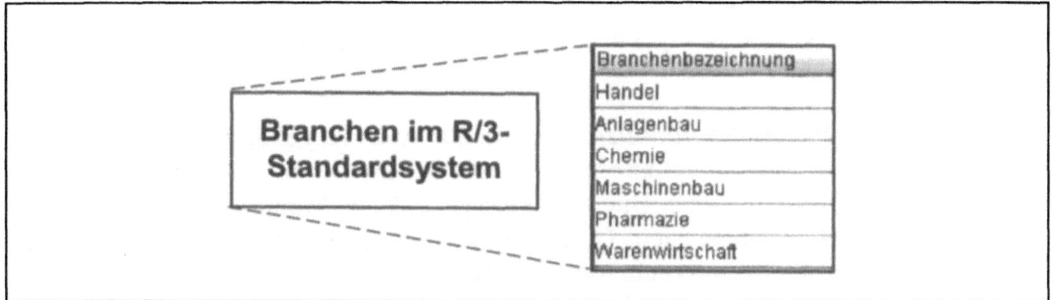

Bild 3.1/20 (Modul 3): Branchen

Neben der Klassifikation nach Materialarten muss beim Anlegen eines Materialstammsatzes eine Zuordnung zu einer **Branche** erfolgen. Ebenso wie die Materialart steuert auch die Branche Bildfolge und Feldauswahl bei der Stammsatzerfassung. Im Standardsystem sind bereits einige Branchen wie Chemie, Anlagenbau oder Pharmazie angelegt.

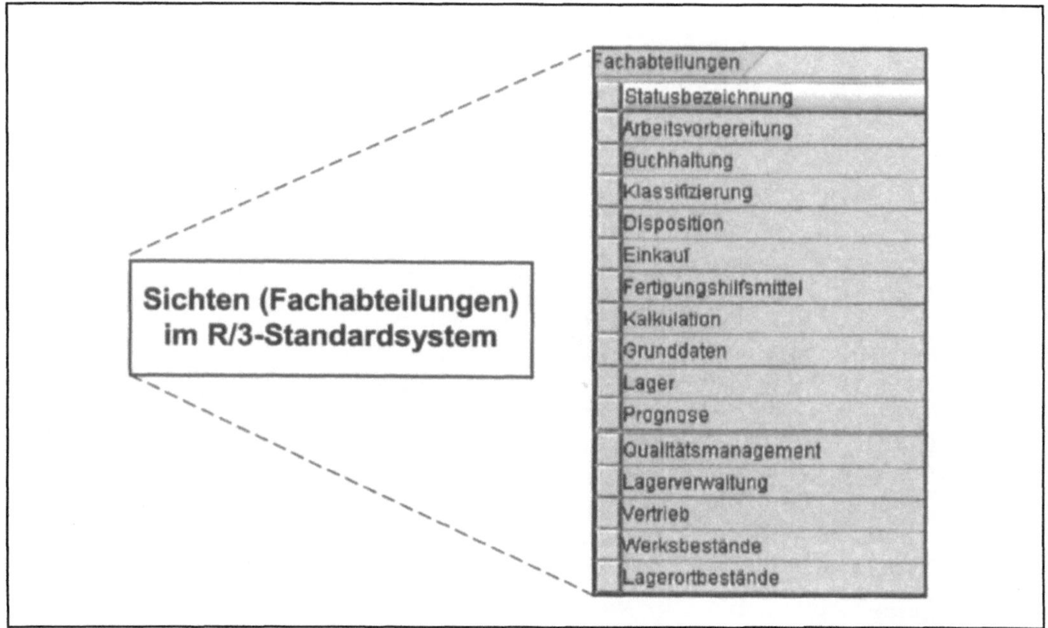

Bild 3.1/21 (Modul 3): Sichten

Da der Materialstamm sämtliche materialspezifischen Informationen für das gesamte Unternehmen enthält, erfolgt der Zugriff auf einen Materialstammsatz aus den verschiedenen Abteilungen (Fachbereichen). Materialstammdaten werden z. B. im Einkauf für die Bestellabwicklung, im Vertrieb für die Auftragsabwicklung, in der Buchhaltung für Preisinformationen oder in der Produktionsplanung- und steuerung für Bedarfsplanungen benötigt.

Die Daten eines Materialstammsatzes sind daher nach Zugehörigkeit zu den verschiedenen Fachbereichen in **Sichten** unterteilt. So gibt es u. a. eine Grunddatensicht, eine Einkaufssicht, eine Buchhaltungssicht, eine Arbeitsvorbereitungssicht. Die Daten in der Grunddatensicht (z. B. Abmessungen, Werkstoff, Mengeneinheiten) sind für das gesamte Unternehmen relevant.
Die Sachbearbeiter haben je nach Erfordernis die Berechtigung zum Bearbeiten einzelner oder mehrerer Fachbereiche.

Welche Daten für welche Fachbereiche für ein Material erfasst werden, hängt ab von der Materialart, der Branche, der Auswahl zu pflegendender Sichten und den angegebenen Organisationsebenen.

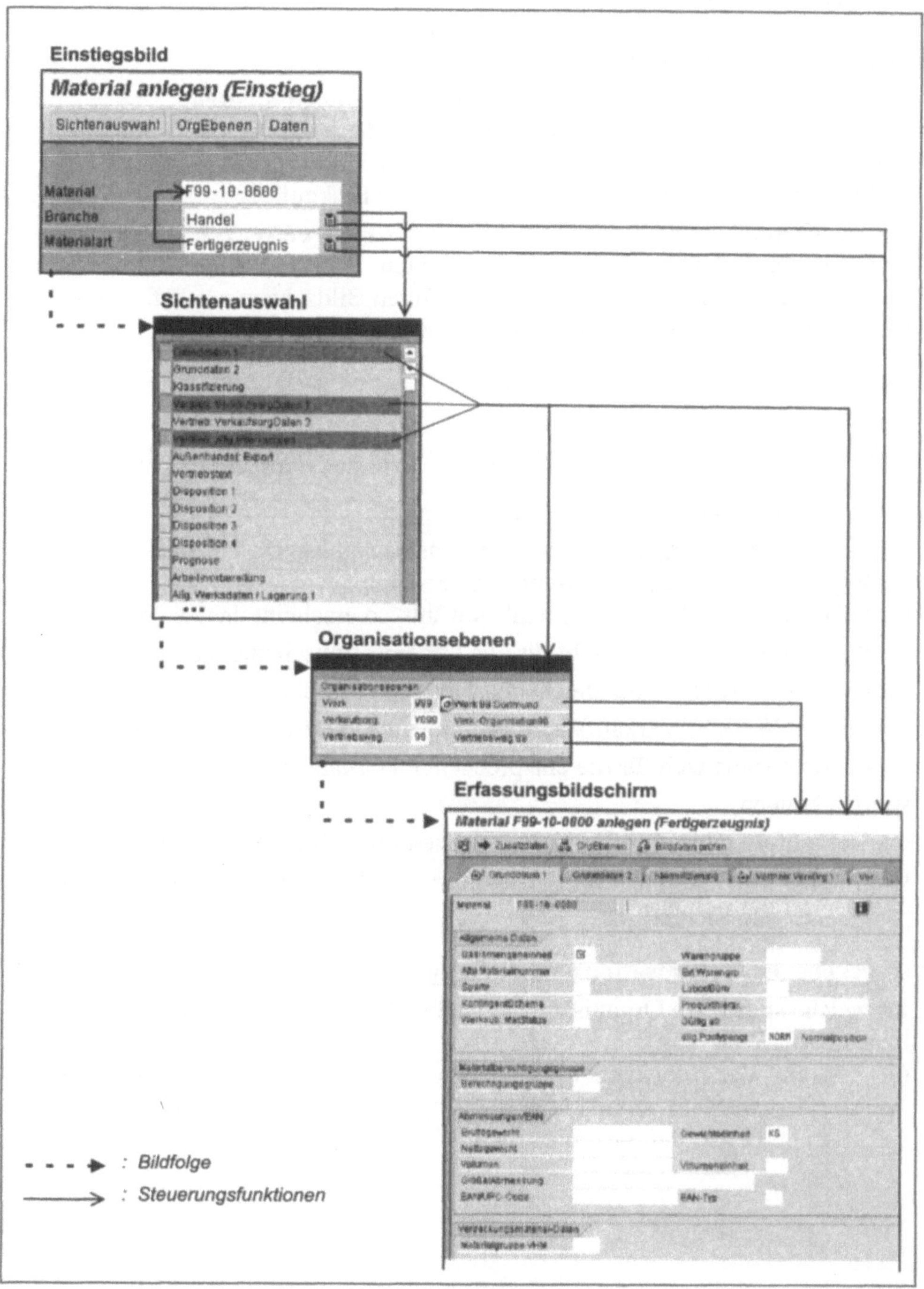

Bild 3.1/22 (Modul 3): Steuerung der Materialerfassung

Beim Anlegen eines Materialstammsatzes steuern/steuert

- **Branche** und **Materialart** im Einstiegsbild:
  - -- die in der nachfolgenden Sichtenauswahl **angebotenen Sichten** (d. h. für welche Fachbereiche können Daten erfasst werden; so erscheint z. B. bei Wahl der Materialart "Fertigerzeugnis" in der nachfolgenden Sichtenauswahl nicht die Sicht "Einkauf")
  - -- die - fachbereichs- und branchenspezifischen - **Feldreferenzen** in den Erfassungsbildschirmen der jeweiligen Sichten (d. h. welche Datenfelder werden im jeweiligen Bildschirm zur Erfassung angeboten, welche sind davon Muss- und welche sind Kannfelder)

- die **Materialart** im Einstiegsbild außerdem:
  - -- die **Nummernvergabe** (d. h. welcher Nummernkreis, interne oder externe Nummernvergabe)

- die **ausgewählten Sichten** in der Sichtenauswahl**:**
  - -- ob und für welche Organisationsebenen das nachgelagerte **Dialogfenster "Organisationsebenen"** erscheint (ist z. B. nur die Sicht "Grunddaten" gewählt, so erscheint das Dialogfenster nicht, da die Daten dieser Sicht für alle Organisationsebenen gelten; ist die Sicht "Vertrieb-allg./Werksdaten" markiert, so erscheinen im Dialogfenster die Felder "Werk", "Verkaufsorganisation" und "Vertriebsweg", da die Daten dieser Sicht spezifisch für die entsprechenden Organisationsebenen gepflegt werden können)
  - -- die **Reihenfolge der zu pflegenden Sichten** im Erfassungsbildschirm (mit ENTER gelangt man bei der Stammsatzerfassung jeweils auf die nächste der markierten Sichten)

- die **eingegebenen Organisationseinheiten** im Fenster "Organisationsebenen":
  - -- für welche speziellen Organisationseinheiten Daten erfasst werden können bzw. müssen (ist z. B. ein Werk eingegeben, so können werksspezifische Daten für dieses Werk erfasst werden; ist kein Lagerort eingegeben, so erscheinen die lagerort-spezifischen Felder der einzelnen Sichten nicht)

Materialstammsatz im Testbeispiel

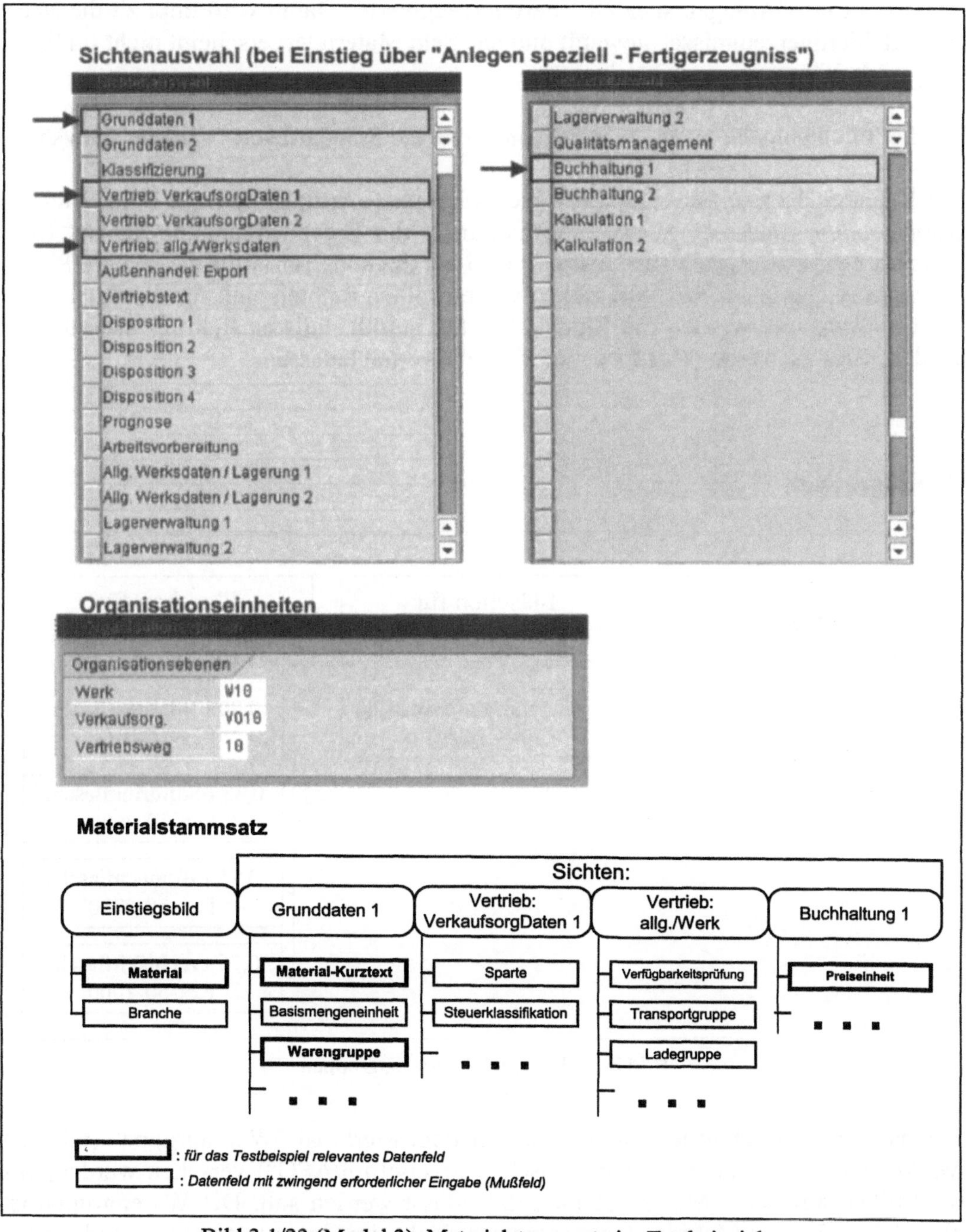

Bild 3.1/23 (Modul 3): Materialstammsatz im Testbeispiel

Im Testbeispiel erfolgt die Erfassung der Materialstammsätze im R/3-Teilmodul LO-MD-MM (Logistik allgemein - Grunddaten - Materialstamm) über die Transaktion (Menüauswahl) "Anlegen speziell - Fertigerzeugnisse". Damit wird implizit die Materialart "Fertigerzeugnisse" gewählt und das Feld Materialart erscheint nicht im Einstiegsbildschirm.

Für die Pflichteingabe in das Feld Branche wird der Standardwert "Chemie" gewählt.

Die Datenfelder Material(-nummer) und -kurztext (=Artikel) und das Feld Warengruppe sollen später als Auswertungsmerkmale der Ergebnisrechnung dienen. Der Wert im Feld Preiseinheit (im Testbeispiel 100) dient als Basis für die spätere Plankalkulation. Die restlichen Datenfelder der einzelnen Sichten sind für die Fallstudie nicht relevant und werden mit Standardwerten gefüllt, falls es sich um Mussfelder handelt, oder sie werden leer bzw. auf Vorgabewerten belassen.

Warengruppen

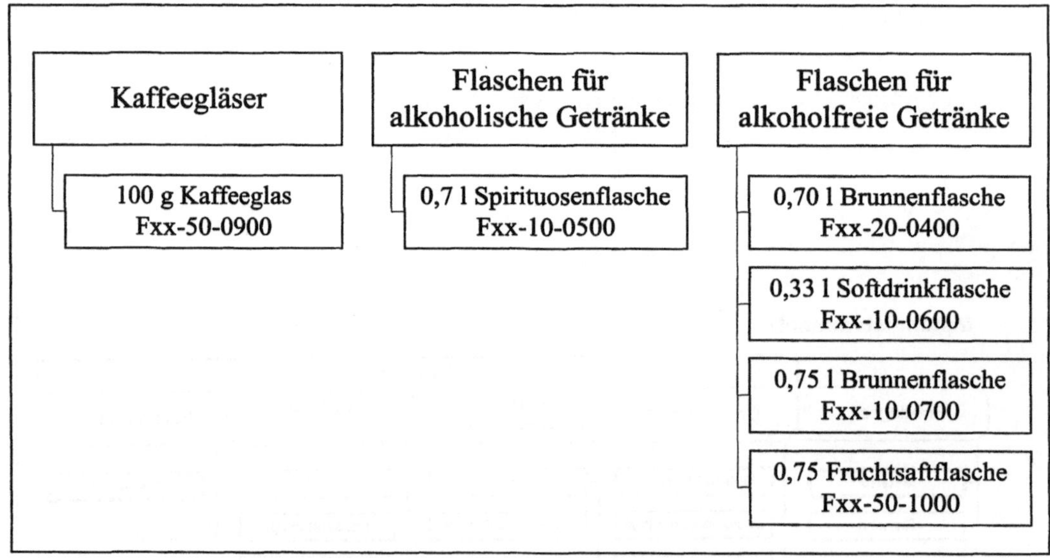

Bild 3.1/24 (Modul 3): Warengruppen

Für das Testbeispiel sollen die Artikel mit dem Merkmal "Warengruppe" (mit den Merkmalswerten: "Kaffee", "alkoholisch", "alkoholfrei/AFG") versehen werden, das im Artikelstammsatz (Materialstammsatz) erfasst werden soll. Die Warengruppe ist als solche schon im Materialstammsatz vorgedacht (im Gegensatz zu den Merkmalen, die später noch neudefiniert werden müssen, siehe Modul 7).

Das Feld Warengruppe dient neben der Eingrenzung der "Materialien" für Auswertungszwecke auch zur gezielten Suche nach Materialstammsätzen über Matchcodes (Suchhilfefunktion im R/3). Daher müssen mögliche Eingabewerte (Merkmalsausprägungen) zuvor im Customizing festgelegt werden.

Ein weiterer Customizingpunkt, der erledigt werden muss, um überhaupt Materialstammsätze anlegen zu können, ist die sogenannte Einrichtung des Buchungskreises für die Materialwirtschaft. Dazu ist unter Grundeinstellungen zum Materialstamm lediglich die aktuelle Periode dem Buchungskreis zuzuordnen. Diese Angabe ist für die Bestandsführung erforderlich und für das Testbeispiel belanglos.

Was ist zu tun?

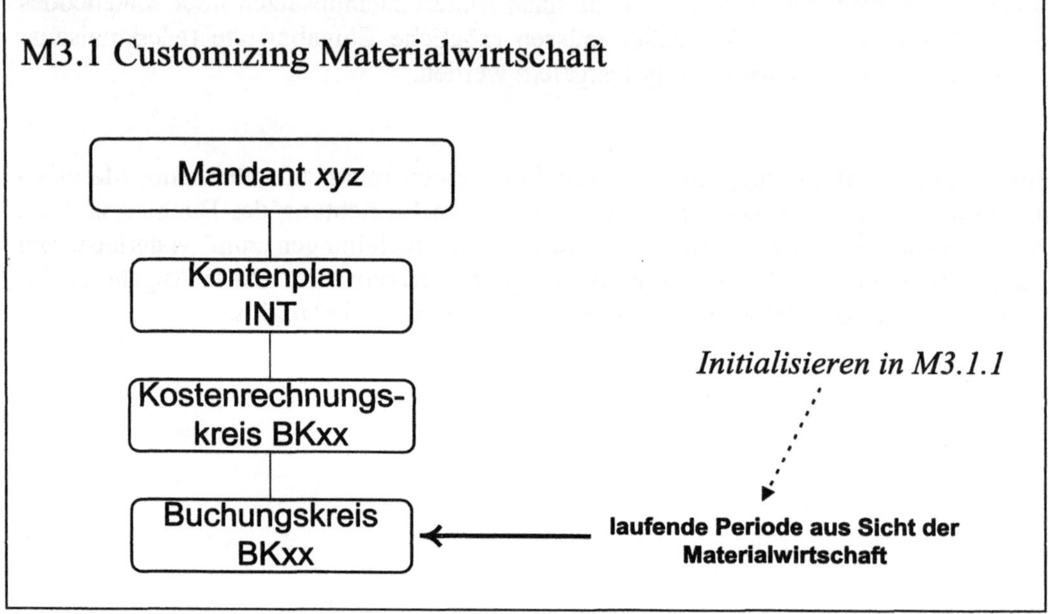

Bild 3.1/25 (Modul 3): Überblick M.3.1(1)

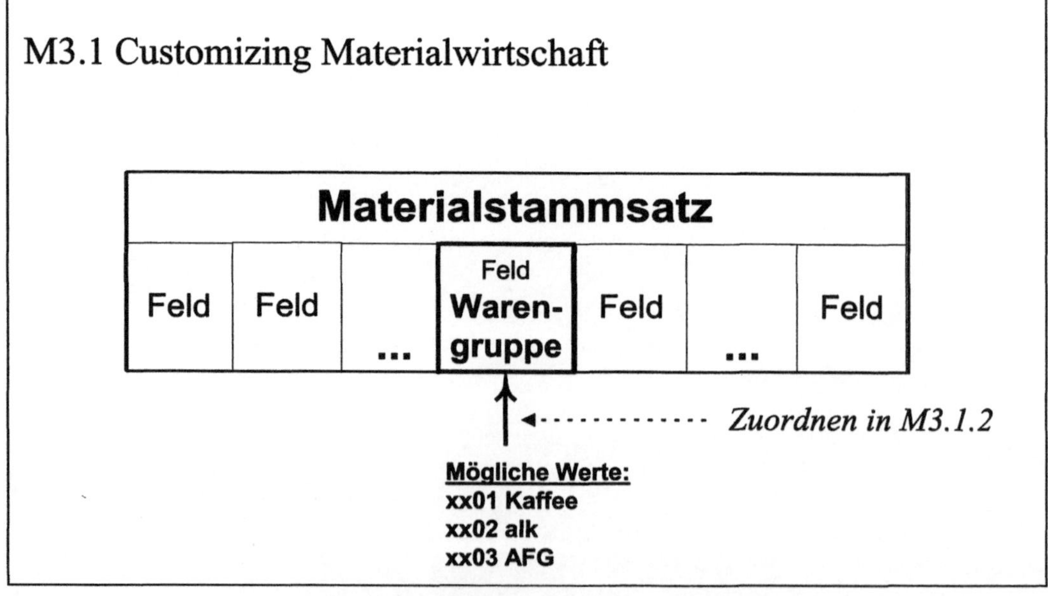

Bild 3.1/25 (Modul 3): Überblick M.3.1(2)

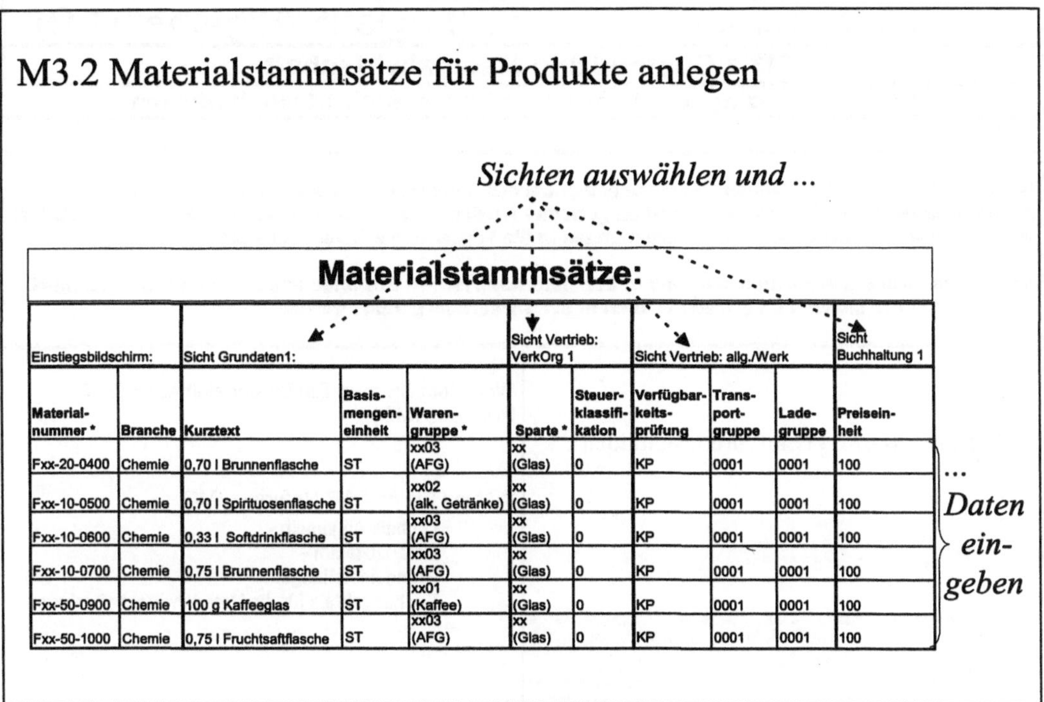

Materialstammsätze:											
Einstiegsbildschirm:		Sicht Grundaten1:			Sicht Vertrieb: VerkOrg 1		Sicht Vertrieb: allg./Werk			Sicht Buchhaltung 1
Material-nummer *	Branche	Kurztext	Basis-mengen-einheit	Waren-gruppe *	Sparte *	Steuer-klassifi-kation	Verfügbar-keits-prüfung	Trans-port-gruppe	Lade-gruppe	Preisein-heit
Fxx-20-0400	Chemie	0,70 l Brunnenflasche	ST	xx03 (AFG)	xx (Glas)	0	KP	0001	0001	100
Fxx-10-0500	Chemie	0,70 l Spirituosenflasche	ST	xx02 (alk. Getränke)	xx (Glas)	0	KP	0001	0001	100
Fxx-10-0600	Chemie	0,33 l Softdrinkflasche	ST	xx03 (AFG)	xx (Glas)	0	KP	0001	0001	100
Fxx-10-0700	Chemie	0,75 l Brunnenflasche	ST	xx03 (AFG)	xx (Glas)	0	KP	0001	0001	100
Fxx-50-0900	Chemie	100 g Kaffeeglas	ST	xx01 (Kaffee)	xx (Glas)	0	KP	0001	0001	100
Fxx-50-1000	Chemie	0,75 l Fruchtsaftflasche	ST	xx03 (AFG)	xx (Glas)	0	KP	0001	0001	100

Bild 3.1/26 (Modul 3): Überblick M.3.2

Anzeige	Eingabe/Auswahl

Modul 3: Materialstammsätze (Logistik Allgemein LO)

M3.1 Customizing Materialwirtschaft

M3.1.1 Customizing: Buchungskreis für Materialwirtschaft pflegen

Bevor im R/3-Sytem Materialstammsätze angelegt werden können, muss zunächst im Customizing der Buchungskreis für die Materialwirtschaft eingerichtet werden, dabei muss die laufende Periode initialisiert werden und es ist anzugeben, ob Rückbuchungen in die Vorperiode erlaubt sein sollen.

Das System benötigt diese Angaben, weil in der Materialwirtschaft Bestände und bestimmte Bewertungsdaten sowohl in der laufenden Periode als auch in der Vorperiode geführt werden.

Anzeige	Eingabe/Auswahl
SAP-Referenz-IMG (Einführungsleitfaden):	Wechseln Sie zum Einführungsleitfaden (SAP-Referenz-IMG).
	Wählen Sie im SAP-Referenz-IMG: **Logistik Allgemein - Materialstamm – Grundeinstellungen - Buchungskreis für die Materialwirtschaft pflegen**
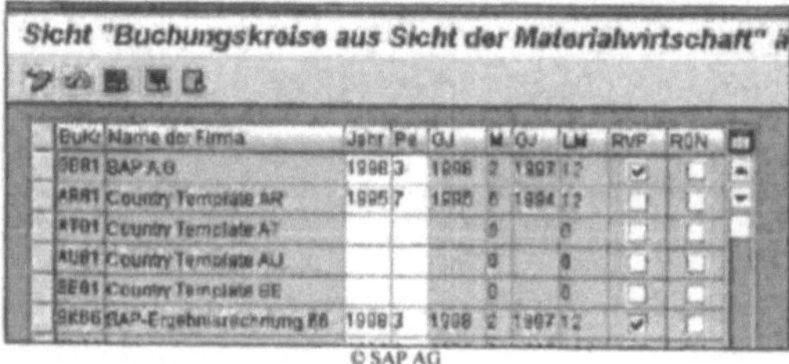 © SAP AG	
	Da Sie Ihren Buchungskreis durch Kopieren des SAP-Standardbuchungskreises 0001 angelegt haben, entsprechen die Daten Ihres Buchungskreises, auch das aktuelle Jahr und die aktuelle Periode, denen des Buchungskreises 0001.
	Eingabe (hinter <u>Ihrem</u> Buchungskreis BKxx): *<u>Jahr:</u>* ***jjjj***, *jjjj* = aktuelles Jahr *<u>Pe:</u>* ***mm***, *mm = aktueller Monat* (= aktuelle Periode) ⏎
	Falls nun in der Statuszeile Warnmeldungen erscheinen, die sich auf andere, noch nicht auf die aktuelle Periode gesetzte Buchungskreise beziehen, so quittieren Sie diese Meldungen einfach mit der Return-Taste.

Anzeige	Eingabe/Auswahl
BK52 SAP Ergebnisrechnung 52 2002 12 2002 11 2001 12 ☑ © SAP AG	Hinter Ihrem Buchungskreis sind die Angaben zum Monat der Vorperiode und zum letzten Monat des Vorjahres aktualisiert worden. Das – bereits standardmäßig - in der Spalte "RVP" gesetzte Kennzeichen ermöglicht Rückbuchungen in die Vorperiode und ist für das Testbeispiel nicht von Bedeutung.
	Sichern Sie Ihre Eingaben
SAP-Referenz-IMG	Klicken Sie auf (= Beenden)

M3.1.2 Customizing: Warengruppen definieren

Über das Feld *Warengruppe* im Materialstammsatz können Materialien oder Dienstleistungen mit gleichen Eigenschaften zusammengefasst werden. Die Warengruppe dient als Kriterium für Auswertungen im Einkauf und anderen Anwendungsbereichen.

Mit Hilfe der Warengruppen kann auch über *Matchcodes* (=Vergleichsschlüssel zum Auffinden von Datensätzen) gezielt nach Materialstammsätzen gesucht werden.

Anzeige	Eingabe/Auswahl
	Im Testbeispiel sollen die Artikel in Auswertungen über das Feld Warengruppe gruppiert werden können, die Warengruppe wird später (s. M6.3) als Merkmal in die Ergebnisrechnung übernommen. Hier müssen nun zunächst die möglichen Werte des Feldes, d.h. die Artikelgruppen, vorgegeben werden.
	Wählen Sie im SAP-Referenz-IMG: **Logistik Allgemein - Materialstamm – Einstellungen zu zentralen Feldern - Warengruppen definieren**
Bildschirm **"Sicht "Warengruppen" ändern: Übersicht"**	Klicken Sie auf Neue Einträge

Anzeige	Eingabe/Auswahl
Bildschirm "**Neue Einträge: Übersicht Hinzugefügte**"	Eingabe (1.Zeile): *Warengrp:* ***xx01,*** *xx=Teilnehmernummer* *Warengruppenbez:* ***Kaffee*** *Bezeichnung 2:* ***Kaffeegläser***
	Geben Sie in die Folgezeilen nun noch die restlichen zwei Warengruppen nach **"Tabelle 2: Warengruppen"** des Anhangs Eingabetabellen ein.
	Sichern Sie anschließend Ihre Eingaben.
	Beenden Sie die Customizing-Transaktion.
SAP-Referenz-IMG	Wechseln Sie zum **SAP-Menü** (SAP Easy Access).
SAP Easy Access mit **SAP Menü**	

M3.2 Materialstammsätze für Produkte anlegen

Materialstammsätze **müssen sowohl für Rohstoffe, Halb- und Fertigerzeugnisse und Handelswaren als auch für Dienstleistungen angelegt werden.**

Der *Materialstamm*, die Gesamtheit aller Materialstammsätze eines Unternehmens wird von allen Komponenten des SAP-Logistiksystems genutzt:
- im Einkauf für die Bestellabwicklung
- in der Bestandsführung für Warenbewegungsbuchungen und Inventurabwicklung
- in der Rechnungsprüfung für das Buchen von Rechungen
- im Vertrieb für die Auftragsabwicklung
***- in der Produktionsplanung und -steuerung für* Bedarfsplanung, *Terminierung und* Arbeitsvorbereitung.**

Für die verschiedene *Fachbereiche* (Abteilungen) eines Unternehmens, die mit einem Material arbeiten, werden die Daten eines Materialstammsatzes nach ihrer Zugehörigkeit zu einem Fachbereich unterteilt. Beim Anlegen und Pflegen der Daten kann man - neben einer Grunddaten-Sicht – Sichten für die einzelnen Fachbereiche, z.B. Buchhaltung, Einkauf, Disposition zur Pflege der fachbereichsspezifischen Daten selektieren.

Beim Anlegen eines Materialstammsatzes, muss das Material einer *Materialart* zugeordnet werden. Die Materialart legt bestimmte Eigenschaften des Materials fest und hat wichtige Steuerungsfunktionen, wie Vergabe der Materialnummer, Festlegung der Bestandsführungspflicht oder auch welche Fachbereichdaten eingegeben werden können und welche nicht. So enthält z. B. ein Materialstammsatz der SAP-Standardmaterialart "Fertigerzeugnisse (FERT)" keine Einkaufsdaten.

Die Eingabe der *Branche* bei der Erfassung des Materialstammsatzes legt u.a. fest, welche branchenspezifische Felder auf den einzelnen Bildschirmbildern erscheinen.

Anzeige	Eingabe/Auswahl
	Für die Materialstammsätze des Testbeispiels (die Artikelstammsätze) sind neben den Grunddaten für Fertigerzeugnisse lediglich Daten der Vertriebssichten, der Buchhaltungs- und Werkssichten einzugeben. Dabei werden jeweils neben den für das Testbeispiel relevanten Felder nur die Mussfelder der (SAP-Standard-) Bildschirme gefüllt.
SAP Easy Access mit **SAP Menü**	Wählen Sie im SAP-Menü: **Logistik –** **Materialwirtschaft –** **Materialstamm –** **Material –** **Anlegen speziell –** **Fertigerzeugnis**
Bildschirm "**Fertigerzeugnis anlegen (Einstieg)**"	Eingabe bzw. Auswahl: *Material:* ***Fxx-20-0400,*** *xx = Teilnehmernummer* *Branche:* ***Chemie***
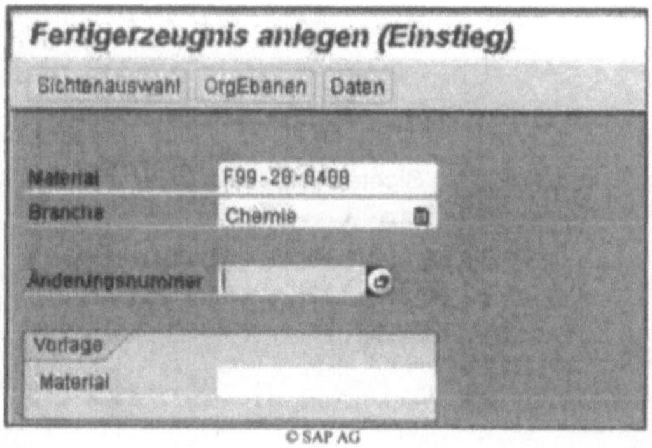 *Fertigerzeugnis anlegen (Einstieg)* Sichtenauswahl OrgEbenen Daten Material F99-20-0400 Branche Chemie Änderungsnummer Vorlage Material © SAP AG	
	Die Standard-Materialart "Fertigerzeugnis" impliziert standardmäßig eine externe Nummernvergabe für die Materialnummer. Als Branche wurde hier die Standard-Branche "Chemie" gewählt. Da Stammsatzfelder dieser Branche den Anforderungen des Testbeispiels an den Materialstammsatz genügen, wurde auf die Definition einer eigenen Branche verzichtet.

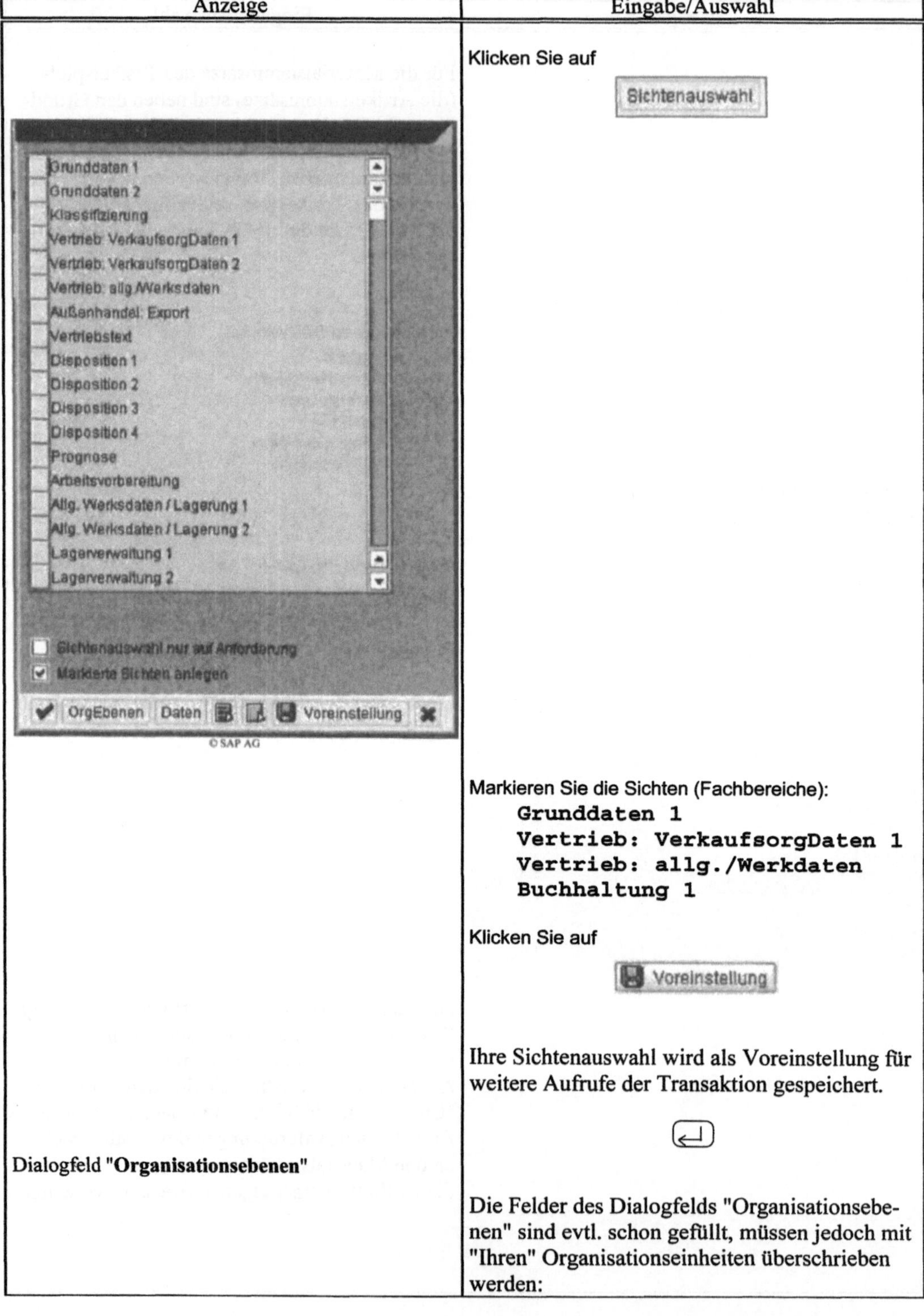

© SAP AG

Anzeige	Eingabe/Auswahl
	Klicken Sie auf Sichtenauswahl
	Markieren Sie die Sichten (Fachbereiche): **Grunddaten 1** **Vertrieb: VerkaufsorgDaten 1** **Vertrieb: allg./Werkdaten** **Buchhaltung 1** Klicken Sie auf Voreinstellung Ihre Sichtenauswahl wird als Voreinstellung für weitere Aufrufe der Transaktion gespeichert. ⏎
Dialogfeld "**Organisationsebenen**"	Die Felder des Dialogfelds "Organisationsebenen" sind evtl. schon gefüllt, müssen jedoch mit "Ihren" Organisationseinheiten überschrieben werden:

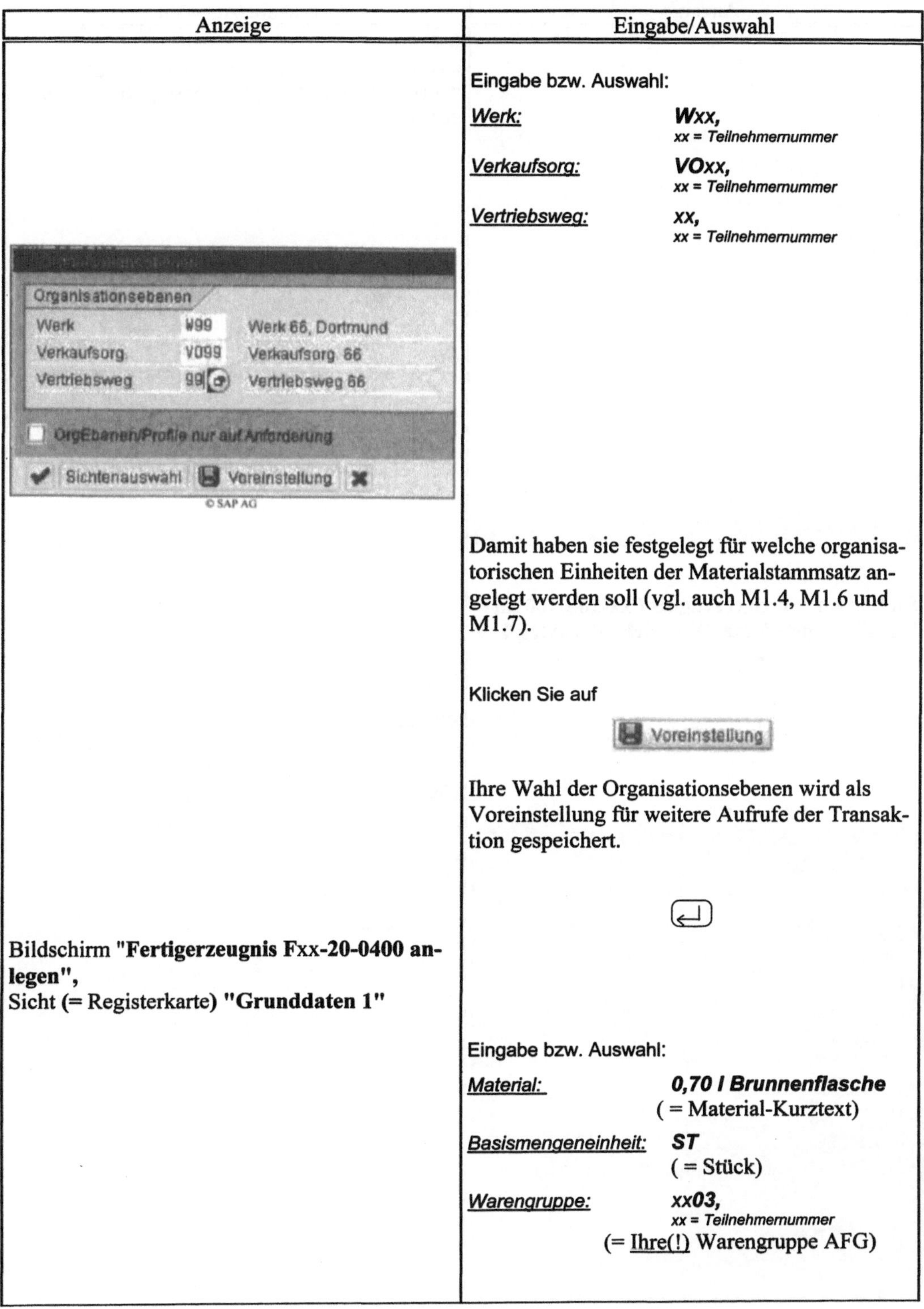

Anzeige	Eingabe/Auswahl
© SAP AG	Eingabe bzw. Auswahl: *Werk:* ***Wxx,*** *xx = Teilnehmernummer* *Verkaufsorg:* ***VOxx,*** *xx = Teilnehmernummer* *Vertriebsweg:* ***xx,*** *xx = Teilnehmernummer* Damit haben sie festgelegt für welche organisatorischen Einheiten der Materialstammsatz angelegt werden soll (vgl. auch M1.4, M1.6 und M1.7).
	Klicken Sie auf Voreinstellung Ihre Wahl der Organisationsebenen wird als Voreinstellung für weitere Aufrufe der Transaktion gespeichert.
Bildschirm "**Fertigerzeugnis Fxx-20-0400 anlegen**", Sicht (= Registerkarte) "**Grunddaten 1**"	Eingabe bzw. Auswahl: *Material:* ***0,70 l Brunnenflasche*** (= Material-Kurztext) *Basismengeneinheit:* ***ST*** (= Stück) *Warengruppe:* ***xx03,*** *xx = Teilnehmernummer* (= Ihre(!) Warengruppe AFG)

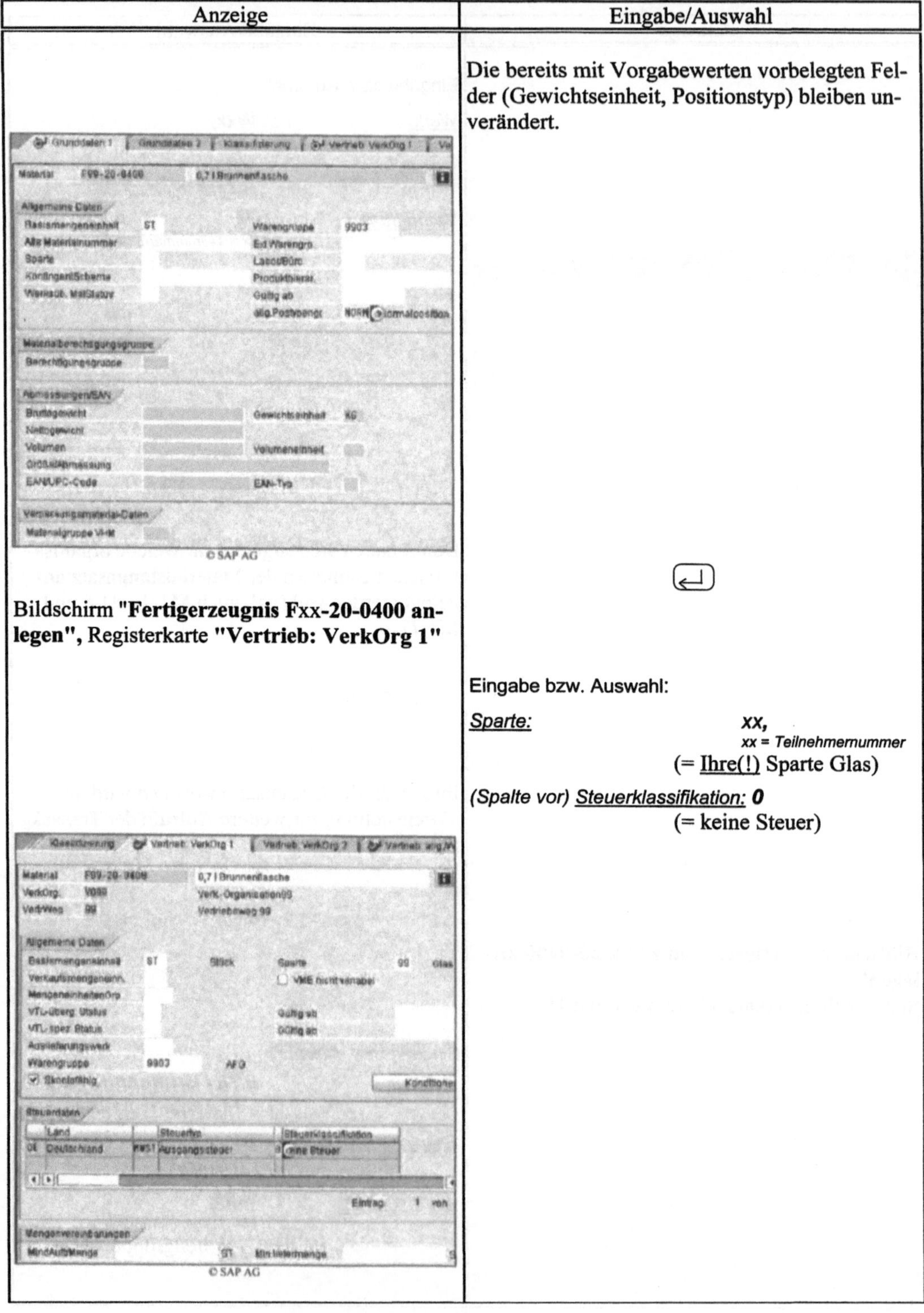

Anzeige	Eingabe/Auswahl
© SAP AG	Die bereits mit Vorgabewerten vorbelegten Felder (Gewichtseinheit, Positionstyp) bleiben unverändert.
	↵
Bildschirm "**Fertigerzeugnis Fxx-20-0400 anlegen**", Registerkarte "**Vertrieb: VerkOrg 1**"	
© SAP AG	Eingabe bzw. Auswahl: *Sparte:* ***xx,*** *xx = Teilnehmernummer* (= Ihre(!) Sparte Glas) *(Spalte vor) Steuerklassifikation:* ***0*** (= keine Steuer)

<table>
<tr><th>Anzeige</th><th>Eingabe/Auswahl</th></tr>
<tr><td></td><td>Da steuerliche Aspekte für das Testbeispiel keine Rolle spielen ist der Inhalt des Feldes "Steuerklassifikation" hier nicht relevant. Da es aber ein Mussfeld ist, wird es mit dem Standardwert 0 gefüllt.

↵</td></tr>
<tr><td>Bildschirm "Fertigerzeugnis Fxx-20-0400 anlegen", Registerkarte "Vertrieb: allg./Werk"</td><td>Eingabe bzw. Auswahl:
<u>Verfügbarkeitsprüfung:</u> KP
(= keine Prüfung)
<u>TransportGr:</u> 0001
(= auf Paletten)
<u>Ladegruppe:</u> 0001
(= Kran)</td></tr>
<tr><td>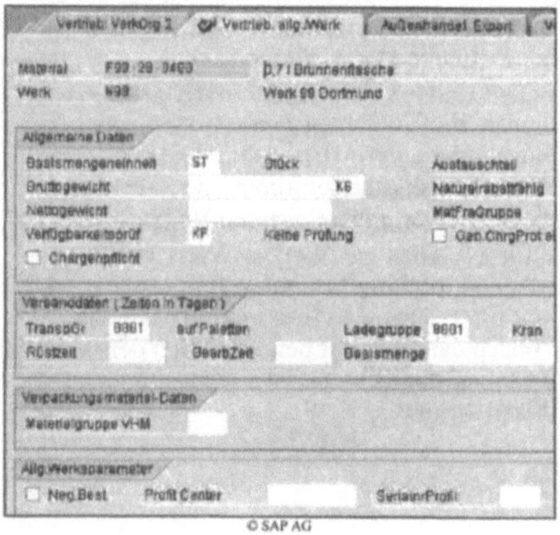

© SAP AG</td><td></td></tr>
<tr><td></td><td>Auch die hier eingegebenen Felder werden im Testbeispiel nicht ausgewertet, werden aber, da es sich um Mussfelder handelt, mit Standardwerten gefüllt.

↵</td></tr>
<tr><td>Bildschirm "Fertigerzeugnis Fxx-20-0400 anlegen", Registerkarte "Buchhaltung 1"</td><td>Eingabe bzw. Auswahl:
<u>Preiseinheit:</u> 100</td></tr>
</table>

Anzeige	Eingabe/Auswahl
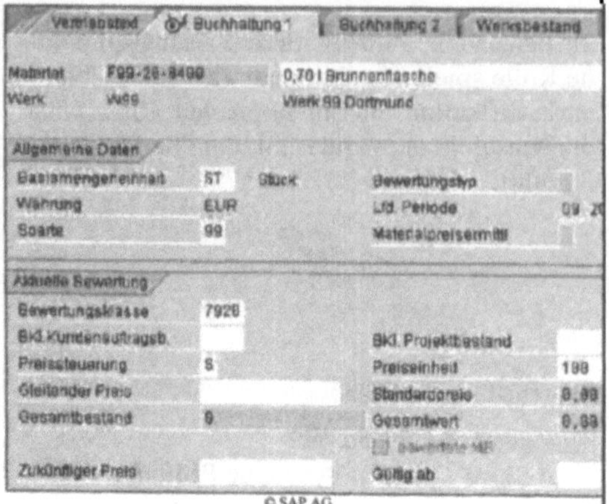 © SAP AG	
	Die Preiseinheit (=Mengeneinheit des Artikels, auf die sich der Preis bezieht) wird hier auf 100 gesetzt. Das ist die Mengeneinheit auf die die (manuelle) Plankalkulation (vgl. Modul 4) für den Artikel bezogen werden soll. In den weiteren Feldern zur Materialbewertung bleiben die Vorschlagswerte des Standardsystems unverändert. Hier steht im Feld Bewertungsklasse (bestimmt die Sachkonten, die bei bewertungsrelevanten Vorgängen fortgeschrieben werden) der Wert "7920" (=Kontenfindung für Fertigerzeugnisse) und im Feld Preissteuerung (bestimmt, zu welchen Preisen das Material bewertet wirt) der Wert "S" (=Standardpreis). Klicken Sie auf (= Sichern)
Warnmeldung in der Statuszeile: *Bei Preissteuerung S geben Sie einen Standardpreis ein.*	
	Da die Materialbewertung nicht relevant ist für das Testbeispiel, kann die Warnmeldung ignoriert werden.
Bildschirm "**Fertigerzeugnis anlegen (Einstieg)**"	

Anzeige	Eingabe/Auswahl
Meldung in der Statuszeile: *Das Material Fxx-20-0400 wird angelegt.*	
	Sie haben Ihren ersten Materialstammsatz erfasst.
	Geben Sie nun in analoger Weise noch die restlichen fünf Stammsätze nach **"Tabelle 3: Materialstammsätze "** des Anhangs Eingabetabellen ein.
	Beenden Sie anschließend die Transaktion "Fertigerzeugnis anlegen".
SAP Easy Access mit **SAP Menü**	
	Schließen Sie das Untermenü "Logistik" des SAP-Menüs wieder.

Modul 4: Plankalkulationen (Produktkostencontrolling CO-PC)

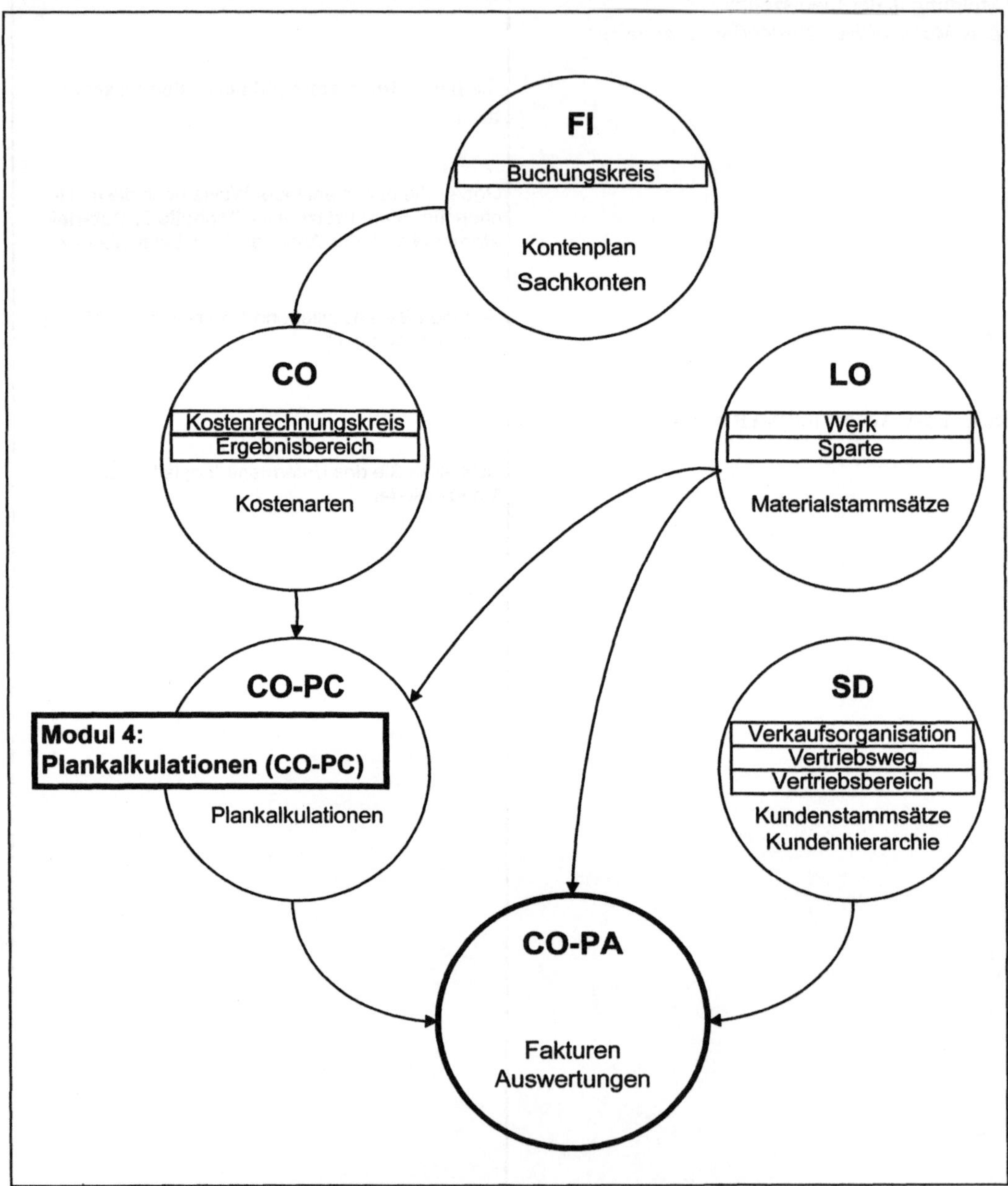

Bild 3.1/27 (Modul 4): Modulstruktur des Testbeispiels

Einzelkalkulation im Testbeispiel

Als Grundlage für die Ermittlung der Herstellkosten der abgesetzten Produkte dienen im Testbeispiel Einzelkalkulationen, die im Folgenden zunächst in der Produktkostenplanung (CO-PC-PCP) angelegt werden. Die Produktkostenplanung des R/3-Systems ist ein Teilbereich des Produktkostencontrollings (CO-PC) neben den beiden anderen Teilbereichen Kostenträgerrechnung und Istkalkulation/Material-Ledger.

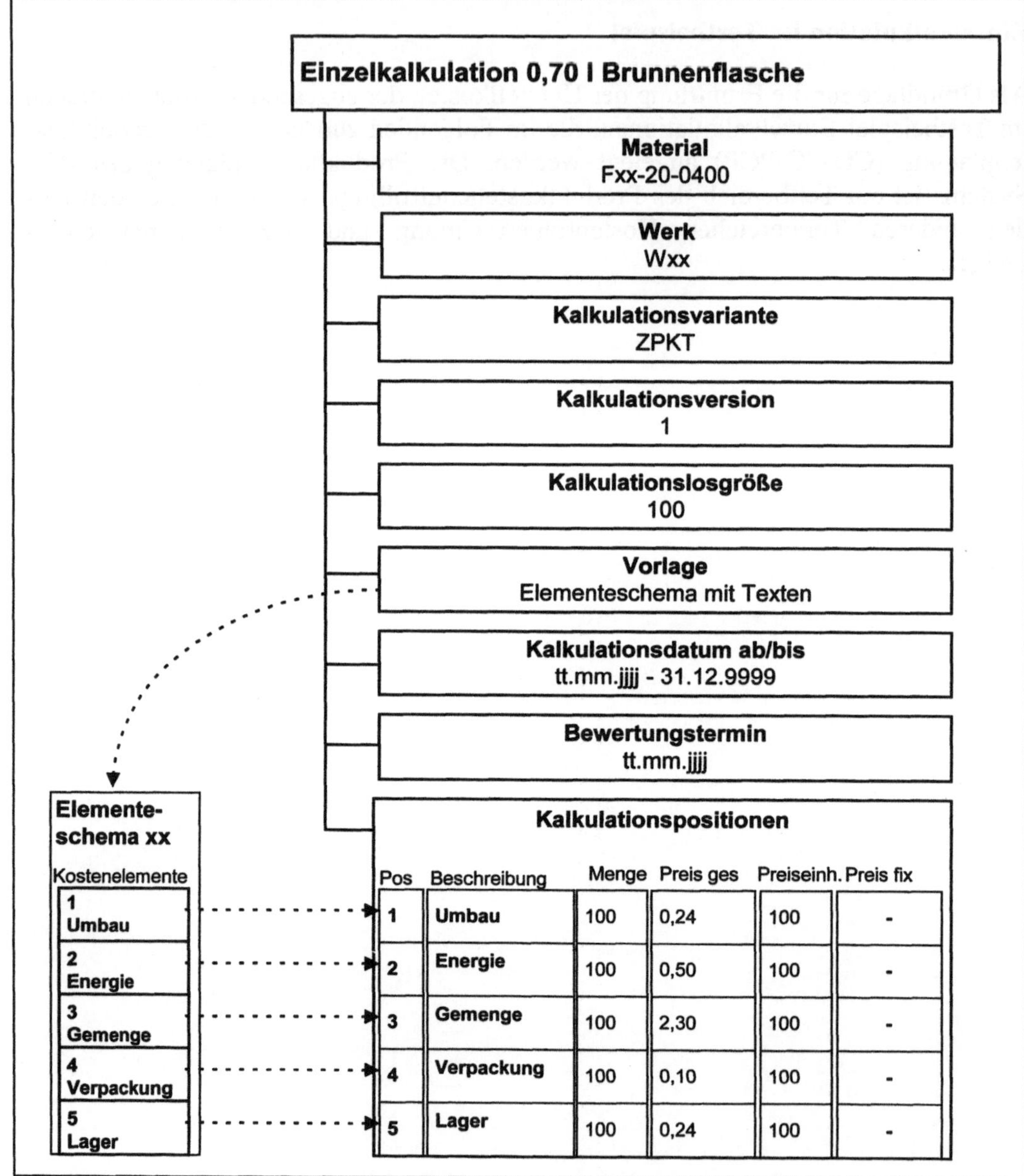

Pos	Beschreibung	Menge	Preis ges	Preiseinh.	Preis fix
1	Umbau	100	0,24	100	-
2	Energie	100	0,50	100	-
3	Gemenge	100	2,30	100	-
4	Verpackung	100	0,10	100	-
5	Lager	100	0,24	100	-

Bild 3.1/28 (Modul 4): Einzelkalkulation im Testbeispiel

Im Testbeispiel erfolgt die Kalkulation für alle Artikel (Materialien) in Form von (einstufigen) Einzelkalkulationen.

Es ist also zu klären:

- was im Sinne von SAP eine **Einzelkalkulation** ist
- die Bedeutung der **Parameter dieser Einzelkalkulation**
- die Rolle des **Elementeschemas**

Einzelkalkulation

Die **Einzelkalkulation** ist in der Produktkostenplanung eines von zwei möglichen Kalkulationsverfahren:

- Kalkulation mit Mengengerüst (maschinelles Verfahren)
- Kalkulation ohne Mengengerüst (Einzelkalkulation)

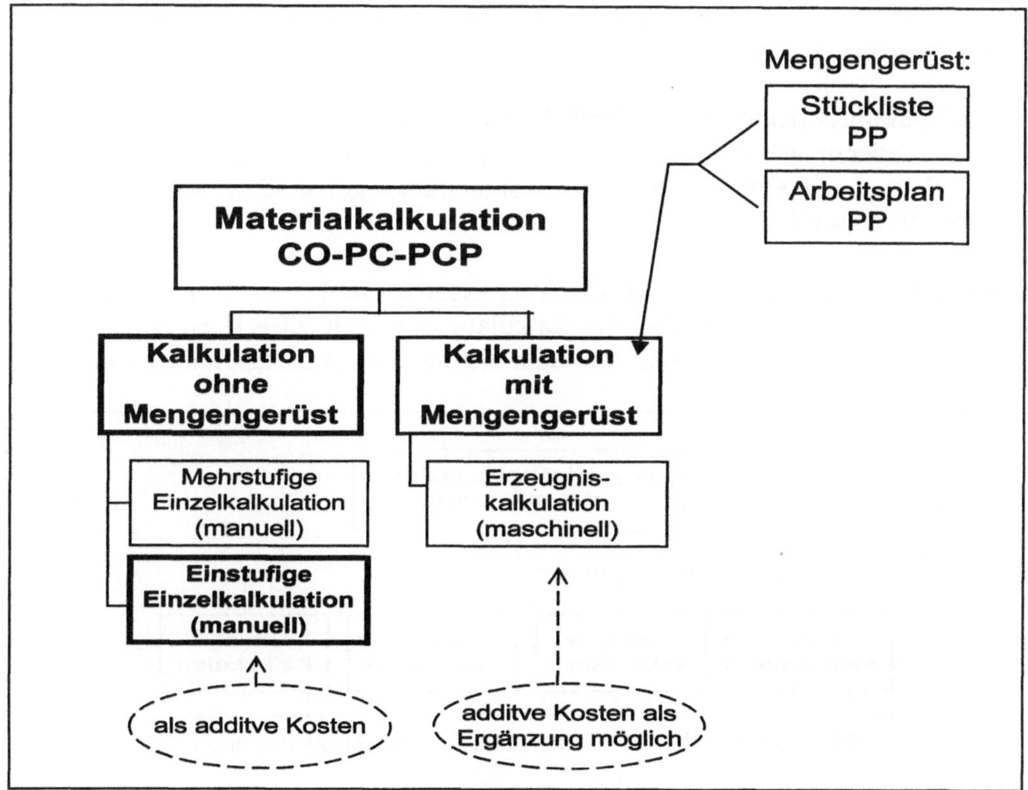

Bild 3.1/29 (Modul 4): Materialkalkulation nach Kalkulationsverfahren

Die **Kalkulation mit Mengengerüst** setzt die Existenz von Stückliste und Arbeitsplan im Modul PP (Produktionsplanung) voraus. Ermittlung und Bewertung des

Mengengerüsts erfolgen bei diesem Kalkulationsverfahren dann automatisch aus diesen Daten.

Die **Kalkulation ohne Mengengerüst** wird manuell eingegeben ohne einen Bezug zu im System vorhandenen Stücklisten und Arbeitsplänen.

Die manuell einzugebenden Kosten werden auch als **additive Kosten** bezeichnet. Bei der Kalkulation ohne Mengengerüst sind daher die manuell einzugebenden Kosten grundsätzlich additive Kosten. Bei der Kalkulation mit Mengengerüst *kann* die maschinelle Kalkulation durch manuelle Kostenerfassung (= additve Kosten) ergänzt werden.

Parameter der Einzelkalkulation

Kalkulationen werden in der Produktkostenplanung standardmäßig (voreingestellt) auf **Werksebene** angelegt.

Die **Kalkulationsvariante** fasst sämtliche Steuerungsparameter für Kalkulationen zusammen. Hierzu gehört neben der Kalkulationsart (die im Folgenden erläutert wird) z. B. auch die Fortschreibung der Kalkulationsergebnisse im Materialstamm, die jedoch für unser Testbeispiel nicht relevant ist.

Die manuellen Einzelkalkulationen des Testbeispiels werden als Plankalkulationen angelegt. Gesteuert wird dies über die Kalkulationsvariante **ZPKT**, einer leicht modifizierten (s. "Hinweise für den Systemadministrator" im Anhang) Standardvariante.

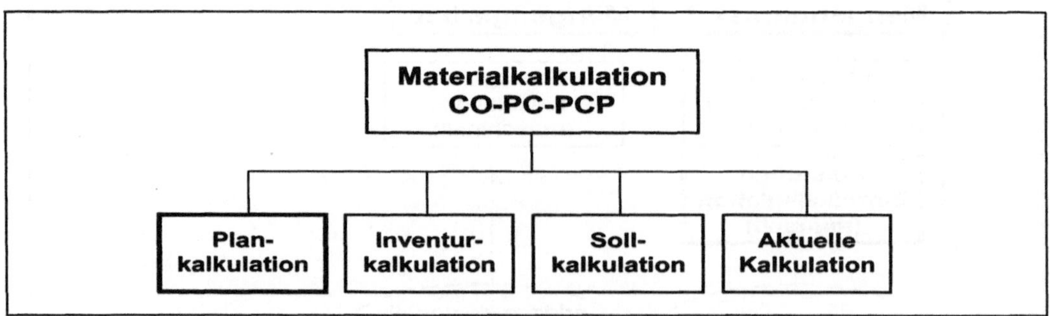

Bild 3.1/30 (Modul 4): Materialkalkulation nach Kalkulationsart

Über die **Kalkulationsart** lassen sich Materialkalkulationen nach Zeitpunkt, Bewertung und Zweck unterteilen.

Plankalkulationen werden in der Regel zu Beginn einer Planperiode zur Ermittlung von Standardpreisen für die Bewertung von Materialien (im weitgefassten SAP-Sinn) erstellt. Bei einer Plankalkulation mit Mengengerüst wird das Plan-Mengengerüst mit Planpreisen bewertet.

Die **Inventurkalkulation** dient zur Ermittlung von Wertansätzen für die Inventurbewertung der Bestände und bewertet aktuelle Mengen mit steuer- und handelsrechtlichen Preisen.

Bei einer **Sollkalkulation** werden aktuelle Mengen mit Planpreisen bewertet. Erstellt werden Sollkalkulationen im Allgemeinen unterjährig zur Analyse der Kostenentwicklung eines Materials und bei technischen Änderungen.

Die **aktuelle Kalkulation** (Ist-Kalkulation) ist als Ad-hoc - Kalkulation gedacht, die es ermöglicht Ist-Herstellkosten sofort (unterjährig) zu ermitteln, um z. B. Entscheidungen über Eigenfertigung oder Fremdbezug zu treffen. Hierbei werden die aktuellen Mengen mit den aktuellen Preisen bewertet.

Die **Kalkulationsversion** bietet die Möglichkeit, für dasselbe Material mehrere alternative Kalkulationen derselben Kalkulationsvariante anzulegen.

Die Kalkulation im Testbeispiel bezieht sich auf die **Kalkulationslosgröße** 100 Stück.

Über **Vorlage** wird gesteuert, dass eine Erfassungshilfe für die manuelle Plankalkulation gemäß dem Elementeschema (s. Bild 3.1/31) erzeugt wird.

Kalkulationsdatum ab/bis gibt den Gültigkeitszeitraum der Kalkulation an. Der **Bewertungstermin** bezieht sich auf die Bewertung im Materialstammsatz und ist für das Testbeispiel nicht relevant.

(Kosten-)Elementeschema

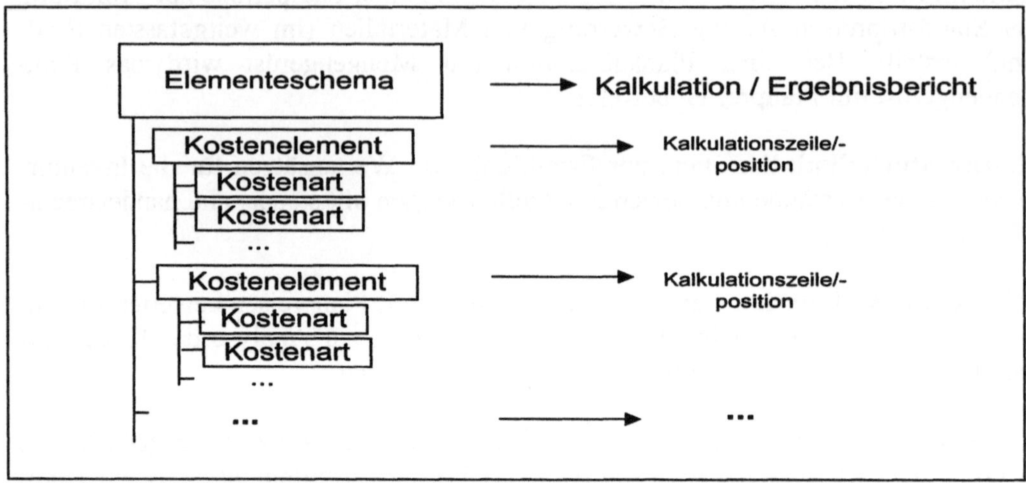

Bild 3.1/31 (Modul 4): (Kosten-)Elementeschema

Über das **Elementeschema** (Kostenschichtung) kann gesteuert werden, wie detailliert die Ergebnisse einer Kalkulation fortgeschrieben werden sollen. Ein Elementeschema fasst Kostenarten zu **Kostenelementen** zusammen, welche die Kosten eines Materials (im weitgefassten SAP-Sinn) gliedern, z. B. in die Bereiche Materialkosten, Fertigungskosten, Materialgemeinkosten.

Mit Hilfe eines Elementeschemas lässt sich die Zusammensetzung der Herstellkosten analysieren und steuern.

Kostenelemente bestimmen,

- welche Kosten bei einer Kalkulation überhaupt berücksichtigt werden sollen
- ob nur die variablen oder die gesamten Kosten berücksichtigt werden sollen
- ob nur bis zu den Herstellkosten oder bis zu den Selbstkosten kalkuliert werden soll (also auch Vertriebs- und Verwaltungskosten einbezogen werden sollen).

Die einzelnen Kostenelemente einer Kalkulation können an die Ergebnisrechnung weitergeleitet werden.

Für das Testbeispiel wird ein Elementeschema mit den 5 Elementen Umbau, Energie, Gemenge, Verpackung und Lager angelegt. Jedem Element wird - vereinfachend - jeweils nur eine Kostenart zugeordnet.

Eine weitere Zuordnung muss für additive Kosten erfolgen. Da im Testbeispiel alle Kosten nur manuell erfasst werden und somit additive Kosten sind, ist eine nochmalige Zuordnung erforderlich. Dabei ist hier nur *eine* Kostenart je Kostenelement als additive Kostenart erlaubt.

Durch Zuordnung des Elementeschemas als Vorlage für die (manuelle) Einzelkalkulation erscheint auf dem Eingabebildschirm der Kalkulation pro Kostenelement eine eingabebereite Zeile.

Wer jetzt vielleicht über diese Vereinfachung für das Testbeispiel enttäuscht ist (die Kosten werden eingegeben statt berechnet), mache sich drei Dinge klar: erstens ist die Berechnung von irgendwelchen Kalkulationen nicht das Hauptthema unseres Seminars, sondern es geht um die Organisation der Daten. Zweitens ist man mit Stückliste/Rezeptur und Arbeitsplan tief in der Produktion und nicht so schnell fertig. Drittens ist auch in der vielberufenen Praxis häufig die Stückkalkulation bereits in (Nicht-SAP-)Vorsystemen enthalten, die "im Moment" (oft sehr dauerhaft) nicht auf SAP umgestellt werden sollen, sondern per Schnittstelle ins CO-PC eingefüttert werden, um dann für CO-PA zur Verfügung zu stehen.

Wir haben als Hauptbegründung, dass wir uns auf CO-PA beschränken wollten, was schon genug Arbeit macht.

Was ist zu tun?

M4.1 Customizing: (Kosten-)Elementeschema anlegen

Elementeschema xx

Elementeschema	Kontenp...	Kostenart von	Herkun...	Kostena...	Elem...	Bezeichnung Ele
10	INT	600010		600010	1	Umbau
10	INT	416999		416999	2	Energie
10	INT	415999		415999	3	Gemenge
10	INT	410999		410999	4	Verpackung
10	INT	600020		600020	5	Lager

Anlegen (hier im Beispiel: xx = 10),

...

... dem Buchungskreis BKxx für alle Werke und alle Kalkulationsvarianten zeitbezogen zuordnen und aktivieren

Buchungskr...	Werk	Kalku...	gültig ab	Elem...	Bezeichnung
BK10	++++	++++	01.01.2002	10	Elementeschema 10

Bild 3.1/32 (Modul 4): Überblick M4.1

M4.2 Einzelkalkulationen anlegen

Anlegen mit Kostenelementeschema xx entsprechender Erfassungshilfe ...

Kalkulationspositionen - Grundsicht

P	Posi...	T...	R	W	E...	Menge	M...	L	We...	Beschreibung	Preis ...	Prei...	Kostenart	Kostenelement	K	Preis
	1	V				1,000			..00	Umbau			600010	1		
	2	V				1,000			..00	Energie			416999	2		
	3	V				1,000			..00	Gemenge			415999	3		
	4	V				1,000			..00	Verpackung			410999	4		
	5	V				1,000			..00	Lager			600020	5		

Tabelle 5: Einzelkalkulationen

Material *	Werk *	Kalkulationsvariante	Kalkulationsversion	Kalkulationslosgröße	Elementeschema mit Texten	Kalkulationsdatum ab **	Kalkulationsdatum bis	Bewertungstermin**	*Zeile / Kostenelement*	Menge	Mengeneinheit	Preis-Gesamt	Preiseinheit
Fxx-20-0400	Wxx	ZPKT	1	100	✓	tt.mm.jjjj	31.12.9999	tt.mm.jjjj	*1 Umbau:*	100	ST	0,24	100
									2 Energie:	100	ST	0,50	100
									3 Gemenge:	100	ST	2,30	100
									4 Verpackung:	100	ST	0,10	100
									5 Lager:	100	ST	0,24	100
Fxx-10-0500	Wxx	ZPKT	1	100	✓	tt.mm.jjjj	31.12.9999	tt.mm.jjjj	*1 Umbau:*	100	ST	0,20	100
									2 Energie:	100	ST	0,50	100
									3 Gemenge:	100	ST	2,05	100
									4 Verpackung:	100	ST	0,20	100
									5 Lager:	100	ST	0,20	100
Fxx-10-0600	Wxx	ZPKT	1	100	✓	tt.mm.jjjj	31.12.9999	tt.mm.jjjj	*1 Umbau:*	100	ST	0,15	100
									2 Energie:	100	ST	0,45	100
									3 Gemenge:	100	ST	2,50	100
									4 Verpackung:	100	ST	1,00	100
									5 Lager:	100	ST	0,15	100
Fxx-10-0700	Wxx	ZPKT	1	100	✓	tt.mm.jjjj	31.12.9999	tt.mm.jjjj	*1 Umbau:*	100	ST	0,25	100
									2 Energie:	100	ST	0,40	100
									3 Gemenge:	100	ST	1,40	100
									4 Verpackung:	100	ST	0,30	100
									5 Lager:	100	ST	0,25	100
Fxx-50-0900	Wxx	ZPKT	1	100	✓	tt.mm.jjjj	31.12.9999	tt.mm.jjjj	*1 Umbau:*	100	ST	0,20	100
									2 Energie:	100	ST	0,20	100
									3 Gemenge:	100	ST	2,30	100
									4 Verpackung:	100	ST	0,15	100
									5 Lager:	100	ST	0,20	100
Fxx-50-1000	Wxx	ZPKT	1	100	✓	tt.mm.jjjj	31.12.9999	tt.mm.jjjj	*1 Umbau:*	100	ST	0,40	100
									2 Energie:	100	ST	0,40	100
									3 Gemenge:	100	ST	2,50	100
									4 Verpackung:	100	ST	0,20	100
									5 Lager:	100	ST	0,40	100

... für alle Artikel jeweils für Werk Wxx und als Kalkulationsvariante ZPKT (= Plankalkulation)

Bild 3.1/33 (Modul 4): Überblick M4.2

Anzeige	Eingabe/Auswahl

Modul 4: Plankalkulationen (Produktkostencontrolling CO-PC)

Die Produktkostenplanung (CO-PC-PCP) ist ein Bereich des Produktkosten-Controllings (CO-PC), in dem die auftragsneutrale Kostenplanung und Preisbildung für Materialien durchgeführt wird. Die Produktkostenplanung umfasst die Kalkulation von Materialien mit und ohne Zugriff auf Mengengerüstdaten (Stücklisten, Arbeitspläne) aus der Produktionsplanung (Modul PP).

Die Kalkulationsergebnisse können in die Ergebnis- und Marktsegmentrechnung (CO-PA) übernommen werden, um sie dort für die Ergebnisplanung und die Ergebnisrechnung zu verwenden.

Kostenelemente (= Zusammenfassung von Kostenarten, Kostenschichtungen) aus den Kalkulationen können in der Ergebnisrechnung für die Ergebnisplanung und die Bewertung der Fakturen im Plan/Ist verwendet werden. So können Deckungsbeitrags-Analysen auf detaillierten Informationen zur Herkunft der Kosten aufgebaut werden.

M4.1 Customizing: (Kosten-)Elementeschema anlegen

Über ein *Elementeschema*, das Kostenarten zu Kostenelementen zusammenfasst, kann festgelegt werden, dass bestimmte Kosten bei einer Kalkulation sichtbar bleiben und so auch an die Ergebnisrechnung weitergeleitet werden können.

Durch Vorgabe eines Elementeschemas für den Erfassungsbildschirm der Einzelkalkulation (s. M4.2) kann dem Elementeschema entsprechend pro Kostenelement eine Kalkulationsposition eingefügt werden.

Anzeige	Eingabe/Auswahl
SAP-Referenz-IMG (Einführungsleitfaden)	Wechseln Sie zum Einführungsleitfaden (SAP-Referenz-IMG). Wählen Sie im SAP-Referenz-IMG: **Controlling - Produktkosten-Controlling – Produktkostenplanung - Grundeinstellungen für die Materialkalkulation – Kostenelemente definieren**
Sicht "Elementeschema" ändern: Übersicht © SAP AG	Klicken Sie auf Neue Einträge
Bildschirm "**Neue Einträge: Übersicht Hinzugefügte**"	

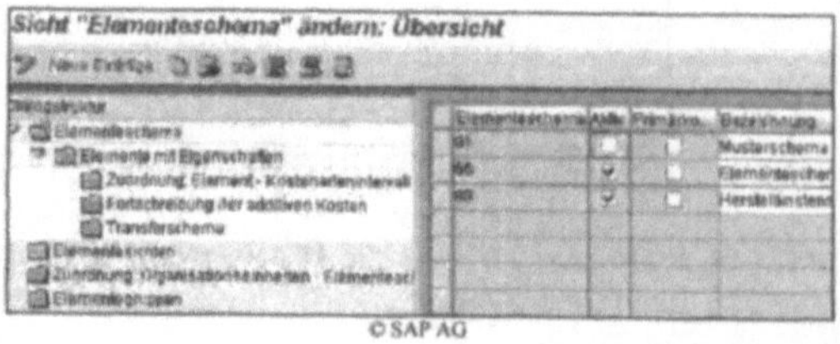

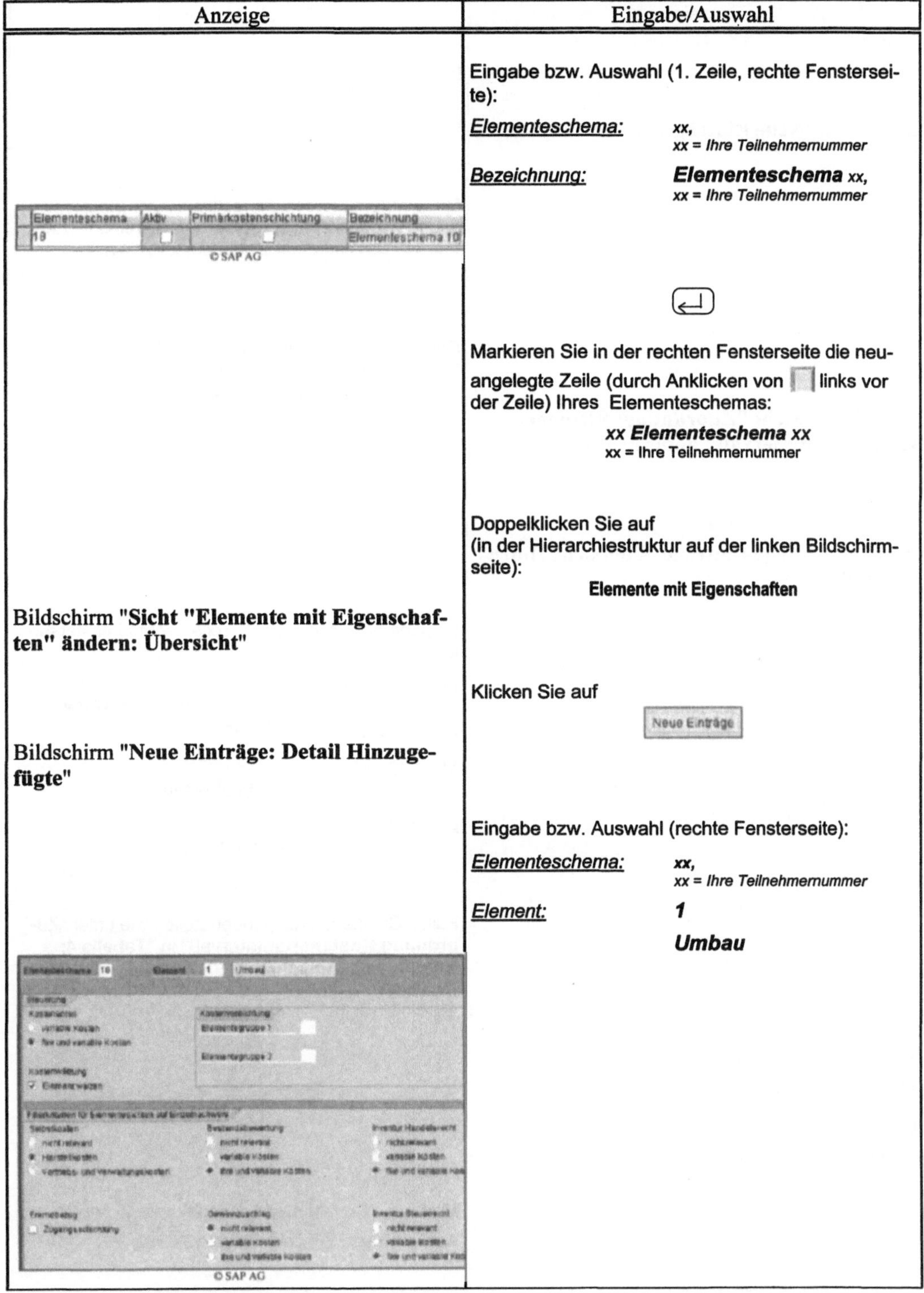

Anzeige	Eingabe/Auswahl
	Eingabe bzw. Auswahl (1. Zeile, rechte Fensterseite): *Elementeschema:* ***xx,*** *xx = Ihre Teilnehmernummer* *Bezeichnung:* ***Elementeschema** xx,* *xx = Ihre Teilnehmernummer*
Elementeschema | Aktiv | Primärkostenschichtung | Bezeichnung 10 | ☐ | ☐ | Elementeschema 10 © SAP AG	
	⏎
	Markieren Sie in der rechten Fensterseite die neuangelegte Zeile (durch Anklicken von ☐ links vor der Zeile) Ihres Elementeschemas: ***xx Elementeschema xx*** xx = Ihre Teilnehmernummer
	Doppelklicken Sie auf (in der Hierarchiestruktur auf der linken Bildschirmseite): **Elemente mit Eigenschaften**
Bildschirm "**Sicht "Elemente mit Eigenschaften" ändern: Übersicht**"	
	Klicken Sie auf Neue Einträge
Bildschirm "**Neue Einträge: Detail Hinzugefügte**"	
	Eingabe bzw. Auswahl (rechte Fensterseite): *Elementeschema:* ***xx,*** *xx = Ihre Teilnehmernummer* *Element:* ***1*** ***Umbau***
© SAP AG	

<table>
<tr><th>Anzeige</th><th>Eingabe/Auswahl</th></tr>
<tr><td></td><td>Klicken Sie auf
(= Nächster Eintrag)</td></tr>
<tr><td>Bildschirm "Neue Einträge: Detail Hinzugefügte"</td><td></td></tr>
<tr><td></td><td>Geben Sie nun noch die restlichen vier Elemente nach "Tabelle4: Kostenelementeschema " "Elemente" des Anhangs Eingabetabellen ein.</td></tr>
<tr><td></td><td>Doppelklicken anschließend Sie auf (Hierarchiestruktur, linke Fensterseite):
Zuordnung Element - Kostenartenintervall</td></tr>
<tr><td>Bildschirm "Sicht "Zuordnung: Element - Kostenartenintervall" ändern: Übersicht"</td><td></td></tr>
<tr><td></td><td>Klicken Sie auf
Neue Einträge</td></tr>
<tr><td>Bildschirm "Neue Einträge: Übersicht Hinzugefügte"</td><td></td></tr>
<tr><td></td><td>Eingabe bzw. Auswahl (1. Zeile, rechte Fensterseite):
<u>Elementeschema:</u> xx,
xx = Ihre Teilnehmernummer
<u>Kontenplan:</u> INT
<u>Kostenart von:</u> 600010
(= Umbaukosten)
<u>Element:</u> 1
(= Umbau)</td></tr>
<tr><td></td><td>Füllen Sie die nachfolgenden Zeilen wie unter "Zuordnung Kostenartenintervall" in "Tabelle 4: Kostenelementeschema " des Anhangs Eingabetabellen vorgegeben.</td></tr>
<tr><td>
<table>
<tr><th>Elementeschema</th><th>Kontenp</th><th>Kostenart von</th><th>Herkun</th><th>Kostena</th><th>Elem</th><th>Bezeichnung El</th></tr>
<tr><td>16</td><td>INT</td><td>600010</td><td></td><td>600010</td><td>1</td><td>Umbau</td></tr>
<tr><td>16</td><td>INT</td><td>416999</td><td></td><td>416999</td><td>2</td><td>Energie</td></tr>
<tr><td>16</td><td>INT</td><td>415999</td><td></td><td>415999</td><td>3</td><td>Gemenge</td></tr>
<tr><td>16</td><td>INT</td><td>418999</td><td></td><td>418999</td><td>4</td><td>Verpackung</td></tr>
<tr><td>16</td><td>INT</td><td>600020</td><td></td><td>600020</td><td>5</td><td>Lager</td></tr>
</table>

</td><td></td></tr>
<tr><td></td><td>Markieren Sie alle fünf neuangelegten Zeilen (durch Anklicken von links vor den Zeilen)</td></tr>
</table>

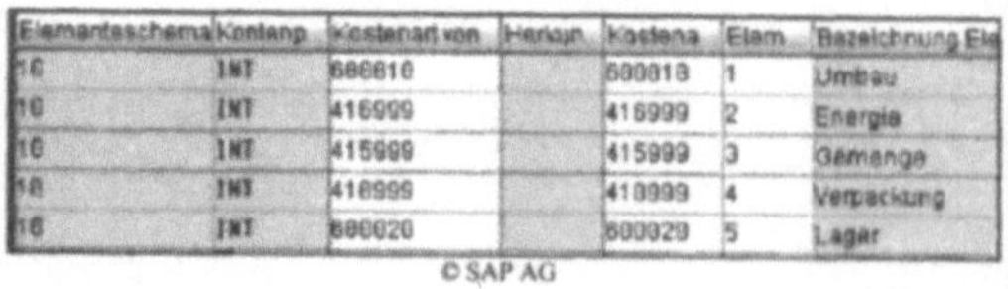

Anzeige	Eingabe/Auswahl
Bildschirm "**Sicht "Fortschreibung der additiven Kosten" ändern: Übersicht**"	Doppelklicken Sie (in der Hierarchiestruktur, linke Fensterseite) auf: **Fortschreibung der additiven Kosten**

Als *additive Kosten* werden Kosten bezeichnet, die in Form einer Einzelkalkulation (manuell) eingegeben werden können, um eine (automatische) Kalkulation mit Mengengerüst zu ergänzen oder zu ersetzen.

Anzeige	Eingabe/Auswahl
Bildschirm "**Neue Einträge: Übersicht Hinzugefügte**"	Klicken Sie auf Neue Einträge
	Eingabe bzw. Auswahl (1. Zeile, rechte Fensterseite): *Elementeschema:* ***xx,*** *xx = Ihre Teilnehmernummer* *Element:* ***1*** (= Umbau) *Kontenplan:* ***INT*** *Kostenart:* ***600010*** (= Umbaukosten)
	Füllen Sie die nachfolgenden Zeilen wie unter "**additiven Kosten**" in "**Tabelle 4: Kostenelementeschema** " des Anhangs Eingabetabellen vorgegeben. ↵

Elementeschema	Ele..	Kontenplan	Kostenart	Herkunft..	Bezeichnung El
10	1	INT	600010		Umbau
10	2	INT	416999		Energie
10	3	INT	415999		Gemenge
10	4	INT	410999		Verpackung
10	5	INT	600020		Lager

Anzeige	Eingabe/Auswahl
Bildschirm "**Zuordnung: Organisationseinheiten – Elementeschema" ändern**"	Doppelklicken Sie auf (in der Hierarchiestruktur auf der linken Bildschirmseite): **Zuordnung: Organisationseinheiten - Elementeschema**
	Klicken Sie auf Neue Einträge

Anzeige	Eingabe/Auswahl
Bildschirm "**Neue Einträge: Übersicht Hinzugefügte**"	Eingabe bzw. Auswahl (1. Zeile, rechte Fensterseite): *Buchungskreis :* **BK*xx*,** *xx = Ihre Teilnehmernummer* *Werk:* **++++** (= Werke maskiert) *Kalkulationsvariante:* **++++** (= Kalkulationsvarianten maskiert) *gültig ab:* ***1.1.jjjj***, *jjjj = akt. Jahr* *Elementeschema:* ***xx***, *xx = Ihre Teilnehmernummer*
Buchungskr. | Werk | Kalku.. | gültig ab | Elem.. | Bezeichnung BK10 | ++++ | ++++ | 01.01.2002 | 10 | Elementeschema 10 © SAP AG	
Eine *Kalkulationsvariante* fasst alle Steuerungsparameter für eine Kalkulation zusammen. (Siehe auch unter M4.2.)	
	Doppelklicken Sie auf (in der Hierarchiestruktur auf der linken Bildschirmseite): **Elementeschema**
Bildschirm "**Sicht "Elementeschema" ändern: Übersicht**"	Setzen Sie hinter Ihrem Elementschema das Kennzeichen (durch Anklicken): **Aktiv**
Elementeschema | Aktiv | Primärkoste | Bezeichnung 01 | ☐ | ☐ | Musterschema 66 | ☑ | ☐ | Elementeschema 66 88 | ☑ | ☐ | Herstellkostenschicht 99 | ☑ | ☐ | Elementeschema 99 © SAP AG	Das Aktiv-Kennzeichen bewirkt, dass Ihr Elementeschema sowohl in Kalkulationen mit als auch in solchen ohne Mengengerüst verwendet werden kann.
	Sichern Sie Ihre Eingaben.

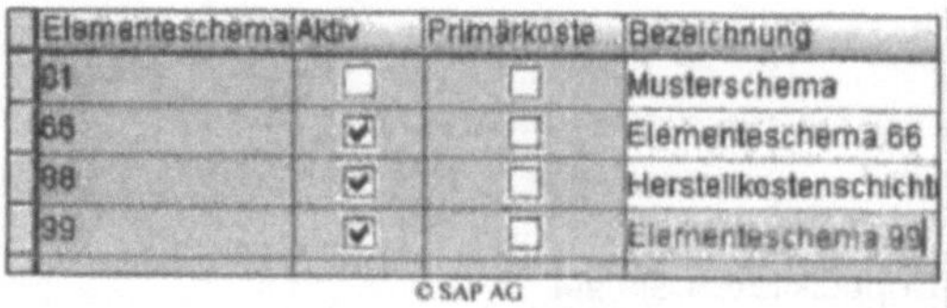

Anzeige	Eingabe/Auswahl
SAP-Referenz-IMG	Beenden Sie die Customizing-Transaktion. Schließen Sie das Untermenü "Produktkosten-Controlling" des Einführungsleitfadens.

M4.2 Einzelkalkulationen anlegen

Das R/3-System bietet mit der *Einzelkalkulation* (Materialkalkulation ohne Mengengerüst) ein Werkzeug zur Kostenplanung für Produkte ohne Bezug auf Mengengerüstdaten (Stücklisten, Arbeitspäne) aus der Produktionsplanung.

Die Kalkulationspositionen können dabei manuell eingegeben werden, die Kosten zu Kostenelementen zugeordnet werden.

Anzeige	Eingabe/Auswahl
SAP Easy Access mit **SAP Menü**	Wechseln Sie zum Einstiegsbild "SAP Easy Access" (SAP-Menü). Wählen Sie im SAP-Menü: **Rechnungswesen –** **Controlling –** **Produktkosten-Controlling –** **Produktkostenplanung –** **Materialkalkulation –** **Kalkulation ohne Mengengerüst** **Anlegen**
Bildschirm "**Materialkalkulation ohne Mengengerüst anlegen**", Registerkarte "**Kalkulationsdaten**"	Eingabe bzw. Auswahl: <u>*Material:*</u> ***Fxx-20-0400,*** *xx = Ihre Teilnehmernummer* (= 0,70 l Brunnenflasche) <u>*Werk:*</u> ***Wxx,*** *xx = Ihre Teilnehmernummer* <u>*Kalkulationsvariante:*</u> ***ZPKT*** (=Plankalk. (Mat) Testbeisp.) <u>*Kalkulationsversion:*</u> ***1*** <u>*Kalkulationslosgröße:*</u> ***100*** Markieren Sie (unter "Vorlage"): **Elementeschema mit Texten**

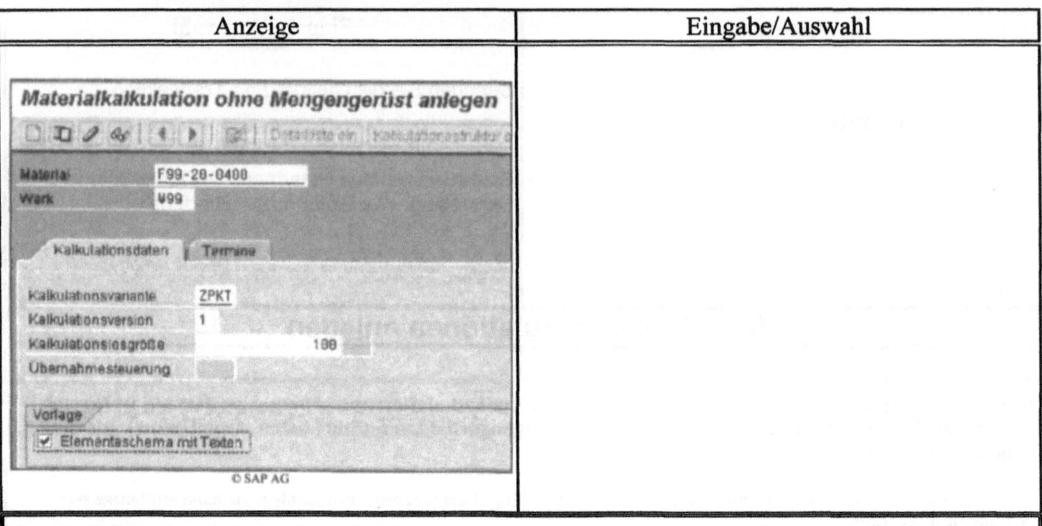

Eine *Kalkulationsvariante* fasst verschiedene Steuerungsparameter und Einstellungen für die Kalkulation zusammen.
Dazu gehören z. B. Informationen über den Zweck der Kalkulation, d.h. ob es sich um eine Plan-, Soll- oder Ist-Kalkulation handelt, oder über die Fortschreibung der Kalkulationsergebnisse im Materialstamm.

Außerdem steuert die Kalkulationsvariante bei Kalkulationen mit Mengengerüst z. B. auch die automatische Ermittlung des Mengengerüsts und welche Preise für Materialien und welche Tarife für Leistungen vom System bei der Kalkulation herangezogen werden sollen.

Anzeige	Eingabe/Auswahl
	↵
Bildschirm "**Materialkalkulation ohne Mengengerüst anlegen**", Registerkarte "**Termine**"	Eingabe: *Kalkulationsdatum ab:* **tt.mm.jjjj,** *tt.mm.jjjj = aktuelles Datum* *Kalkulationsdatum bis:* **31.12.9999** *Bewertungstermin:* **tt.mm.jjjj,** *tt.mm.jjjj = aktuelles Datum* ↵
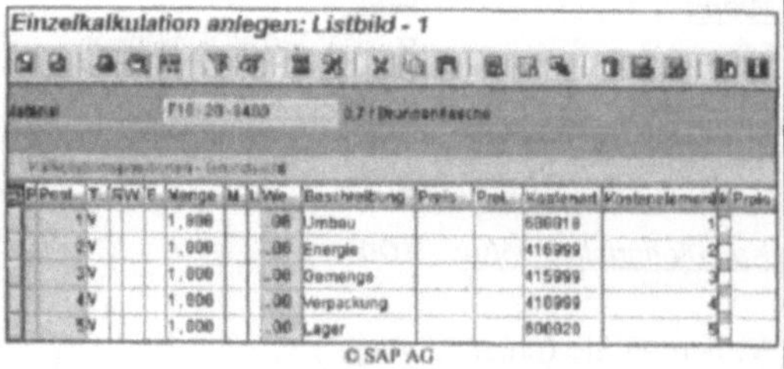 Einzelkalkulation anlegen: Listbild - 1 © SAP AG	Auf dem Eingabebildschirm erscheinen (als Vorlage) die 5 Positionen Ihres Elementeschemas.

Anzeige	Eingabe/Auswahl

Eingabe bzw. Auswahl 1. Zeile (Kostenelement "**Umbau**"):

Menge: ***100***

Mengeneinheit: ***ST***

Preis-Gesamt: ***0,24***

Preiseinheit: ***100***

Eingabe bzw. Auswahl 2. Zeile (Kostenelement "**Energie**"):

Menge: ***100***

Mengeneinheit: ***ST***

Preis-Gesamt: ***0,50***

Preiseinheit: ***100***

Eingabe bzw. Auswahl 3. Zeile (Kostenelement "**Gemenge**"):

Menge: ***100***

Mengeneinheit: ***ST***

Preis-Gesamt: ***2,30***

Preiseinheit: ***100***

Eingabe bzw. Auswahl 4. Zeile (Kostenelement "**Verpackung**"):

Menge: ***100***

Mengeneinheit: ***ST***

Preis-Gesamt: ***0,10***

Preiseinheit: ***100***

Eingabe bzw. Auswahl 5. Zeile (Kostenelement "**Lager**"):

Menge: ***100***

Mengeneinheit: ***ST***

Preis-Gesamt: ***0,24***

Preiseinheit: ***100***

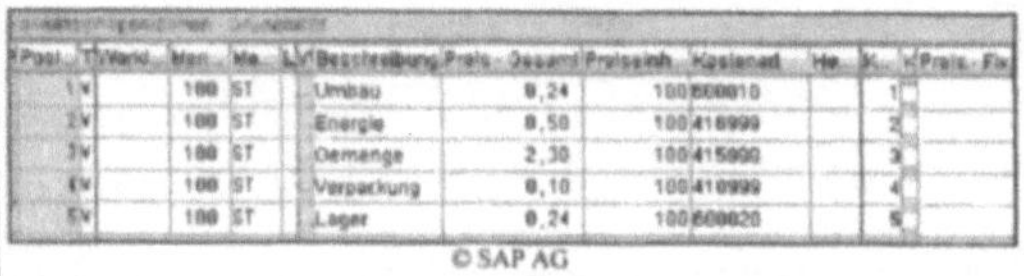

Posi..	T	Werk	Men..	Me..	LV	Beschreibung	Preis - Gesamt	Preiseinh.	Kostenart	He..	X..	K	Preis - Fix
1	V		100	ST		Umbau	0,24	100	600010		1		
2	V		100	ST		Energie	0,50	100	416999		2		
3	V		100	ST		Gemenge	2,30	100	415000		3		
4	V		100	ST		Verpackung	0,10	100	416999		4		
5	V		100	ST		Lager	0,24	100	600020		5		

Sichern Sie Ihre Eingaben.

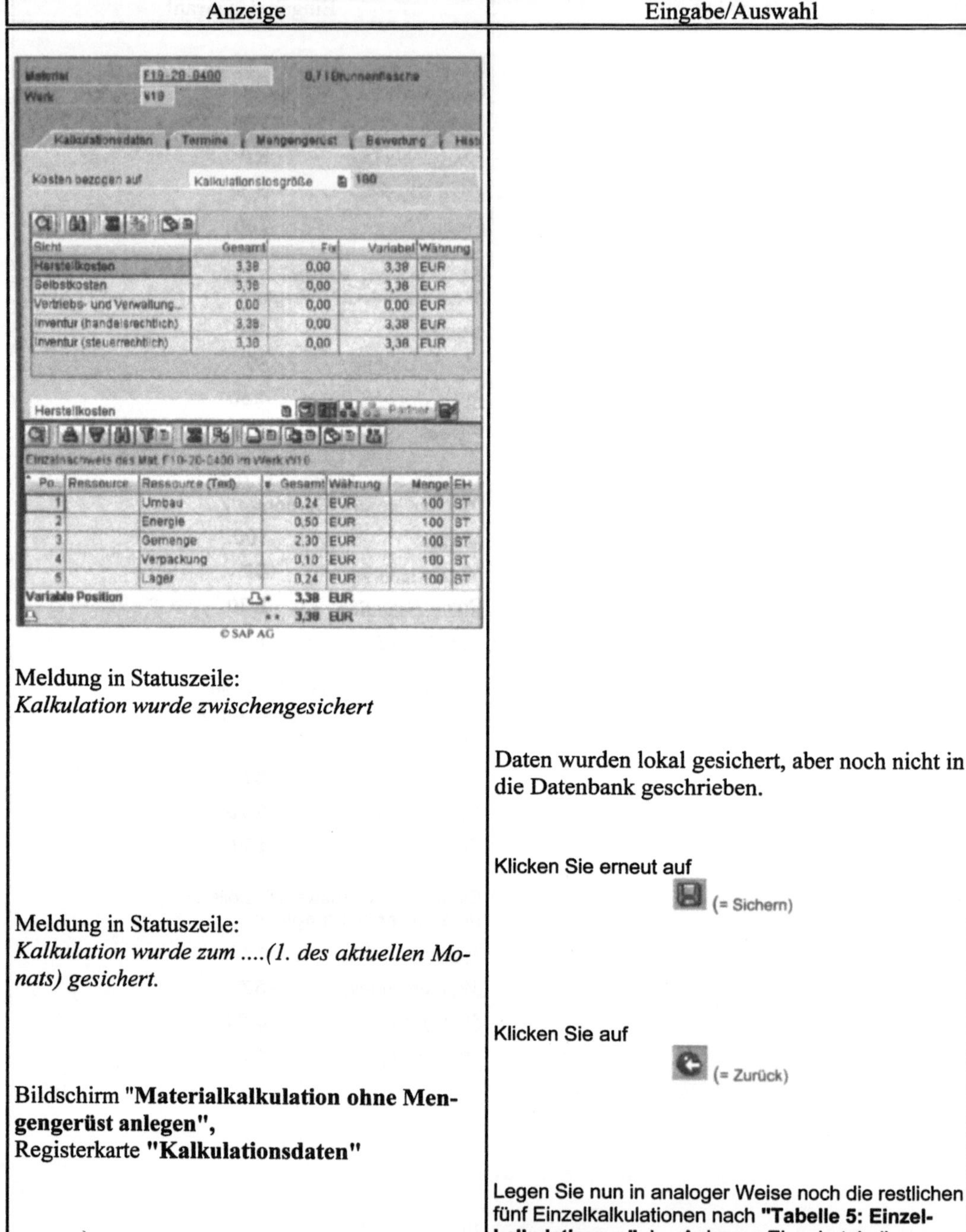

Anzeige	Eingabe/Auswahl
[SAP-Bildschirm] © SAP AG	
Meldung in Statuszeile: *Kalkulation wurde zwischengesichert*	Daten wurden lokal gesichert, aber noch nicht in die Datenbank geschrieben.
Meldung in Statuszeile: *Kalkulation wurde zum ....(1. des aktuellen Monats) gesichert.*	Klicken Sie erneut auf (= Sichern)
Bildschirm "**Materialkalkulation ohne Mengengerüst anlegen**", Registerkarte "**Kalkulationsdaten**"	Klicken Sie auf (= Zurück)
	Legen Sie nun in analoger Weise noch die restlichen fünf Einzelkalkulationen nach **"Tabelle 5: Einzelkalkulationen "** des Anhangs Eingabetabellen an. Vergleichen Sie dabei jeweils die **variablen Herstellkosten** (=Summe der einzelnen Elemente) mit den nachfolgenden Abbildungen in der linken Spalte.

Anzeige	Eingabe/Auswahl
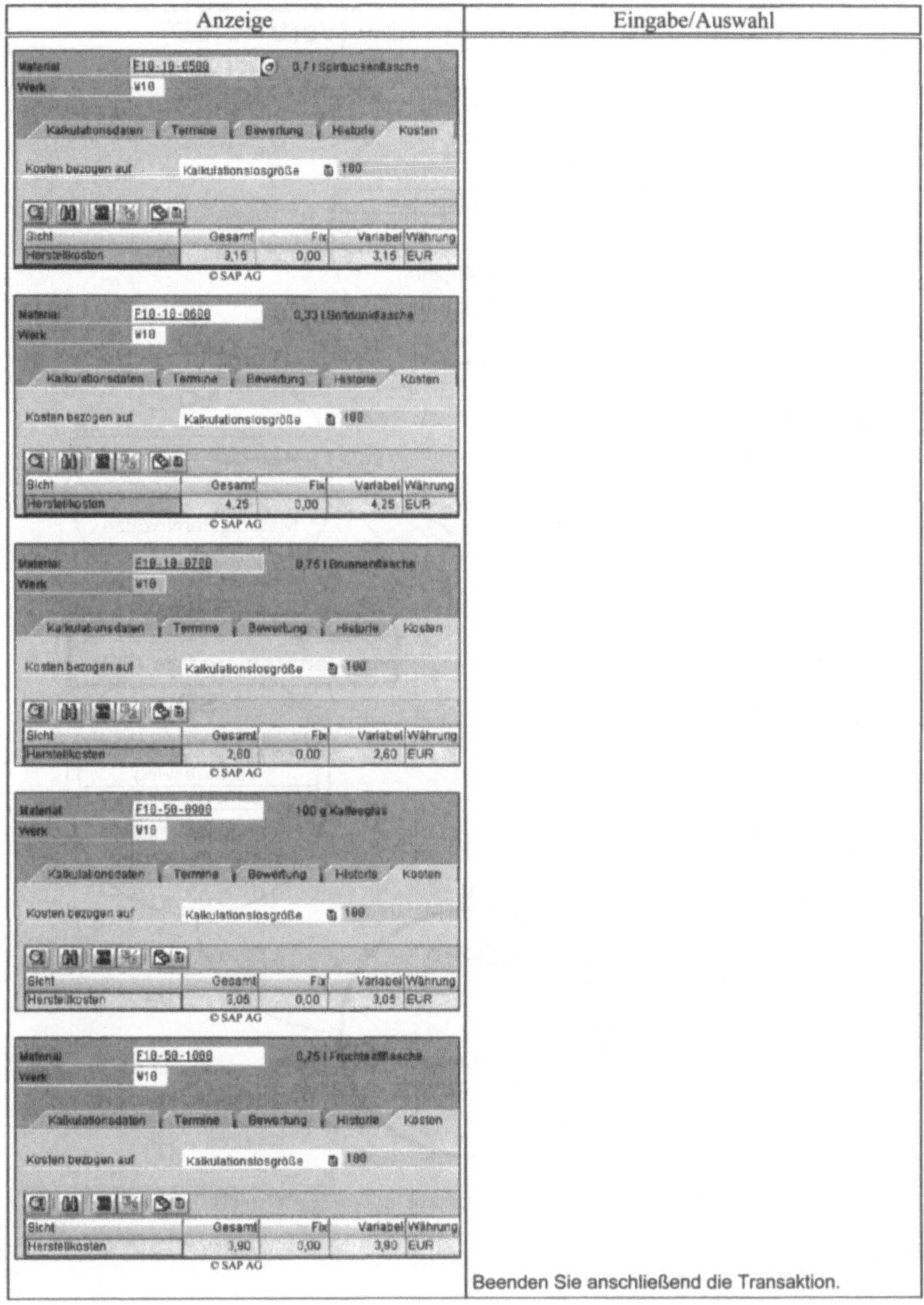	Beenden Sie anschließend die Transaktion.

Modul 5: Kundenstammsätze (Vertrieb SD)

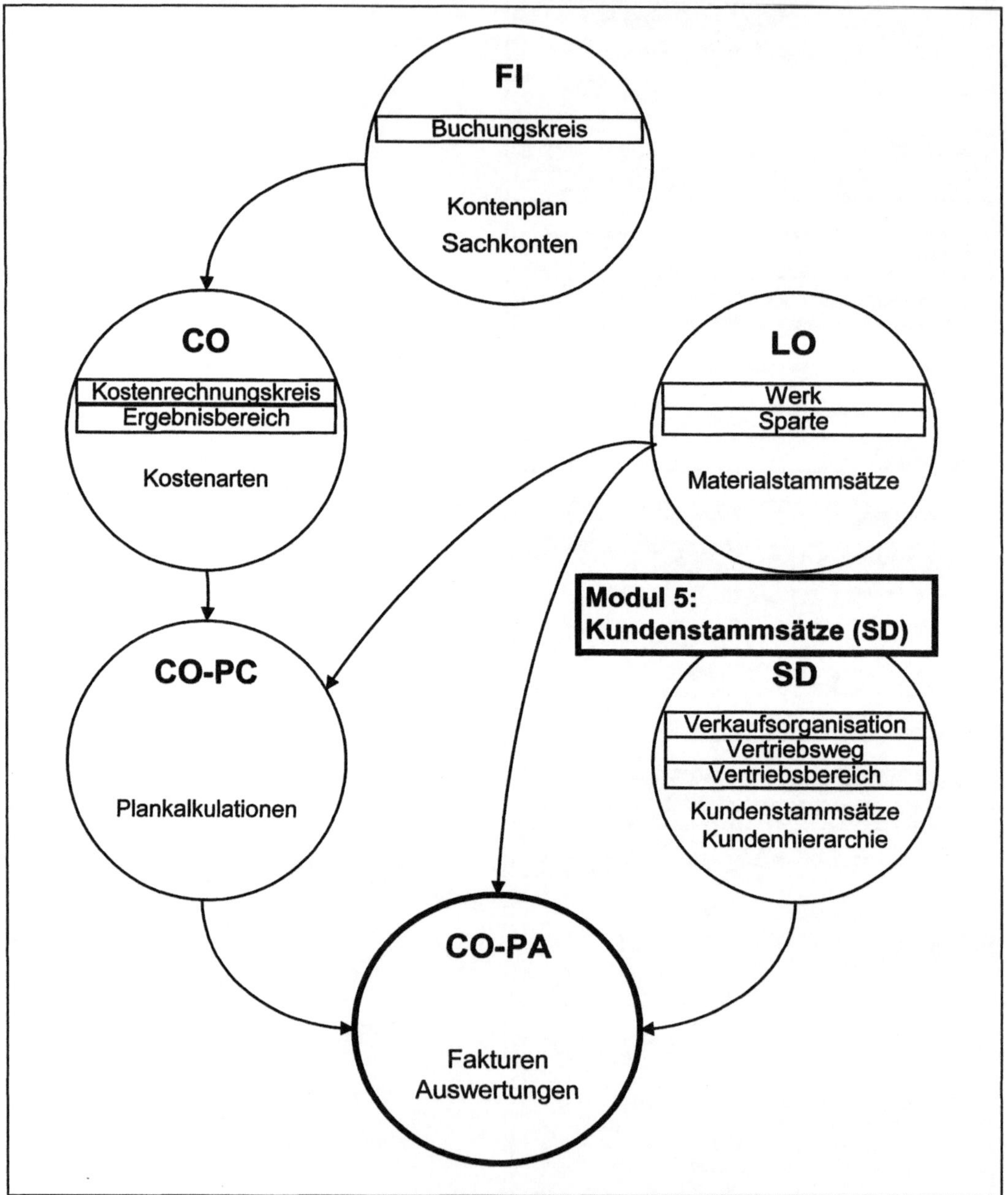

Bild 3.1/34 (Modul 5): Modulstruktur des Testbeispiels

Hier müssen nun noch die zur Abbildung der Geschäftsvorfälle des Testbeispiels notwendigen Kundenstammdaten im Modul Vertrieb (SD) angelegt werden. Außerdem sollen im SD für die Kunden, die demselben Konzern angehören, (einstufige) Kundenhierarchien angelegt werden.

Kundenstammsatz

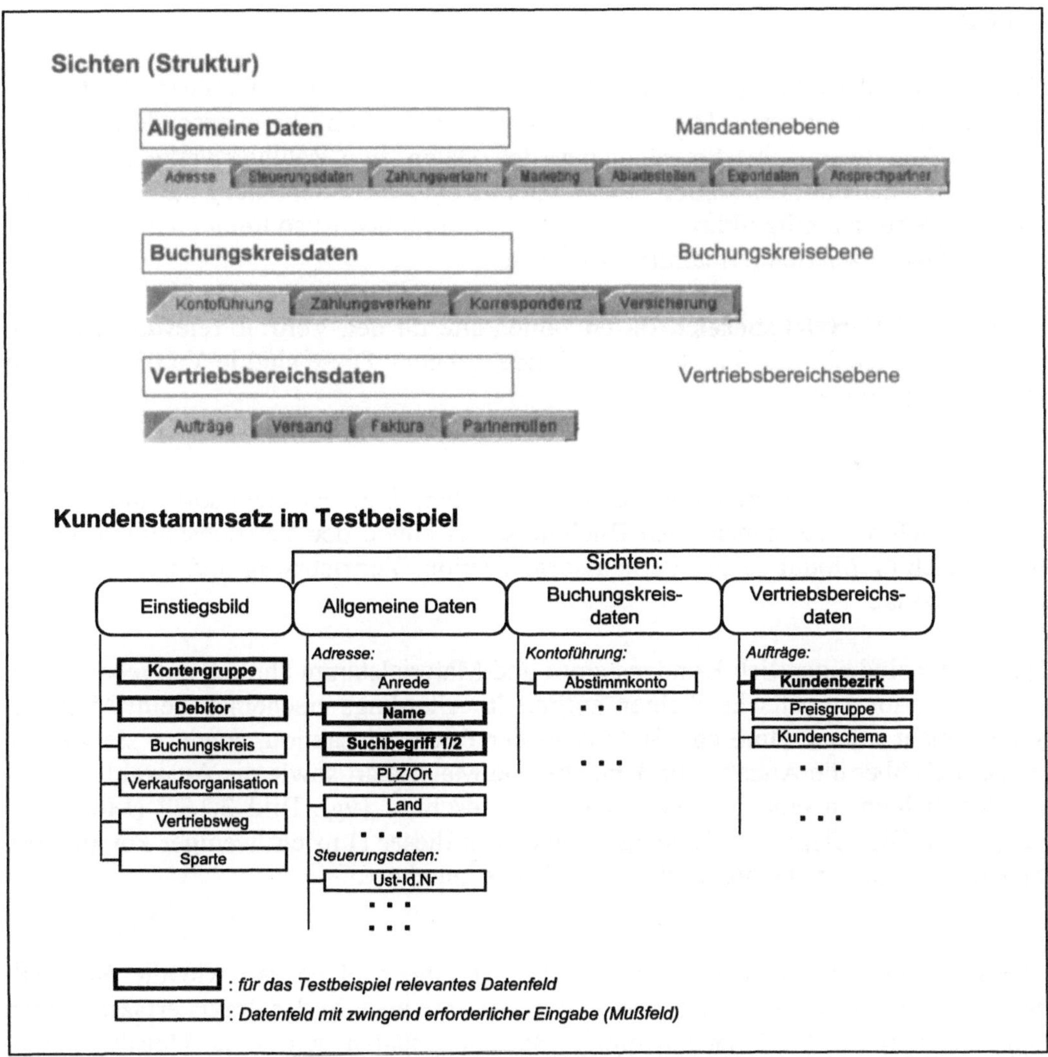

Bild 3.1/35 (Modul 5): Kundenstammsatz

Der Kundenstamm (synonym mit Debitorenstamm) ist dreigeteilt in die Sichten

- **Allgemeine Daten**
- **Buchungskreisdaten**
- **Vertriebsbereichsdaten**

Zu den **Allgemeinen Daten** gehören solche Daten, die für alle Buchungskreise und alle Vertriebsbereiche eines Mandanten gelten, insbesondere die Adressdaten eines Kunden.

Unter der Sicht **Buchungskreisdaten** sind alle Daten zusammengefasst, die für die Buchhaltung relevant sind. Diese müssen für jeden Buchungskreis gesondert gepflegt werden. Als Beispiel hierfür sei neben den Daten zum Zahlungsverkehr das Abstimmkonto genannt, das angibt, auf welchem Konto des Hauptbuchs die Nebenbuchführung Debitoren mitgeführt werden soll. Im Hauptbuch ist so immer der Saldo aller offenen Posten zeitgleich (realtime) zu sehen.

Zu der Sicht **Vertriebsbereichsdaten** zählen alle für den Vertrieb relevanten Daten, wie z. B. Kundenbezirk, Preisgruppe, Kundenschema. Diese sind je Vertriebsbereich spezifisch zu pflegen.

Die Organisationseinheiten, auf die sich die Datenpflege beziehen soll, sind im Einstiegsbildschirm anzugeben, also Buchungskreis sowie der Vertriebsbereich, der ja bekanntlich (s. Modul 1) aus Verkaufsorganisation, Vertriebsweg und Sparte zusammengesetzt ist.

Im Prinzip sind eigentlich Kundenstamm und Materialstamm ähnlich aufgebaut, d. h. in organisationsspezifische Sichten aufgeteilt. Allerdings erscheinen beim Materialstamm nicht immer sämtliche Sichten in der Pflegetransaktion, sondern sie werden dynamisch über die Angabe von Branche und Materialart sowie die Auswahl zu pflegender Sichten in einem vorgeschalteten Bildschirm (vgl. Bild 3.1/22 (Modul 3)) festgelegt. Die Pflege des Kundenstamms ist in dieser Hinsicht weniger kompliziert, hier werden immer alle drei Sichten zur Pflege angeboten.

Die Kunden-Stammsätze werden für unser Testbeispiel ebenso wie die Material-Stammsätze in *dem* SAP-Modul erfasst, in dem Sie auch in der Praxis erfasst werden müssten, hier SD (wohingegen einige Bewegungsdaten, wie z. B. Umsätze (Ausgangsrechnungen) in der SAP-Idealpraxis auch in SD erfasst würden, in unserem Testbeispiel aber direkt in CO-PA gebucht werden).

Von den insgesamt im Kundenstammsatz einzugebenden Feldern sind für die späteren Auswertungen im Testbeispiel (Modul CO-PA) nur die Felder

- **Debitor** bzw. (Kunden-)**Name** und
- **Kundenbezirk**

von Bedeutung.

Erwähnt werden sollten auch noch die Felder

- **Kontengruppe** und
- **Suchbegriff**.

Die **Kontengruppe** steuert u. a. die Nummernvergabe für den Stammsatz und legt fest, ob diese intern (durch das System) oder extern vergeben werden soll. Wir verwenden für das Testbeispiel die Standardkontengruppe "Debitor (ext. NrVergabe)", also eine Kontengruppe, die die externe Nummernvergabe zulässt.

Unter **Suchbegriff** wird eine Kurzbezeichnung für das spätere Wiederauffinden der Kunden über Suchhilfen verstanden. Wir verwenden die Arbeitsgruppennummer und auch ein Kürzel des Kundennamens als Suchbegriffe.

Kundenhierarchie

Es sind jetzt noch die Kundenhierarchien zu besprechen, mit deren Hilfe Kunden gruppiert werden können.

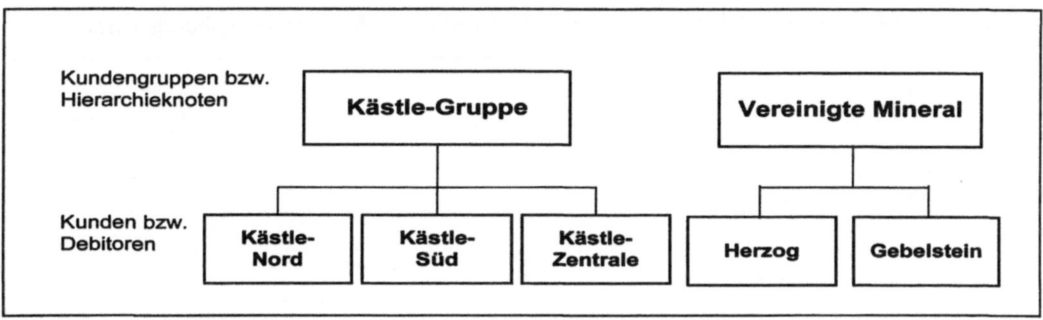

Bild 3.1/36 (Modul 5): Kundenhierarchien im Testbeispiel

Die Kundenhierarchie erfasst den Tatbestand, dass einige Kunden hierarchisch in Konzerngruppen (Beispiel Handelsriesen wie Metro usw.) strukturiert sind, was für die Konditionen, die diesen Gruppen gewährt werden müssen, von Bedeutung ist.

Siehe Kasten Kundenerfolgsrechnung: Man kann sogar sagen, ...

Kundenerfolgsrechnung

Man kann sogar sagen, dass die Kostenträgerrechnung (Ergebnis- und Marksegmentrechnung) als Kundenerfolgsrechnung erst durch die Konzerngruppen/Handelsriesen entstanden ist. Der Hersteller, der Zulieferer zu den Handelsriesen ist, drohte nämlich den Überblick über die an allen Fronten und auf allen Ebenen gewährten Konditionen zu verlieren: hier ein Rabatt, da ein Naturalrabatt, dort ein Bonus, für die Gruppe noch einen Gruppenbonus, hier ein Listungsgeld, dort ein Nicht-Auslistungsgeld. Viele dieser Konditionen stellen zudem Fixkosten oder Gemeinkosten dar und wurden den Abrechnungsobjekten (Artikel, Kunde) nicht zugerechnet, jedenfalls nicht im Deckungsbeitrag 1.

Die Leistung der Kundenerfolgsrechnung ist gerade, dass sie über die triviale (in der IT/DV ist nichts trivial) Umsortierung nach Kunden hinaus, weitere Deckungsbeitragsstufen bildet und Fixkosten/Gemeinkosten verursachungsgerecht (und ohne Schlüsselung) zurechnet. So kann ein Kunde, der im DB1 hervorragend aussieht, in nachfolgenden DB-Stufen vergleichsweise mit anderen Kunden, die das Konditionenspiel nicht so gnadenlos betreiben, schlecht aussehen.

Das Testbeispiel hätte man in diesem Sinne zuspitzen können, indem Kunden mit positivem DB1 im DB3 sogar negativ abschneiden. Diese Dramatisierungen sind unterblieben. Aber ein Beispiel für Zurechnung zur Kundengruppe (Sonderbonus über 5.000) wurde gegeben.

Literaturhinweis:
Kundenerfolgsrechnung in Klenger, Operatives Controlling, 5. Auflage, Oldenbourg Verlag

Kundenhierarchieknoten

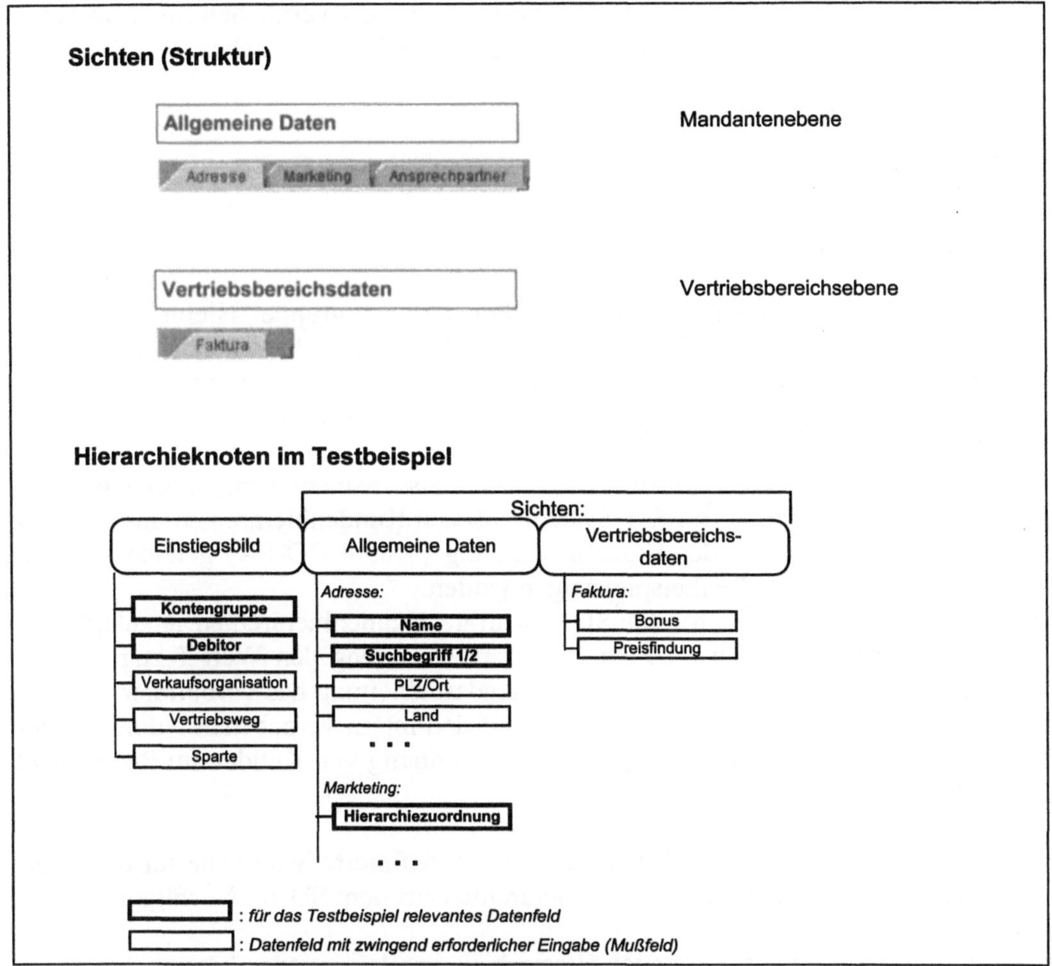

Bild 3.1/37 (Modul 5): Kundenhierarchieknoten

Kundenhierarchien setzen sich im Allgemeinen aus Kunden (Geschäftspartnern) und aus reinen **Hierarchieknoten** (auf die nicht kontiert werden kann) zusammen. (Von dem Fall, dass die Hierarchieknoten selber Kunden sind, soll hier abgesehen werden.)

Reine Hierarchieknoten dienen einerseits für Verdichtungen in Auswertungen, andererseits können sie Eigenschaften (Adressdaten, Preiskonditionen) an untergeordnete Kunden weitergeben.

Auch für die Erfassung der Hierarchieknoten wird der Kundenstammsatz verwendet, wobei allerdings die Buchungskreisdaten ausgeblendet bleiben und bei den **Allgemeinen Daten** und den Vertriebsbereichsdaten auch nur - verglichen mit dem Kundenstammsatz - einige wenige Registerkarten zur Eingabe bereit stehen.

Erläuterungsbedürftig sind folgende Felder:

- **Kontengruppe**
- **Debitor**
- **Hierarchiezuordnung.**

In dem Feld **Kontengruppe** wird die (Standard-) Kontengruppe "Hierarchieknoten" gewählt. Dadurch wird die Sicht "Buchungskreisdaten" ausgeblendet, die ja für reine Hierarchieknoten nicht benötigt wird. Außerdem bewirkt diese Kontengruppe eine interne Nummernvergabe für das Feld **Debitor**, womit hier der Knoten gemeint ist.

Um das Feld **Hierarchiezuordnung** zu erklären, muss man ein wenig ausholen:
Im Rahmen der Integration des R/3-Systems können Kundenhierarchien aus dem SD auch für Auswertungen in der Ergebnisrechnung (Modul CO-PA) genutzt werden, was wir auch in unserem Testbeispiel zeigen wollen.
Im Testbeispiel werden im Modul SD einstufige Kundenhierarchien angelegt. Die obersten Knoten bekommen im Feld Hierarchiezuordnung den Wert 1 zugewiesen. Dadurch wird später im CO-PA über eine Standardableitung das vordefinierte Merkmal "KMHI01 Kundenhierarchieebene 01" mit den intern vergebenen Nummern der Knoten gefüllt und die hier im SD gemachte Zuordnung von Kunden im PA bekannt gemacht.

Im allgemeinen Fall stehen im PA sogar zehn vordefinierte Merkmale für die Übernahme von bis zu zehnstufigen Kundenhierarchien aus dem SD zur Verfügung.

Erwähnt werden soll noch, dass auch Hierarchien angelegt werden können, bei denen auf übergeordneten Ebene statt eines reinen Hierarchieknotens selbst wieder Kunden stehen, denen andere Kunden untergeordnet sind. Hierbei wäre der Vorteil, dass auch auf die oberen Verdichtungsebenen kontiert werden kann.

Auf reine Hierarchieknoten kann hingegen nicht kontiert werden.

Auch für Hierarchieknoten muss über die Transaktion "Debitor anlegen" ein Kundenstammsatz angelegt werden, die Unterscheidung zwischen Geschäftspartner und reinem Hierarchieknoten erfolgt über die Auswahl der Kontengruppe im Einstiegsbildschirm. Wird die (Standard-) Kontengruppe "0012 Hierarchieknoten" gewählt, so wird für die Erfassung des Stammsatzes die Sicht "Buchungskreisdaten" ausgeblendet, so das keine buchhaltungsspezifischen Daten gepflegt werden können.

Erfassen kann man hingegen auch für reine Hierarchieknoten Adressdaten sowie - vertriebsbereichsspezifische - Preiskonditionen und Bonusabsprachen. Diese Daten haben dann auch für die Kunden aller untergeordneten Stufen Gültigkeit.

Nachdem die Kunden und die Hierarchieknoten angelegt sind, müssen nun noch Kunden unter die Hierarchieknoten "gehängt" werden.

Was ist zu tun?

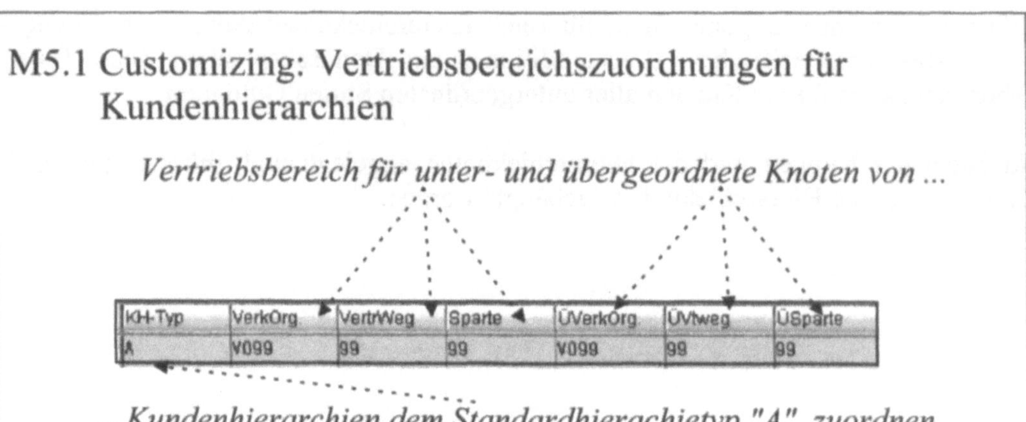

Bild 3.1/38 (Modul 5): Überblick M5.1

M5.2 Debitorenstammsätze anlegen

Debitorenstammsätze (Einzelkunden):

Kontengruppe	Debitor *	Bukrs *	Verkaufsorganisation *	Vertriebsweg*	Sparte *	Name	Suchbegriff 1 *	Suchbegriff 2	PLZ	Ort	Land	USt-Id.Nr.	Abstimmkonto	Kundenbezirk	Preisgruppe	Kundenschema	Steuerklassifikation
Debitoren (ext. NrVergabe)	Kxx-1100	BKxx	VOxx	xx	xx	Mueller	xx	Muel	44227	Dortmund	DE	DE123456789	140000	000001	01	1	0
Debitoren (ext. NrVergabe)	Kxx-1200	BKxx	VOxx	xx	xx	Kästle-Nord	xx	Käst	22391	Hamburg	DE	DE123456789	140000	000001	01	1	0
Debitoren (ext. NrVergabe)	Kxx-1300	BKxx	VOxx	xx	xx	Obstler	xx	Obst	90455	Nürnberg	DE	DE123456789	140000	000002	01	1	0
Debitoren (ext. NrVergabe)	Kxx-1400	BKxx	VOxx	xx	xx	Herzog	xx	Herz	74076	Heilbronn	DE	DE123456789	140000	000002	01	1	0
Debitoren (ext. NrVergabe)	Kxx-1500	BKxx	VOxx	xx	xx	Jacobi	xx	Jaco	30559	Hannover	DE	DE123456789	140000	000001	01	1	0
Debitoren (ext. NrVergabe)	Kxx-1600	BKxx	VOxx	xx	xx	Gebelstein	xx	Gebe	28327	Bremen	DE	DE123456789	140000	000001	01	1	0
Debitoren (ext. NrVergabe)	Kxx-1800	BKxx	VOxx	xx	xx	Kästle-Süd	xx	Käst	81825	München	DE	DE123456789	140000	000002	01	1	0
Debitoren (ext. NrVergabe)	Kxx-1900	BKxx	VOxx	xx	xx	Möller	xx	Möll	69119	Heidelberg	DE	DE123456789	140000	000002	01	1	0
Debitoren (ext. NrVergabe)	Kxx-2000	BKxx	VOxx	xx	xx	Schlosser	xx	Schl	12345	Berlin	DE	DE123456789	140000	000001	01	1	0
Debitoren (ext. NrVergabe)	Kxx-2100	BKxx	VOxx	xx	xx	Kästle Zentrale	xx	Käst	60000	Frankfurt	DE	DE123456789	140000	000001	01	1	0

Eingeben,
externe Nummernvergabe für Einzelkunden
(Kontengruppe: "Debitoren (ext.Nummernvergabe)")

Bild 3.1/39 (Modul 5): Überblick M5.2

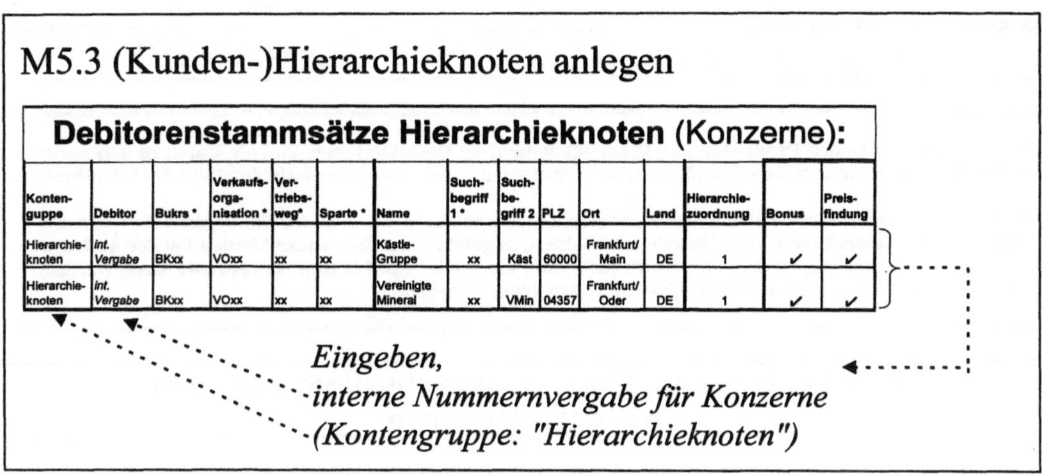

M5.3 (Kunden-)Hierarchieknoten anlegen

Debitorenstammsätze Hierarchieknoten (Konzerne):

Konten-guppe	Debitor	Bukrs *	Verkaufs-orga-nisation *	Ver-triebs-weg*	Sparte *	Name	Such-begriff 1 *	Such-be-griff 2	PLZ	Ort	Land	Hierarchie-zuordnung	Bonus	Preis-findung
Hierarchie-knoten	*int. Vergabe*	BKxx	VOxx	xx	xx	Kästle-Gruppe	xx	Käst	60000	Frankfurt/ Main	DE	1	✓	✓
Hierarchie-knoten	*int. Vergabe*	BKxx	VOxx	xx	xx	Vereinigte Mineral	xx	VMin	04357	Frankfurt/ Oder	DE	1	✓	✓

Bild 3.1/40 (Modul 5): Überblick M5.3

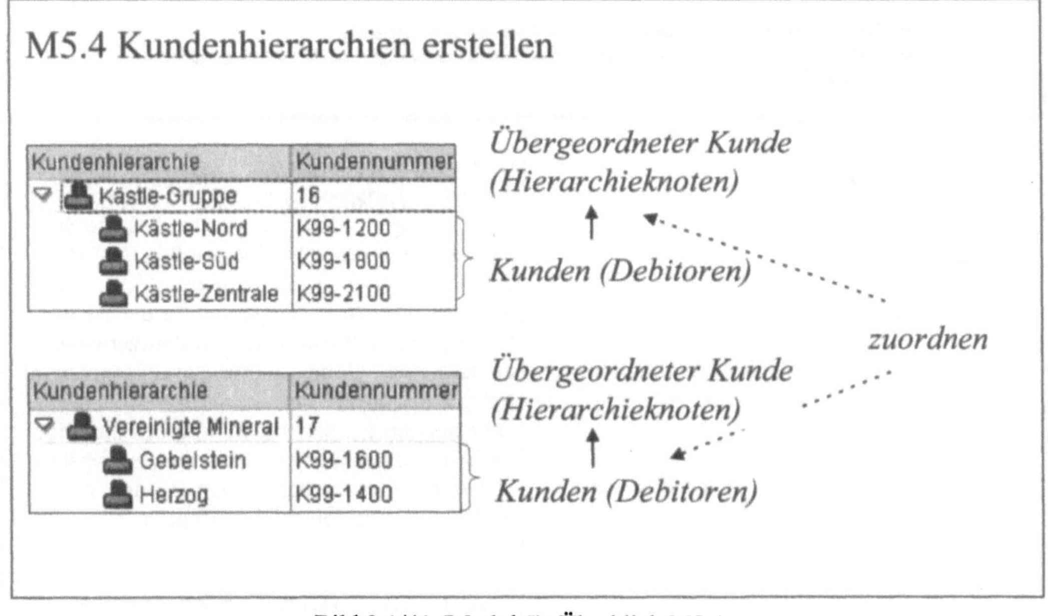

Bild 3.1/41 (Modul 5): Überblick M5.4

Anzeige	Eingabe/Auswahl

Modul 5: Kundenstammsätze (Vertrieb SD)

Neben den Daten zu den Produkten und Dienstleistungen im Materialstamm sind die Daten zu den Kunden in den Debitorenstammsätzen Grundlage und Voraussetzung der Vertriebsabwicklung mit dem R/3-System.

Mit Hilfe von Kundenhierarchien können komplexe Kundenstrukturen, z. B. für die Organisationsstrukturen von Einkaufsverbänden oder Einzelhandelsketten, abgebildet werden. Diese können bei der Auftrags- und Fakturabearbeitung im Rahmen der Preisfindung verwendet werden und als spezielle Auswertungsmerkmale an die Ergebnisrechnung (CO-PA) weitergeleitet werden.

M5.1 Customizing: Vertriebsbereichszuordnungen für Kundenhierarchien

Um Kundenhierarchien erstellen zu können, müssen im Customizing des Vertriebs zunächst folgende Festlegungen gemacht werden:

- **welche (Debitoren-)Kontengruppen sind für Hierarchien zulässig**
- **welche (Debitoren-)Kontengruppen dürfen in Hierarchien anderen übergeordnet werden**
- **welche Vertriebsbereiche sind für die Hierarchien zulässig.**

Anzeige	Eingabe/Auswahl
	Da für die Umsetzung des Testbeispiels alle Teilnehmergruppen zwar eigene Kunden (Debitoren) anlegen, dabei jedoch alle dieselbe Standard-Kontengruppe "Debitoren (ext. NrVergabe)" verwenden werden (s. unter M5.2), wurden die notwendigen Festlegungen für diese Kontengruppe bereits durch den Systemverwalter gemacht (vgl. "Hinweise für den Systemverwalter" im Anhang). Hier müssen Sie daher jetzt nur noch die erforderlichen Einstellungen für ihren Vertriebsbereich (jede Gruppe hat ja ihren eigenen Vertriebsbereich angelegt) durchführen.
SAP-Referenz-IMG (Einführungsleitfaden)	Wechseln Sie zum Einführungsleitfaden (SAP-Referenz-IMG).
	Wählen Sie im SAP-Referenz-IMG: **Vertrieb -** **Stammdaten –** **Geschäftspartner -** **Kunden –** **Kundenhierarchie –** **Vertriebsbereiche zuordnen**

Anzeige	Eingabe/Auswahl
Bildschirm "**Sicht "Kundenhierarchie: Erlaubte Vertriebsbereichszuordnungen" ändern**"	Klicken Sie auf [Neue Einträge]
Bildschirm "**Neue Einträge: Übersicht Hinzugefügte**"	Eingabe bzw. Auswahl (1. Zeile): *KH-Typ:* ***A*** (= Standardhierarchie) *VerkOrg:* ***VOxx,*** *xx = Ihre Teilnehmernummer* *VertrWeg:* ***xx,*** *xx = Ihre Teilnehmernummer* *Sparte:* ***xx,*** *xx = Ihre Teilnehmernummer* *ÜVerkOrg:* ***VOxx,*** *xx = Ihre Teilnehmernummer* *ÜVertrWeg:* ***xx,*** *xx = Ihre Teilnehmernummer* *ÜSparte:* ***xx,*** *xx = Ihre Teilnehmernummer* Sichern Sie Ihre Eingaben.
Neue Einträge: Übersicht Hinzugefügte © SAP AG Meldung in der Statuszeile: *Daten wurden gesichert.*	Damit dürfen für Ihren Vertriebsbereich Kundenhierarchien des Standardhierarchietyps A angelegt werden.
	Beenden Sie die (Customizing-)Transaktion.
SAP-Referenz-IMG (Einführungsleitfaden)	Schließen Sie das Untermenü "Vertrieb" des Einführungsleitfadens.

Anzeige	Eingabe/Auswahl

M5.2 Debitorenstammsätze anlegen

Für jeden Kunden eines Unternehmens muss ein *Debitorenstammsatz* erfasst werden, der alle für die Abwicklung von Geschäftsvorgängen erforderlichen Daten enthält.

Man unterscheidet im Debitorenstammsatz allgemeine Daten, buchungskreis- und vertriebsspezifische Daten:

- Die *buchungskreisspezifischen Daten* sind abhängig von der Buchungskreisorganisation und werden für die einzelnen Buchungskreise getrennt definiert. Hierzu zählen z. B. Daten zur Kontoführung, wie das sogenannte *Abstimmkonto oder Mitbuchkonto*, das ist das Hauptbuchkonto, auf das bei allen den Debitor (Nebenbuchhaltungskonto) betreffenden Buchungsvorgängen automatisch mitgebucht wird.

- Die *vertriebsspezifischen Daten* sind analog dazu von der Organisation in einem Vertriebsbereich abhängig. Sie werden für die einzelnen Vertriebsbereiche getrennt definiert und umfassen z. B. Daten für die Preisfindung, Lieferprioritäten oder Versandbedingungen.

- Die *allgemeinen Daten*, wie z. B. Name und Anschrift eines Kunden, sind unabhängig vom Buchungskreis und dem Vertriebsbereich. Sie gelten für einen Kunden in allen Buchungskreisen und Vertriebsbereichen.

Anzeige	Eingabe/Auswahl
SAP Easy Access mit **SAP Menü**	Wechseln Sie zum Einstiegsbild "SAP Easy Access" (SAP-Menü).
	Wählen Sie im SAP-Menü: **Logistik –** **Vertrieb –** **Stammdaten –** **Geschäftspartner –** **Kunde –** **Anlegen -** **Gesamt**
Dialogfeld "**Debitor anlegen: Einstieg**"	Eingabe bzw. Auswahl: *Kontengruppe:* ***Debitoren (ext. NrVergabe)*** *Debitor:* ***Kxx-1100,*** *xx = Ihre Teilnehmernummer* *Buchungskreis:* ***BKxx,*** *xx = Ihre Teilnehmernummer* *Verkaufsorganisation:* ***VOxx,*** *xx = Ihre Teilnehmernummer* *Vertriebsweg:* ***xx,*** *xx = Ihre Teilnehmernummer* *Sparte:* ***xx,*** *xx = Ihre Teilnehmernummer*

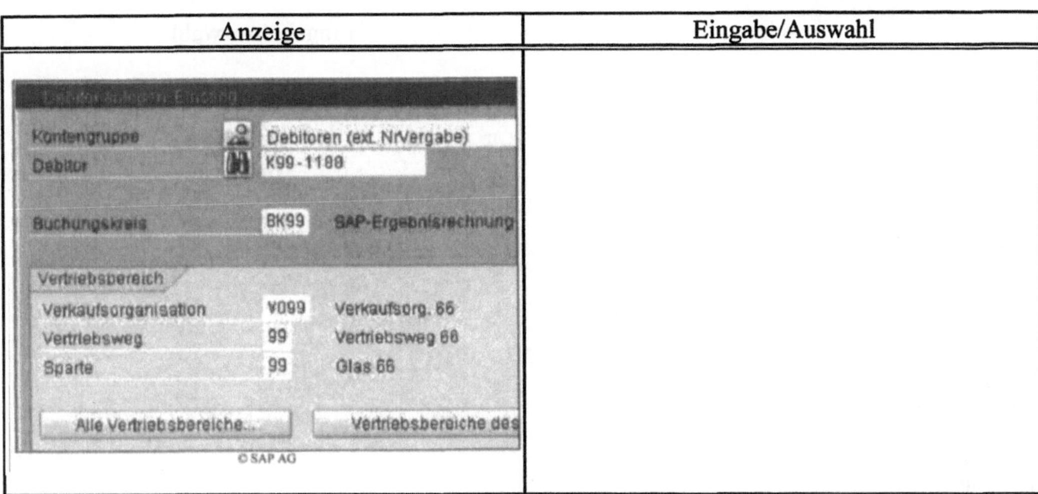

Jedem Debitorenstammsatz muss eine *Kontengruppe* zugeordnet werden. Diese fasst Eigenschaften zusammen, die das Anlegen des Stammsatzes steuern. Jeder Kontengruppe sind erlaubte (Kunden-) Partnerrollen (z. B. Auftraggeber, Warenempfänger, Rechnungsempfänger oder Regulierer) zugeordnet.

Die Kontengruppe bestimmt:
- welche Daten für den Stammsatz relevant sind (d. h. welche Eingabefelder im Erfassungsbildschirm erscheinen und welche dieser Felder Mussfelder sind)
- welche Partnerrollen (also z. B. Auftraggeber oder Warenempfänger) der Debitor in einem Beleg übernehmen kann
- den Nummernbereich, aus dem die Nummer für den Stammsatz (Schlüssel des Debitors) zu wählen ist
- ob die Nummernvergabe intern (durch das System) oder extern (durch den Erfasser) erfolgen soll.

Für den Vertrieb existieren in der Standardauslieferung des SAP-R/3-Systems bereits Kontengruppen für die unterschiedlichen Partnerrollen, es können jedoch auch eigene definiert werden.

Anzeige	Eingabe/Auswahl
	Als Kontengruppe für das Testbeispiel wurde die Kontengruppe "Debitoren (externe Nummernvergabe)" der SAP-Standardauslieferung gewählt. Diese erlaubt die externe Nummernvergabe und die Partnerrollen Auftraggeber, Rechnungsempfänger, Regulierer sowie Warenempfänger. [↵]
Bildschirm "**Debitor anlegen: Allgemeine Daten**", Registerkarte "**Adresse**"	Eingabe bzw. Auswahl: *Anrede:* **Firma** *Name:* **Mueller** *Suchbegriff 1:* ***xx*,** *xx = Ihre Teilnehmernummer* *Suchbegriff 2:* ***Muel***

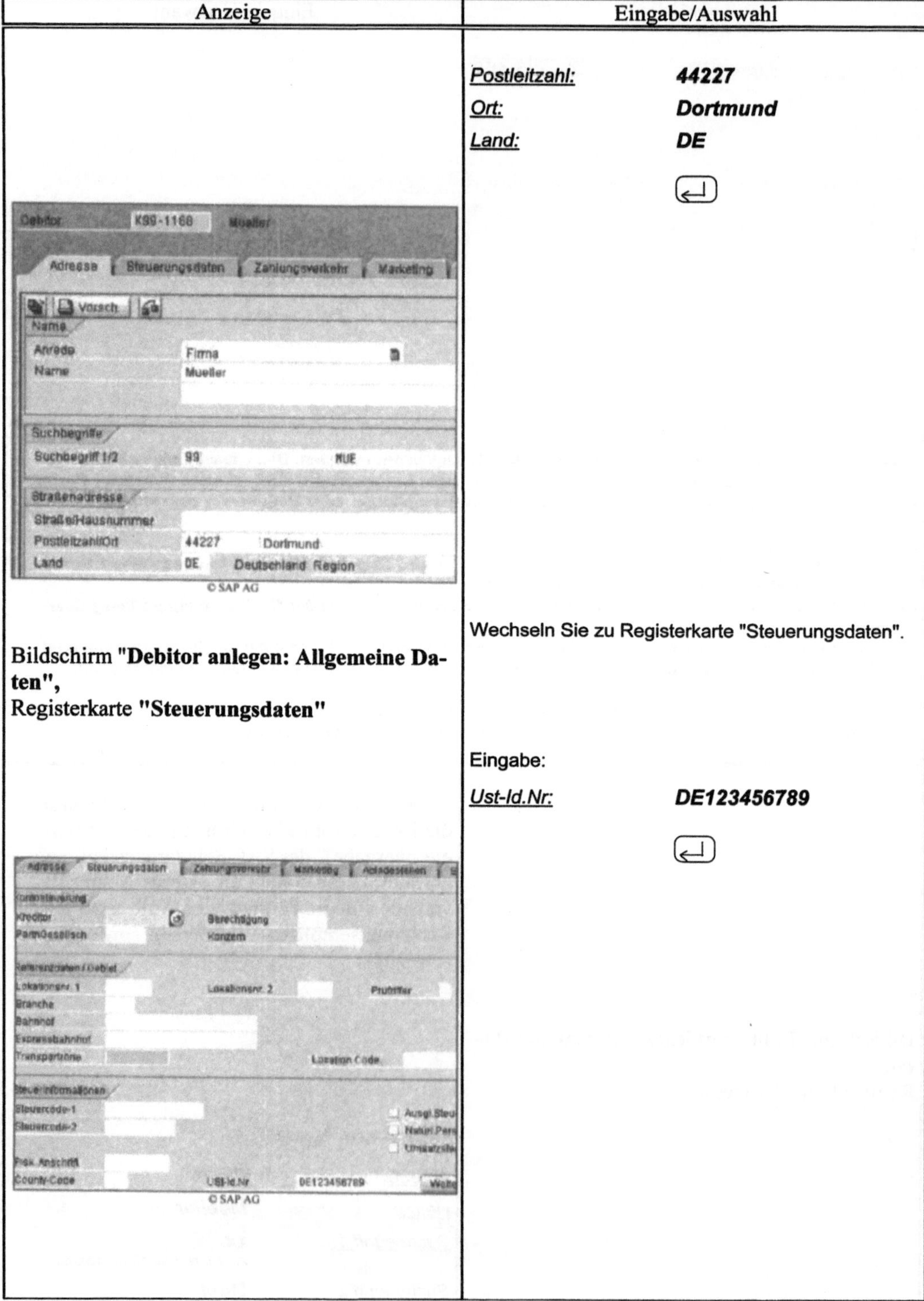

Anzeige	Eingabe/Auswahl
© SAP AG	*Postleitzahl:* ***44227*** *Ort:* ***Dortmund*** *Land:* ***DE*** ↵
Bildschirm "**Debitor anlegen: Allgemeine Daten**", Registerkarte "**Steuerungsdaten**" © SAP AG	Wechseln Sie zu Registerkarte "Steuerungsdaten". Eingabe: *Ust-Id.Nr:* ***DE123456789*** ↵

Anzeige	Eingabe/Auswahl
	Da Sie als Land "DE" = Deutschland eingegeben haben, der Debitor also aus einem EU-Land ist, ist in diesem Erfassungsbildschirm der (SAP-Standard-)Kontengruppe "Debitoren (ext. NrVergabe)" das Feld "Ust-Id.Nr" = Umsatzsteuer-Identifikationsnummer ein Mussfeld und daher hier, wenn auch für das Testbeispiel nicht relevant, zu füllen.
	Klicken Sie auf Buchungskreisdaten
Bildschirm "**Debitor anlegen: Buchungskreisdaten**", Registerkarte "**Kontoführung**"	Eingabe bzw. Auswahl: *Abstimmkonto:* ***140000*** (= Debitoren-Forderungen Inland) ↵
Kontoführung / Zahlungsverkehr / Korrespondenz / Vers Kontoführung Abstimmkonto 140000 Sortierschlüssel Zentrale Präferenzkennz. Berechtigung Finanzdispogruppe Freigabegruppe Wertberichtigung Verzinsung Zinskennzeichen Letzter Stichtag Zinsrhythmus Letzter Zinslauf Referenzdaten Alte Kontonr. Personalnummer Einkaufsverband © SAP AG	
	Als einziges Feld der Buchungskreisdaten ist für das Testbeispiel das Feld "Abstimmkonto" zu füllen, da dieses in der gewählten Kontengruppe als Mussfeld deklariert ist.
	Klicken Sie auf Vertriebsbereichsdaten
Bildschirm "**Debitor anlegen: Vertriebsbereichsdaten**", Registerkarte "**Aufträge**"	

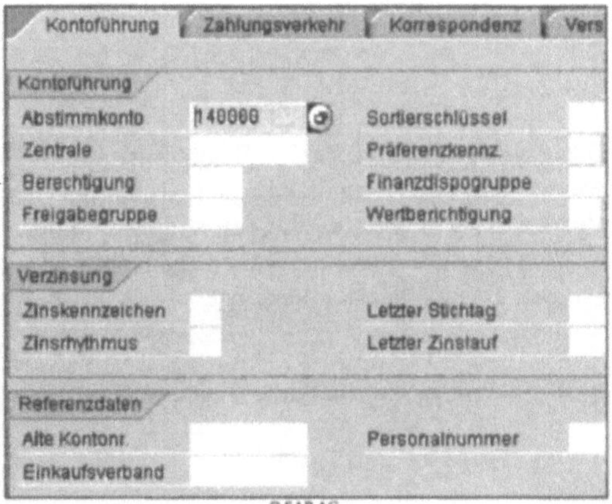

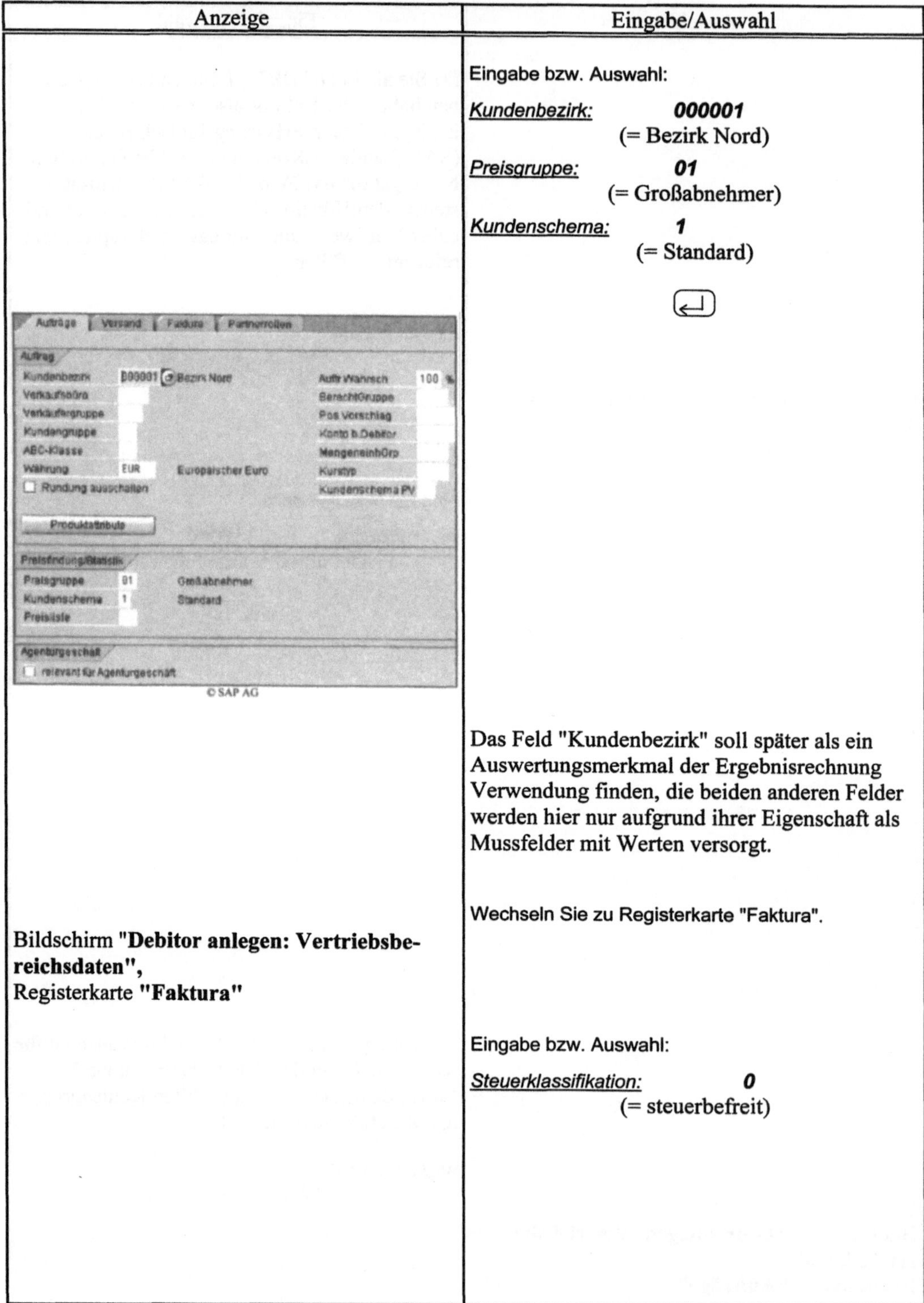

© SAP AG

Anzeige	Eingabe/Auswahl
	Eingabe bzw. Auswahl: *Kundenbezirk:* ***000001*** (= Bezirk Nord) *Preisgruppe:* ***01*** (= Großabnehmer) *Kundenschema:* ***1*** (= Standard) ⏎
	Das Feld "Kundenbezirk" soll später als ein Auswertungsmerkmal der Ergebnisrechnung Verwendung finden, die beiden anderen Felder werden hier nur aufgrund ihrer Eigenschaft als Mussfelder mit Werten versorgt.
	Wechseln Sie zu Registerkarte "Faktura".
Bildschirm **"Debitor anlegen: Vertriebsbereichsdaten"**, Registerkarte **"Faktura"**	Eingabe bzw. Auswahl: *Steuerklassifikation:* ***0*** (= steuerbefreit)

Anzeige	Eingabe/Auswahl
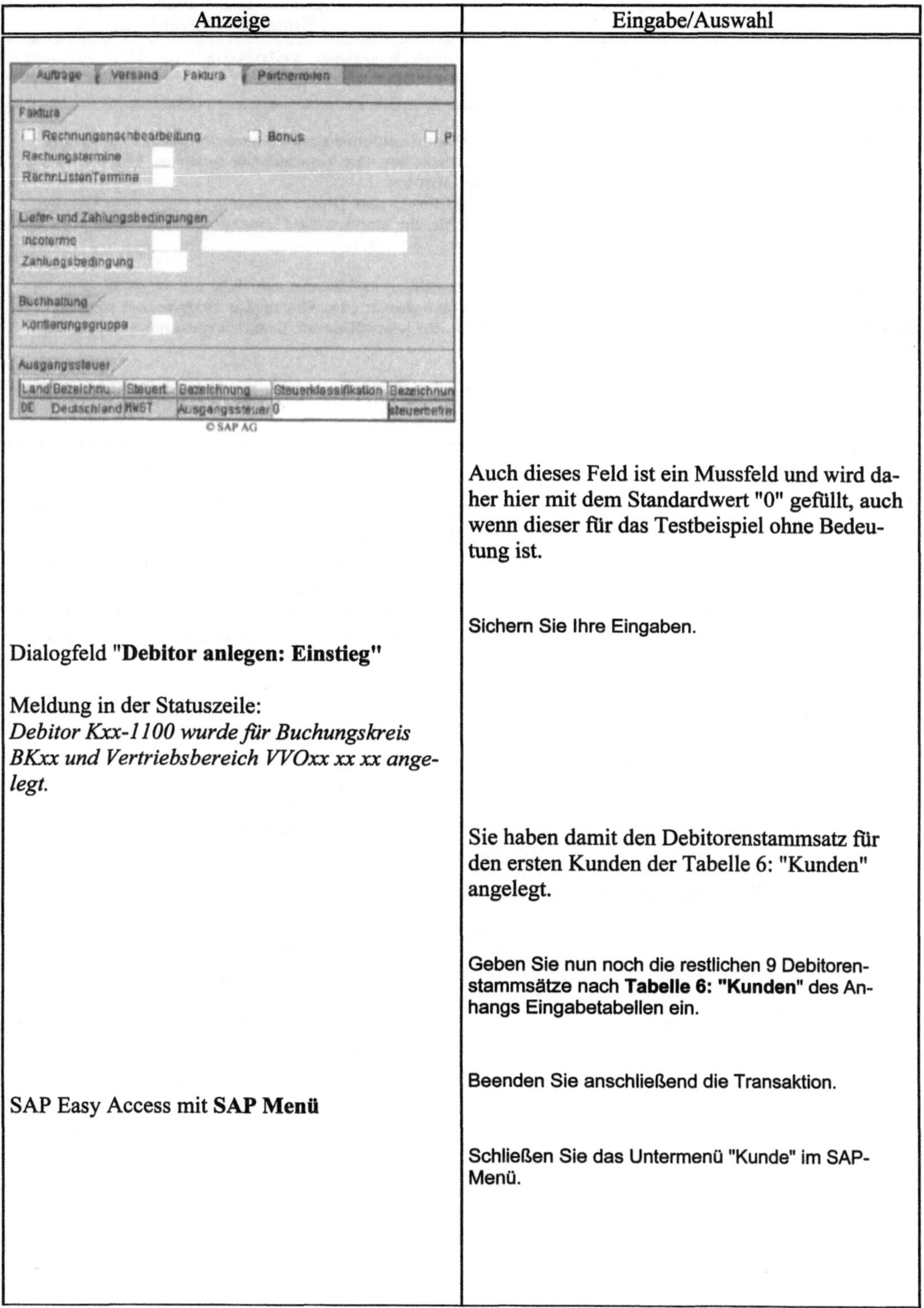 © SAP AG	
	Auch dieses Feld ist ein Mussfeld und wird daher hier mit dem Standardwert "0" gefüllt, auch wenn dieser für das Testbeispiel ohne Bedeutung ist.
	Sichern Sie Ihre Eingaben.
Dialogfeld "**Debitor anlegen: Einstieg**" Meldung in der Statuszeile: *Debitor Kxx-1100 wurde für Buchungskreis BKxx und Vertriebsbereich VVOxx xx xx angelegt.*	
	Sie haben damit den Debitorenstammsatz für den ersten Kunden der Tabelle 6: "Kunden" angelegt.
	Geben Sie nun noch die restlichen 9 Debitorenstammsätze nach **Tabelle 6: "Kunden"** des Anhangs Eingabetabellen ein.
	Beenden Sie anschließend die Transaktion.
SAP Easy Access mit **SAP Menü**	
	Schließen Sie das Untermenü "Kunde" im SAP-Menü.

Anzeige	Eingabe/Auswahl

M5.3 (Kunden-)Hierarchieknoten anlegen

Im Vertrieb können *Kundenhierarchien* zur Abbildung von Kundenstrukturen erstellt werden. Wenn z.B. Einkaufsverbände, Genossenschaften oder Einzelhandelsketten zum Kundenkreis gehören, können so die Organisationsstrukturen dieser Gruppen nachgebildet werden.
Mit Kundenhierarchien können im Modul SD Preiskonditionen und Bonusabsprachen einer dem Kunden übergeordneten Stufe zugeordnet werden, so dass sie für die Kunden aller untergeordneten Stufen gültig sind.

Um organisatorische Elemente der Kundenhierarchie abbilden zu können, die nicht als eigenständige Geschäftspartner auftreten, können auch reine *Hierarchieknoten* in eine Hierarchie eingeordnet werden. Einem Hierarchieknoten können bestimmte Daten (z.B. Preiskonditionen, Bonusabsprachen) zugeordnet werden.

Die Kundenhierarchien aus dem Vertriebssystem können auch für Auswertungen in der Ergebnisrechnung (CO-PA) genutzt werden.

Anzeige	Eingabe/Auswahl
	Es sollen nun zwei Kundenhierarchien für die beiden Kundengruppen/Konzerne des Testbeispiels (Kästle, Vereinigte Mineral) im Modul SD angelegt werden. Diese Strukturen können dann später als besondere Merkmale in die Ergebnisrechnung übernommen werden.
SAP Easy Access mit **SAP Menü**	Wählen Sie im SAP-Menü: **Logistik – Vertrieb – Stammdaten – Geschäftspartner – Hierarchieknoten – Anlegen**
Dialogfeld "**Debitor anlegen: Einstieg**"	Eingabe bzw. Auswahl: <u>*Kontengruppe:*</u> ***Hierarchieknoten*** <u>*Verkaufsorganisation:*</u> ***VOxx,*** *xx = Ihre Teilnehmernummer* <u>*Vertriebsweg:*</u> ***xx,*** *xx = Ihre Teilnehmernummer* <u>*Sparte:*</u> ***xx,*** *xx = Ihre Teilnehmernummer*

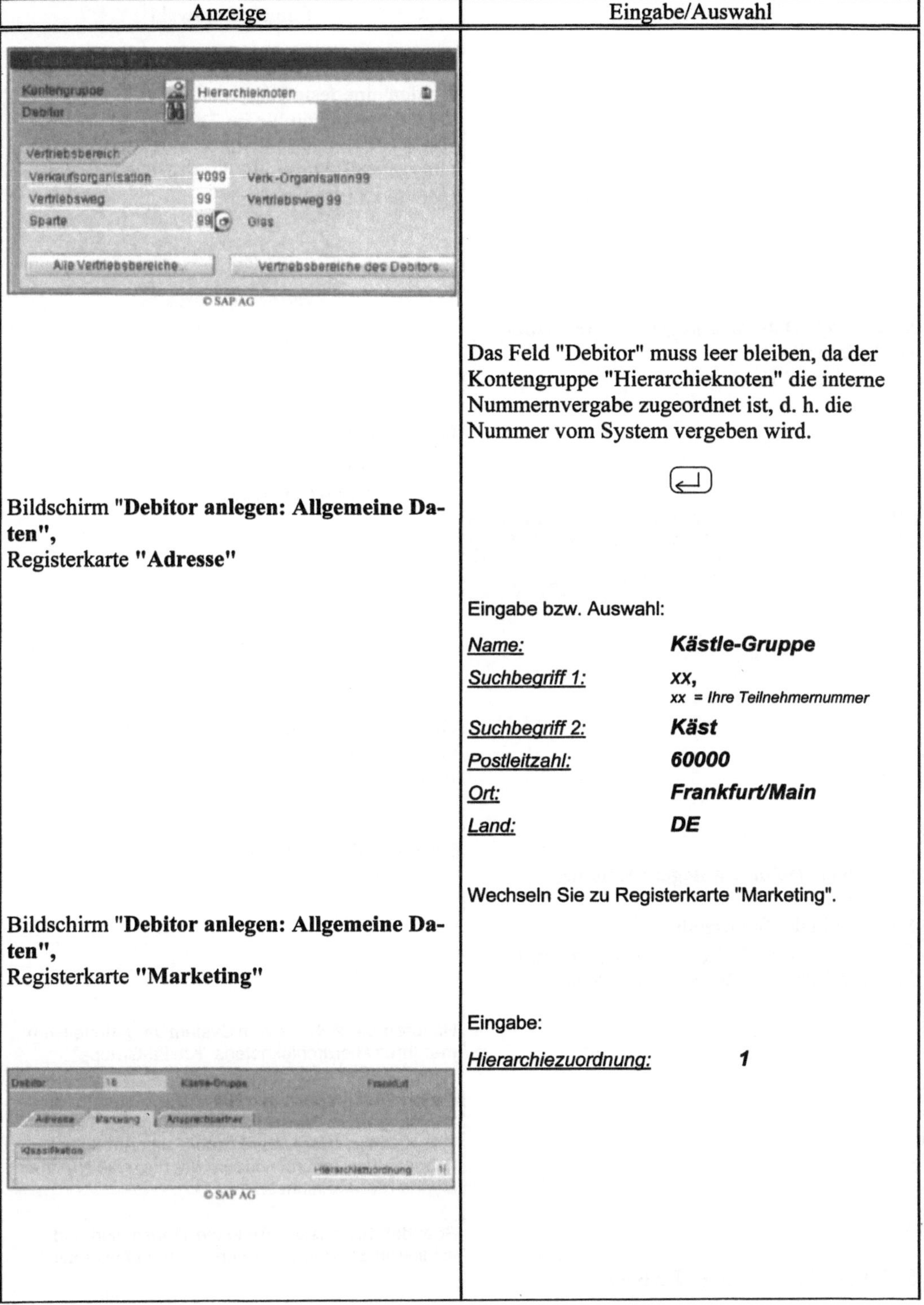

Anzeige	Eingabe/Auswahl
© SAP AG	
	Das Feld "Debitor" muss leer bleiben, da der Kontengruppe "Hierarchieknoten" die interne Nummernvergabe zugeordnet ist, d. h. die Nummer vom System vergeben wird.
Bildschirm "**Debitor anlegen: Allgemeine Daten**", Registerkarte "**Adresse**"	
	Eingabe bzw. Auswahl: *Name:* ***Kästle-Gruppe*** *Suchbegriff 1:* ***XX,*** *xx = Ihre Teilnehmernummer* *Suchbegriff 2:* ***Käst*** *Postleitzahl:* ***60000*** *Ort:* ***Frankfurt/Main*** *Land:* ***DE***
	Wechseln Sie zu Registerkarte "Marketing".
Bildschirm "**Debitor anlegen: Allgemeine Daten**", Registerkarte "**Marketing**"	
	Eingabe: *Hierarchiezuordnung:* ***1***
© SAP AG	

Anzeige	Eingabe/Auswahl
	Über das Feld "Hierarchiezuordnung" wird dem Knoten eine feste Hierarchiestufe (hier: "1", da die Kundenhierarchie im Testbeispiel nur einstufig ist) zugeordnet, diese wird später in den Übergabestrukturen für die Ergebnisrechnung (Modul CO-PA) genutzt.
	Klicken Sie auf Vertriebsbereichsdaten
Bildschirm "**Debitor anlegen: Vertriebsbereichsdaten**", Registerkarte "**Faktura**"	
	Markieren Sie die Felder: **Bonus** **Preisfindung**
© SAP AG	
	Damit haben Sie den Knoten sowohl als relevant für die Bonusgewährung als auch für die Preisfindung definiert.
	Sichern Sie Ihre Eingaben.
Dialogfeld "**Debitor anlegen: Einstieg**" Meldung in der Statuszeile: *Debitor ....(10-stellige Nummer) wurde im Vertriebsbereich VOxx xx xx angelegt.*	
	Notieren Sie sich die vom System vergebene Nummer Ihres Hierarchieknotens "Kästle-Gruppe". Legen Sie nun noch den Hierarchieknoten für die Kundengruppe "Vereinigte Mineral" nach "**Tabelle 7.1: Kunden Hierarchieknoten**" des Anhangs Eingabetabellen an und notieren Sie auch die Nummer dieses Hierarchieknotens. Beenden Sie anschließend die Transaktion und schließen Sie das Untermenü "Hierarchieknoten".
SAP Easy Access mit **SAP Menü**	

Anzeige	Eingabe/Auswahl
M5.4 Kundenhierarchien erstellen	
	Wählen Sie im SAP-Menü: **Logistik –** **Vertrieb –** **Stammdaten –** **Geschäftspartner –** **Kundenhierarchie –** **Bearbeiten**
Bildschirm "**Kundenhierarchie bearbeiten**" 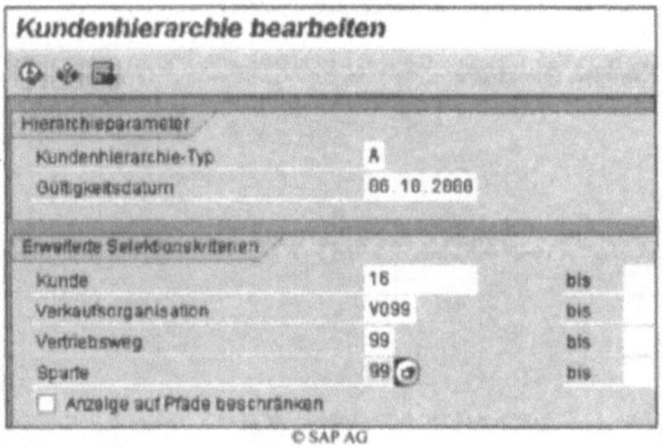 © SAP AG	Eingabe bzw. Auswahl: *Kundenhierarchie-Typ:* ***A*** (=Standardhierarchie) *Gültigkeitsdatum:* ***tt.mm.jjjj,*** *tt.mm.jjjj = aktuelles Datum* *Kunde:* *Nummer* (= Nummer Ihres Hierarchieknotens "Kästle-Gruppe") *Verkaufsorganisation:* ***VOxx,*** *xx = Ihre Teilnehmernummer* *Vertriebsweg:* ***xx,*** *xx = Ihre Teilnehmernummer* *Sparte:* ***xx,*** *xx = Ihre Teilnehmernummer* Klicken Sie auf  (= Ausführen)
Bildschirm "**Kundenhierarchie pflegen, Standardhierarchie, Datum:** *akt. Datum*" Meldung in der Statuszeile: *Hierarchietyp A: Per ..... (akt. Datum) sind keine Zuordnungen aktiv.*	Klicken Sie auf  (= Zuordnung anlegen)

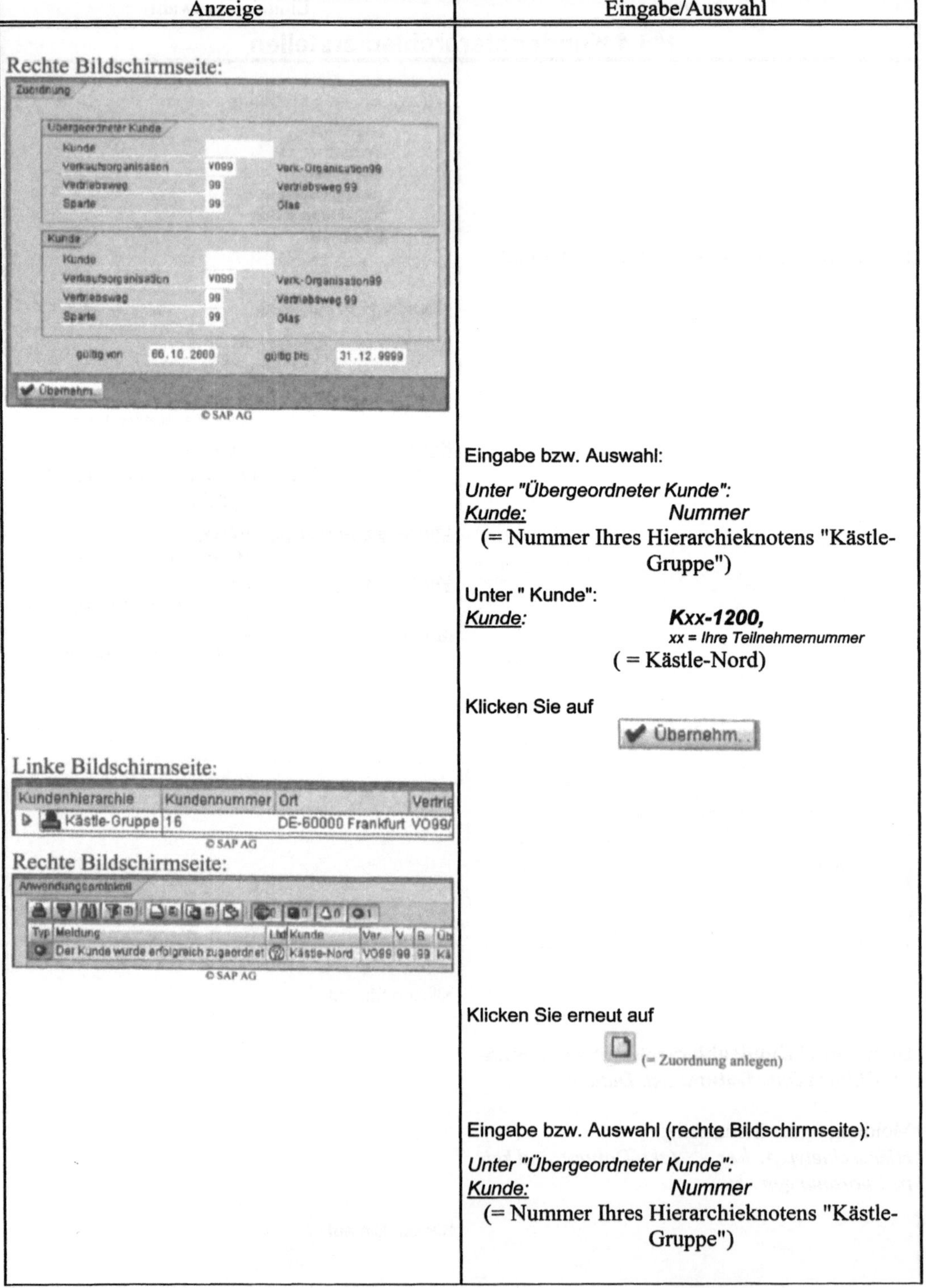

Anzeige	Eingabe/Auswahl
Rechte Bildschirmseite: © SAP AG	
	Eingabe bzw. Auswahl: *Unter "Übergeordneter Kunde":* *<u>Kunde:</u>* *Nummer* (= Nummer Ihres Hierarchieknotens "Kästle-Gruppe") Unter " Kunde": <u>*Kunde*:</u> ***Kxx-1200,*** *xx = Ihre Teilnehmernummer* (= Kästle-Nord) Klicken Sie auf Übernehm.
Linke Bildschirmseite: © SAP AG Rechte Bildschirmseite: © SAP AG	
	Klicken Sie erneut auf (= Zuordnung anlegen)
	Eingabe bzw. Auswahl (rechte Bildschirmseite): *Unter "Übergeordneter Kunde":* *<u>Kunde:</u>* *Nummer* (= Nummer Ihres Hierarchieknotens "Kästle-Gruppe")

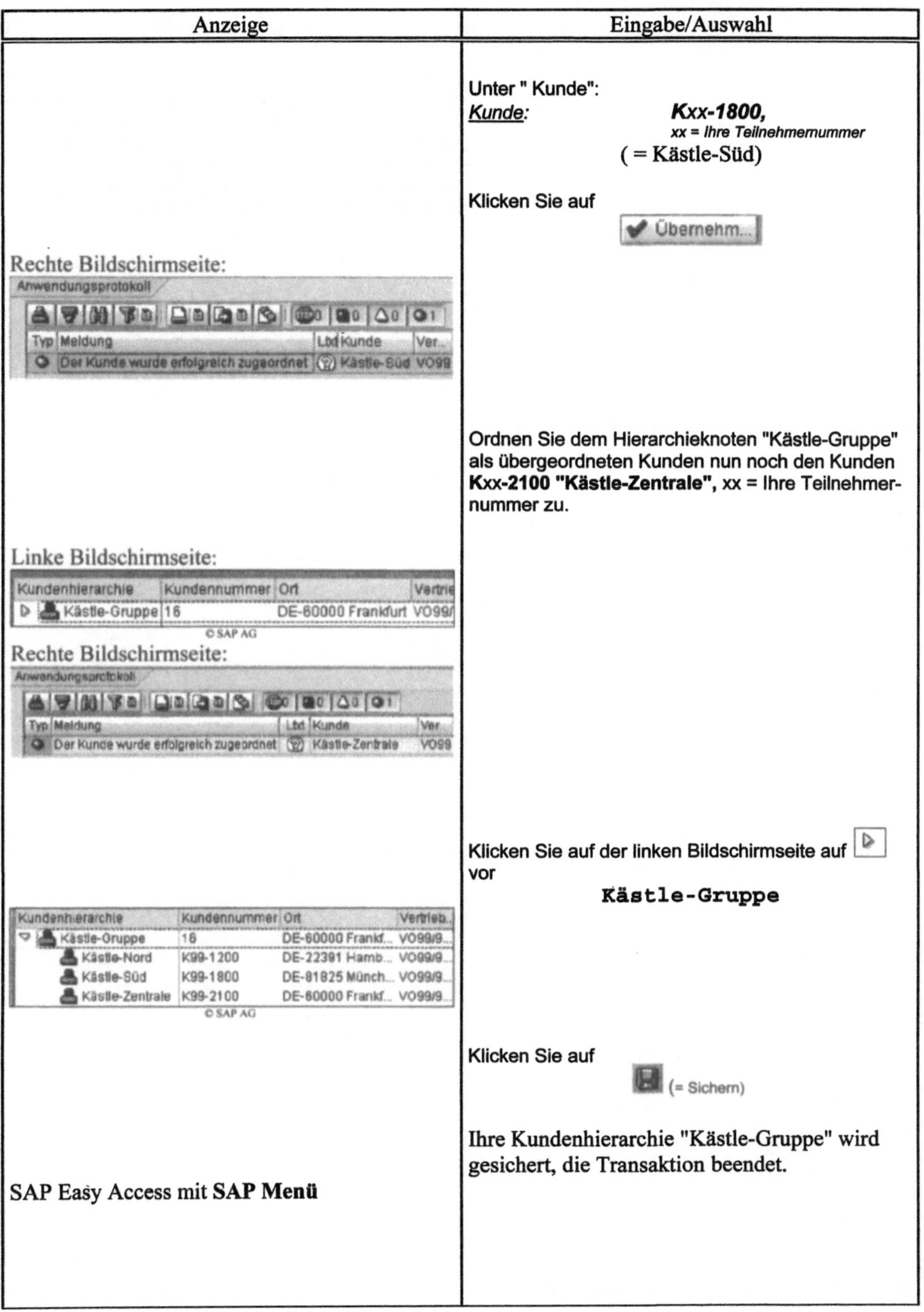

Anzeige	Eingabe/Auswahl
	Unter " Kunde": *Kunde:* ***Kxx-1800,*** *xx = Ihre Teilnehmernummer* (= Kästle-Süd) Klicken Sie auf Übernehm...
Rechte Bildschirmseite:	
	Ordnen Sie dem Hierarchieknoten "Kästle-Gruppe" als übergeordneten Kunden nun noch den Kunden **Kxx-2100 "Kästle-Zentrale",** xx = Ihre Teilnehmer-nummer zu.
Linke Bildschirmseite: Rechte Bildschirmseite:	
	Klicken Sie auf der linken Bildschirmseite auf ▷ vor **Kästle-Gruppe**
	Klicken Sie auf (= Sichern) Ihre Kundenhierarchie "Kästle-Gruppe" wird gesichert, die Transaktion beendet.
SAP Easy Access mit **SAP Menü**	

Anzeige	Eingabe/Auswahl
	Legen Sie nun in analoger Weise noch die Kundenhierarchie "Vereinigte Mineral" mit dem **Hierarchieknoten "Vereinigte Mineral"** als übergeordneten Kunden an, dem Sie die Kunden **Kxx-1600 "Gebelstein"** und **Kxx-1400 "Herzog"**, xx = Ihre Teilnehmernummer, zuordnen (vgl. **Tabelle 7.2: "Kundenhierarchien"** des Anhangs Eingabetabellen).
<table><tr><th>Kundenhierarchie</th><th>Kundennummer</th><th>Ort</th><th>Vertri</th></tr><tr><td>Vereinigte Mineral</td><td>17</td><td>DE-04357 Frankfurt</td><td>VO99</td></tr><tr><td>Gebelstein</td><td>K99-1600</td><td>DE-28327 Bremen</td><td>VO99</td></tr><tr><td>Herzog</td><td>K99-1400</td><td>DE-74076 Heilbronn</td><td>VO99</td></tr></table> © SAP AG	
SAP Easy Access mit **SAP Menü**	Schließen Sie das Untermenü "Logistik" des SAP-Menüs.

3.2 Ergebnis- und Marktsegmentrechnung (CO-PA)

Modul 6: Customizing: Ergebnisbereich (Strukturierung)

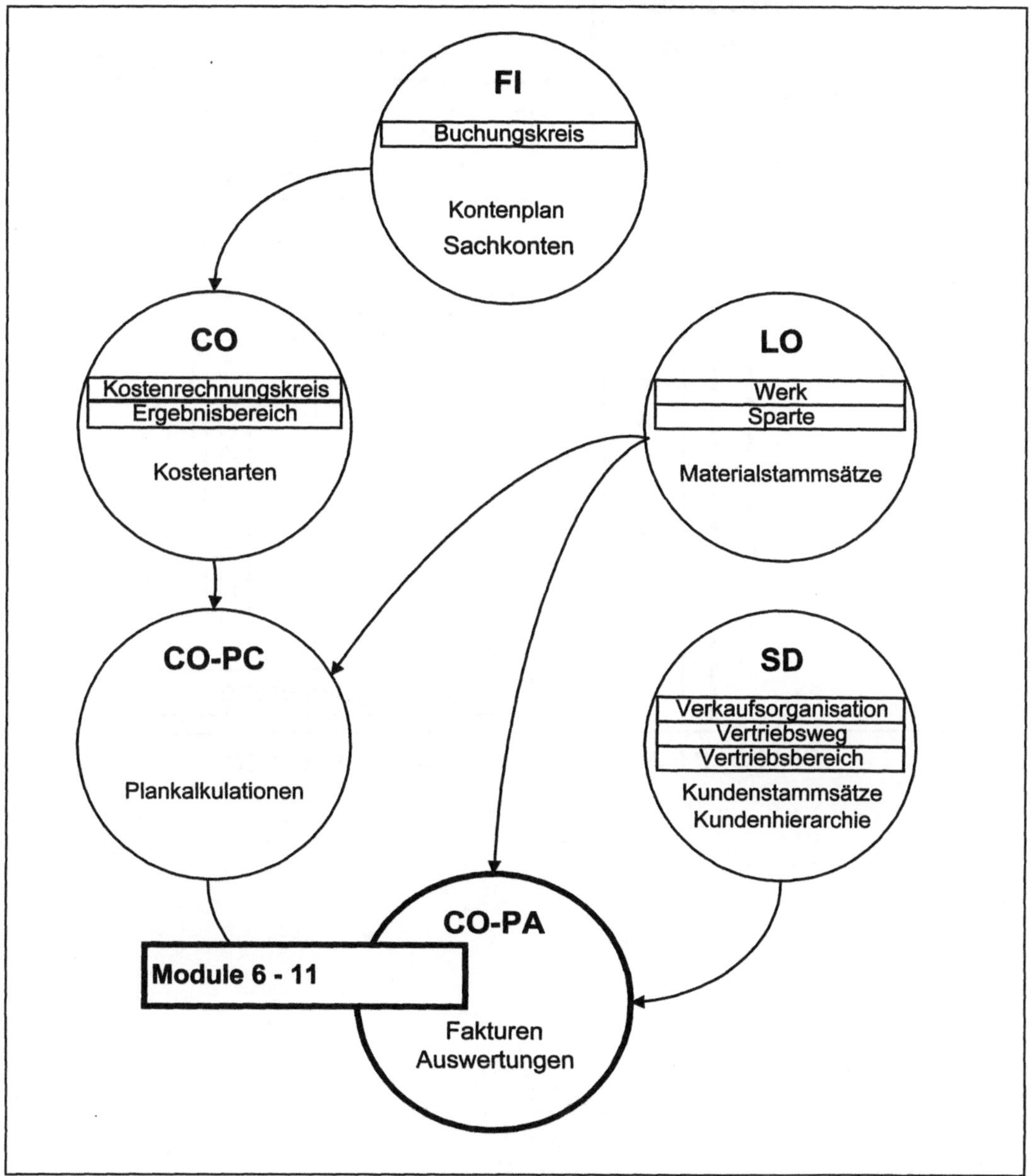

Bild 3.2/1 (Modul 6): Modulstruktur des Testbeispiels (1)

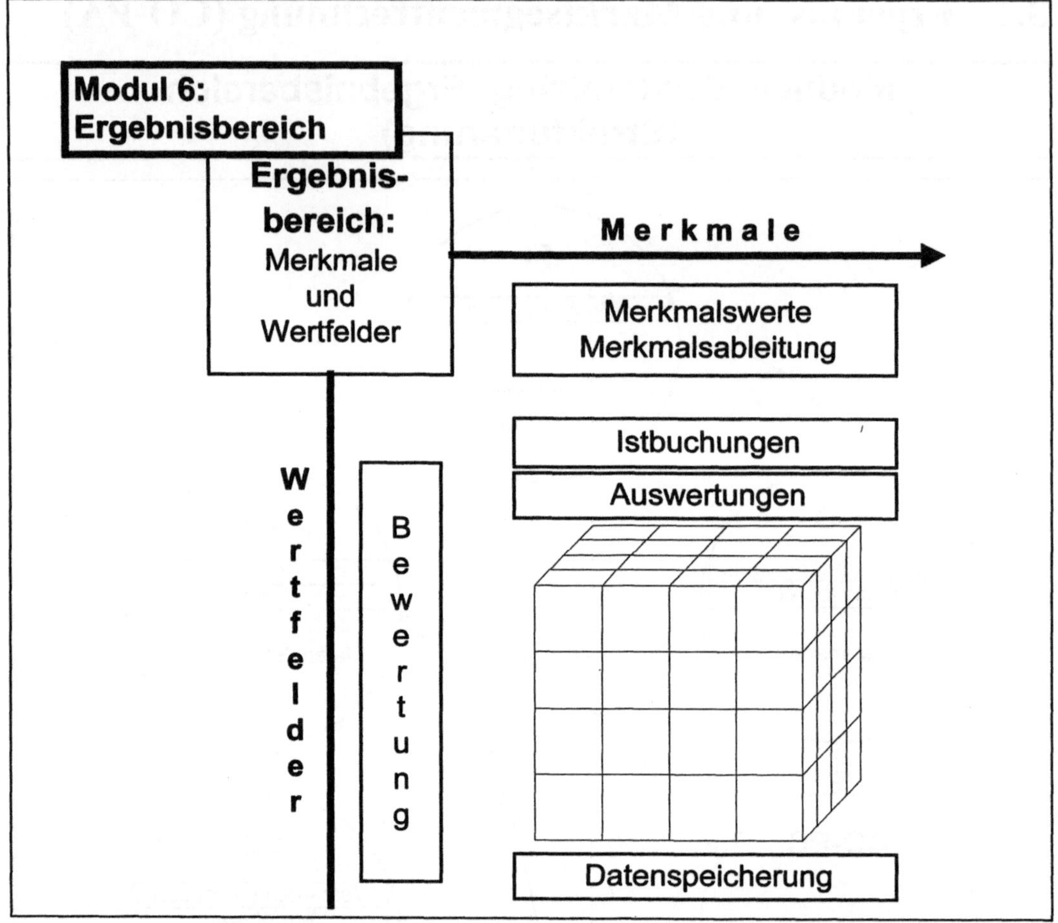

Bild 3.2/1 (Modul 6): Modulstruktur des Testbeispiels (2)

Ergebnisbereich

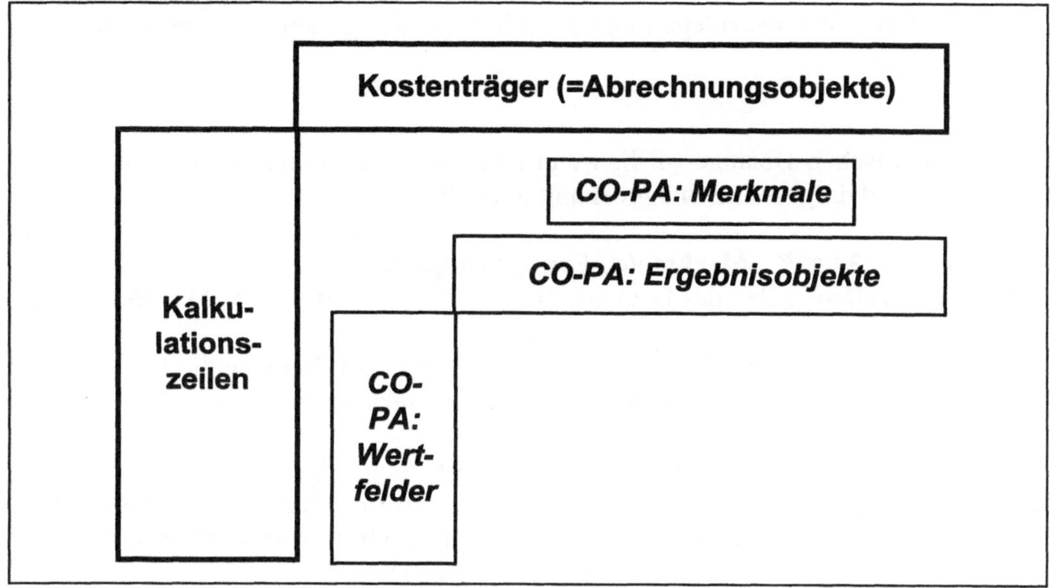

Bild 3.2/2 (Modul 6): Ergebnisbereich

In Modul 1 war unter Unternehmensstruktur/Abrechnungsstruktur bereits der Name (die Nummer) des Ergebnisbereichs festgelegt worden. Dort war auch schon gesagt worden:

Ergebnisbereich: Unter der Nummer des Ergebnisbereichs wird das **Schema der SAP-Ergebnisrechnung mit Wertfeldern und Merkmalen** angelegt.

Dieser eng und formal aufgefasste Begriff des Ergebnisbereichs lässt sich jetzt wie folgt erweitern:
Der Ergebnisbereich ist eine neu zu strukturierende Datenbasis für die Auswertungen in der Ergebnisrechnung. Dabei wird unter Strukturierung verstanden, dass neue Datenbanktabellen und deren Felder (Merkmale und Wertfelder) definiert und generiert werden müssen. Die Strukturen dieser Tabellen sind im System noch nicht festgelegt, da die Vielfalt der praktischen Möglichkeiten nicht vorempfunden werden kann. Für den Anwender hat dies den Vorteil, dass er *seine* Strukturen einbringen kann. Unter Struktur wird dabei verstanden:
- Absatzmärkte / Kostenträger, abgebildet über **Merkmale**
- Kalkulationszeilen, abgebildet über **Wertfelder**.

Diese Situation beim Ergebnisbereich unterscheidet sich z. B. von der beim Kostenrechnungskreis. Während beim Kostenrechnungskreis eine feste Datenstruktur für

Stammdaten (z. B. Kostenarten, Kostenstellen, Aufträge) und Bewegungsdaten (Belege) vorgegeben und generiert ist, sind die Datenstrukturen des Ergebnisbereichs erst noch vom Anwender festzulegen und anschließend der gesamte Ergebnisbereich zu genieren.

Für alle praktischen Belange (d. h. wenn man von Spitzfindigkeiten absieht) kann man die im Bild dargestellte Entsprechung formulieren:

Kostenträger ⟷ **Merkmale / Ergebnisobjekte**
Kalkulationszeilen/Zeilen des Deckungsbeitragsschemas ⟷ **Wertfelder**

Dimension **Kostenträger**/Abrechnungsobjekte: in der SAP-Sprache die **Ergebnisobjekte / Merkmale (genauer Kombination von Merkmalswerten = Ergebnisobjekt).**
Unter **Merkmalen** werden dabei hauptsächlich Attribute/Eigenschaften von Auftrag, Kunde und Artikel verstanden. Nach diesen Merkmalen kann man die Kalkulation/Deckungsbeiträge sortieren: ArtikelDBs, KundenDBs, aber auch KundengruppenDBs, FarbDBs (Farbe als Eigenschaft des Artikels).

Dabei muss man im Auge behalten, dass der SAP-Begriff Merkmal eher weiter ist als der Begriff Kostenträger. So ist z. B. auch der Buchungskreis ein Merkmal, der landläufig kaum als Kostenträger gilt.

Dimension **Kalkulationszeilen**/Zeilen des Deckungsbeitragsschemas: im R/3-System **Wertfelder,** deren Werte entweder aus Vorsystemen übernommen werden (z. B. Umsatz aus der Fakturierung (SAP-Modul SD)) oder die mit Hilfe der sogenannten **Bewertung** gefüllt werden. Unter Bewertung werden Berechnungen verstanden, deren Basis entweder Materialkalkulationen sind oder die mit Hilfe eines Rechenverfahrens (Konditionstechnik, s. Modul 8) die abgegrenzten Kosten- und Erlösarten ermitteln.

Merkmale

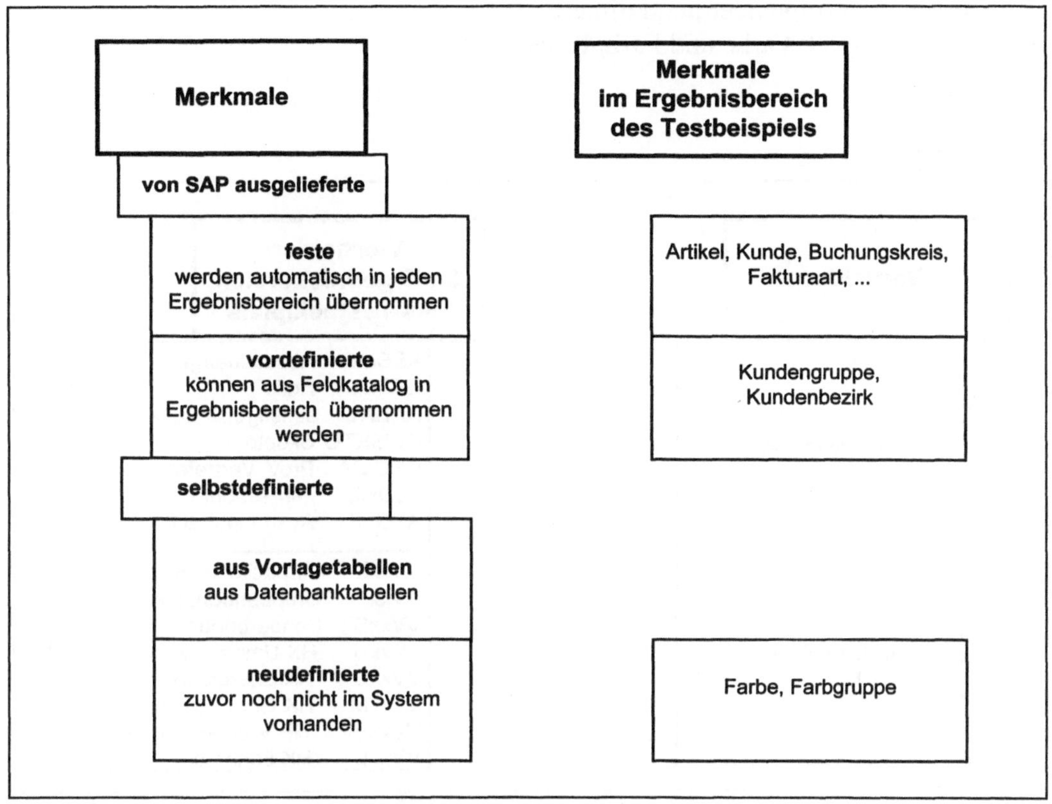

Bild 3.2/3 (Modul 6): Merkmale

Im R/3-System werden Merkmale nach Datenherkunft unterschieden in:

- **von SAP ausgelieferte Merkmale:**
  - -- **feste Merkmale**: werden vom System automatisch in die Tabellen aller Ergebnisbereiche übernommen
    Beispiel: Artikelnummer
  - -- **vordefinierte Merkmale**: schon in einem Feldkatalog enthalten und zur Übernahme in die Tabellen der Ergebnisbereiche vorgesehen
    Beispiel: Kundenbezirk
- **selbstdefinierte Merkmale:**
  - -- **aus Vorlagetabellen:** können aus Datenbanktabellen des Standardsystems in die Tabellen des Ergebnisbereichs übernommen werden
    Beispiel: beliebige Felder aus dem Kundenstamm oder dem Artikelstamm

-- **neudefinierte Merkmale:** sind im Standardsystem nicht vorhanden und werden vom Anwender neudefiniert
im Testbeispiel: Farbe und Farbgruppe

Wertfelder

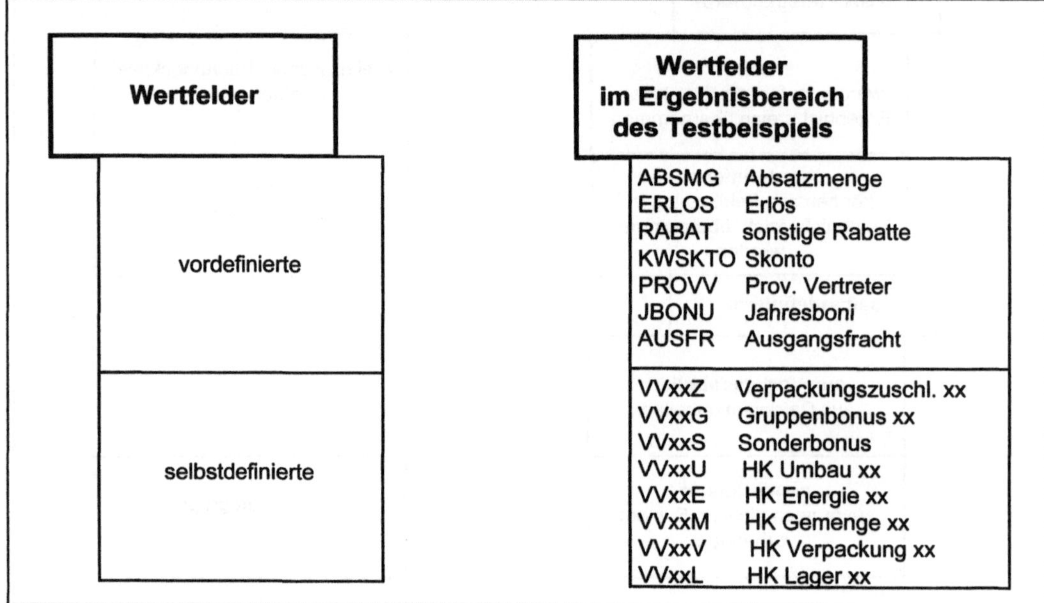

Bild 3.2/4 (Modul 6): Wertfelder (1)

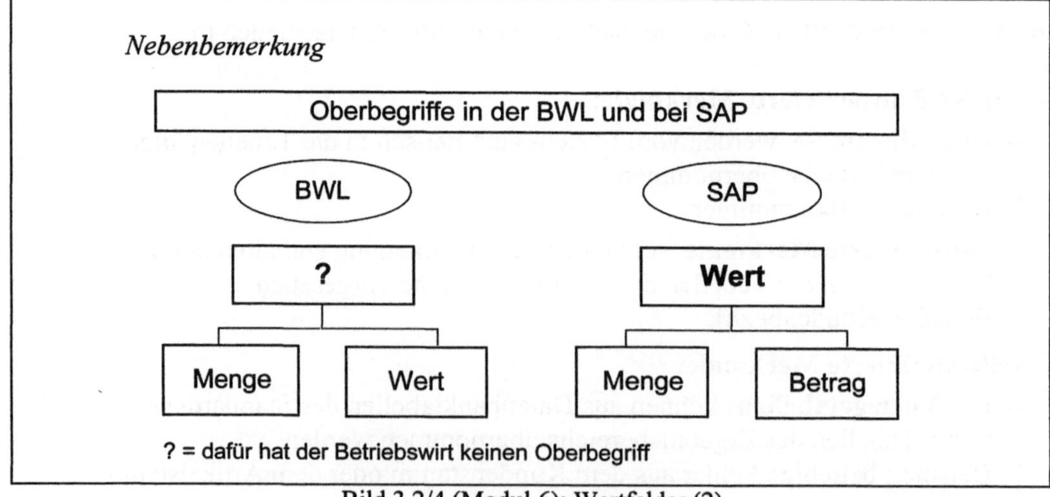

Bild 3.2/4 (Modul 6): Wertfelder (2)

Wertfelder sind die Felder, die im Testbeispiel die Zeilen des Deckungsbeitragsschemas füllen werden. Sie sind entweder schon datenmäßig vorhanden und müssen nur übernommen werden (Beispiel Umsatz aus Fakturierung) oder sie müssen in einem Rechenverfahren (hier spricht SAP von Bewertung) ermittelt werden.

Die Wertfelder werden in der SAP-Welt eingeteilt in
- **vordefiniert**

und
- **selbstdefiniert**

Vordefiniert sind Felder, die von SAP bereits vorgedacht wurden und in einer Vorlagetabelle zur Übernahme in Ergebnisbereiche zur Verfügung stehen. Sie müssen vom Anwender lediglich in den jeweiligen Ergebnisbereich übernommen werden.

Selbstdefinierte Felder müssen zunächst vom Anwender neu definiert werden und können dann in einen Ergebnisbereich aufgenommen werden.

Die Wertfelder sind zu diesem Zeitpunkt also nur Platzhalter, denen erst später Werte (durch Bewertung (s. Modul 8) oder bei den Istbuchungen (im Testbeispiel im Modul 9)) zugeordnet werden.

Es fällt eine gewisse Unsymmetrie zwischen der Einteilung der Wertfelder und der Einteilung der Merkmale auf. Damit hat es folgende Bewandtnis: die Wertfelder gibt es bei der kalkulatorischen Ergebnisrechnung nur im CO-PA und nicht an einer anderen Stelle im R/3-System. Deswegen können sie auch nicht übernommen werden, sei es als feste Werte oder aus Vorlagetabellen.

Es sei noch darauf hingewiesen, dass in der Liste der Wertfelder auch ein **Mengenfeld** enthalten ist und im Übrigen nur Betragsfelder. In der Sprache von SAP ist ein Wertfeld Oberbegriff zu Mengenfeld und Betragsfeld (=Währungsfeld) (der betriebswirtschaftliche Sprachgebrauch ist hier bekanntlich anders: Mengen und Wertfelder sind Gegensätze, einen Oberbegriff gibt es nicht). Beim Definieren von Wertfeldern ist jeweils anzugeben, ob es sich um ein Mengen- oder ein Betragsfeld handelt. Diese Unterscheidung wird später bei der Definition der Bewertungsstrategie gebraucht, um in der Materialkalkulation und bei einigen mengenbezogenen Konditionen einen Bezug zu einer Menge herstellen zu können (s. Modul 8).

Merkmalsverwendung

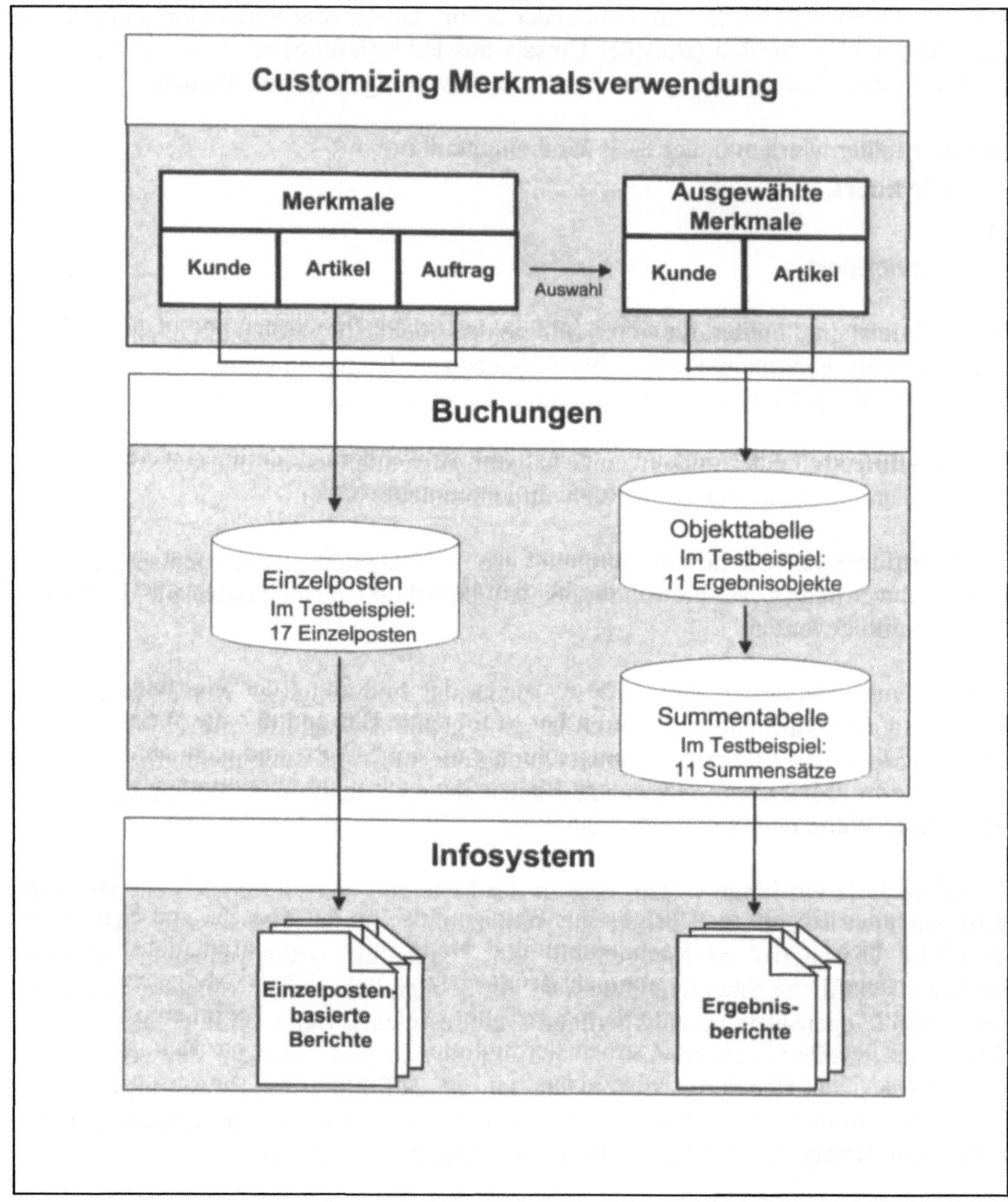

Bild 3.2/5 (Modul 6): Merkmalsverwendung für Ergebnisobjekte (1)

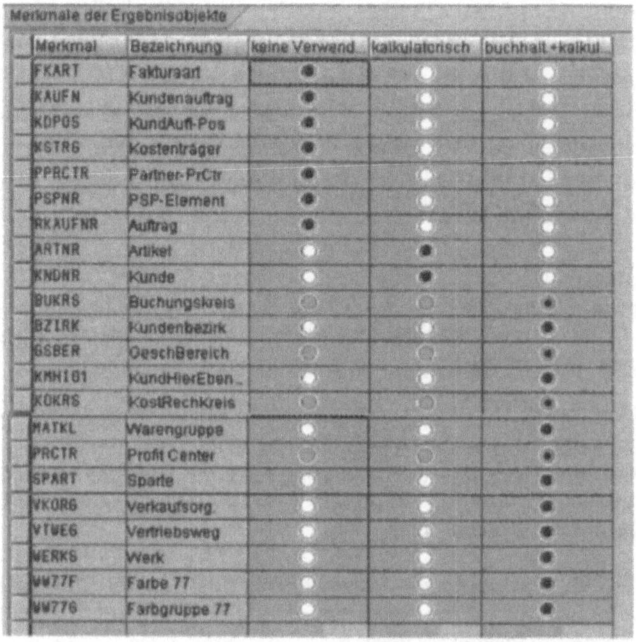

Merkmale der Ergebnisobjekte

Merkmal	Bezeichnung	keine Verwend.	kalkulatorisch	buchhalt.+kalkul.
FKART	Fakturaart	●	○	○
KAUFN	Kundenauftrag	●	○	○
KDPOS	KundAuft-Pos	●	○	○
KSTRG	Kostenträger	●	○	○
PPRCTR	Partner-PrCtr	●	○	○
PSPNR	PSP-Element	●	○	○
RKAUFNR	Auftrag	●	○	○
ARTNR	Artikel	○	●	○
KNDNR	Kunde	○	●	○
BUKRS	Buchungskreis	○	○	●
BZIRK	Kundenbezirk	○	○	●
GSBER	GeschBereich	○	○	●
KMH101	KundHierEben..	○	○	●
KOKRS	KostRechKreis	○	○	●
MATKL	Warengruppe	○	○	●
PRCTR	Profit Center	○	○	●
SPART	Sparte	○	○	●
VKORG	Verkaufsorg.	○	○	●
VTWEG	Vertriebsweg	○	○	●
WERKS	Werk	○	○	●
WW77F	Farbe 77	○	○	●
WW776	Farbgruppe 77	○	○	●

Bild 3.2/5 (Modul 6): Merkmalsverwendung für Ergebnisobjekte (2)

Unter der unscheinbaren Überschrift „Merkmalsverwendung" wird eine bedeutsame Festlegung getroffen: Welche **Merkmale** sollen **ausgewählt** werden, um Ergebnisobjekte zu bilden, die später dann als Kontierungsobjekte, als Auswertungsobjekte in der Recherche und als Planungsobjekte von Bedeutung sind.

Aus der Gesamtheit der Merkmale des Ergebnisbereichs werden Merkmale ausgewählt (im Testbeispiel Kunde und Artikel, nicht aber der Auftrag).

Bei ergebnisrelevanten Buchungen bildet das System für jede neuauftretende Kombination von Merkmalswerten dieser ausgewählten Merkmale dann automatisch ein Ergebnisobjekt (im Testbeispiel 11).
Für jedes neue Ergebnisobjekt wird eine (Ergebnisobjekt-)Nummer vergeben und ein Eintrag in einer Datenbanktabelle (Objekttabelle) gemacht. Außerdem schreibt das System neben dem Einzelposten (im Testbeispiel 17) in der Einzelpostentabelle bei jeder Buchung zu jedem Ergebnisobjekt einen neuen Summensatz (im Testbeispiel also auch 11) bzw. schreibt einen schon vorhanden fort.

Beispiel:
Aus den Merkmalen Kunden, Artikel, Auftrag seien die Merkmale Kunde und Artikel zur Bildung von Ergebnisobjekten ausgewählt, nicht aber der Auftrag.

Es fällt eine Buchung (Faktura) für den Kunden "Mueller" (Kundennummer "1100") und den Artikel "100 g Kaffeeglas" (Artikelnummer "900") mit der Auftragsnummer "12345" an. Das System schreibt einen Einzelposten mit allen drei Merkmalswerten und den zugehörigen Beträgen, bildet, falls diese Merkmalswertkombination bisher noch nicht vorgekommen ist, ein neues Ergebnisobjekt "Mueller, 100g Kaffeeglas" und schreibt für dieses Ergebnisobjekt einen neuen Summensatz bzw. schreibt einen schon vorhandene Kumulation fort.

Hinweis auf das Testbeispiel:
Die obigen Darstellungen gelten für die „SAP-Ideal-Praxis". Im Testbeispiel ergeben sich die im folgenden genannten Modifikationen. Dabei bleibt aber das Konzept von Einzelposten und Summensätzen voll erhalten. Es wird nur auf einem etwas anderen Weg erhalten.

Im Testbeispiel werden die Ist-Buchungen direkt ins PA-Modul eingegeben. Die Buchungen können bei Direkteingabe keine Auftragsnummer enthalten, denn diese könnte nur aber das SD-Modul erfasst werden, worauf hier verzichtet werden sollte. Auch die Nummer des Geschäftsvorfalls, die im betriebswirtschaftlichen Konzept die Rolle der Auftragsnummer spielt, wird nicht erfasst, vielmehr vergibt das System eine Belegnummer.

Die Logik der Verdichtung auf Kunden-Artikel-Kombinationen und die Speicherung von Summensätzen bleibt auch ohne Auftragsnummer erhalten, weil automatisch über Belege mit gleicher Kunden-Artikel-Kombination verdichtet wird.
Ende des Hinweises auf das Testbeispiel.

Dass für die Merkmalswertkombinationen Summensätze (redundant) gespeichert werden, hat vor allem Performance-Gründe. Im Infosystem des CO-PA wird zwischen den beiden Berichtsarten **Ergebnisbericht** und **einzelpostenbasierter Bericht** unterschieden. Der Ergebnisbericht greift auf die Objektebene (Summensätze) zu, während der einzelpostenbasierte Bericht auf die Einzelpostentabelle zugreift, was jedoch nur für kleinere Datenmengen geeignet ist (etwa die Umsatzbetrachtung in kleineren Zeitabschnitten), ansonsten zu Performance-Problemen führen würde.

Letztlich ist es eine alte Erkenntnis der Betriebswirtschaftslehre, dass man nicht alles gleichzeitig haben kann, sondern wählen bzw. optimieren muss, im Beispiel zwischen Detail und Performance.

Obwohl in der bisherigen Darstellung die Ergebnisobjekte hauptsächlich unter Performance-Gesichtspunkten diskutiert wurden, sei daran erinnert, dass es auch andere Aspekte zur Bildung von Ergebnisobjekten gibt. Die **Planung** ist zwar in unserem Testbeispiel nicht enthalten, um es nicht zu überfrachten. Man kann sich aber leicht vorstellen, dass sich eine Planung auch eher auf eine aggregierte Ebene bezieht, dass man z. B. hier auch auf Artikel- und Kunden-Ebene plant (z. B. der Umsatz pro Artikel und Kunde) und nicht je Auftrag.

Der beschriebene Sachverhalt wird in Modul 11 Datenspeicherung noch einmal aufgegriffen werden.

Was ist zu tun?

M6.1 Customizing: Merkmale anzeigen und definieren

Merkmal	Bedeutung	Kurzwort	DTyp	Länge	Herkunftstabelle	Herkunftsfeld
BONUS	Bonusgruppe	Bonusgrp	CHAR	2	MVKE	BONUS
BRSCH	Branche	Branche	CHAR	4	KNA1	BRSCH
BZIRK	Kundenbezirk	Bezirk	CHAR	6	KNVV	BZIRK
COPA_KOSTL	Kostenstelle	Kostenst.	CHAR	10	<TKES> (Syst...	
COPA_PRZNR	Geschäftsprozeß	GProzeß	CHAR	12	<TKES> (Syst...	
EFORM	Erzeugnisform	Erzeugnisf	CHAR	5		
GEBIE	Gebiet	Gebiet	CHAR	4		
KDGRP	Kundengruppe	Kundengrp.	CHAR	2	KNVV	KDGRP
KMBRND	Marke	Marke	NUMC	2	<TKES> (Syst...	
KMCATG	Geschäftsfeld	Geschfld.	NUMC	2	<TKES> (Syst...	
KMHI01	KundHierEbene01	HieEbene01	CHAR	10	PAPARTNER	HIE01
...						

Merkmale, die ...

... bereits im System vorhanden sind und ...

Feldname	Bedeutung	V..	DTyp	Länge	HKTabelle	Datenelement	Prüftabelle
ARTNR	Artikel	F	CHAR	18	MARA	ARTNR	MARA
BUKRS	Buchungskreis	F	CHAR	4		BUKRS	T001
FKART	Fakturaart	F	CHAR	4		FKART	TVFK
GSBER	GeschBereich	F	CHAR	4		GSBER	TGSB
KAUFN	Kundenauftrag	F	CHAR	10		KDAUF	VBUK
KDPOS	KundAuft-Pos	F	NUMC	6		KDPOS	VBUP
KNDNR	Kunde	F	CHAR	10	KNA1	KUNDE_PA	KNA1
KOKRS	KostRechKreis	F	CHAR	4		KOKRS	TKA01
...							

... feste Merkmale ansehen

Merkmal	Bedeutung	Kurzwort	DTyp	Länge	Herkunftstabelle	Herkunftsfeld
WW99F	Farbe 99	Farbe	CHAR	10		
WW99G	Farbgruppe 99	Farbgruppe	CHAR	10		

Zwei Merkmale neu definieren

Bild 3.2/6 (Modul 6): Überblick M6.1

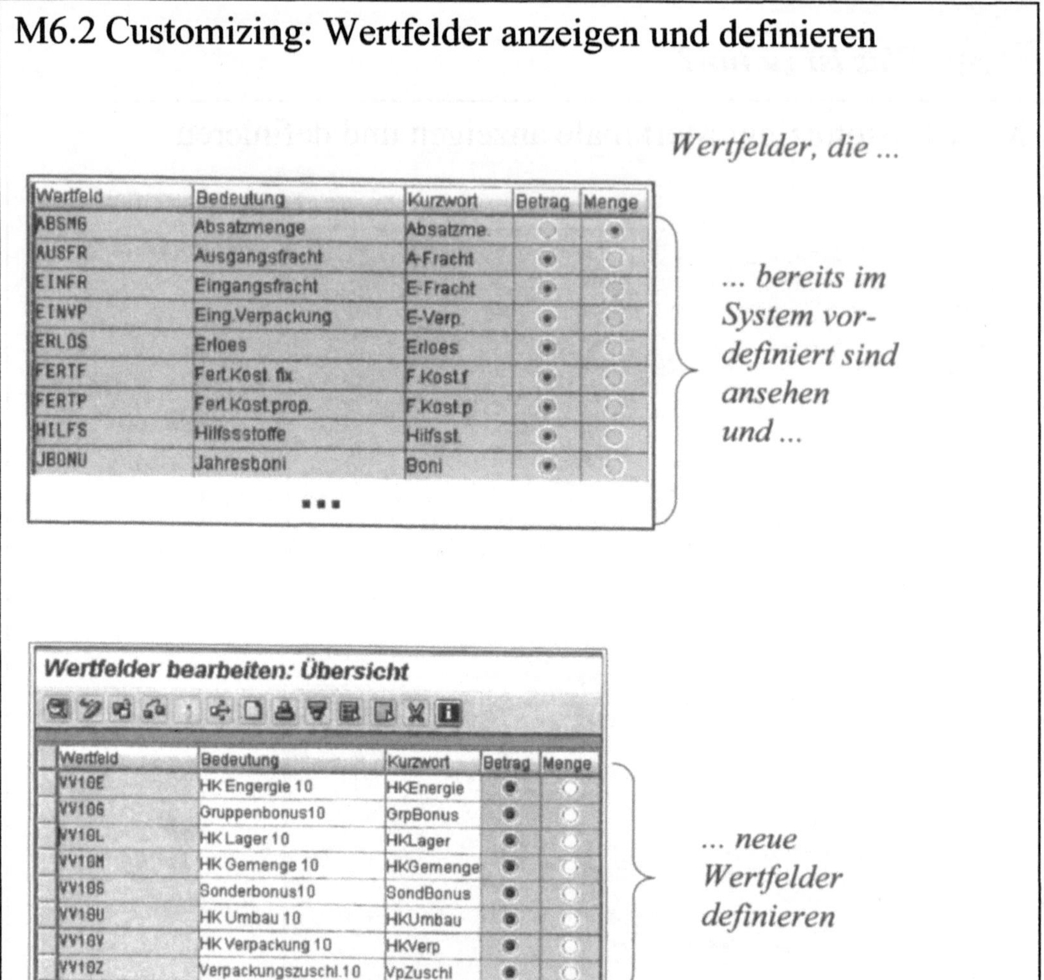

Wertfeld	Bedeutung	Kurzwort	Betrag	Menge
ABSMG	Absatzmenge	Absatzme.	○	●
AUSFR	Ausgangsfracht	A-Fracht	●	○
EINFR	Eingangsfracht	E-Fracht	●	○
EINVP	Eing.Verpackung	E-Verp.	●	○
ERLOS	Erloes	Erloes	●	○
FERTF	Fert.Kost. fix	F.Kost.f	●	○
FERTP	Fert.Kost.prop.	F.Kost.p	●	○
HILFS	Hilfssstoffe	Hilfsst.	●	○
JBONU	Jahresboni	Boni	●	○

...

Wertfeld	Bedeutung	Kurzwort	Betrag	Menge
VV10E	HK Engergie 10	HKEnergie	●	○
VV10G	Gruppenbonus10	GrpBonus	●	○
VV10L	HK Lager 10	HKLager	●	○
VV10M	HK Gemenge 10	HKGemenge	●	○
VV10S	Sonderbonus10	SondBonus	●	○
VV10U	HK Umbau 10	HKUmbau	●	○
VV10V	HK Verpackung 10	HKVerp	●	○
VV10Z	Verpackungszuschl.10	VpZuschl	●	○

Bild 3.2/7 (Modul 6): Überblick M6.2

M6.3 Customizing: Datenstruktur des Ergebnisbereichs festlegen

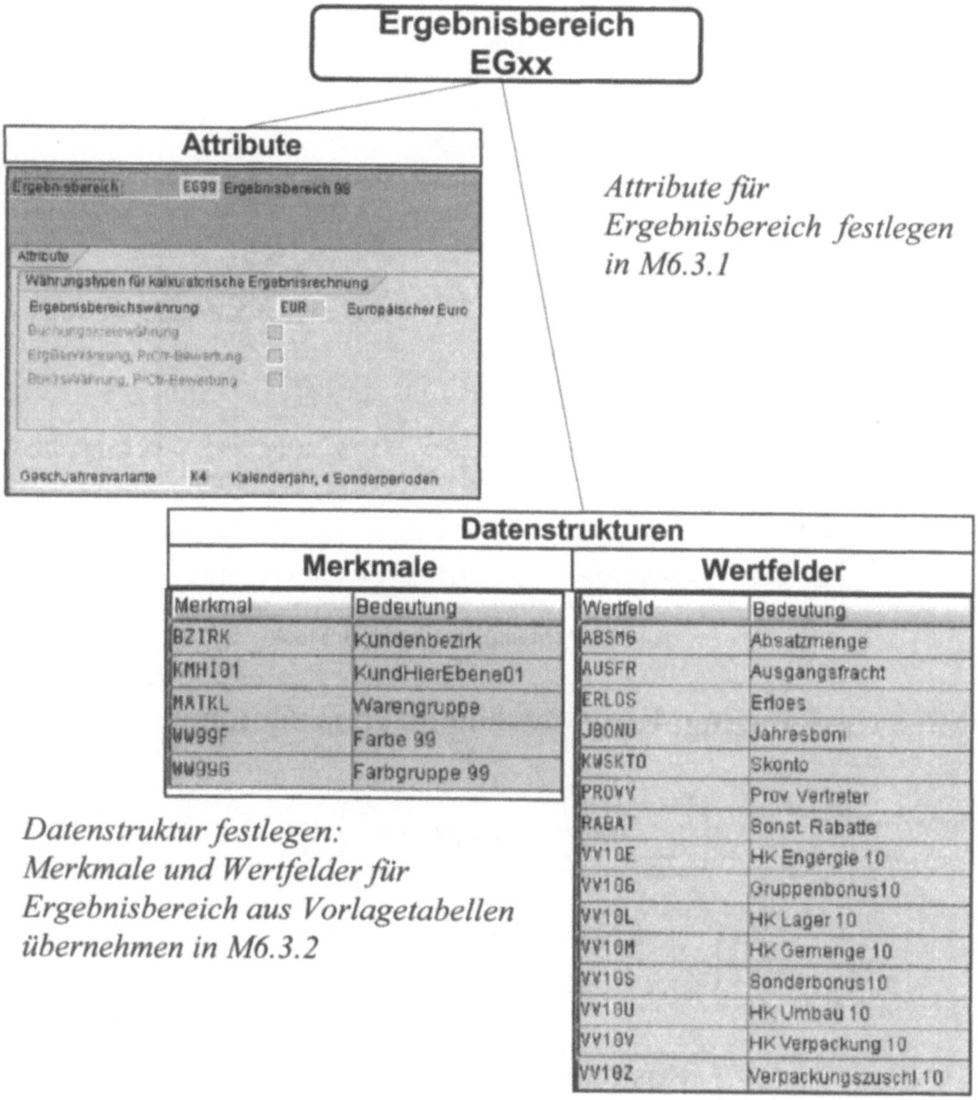

Ergebnisbereich EGxx

Attribute

Ergebnisbereich: EG99 Ergebnisbereich 99

Attribute

Währungstypen für kalkulatorische Ergebnisrechnung

Ergebnisbereichswährung EUR Europäischer Euro

GeschJahresvariante K4 Kalenderjahr, 4 Sonderperioden

Attribute für Ergebnisbereich festlegen in M6.3.1

Datenstrukturen

Merkmale

Merkmal	Bedeutung
BZIRK	Kundenbezirk
KMHI01	KundHierEbene01
MATKL	Warengruppe
WW99F	Farbe 99
WW99G	Farbgruppe 99

Wertfelder

Wertfeld	Bedeutung
ABSMG	Absatzmenge
AUSFR	Ausgangsfracht
ERLOS	Erloes
JBONU	Jahresboni
KWSKTO	Skonto
PROVV	Prov Vertreter
RABAT	Sonst. Rabatte
VV10E	HK Engergie 10
VV10G	Gruppenbonus10
VV10L	HK Lager 10
VV10M	HK Gemenge 10
VV10S	Sonderbonus10
VV10U	HK Umbau 10
VV10V	HK Verpackung 10
VV10Z	Verpackungszuschl.10

Datenstruktur festlegen: Merkmale und Wertfelder für Ergebnisbereich aus Vorlagetabellen übernehmen in M6.3.2

Bild 3.2/8 (Modul 6): Überblick M6.3

M6.4 Customizing: Merkmalsverwendung ansehen

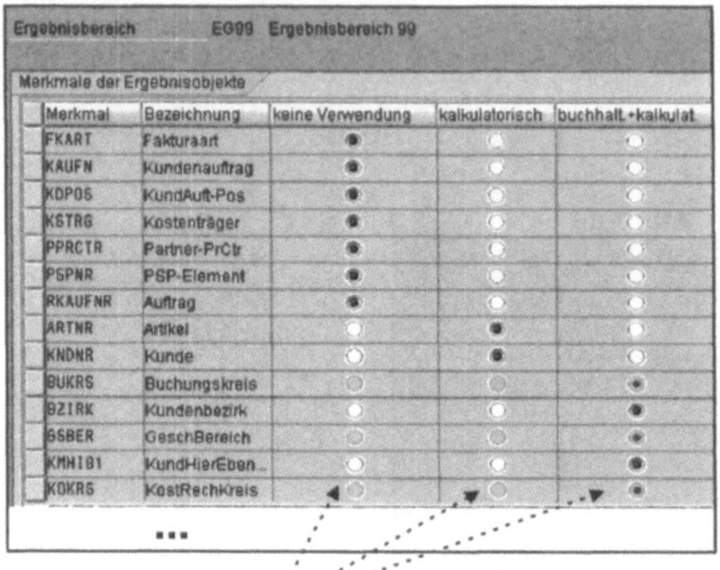

Ergebnisbereich EG99 Ergebnisbereich 99

Merkmale der Ergebnisobjekte

Merkmal	Bezeichnung	keine Verwendung	kalkulatorisch	buchhalt.+kalkulat
FKART	Fakturaart	●	○	○
KAUFN	Kundenauftrag	●	○	○
KDPOS	KundAuft-Pos	●	○	○
KSTRG	Kostenträger	●	○	○
PPRCTR	Partner-PrCtr	●	○	○
PSPNR	PSP-Element	●	○	○
RKAUFNR	Auftrag	●	○	○
ARTNR	Artikel	○	●	○
KNDNR	Kunde	○	●	○
BUKRS	Buchungskreis	○	○	●
BZIRK	Kundenbezirk	○	○	●
GSBER	GeschBereich	○	○	●
KMHI01	KundHierEben...	○	○	●
KOKRS	KostRechKreis	○	○	●

...

Mögliche Verwendung der Merkmale zur Bildung von Ergebnisobjekten (Standardeinstellungen) ansehen

Bild 3.2/9 (Modul 6): Überblick M6.4

M6.5 Customizing: Kostenrechnungskreis zuordnen

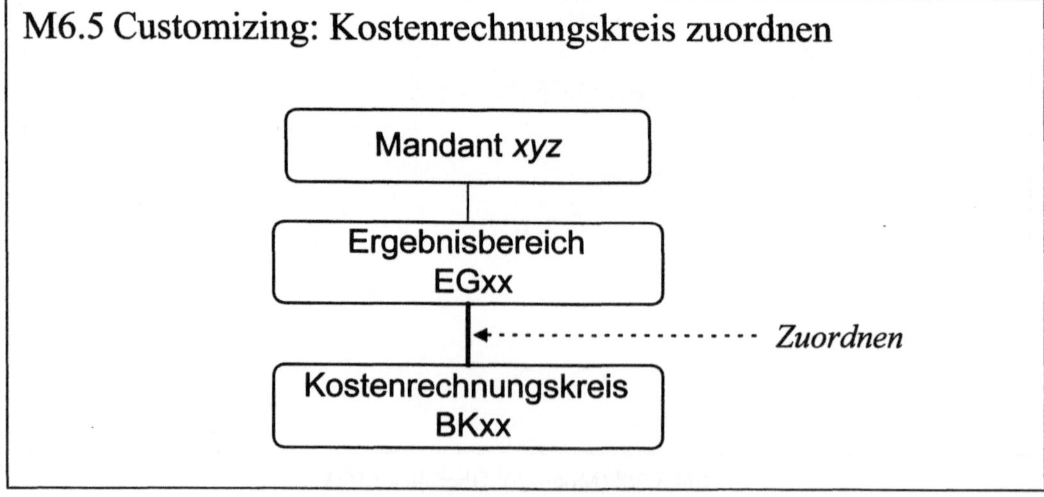

Bild 3.2/10 (Modul 6): Überblick M6.5

Anzeige	Eingabe/Auswahl

Modul 6: Customizing: Ergebnisbereich (Strukturierung)

Teile eines Konzerns, die gleich segmentierte Absatzmärkte besitzen, können im R/3-System mit Hilfe von *Ergebnisbereichen* abgebildet werden, die dann die Auswertungsebenen für die Ergebnis- und Marktsegmentrechnung bilden.

Strukturiert wird ein Ergebnisbereich durch

- ***Merkmale*, die einzelne Marktsegmente beschreiben (z. B. Vertriebsweg, Region, Artikel, Kundengruppe)**

und

- ***Wertfelder* (nur bei kalkulatorischer Ergebnisrechnung), in denen die (Währungs-)Beträge oder Mengen abgelegt werden, über die berichtet werden soll; also numerische Datenfelder, mit deren Hilfe Kosten- und Erlösstrukturen abgebildet werden können**

bzw.

- **Sachkonten (nur bei buchhalterischer Ergebnisrechnung).**

Ein Ergebnisbereich wird nicht als bereits strukturierte organisatorische Einheit von SAP ausgeliefert (wie z. B. Buchungskreis, Kostenrechnungskreis oder Werk), sondern Strukturen und Datenbanktabellen der Ergebnisbereiche werden erst durch das Customizing beim Kunden erzeugt. Merkmale und Wertfelder können in mehreren Ergebnisbereichen verwendet werden. Ihre Definition ist wie die der Struktur eines Ergebnisbereiches mandantenübergreifend.

M6.1 Customizing: Merkmale anzeigen und definieren

Merkmale können nach dem Zeitpunkt und der Art und Weise ihrer Definition zunächst unterschieden werden in
- von SAP ausgelieferte Merkmale
und
- selbstdefinierte Merkmale.

Zu den ausgelieferten Merkmalen zählen:

- ***Feste Merkmale*, die fest in jedem Ergebnisbereich enthalten sind. Das sind grundlegende Merkmale wie z. B. Artikelnummer, Buchungskreis, Kunde oder Fakturart.**
- ***Vordefinierte Merkmale*, die in einem Feldkatalog zur Verfügung stehen und nach Bedarf in einen Ergebnisbereich aufgenommen werden können. Hierzu gehören z. B. Kundengruppe, Kundenbezirk, Land u.v.m.**

Bei den selbstdefinierten oder kundeneigenen Merkmalen sind ebenfalls zwei Merkmalskategorien zu unterscheiden:

- ***Aus Vorlagetabellen übernommene Merkmale*, d. h. Merkmale, die bereits in anderen Applikationen vorhanden sind und in die Ergebnisrechnung übernommen werden. So können z. B. beliebige Merkmale aus den Tabellen des Kundenstamms oder aus denen des Materialstamms übernommen werden.**
- ***Neu definierte Merkmale*: Wenn die anderen drei Merkmalskategorien nicht ausreichen, können Merkmale auch völlig neu definiert werden. Hierzu müssen dann sowohl semantische (Name, Bedeutung) als auch technische Eigenschaften (Typ und Länge der Werte) des Merkmals festgelegt werden. Die Definition erfolgt unabhängig von einem Ergebnisbereich und ist mandantenübergreifend.**

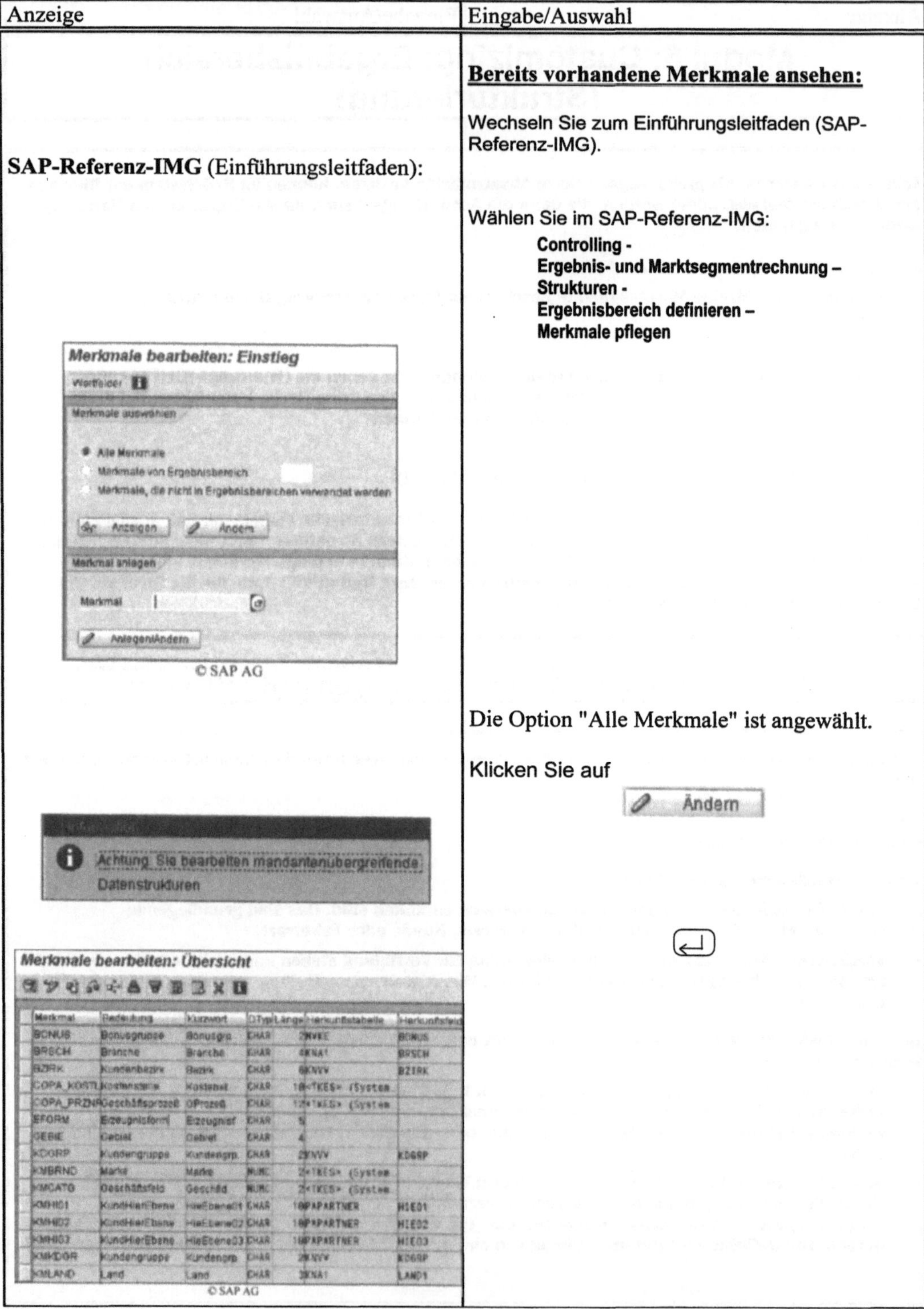

Anzeige	Eingabe/Auswahl

Bereits vorhandene Merkmale ansehen:

Wechseln Sie zum Einführungsleitfaden (SAP-Referenz-IMG).

SAP-Referenz-IMG (Einführungsleitfaden):

Wählen Sie im SAP-Referenz-IMG:

Controlling -
Ergebnis- und Marktsegmentrechnung –
Strukturen -
Ergebnisbereich definieren –
Merkmale pflegen

© SAP AG

Die Option "Alle Merkmale" ist angewählt.

Klicken Sie auf

Merkmale bearbeiten: Übersicht

Merkmal	Bedeutung	Kurzwort	DTyp	Länge	Herkunftstabelle	Herkunftsfeld
BONUS	Bonusgruppe	Bonusgrp	CHAR	2	MVKE	BONUS
BRSCH	Branche	Branche	CHAR	4	KNA1	BRSCH
BZIRK	Kundenbezirk	Bezirk	CHAR	6	KNVV	BZIRK
COPA_KOSTL	Kostenstelle	Kostenst	CHAR	10	<TKES> (System	
COPA_PRZNR	Geschäftsprozeß	GProzeß	CHAR	12	<TKES> (System	
EFORM	Erzeugnisform	Erzeugnisf	CHAR	5		
GEBIE	Gebiet	Gebiet	CHAR	4		
KDGRP	Kundengruppe	Kundengrp.	CHAR	2	KNVV	KDGRP
KMBRND	Marke	Marke	NUMC	2	<TKES> (System	
KMCATG	Geschäftsfeld	Geschfld	NUMC	2	<TKES> (System	
KMHI01	KundHierEbene	HieEbene01	CHAR	10	PAPARTNER	HIE01
KMHI02	KundHierEbene	HieEbene02	CHAR	10	PAPARTNER	HIE02
KMHI03	KundHierEbene	HieEbene03	CHAR	10	PAPARTNER	HIE03
KMKDGR	Kundengruppe	Kundengrp	CHAR	2	KNVV	KDGRP
KMLAND	Land	Land	CHAR	3	KNA1	LAND1

© SAP AG

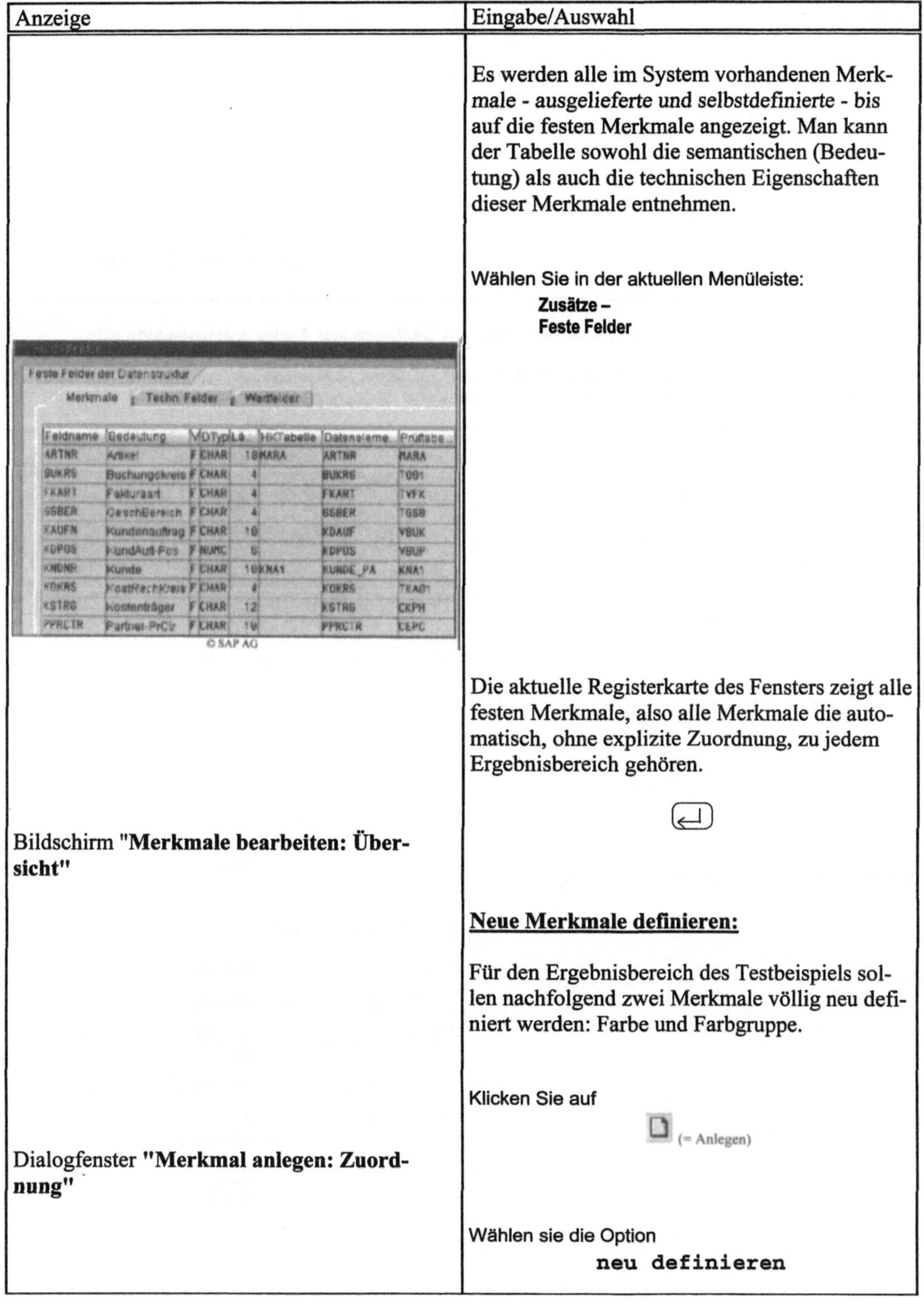

Anzeige	Eingabe/Auswahl
	Es werden alle im System vorhandenen Merkmale - ausgelieferte und selbstdefinierte - bis auf die festen Merkmale angezeigt. Man kann der Tabelle sowohl die semantischen (Bedeutung) als auch die technischen Eigenschaften dieser Merkmale entnehmen.
	Wählen Sie in der aktuellen Menüleiste: **Zusätze – Feste Felder**

Feste Felder der Datenstruktur

Merkmale | Techn. Felder | Wertfelder

Feldname	Bedeutung	V	DTyp	Lä	HKTabelle	Datenelement	Prüftabelle
ARTNR	Artikel	F	CHAR	18	MARA	ARTNR	MARA
BUKRS	Buchungskreis	F	CHAR	4		BUKRS	T001
FKART	Fakturaart	F	CHAR	4		FKART	TVFK
GSBER	GeschBereich	F	CHAR	4		GSBER	TGSB
KAUFN	Kundenauftrag	F	CHAR	10		KDAUF	VBUK
KDPOS	KundAuft-Pos	F	NUMC	6		KDPOS	VBUP
KNDNR	Kunde	F	CHAR	10	KNA1	KUNDE_PA	KNA1
KOKRS	KostRechKreis	F	CHAR	4		KOKRS	TKA01
KSTRG	Kostenträger	F	CHAR	12		KSTRG	CKPH
PPRCTR	Partner-PrCtr	F	CHAR	10		PPRCTR	CEPC

Anzeige	Eingabe/Auswahl
	Die aktuelle Registerkarte des Fensters zeigt alle festen Merkmale, also alle Merkmale die automatisch, ohne explizite Zuordnung, zu jedem Ergebnisbereich gehören.
Bildschirm "**Merkmale bearbeiten: Übersicht**"	⏎
	<u>Neue Merkmale definieren:</u>
	Für den Ergebnisbereich des Testbeispiels sollen nachfolgend zwei Merkmale völlig neu definiert werden: Farbe und Farbgruppe.
Dialogfenster "**Merkmal anlegen: Zuordnung**"	Klicken Sie auf 🗋 (= Anlegen)
	Wählen sie die Option `neu definieren`

<table>
<tr><th>Anzeige</th><th>Eingabe/Auswahl</th></tr>
<tr><td></td><td>Eingabe:
<u>Merkmal:</u> WWxxF
Farbe xx
xx = Ihre Teilnehmernummer

Wählen sie die (Unter-) Option
<code>mit eigener Wertpflege</code></td></tr>
<tr><td colspan="2">Der Name eines neu definierten Merkmals muss mit 'WW' beginnen und 4 oder 5 Zeichen lang sein.

In der Regel werden neue Merkmale mit eigener Wertpflege definiert. Das System legt dann für das Merkmal eine Prüftabelle an, in die die zulässigen Merkmalswerte eingepflegt werden können.</td></tr>
<tr><td> 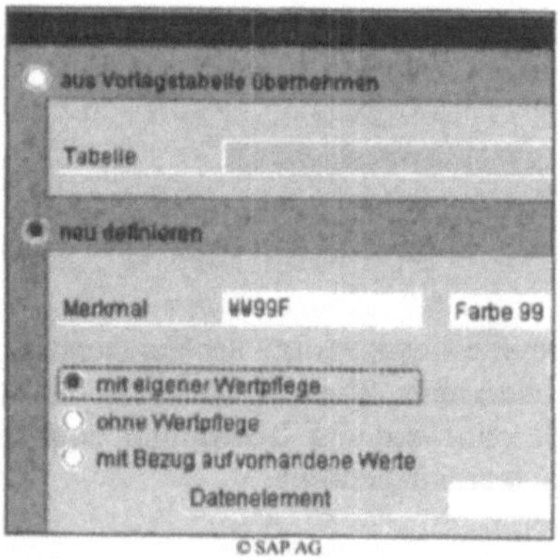aus Vorlagstabelle übernehmen
Tabelle
neu definieren
Merkmal WW99F Farbe 99
mit eigener Wertpflege
ohne Wertpflege
mit Bezug auf vorhandene Werte
Datenelement
© SAP AG

Bildschirm "Merkmal WWxxF anlegen"</td><td>Eingabe bzw. Auswahl:
<u>Kurzwort:</u> Farbe
<u>Überschrift:</u> Farbe
<u>Datentyp/Länge:</u> CHAR
10
(= alphanumerisch, Länge 10)
<u>Darstellung:</u> 1
(= Text)</td></tr>
</table>

Anzeige	Eingabe/Auswahl
	Damit haben Sie festgelegt, dass für das neue Merkmal "WWxxF Farbe xx" in der entsprechenden Datenbanktabelle (im Dictionary) ein alphanumerisches Datenfeld von 10 Zeichen Länge angelegt werden soll, dass in Tabellenpflege-Transaktionen für dieses Feld die Überschrift "Farbe" und dass in Berichten des Infosystems der Text des Merkmals in der Führungsspalte erscheinen soll. Außerdem sollen die Feldwerte (Merkmalswerte) stets gegen eine (noch anzulegende) Prüftabelle T25** verprobt werden. Klicken Sie auf (= Sichern) Sollten an dieser Stelle Warnmeldungen erscheinen, die nicht das neu anzulegende Merkmal betreffen, so ignorieren Sie diese und quittieren Sie sie mit der Return-Taste.
	Klicken Sie auf  Automatisch

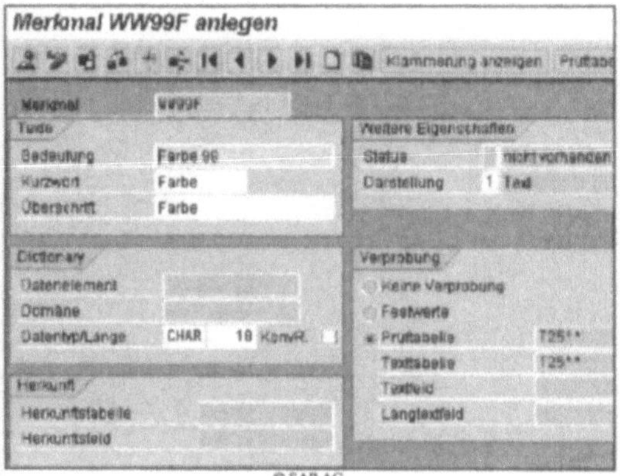

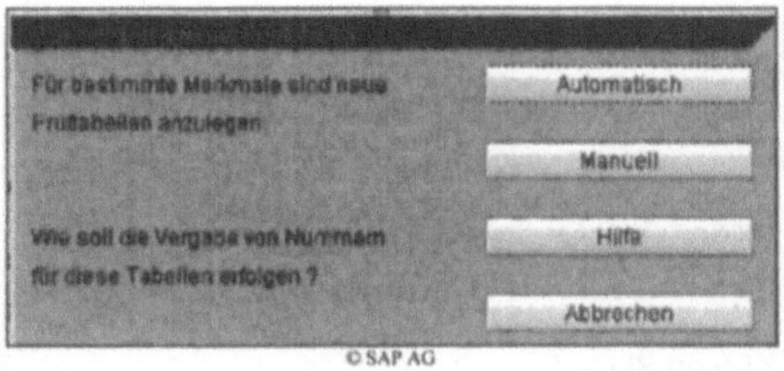

Anzeige	Eingabe/Auswahl
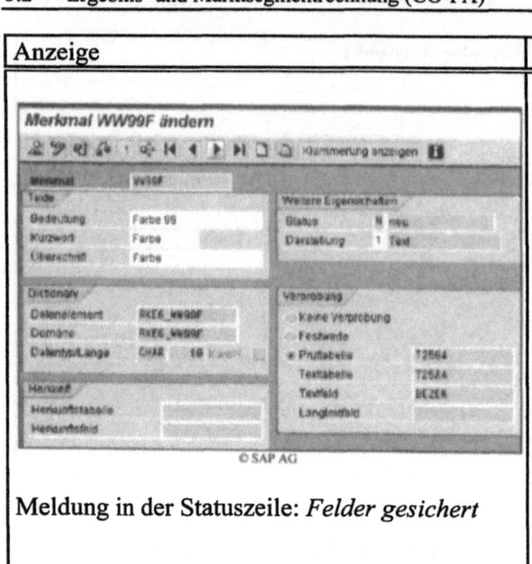 © SAP AG Meldung in der Statuszeile: *Felder gesichert*	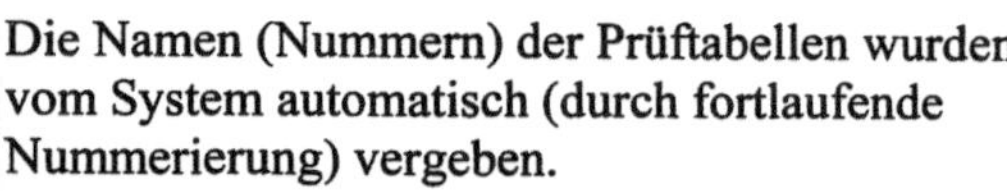 Die Namen (Nummern) der Prüftabellen wurden vom System automatisch (durch fortlaufende Nummerierung) vergeben.
	Klicken Sie erneut auf  (= Anlegen) Legen Sie nun noch das Merkmal **WWxxG "Farbgruppe** xx**"**, xx = Ihre Teilnehmernummer, mit den gleichen Eigenschaften wie das Merkmal "Farbe xx" an (vgl. **Tabelle 8: "Merkmale und Wertfelder"** im Anhang Eingabetabellen unter **Merkmale**).
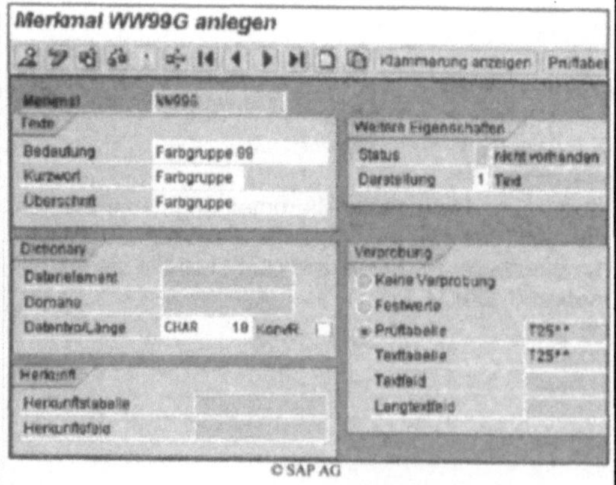 © SAP AG Meldung in der Statuszeile: *Felder gesichert*	Sichern Sie das neue Merkmal WWxxG. Klicken Sie auf 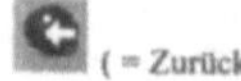 (= Zurück)

Anzeige	Eingabe/Auswahl
Merkmale bearbeiten: Übersicht	
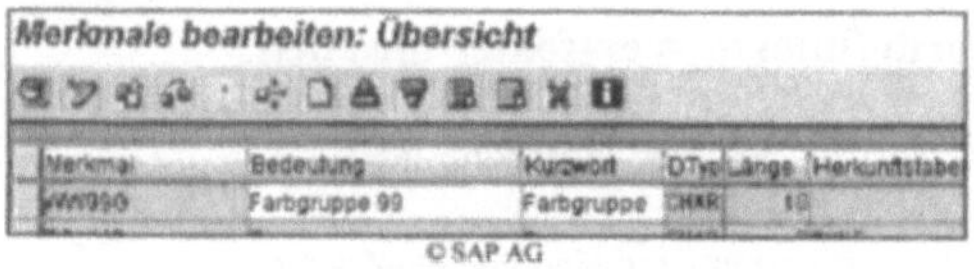	Die neu angelegten Merkmale erscheinen in der Merkmalsübersicht.
	Klicken Sie auf (= Aktivieren)
	Quittieren Sie eventuell erscheinende Warnmeldungen mit der Return-Taste.
Meldung in der Statuszeile: *Alle gesicherten Felder wurden aktiviert.*	
	Für die neuen Merkmale sind neue Datenelemente im ABAP Dictionary erzeugt worden (logische Ebene), die durch die Aktivierung nun auch auf der unterliegenden Datenbank (physische Ebene) angelegt sind.
	Beenden Sie die Customizing-Transaktion.
SAP-Referenz-IMG	

Merkmal	Bedeutung	Kurzwort	DTyp	Länge	Herkunftstabe
WW990	Farbgruppe 99	Farbgruppe	CHAR	10	

M6.2 Customizing: Wertfelder anzeigen und definieren

Es gibt zwei Arten von *Wertfeldern*:

- *Betragsfelder*: Wertfelder, die Währungsbeträge enthalten

- *Mengenfelder*: Wertfelder, die Mengen enthalten .

Wie die Definition der Merkmale, so erfolgt auch die Definition der Wertfelder mandantenübergreifend und unabhängig von einem Ergebnisbereich. Ebenfalls analog zu den Merkmalen, werden alle im System definierten Wertfelder in einem Feldkatalog abgelegt, quasi einem Pool, aus dem sie in beliebige Ergebnisbereiche aufgenommen werden können.

Nach Zeitpunkt und der Art und Weise ihrer Definition werden Wertfelder in zwei Kategorien unterteilt:

- *Vordefinierte Wertfelder*, das sind besonders häufig benötigte Wertfelder, die von SAP vordefiniert wurden und die bereits bei der Systemauslieferung im Feldkatalog zur Aufnahme in Ergebnisbereiche zur Verfügung stehen. Hierzu zählen u. a. Erlös, Absatzmenge, Eingangsfracht.

- *Selbstdefinierte Wertfelder* können neben den vordefinierten Wertfeldern neu definiert werden und stehen dann auch mandantenübergreifend im Feldkatalog zur Aufnahme in beliebige Ergebnisbereiche zur Verfügung.

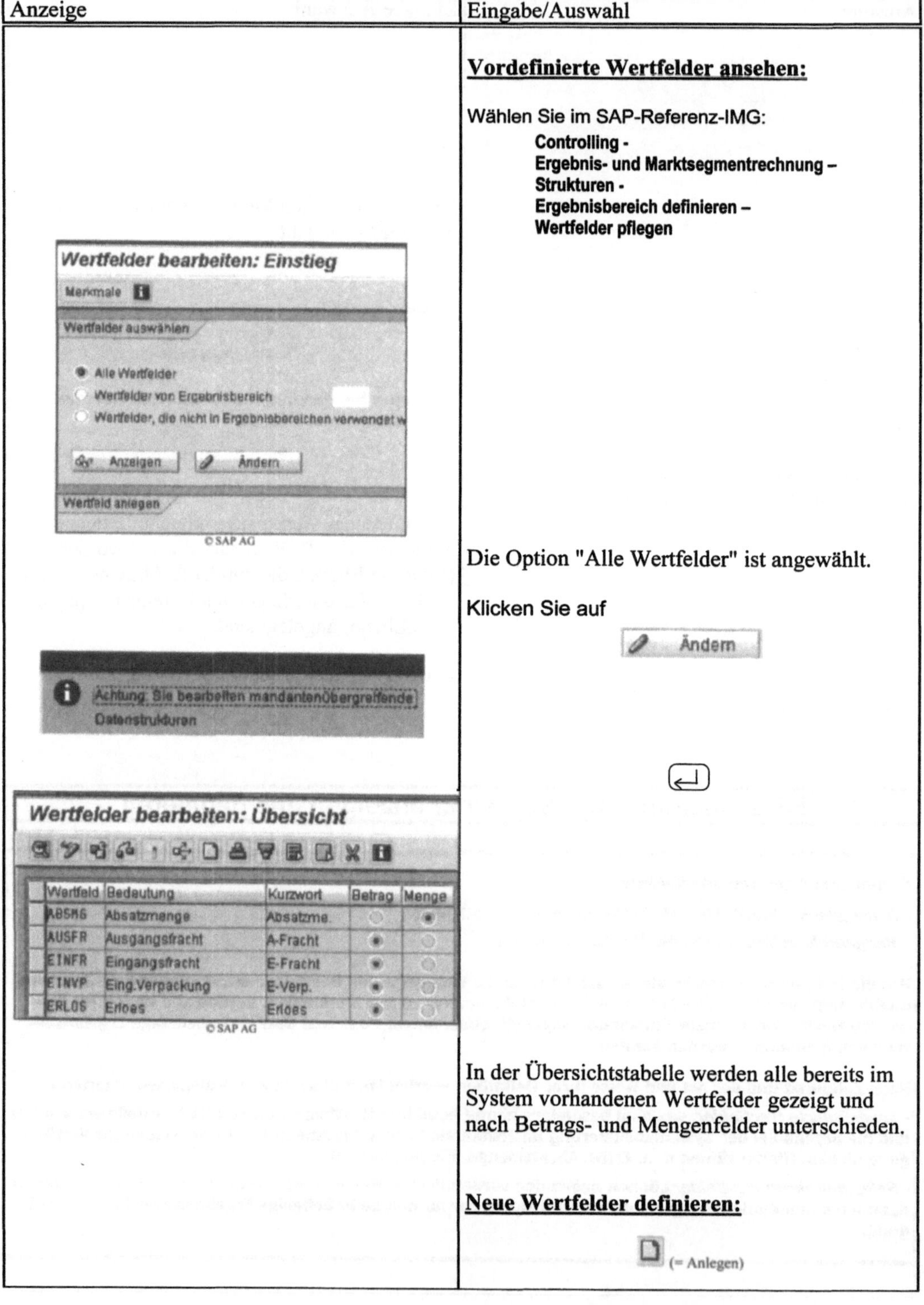

Anzeige	Eingabe/Auswahl
	Vordefinierte Wertfelder ansehen: Wählen Sie im SAP-Referenz-IMG: **Controlling -** **Ergebnis- und Marktsegmentrechnung –** **Strukturen -** **Ergebnisbereich definieren –** **Wertfelder pflegen**
Wertfelder bearbeiten: Einstieg Merkmale Wertfelder auswählen Alle Wertfelder Wertfelder von Ergebnisbereich Wertfelder, die nicht in Ergebnisbereichen verwendet w Anzeigen Ändern Wertfeld anlegen © SAP AG	Die Option "Alle Wertfelder" ist angewählt. Klicken Sie auf Ändern
Achtung: Sie bearbeiten mandantenübergreifende Datenstrukturen	
Wertfelder bearbeiten: Übersicht Wertfeld | Bedeutung | Kurzwort | Betrag | Menge ABSMG | Absatzmenge | Absatzme. AUSFR | Ausgangsfracht | A-Fracht EINFR | Eingangsfracht | E-Fracht EINVP | Eing.Verpackung | E-Verp. ERLOS | Erloes | Erloes © SAP AG	In der Übersichtstabelle werden alle bereits im System vorhandenen Wertfelder gezeigt und nach Betrags- und Mengenfelder unterschieden. **Neue Wertfelder definieren:** (= Anlegen)

<table>
<tr><th>Anzeige</th><th>Eingabe/Auswahl</th></tr>
<tr><td>Dialogfenster "Wertfeld anlegen: Zuordnung"</td><td>Eingabe:
<u>Wertfeld:</u> VVxxZ
Verpackungszuschl.xx
xx = Ihre Teilnehmernummer</td></tr>
<tr><td colspan="2">Der Name eines selbstdefinierten Wertfelds muss mit 'VV' beginnen und 4 oder 5 Zeichen lang sein.</td></tr>
<tr><td>Bildschirm "Wertfeld VVxxZ anlegen"

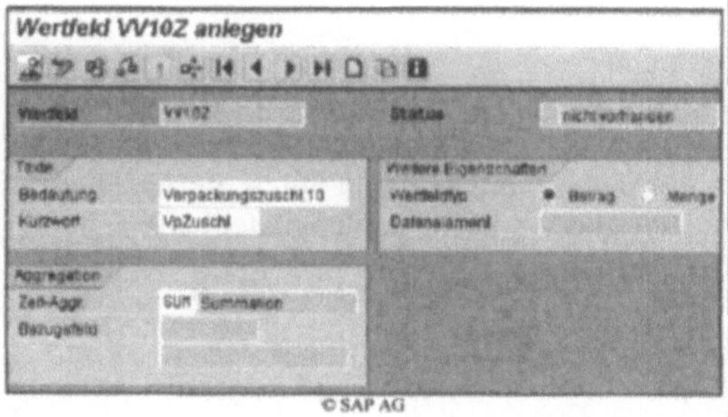

© SAP AG

Meldung in der Statuszeile: Felder gesichert</td><td>Wählen sie die Option
Betrag

⏎

Eingabe bzw. Auswahl:
<u>Kurzwort:</u> VpZuschl
<u>Zeit-Aggr:</u> SUM
(= Summation)

Wird später (im Infosystem oder bei der Planung) über einen Zeitraum verdichtet, so soll die im Wertfeld enthaltene Kennzahl (hier: Verpackungszuschlag) summiert werden.

Sichern Sie Ihre Eingaben.

Sie haben Ihr erstes Wertfeld als Betragsfeld angelegt, d.h. als numerisches Datenfeld, das Währungsbeträge aufnehmen kann.</td></tr>
</table>

<table>
<tr><th>Anzeige</th><th>Eingabe/Auswahl</th></tr>
<tr><td></td><td>Legen Sie nun noch die restlichen Wertfelder an, wie in Tabelle 8: "Merkmale und Wertfelder", Anhang Eingabetabellen unter Wertfelder aufgeführt und sichern Sie diese.</td></tr>
<tr><td></td><td>Klicken Sie anschließend auf
(= Zurück)</td></tr>
<tr><td>Wertfelder bearbeiten: Übersicht
<table>
<tr><th>Wertfeld</th><th>Bedeutung</th><th>Kurzwort</th><th>Betrag</th><th>Menge</th></tr>
<tr><td>VV10E</td><td>HK Engergie 10</td><td>HKEnergie</td><td>●</td><td>○</td></tr>
<tr><td>VV10G</td><td>Gruppenbonus10</td><td>GrpBonus</td><td>●</td><td>○</td></tr>
<tr><td>VV10L</td><td>HK Lager 10</td><td>HKLager</td><td>●</td><td>○</td></tr>
<tr><td>VV10M</td><td>HK Gemenge 10</td><td>HKGemenge</td><td>●</td><td>○</td></tr>
<tr><td>VV10S</td><td>Sonderbonus10</td><td>SondBonus</td><td>●</td><td>○</td></tr>
<tr><td>VV10U</td><td>HK Umbau 10</td><td>HKUmbau</td><td>●</td><td>○</td></tr>
<tr><td>VV10V</td><td>HK Verpackung 10</td><td>HKVerp</td><td>●</td><td>○</td></tr>
<tr><td>VV10Z</td><td>Verpackungszuschl.10</td><td>VpZuschl</td><td>●</td><td>○</td></tr>
</table>
© SAP AG</td><td>Die von Ihnen neu angelegten Wertfelder erscheinen in der Übersicht des Feldkatalogs.</td></tr>
<tr><td></td><td>Klicken Sie auf
(= Aktivieren)</td></tr>
<tr><td></td><td>Quittieren Sie eventuell erscheinende Warnmeldungen mit der Return-Taste.</td></tr>
<tr><td>Meldung in der Statuszeile:
Alle gesicherten Felder wurden aktiviert.</td><td>Die für die neuen Wertfelder im ABAP Dictionary bei der Sicherung erzeugten Datenelemente (logische Ebene) sind nun durch die Aktivierung auch auf der unterliegenden Datenbank angelegt (physische Ebene).</td></tr>
<tr><td>SAP-Referenz-IMG</td><td>Beenden Sie die Customizing-Transaktion.</td></tr>
</table>

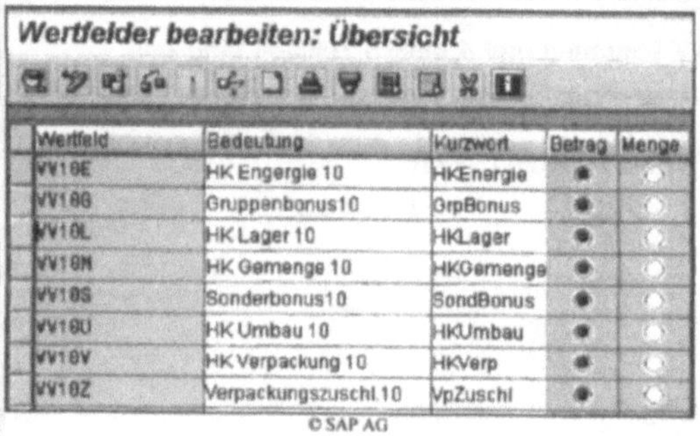

Anzeige	Eingabe/Auswahl

M6.3 Customizing: Ergebnisbereich definieren

Zur Definition eines *Ergebnisbereichs* gehört das Anlegen von *Attributen*, das Anlegen der *Datenstruktur* (Merkmale und Wertfelder bei kalkulatorischer Ergebnisrechnung) und die anschließende *Generierung* der Umgebung, durch die die entsprechenden Datenbanktabellen erzeugt werden.

Während alle Angaben zur Definition der Datenstruktur mandantenübergreifend wirken, sind die Attribute mandantenabhängige Parameter (z. B. die Währung) eines Ergebnisbereichs.

M6.3.1 Customizing: Attribute des Ergebnisbereichs festlegen

Wählen Sie im SAP-Referenz-IMG:

Controlling -
Ergebnis- und Marktsegmentrechnung –
Strukturen -
Ergebnisbereich definieren –
Ergebnisbereich pflegen

Bildschirm **"Ergebnisbereich pflegen"**

Eingabe bzw. Auswahl:

<u>*Ergebnisbereich:*</u> ***EGxx***

xx = Ihre Teilnehmernummer

Sie werden nun Ihren Ergebnisbereich EGxx definieren, dessen Namen Sie bereits bei der Pflege der Unternehmensstruktur (vgl. M1.3) vergeben haben. Zunächst sollen die Attribute des Ergebnisbereichs festgelegt werden. Die entsprechende Option ist bereits angewählt.

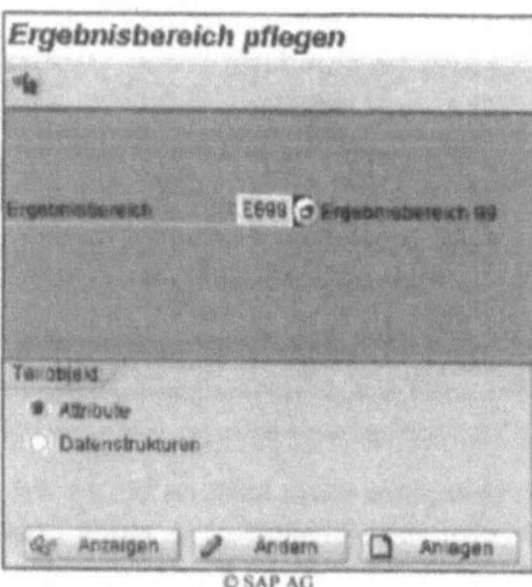

© SAP AG

Klicken Sie auf

Anzeige	Eingabe/Auswahl
Bildschirm "**Attribute anlegen**"	
	Eingabe bzw. Auswahl: *Ergebnisbereichswährung:* **EUR** *GeschJahresvariante:* **K4** (= Kalenderjahr + 4 Sonderperioden)
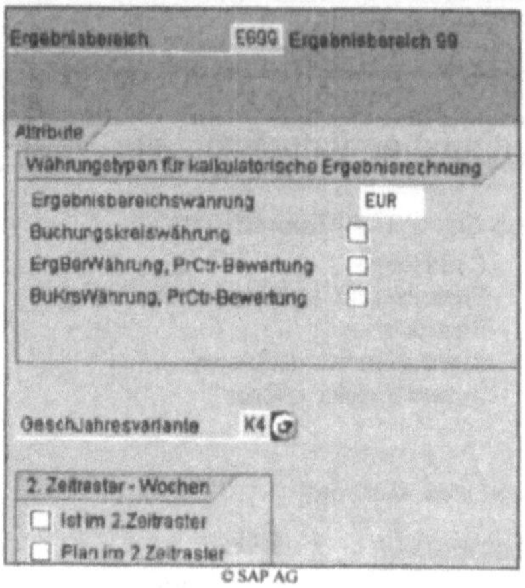 	
	Damit werden alle Daten, die in die Ergebnisrechnung übernommen werden, in Euro umgerechnet und fortgeschrieben. Sie haben außerdem für Ihren Ergebnisbereich 12 Buchungsperioden plus 4 Sonderperioden im Geschäftsjahr festgelegt.
	Sichern Sie Ihre Eingaben.
Meldung in der Statuszeile: *Attribute wurden gesichert*	Klicken Sie anschließend auf  (= Zurück)
Bildschirm "**Ergebnisbereich pflegen**"	

M6.3.2 Customizing: Datenstruktur des Ergebnisbereichs festlegen

Neben den festen Merkmalen (die fest in jedem Ergebnisbereich enthalten sind) können bis zu *50 zusätzliche Merkmale* (vordefinierte, aus Vorlagetabellen übernommene oder neu definierte) in einen Ergebnisbereich aufgenommen werden.

In der kalkulatorischen Ergebnisrechnung kann ein Ergebnisbereich *maximal 120 Wertfelder* (vordefinierte und/oder selbstdefinierte) enthalten.

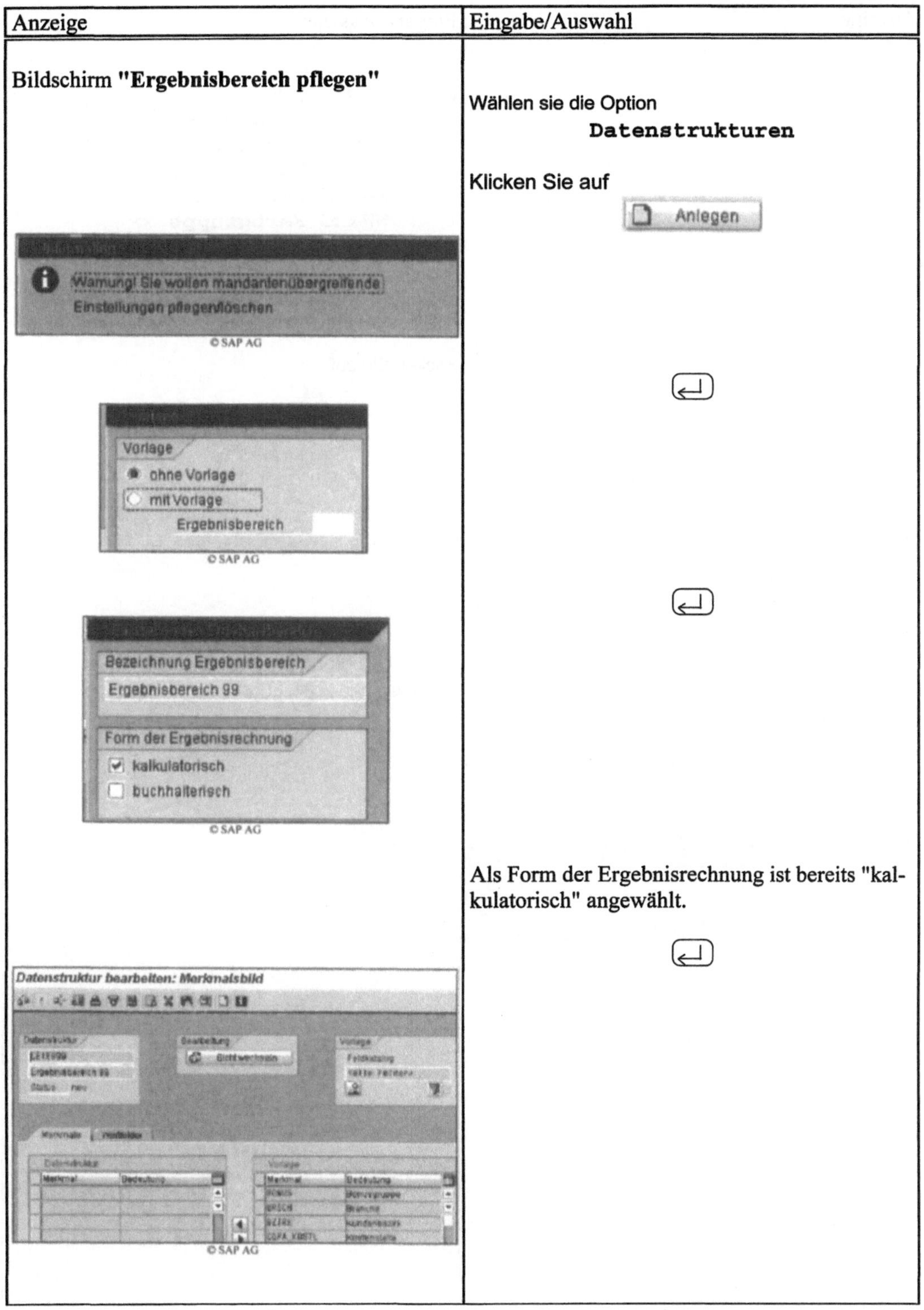

Anzeige	Eingabe/Auswahl
Bildschirm **"Ergebnisbereich pflegen"**	Wählen sie die Option **`Datenstrukturen`** Klicken Sie auf [Anlegen]
Warnung! Sie wollen mandantenübergreifende Einstellungen pflegen/löschen © SAP AG	↵
Vorlage ohne Vorlage mit Vorlage Ergebnisbereich © SAP AG	↵
Bezeichnung Ergebnisbereich Ergebnisbereich 99 Form der Ergebnisrechnung kalkulatorisch buchhalterisch © SAP AG	Als Form der Ergebnisrechnung ist bereits "kalkulatorisch" angewählt. ↵
Datenstruktur bearbeiten: Merkmalsbild © SAP AG	

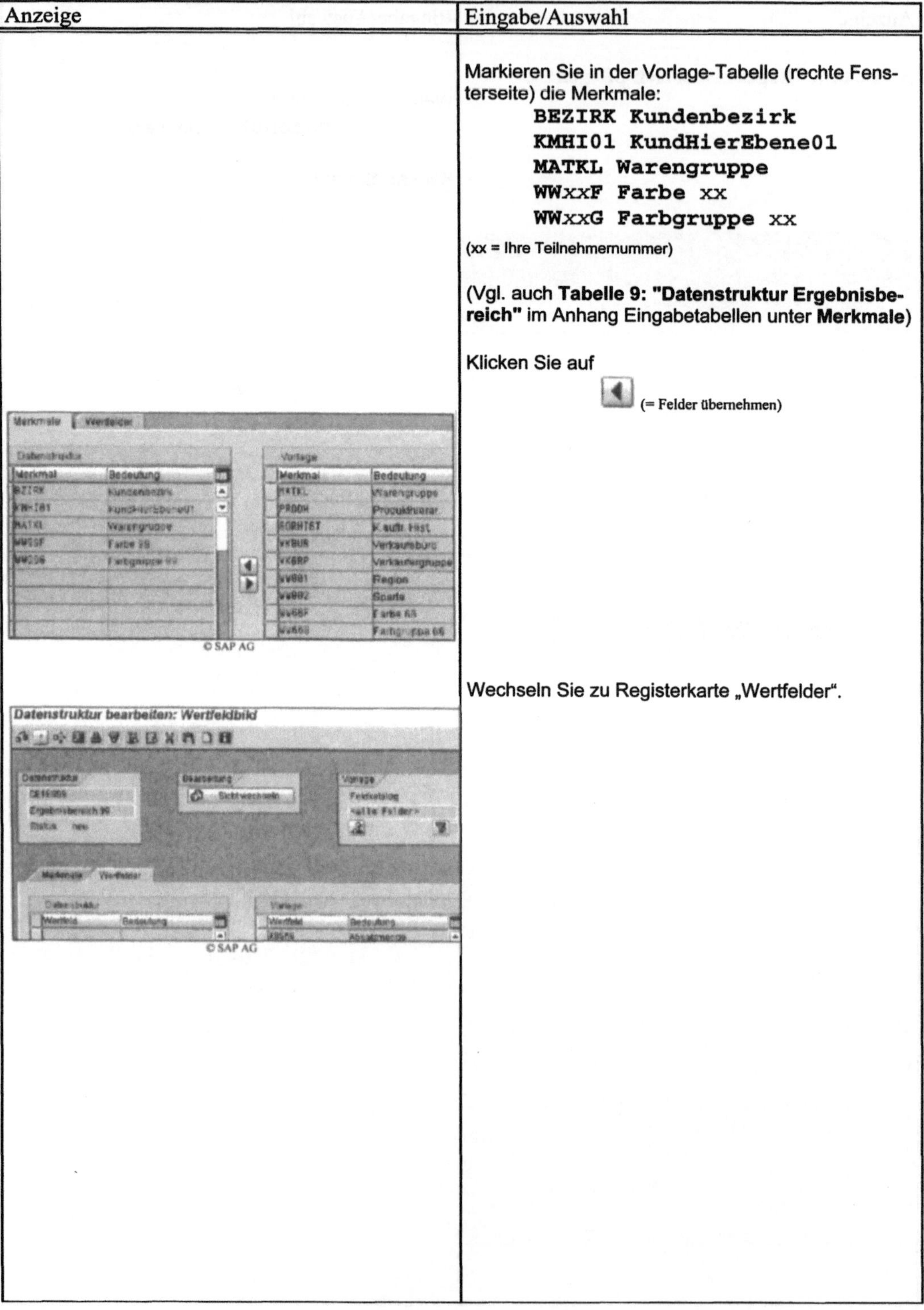

Anzeige	Eingabe/Auswahl
	Markieren Sie in der Vorlage-Tabelle (rechte Fensterseite) die Merkmale: **BEZIRK Kundenbezirk** **KMHI01 KundHierEbene01** **MATKL Warengruppe** **WWxxF Farbe xx** **WWxxG Farbgruppe xx** (xx = Ihre Teilnehmernummer) (Vgl. auch **Tabelle 9: "Datenstruktur Ergebnisbereich"** im Anhang Eingabetabellen unter **Merkmale**) Klicken Sie auf (= Felder übernehmen)
© SAP AG	
Datenstruktur bearbeiten: Wertfeldbild © SAP AG	Wechseln Sie zu Registerkarte „Wertfelder“.

Anzeige	Eingabe/Auswahl
	Markieren Sie in der Vorlage-Tabelle (rechte Fensterseite) die Wertfelder: **ABSMG Absatzmenge** **AUSFR Ausgangsfracht** **ERLOS Erloes** **JBONU Jahresboni** **KWSKTO Skonto** **PROVV Prov. Vetreter** **RABAT Sonst. Rabatte** **VV*xx*E HK Energie *xx*** **VV*xx*G Gruppenbonus *xx*** **VV*xx*L HK Lager *xx*** **VV*xx*M HK Gemenge *xx*** **VV*xx*S Sonderbonus *xx*** **VV*xx*U HK Umbau *xx*** **VV*xx*V HK Verpackung *xx*** **VV*xx*Z Verpackungszuschl.*xx*** (xx = Ihre Teilnehmernummer) (Vgl. auch **Tabelle 9: "Datenstruktur Ergebnisbereich"** im Anhang Eingabetabellen unter **Wertfelder**) Klicken Sie auf (= Felder übernehmen)
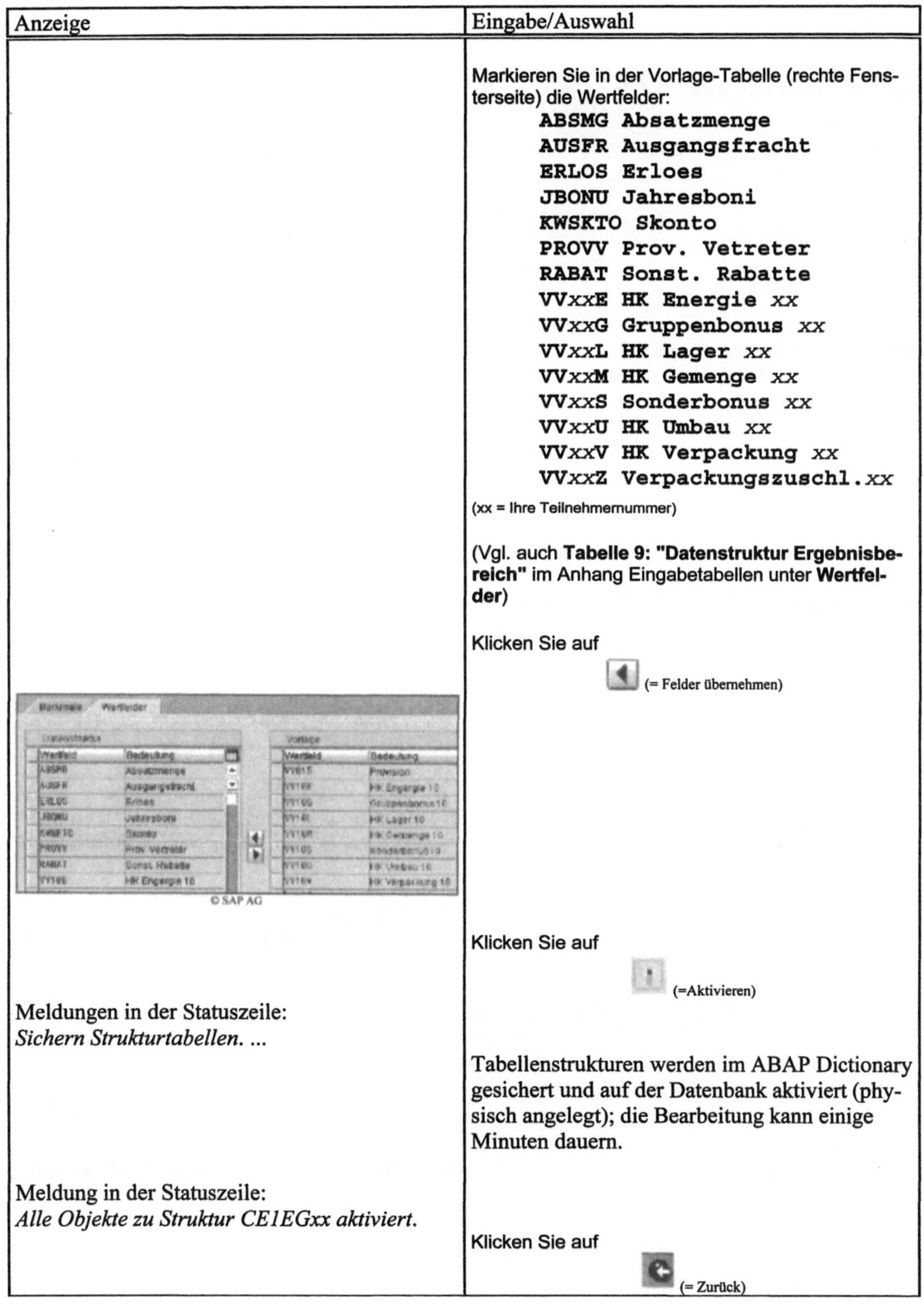 © SAP AG	Klicken Sie auf (=Aktivieren)
Meldungen in der Statuszeile: *Sichern Strukturtabellen. ...*	Tabellenstrukturen werden im ABAP Dictionary gesichert und auf der Datenbank aktiviert (physisch angelegt); die Bearbeitung kann einige Minuten dauern.
Meldung in der Statuszeile: *Alle Objekte zu Struktur CE1EGxx aktiviert.*	Klicken Sie auf (= Zurück)

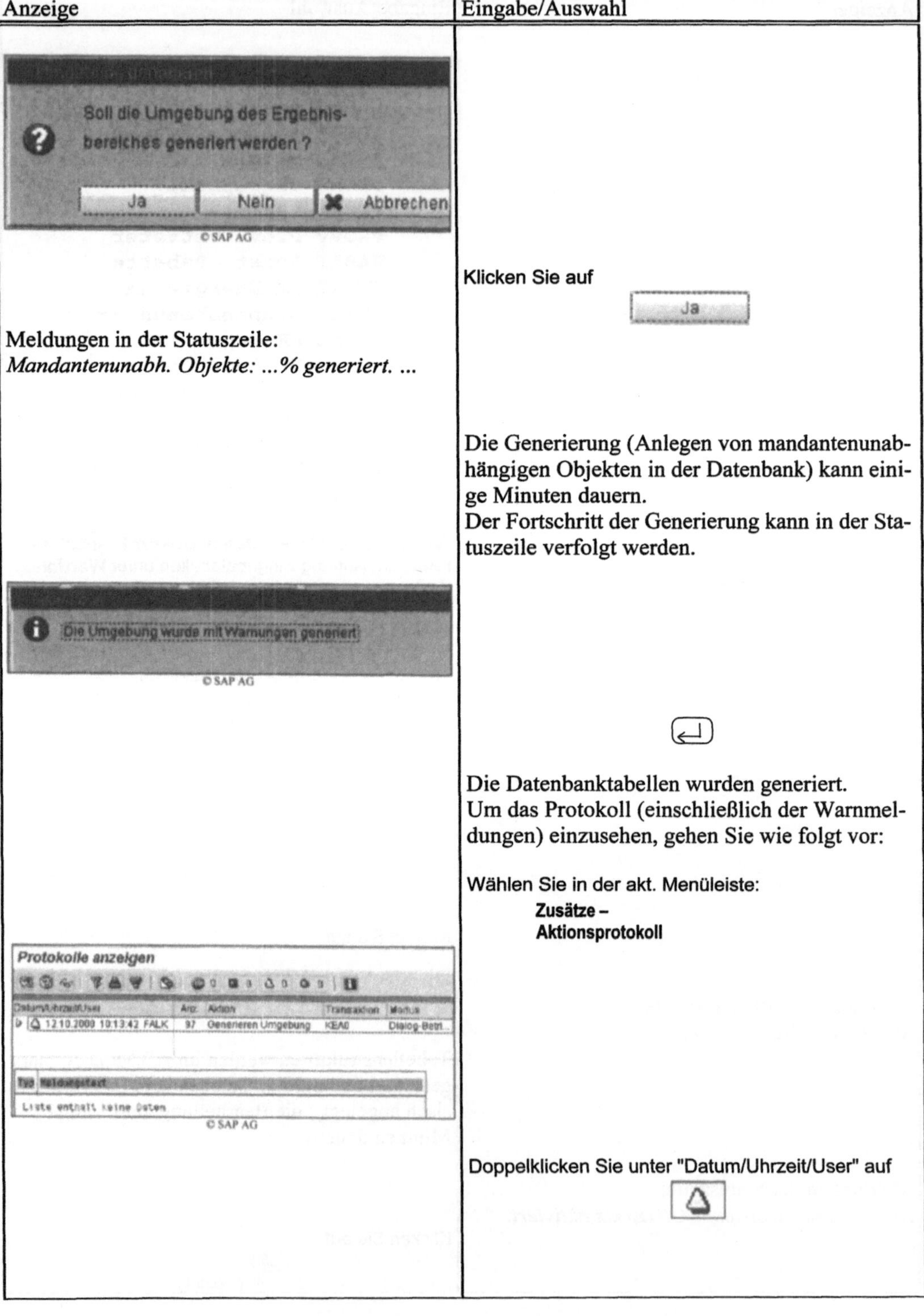

Anzeige	Eingabe/Auswahl
© SAP AG	Klicken Sie auf [Ja]
Meldungen in der Statuszeile: *Mandantenunabh. Objekte: ...% generiert. ...*	Die Generierung (Anlegen von mandantenunabhängigen Objekten in der Datenbank) kann einige Minuten dauern. Der Fortschritt der Generierung kann in der Statuszeile verfolgt werden.
© SAP AG	Die Datenbanktabellen wurden generiert. Um das Protokoll (einschließlich der Warnmeldungen) einzusehen, gehen Sie wie folgt vor: Wählen Sie in der akt. Menüleiste: **Zusätze –** **Aktionsprotokoll**
© SAP AG	Doppelklicken Sie unter "Datum/Uhrzeit/User" auf

Anzeige	Eingabe/Auswahl
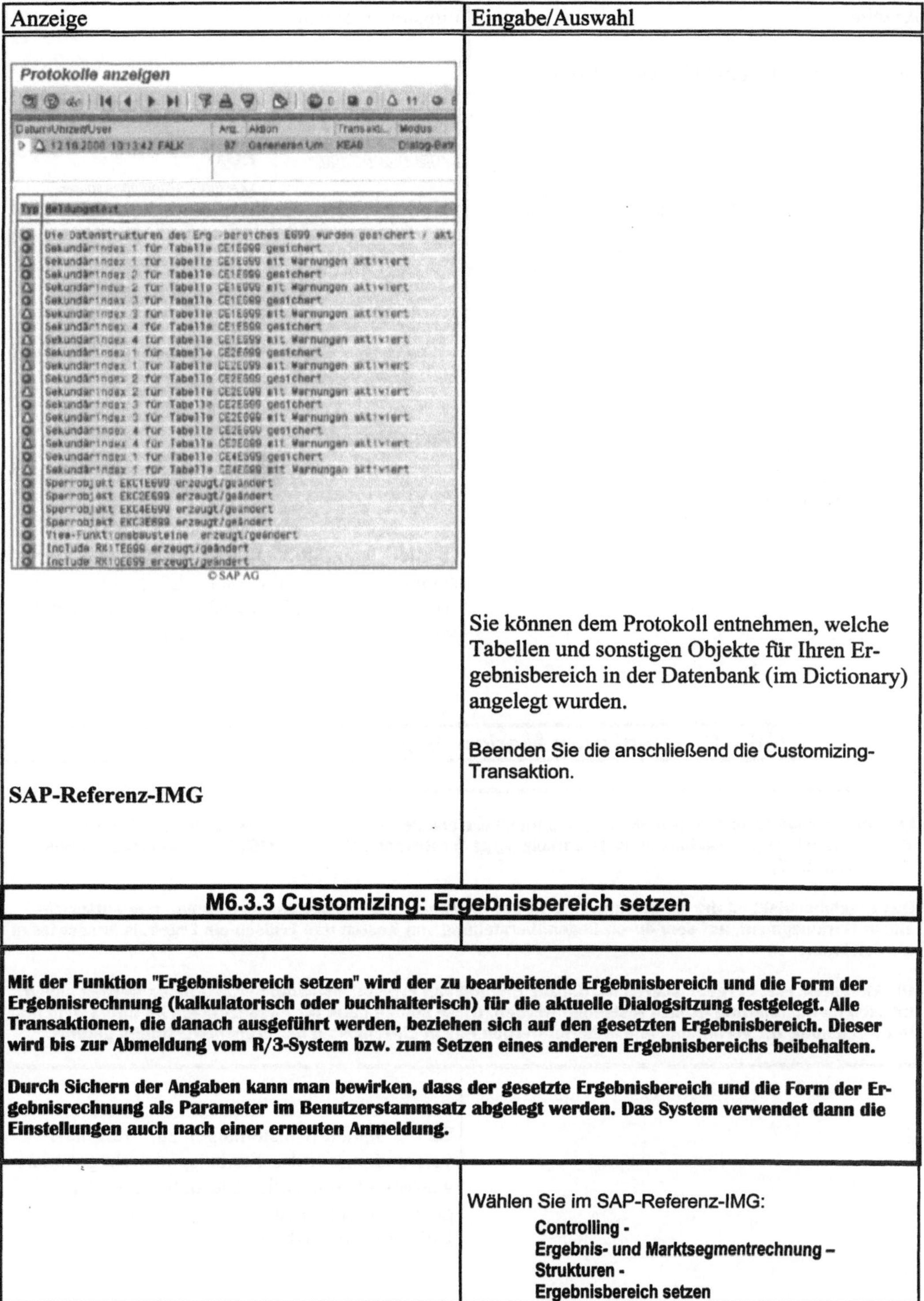 © SAP AG	
	Sie können dem Protokoll entnehmen, welche Tabellen und sonstigen Objekte für Ihren Ergebnisbereich in der Datenbank (im Dictionary) angelegt wurden. Beenden Sie die anschließend die Customizing-Transaktion.
SAP-Referenz-IMG	

M6.3.3 Customizing: Ergebnisbereich setzen

Mit der Funktion "Ergebnisbereich setzen" wird der zu bearbeitende Ergebnisbereich und die Form der Ergebnisrechnung (kalkulatorisch oder buchhalterisch) für die aktuelle Dialogsitzung festgelegt. Alle Transaktionen, die danach ausgeführt werden, beziehen sich auf den gesetzten Ergebnisbereich. Dieser wird bis zur Abmeldung vom R/3-System bzw. zum Setzen eines anderen Ergebnisbereichs beibehalten.

Durch Sichern der Angaben kann man bewirken, dass der gesetzte Ergebnisbereich und die Form der Ergebnisrechnung als Parameter im Benutzerstammsatz abgelegt werden. Das System verwendet dann die Einstellungen auch nach einer erneuten Anmeldung.

	Wählen Sie im SAP-Referenz-IMG: **Controlling -** **Ergebnis- und Marktsegmentrechnung –** **Strukturen -** **Ergebnisbereich setzen**

Anzeige	Eingabe/Auswahl
Dialogfenster "**Ergebnisbereich setzen**" Ergebnisbereich EG99 Form der Ergebnisrechnung kalkulatorisch buchhalterisch © SAP AG	Eingabe bzw. Auswahl: *Ergebnisbereich:* ***EG**xx* *xx = Ihre Teilnehmernummer* Klicken Sie auf (= Sichern)
SAP-Referenz-IMG	In allen Transaktionen der Ergebnis- und Marktsegmentrechnung, die Sie nachfolgend starten werden, wird nun Ihr Ergebnisbereich "EGxx" vom System vorgegeben werden.

M6.4 Customizing: Merkmalsverwendung ansehen

Ein *Ergebnisobjekt* wird innerhalb eines Ergebnisbereichs definiert durch eine Kombination bestimmter Merkmalswerte (z. B. Ergebnisobjekt1=Artikelgruppe 'A'/ Branche 'B'/ Region 'C', Ergenisobjekt2=Kunde '123' / Artikel 'Z').

Das Ergebnisobjekt ist der Kontierungsbegriff der Ergebnis- und Marktsegmentrechnung und entspricht einem Marktsegment, auf dem durch Gegenüberstellung von Kosten und Erlösen ein Ergebnis ausgewiesen werden kann.

Die Merkmale eines Ergebnisbereichs, die zur Bildung von Ergebnisobjekten herangezogen werden sollen, müssen im Customizing explizit festgelegt werden. Diese stehen dann für Auswertungen im Infosystem und in der Planung zur Verfügung, alle anderen werden nur in Einzelposten der Ergebnisrechnung geführt.

	Da die Standardeinstellungen zur Merkmalsverwendung für das Testbeispiel nicht geändert werden müssen, sollen Sie sich diese im Folgenden lediglich anzeigen lassen, ohne Modifikationen vorzunehmen.

Anzeige	Eingabe/Auswahl

Wählen Sie im SAP-Referenz-IMG:

Controlling -
Ergebnis- und Marktsegmentrechnung –
Strukturen -
Merkmale der Ergebnisobjekte festlegen (Merkmalsverwendung)

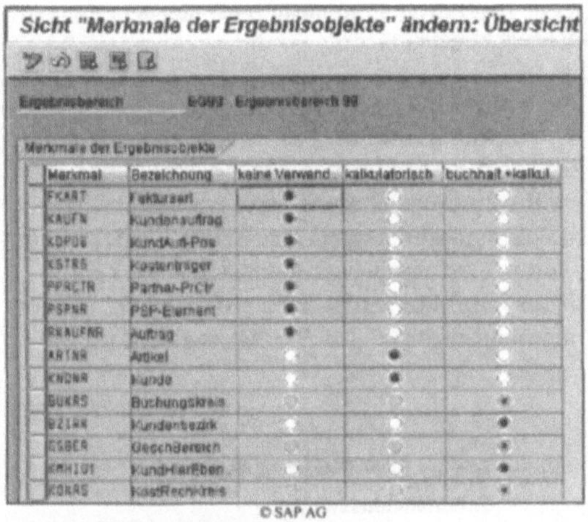

Sicht "Merkmale der Ergebnisobjekte" ändern: Übersicht

Ergebnisbereich E099 Ergebnisbereich 99

Merkmale der Ergebnisobjekte

Merkmal	Bezeichnung	keine Verwend	kalkulatorisch	buchhalt.+kalkul
FKART	Fakturaart	●		
KAUFN	Kundenauftrag	●		
KDPOS	KundAuf-Pos	●		
KSTRG	Kostenträger	●		
PPRCTR	Partner-PrCtr	●		
PSPNR	PSP-Element	●		
RKAUFNR	Auftrag	●		
ARTNR	Artikel		●	
KNDNR	Kunde		●	
BUKRS	Buchungskreis			●
BZIRK	Kundenbezirk			●
GSBER	Geschäftsbereich			●
KMHI01	KundHierEben			●
KOKRS	KostRechKreis			●

© SAP AG

Fortsetzung der Merkmalsliste:

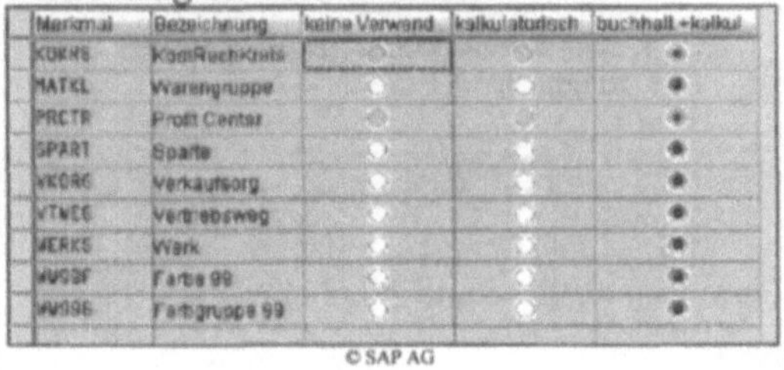

Merkmal	Bezeichnung	keine Verwend	kalkulatorisch	buchhalt.+kalkul
KOKRS	KostRechKreis			●
MATKL	Warengruppe			●
PRCTR	Profit Center			●
SPART	Sparte			●
VKORG	Verkaufsorg			●
VTWEG	Vertriebsweg			●
WERKS	Werk			●
WW99F	Farbe 99			●
WW99G	Farbgruppe 99			●

© SAP AG

Der Bildschirm zeigt sämtliche Merkmale Ihres Ergebnisbereichs (inklusive der festen Merkmale) sowie die Standardeinstellungen zur Merkmalsverwendung, die hier geändert werden könnten.
Mit Ausnahme der ersten sieben können alle Merkmale zur Bildung von Ergebnisobjekten der **kalkulatorischen** Ergebnisrechnung bei Planung und Auswertung herangezogen werden.

SAP-Referenz-IMG

Beenden Sie die Customizing-Transaktion.

Anzeige	Eingabe/Auswahl

M6.5 Customizing: Kostenrechnungskreis zuordnen

Einem Ergebnisbereich muss mindestens ein Kostenrechnungskreis zugeordnet werden. Durch Zuordnung mehrerer Kostenrechnungskreise ist eine gemeinsame Ergebnisrechnung durchführbar.

Bei Übernahme der Daten in die Ergebnisrechnung wird der zugehörige Ergebnisbereich aus dem Kostenrechnungskreis und dieser wiederum aus dem Buchungskreis abgeleitet.

Da vor der Zuordnung eines Kostenrechnungskreises die Struktur des Ergebnisbereiches erstellt sein muss, konnte diese noch nicht (wie die der anderen organisatorischen Einheiten) im Modul 1 erfolgen (vgl. auch dort). Sie kehren daher hier noch einmal zum Menüpunkt "Unternehmensstruktur" des Einführungsleitfadens zurück:

Wählen Sie im SAP-Referenz-IMG:

> **Unternehmensstruktur –**
> **Zuordnung -**
> **Controlling –**
> **Kostenrechnungskreis – Ergebnisbereich zuordnen**

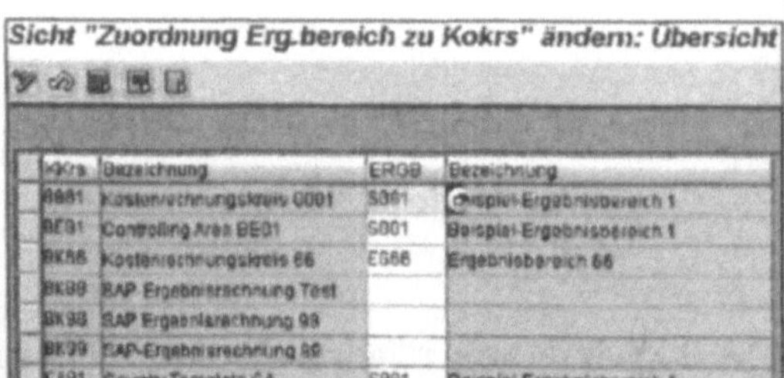

Sicht "Zuordnung Erg.bereich zu Kokrs" ändern: Übersicht
KKrs Bezeichnung ERGB Bezeichnung
BE01 Controlling Area BE01 S001 Beispiel-Ergebnisbereich 1
BK66 Kostenrechnungskreis 66 EG66 Ergebnisbereich 66
CA01 Country Template CA S001 Beispiel-Ergebnisbereich 1
CH01 Kostenrechnungskreis CH S001 Beispiel-Ergebnisbereich 1

Eingabe bzw. Auswahl hinter Ihrem Kostenrechnungskreis BKxx:

<u>ERGB:</u>	***EGxx***
	xx = Ihre Teilnehmernummer

Sichern Sie Ihre Eingabe.

Meldung in der Statuszeile:
Daten wurden gesichert.

Ihrem Ergebnisbereich ist jetzt Ihr Kostenrechnungskreis zugeordnet.

Beenden Sie die Customizing-Transaktion.

SAP-Referenz-IMG

Modul 7: Customizing: Merkmalswerte und -ableitungen

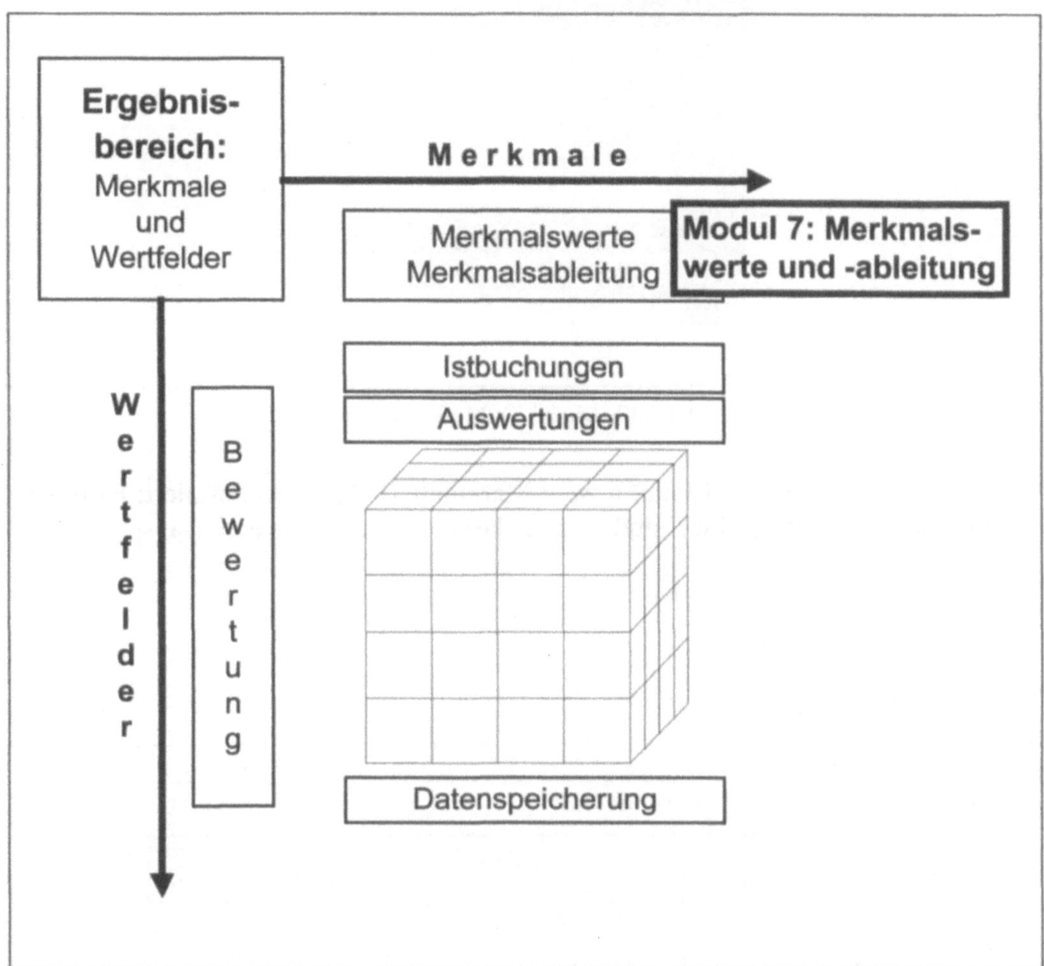

Bild 3.2/11 (Modul 7): Modulstruktur des Testbeispiels

Merkmalswerte

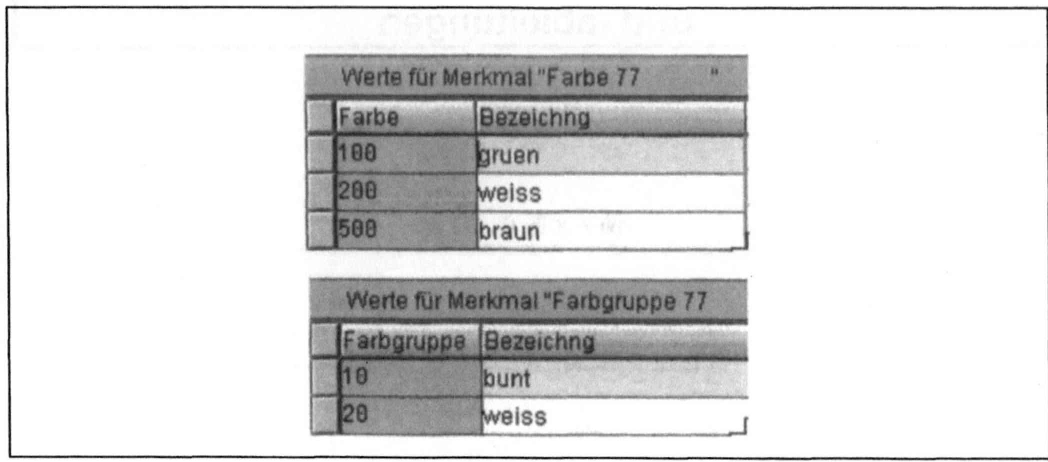

Werte für Merkmal "Farbe 77 "

Farbe	Bezeichng
100	gruen
200	weiss
500	braun

Werte für Merkmal "Farbgruppe 77

Farbgruppe	Bezeichng
10	bunt
20	weiss

Bild 3.2/12 (Modul 7): Merkmalswerte

Im Testbeispiel wurden im Modul 6 zwei Merkmale (Felder) neudefiniert: Farbe und Farbgruppe. Für diese Felder sind jetzt zulässige Merkmalswerte (-ausprägungen) festzulegen.

Merkmalsableitung

Merkmalswerte aus dem Buchungsbeleg:

Auftrag	Kunde	Kunden-bezirk	Artikel	Waren-gruppe	Farbe	Farb-gruppe	Sparte	Faktura-art
001	Kxx-1100		Fxx-50-0900					F1

Merkmalswerte des Einzelpostens _nach_ Ableitung:

Auftrag	Kunde	Kunden-bezirk	Artikel	Waren-gruppe	Farbe	Farb-gruppe	Sparte	Faktura-art
001	Kxx-1100	***001***	Fxx-50-0900	***xx01***	***500***	***010***	***xx***	F1

Bild 3.2/13 (Modul 7): Merkmalsableitung

Die Merkmalsableitung erfolgt vorgangsbezogen mit dem Ziel, Merkmale mit Daten (Merkmalswerten, Merkmalsausprägungen) zu füllen.

Bei jedem CO-PA relevanten Geschäftsvorfall wird vom System automatisch eine **Merkmalsableitung** durchgeführt. Durch den Buchungsbeleg sind eine Reihe von Merkmalswerten gegeben. Durch Ableitung werden aus diesen Merkmalswerten (Quellfelder) die Werte logisch abhängiger Merkmale (Zielfelder) hergeleitet. Die abgeleiteten Merkmalswerte werden zusammen mit den Daten des Belegs im CO-PA-Einzelposten abgelegt.

Bei einer Faktura wird zum Beispiel aus einer gegebenen Artikelnummer die Sparte abgeleitet werden.

Ableitungsstrategie

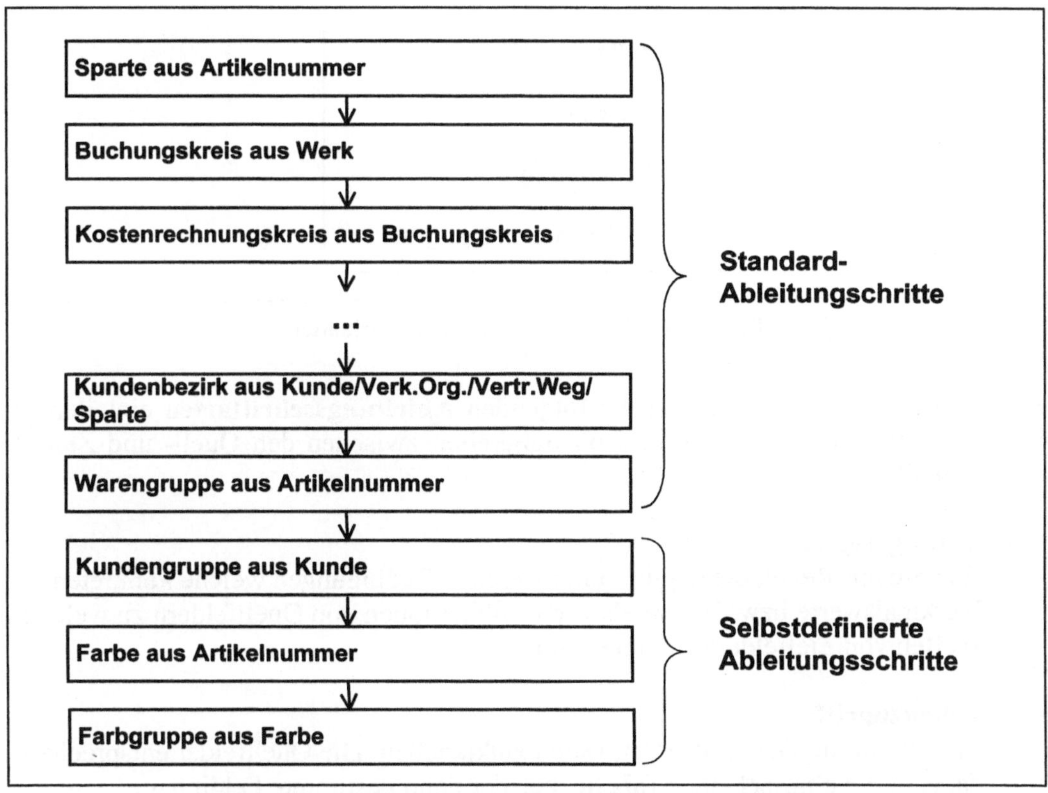

Bild 3.2/14 (Modul 7): Ableitungsstrategie im Testbeispiel

Jede Ableitung besteht aus einer Folge von Ableitungsschritten, der sogenannten **Ableitungsstrategie**. Jedem Ergebnisbereich ist vom System eine Standardableitungsstrategie zugeordnet, die durch selbstdefinierte Schritte ergänzt werden kann. Diese Ableitungsstrategie wird bei jeder CO-PA-relevanten Buchung durchlaufen, wodurch die noch nicht bekannten Merkmalswerte ergänzt werden.

Jeder **Ableitungsschritt** beschreibt, wie aus einer Menge von Quellfeldern eine Menge von Zielfeldern gefüllt werden kann. In einem **Ableitungsschritt** kann zum Beispiel aus einem Werk der Buchungskreis hergeleitet werden, der ja bekanntlich (vgl. Modul 1) dem Werk übergeordnet ist.

Ableitungsschrittarten

- **Ableitungsregel**
- **Tabellenzugriff**
- **Zuweisung**
- **Initialisierung**
- **Kundenhierarchiezugriff**

Bild 3.2/15 (Modul 7): Ableitungsschrittarten

Ableitungsschritte lassen sich in die folgenden **Ableitungsschrittarten** einteilen, über die unterschiedliche logische Abhängigkeiten zwischen den Quell- und Zielfeldern abgebildet werden:

- **Ableitungsregel:**
  Wenn-dann-Regel, die angibt, unter welchen Bedingungen welche konkreten Merkmalswerte bzw. Merkmalswertkombinationen von Quellfeldern zu welchen Werten von Zielfeldern führen sollen.

- **Tabellenzugriff:**
  Zugriff auf die Datensätze von Datenbanktabellen. Die Quellfelder entsprechen dabei dem Schlüssel einer Tabelle, aus der dann bestimmte Feldinhalte (Merkmalswerte) in Zielfelder übernommen werden.

- **Zuweisung:**
  Einem Zielfeld wird der Inhalt eines beliebigen Quellfelds oder eine Konstante zugewiesen.

- **Initialisierung:**
  Merkmalswert wird in Abhängigkeit von bestimmten Bedingungen auf typgerechten Initialwert (Leerzeichen bzw. Null) gesetzt, d. h. gelöscht.

- **Kundenhierarchiezugriff:**
  Dieser Ableitungsschritt steht nur zur Verfügung, wenn im SD eine Kundenhierarchie angelegt wurde und in den Kundenstammsätzen das Feld Hierarchiezuordnung gepflegt wurde (vgl. M5.4 und M7.2.5).

In den nachfolgenden Bildern werden anhand der Ableitungsschritte des Testbeispiels einige dieser Schrittarten näher erläutert.

Tabellenzugriffe

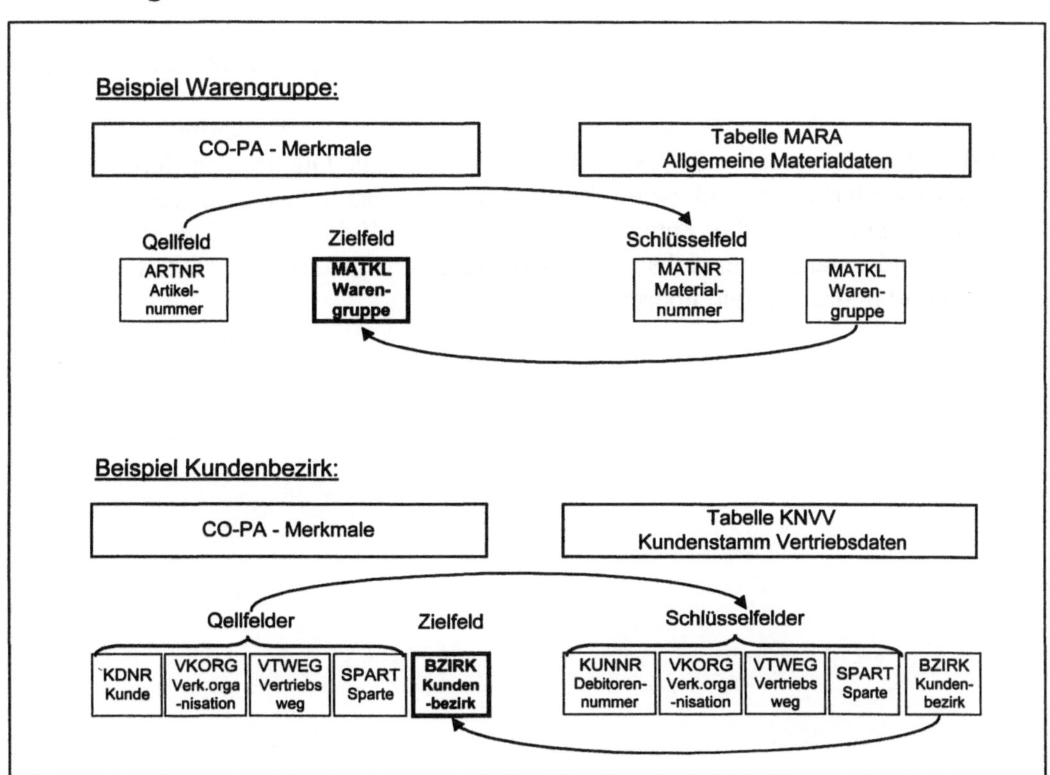

Bild 3.2/16 (Modul 7): Tabellenzugriffe im Testbeispiel

Beispiel Warengruppe:

Das Problem besteht darin, bei einem konkreten Geschäftsvorfall das Merkmal "MATKL Warengruppe" als Zielfeld zu füllen.

Als Quellfeld wird das Merkmal "ARTNR Artikelnummer" festgelegt. Die Artikelnummer wird beim Geschäftsvorfall dann aus dem Vertriebsbeleg übernommen. Über das Schlüsselfeld "MATNR Artikelnummer" der Datenbanktabelle "MARA Allgemeine Materialdaten" wird dann der Wert für das Feld "MATKL Warengruppe " gefunden, da die Artikelnummer Schlüsselfeld dieser Tabelle ist. Der Wert wird in das Zielfeld "MATKL Warengruppe " im CO-PA übertragen.

Die Feldnamen der Merkmale (CO-PA-Felder) und die der entsprechenden Datenbankfelder müssen bei der Schrittart Tabellenzugriff nicht notwendigerweise übereinstimmen.

Beispiel Kundenbezirk:

Hier soll das Merkmal "BZIRK Kundenbezirk" als Zielfeld gefüllt werden.

Die Merkmale "KNDNR Kundennummer", "VKORG Verkaufsorganisation", "VTWEG Vertriebsweg", "SPART Sparte" werden als Quellfelder definiert. Die Werte dieser Merkmale sind beim Geschäftsvorfall später aus dem Vertriebsbeleg bereits bekannt. Über die entsprechenden Schlüsselfelder der Datenbanktabelle "KNVV Kundenstamm/Vertriebsdaten" wird der Wert für das Feld "BZIRK Bezirk" gefunden und in das Zielfeld übertragen

Ableitungsregeln

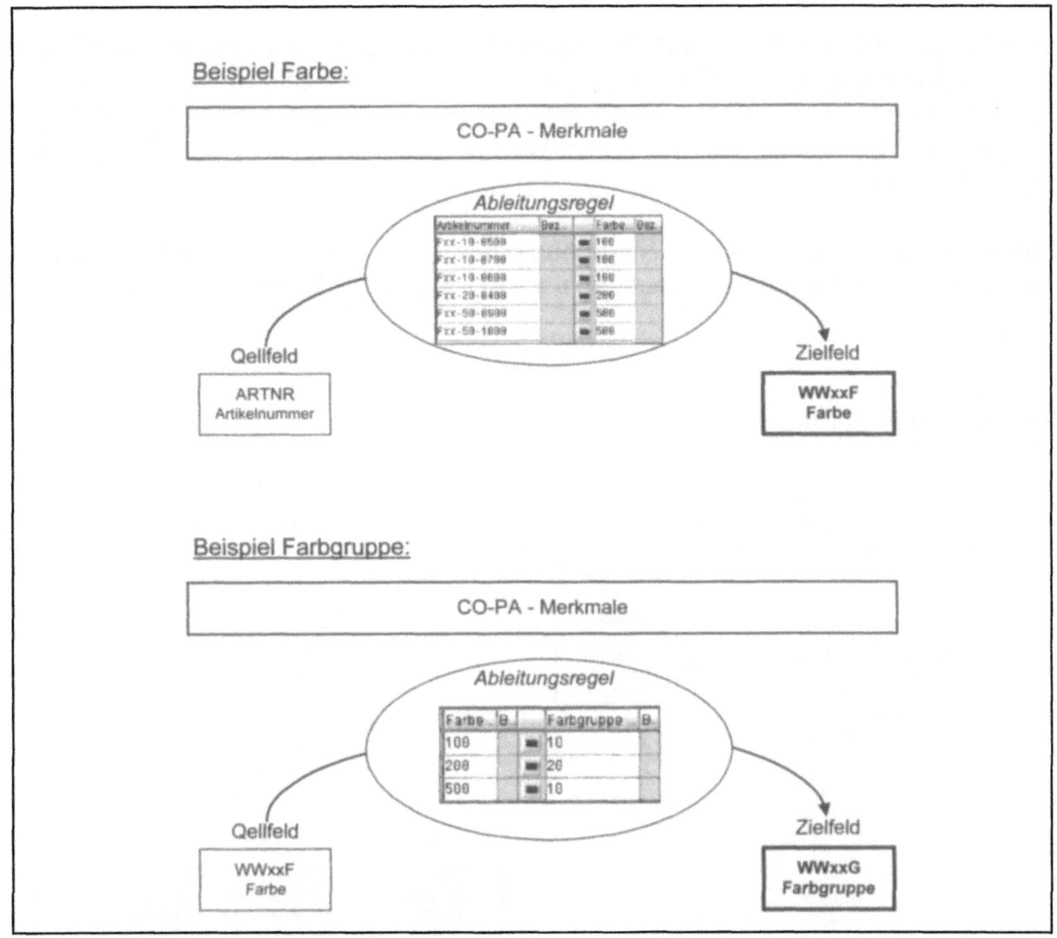

Bild 3.2/17 (Modul 7): Ableitungsregeln im Testbeispiel

Beispiel Farbe:

Hier soll das selbstdefinierte Merkmal "WWxxF Farbe" gefüllt werden. Dieses Feld kommt in keiner Datenbanktabelle des Standardsystems vor.

Es wird daher eine Ableitungsregel definiert, die jeder vorkommenden Artikelnummer eindeutig eine Farbe zuordnet. Beim Geschäftsvorfall wird dann über die gegebene Artikelnummer mit Hilfe dieser Ableitungsregel das Zielfeld "WWxxF Farbe" gefüllt.

Beispiel Farbgruppe:

Auch bei dem Merkmal "WWxxG Farbgruppe" handelt es sich um ein selbstdefiniertes. Das Feld Farbgruppe soll in eine logische Abhängigkeit zum Merkmal Farbe gebracht werden. Dies wird über die Definition der Ableitungsregel "Farbe aus Farbgruppe" erreicht, in der jedem möglichen Wert des Merkmals Farbe einer Farbgruppe zugeordnet wird.

Hierbei ist insbesondere auf die Einordnung dieses neu definierten Ableitungsschrittes in die Ableitungsstrategie zu achten: *nach* der Regel "Farbe aus Artikelnummer".

Kundenhierarchiezugriff

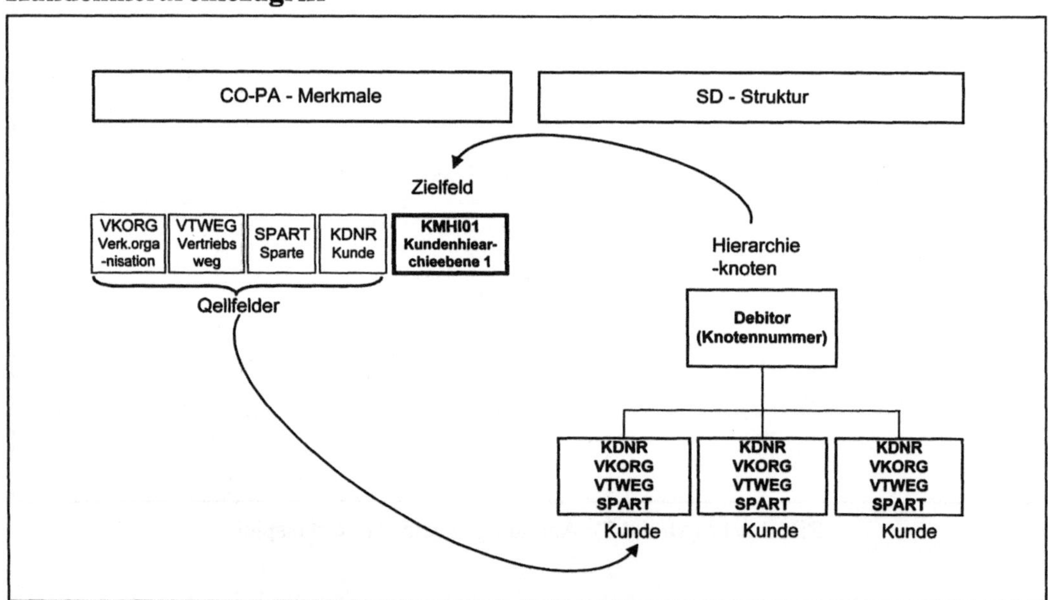

Bild 3.2/18 (Modul 7): Kundenhierarchiezugriff im Testbeispiel

Hier geht es darum, die im Vertrieb (vgl. Modul 5) angelegte Kundenhierarchie im CO-PA bekannt zu machen. Im Gegensatz zu den beiden zuvor angelegten Ableitungsschritten müssen beim Anlegen eines Ableitungsschrittes der Schrittart Kundenhierarchiezugriff nicht explizit Quell- und Zielfelder festgelegt werden, vielmehr muss nur der schon vorgefertigte Schritt in die Strategie eingebunden werden.

Voraussetzung für diesen Ableitungsschritt ist die den Kundenhierarchieknoten zugeordnete Hierarchiestufennummer (Feld "Hierarchiezuordnung"). Da wir im Testbeispiel nur einstufige Kundenhierarchien definiert haben, ist diese Stufennummer für alle Knoten "1" (vgl. Modul 5.3) und daher auch nur *ein* Merkmal "KMHI01 Kundenhierarchie Ebene 1" als Zielfeld dieses Schrittes erforderlich. Bei der späteren Ableitung wird über die gegebenen Kunden (identifiziert über die Felder "VKORG", "VTWEG", "SPART" und "KDNR") auf den im SD übergeordneten Hierarchieknoten (also genau einen) zugegriffen und die Nummer dieses Knotens (Feldname, eher verwirrend: "Debitor" bzw. "Kunde") als Wert in das Zielfeld eingetragen.

Man muss sorgfältig unterscheiden zwischen der Hierarchiestufennummer und der Knotennummer. Die Hierarchiestufennummer gibt die Anzahl der Hierarchieebenen an, während die Knotennummer (Feldname "Kunde" bzw. "Debitor") in einer Ebene die Knoten durchnummeriert.

Was ist zu tun?

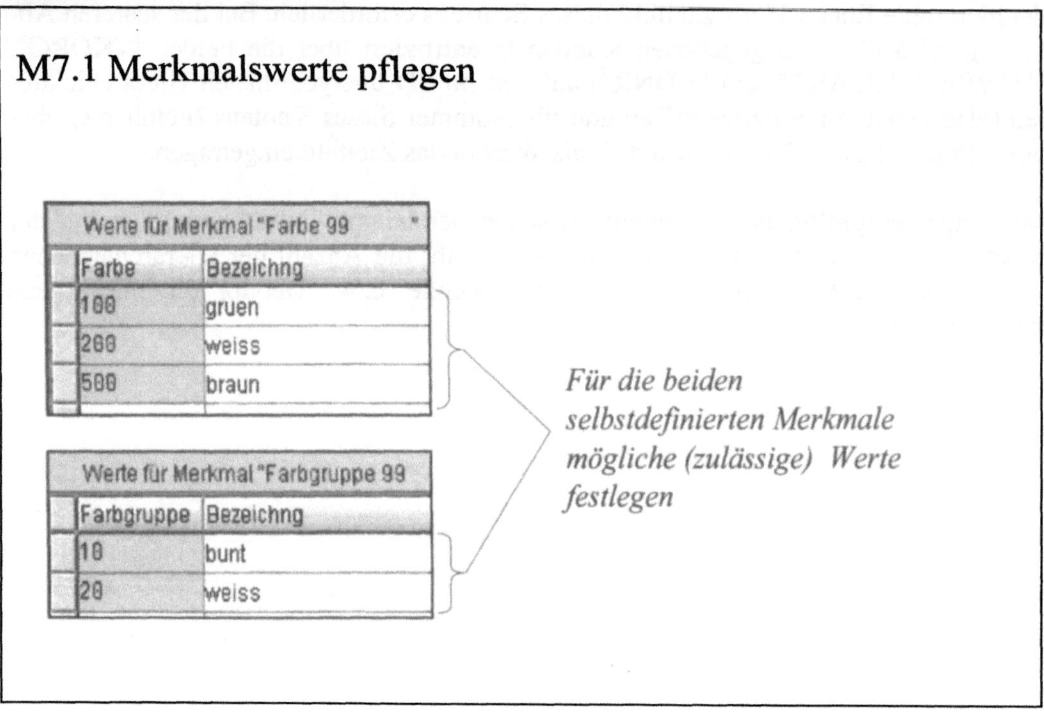

Bild 3.2/19 (Modul 7): Überblick M7.1

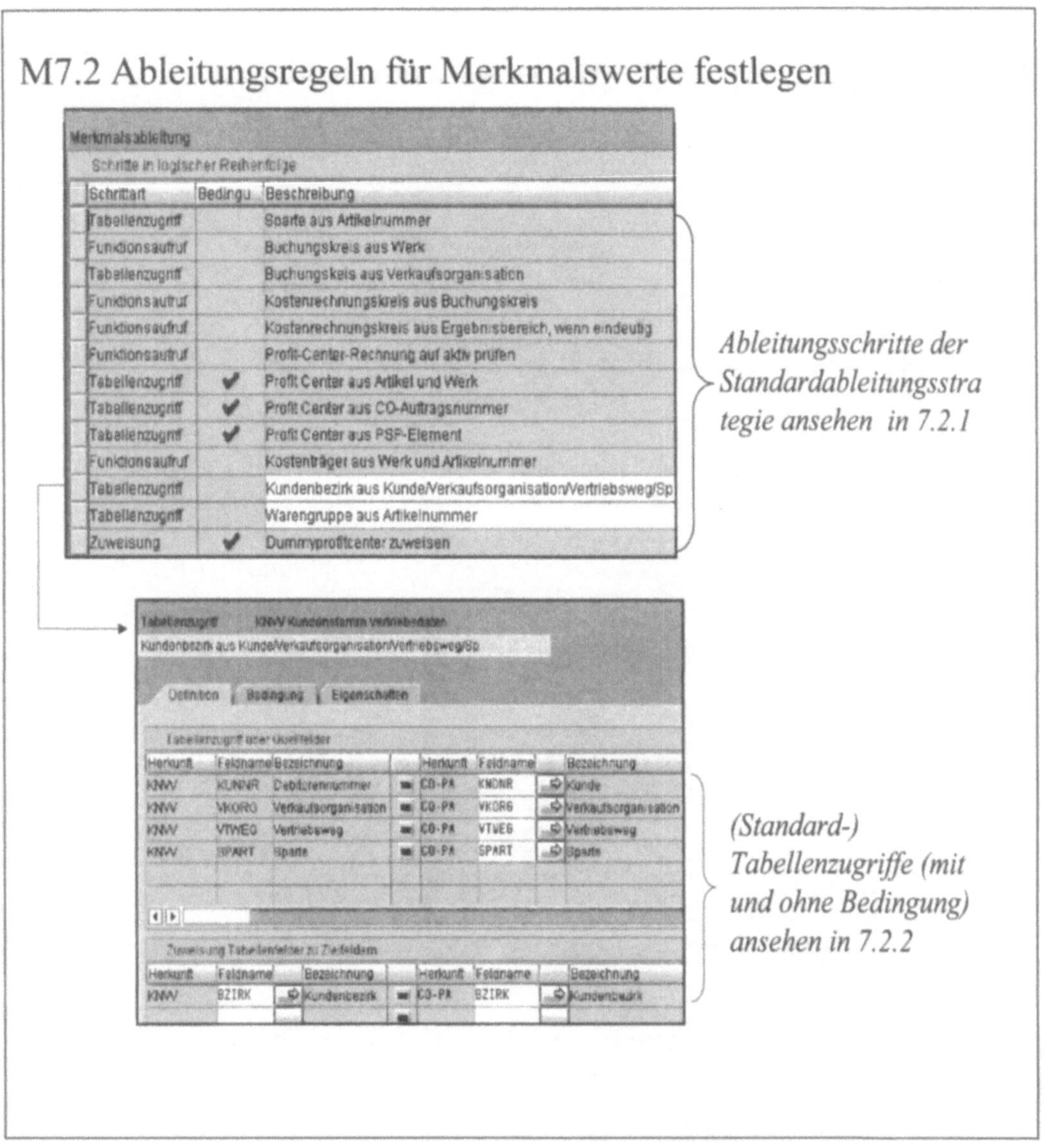

Bild 3.2/20 (Modul 7): Überblick M7.2 (1)

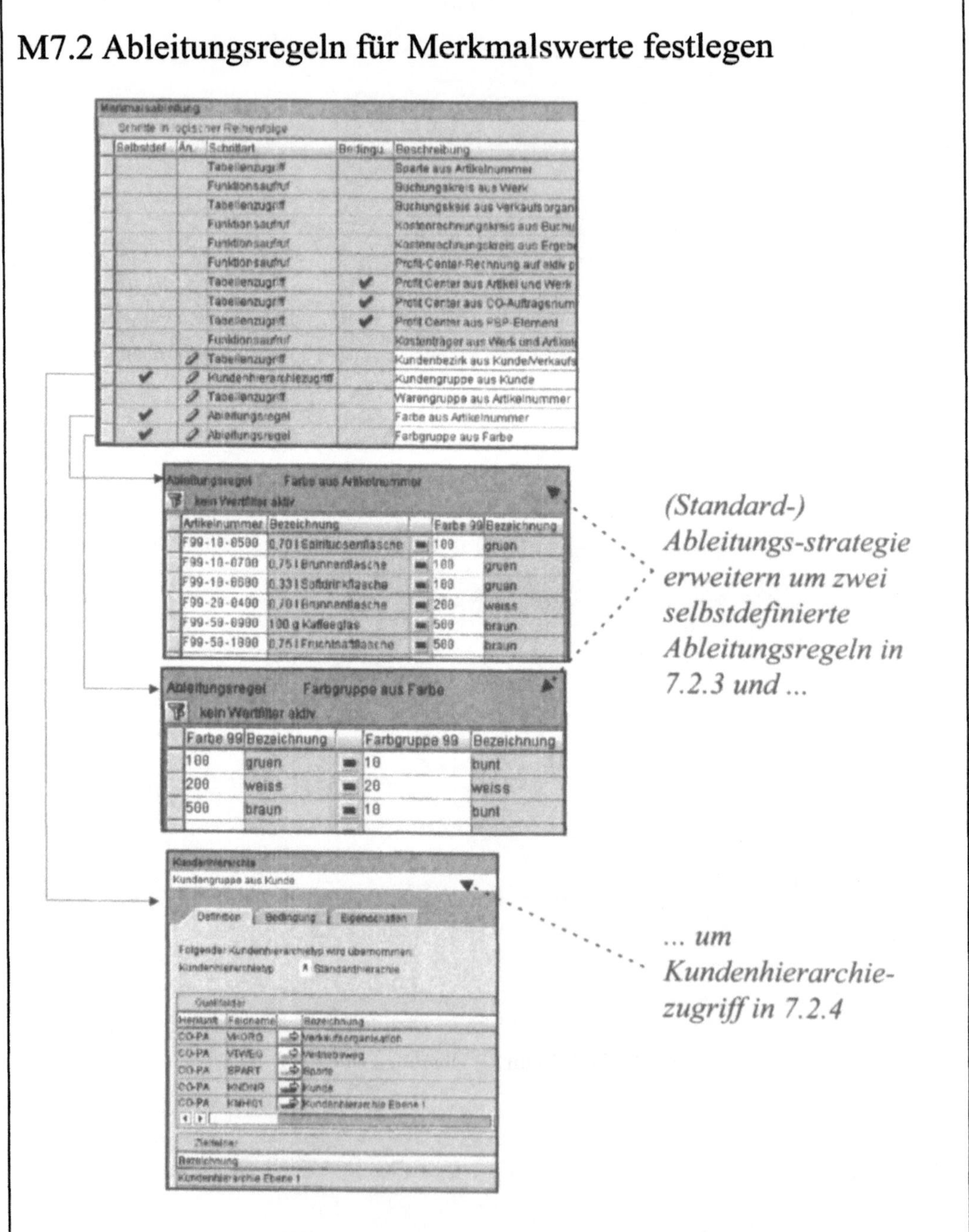

Bild 3.2/20 (Modul 7): Überblick M7.2 (2)

Anzeige	Eingabe/Auswahl

Modul 7: Customizing: Merkmalswerte und -ableitungen

Die *Stammdaten* der Ergebnis- und Marktsegmentrechnung werden durch Zuweisung einzelner Werte zu den Merkmalen und Wertfeldern der zuvor definierten Strukturen gebildet.

Als *Ergebnisobjekt* wird dann eine bestimmte Kombination von Merkmalswerten bezeichnet, die als Basis für Auswertungen gebildet wird. So lassen sich z. B. alle Artikel der Artikelgruppe A, die auf dem Vertriebsweg C in der Region D an Kunden der Gruppe E vertrieben werden als Ergebnisobjekt X oder alle Kunden des Verkaufsgebietes A, die Artikel der Farbgruppe B beziehen, als Ergebnisobjekt Y definieren.

M7.1 Merkmalswerte pflegen

Um zu erreichen, dass ein selbstdefiniertes Merkmal nur Werte (Merkmalsausprägungen) aus einer festgelegten Menge von Werten annehmen kann, muss man für das Merkmal eine eigene *Wertepflege* definieren.

Dadurch wird eine Prüf- und eine Texttabelle (für Texte zu den Werten) erzeugt. Das System verprobt dann alle Eingaben für das Merkmal gegen die zulässigen Werte in der Prüftabelle, während es für Merkmale ohne Wertepflege nur eine Verprobung hinsichtlich des Datentyps durchführt.

Anzeige	Eingabe/Auswahl
	Für die selbstdefinierten Merkmale "Farbe xx" und "Farbgruppe xx" werden im Folgenden die erlaubten Wertemengen festgelegt.
SAP-Referenz-IMG (Einführungsleitfaden):	Wechseln Sie zum Einführungsleitfaden (SAP-Referenz-IMG).
	Wählen Sie im SAP-Referenz-IMG: **Controlling -** **Ergebnis- und Marktsegmentrechnung –** **Stammdaten -** **Merkmalswerte –** **Merkmalswerte pflegen**
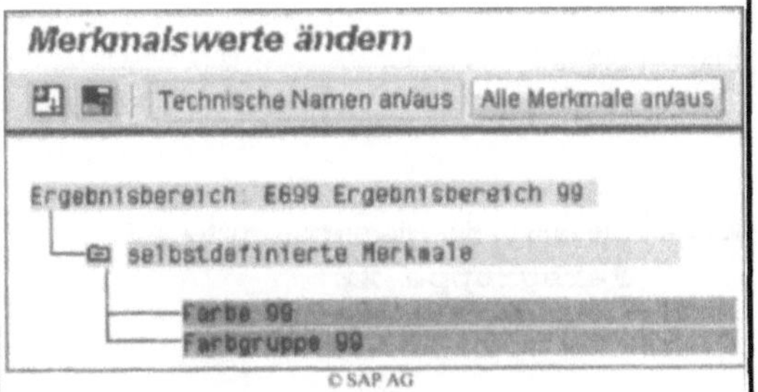 Merkmalswerte ändern Technische Namen an/aus · Alle Merkmale an/aus Ergebnisbereich E699 Ergebnisbereich 99 selbstdefinierte Merkmale Farbe 99 Farbgruppe 99 © SAP AG	Klicken Sie in der Hierarchiestruktur auf **Farbe xx** xx = Ihre Teilnehmernummer

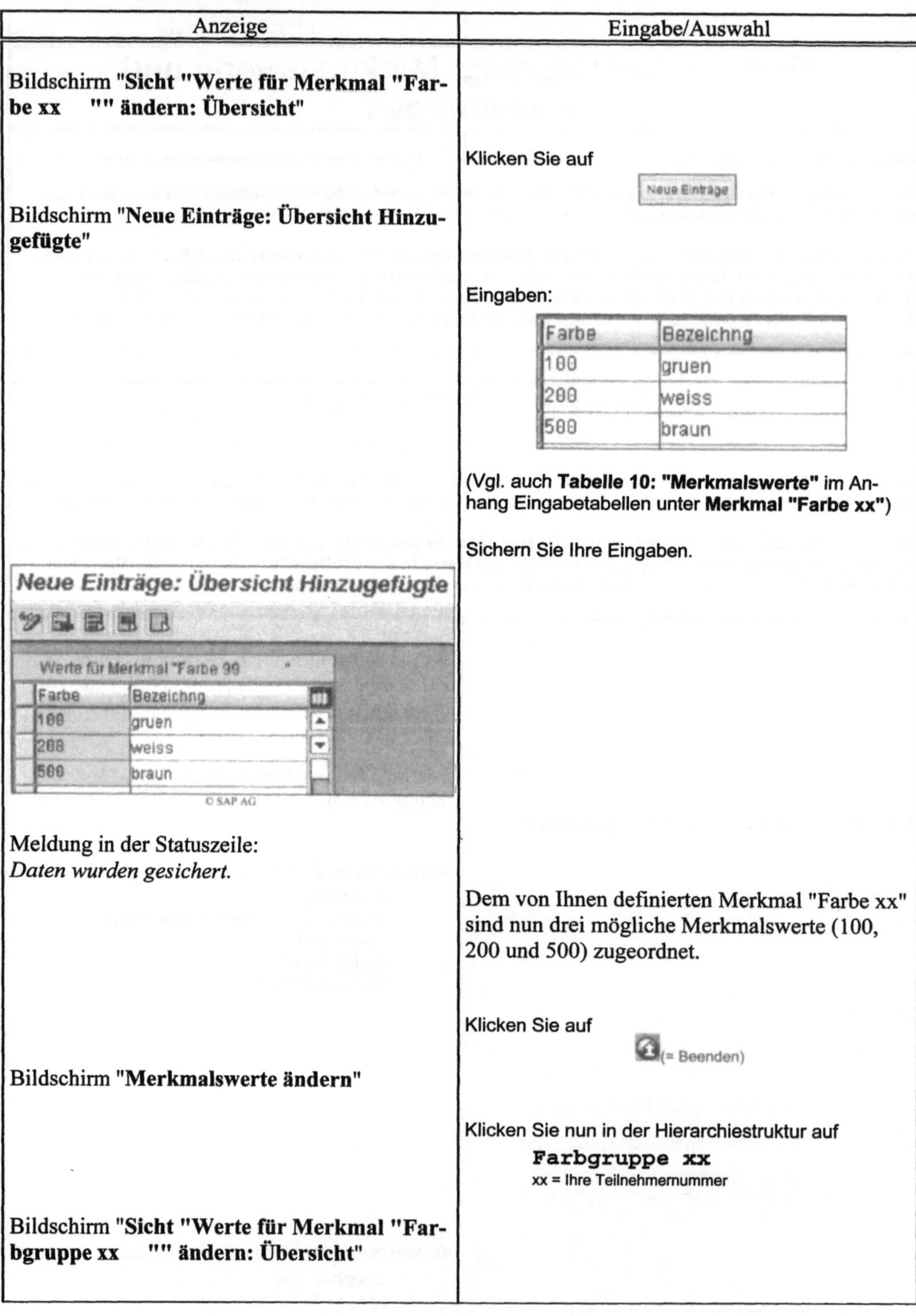

Anzeige	Eingabe/Auswahl
Bildschirm "**Sicht "Werte für Merkmal "Farbe xx "" ändern: Übersicht**"	Klicken Sie auf Neue Einträge
Bildschirm "**Neue Einträge: Übersicht Hinzugefügte**"	Eingaben: Farbe / Bezeichng 100 / gruen 200 / weiss 500 / braun (Vgl. auch **Tabelle 10: "Merkmalswerte"** im Anhang Eingabetabellen unter **Merkmal "Farbe xx"**) Sichern Sie Ihre Eingaben.
Neue Einträge: Übersicht Hinzugefügte Werte für Merkmal "Farbe 99 Farbe / Bezeichng 100 / gruen 200 / weiss 500 / braun © SAP AG	
Meldung in der Statuszeile: *Daten wurden gesichert.*	Dem von Ihnen definierten Merkmal "Farbe xx" sind nun drei mögliche Merkmalswerte (100, 200 und 500) zugeordnet.
Bildschirm "**Merkmalswerte ändern**"	Klicken Sie auf (= Beenden)
Bildschirm "**Sicht "Werte für Merkmal "Farbgruppe xx "" ändern: Übersicht**"	Klicken Sie nun in der Hierarchiestruktur auf **Farbgruppe xx** xx = Ihre Teilnehmernummer

Anzeige	Eingabe/Auswahl
Bildschirm "**Neue Einträge: Übersicht Hinzugefügte**"	Klicken Sie auf Neue Einträge
	Eingaben: Farbgruppe / Bezeichng 10 / bunt 20 / weiss (Vgl. auch **Tabelle 10: "Merkmalswerte"** im Anhang Eingabetabellen unter **Merkmal "Farbgruppe xx"**) Sichern Sie Ihre Eingaben.
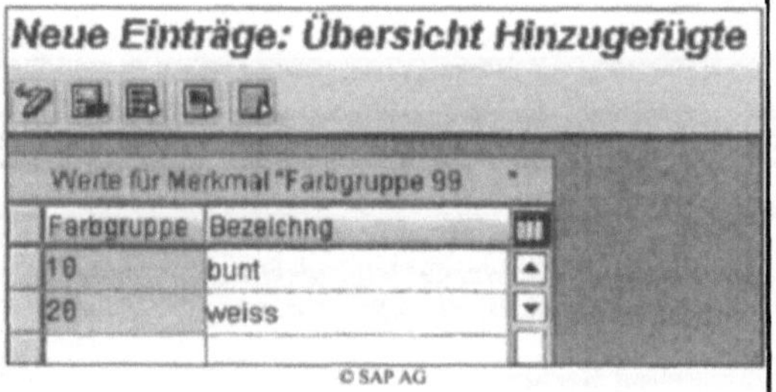 Neue Einträge: Übersicht Hinzugefügte Werte für Merkmal "Farbgruppe 99" Farbgruppe / Bezeichng 10 / bunt 20 / weiss © SAP AG	
Meldung in der Statuszeile: *Daten wurden gesichert.*	Das von Ihnen definierte Merkmal "Farbgruppe xx" kann nun die beiden Werte 10 und 20 annehmen.
SAP-Referenz-IMG	Beenden Sie die (Customizing-)Transaktion.

Anzeige	Eingabe/Auswahl

M7.2 Ableitungsregeln für Merkmalswerte festlegen

Durch die *Merkmalsableitung* können bei einem CO-PA-relevanten Geschäftsvorfall Merkmale nach bestimmten Regeln - die entweder durch logische Abhängigkeiten des Datenmodells vorgegeben oder selbstdefiniert sind - automatisch mit Werten versorgt werden. Dabei werden aus bereits vorhandenen Merkmalswerten die Werte weiterer, logisch abhängiger Merkmale ermittelt.

Bei folgenden Geschäftsvorfällen kann eine Merkmalsableitung durchgeführt werden:

- **Manuelle Kontierungen (Abrechnung von Aufträgen, Direktkontierungen aus der Finanzbuchhaltung, manuelle Einzelpostenerfassung oder manuelle Planung)**
- **Automatischer Übernahme von Daten aus anderen Applikationen (Fakturierung, Übernahme von Gemeinkosten oder Fremddatenübernahme).**

Eine Merkmalsableitung besteht aus einer Folge von *Ableitungsschritten* - der sog. *Ableitungsstrategie* -, über die in der vorgegebenen Reihenfolge Merkmalswerte aus anderen Merkmalen hergeleitet werden.

Jeder Ableitungsschritt beschreibt, wie aus einer Menge von *Quellfeldern* (= Merkmale, die zum Zeitpunkt der Ableitung bereits mit Werten versorgt sind) eine Menge von *Zielfeldern* (= Merkmale, deren Werte durch die Ableitung ermittelt werden sollen) gefüllt werden kann.

M7.2.1 Standardableitungsstrategie ansehen

Das System erzeugt für jeden neu definierten Ergebnisbereich eine *Standardableitungsstrategie*, in der alle bekannten Abhängigkeiten zwischen Merkmalen bereits enthalten sind. Hierzu zählen u. a.:

- **Schritte zur Ableitung der festen Merkmale**
- **Schritte zur Ableitung der aus Vorlagetabellen übernommenen Merkmale.**

Anzeige	Eingabe/Auswahl
	Wählen Sie im SAP-Referenz-IMG: **Controlling -** **Ergebnis- und Marktsegmentrechnung –** **Stammdaten -** **Merkmalsableitung definieren**
Merkmalsableitung: Strategie anzeigen Regeleinträge pflegen Merkmalsableitung Schritte in logischer Reihenfolge Schrittart | Beschreibung © SAP AG	
Bildschirm "**Merkmalsableitung: Strategie <u>ändern</u>**"	Klicken Sie auf 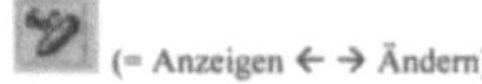 (= Anzeigen ← → Ändern)
	Sie sind in den Änderungsmodus gewechselt.
	Klicken Sie auf  (= Alle Schritte anz.)

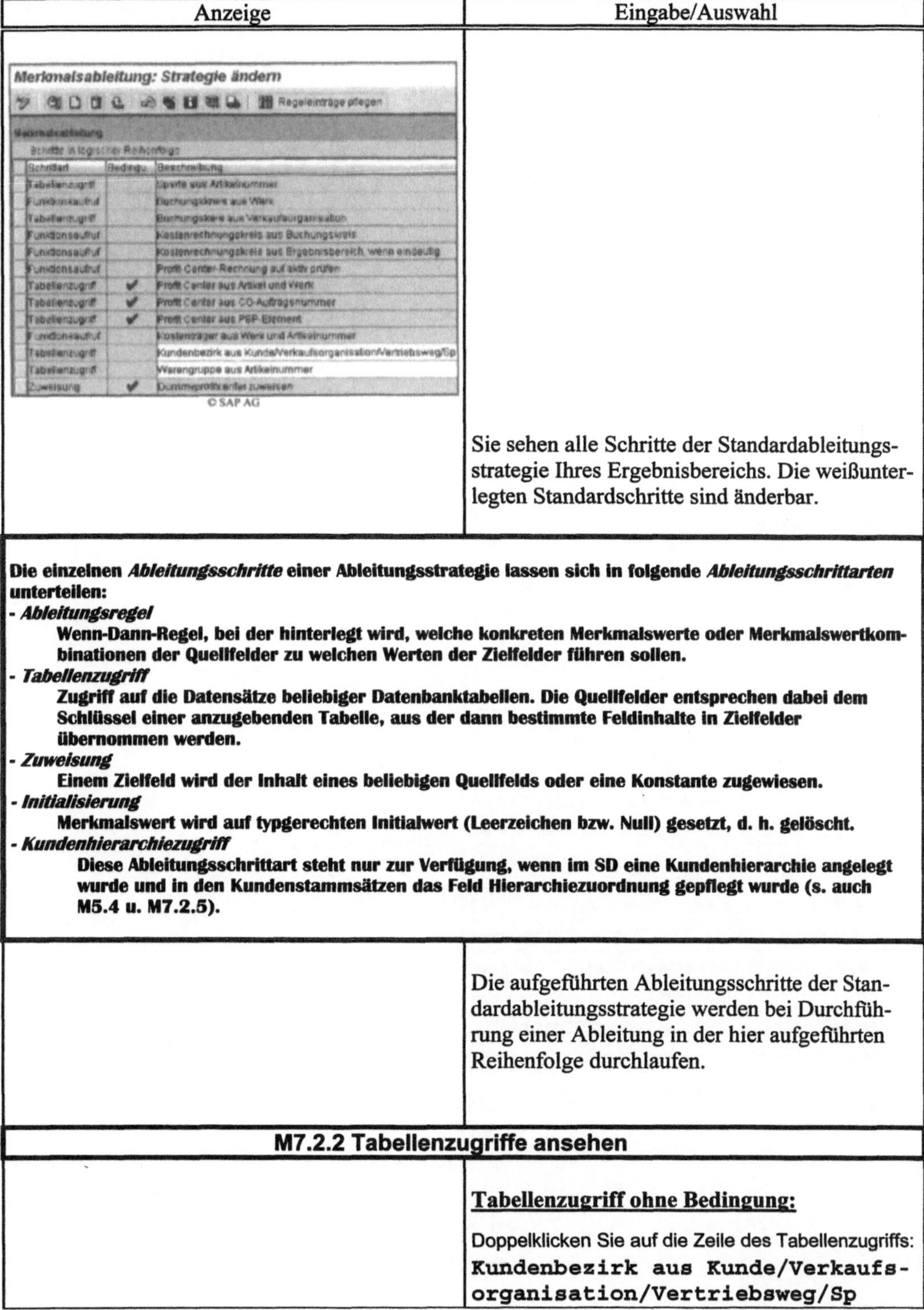

© SAP AG

Anzeige	Eingabe/Auswahl
	Sie sehen alle Schritte der Standardableitungsstrategie Ihres Ergebnisbereichs. Die weißunterlegten Standardschritte sind änderbar.

Die einzelnen *Ableitungsschritte* einer Ableitungsstrategie lassen sich in folgende *Ableitungsschrittarten* unterteilen:

- ***Ableitungsregel***
  Wenn-Dann-Regel, bei der hinterlegt wird, welche konkreten Merkmalswerte oder Merkmalswertkombinationen der Quellfelder zu welchen Werten der Zielfelder führen sollen.
- ***Tabellenzugriff***
  Zugriff auf die Datensätze beliebiger Datenbanktabellen. Die Quellfelder entsprechen dabei dem Schlüssel einer anzugebenden Tabelle, aus der dann bestimmte Feldinhalte in Zielfelder übernommen werden.
- ***Zuweisung***
  Einem Zielfeld wird der Inhalt eines beliebigen Quellfelds oder eine Konstante zugewiesen.
- ***Initialisierung***
  Merkmalswert wird auf typgerechten Initialwert (Leerzeichen bzw. Null) gesetzt, d. h. gelöscht.
- ***Kundenhierarchiezugriff***
  Diese Ableitungsschrittart steht nur zur Verfügung, wenn im SD eine Kundenhierarchie angelegt wurde und in den Kundenstammsätzen das Feld Hierarchiezuordnung gepflegt wurde (s. auch M5.4 u. M7.2.5).

	Die aufgeführten Ableitungsschritte der Standardableitungsstrategie werden bei Durchführung einer Ableitung in der hier aufgeführten Reihenfolge durchlaufen.

M7.2.2 Tabellenzugriffe ansehen

	Tabellenzugriff ohne Bedingung: Doppelklicken Sie auf die Zeile des Tabellenzugriffs: `Kundenbezirk aus Kunde/Verkaufsorganisation/Vertriebsweg/Sp`

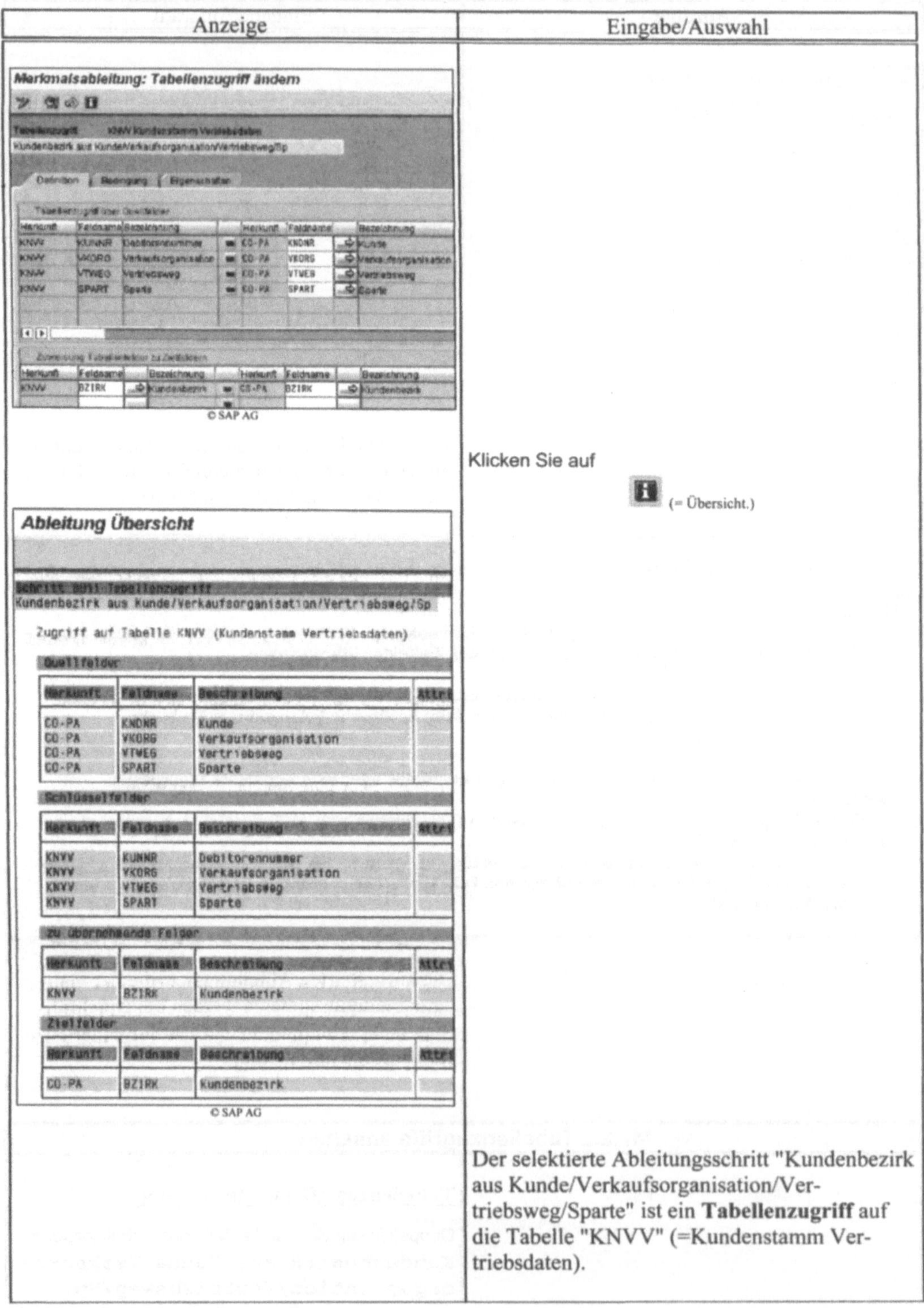

Klicken Sie auf (= Übersicht.)

Der selektierte Ableitungsschritt "Kundenbezirk aus Kunde/Verkaufsorganisation/Vertriebsweg/Sparte" ist ein **Tabellenzugriff** auf die Tabelle "KNVV" (=Kundenstamm Vertriebsdaten).

Anzeige	Eingabe/Auswahl
	Bei Ausführung dieses Schrittes werden die dann aktuellen Werte der **Quellfelder** (= CO-PA – Merkmale "Kunde", "Verkaufsorganisation", "Vertriebsweg", "Sparte") den **Schlüsselfeldern** der Tabelle (= "Debitorennummer", "Verkaufsorganisation", "Vertriebsweg", "Sparte") zugewiesen und aus dem zugehörigem Datensatz der Wert des **Tabellenfeldes** "Kundenbezirk" in das CO-PA –Merkmal "Kundenbezirk" als **Zielfeld** übernommen.
	Klicken Sie <u>zweimal</u> auf (= Zurück.)
Bildschirm **"Merkmalsableitung: Strategie ändern"** mit Standard-Ableitungsstrategie	
	Sehen Sie sich nun noch den (Standard-) Ableitungsschritt **"Warengruppe aus Artikelnummer"** an.
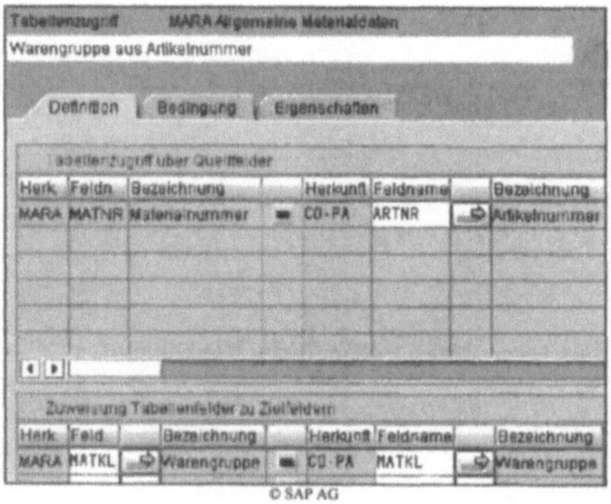 © SAP AG	
	Durch den hier definierten Tabellenzugriff wird mit dem aktuellen Wert des Merkmals "**Artikelnummer**" auf die Tabelle "MARA" (= "Allgemeine Materialdaten", Schlüsselfeld "**Materialnummer**") zugegriffen und aus dem so selektierten Datensatz der Feldinhalt des Feldes "**Warengruppe**" in das gleichnamige Merkmal als Zielfeld übernommen.
	Klicken Sie auf (= Zurück.)

Anzeige	Eingabe/Auswahl
Bildschirm "**Merkmalsableitung: Strategie ändern**" mit Standard-Ableitungsstrategie	**Tabellenzugriff mit Bedingung:** Die Markierung eines Ableitungsschrittes in der Spalte "**Bedingung**" zeigt an, dass dieser Schritt bei einer Ableitung nur ausgeführt werden soll, wenn die dort angegebenen Bedingungen zum Ableitungszeitpunkt erfüllt sind. Doppelklicken Sie auf die Zeile des Tabellenzugriffs: `Profit Center aus Artikel und Werk`

Tabellenzugriff MARC Werksdaten zum Material

Profit Center aus Artikel und Werk

Definition | Bedingung | Eigenschaften

Tabellenzugriff über Quellfelder

Herkunft	Feldname	Bezeichnung		Herkunft	Feldname		Bezeichnung
MARC	MATNR	Materialnummer	=	CO-PA	ARTNR	⇨	Artikelnummer
MARC	WERKS	Werk	=	CO-PA	WERKS	⇨	Werk

Zuweisung Tabellenfelder zu Zielfeldern

Herkunft	Feldna.		Bezeichnung		Herkunft	Feldname		Bezeichnung
MARC	PRCTR	⇨	Profit Center	=	CO-PA	PRCTR	⇨	Profit Center

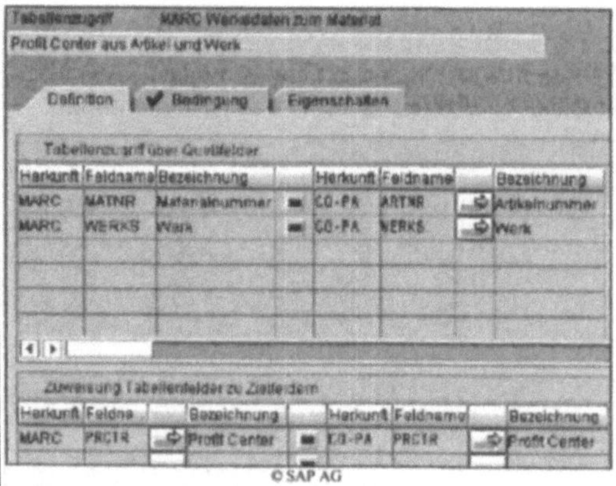

© SAP AG

Wechseln Sie zu Registerkarte "Bedingung".

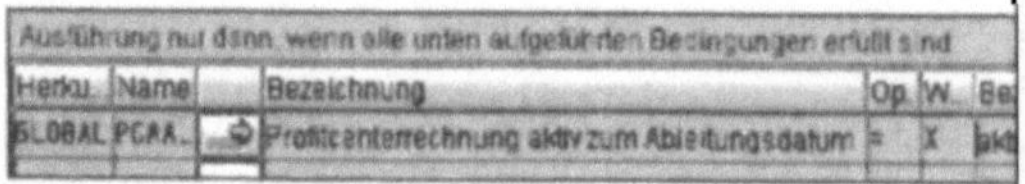

Ausführung nur dann, wenn alle unten aufgeführten Bedingungen erfüllt sind

Herku.	Name		Bezeichnung	Op.	W..	Be
GLOBAL	PCAA..	⇨	Profitcenterrechnung aktiv zum Ableitungsdatum	=	X	akt

© SAP AG

Der selektierte Ableitungsschritt wird nur ausgeführt, wenn die Profitcenterrechnung des R/3-Systems aktiv gesetzt ist.
Da die Profitcenterrechnung für die Umsetzung des Testbeispiels nicht aktiviert wurde (vgl. M2.1.1), wird dieser Schritt hier bei der späteren Durchführung von Ableitungen (vgl. M9.2.2) übersprungen.

Klicken Sie auf (= Zurück.)

Anzeige	Eingabe/Auswahl
M7.2.3 Ableitungsregeln definieren	
	Für das Fallbeispiel muss die Standardableitungsstrategie noch um selbstdefinierte Ableitungsschritte (Ableitungsregeln, Kundenhierarchiezugriff) ergänzt werden. Hier sollen nun zunächst die notwendigen **Ableitungsregeln** definiert werden.
Bildschirm **"Merkmalsableitung: Strategie ändern"** mit Standard-Ableitungsstrategie	**<u>Farbe aus Artikel ableiten:</u>**
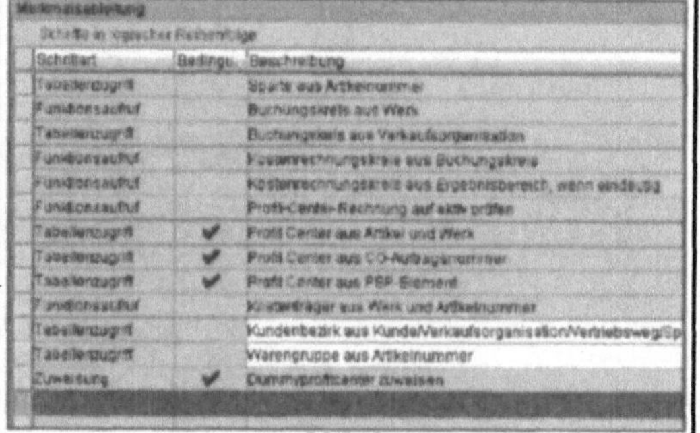 © SAP AG	Markieren Sie die erste Leerzeile unterhalb der Standard-Ableitungsschritte.
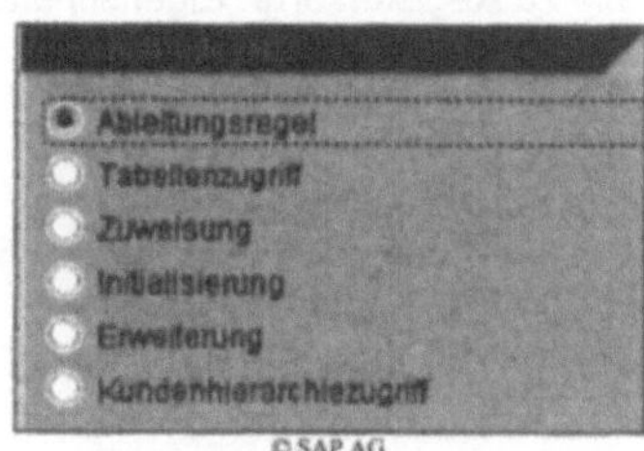 © SAP AG	 Klicken Sie auf  (= Schritt anlegen)
Bildschirm **"Merkmalsableitung: Regeldefinition ändern"**, Registerkarte **"Definition"**	Die Schrittart "Ableitungsregel" ist im Dialogfenster bereits angewählt. 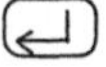

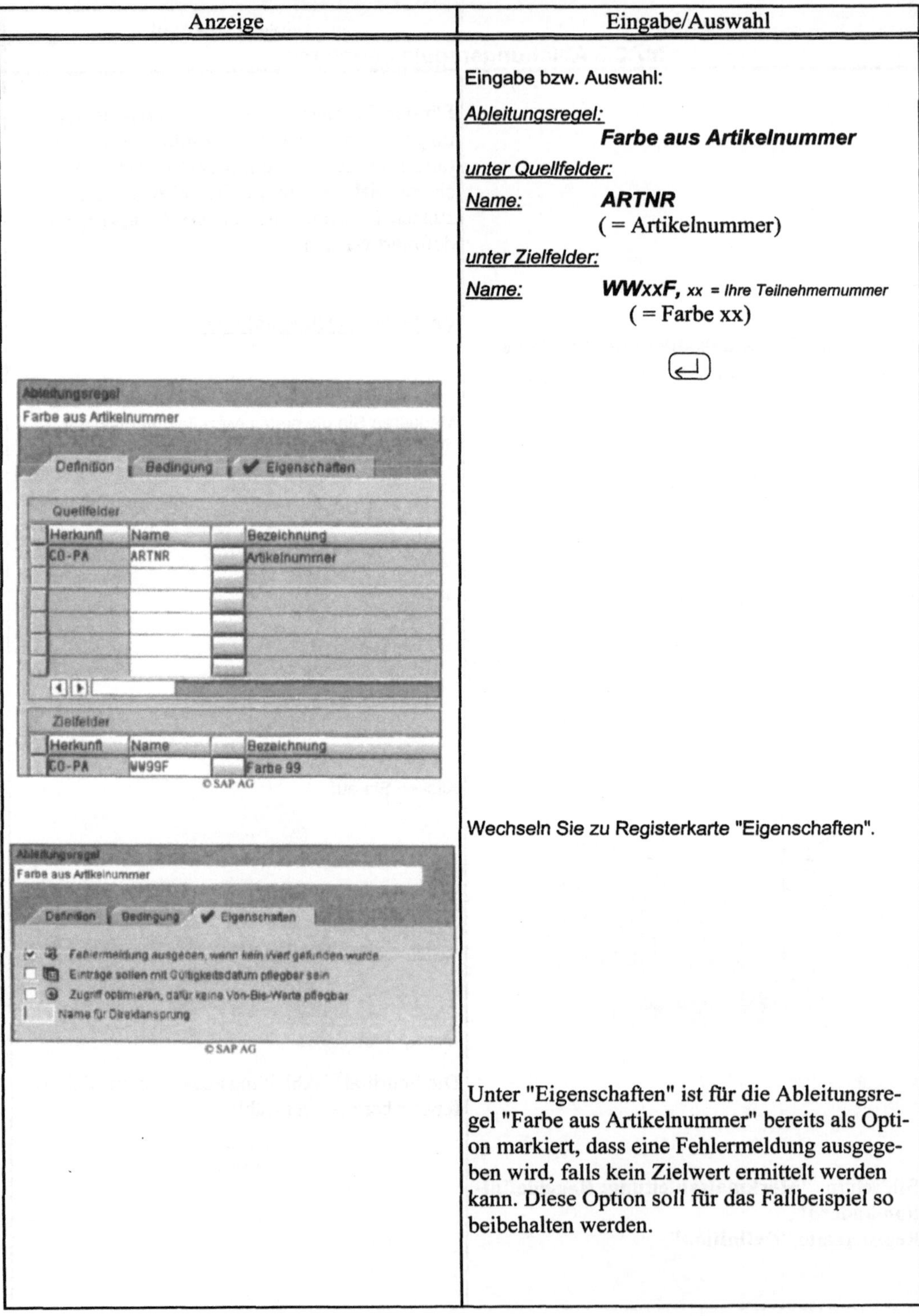

Anzeige	Eingabe/Auswahl
	Eingabe bzw. Auswahl: *Ableitungsregel:* ***Farbe aus Artikelnummer*** *unter Quellfelder:* *Name:* ***ARTNR*** (= Artikelnummer) *unter Zielfelder:* *Name:* ***WWxxF,*** *xx = Ihre Teilnehmernummer* (= Farbe xx) ⏎
© SAP AG	Wechseln Sie zu Registerkarte "Eigenschaften".
© SAP AG	
	Unter "Eigenschaften" ist für die Ableitungsregel "Farbe aus Artikelnummer" bereits als Option markiert, dass eine Fehlermeldung ausgegeben wird, falls kein Zielwert ermittelt werden kann. Diese Option soll für das Fallbeispiel so beibehalten werden.

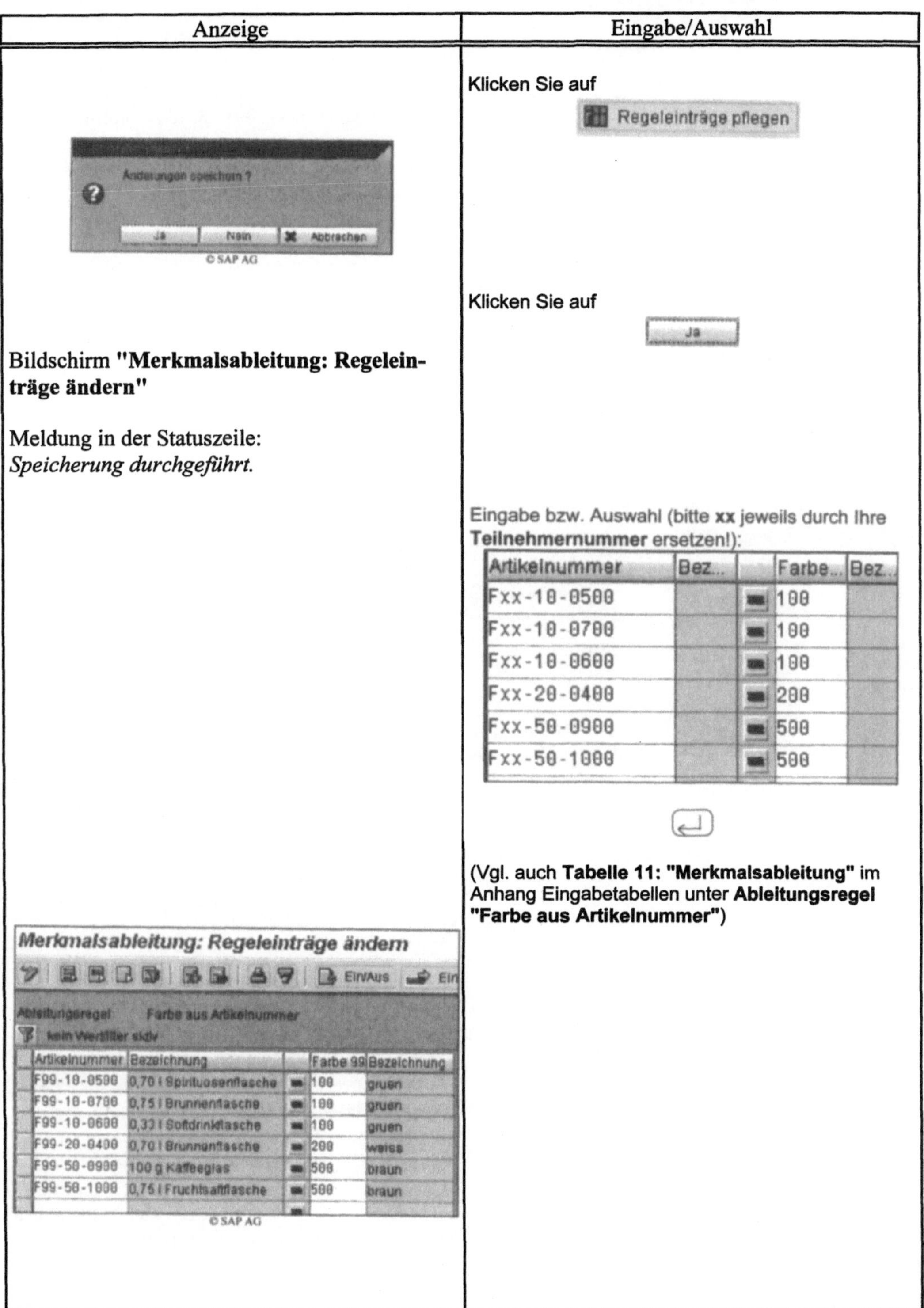

Anzeige	Eingabe/Auswahl
Änderungen speichern ? Ja | Nein | Abbrechen © SAP AG	Klicken Sie auf Regeleinträge pflegen
Bildschirm **"Merkmalsableitung: Regeleinträge ändern"** Meldung in der Statuszeile: *Speicherung durchgeführt.*	Klicken Sie auf Ja
Merkmalsableitung: Regeleinträge ändern Ein/Aus Ableitungsregel Farbe aus Artikelnummer kein Wertfilter aktiv © SAP AG	Eingabe bzw. Auswahl (bitte **xx** jeweils durch Ihre **Teilnehmernummer** ersetzen!): (Vgl. auch **Tabelle 11: "Merkmalsableitung"** im Anhang Eingabetabellen unter **Ableitungsregel "Farbe aus Artikelnummer"**)

Artikelnummer	Bezeichnung	Farbe 99	Bezeichnung
F99-10-0500	0,70 l Spirituosenflasche	100	gruen
F99-10-0700	0,75 l Brunnenflasche	100	gruen
F99-10-0600	0,33 l Softdrinkflasche	100	gruen
F99-20-0400	0,70 l Brunnenflasche	200	weiss
F99-50-0900	100 g Kaffeeglas	500	braun
F99-50-1000	0,75 l Fruchtsaftflasche	500	braun

Artikelnummer	Bez...	Farbe...	Bez...
Fxx-10-0500		100	
Fxx-10-0700		100	
Fxx-10-0600		100	
Fxx-20-0400		200	
Fxx-50-0900		500	
Fxx-50-1000		500	

Anzeige	Eingabe/Auswahl
	Damit haben Sie z. B. festgelegt, dass für den Merkmalswert "Fxx-10-0700" des Quellfeldes "Artikelnummer" der Wert "100" im Zielfeld "Farbe xx" eingetragen werden soll, also dem Artikel "0,75 l Brunnenflasche" die Farbe "gruen" zugeordnet werden soll.
	Sichern Sie Ihre Eingaben.
Meldung in der Statuszeile: *Speicherung durchgeführt.*	
	Klicken Sie auf (= Zurück.)

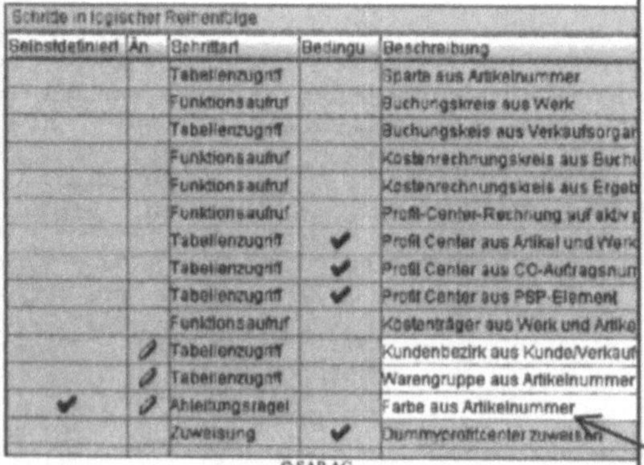

Schritte in logischer Reihenfolge

Selbstdefiniert	Än	Schrittart	Bedingu	Beschreibung
		Tabellenzugriff		Sparte aus Artikelnummer
		Funktionsaufruf		Buchungskreis aus Werk
		Tabellenzugriff		Buchungskeis aus Verkaufsorgan
		Funktionsaufruf		Kostenrechnungskreis aus Buchu
		Funktionsaufruf		Kostenrechnungskreis aus Ergeb
		Funktionsaufruf		Profit-Center-Rechnung auf aktiv
		Tabellenzugriff	✔	Profit Center aus Artikel und Werk
		Tabellenzugriff	✔	Profit Center aus CO-Auftragsnum
		Tabellenzugriff	✔	Profit Center aus PSP-Element
		Funktionsaufruf		Kostenträger aus Werk und Artike
	✎	Tabellenzugriff		Kundenbezirk aus Kunde/Verkauf
	✎	Tabellenzugriff		Warengruppe aus Artikelnummer
✔	✎	Ableitungsregel		Farbe aus Artikelnummer
		Zuweisung	✔	Dummyprofitcenter zuweisen

Der von Ihnen definierte Ableitungsschritt, die Ableitungsregel "Farbe aus Artikelnummer", wurde in die Schritte der Standardableitungsstrategie eingefügt, und zwar als vorletzter Schritt.

Anmerkung: Normalerweise wird ein neuer Schritt jeweils vor dem markierten Schritt bzw. der markierten Zeile eingefügt, die letzte Zuweisung der Standardableitungsstrategie (="Dummyprofitcenter zuweisen") bleibt jedoch immer als letzter Schritt in der logischen Ableitungsreihenfolge stehen. Da die Profitcenterrechnung aber nicht aktiv ist (s.o.), wird der neu definierte Ableitungsschritt bei einer Ableitung erst nach der Ausführung sämtlicher Schritte der Standardableitungsstrategie durchlaufen.

Anzeige	Eingabe/Auswahl

Farbgruppe aus Farbe ableiten:

Ergänzen Sie nun in analoger Weise die Ableitungsstrategie Ihres Ergebnisbereichs um einen weiteren Schritt der Ableitungsschrittart **"Ableitungsregel"**, in dem der Wert des Feldes **"WWxxG" (= Farbgruppe xx) als Zielfeld** aus dem Wert des Feldes **"WWxxF" (= Farbe xx) als Quellfeld** abgeleitet wird.

Bezeichnen Sie diese neue Ableitungsregel mit **"Farbgruppe aus Farbe"**.

Pflegen Sie die zugehörigen **Regeleinträge** wie folgt:

Farbe...	B..		Farbgruppe ...	B..
100		▬	10	
200		▬	20	
500		▬	10	

(Vgl. auch **Tabelle 11: "Merkmalsableitung"** im Anhang Eingabetabellen unter **Ableitungsregel "Farbgruppe aus Farbe"**)

Regeldefinition:

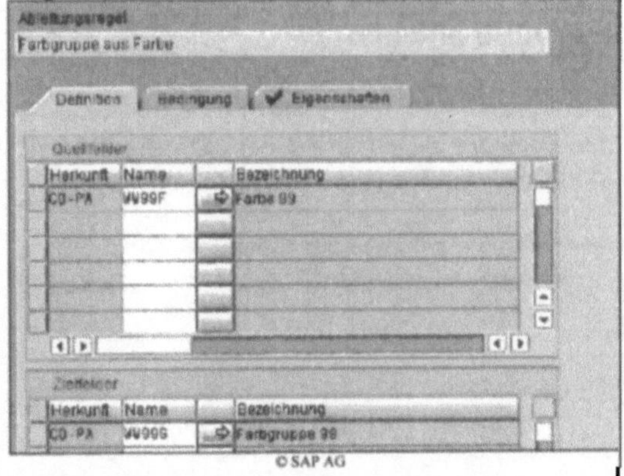

© SAP AG

Regeleinträge:

Ableitungsregel Farbgruppe aus Farbe

kein Wertfilter aktiv

Farbe 99	Bezeichnung		Farbgruppe 99	Bezeichnung
100	gruen	▬	10	bunt
200	weiss	▬	20	weiss
500	braun	▬	10	bunt

© SAP AG

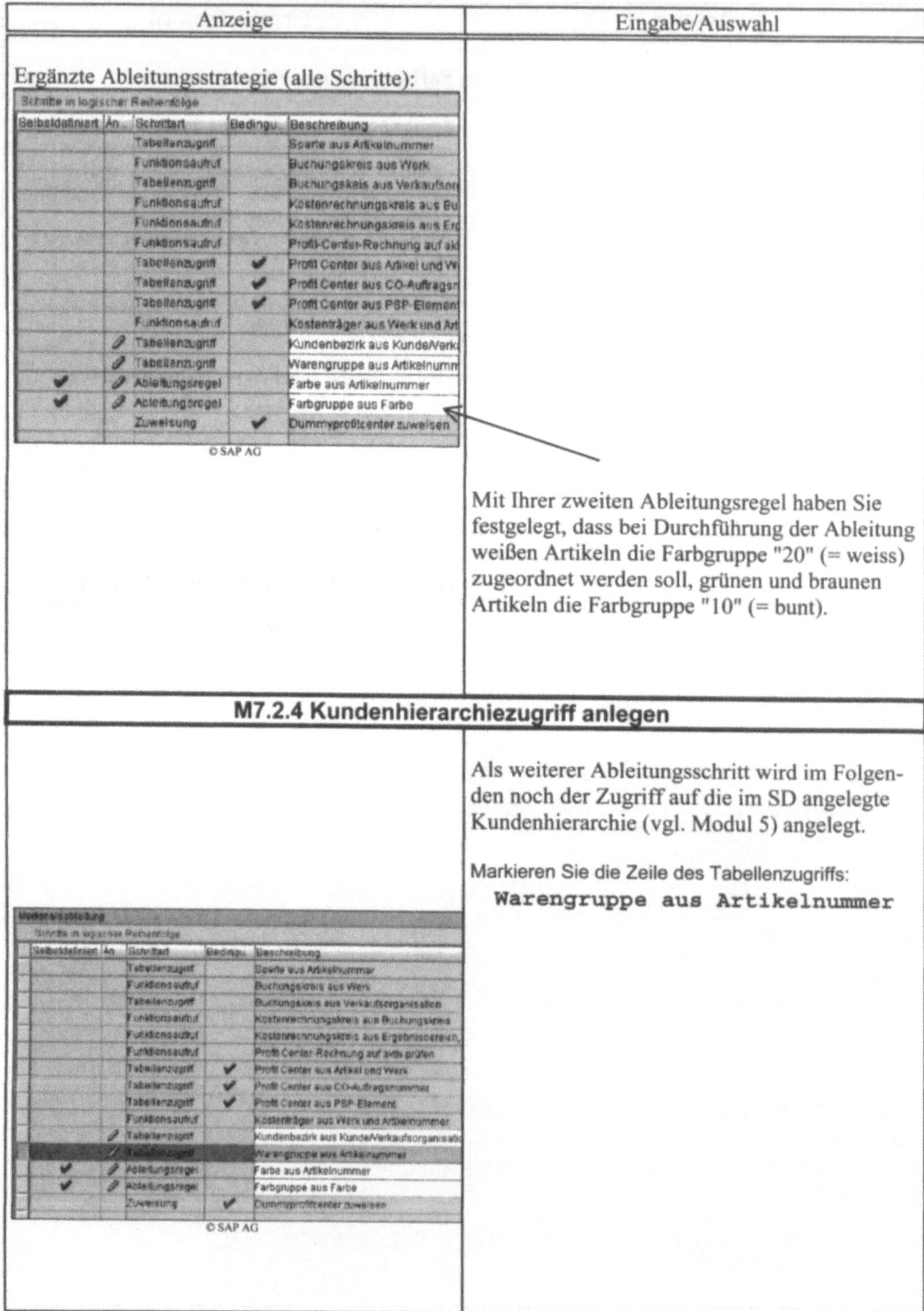

Anzeige	Eingabe/Auswahl

Ergänzte Ableitungsstrategie (alle Schritte):

Schritte in logischer Reihenfolge

Selbstdefiniert	Än.	Schrittart	Bedingu.	Beschreibung
		Tabellenzugriff		Sparte aus Artikelnummer
		Funktionsaufruf		Buchungskreis aus Werk
		Tabellenzugriff		Buchungskeis aus Verkaufsor
		Funktionsaufruf		Kostenrechnungskreis aus Bu
		Funktionsaufruf		Kostenrechnungskreis aus Er
		Funktionsaufruf		Profit-Center-Rechnung auf ak
		Tabellenzugriff	✔	Profit Center aus Artikel und W
		Tabellenzugriff	✔	Profit Center aus CO-Auftragsn
		Tabellenzugriff	✔	Profit Center aus PSP-Element
		Funktionsaufruf		Kostenträger aus Werk und Art
	✎	Tabellenzugriff		Kundenbezirk aus Kunde/Verk
	✎	Tabellenzugriff		Warengruppe aus Artikelnumm
✔	✎	Ableitungsregel		Farbe aus Artikelnummer
✔	✎	Ableitungsregel		Farbgruppe aus Farbe
		Zuweisung	✔	Dummyprofitcenter zuweisen

© SAP AG

Mit Ihrer zweiten Ableitungsregel haben Sie festgelegt, dass bei Durchführung der Ableitung weißen Artikeln die Farbgruppe "20" (= weiss) zugeordnet werden soll, grünen und braunen Artikeln die Farbgruppe "10" (= bunt).

M7.2.4 Kundenhierarchiezugriff anlegen

Als weiterer Ableitungsschritt wird im Folgenden noch der Zugriff auf die im SD angelegte Kundenhierarchie (vgl. Modul 5) angelegt.

Markieren Sie die Zeile des Tabellenzugriffs:
Warengruppe aus Artikelnummer

Merkmalsableitung

Schritte in logischer Reihenfolge

Selbstdefiniert	Än.	Schrittart	Bedingu.	Beschreibung
		Tabellenzugriff		Sparte aus Artikelnummer
		Funktionsaufruf		Buchungskreis aus Werk
		Tabellenzugriff		Buchungskreis aus Verkaufsorganisation
		Funktionsaufruf		Kostenrechnungskreis aus Buchungskreis
		Funktionsaufruf		Kostenrechnungskreis aus Ergebnisbereich,
		Funktionsaufruf		Profit Center-Rechnung auf aktiv prüfen
		Tabellenzugriff	✔	Profit Center aus Artikel und Werk
		Tabellenzugriff	✔	Profit Center aus CO-Auftragsnummer
		Tabellenzugriff	✔	Profit Center aus PSP-Element
		Funktionsaufruf		Kostenträger aus Werk und Artikelnummer
	✎	Tabellenzugriff		Kundenbezirk aus Kunde/Verkaufsorganisati
	✎	Tabellenzugriff		Warengruppe aus Artikelnummer
✔	✎	Ableitungsregel		Farbe aus Artikelnummer
✔	✎	Ableitungsregel		Farbgruppe aus Farbe
		Zuweisung	✔	Dummyprofitcenter zuweisen

© SAP AG

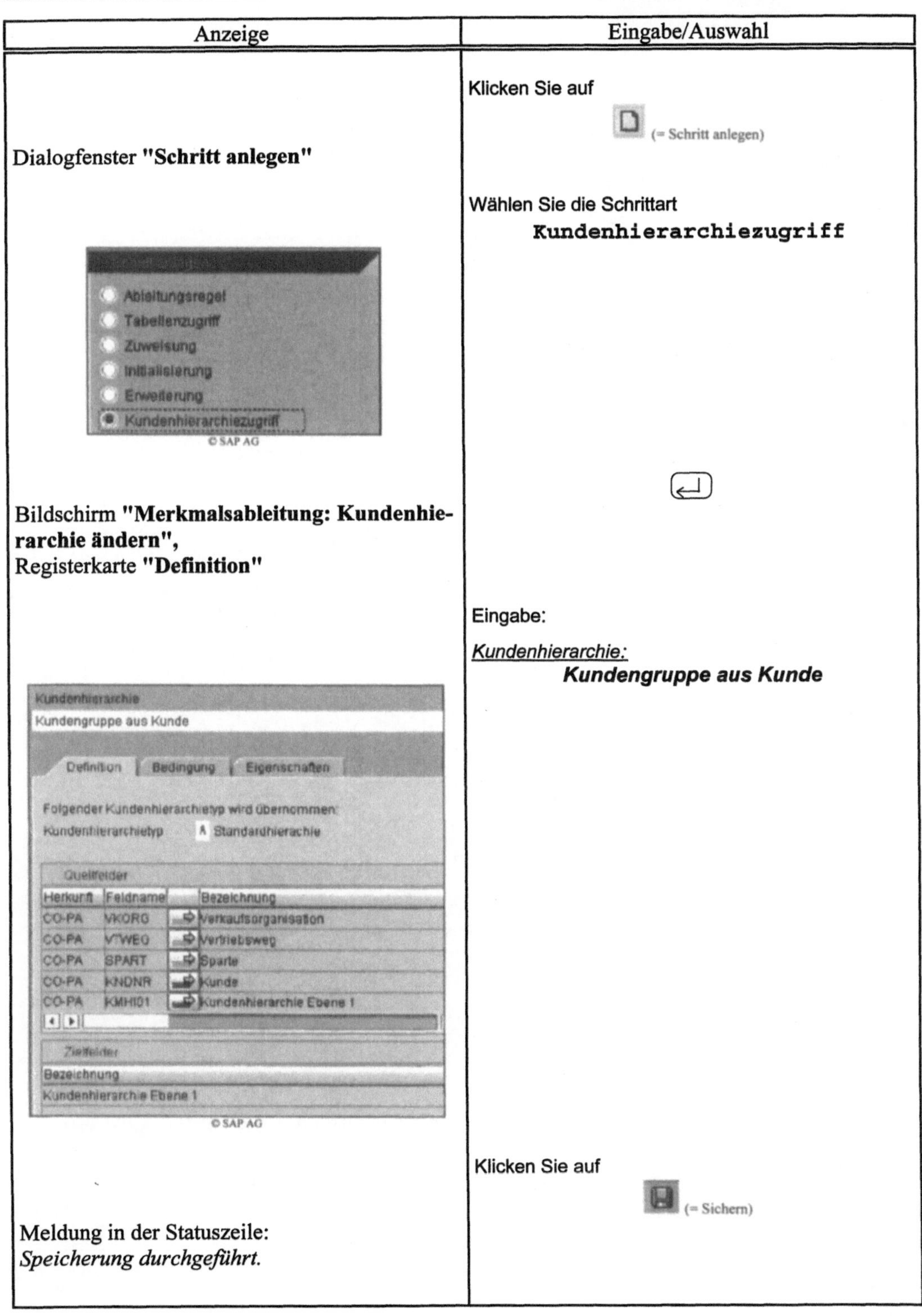

Anzeige	Eingabe/Auswahl
	Klicken Sie auf (= Schritt anlegen)
Dialogfenster **"Schritt anlegen"**	Wählen Sie die Schrittart **`Kundenhierarchiezugriff`**
Ableitungsregel Tabellenzugriff Zuweisung Initialisierung Erweiterung Kundenhierarchiezugriff © SAP AG	
	↵
Bildschirm **"Merkmalsableitung: Kundenhierarchie ändern"**, Registerkarte **"Definition"**	Eingabe: *Kundenhierarchie:* ***Kundengruppe aus Kunde***
Kundenhierarchie: Kundengruppe aus Kunde Definition · Bedingung · Eigenschaften Folgender Kundenhierarchietyp wird übernommen: Kundenhierarchietyp A Standardhierarchie Quellfelder: Herkunft / Feldname / Bezeichnung CO-PA VKORG Verkaufsorganisation CO-PA VTWEG Vertriebsweg CO-PA SPART Sparte CO-PA KNDNR Kunde CO-PA KMHI01 Kundenhierarchie Ebene 1 Zielfelder: Bezeichnung Kundenhierarchie Ebene 1 © SAP AG	
	Klicken Sie auf (= Sichern)
Meldung in der Statuszeile: *Speicherung durchgeführt.*	

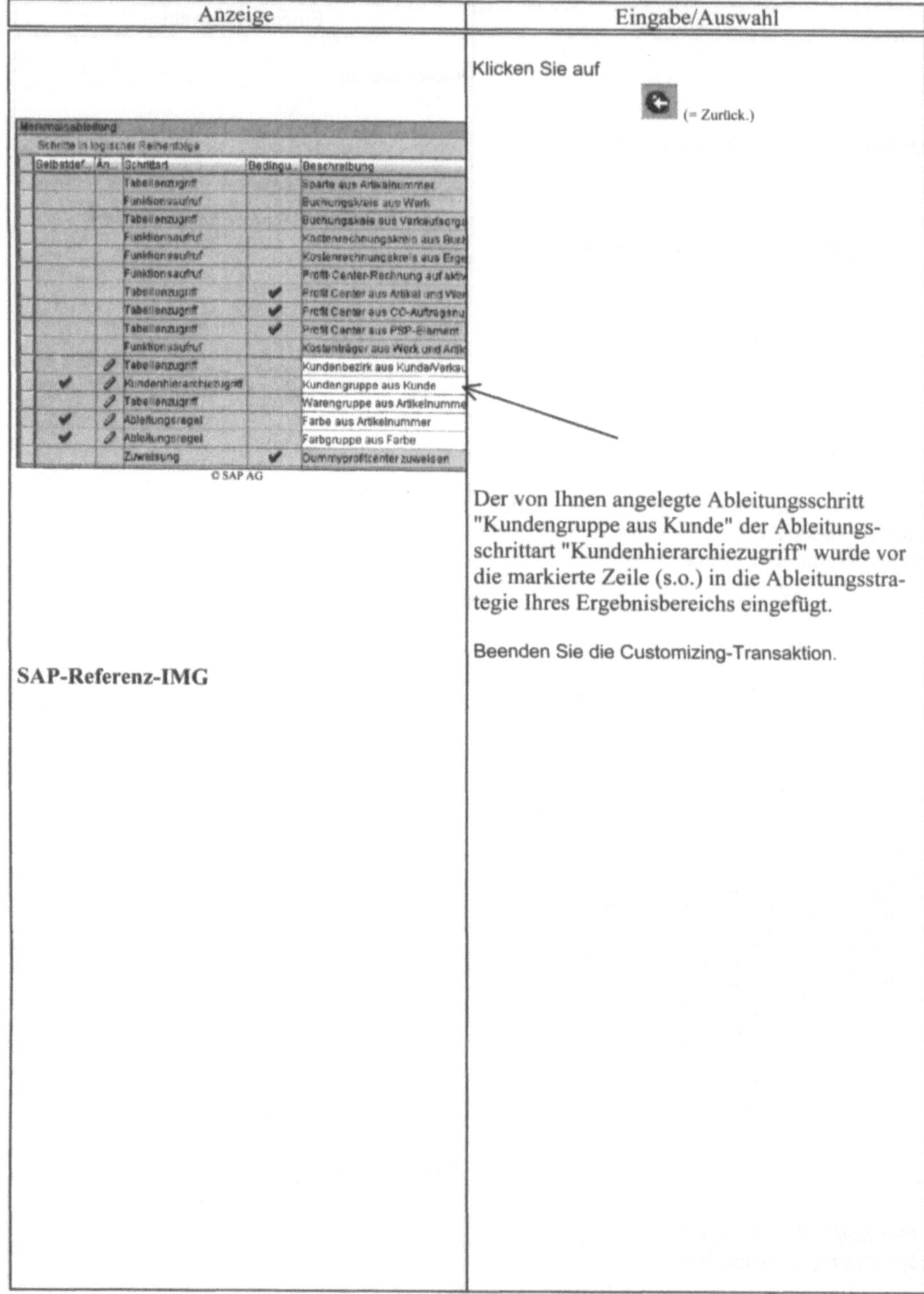

Anzeige	Eingabe/Auswahl
	Klicken Sie auf (= Zurück.)

Merkmalsableitung

Schritte in logischer Reihenfolge

Selbstdef...	Än...	Schrittart	Bedingu...	Beschreibung
		Tabellenzugriff		Sparte aus Artikelnummer
		Funktionsaufruf		Buchungskreis aus Werk
		Tabellenzugriff		Buchungskreis aus Verkaufsorga
		Funktionsaufruf		Kostenrechnungskreis aus Buch
		Funktionsaufruf		Kostenrechnungskreis aus Erge
		Funktionsaufruf		Profit Center-Rechnung auf aktiv
		Tabellenzugriff	✔	Profit Center aus Artikel und Wer
		Tabellenzugriff	✔	Profit Center aus CO-Auftragsnu
		Tabellenzugriff	✔	Profit Center aus PSP-Element
		Funktionsaufruf		Kostenträger aus Werk und Artik
	✎	Tabellenzugriff		Kundenbezirk aus Kunde/Verkau
✔	✎	Kundenhierarchiezugriff		Kundengruppe aus Kunde
	✎	Tabellenzugriff		Warengruppe aus Artikelnumme
✔	✎	Ableitungsregel		Farbe aus Artikelnummer
✔	✎	Ableitungsregel		Farbgruppe aus Farbe
		Zuweisung	✔	Dummyprofitcenter zuweisen

Der von Ihnen angelegte Ableitungsschritt "Kundengruppe aus Kunde" der Ableitungsschrittart "Kundenhierarchiezugriff" wurde vor die markierte Zeile (s.o.) in die Ableitungsstrategie Ihres Ergebnisbereichs eingefügt.

Beenden Sie die Customizing-Transaktion.

SAP-Referenz-IMG

Modul 8: Customizing: Bewertung

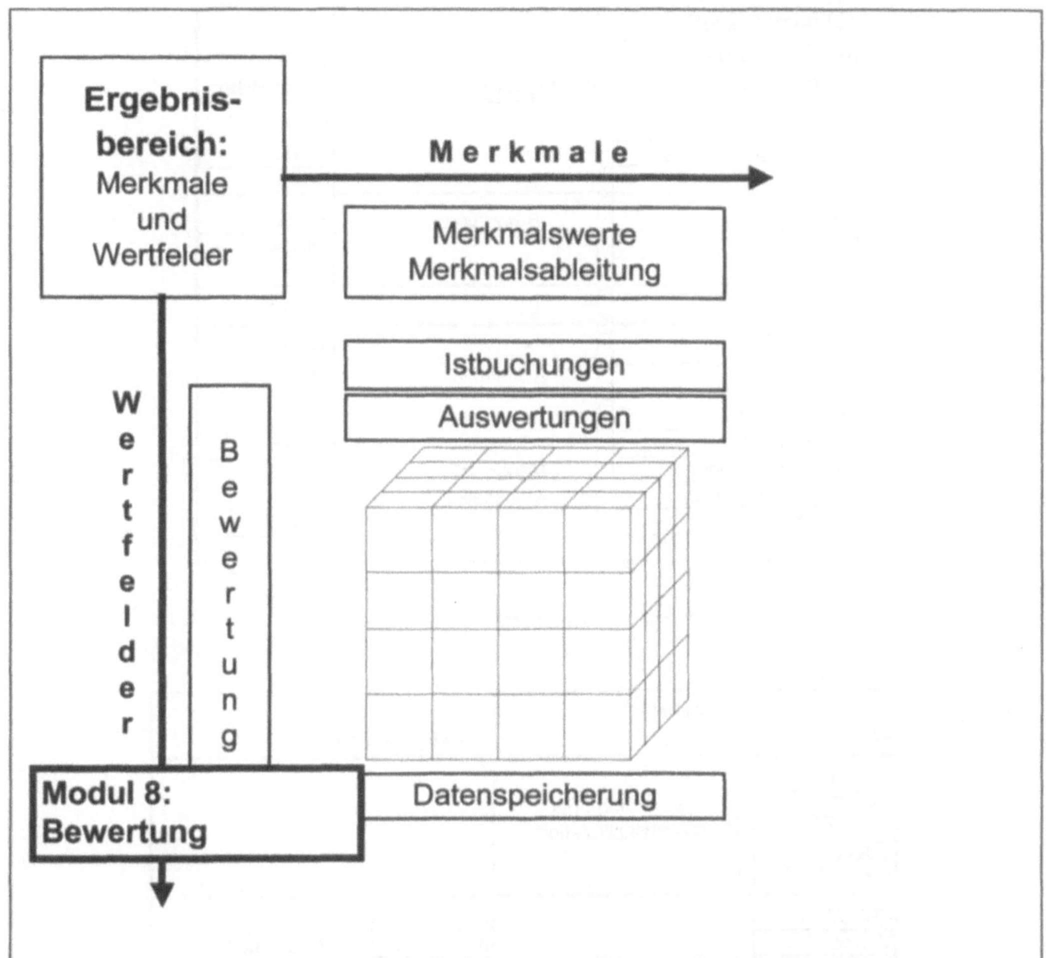

Bild 3.2/21 (Modul 8): Modulstruktur des Testbeispiels

Bewertung - Überblick

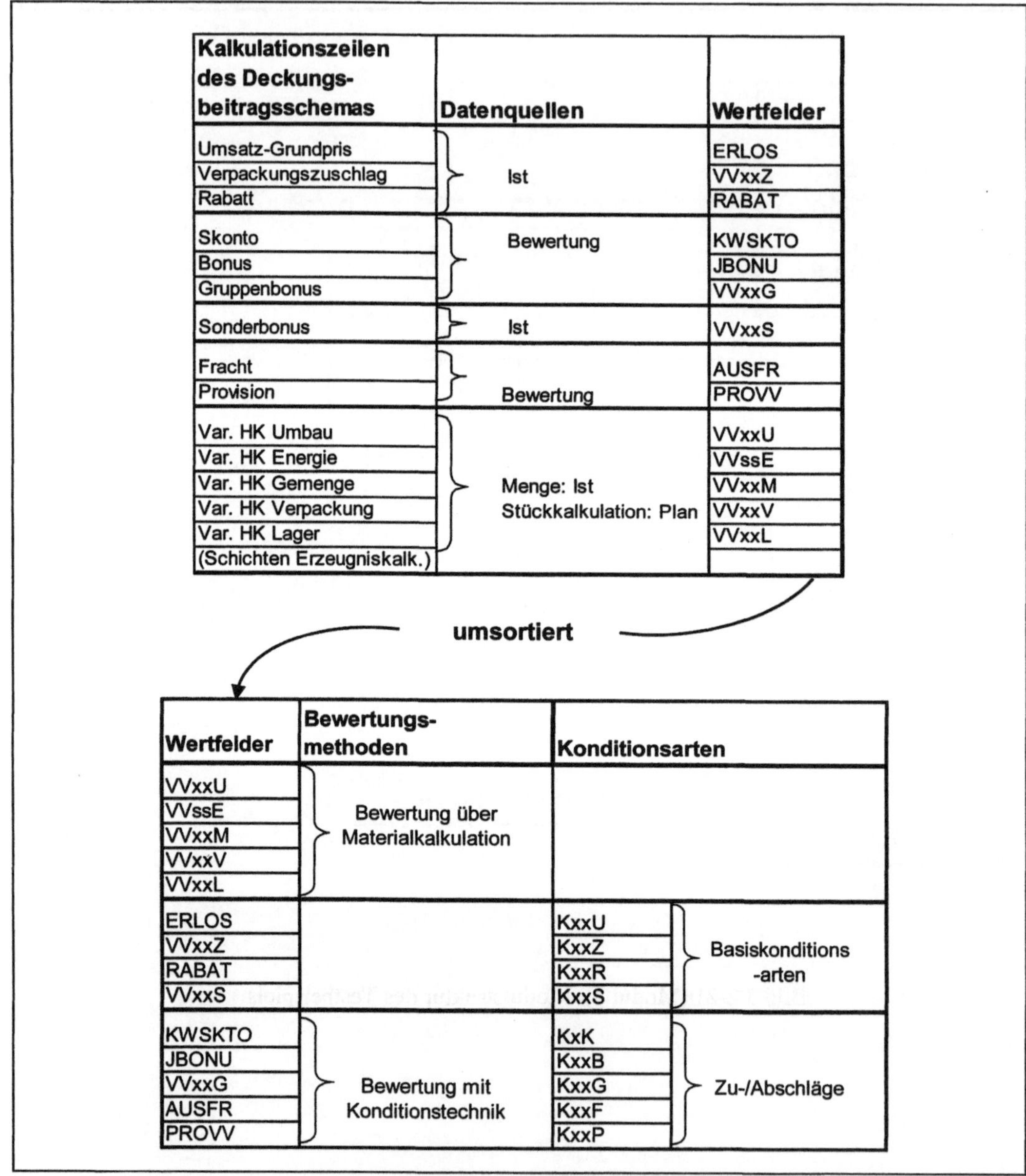

Bild 3.2/22 (Modul 8): Kalkulationszeilen – Wertfelder - Konditionsarten

In dem **Kalkulationsschema der Kostenträgerrechnung** (hier Deckungsbeitragschema) sind die Zeilen zu füllen, was durch die **Wertfelder** geschieht (das Bild

2.2.1/1 "Datenquellen im Überblick", das den Ausgangspunkt bildet, ist hier wiederholt und um die zugehörigen **Wertfelder** ergänzt worden).

Betriebswirtschaftlich	**Wertfeld**	
Umsatz	ERLOS	Erloes
Verpackungszuschlag	VVxxZ	Verpackungszuschl. xx
Rabatt	RABAT	Sonst. Rabatte
Skonto	KWSKTO	Skonto
Bonus	JBONU	Jahresboni
Gruppenbonus	VVxxG	Gruppenbonus xx
Sonderbonus	VVxxS	Sonderbonus xx
Fracht	AUSFR	Ausgangsfracht
Provision	PROVV	Provision Vertreter
var. HK Umbau	VVxxU	HK Umbau xx
var. HK Energie	VVxxE	HK Energie xx
var. HK Gemenge	VVxxM	HK Gemenge xx
var. HK Verpackung	VVxxV	HK Verpackung xx
var. HK Lager	VVxxL	HK Lager xx
Absatzmenge	ABSMG	Absatzmenge

Im Testbeispiel werden die Wertfelder aus **drei Datenquellen** gefüllt:

- **Isterfassung** (5 Zeilen)
- **Herstellkostenkalkulation** (in der SAP-Sprache: Bewertung über Materialkalkulation) (5 Zeilen)
- **Abgrenzung** (in der SAP-Sprache: Bewertung mit Hilfe der Konditionstechnik) (5 Zeilen)

Die **Isterfassung** geschieht im Testbeispiel manuell (im Modul CO-PA) und soll Fakturierungen aus dem Vertrieb (Modul SD) bzw. eine Gutschrift (Sonderbonus) aus der Finanzbuchhaltung (Modul FI) simulieren. Weitere Istquellen wären in der Praxis z. B. Gemeinkostenbuchungen aus dem Modul CO-OM.

Die restlichen Wertfelder des Einzelpostens (die nicht durch die Isterfassung gefüllt wurden) werden durch die sogenannte **Bewertung** gefüllt.

Die Bewertung umfasst also Herstellkostenkalkulation und Abgrenzung.

Werte (Beträge und Mengen) aus dem Buchungsbeleg:

Absatz-menge	Umsatz	Verp.-zuschlag	Rabatt	Skonto	Fracht	Pro-vision	var. HK Umbau
100.000	14.000	0	0				

Wertfelder des Einzelpostens _nach_ Bewertung:

Absatz-menge	Umsatz	Verp.-zuschlag	Rabatt	Skonto	Fracht	Pro-vision	var. HK Umbau
100.000	14.000	0	0	***420***	***120***	***0***	***200***

Bild 3.2/23 (Modul 8): Bewertung

Wie bei der Merkmalsableitung erfolgt die Bewertung auch vorgangsbezogen: Bei jedem CO-PA relevanten Geschäftsvorfall wird vom System automatisch eine Bewertung durchgeführt. Durch den Buchungsbeleg sind eine Reihe von Beträgen bereits gegeben. Durch die Bewertung werden aus diesen Werten bei der kalkulatorischen Ergebnisrechnung weitere Werte berechnet ("kalkulatorisch").

Bei einer Faktura wird zum Beispiel aus dem gegebenen Umsatz der abgegrenzte Skontobetrag errechnet.

Einzelposten

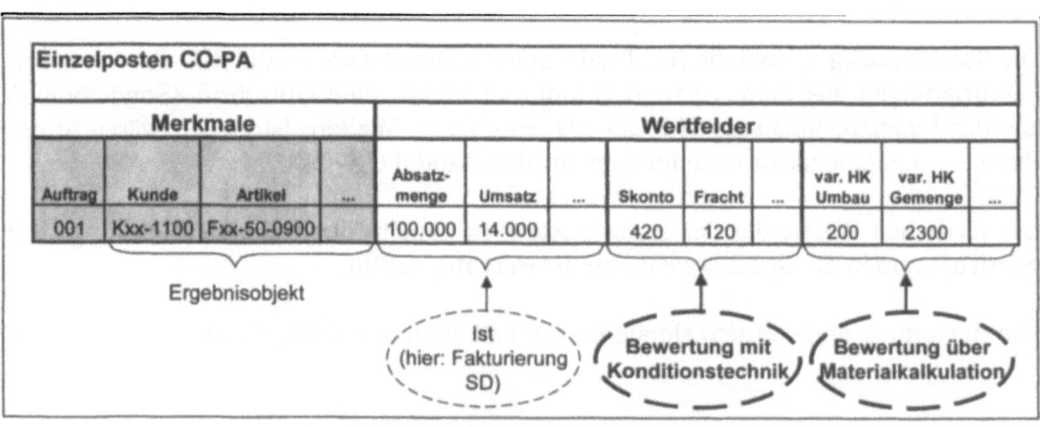

Bild 3.2/24 (Modul 8): Einzelposten

Nachdem im Modul 7 die Merkmalsableitung erläutert wurde und im Folgenden hier die Bewertung behandelt wird, sei unter datentechnischem Aspekt kurz das Ziel der Bemühungen angedeutet werden: Im CO-PA wird für jeden Geschäftsvorfall ein eigener Datensatz (**Einzelposten**) geschrieben, der sich im Wesentlichen aus den Merkmalen und Wertfeldern des Ergebnisbereichs zusammensetzt. Im Modul 11 wird später noch dargestellt werden, wie die Einzelpostentabelle um eine (Ergebnis-)Objekttabelle und eine Summentabelle ergänzt wird.

Bei der Bewertung sind die beiden grundlegenden Methoden zu unterscheiden:

- **Bewertung über Materialkalkulation**
- **Bewertung mit Hilfe der Konditionstechnik**

Bewertung über Materialkalkulation

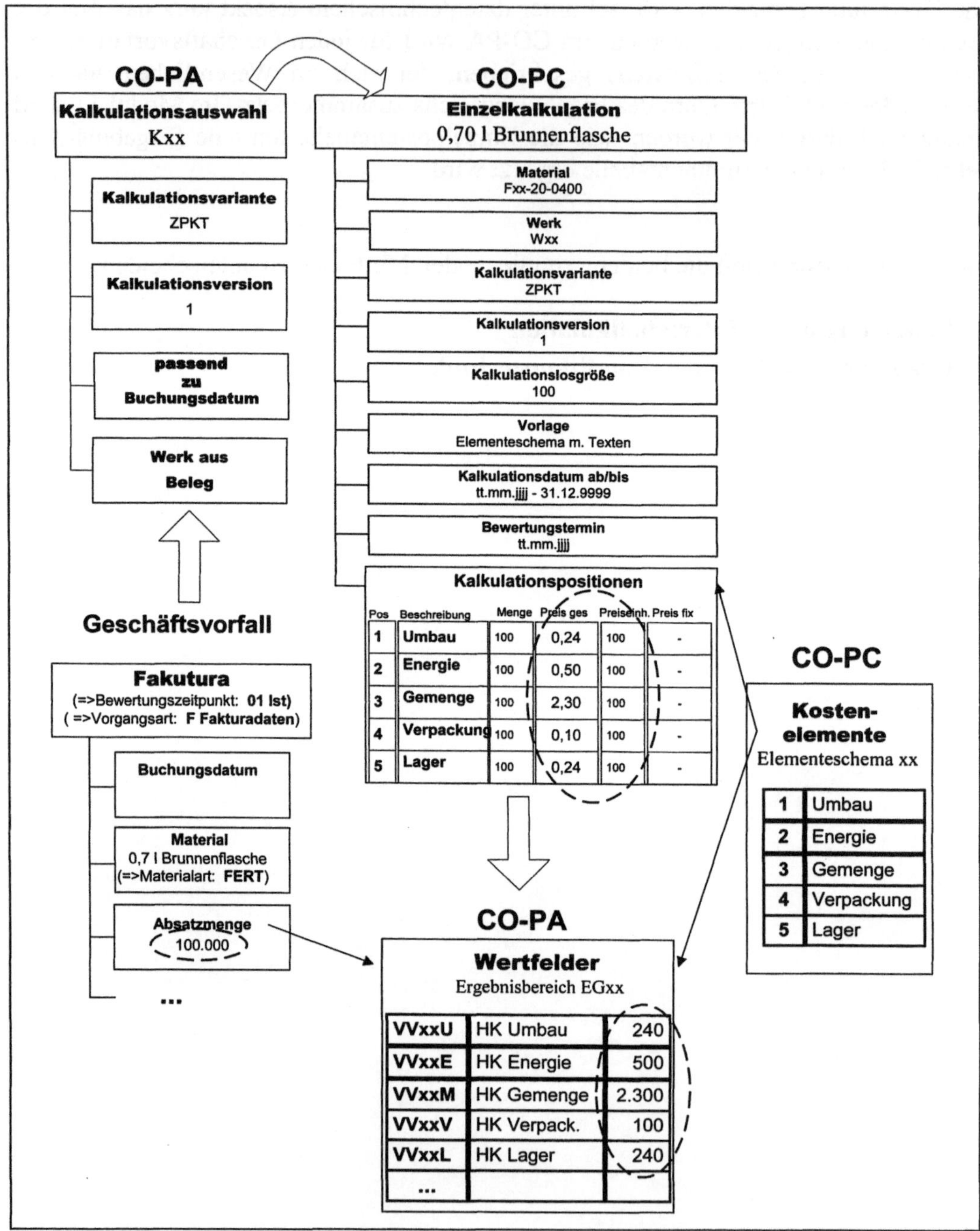

Bild 3.2/25 (Modul 8): Bewertung über Materialkalkulation im Testbeispiel

Dies wird jetzt ein sehr schönes Beispiel für die Fragmentierung aller Sachverhalte in der SAP-Software. Die Entschuldigung für die Fragmentierung lautet: Alles hängt mit allem zusammen und wir wollten Doppelarbeiten vermeiden. Damit handelt man sich Zentralisierung ein: ein bestimmter Arbeitsgang wird nur noch an einer Stelle gemacht. Hatte der Controller nicht einmal Dezentralisierung versprochen. Ja schon, aber nicht hier. Auch beim Shared-Service-Konzept wird besinnungslose Zentralisierung betrieben: eine Buchhaltung für ganz Europa und zwar in Irland. Zurück zur SAP-Software.

Hier sind die Wertfelder der Herstellkosten zu füllen.

Die Vorarbeiten hierzu sind im Produktkostencontrolling durch Anlage von Plankalkulationen (s. Modul 4) bereits geleistet, so dass hier "nur noch" folgende **Kette** abzuarbeiten ist:
Ausgehend vom **Geschäftsvorfall** ist aus den im System vorhandenen Kalkulationen die geeignete auszuwählen (**Kalkulationsauswahl** Kxx) und anhand dieser Kalkulation elementeweise die entsprechenden Wertfelder zu füllen.

Das Bild wird jetzt links unten beginnend im Uhrzeigersinn abgeschildert:

Auslöser des Bewertungsvorgangs im System ist der CO-PA-relevante **Geschäftsvorfall**. Im Testbeispiel ist dies eine Fakturierung, im allgemeinen Fall könnte das z. B. aber auch ein Planungsvorgang sein. Aus dem Beleg werden Bewertungszeitpunkt (das bedeutet hier nicht das Datum, sondern Plan- oder Istvorgang), Materialart und Vorgangsart (im Testbeispiel Fakturen) übernommen. Mit Hilfe dieser Parameter kann eine Kalkulationsauwahl (aus mehreren potenziell vorhandenen) identifiziert werden.

Eine **Kalkulationsauswahl** legt fest, auf welche Kalkulation im konkreten Fall zugegriffen werden soll. Zu jedem Artikel (Material) können verschiedene Kalkulationen im System existieren (Plankalkulationen, Istkalkulationen, ... jeweils werksabhängig und zeitbezogen), die durch Kalkulationsvariante, Kalkulationsversion, Gültigkeitszeitraum und Werk beschrieben werden.

Für das Testbeispiel ist die Kalkulationsauswahl Kxx zu definieren, die Istvorgängen der Vorgangsart Faktura für Materialen der Materialart FERT zugeordnet wird.

Bei der **Kalkulation** im Testbeispiel handelt es sich bekanntlich um eine Kalkulation der Kalkulationsvariante ZPKT, der Kalkulationsversion 1. Diese Parameter sind auch Bestandteil der Kalkulationsauswahl Kxx. Außerdem legt Kxx noch fest, dass eine Materialkalkulation mit einem Gültigkeitszeitraum passend zum Buchungsdatum gewählt werden soll und dass das Werk ebenfalls aus der Einzelbuchung übernommen werden soll.

Die Auswahl geschieht wie oben beschrieben in **zwei Stufen**, die man sorgfältig auseinander halten muss: Zunächst wird aus den vorhandenen Kalkulationen ausgewählt und dann wird durch den Geschäftsvorfall (Buchungsbeleg) aus den (Kalkulations-) Auswahlen ausgewählt. Die Begründung liegt wie immer in einem möglichen Rationalisierungsvorteil, in dem man ein einmal definiertes Element mehrfach verwenden kann.

Schließlich werden die Werte der einzelnen Kalkulationspositionen nach Multiplikation mit der Absatzmenge aus dem Geschäftsvorfall in die fünf **Wertfelder** für die Materialkalkulation übertragen. Dazu müssen diese Wertfelder den entsprechenden Kostenelementen des **Elementeschemas** zugeordnet werden (die Zuordnung der Kostenelemente zu den Kalkulationszeilen ist hingegen schon früher im Modul 4 erfolgt).

Im Rückblick auf das beschriebene Verfahren der Bewertung über Materialkalkulation hat man den Eindruck einer gewissen Umständlichkeit (von Pontius zu Pilatus), die aber vielleicht unumgänglich ist, wenn man es mit mehreren möglichen Kalkulationen zu tun hat.

Bewertung mit Hilfe der Konditionstechnik

Betriebswirtschaftlich handelt es sich bei der **Bewertung mit Hilfe der Konditionstechnik** um die Abgrenzung von Kosten und Erlösen.

Konditionstechnik im Überblick

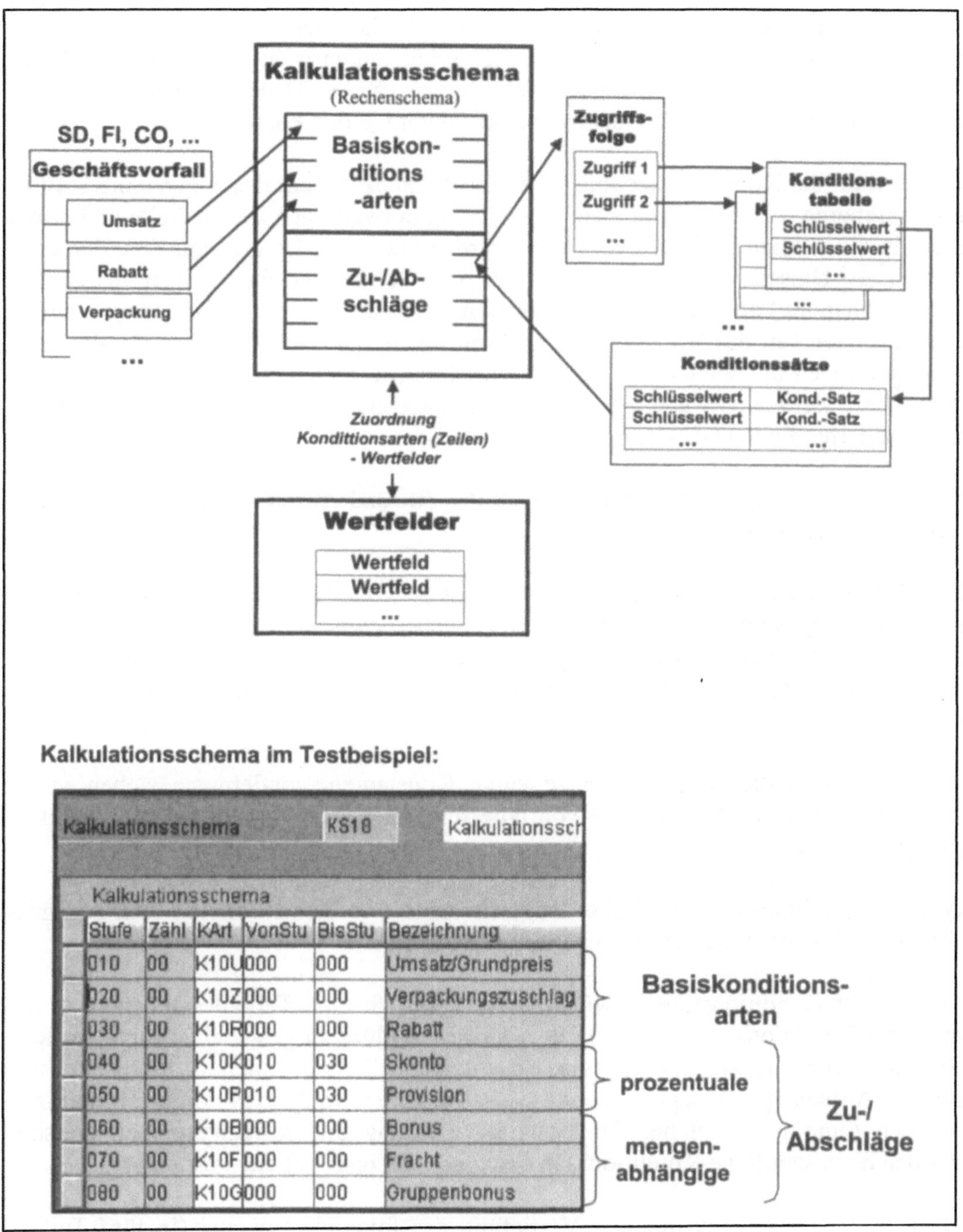

Stufe	Zähl	KArt	VonStu	BisStu	Bezeichnung
010	00	K10U	000	000	Umsatz/Grundpreis
020	00	K10Z	000	000	Verpackungszuschlag
030	00	K10R	000	000	Rabatt
040	00	K10K	010	030	Skonto
050	00	K10P	010	030	Provision
060	00	K10B	000	000	Bonus
070	00	K10F	000	000	Fracht
080	00	K10G	000	000	Gruppenbonus

Bild 3.2/26 (Modul 8): Konditionstechnik – Überblick

Das R/3-System bietet mit der **Konditionstechnik** allgemein ein Verfahren zur Berechnung von Werten, die zum Zeitpunkt des Geschäftvorfalls noch nicht bekannt sind (wie z. B. Skonto, Provision, Bonus, Fracht), die aber aus bereits vorliegenden Werten (wie z. B. dem Umsatz) sowie aus Schätzungen (wie z. B. die Inanspruchnahme von Skonto) und Vertragsvereinbarungen (wie z. B. Provisionsvereinbarungen, Frachtkonditionen) näherungsweise berechnet werden können.

Im Zentrum der Konditionstechnik steht ein **Rechenschema**, das sogenannte **Kalkulationsschema**. Es sammelt alle zur Berechnung notwendigen Bestandteile und bringt diese in die richtige Reihenfolge. Dabei werden die festen Beträge aus den Vorsystemen (z. B. Umsatz, Rabatte aus dem Vertrieb, Sonderbonusbuchungen aus der Finanzbuchhaltung) als Basiszeilen (=**Basiskonditionsarten**) in die Berechnung eingebracht (linker Teil des Bildes). Zum anderen werden die Schätzungen und Vertragsvereinbarungen in sogenannten **Konditionssätzen** festgehalten (rechter Teil des Bildes). Diese werden entweder prozentual oder mengenabhängig berechnet und fließen in gesonderten Zeilen (**Zu-/Abschläge**) in das Schema ein.

Sowohl die Basiskonditionsarten als auch die Zu- und Abschläge werden unter dem Oberbegriff **Konditionsarten** geführt.

Die Komplikationen ergeben sich daraus, dass je Konditionsart unterschiedliche Basen notwendig sind und dass teilweise zunächst Zwischenergebnisse zu ermitteln sind, bei denen auch die Reihenfolge von Bedeutung ist. Beispielsweise bezieht sich Skonto im Testbeispiel auf den Nettoumsatz als Zwischensumme der Stufen 010 bis 030.

Außerdem sind die Konditionssätze keine Konstanten, sondern sie stehen in oft mehrdimensionaler Abhängigkeit von unterschiedlichen Variablen (Kunde, Kundengruppe, Artikel, Verkaufsgebiet, ...).

Auf die Konditionssätze wird über **Zugriffsfolgen** und **Konditionstabellen** zugegriffen. Siehe Erläuterungen zu den nachfolgenden Bildern.

Unter einer Konditionstabelle würde man eigentlich eine Tabelle verstehen, in der auch die Konditionssätze mit den zugehörigen Schlüsseln gespeichert sind. Im R/3-System erfolgt die Speicherung aber in unterschiedlichen Tabellen. Einerseits wird nur der Aufbau (Struktur) der Konditionssatzschlüssel in den jeweiligen Konditionstabellen (eine je möglicher funktionaler Abhängigkeit) festgehalten, andererseits werden dann sämtliche Konditionssätze in *einer einzigen* Tabelle gespeichert.

Nach diesem Überblick nun zur Vertiefung das folgende Beispiel (in fünf Teilbildern).

Konditionstechnik im Überblick

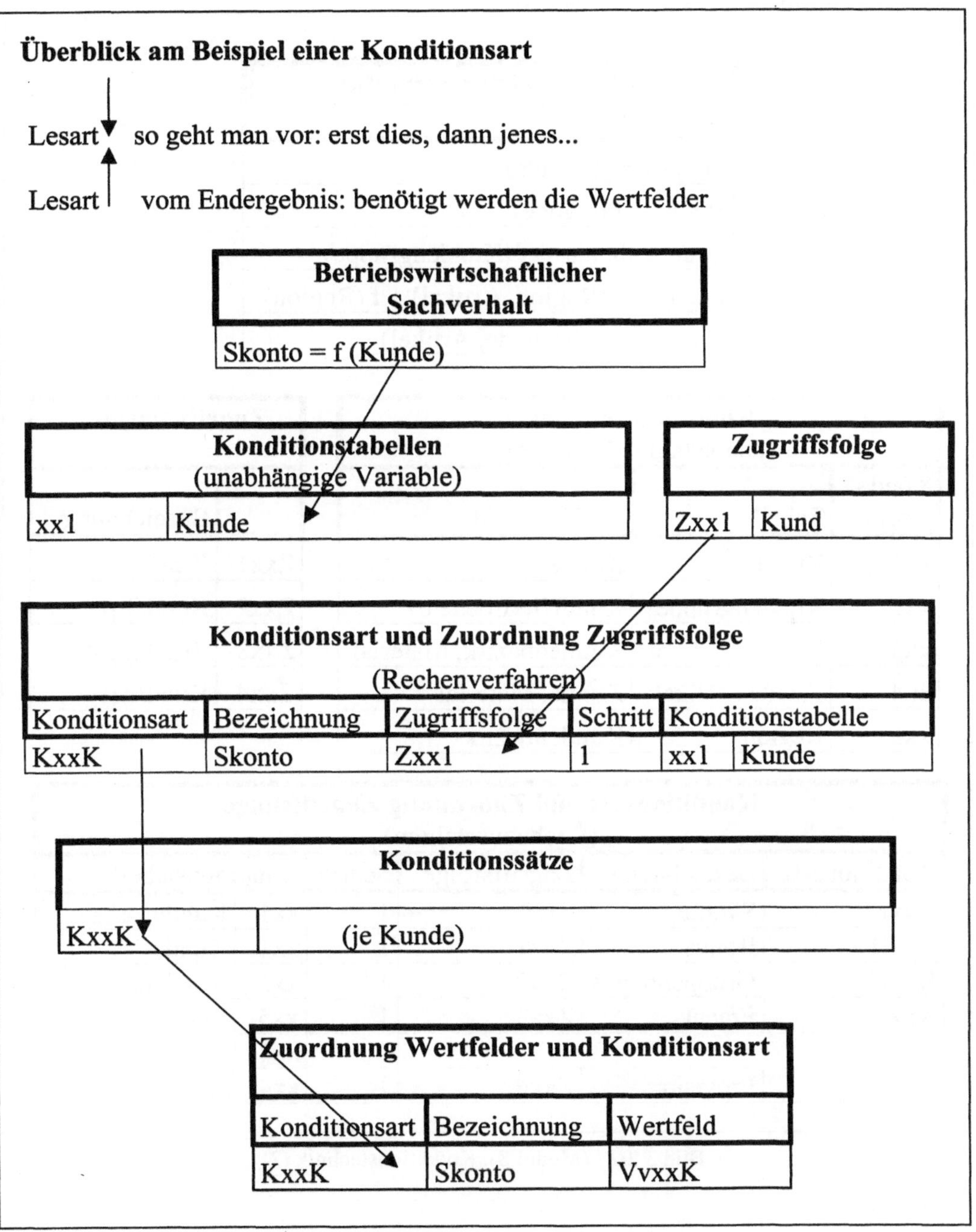

Bild 3.2/27 (Modul 8): Konditionstechnik (1)

Überblick über alle Konditionsarten (1)

Betriebswirtschaftlicher Sachverhalt
Skonto = f (Kunde)
Bonus = f (Kunde)
Gruppenbonus = f (Kundengruppe)
Fracht = f (Region, Artikel) + f (Region)
Provision = f (Kunde, Artikel)

Konditionstabellen (unabhängige Variable)		
Kond.-tabelle	Tabelle	Schlüsselfeld
xx1	Kunde	Kunde
xx2	Kundengruppe	KundHierEbene 01
xx3	Region, Artikel	Kundenbezirk, Material
xx4	Kunde, Artikel	Kunde, Material
xx5	Region	Kundenbezirk

Zugriffsfolgen	
	Bezeichnung
Zxx1	Kund
Zxx2	KundGrp
Zxx3	Reg-Reg/Art
Zxx4	Kund/Art

Konditionsart und Zuordnung Zugriffsfolge (Rechenverfahren)					
Konditionsart	Bezeichnung	Zugriffsfolge	Schritt	Konditionstabelle	
KxxK	Skonto	Zxx1	1	xx1	Kunde
KxxB	Bonus	Zxx1	1	xx1	Kunde
KxxG	Gruppenbonus	Zxx2	1	xx2	Kundengruppe
KxxF	Fracht	Zxx3	1	xx5	Region
			2	xx3	Region, Artikel
KxxP	Provision	Zxx4	1	xx4	Kunde, Artikel

Bild 3.2/27 (Modul 8): Konditionstechnik (2)

Überblick über alle Konditionsarten (2)

Konditionssätze	
KArt	
KxxK	Je nach Konditionsart und unabhängige Variable
KxxB	
KxxG	
KxxF	
KxxP	

Zuordnung Wertfeld - Konditionsart		
Konditionsart	Bezeichnung	Wertfeld
KxxK	Skonto	KWSKTO
KxxB	Bonus	JBONU
KxxG	Grubonus	VvxxG
KxxF	Fracht	AUSFR
KxxP	Provision	PROVV

Bild 3.2/27 (Modul 8): Konditionstechnik (3)

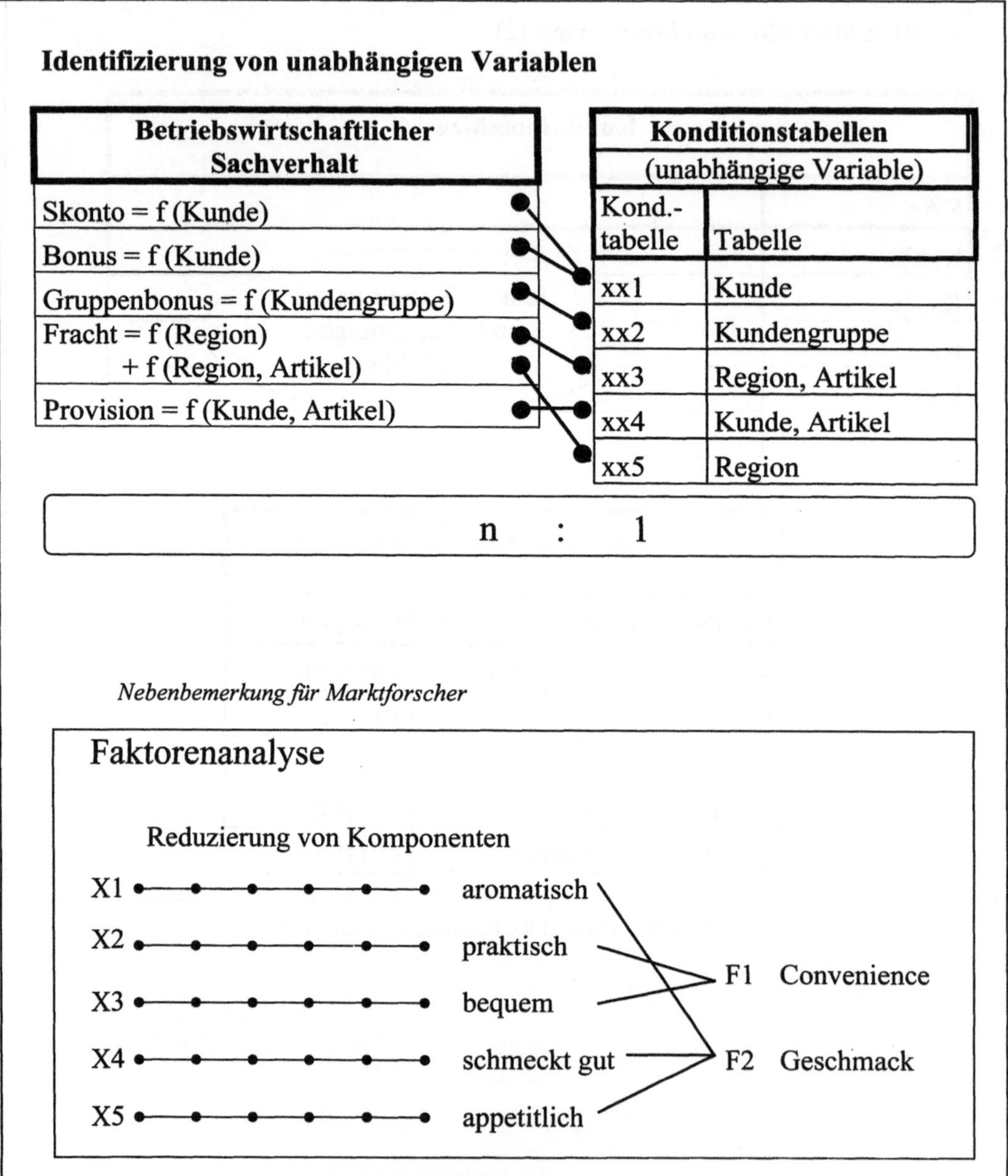

Bild 3.2/27 (Modul8): Konditionstechnik (4)

Babylonische Sprachverwirrung

SAPsch	**Deutsch**
Konditionstabelle	unabhängige Variable, Konditionssatzschlüssel
Konditionsart	Rechenschritt
Konditionsart/Basiskonditionsart	Bezugszeile
Konditionsart/Zu-/Abschläge	prozentuale Auf- und Abschläge, aber auch mengenabhängige Konditionen
Konditionssätze	Prozentsätze, mengenabhängige Konditionen (z. B. 100-Stück-Sätze).

Nebenbemerkung: Man kann zwar im SAP-System als Sprache DE einstellen, aber es nicht Deutsch, sondern SAPsch.

Bild 3.2/27 (Modul 8): Konditionstechnik (5)

Es geht um die Berechnung der Abgrenzungskosten (im Testbeispiel: Skonto, Bonus, Gruppenbonus, Fracht, Provision).

Das erste Teilbild ("Überblick am Beispiel *einer* Konditionsart") zeigt einen **Überblick über die Vorgehensweise** in folgenden Schritten

- **betriebswirtschaftliche Sachverhalte**
- **Konditionstabellen** (unabhängige Variable)
- **Zugriffsfolgen**
- **Konditionsarten** (Rechenschritte) und Zuordnung **Zugriffsfolgen**
- **Konditionssätze** (z. B. %-Sätze und 100-Stück-Sätze)
- **Zuordnung Wertfelder und Konditionsarten**

Diesen Überblick sollte man auch von unten nach oben lesen (vom Endergebnis her): Benötigt werden die **Wertfelder**, denn diese sollen die Berichtszeilen (Deckungsbeitragsschema) füllen.

Dafür braucht man **Rechenschritte,** die wie bereits erwähnt **Konditionsarten** genannt werden, hierzu benötigt man **Zugriffsfolgen, Konditionstabellen** und **Konditionssätze**.

Die Zugriffsfolgen definieren Zugriffe auf **Konditionstabellen**, in denen **unabhängige Variable** (als Konditionssatzschlüssel) definiert sind. Die unabhängigen Variablen erhält man aus der Analyse des **betriebswirtschaftlichen Sachverhalts**. Dabei werden sie nur einmal erfasst, während sie sich im betrieblichen Sachverhalt identisch wiederholen können.

Trost: In Überblicken werden die Stichworte genannt (name dropping) und in einen ersten Zusammenhang gebracht. Verständlich werden die Dinge erst im Folgenden.

Es folgt die Kommentierung der folgenden beiden Teilbilder "Überblick über *alle* Konditionsarten":

Ausgangspunkt ist der **betriebswirtschaftliche Sachverhalt**, wie so oft "im Prinzip" einfach (siehe auch die Tabellen im "Betriebswirtschaftlichen Konzept" unter 2.1.4):

Der Skonto-%-Satz (von Nettoumsatz) ist kundenabhängig, wir schreiben symbolisch:
Skonto = f (Kunde).

Der Bonus ist das Produkt von Absatzmenge und einem 100-Stück-Satz. Der 100-Stück-Satz ist kundenabhängig:
Bonus = f (Kunde)

Der Gruppenbonus errechnet sich ebenfalls aus einem 100-Stück-Satz und der Absatzmenge. Der 100-Stück-Satz ist kunden<u>gruppen</u>abhängig:
Gruppenbonus = f (Kundengruppe).

Die Fracht errechnet sich additiv aus einer Tabelle, die nur regionsabhängig ist, und aus einer Tabelle die region- und artikelabhängig ist. Jedesmal wird ein 100-Stück-Satz mit der Absatzmenge multipliziert. Warum man nicht beide Tabellen in eine zusammenfasst, wird später erörtert.
Fracht = f (Region) + f (Region, Artikel)

Die Provision ist ein prozentualer Zuschlag auf den Nettoumsatz. Der Prozentsatz ist kunden- und artikelabhängig.
Provision = f (Kunde, Artikel).

Zusammengefasst gelten im Testbeispiel folgende Abhängigkeiten von einer oder mehreren Variablen:

Skonto = f (Kunde)	(=Funktion von Kunde)
Bonus = f (Kunde)	(=Funktion von Kunde)
Gruppenbonus = f (Kundengruppe)	(=Funktion von Kundengruppe)
Fracht = f (Region, Artikel) + f (Region)	(additiv zusammengesetzt aus zwei Funktionen =Funktion von Region + Funktion von Region und Artikel)
Provision = f (Kunde, Artikel)	(=Funktion von Kunde und Artikel)

Konditionstabellen (unabhängige Variable)

Man ahnt schon, wie die SAP-Software ein derartiges Problem umsetzt:
Zunächst wird analysiert, welche *unterschiedlichen* unabhängige Variablen bestehen. In dem Bestreben **Mehrfacharbeiten** zu **vermeiden**, werden solche unabhängige Variablen, die mehrfach vorkommen, nur einmal in die Liste aufgenommen.

Dadurch wird man im allgemeinen Fall Aufwand sparen, eben dann, wenn bestimmte Abhängigkeiten immer wieder vorkommen, so dass man sie nicht ständig neu definieren muss (mit den unvermeidlichen Fehlermöglichkeiten), sondern nur einmal.

Sowohl Skonto als auch Bonus hängen vom Kunden ab, also wird
- abhängig von Kunde

nur einmal aufgenommen.

Die anderen Abhängigkeiten kommen jeweils nur einmal vor:
- von Kundengruppe abhängig,
- von Region (allein) abhängig,
- von Region/Artikel abhängig,
- von Kunde/Artikel abhängig.

Diese funktionalen Abhängigkeiten werden in Konditionstabellen erfasst, die einen gemeinsamen Pool bilden, aus dem später für die Rechenverfahren geschöpft werden kann.

Konditionstabellen:

Schlüssel	**Bezeichnung**	**Konditionssatzschlüssel**
xx1	Kunde	Kunde
xx2	Kundengruppe	KundHierEbene01
xx3	Region, Artikel	Kundenbezirk, Material
xx4	Kunde, Artikel	Kunde, Material
xx5	Region	Kundenbezirk

Die Identifizierung der Konditionstabellen (xx1 usw.) ist frei vergeben.

Die Tabellenbezeichnung Kunde usw. ist ebenso frei vergeben (ohne Zusammenhang zu anderen Kundentabellen usw. im System, nur für Zwecke der Konditionstechnik definiert). Die Konditionssatzschlüssel sind hingegen die schon bekannten, bereits im System vorhandenen Merkmale.

Zusammenfassend: Die betriebswirtschaftlichen Sachverhalte werden auf gemeinsame zugrundeliegende unabhängige Variablen hin analysiert. Für jede unabhängige Variable wird eine Konditionstabelle gebildet, die mehrfach für die betriebswirtschaftlichen Sachverhalte verwendet werden kann.
Konditionstabelle und betriebswirtschaftlicher Sachverhalt stehen im Verhältnis 1: n.

Analogie: Im Marketing würde man von Faktorenanalyse sprechen: Die Margarine werde durch 5 Merkmale beschrieben: aromatisch, praktisch, bequem, schmeckt gut, appetitlich. Die zugrundeliegenden Faktoren sind aber nur 2: Geschmack und Convenience.

Zugriffsfolgen

Für die Zugriffe auf die Konditionssätze werden als Nächstes **Zugriffsfolgen** definiert. Das sind zunächst nichts weiter als Nummern zur Identifizierung, die Zugriffsfolgen selbst werden erst in einem zweiten Schritt definiert.

Die Bezeichnung Zugriffsfolge mit dem Wortbestandteil "folge" deutet an, dass es sich im allgemeinen Fall nicht nur um den Zugriff auf *eine* Tabelle handelt (in der ein Prozentsatz steht, der auf eine Basiszeile anzuwenden ist), sondern dass es sich um voneinander abhängige Folgen von Tabellenzugriffen handeln kann.

Beispiel:
Der Bonus wird nach Kunde und Kundengruppe gewährt, aber nicht kumulativ, sondern so, dass erst in der Kundentabelle nach einem Bonusprozentsatz gesucht werden soll: wenn vorhanden, erhält der Kunde seinen Kundenbonus. Nur wenn dort kein Prozentsatz vorhanden ist, wird in der Kundengruppentabelle gesucht und gegebenenfalls ein gruppenbezogener Bonus gefunden.
Wenn nichts anderes vereinbart gilt der Gruppenbonus. Wenn aber eine kundenspezifische Regelung getroffen wurde, ersetzt diese die Gruppenregelung, Kumulationen sollen nicht stattfinden.

Im Testbeispiel sind folgende Zugriffsfolgen definiert:

Zugriffsfolge Kund:	Zxx1
Zugriffsfolge KundGrp:	Zxx2
Zugriffsfolge Reg-Reg/Art:	Zxx3
Zugriffsfolge Kund/Art:	Zxx4

Konditionsarten und Zuordnung von Zugriffsfolge und Konditionstabellen

Im nächsten Schritt werden Konditionsarten definiert und diesen Zugriffsfolgen und damit Konditionstabellen zugeordnet.

Konditionsarten sind zunächst nur Identnummern für **Rechenschritte**, mit denen die Zeilen des Kalkulationsschemas (hier Deckungsbeitragsschmea), d. h. die entsprechenden Wertfelder berechnet werden sollen.

Konditionsarten (Rechenschritte)		**Zugriffsfolgen**	**Schritte**	**Konditionstabellen** funkt. Abhängigkeiten	
KxxK	Skonto:	Zxx1	1	xx1	Kunde
KxxB	Bonus:	Zxx1	1	xx1	Kunde
KxxG	Gruppenbonus:	Zxx2	1	xx2	Kundengruppe
KxxF	Fracht:	Zxx3	1	xx5	Region
			2	xx3	Region, Artikel
KxxP	Provision:	Zxx4	1	xx4	Kunde, Artikel

Für die ersten drei Konditionsarten und die letzte erfolgt jeweils nur ein Tabellenzugriff, während bei der Fracht zwei Tabellenzugriffe (daher 2 Schritte) nötig sind.

Zusätzlich werden die Rechenregeln (A: prozentual, B: mengenabhängig) angegeben (im Bild weggelassen, aber im Bild 3.2/30 "Konditionssätze Testbeispiel" nachvollziehbar).

Konditionssätze (Prozentsätze, 100-Stück-Sätze usw.)

In den Konditionssätzen werden Schätzungen und Vertragsvereinbarungen festgehalten, konkret werden Prozentsätze, mengenmäßige Konditionen, usw. erfasst.

Bei linearen Merkmalen (wie Kunde) muss eine Liste gefüllt werden (z. B. Skonto-Sätze je Kunde). Bei Matrix-Abhängigkeiten (wie von Region und Artikel) wird für die erste Variable ein Wert eingestellt (z. B. Bezirk Nord) und dann werden (für diesen Bezirk) die Daten für die zweite Variable (artikelabhängige Daten) eingegeben. Dann wird die erste Variable auf den nächsten Wert (Bezirk Süd) gestellt und wieder die komplette Liste für die zweite Variable abgearbeitet usw.

Zuordnung Wertfelder und Konditionsarten

Schließlich wird in einem letzten Schritt die Konditionsart (der Rechenschritt) dem Wertfeld zugeordnet, wodurch das System endlich weiß, wie es das Wertfeld zu berechnen hat. Die Wertfelder bilden dann die Kalkulationszeilen (hier: Deckungsbeitragsschema).

Auf einen kurzen Nenner gebracht:

Ausgangspunkt sind die **Abgrenzungsformeln** (funktionale Abhängigkeit von einer oder mehreren Variablen).

Die Formeln werden auf Gemeinsamkeiten geprüft und so viele **Konditionstabellen** gebildet wie (verschiedene) unabhängige Variable gefunden wurden.

Jedes **Rechenverfahren** (für die Realisierung der Abgrenzungsformeln) bekommt eine Identifizierung, **Konditionsart** genannt. Gleichzeitig werden für jedes Rechenverfahren (Konditionsart) **Zugriffsfolgen** definiert, die einen oder mehrere Zugriffe auf die (Konditions-)Tabellen umfassen.

Sodann werden je Rechenschritt (Konditionsart) die **Konditionssätze** (je nach Rechenregel Prozentsätze oder mengenabhängige Konditionen) erfasst.

Die Prozentsätze und die mengenabhängigen Konditionen werden mit Hilfe des **Kalkulationsschemas** (Rechenschemas) auf die Bezugsbasen bzw. Mengen unter Beachtung der Reihenfolge der Rechenschritte (Konditionsarten) angewandt.

Schließlich werden die **Konditionsarten** (Rechenschritte, Zeilen des Rechenschemas) den **Wertfeldern** zugeordnet.

Babylonische Sprachverwirrung
Eine Nebenbemerkung zu der Begriffsbildung bei der "Konditionstechnik":
Bei "Kondition" denkt der Betriebswirt nicht an Sport, sondern an Zahlungskonditionen, vielleicht auch an die "terms of trade". Keinesfalls verbindet man mit "Kondition" die Berechnung von abgegrenzten Kostenarten, auch wenn für diese Kostenarten sämtlich Konditionen gelten mögen (im Testbeispiel: Skonto (Zahlungskonditionen), Bonus und Gruppenbonus (Bonusvereinbarungen/ Bonuskonditionen), Fracht (Frachttarife sind vielleicht auch als "Konditionen" zu bezeichnen), Provisionen (beruhen auf Vereinbarungen, die man als Konditionen interpretieren könnte). Selbst wenn man durch Dehnung der Begriffe zu dem Ergebnis käme, dass alle hier zur Diskussion stehenden Sondereinzelkosten des Vertriebs auf Konditionen beruhen, so fehlt doch ein entscheidendes Element, um zu abgegrenzten Kostenarten zu kommen. Wie in Punkt 2.1.1 schon ausgeführt, sind ja

die Konditionen gerade nicht die (alleinige) Berechnungsgrundlage für die abgegrenzten Kostenarten. Hinzukommen muss eine Annahme/Schätzung über das Kundenverhalten (wird der Kunde Skonto ziehen oder nicht).

Rein technisch sieht das Ergebnis von Kondition + Kundenverhalten wieder wie eine Kondition aus, weswegen in der SAP-Welt auch unterschiedslos die gleiche Konditionstechnik für Konditionen im Vertrieb und abgegrenzte Kostenarten im Controlling angewendet werden kann. Dennoch ist die Begriffsbildung eher befremdlich, es sei denn man ist wie die SAP stärker technisch als inhaltlich orientiert.

Daher braucht man sich nicht zu wundern, dass auch die anderen Begriffe aus der "Konditionstechnik" der Übersetzung bedürfen. Konditionstabelle ist nicht eine Tabelle, in der Konditionen stehen, sondern eine IT-Tabelle, in der eine funktionale Abhängigkeit erfasst wird, z. B. vom Kunden abhängig, kundenbezogen. Konditionsart ist ein Rechenschritt (nichts Anspruchsvolles, sondern die Berechnung eines Aufschlags auf eine Basiszeile oder auch die Multiplikation einer Absatzmenge mit einem Stücksatz). Basiskonditionsart ist eine Bezugszeile, Zu-/Abschläge ist ein Pars pro toto (ein Teilbegriff steht fürs Ganze), denn außer Zu-/Abschlägen werden auch noch andere Berechnungen vorgenommen. Konditionssätze sind hingegen fast schon wieder verständlich. Es sind Prozentsätze und ähnliche Parameter, die in die Formeln der Rechnung eingehen.

Ironische Nebenbemerkung
Muskulus obliquus abdominis externus = der äußere schräge Bauchmuskel.
Das Lateinische erfüllt bei den Medizinern die Funktion, eindeutige Begriffe zu verwenden und sich vom gemeinen Volk abzuheben.
Sore ist in der Gaunersprache das Diebesgut, die Hehlerware. Die Polizei muss erst einen Sprachkurs machen, bevor sie Telefongespräche abhören kann.
Und der SAP-Jargon ist für jeden Berater einfach unentbehrlich, weil er die Abgrenzung zur Nicht-SAP-Welt leistet. Denn wir wollen unter uns bleiben.

Die Konditionstechnik wird für das Beispiel Fracht in weiteren Bildern dokumentiert. Ein Komplettsatz aller Konditionsarten des Testbeispiels ist als Download (siehe Anhang "Hinweise zu den Download-Seiten") verfügbar.

Fracht (1)

Betriebswirtschaftlicher Sachverhalt

	A	B	C	D	E	F	G
1							
2	Fracht wird additiv aus zwei Tabellen berechnet:						
3							
4	**Fracht**			**Fracht**			
5	nach Regionen			nach Artikeln und Regionen			
6							
7	Fracht	Fracht		Artikel-Nr	Artikel-Bezeichnung	Fracht	Fracht
8	Nord	Süd				Nord	Süd
9	EUR/100 Stück	EUR/100 Stück				EUR/100 Stück	EUR/100 Stück
10							
11	0,10	0,15		400	0,70 l Brunnenflasche		
12				500	0,7 l Spirituosenflasche	0,10	0,08
13				600	0,33 Softdrinkflasche		
14				700	0,75 l Brunnenflasche		
15				900	100 g Kaffeeglas	0,02	0,04
16				1000	0,75 l Fruchtsaftflasche		

Konditionstabellen
(unabhängige Variable)

Kond.-tabelle	Tabelle	Schlüsselfeld
xx1	Kunde	Kunde
xx2	Kundengruppe	KundHierEbene 01
xx3	Region, Artikel	Kundenbezirk, Material
xx4	Kunde, Artikel	Kunde, Material
xx5	Region	Kundenbezirk

Zugriffsfolgen

	Bezeichnung
Zxx1	Kund
Zxx2	KundGrp
Zxx3	Reg-Reg/Art
Zxx4	Kund/Art

Konditionsart und Zuordnung Zugriffsfolge
(Rechenverfahren)

Konditionsart	Bezeichnung	Zugriffsfolge	Schritt	Konditionstabelle	
KxxK	Skonto	Zxx1	1	xx1	Kunde
KxxB	Bonus	Zxx1	1	xx1	Kunde
KxxG	Grupenbonus	Zxx2	1	xx2	Kundengruppe
KxxF	Fracht	Zxx3	1	xx3	Region, Artikel
			2	xx5	Region
KxxP	Provision	Zxx4	1	xx4	Kunde, Artikel

Bild 3.2/28 (Modul 8): Konditionstechnik für das Beispiel Fracht (1)

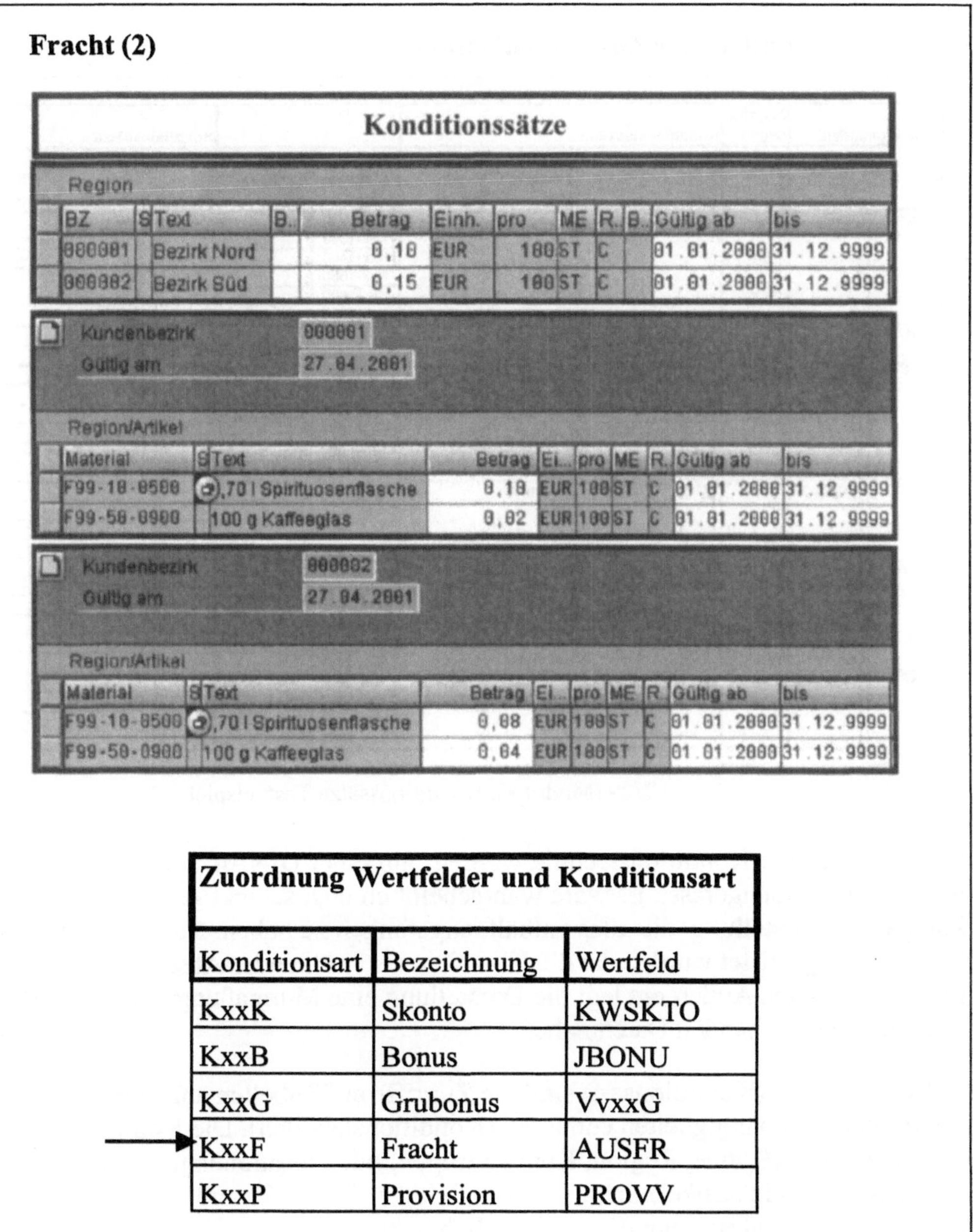

Fracht (2)

Konditionssätze

Region

BZ	S	Text	B.	Betrag	Einh.	pro	ME	R.	B.	Gültig ab	bis
000001		Bezirk Nord		0,10	EUR	100	ST	C		01.01.2000	31.12.9999
000002		Bezirk Süd		0,15	EUR	100	ST	C		01.01.2000	31.12.9999

Kundenbezirk 000001
Gültig am 27.04.2001

Region/Artikel

Material	S	Text	Betrag	Ei...	pro	ME	R.	Gültig ab	bis
F99-10-0500		0,70 l Spirituosenflasche	0,10	EUR	100	ST	C	01.01.2000	31.12.9999
F99-50-0900		100 g Kaffeeglas	0,02	EUR	100	ST	C	01.01.2000	31.12.9999

Kundenbezirk 000002
Gültig am 27.04.2001

Region/Artikel

Material	S	Text	Betrag	Ei...	pro	ME	R.	Gültig ab	bis
F99-10-0500		0,70 l Spirituosenflasche	0,08	EUR	100	ST	C	01.01.2000	31.12.9999
F99-50-0900		100 g Kaffeeglas	0,04	EUR	100	ST	C	01.01.2000	31.12.9999

Zuordnung Wertfelder und Konditionsart

Konditionsart	Bezeichnung	Wertfeld
KxxK	Skonto	KWSKTO
KxxB	Bonus	JBONU
KxxG	Grubonus	VvxxG
→ KxxF	Fracht	AUSFR
KxxP	Provision	PROVV

Bild 3.2/28 (Modul 8): Konditionstechnik für das Beispiel Fracht (2)

Konditionstechnik in der Zusammenfassung

Konditionsarten		Zugriffsfolgen	Konditionstabellen						Konditionssätze				
					Schlüsselfeld 1	*Schlüsselfeld 2*	**Wert Schlüsselfeld 1**	**Wert Schlüsselfeld 2**	**Betrag**	**Einh.**	**pro**	**ME**	**Rechenregel**
KxxB	**Bonus**	*Zxx1*	xx1	Kunde	Kunde		Kxx-1200		1	EUR	100	ST	C
							Kxx-1300		2	EUR	100	ST	C
							Kxx-1400		1	EUR	100	ST	C
							Kxx-1600		1,5	EUR	100	ST	C
							Kxx-1800		1	EUR	100	ST	C
							Kxx-1900		2	EUR	100	ST	C
KxxG	**Gruppen-**	*Zxx2*	xx2	Kundengruppe	KundHier-		*n1* **		2	EUR	100	ST	C
	bonus				Ebene01		*n2* **		1	EUR	100	ST	C
KxxF	**Fracht**	*Zxx3*	xx5	Region	Kunden-		000001		0,1	EUR	100	ST	C
					bezirk		000002		0,15	EUR	100	ST	C
			xx3	Region/Artikel	Kunden-	Material	000001	Fxx-10-0500	0,1	EUR	100	ST	C
					bezirk		000001	Fxx-50-0900	0,02	EUR	100	ST	C
							000002	Fxx-10-0500	0,08	EUR	100	ST	C
							000002	Fxx-50-0900	0,04	EUR	100	ST	C
KxxK	**Skonto**	*Zxx1*	xx1	Kunde	Kunde		Kxx-1100		3				A
							Kxx-1200		3				A
							Kxx-1300		3				A
							Kxx-1400		3				A
							Kxx-1500		3				A
							Kxx-1600		3				A
							Kxx-1800		3				A
							Kxx-1900		3				A
							Kxx-2000		3				A
							Kxx-2100		3				A
KxxP	**Provision**	*Zxx4*	xx4	Kunde/Artikel	Kunde	Material	Kxx-1400	Fxx-20-0400	1				A
							Kxx-1400	Fxx-10-0700	2				A
							Kxx-1600	Fxx-20-0400	1				A
							Kxx-1600	Fxx-10-0700	2				A

Bild 3.2/29 (Modul 8): Konditionssätze Testbeispiel

Die Aussagen zur Konditionstechnik werden "auf einer DINA4-Seite" für das Testbeispiel zusammengefasst. Es wäre wahrscheinlich ungeschickt gewesen, mit dieser kompakten Darstellung, die alles enthält, angefangen zu haben. Nachdem aber die Vorarbeiten geleistet wurden, ist die Übersicht als "krönender Abschluss" (hoffentlich) von Nutzen. Außerdem legt die Darstellung eine Mutmaßung über die Speicherung der entsprechenden Daten nahe.

Je Rechenschritt (Konditionsart) sind die Zugriffe auf Tabellen anzugeben, die die funktionalen Abhängigkeiten enthalten (Konditionstabellen). Die Konditionstabellen haben einfache (Kunde, Region, Kundengruppe) oder zusammengesetzte (Region/Artikel, Kunde/Artikel) Schlüssel. Pro Schlüsselwert (Ausprägung) sind die Konditionssätze anzugeben, um die es eigentlich geht.

Nebenbemerkung den Betriebswirten ins Stammbuch geschrieben:
Natürlich sind die Konditionssätze nur schlichte Prozentsätze (und z. B. mengenabhängige Stücksätze), die auf entsprechende Basen anzuwenden sind. Das Triviale ist die Prozentrechnung. Worum es bei einer Anwendungssoftware aber im Gegensatz zu den Mickey-Mouse-Beispielen der betriebswirtschaftlichen Lehre immer wieder geht, ist die Organisation dieser schlichten Prozentsätze, besonders wenn sie in einer Vielzahl von Ausprägungen auftreten.

Was ist zu tun?

M8.1 Bewertung über Materialkalkulation

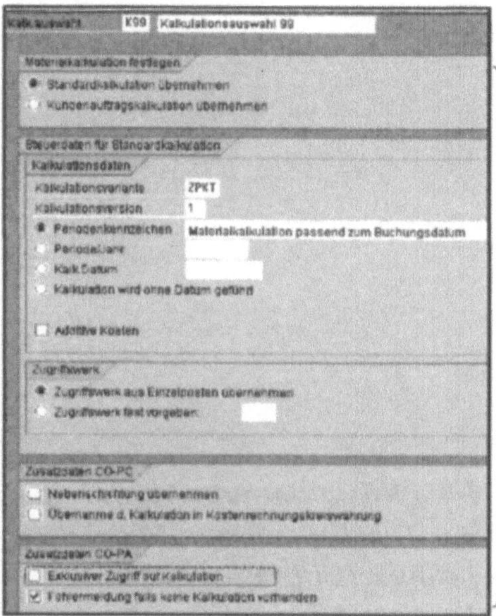

Zugriff auf Materialkalkulation für Bewertung festlegen ...

... über Definition der Kalkulationsauswahl Kxx in 8.1.1 und ...

Ergebnisbereich E699 Ergebnisbereich 99

Kalkulationsauswahl Materialart

BZ	Vorg	P.version	Mat.art	Gültig bis	Kalk 1	Kalk 2	Kalk
01	F		FERT	31.12.2001	K99		

... Zuordnung zu Bewertungszeitpunkt, Vorgangsart und Materialart in 8.1.2

Neue Einträge: Übersicht Hinzugefügte

Ergebnisbereich E610 Ergebnisbereich 10

Elementeschema 10

Zuordnung von Kalkulationselementen zu Wertfeldern

BZ	Ele	Bezeichnung Element	FVKZ	Feldname 1	Fel
01	1	Umbau	2	VV10U	
01	2	Energie	2	VV10E	
01	3	Gemenge	2	VV10M	
01	4	Verpackung	2	VV10V	
01	5	Lager	2	VV10L	

Kostenelemente des Elementeschemas xx den Wertfeldern der Mat.Kalk bewertungszeitpunktbezogen zuordnen in 8.1.3

Bild 3.2/30 (Modul 8): Überblick M8.1

M8.2 Bewertung mit Hilfe der Konditionstechnik

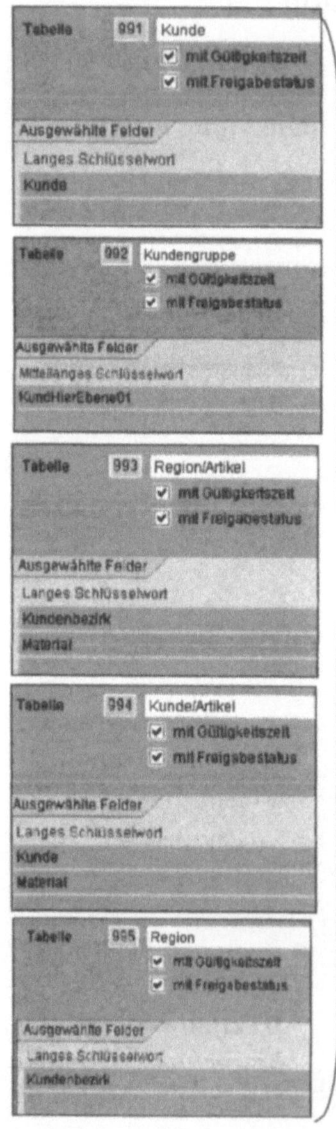

Fünf Konditionstabellen (hier zunächst nur Tabellennummer, Bezeichnung und Schlüsselfelder) zur späteren Speicherung von Konditionen anlegen in 8.2.1

Bild 3.2/31 (Modul 8): Überblick M8.2 (1)

M8.2 Bewertung mit Hilfe der Konditionstechnik

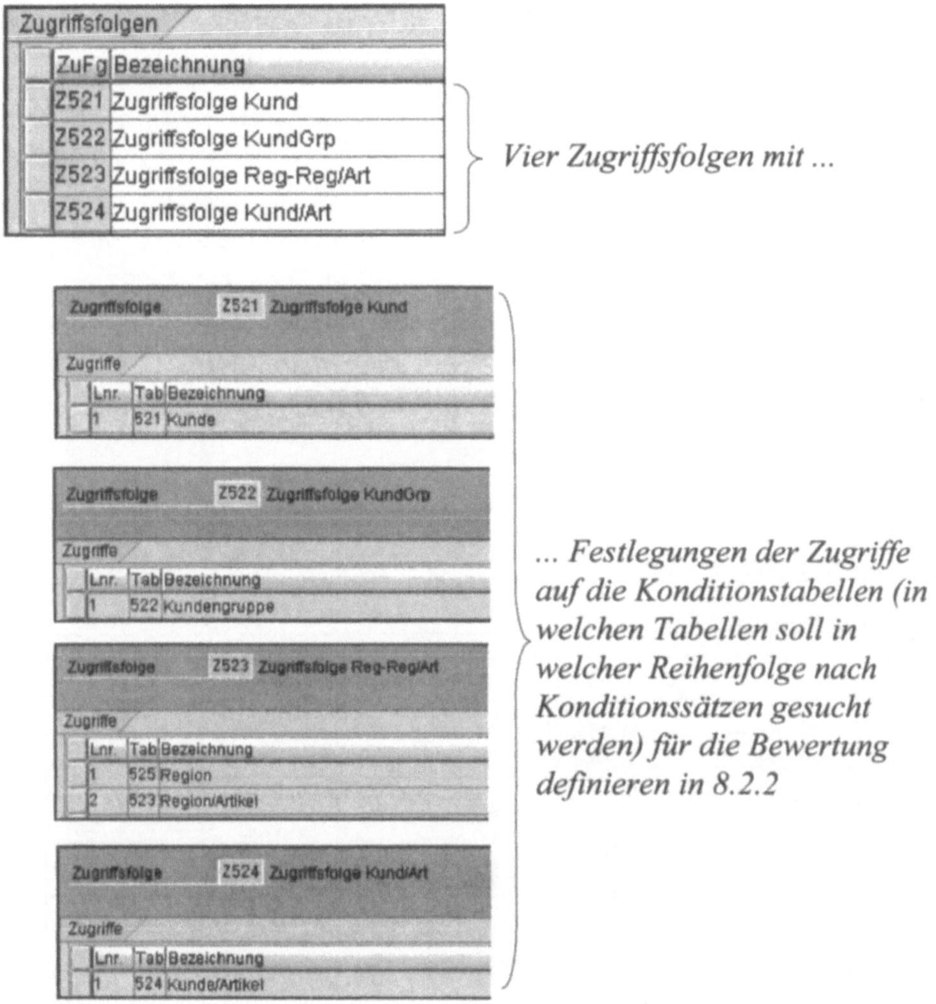

Zugriffsfolgen

ZuFg	Bezeichnung
Z521	Zugriffsfolge Kund
Z522	Zugriffsfolge KundGrp
Z523	Zugriffsfolge Reg-Reg/Art
Z524	Zugriffsfolge Kund/Art

Vier Zugriffsfolgen mit ...

Zugriffsfolge Z521 Zugriffsfolge Kund

Zugriffe

Lnr.	Tab	Bezeichnung
1	521	Kunde

Zugriffsfolge Z522 Zugriffsfolge KundGrp

Zugriffe

Lnr.	Tab	Bezeichnung
1	522	Kundengruppe

Zugriffsfolge Z523 Zugriffsfolge Reg-Reg/Art

Zugriffe

Lnr.	Tab	Bezeichnung
1	525	Region
2	523	Region/Artikel

Zugriffsfolge Z524 Zugriffsfolge Kund/Art

Zugriffe

Lnr.	Tab	Bezeichnung
1	524	Kunde/Artikel

... Festlegungen der Zugriffe auf die Konditionstabellen (in welchen Tabellen soll in welcher Reihenfolge nach Konditionssätzen gesucht werden) für die Bewertung definieren in 8.2.2

Bild 3.2/31 (Modul 8): Überblick M8.2 (2)

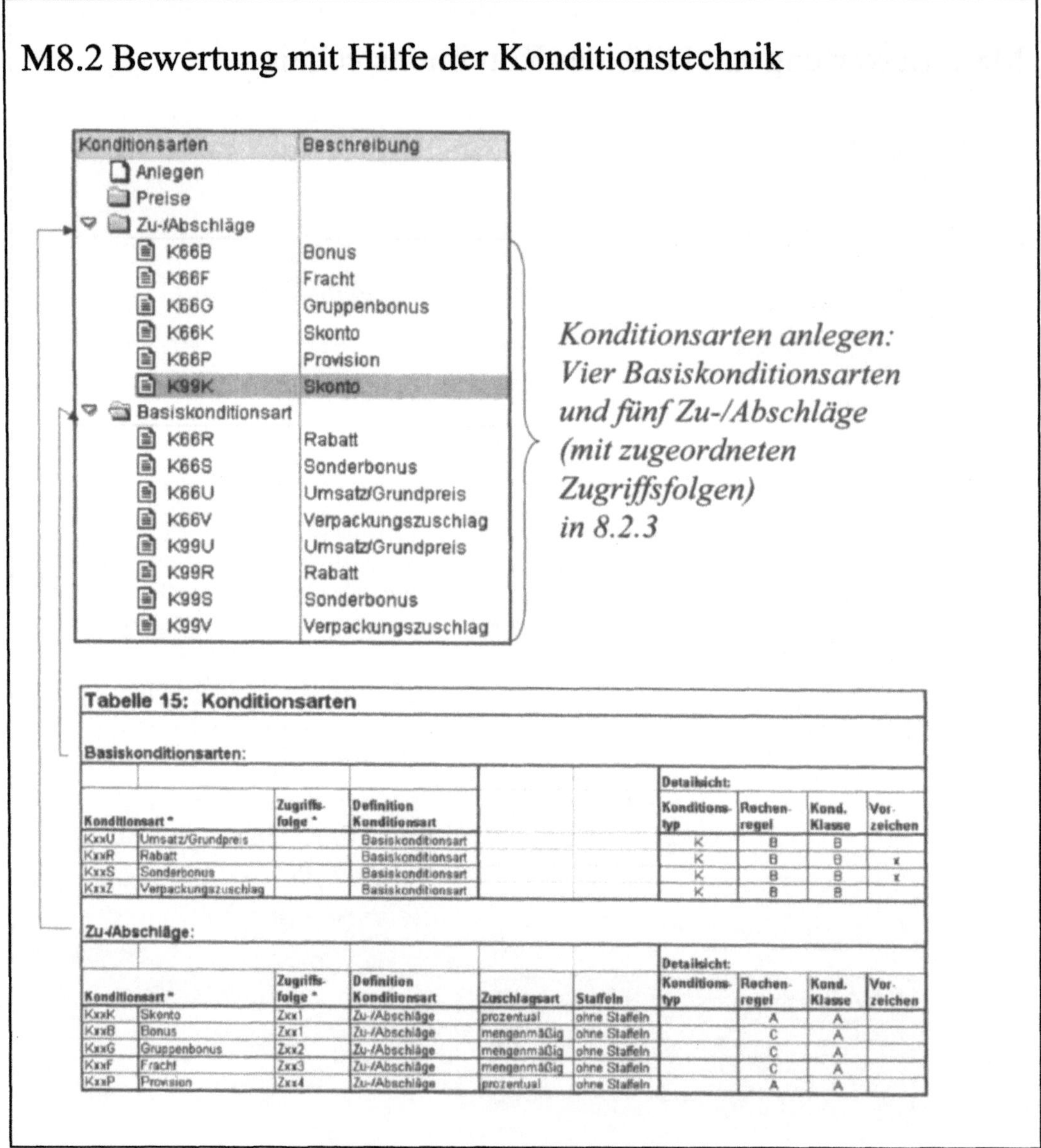

M8.2 Bewertung mit Hilfe der Konditionstechnik

Konditionsarten	Beschreibung
Anlegen	
Preise	
Zu-/Abschläge	
K66B	Bonus
K66F	Fracht
K66G	Gruppenbonus
K66K	Skonto
K66P	Provision
K99K	Skonto
Basiskonditionsart	
K66R	Rabatt
K66S	Sonderbonus
K66U	Umsatz/Grundpreis
K66V	Verpackungszuschlag
K99U	Umsatz/Grundpreis
K99R	Rabatt
K99S	Sonderbonus
K99V	Verpackungszuschlag

Tabelle 15: Konditionsarten

Basiskonditionsarten:

Konditionsart *		Zugriffsfolge *	Definition Konditionsart			Detailsicht: Konditionstyp	Rechenregel	Kond. Klasse	Vorzeichen
KxxU	Umsatz/Grundpreis		Basiskonditionsart			K	B	B	
KxxR	Rabatt		Basiskonditionsart			K	B	B	x
KxxS	Sonderbonus		Basiskonditionsart			K	B	B	x
KxxZ	Verpackungszuschlag		Basiskonditionsart			K	B	B	

Zu-/Abschläge:

Konditionsart *		Zugriffsfolge *	Definition Konditionsart	Zuschlagsart	Staffeln	Detailsicht: Konditionstyp	Rechenregel	Kond. Klasse	Vorzeichen
KxxK	Skonto	Zxx1	Zu-/Abschläge	prozentual	ohne Staffeln		A	A	
KxxB	Bonus	Zxx1	Zu-/Abschläge	mengenmäßig	ohne Staffeln		C	A	
KxxG	Gruppenbonus	Zxx2	Zu-/Abschläge	mengenmäßig	ohne Staffeln		C	A	
KxxF	Fracht	Zxx3	Zu-/Abschläge	mengenmäßig	ohne Staffeln		C	A	
KxxP	Provision	Zxx4	Zu-/Abschläge	prozentual	ohne Staffeln		A	A	

Bild 3.2/31 (Modul 8): Überblick M8.2 (3)

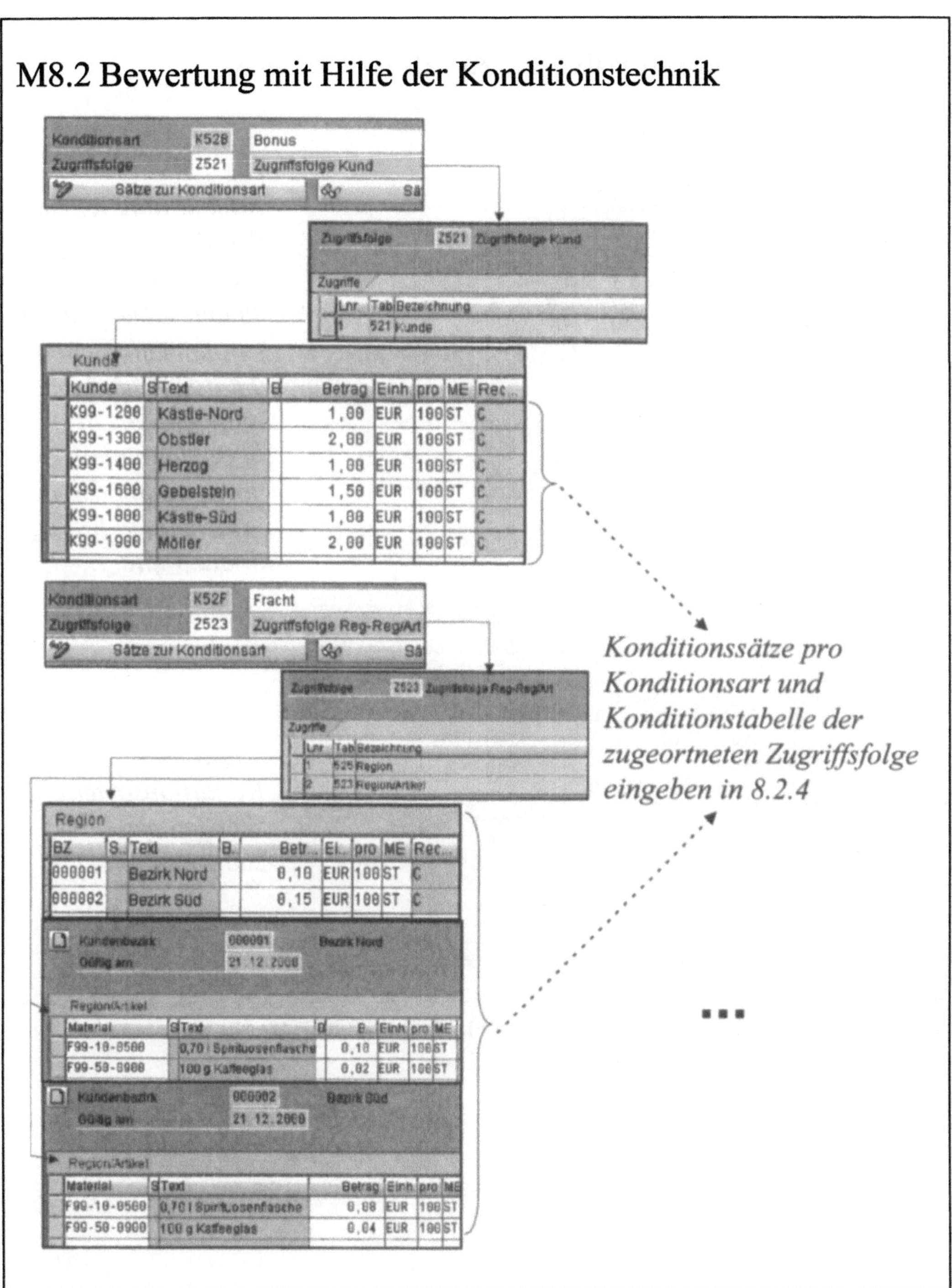

Bild 3.2/31 (Modul 8): Überblick M8.2 (4)

M8.2 Bewertung mit Hilfe der Konditionstechnik

Kalkulationsschema KS99 Kalkulationschema 99

Kalkulationsschema

Stufe	Zähl	KArt	VonStu	BisStu	Bezeichnung
010	00	K99U	000	000	Umsatz/Grundpreis
020	00	K99V	000	000	Verpackungszuschlag
030	00	K99R	000	000	Rabatt
040	00	K99K	010	030	Skonto
050	00	K99P	010	030	Provision
060	00	K99B	000	000	Bonus
070	00	K99F	000	000	Fracht
080	00	K99G	000	000	Gruppenbonus

Kalkulationsschema definieren, d. h. Konditionsarten in einem Rechenschema zusammenfassen, das die Basen und die Reihenfolge zur Berechnung von prozentualen Zu-/Ablschlägen festlegt in 8.2.5 und ...

Ergebnisbereich E610 Ergebnisbereich 10

KArt	Bezeichnung	Wertfeld	Kurzbeschreibung
K10B	Bonus	JBONU	Jahresboni
K10F	Fracht	AUSFR	Ausgangsfracht
K10G	Gruppenbonus	VV10G	Gruppenbonus10
K10K	Skonto	KWSKTO	Skonto
K10P	Provision	PROVV	Provision Vertreter
K10R	Rabatt	RABAT	Sonst. Rabatte
K10S	Sonderbonus	VV10S	Sonderbonus10
K10U	Umsatz/Grundpreis	ERLOS	Erloes
K10Z	Verpackungszuschlag	VV10Z	Verpackungszuschl.10

... die Konditionsarten Wertfeldern zuordnen in 8.2.6

Bild 3.2/31 (Modul 8): Überblick M8.2 (5)

M8.3 Bewertungsstrategie festlegen

Ergebnisbereich E699 Ergebnisbereich 99

Bew.strategie B99

Detail

Reihenf..	Appl.	Kalk. Sc...	Bezeichnung	Mat.kalk.	Mengenfeld	Exit-Nr
1				☑	VV99M	
2	KE	K699	Kalkulationschema 99	☐	VV99M	

Bewertungsstrategie definieren, die festlegt, mit welchen Methoden in welcher Reihenfolge eine Bewertung erfolgen soll
(hier:
- zuerst Bewertung über Materialkalkulation (Absatzmenge soll aus Mengenfeld VVxxM gelesen werden) ,
- dann Bewertung mit Hilfe der im Kalkulationsschema KSxx festgelegten Rechenregeln der Konditionstechnik (für mengenabhängige Konditionsarten soll Menge aus Feld VVxxM gelesen werden))
und ...

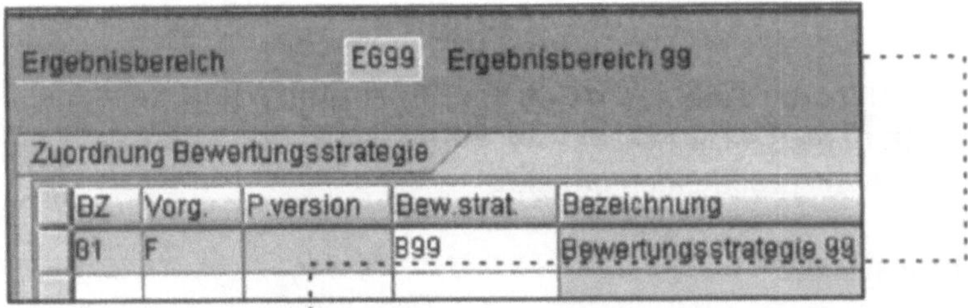

Ergebnisbereich E699 Ergebnisbereich 99

Zuordnung Bewertungsstrategie

BZ	Vorg.	P.version	Bew.strat.	Bezeichnung
01	F		B99	Bewertungsstrategie 99

... dem Ergebnisbereich bewertungszeitpunktbezogen (hier: BZ = 01 "Istdatenübernahme") und vorgangsartbezogen (hier: Vorg. = F "Fakturadaten") zuordnen.

Bild 3.2/32 (Modul 8): Überblick M8.3

Aufgaben zur Bewertung

Aufgabenstellung:

Im Folgenden sind drei Aufgabenstellungen gegeben. Diese beziehen sich auf:

- 1) Bewertung über Materialkalkulation
  (Wertfeld "var. HK Umbau")
- 2) Bewertung mit Hilfe der Konditionstechnik,
  Konditionsklasse: Zu-/Abschläge, Rechenregel: prozentual
  (Wertfeld "Skonto")
- 3) Bewertung mit Hilfe der Konditionstechnik,
  Konditionsklasse: Zu-/Abschläge, Rechenregel: mengenabhängig
  (Wertfeld "Fracht")

Die Bewertung wird im R/3-System ereignisgesteuert angestoßen: Sobald eine ergebnisrelevante Buchung (im Beispiel eine Fakturierung) erfolgt, wird die Bewertung automatisch ausgelöst.

Es soll nachvollziehbar gemacht werden, wie das System aus den Daten der Einzelbuchung (Fakturaposition) und den Daten und Parametern des Customizing die Bewertung durchführt.

Hierzu soll in den nachfolgenden Grafiken (Bild 3.2/34 bis Bild 3.2/36) jeweils in die Leerräume zwischen den runden Klammern
- die **Schlüsselwerte** der entsprechenden Objekte
- bzw. die **Feldnamen**
- bzw. die **Berechnungsterme**
- bzw. die **Datenwerte**

eingetragen werden.

Bezogen werden soll sich auf den ersten Einzelposten des Testbeispiels. Die Werte (vor und nach der Bewertung) dieses Einzelpostens sind dem Bild 3.2/33 zu entnehmen.

Die Aufgaben sollten als Wiederholung und Vertiefung nach dem "Durchtasten" des nachfolgenden Tastenteils bearbeitet werden. Die Lösungen mit Erläuterungen sind im Anhang "Aufgaben zur Bewertung - Lösungen" zu finden.

Einzelposten vor Bewertung:

Merkmale							
Vorgangs-art	Buchungs-datum	Kunden-nummer	Artikel-nummer	Bezirk	Waren-gruppe	Farbe	Farb-gruppe
F	tt.mm.jjjj	Kxx-1100	Fxx-50-0900	*0001 (abgel.)*	*xx01 (abgel.)*	*500 (abgel.)*	*10 (abgel.)*

Wertfelder														
Absatz-menge	Umsatz	Verp.-zuschlag	Rabatt	Skonto	Bonus	Grp.-Bonus	Sonder-bonus	Fracht	Pro-vision	var. HK Umbau	var. HK Energie	var. HK Gemenge	var. HK Verp.	var. HK Lager
100.000	14.000	0	0											

Einzelposten nach Bewertung:

Merkmale							
Vorgangs-art	Buchungs-datum	Kunden-nummer	Artikel-nummer	Bezirk	Waren-gruppe	Farbe	Farb-gruppe
F	tt.mm.jjjj	Kxx-1100	Fxx-50-0900	*0001 (abgel.)*	*xx01 (abgel.)*	*500 (abgel.)*	*10 (abgel.)*

Wertfelder														
Absatz-menge	Umsatz	Verp.-zuschlag	Rabatt	Skonto	Bonus	Grp.-Bonus	Sonder-bonus	Fracht	Pro-vision	var. HK Umbau	var. HK Energie	var. HK Gemenge	var. HK Verp.	var. HK Lager
100.000	14.000	0	0	*420*				*120*		*200*	*200*	*2300*	*150*	*200*

Bild 3.2/33 (Modul 8): Aufgaben zur Bewertung - Werte Einzelposten

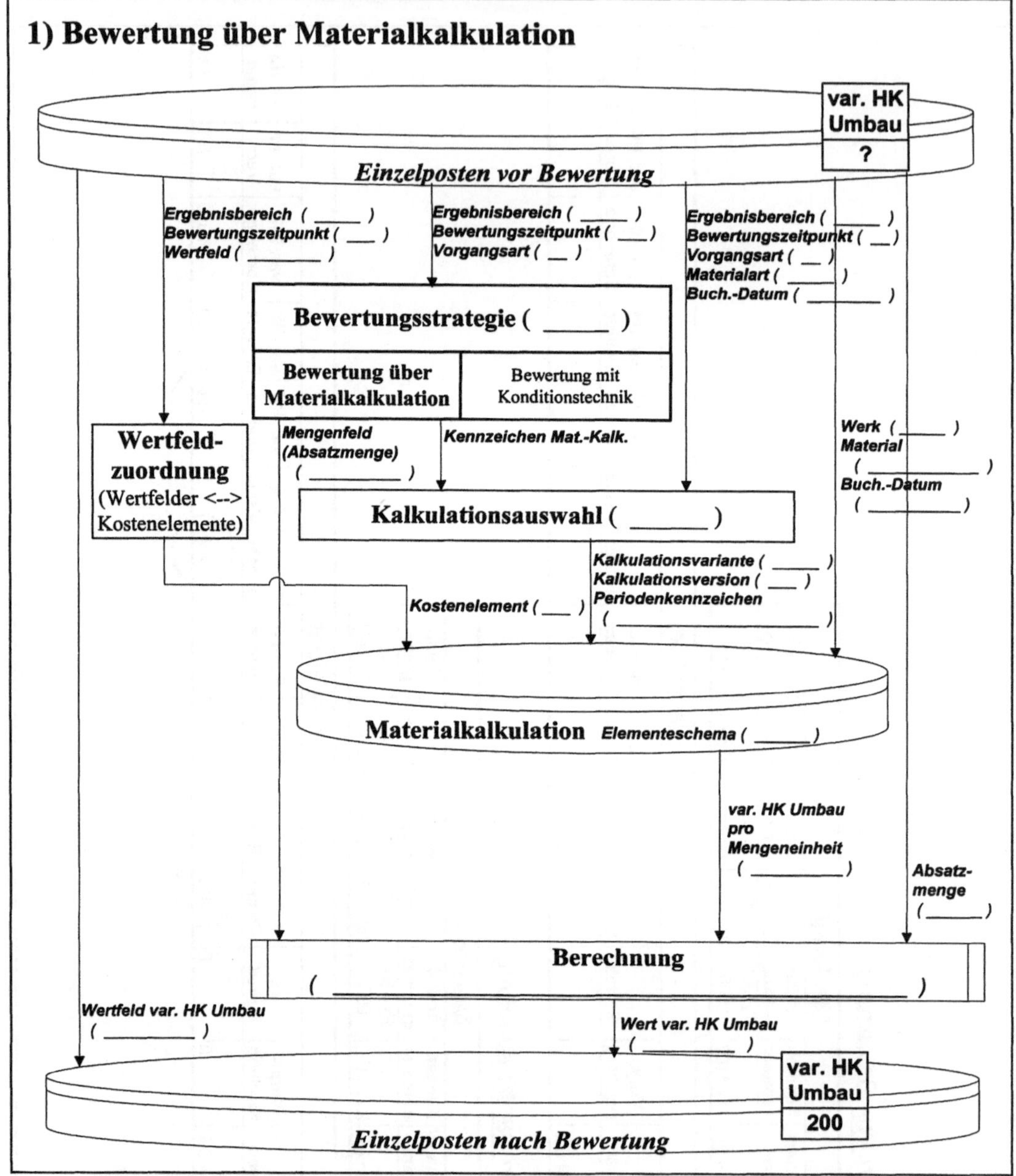

Bild 3.2/34 (Modul 8): Aufgaben zur Bewertung - 1) Bewertung "var HK Umbau"

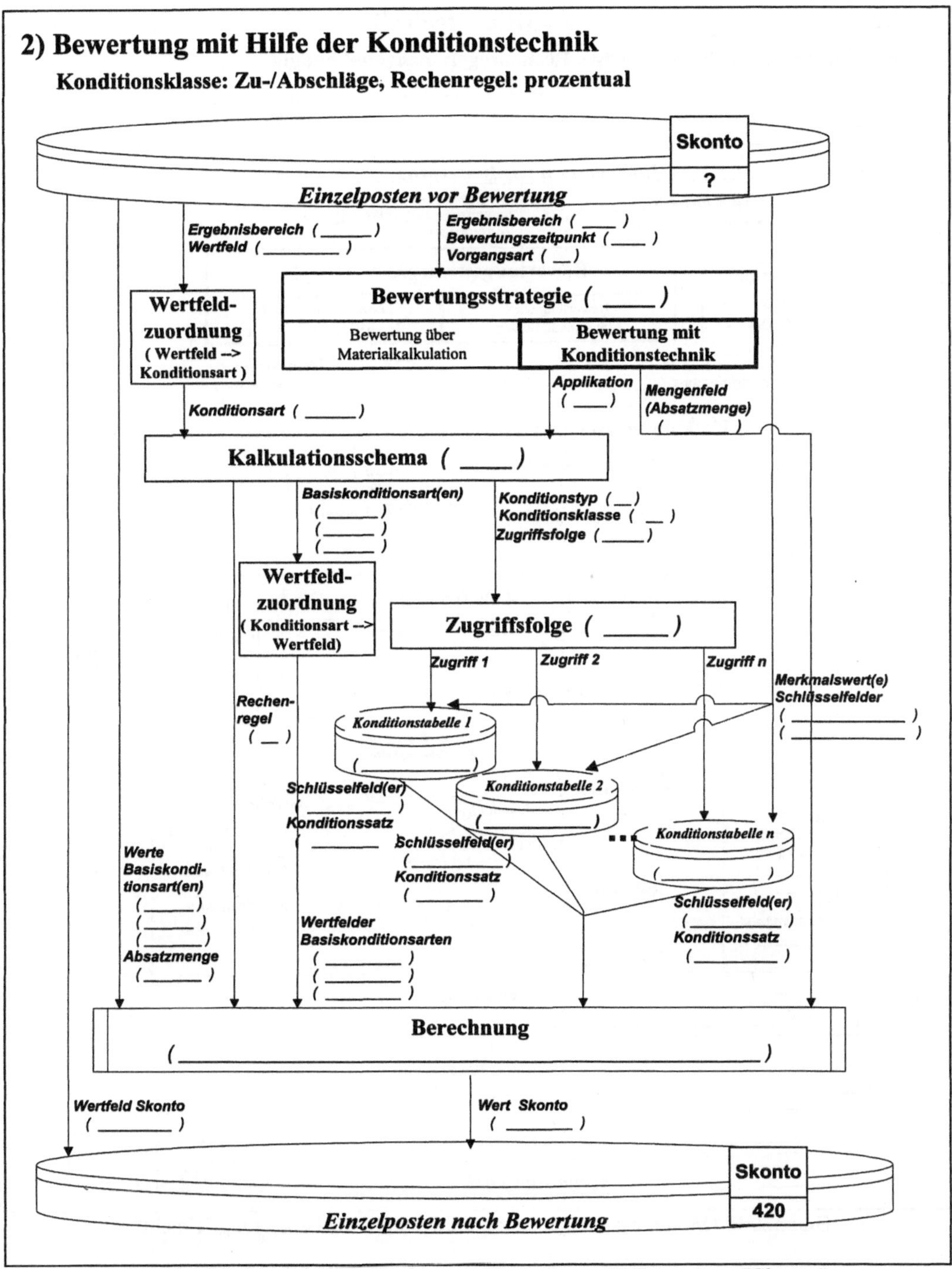

Bild 3.2/35 (Modul 8): Aufgaben zur Bewertung - 2) Bewertung "Skonto"

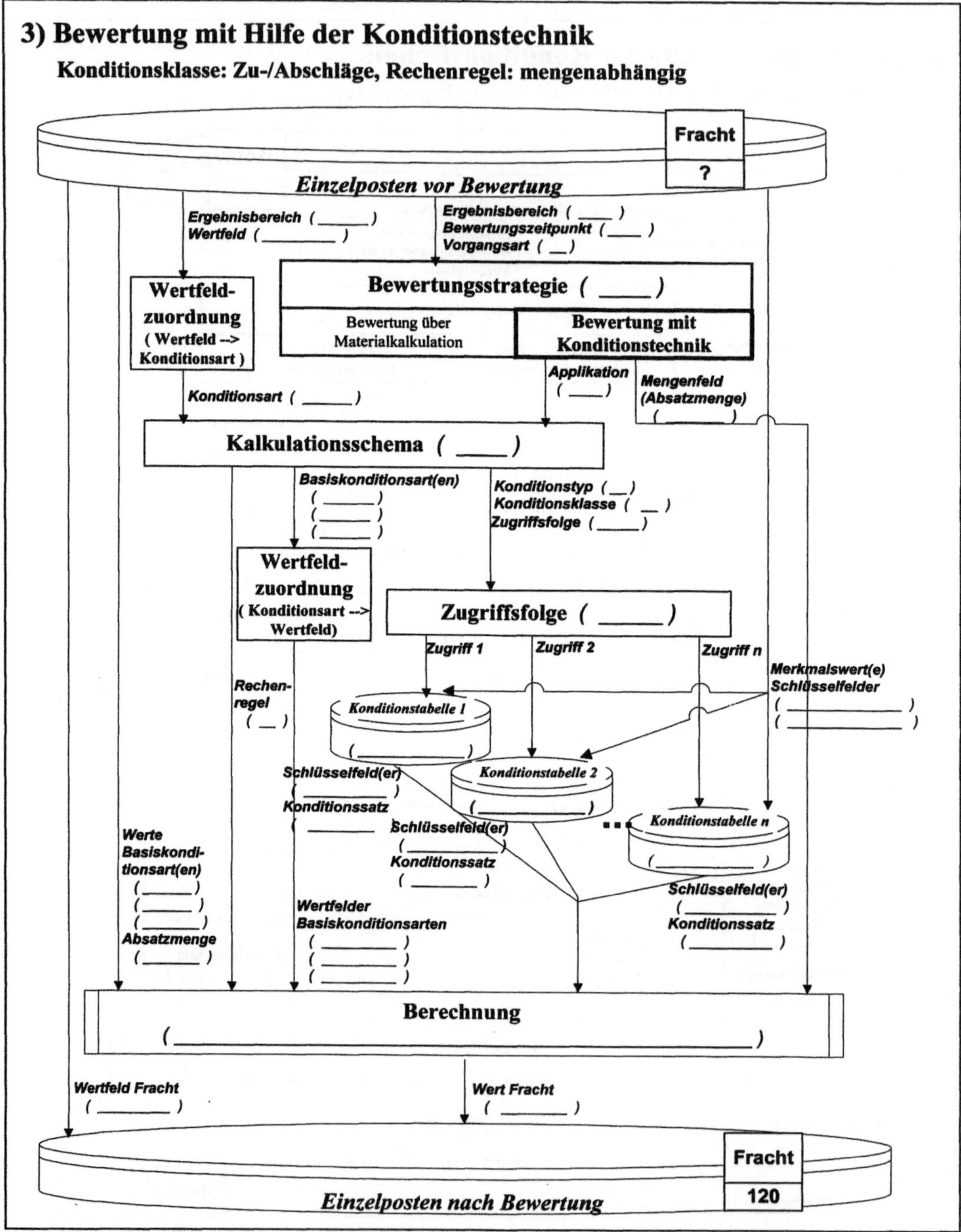

Bild 3.2/36 (Modul 8): Aufgaben zur Bewertung - 3) Bewertung "Fracht"

Anzeige	Eingabe/Auswahl

Modul 8: Customizing: Bewertung

Die sogenannte *Bewertung* bezeichnet innerhalb der kalkulatorischen Ergebnisrechnung ein Verfahren zur automatischen Errechnung von Werten, welche die Informationen von Vertriebsbelegen – abgesetzte Mengen, Preis- und Rabattinformationen – im Sinne des Umsatzkostenverfahrens ergänzen.

So können mit Hilfe der Bewertung Erlösschmälerungen, die nicht auf Rechnungen ausgewiesen werden (z. B. Boni, Provisionen, Skonti), Sondereinzelkosten des Vertriebs (z. B. Verpackungskosten, Versicherungen) und Kosten des Umsatzes (abgesetzte Mengen * Herstellkosten) automatisch ermittelt werden.

Die Bewertung kann sowohl bei Istdatenübernahme bzw. –erfassung als auch bei der Planung eingesetzt werden.

Man unterscheidet die folgenden *Bewertungsmethoden*:

- ***Bewertung über Materialkalkulation* (*Erzeugniskalkulation*) (s. M8.1)**
  Zur Ermittlung der Herstellkosten werden im Produktkosten-Controlling (CO-PC) erstellte Materialkalkulationen herangezogen.
- ***Bewertung mit Hilfe der Konditionstechnik* (s. M8.2)**
  Zur kalkulatorischen Ermittlung von Werten, die zum Zeitpunkt der Fakturierung noch nicht bekannt sind (z. B. Frachten, Provisionen, Skonti), erfolgen Berechnungen über die Hinterlegung eines Regelwerks (Definition von Konditionen, die in einem Kalkulationsschema zusammengefasst werden).

Über diese beiden Standard-Methoden hinaus besteht auch die Möglichkeit, eigene Bewertungsroutinen zu programmieren.

M8.1 Bewertung über Materialkalkulation

Durch die *Bewertung über Materialkalkulation* werden die Mengen der abgesetzten Produkte in der Ergebnisrechnung mit den in der Produktkostenplanung ermittelten Kalkulationsergebnissen bewertet.

Die Kostenelemente der in der Produktkostenplanung verwendeten Kostenschichtungen können dabei einzeln oder kumuliert, als Gesamtwert oder gesplittet in fixe und variable Kostenanteile in Wertfelder des Ergebnisbereichs eingesteuert werden.

M8.1.1 Zugriff auf Materialkalkulation definieren

Für die Bewertung über Materialkalkulation ist im Customizing über sogenannte *Kalkulationsauswahlen* u. a. festzulegen, mit welchen Kalkulationen (z. B. ob mit einer Plan- oder einer aktuellen Kalkulation) in welchen Varianten die Bewertung erfolgen soll.

Anzeige	Eingabe/Auswahl
SAP-Referenz-IMG (Einführungsleitfaden)	Wechseln Sie zum Einführungsleitfaden (SAP-Referenz-IMG).

<table>
<tr><th>Anzeige</th><th>Eingabe/Auswahl</th></tr>
<tr><td></td><td>Wählen Sie im SAP-Referenz-IMG:
Controlling -
Ergebnis- und Marktsegmentrechnung –
Stammdaten -
Bewertung –
Bewertung mit Materialkalkulation einrichten -
Zugriff auf Materialkalkulation definieren</td></tr>
<tr><td>Bildschirm "Sicht "Kalkulationsauswahl" ändern: Detail"</td><td>Klicken Sie auf
Neue Einträge</td></tr>
<tr><td>Bildschirm "Neue Einträge: Detail Hinzugefügte"</td><td>Eingabe bzw. Auswahl:
Kalk.auswahl: Kxx
Kalkulationsauswahl xx,
xx = Ihre Teilnehmernummer

Wählen Sie die Option:
Standardkalkulation übernehmen

Eingabe bzw. Auswahl:
Kalkulationsvariante: ZPKT
(= Plankalk. Mat. Testbeispiel)
Kalkulationsversion: 1
Periodenkennzeichen:
Materialkalkulation passend zum Buchungsdatum

Wählen Sie die Option:
Zugriffswerk aus Einzelposten übernehmen

Markieren Sie:
Fehlermeldung falls keine Kalkulation vorhanden</td></tr>
</table>

Anzeige	Eingabe/Auswahl
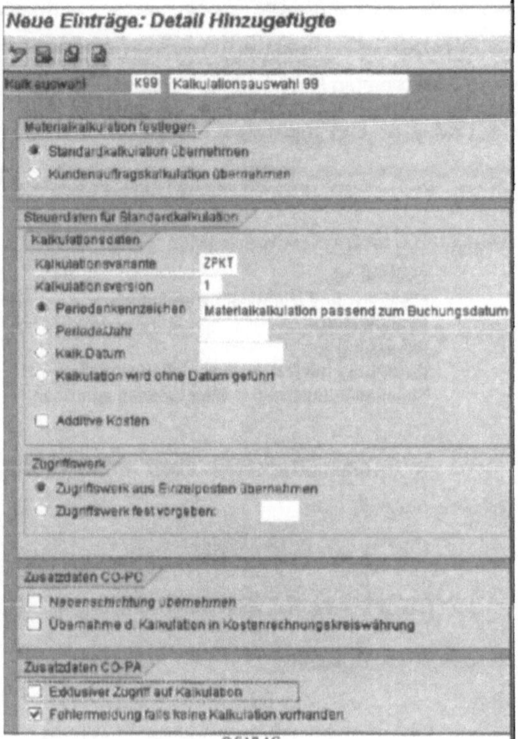 **Neue Einträge: Detail Hinzugefügte** Kalk.auswahl K99 Kalkulationsauswahl 99 Materialkalkulation festlegen ● Standardkalkulation übernehmen ○ Kundenauftragskalkulation übernehmen Steuerdaten für Standardkalkulation Kalkulationsdaten Kalkulationsvariante ZPKT Kalkulationsversion 1 ● Periodenkennzeichen Materialkalkulation passend zum Buchungsdatum ○ Periode/Jahr ○ Kalk.Datum ○ Kalkulation wird ohne Datum geführt ☐ Additive Kosten Zugriffswerk ● Zugriffswerk aus Einzelposten übernehmen ○ Zugriffswerk fest vorgeben Zusatzdaten CO-PC ☐ Nebenschichtung übernehmen ☐ Übernahme d. Kalkulation in Kostenrechnungskreiswährung Zusatzdaten CO-PA ☐ Exklusiver Zugriff auf Kalkulation ☑ Fehlermeldung falls keine Kalkulation vorhanden © SAP AG	
	Damit haben Sie festgelegt, dass für die Herstellkosten-Bewertung eines Produkts auf die jeweils jüngste, zum Buchungsdatum passende Plankalkulation der Kalkulationsvariante "ZPKT", Version 1 zugegriffen werden soll, dass nach dem im jeweiligen CO-PA-Einzelposten aufgeführten Werk nach einer solchen Kalkulation gesucht und dass bei Durchführung der Bewertung eine Fehlermeldung ausgegeben werden soll, falls keine passende Kalkulation gefunden wird.
	Sichern Sie Ihre Eingaben.
Meldung in der Statuszeile: *Daten wurden gesichert.*	
	Beenden Sie die Customizing-Transaktion.
SAP-Referenz-IMG	

Anzeige	Eingabe/Auswahl

M8.1.2 Kalkulationsauswahl Materialart zuordnen

Kalkulationsauswahlen können einzelnen Erzeugnissen oder bestimmten Materialarten (z. B. allen Fertigprodukten oder allen Halbfabrikaten) in Abhängigkeit des Bewertungszeitpunktes (z. B. bei Istdatenerfassung oder bei der Planung) und der Vorgangsart (z. B. bei Fakturierung) zugeordnet werden.

Anzeige	Eingabe/Auswahl
SAP-Referenz-IMG (Einführungsleitfaden):	Wählen Sie im SAP-Referenz-IMG: **Controlling -** **Ergebnis- und Marktsegmentrechnung –** **Stammdaten -** **Bewertung –** **Bewertung mit Materialkalkulation einrichten -** **Kalkulationsauswahl -> Materialarten zuordnen**
Bildschirm "**Sicht "Kalkulationsauswahl Materialart" ändern: Übersicht**"	Klicken Sie auf Neue Einträge
Bildschirm "**Neue Einträge: Übersicht Hinzugefügte**"	Eingabe bzw. Auswahl: _BZ:_ ***01*** (= Istdatenübernahme vorgangsbezogen) _Vorg.:_ ***F*** (= Fakturadaten) _Mat.art:_ ***FERT*** (= Fertigerzeugnis) _gültig bis:_ ***31.12.jjjj***, jjjj= akt. Jahr _Kalk.1:_ ***Kxx,*** *xx = Ihre Teilnehmernr.* (= Ihre Kalkulationsauswahl xx)

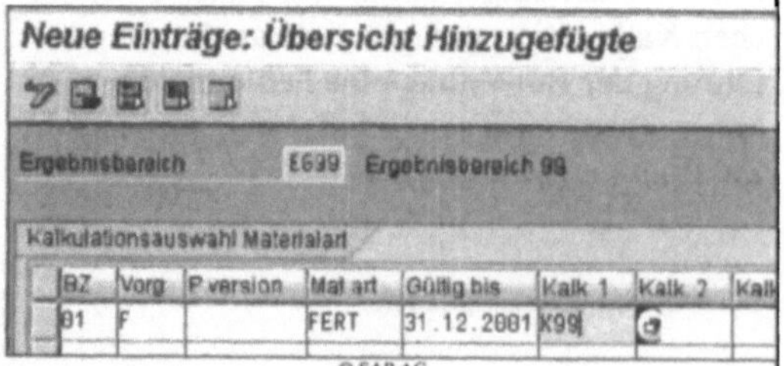

Neue Einträge: Übersicht Hinzugefügte

Ergebnisbereich E699 Ergebnisbereich 99

Kalkulationsauswahl Materialart

BZ	Vorg	P.version	Mat.art	Gültig bis	Kalk 1	Kalk 2	Kalk
01	F		FERT	31.12.2001	K99		

Anzeige	Eingabe/Auswahl
	Hierdurch bestimmen Sie, dass für die Bewertung der Herstellkosten eines Fertigerzeugnisses (=Materialart) bei Istdatenübernahme (=Bewertungszeitpunkt) aus der Fakturierung (=Vorgangsart) mit Ihrer Kalkulationsauswahl "Kxx" nach einer gültigen Produktkalkulation in der Datenbank gesucht werden soll.
SAP-Referenz-IMG	Sichern Sie Ihre Eingaben und beenden Sie die Customizing-Transaktion.

M8.1.3 Kostenelemente Wertfeldern zuordnen

	Wählen Sie im SAP-Referenz-IMG: **Controlling -** **Ergebnis- und Marktsegmentrechnung –** **Stammdaten -** **Bewertung –** **Bewertung mit Materialkalkulation einrichten -** **Wertfelder zuordnen**
Dialogfeld "**Arbeitsbereich festlegen: Eingabe**"	Ihr Ergebnisbereich ist im Dialogfenster bereits vorgegeben.
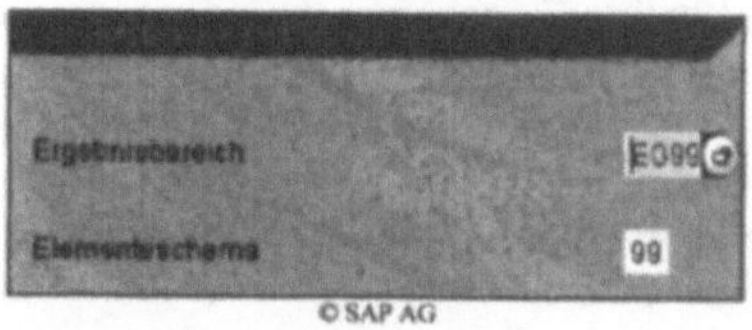 © SAP AG	Eingabe bzw. Auswahl: *Elementeschema:* ***XX,*** *xx = Ihre Teilnehmernummer* (= Ihr (Kosten-)Elementeschema)
Bildschirm "**Sicht "Zuordnung von Kalkulationselementen zu Wertfeldern" ändern: Übersicht**"	Klicken Sie auf 
Bildschirm "**Neue Einträge: Übersicht Hinzugefügte**"	

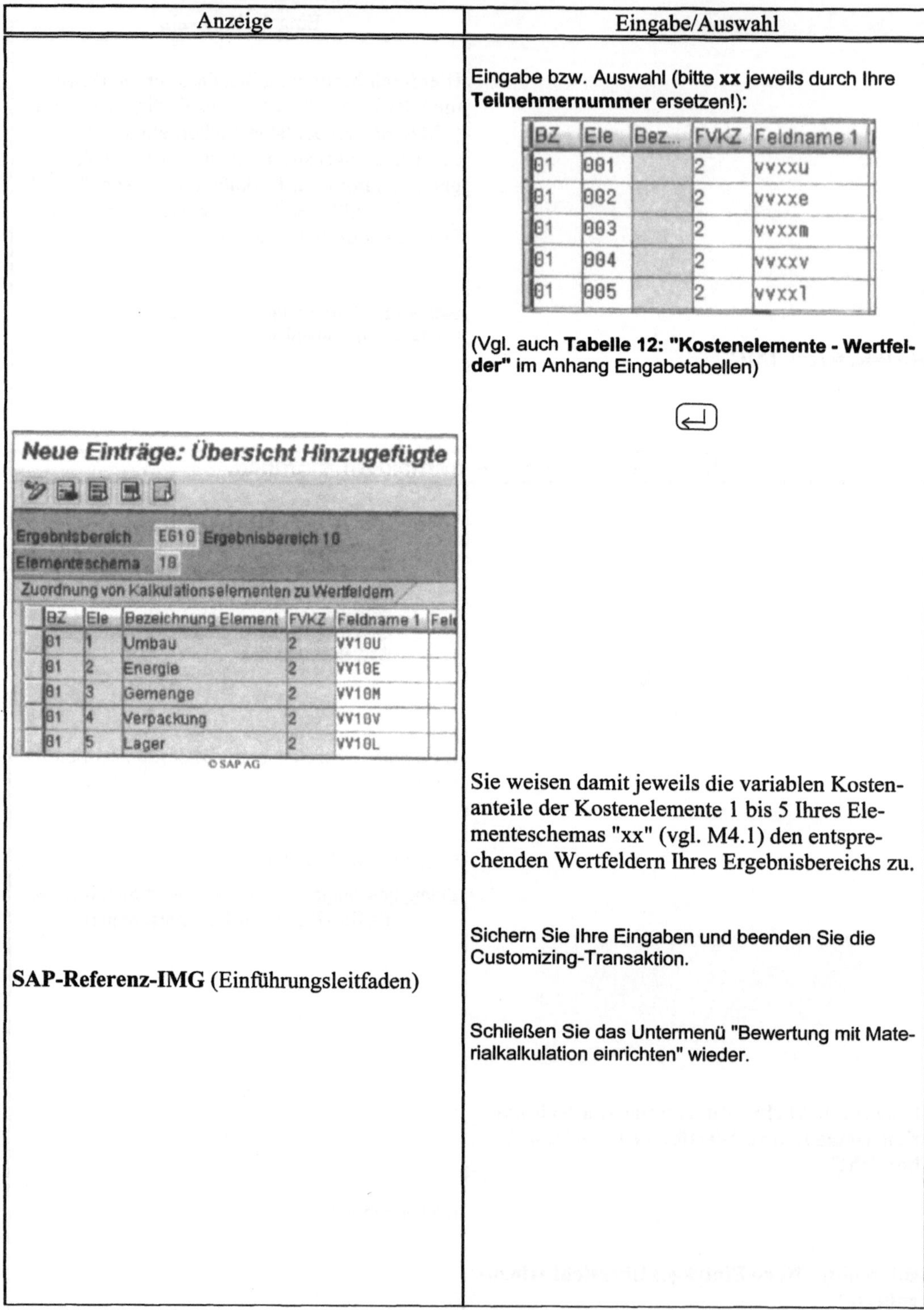

Anzeige	Eingabe/Auswahl
	Eingabe bzw. Auswahl (bitte **xx** jeweils durch Ihre **Teilnehmernummer** ersetzen!):
	BZ | Ele | Bez... | FVKZ | Feldname 1 01 | 001 | | 2 | VVxxU 01 | 002 | | 2 | VVxxE 01 | 003 | | 2 | VVxxM 01 | 004 | | 2 | VVxxV 01 | 005 | | 2 | VVxxL
	(Vgl. auch **Tabelle 12: "Kostenelemente - Wertfelder"** im Anhang Eingabetabellen)
Neue Einträge: Übersicht Hinzugefügte Ergebnisbereich EG10 Ergebnisbereich 10 Elementeschema 10 Zuordnung von Kalkulationselementen zu Wertfeldern BZ | Ele | Bezeichnung Element | FVKZ | Feldname 1 01 | 1 | Umbau | 2 | VV10U 01 | 2 | Energie | 2 | VV10E 01 | 3 | Gemenge | 2 | VV10M 01 | 4 | Verpackung | 2 | VV10V 01 | 5 | Lager | 2 | VV10L © SAP AG	
	Sie weisen damit jeweils die variablen Kostenanteile der Kostenelemente 1 bis 5 Ihres Elementeschemas "xx" (vgl. M4.1) den entsprechenden Wertfeldern Ihres Ergebnisbereichs zu.
	Sichern Sie Ihre Eingaben und beenden Sie die Customizing-Transaktion.
SAP-Referenz-IMG (Einführungsleitfaden)	Schließen Sie das Untermenü "Bewertung mit Materialkalkulation einrichten" wieder.

Anzeige	Eingabe/Auswahl

M8.2 Bewertung mit Hilfe der Konditionstechnik

Werte, die für Auswertungszwecke der Ergebnisrechnung benötigt werden, aber zum Zeitpunkt der Belegbuchung noch nicht bekannt sind (z. B. Skonti, Provisionen, Frachten) können mit Hilfe der *Konditionstechnik* kalkulatorisch angesetzt, d h. nach Schema berechnet werden.

Für die Berechnung müssen zunächst alle zu berücksichtigenden *Konditionen* (z. B. Skontovereinbarungen mit Kunden, Provisionsvereinbarungen, Frachtkosten) in Abhängigkeit der relevanten Merkmalskombinationen (z. B. Frachtkostenvereinbarungen nach Artikelgruppen und Gebieten) in den sogenannten *Konditionstabellen* abgelegt sein.

Über ein Rechenschema, dem sogenannten *Kalkulationsschema*, ist dann festzulegen, welche Konditionen in welcher Reihenfolge zur Ermittlung der Werte herangezogen und auf welchen Basen welche Zu- oder Abschläge berechnet werden sollen. (Z. B. kann im Kalkulationsschema festgelegt werden, dass ein Bonus prozentual auf Basis des Nettoumsatzes berechnet, eine Provision erst danach auf Basis des Nettoumsatzes abzüglich des Bonus.)

M8.2.1 Konditionstabellen anlegen

In *Konditionstabellen* werden Konditionen in Abhängigkeit von Kombinationen von Merkmalswerten, welche die Schlüsselfelder der jeweiligen Tabelle bilden, gespeichert.

Für jede benötigte Kombination von Merkmalen muss eine eigene Konditionstabelle angelegt werden, wobei jede Tabelle mehrere Konditionen, die von denselben Merkmalen abhängen, bedienen kann. (Sollen z. B. die Konditionen Provision und Bonus beide in Abhängigkeit von der Merkmalskombination Kunde/Artikel errechnet werden, so können die Sätze zu diesen Konditionen in derselben Tabelle mit den beiden Schlüsselspalten Kunde und Artikel gespeichert werden.)

Konditionstabellen sind mandantenunabhängig, also systemweit für alle Ergebnisbereiche zugreifbar.

Anzeige	Eingabe/Auswahl
	Hier sollen nun die für das Fallbeispiel benötigten Konditionstabellen angelegt werden. Dazu sind zunächst lediglich die Tabellennummern (diese müssen im R/3-System zwischen 501 und 999 liegen), die Bezeichnungen und die Schlüsselfelder der Tabellen festzulegen und die Tabellen zu generieren. Die eigentlichen Konditionssätze werden dann erst später (s. unter M8.2.4) in den Tabellen abgelegt. *Anmerkung:* Trotz der ergebnisbereichsübergreifenden Verwendbarkeit der Konditionstabellen sollen hier alle Konditionstabellen von jeder Teilnehmergruppe neu angelegt werden.

Anzeige	Eingabe/Auswahl
SAP-Referenz-IMG (Einführungsleitfaden)	Wählen Sie im SAP-Referenz-IMG: **Controlling -** **Ergebnis- und Marktsegmentrechnung –** **Stammdaten -** **Bewertung –** **Konditionen und Kalkulationsschemata definieren -** **Konditionstabellen pflegen**
Bildschirm "**Konditionstabelle für Ergebnisrechnung ändern**"	Wählen Sie (in der Menüleiste): **Kondition –** **Anlegen**
Bildschirm "**Konditionstabelle für Ergebnisrechnung anlegen**" 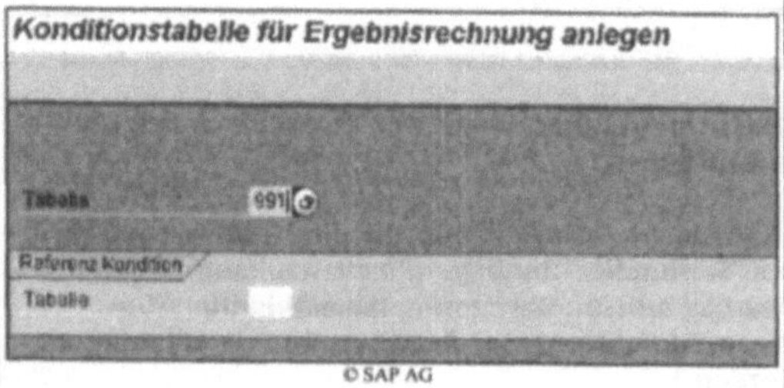 *Konditionstabelle für Ergebnisrechnung anlegen* Tabelle 991 Referenz Kondition Tabelle © SAP AG	Eingabe: *Tabelle:* ***xx1**, xx = Ihre Teilnehmernummer* ⏎

Bildschirm "**Konditionstabelle für Ergebnisrechnung anlegen: Feldübersicht**"	Im aktuellen Bildschirm werden unter "Feldkatalog" alle verfügbaren Merkmalsfelder (ergebnisbereichsübergreifend!) angezeigt bzw. zur Auswahl angeboten.
	
	Klicken Sie (hinter Feld "Tabelle") auf
	(= Text vorschlagen/pflegen)
	
	Eingabe:
	Tabelle (Bezeichnung): ***Kunde***
	
	Markieren Sie (falls Markierung noch nicht gesetzt) die Kennzeichen:
	`mit Gültigkeitszeit`
	`mit Freigabestatus`

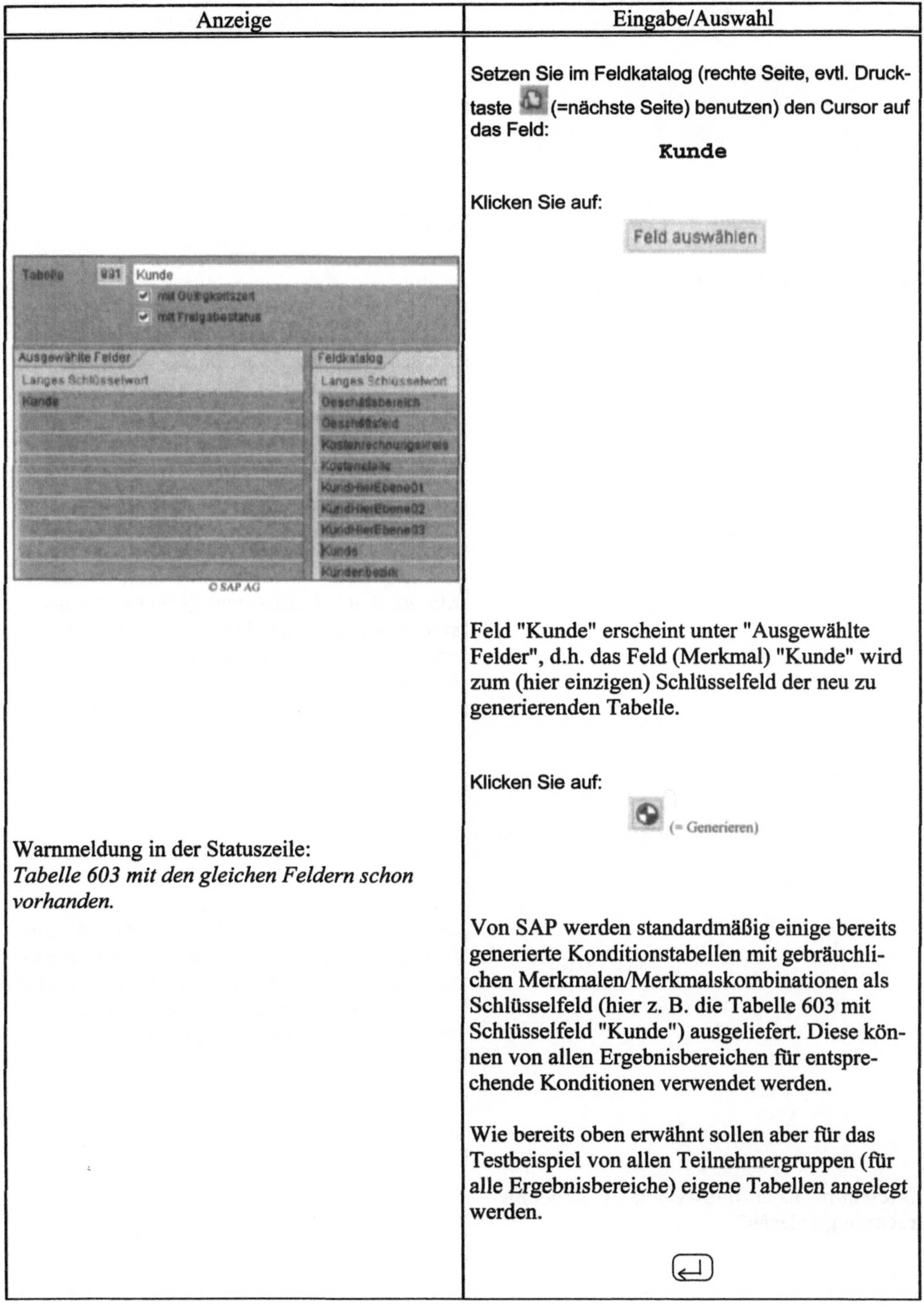

Anzeige	Eingabe/Auswahl
	Setzen Sie im Feldkatalog (rechte Seite, evtl. Drucktaste (=nächste Seite) benutzen) den Cursor auf das Feld: **Kunde**
	Klicken Sie auf: Feld auswählen
© SAP AG	Feld "Kunde" erscheint unter "Ausgewählte Felder", d.h. das Feld (Merkmal) "Kunde" wird zum (hier einzigen) Schlüsselfeld der neu zu generierenden Tabelle.
	Klicken Sie auf: (= Generieren)
Warnmeldung in der Statuszeile: *Tabelle 603 mit den gleichen Feldern schon vorhanden.*	Von SAP werden standardmäßig einige bereits generierte Konditionstabellen mit gebräuchlichen Merkmalen/Merkmalskombinationen als Schlüsselfeld (hier z. B. die Tabelle 603 mit Schlüsselfeld "Kunde") ausgeliefert. Diese können von allen Ergebnisbereichen für entsprechende Konditionen verwendet werden. Wie bereits oben erwähnt sollen aber für das Testbeispiel von allen Teilnehmergruppen (für alle Ergebnisbereiche) eigene Tabellen angelegt werden.

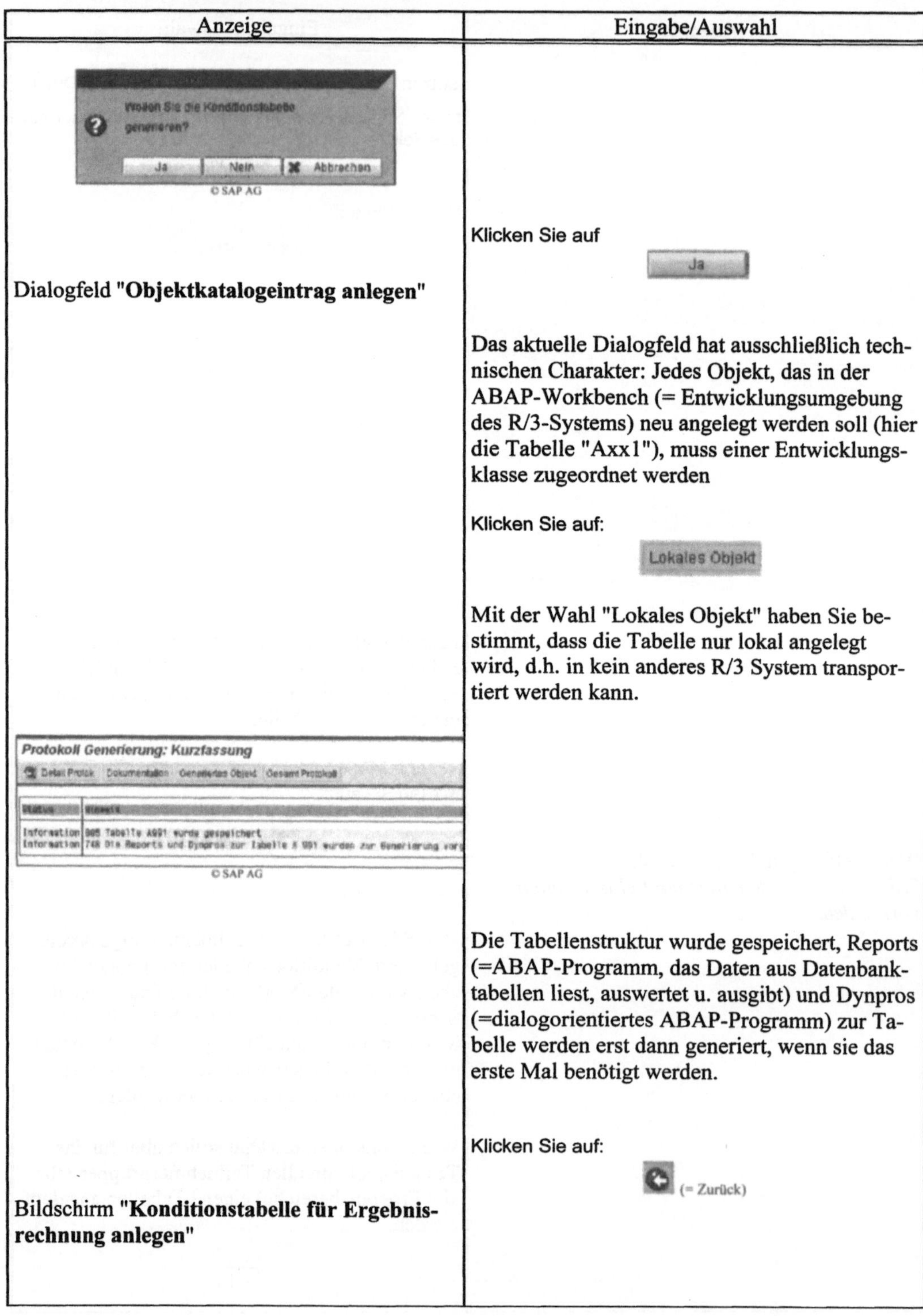

Anzeige	Eingabe/Auswahl
Wollen Sie die Konditionstabelle generieren? Ja / Nein / Abbrechen © SAP AG	
	Klicken Sie auf **Ja**
Dialogfeld "**Objektkatalogeintrag anlegen**"	
	Das aktuelle Dialogfeld hat ausschließlich technischen Charakter: Jedes Objekt, das in der ABAP-Workbench (= Entwicklungsumgebung des R/3-Systems) neu angelegt werden soll (hier die Tabelle "Axx1"), muss einer Entwicklungsklasse zugeordnet werden
	Klicken Sie auf: **Lokales Objekt**
	Mit der Wahl "Lokales Objekt" haben Sie bestimmt, dass die Tabelle nur lokal angelegt wird, d.h. in kein anderes R/3 System transportiert werden kann.
Protokoll Generierung: Kurzfassung Detail Protok. / Dokumentation / Generiertes Objekt / Gesamt Protokoll Status / Hinweis Information / 905 Tabelle A991 wurde gespeichert Information / 748 Die Reports und Dynpros zur Tabelle A 991 wurden zur Generierung vorg © SAP AG	
	Die Tabellenstruktur wurde gespeichert, Reports (=ABAP-Programm, das Daten aus Datenbanktabellen liest, auswertet u. ausgibt) und Dynpros (=dialogorientiertes ABAP-Programm) zur Tabelle werden erst dann generiert, wenn sie das erste Mal benötigt werden.
	Klicken Sie auf: (= Zurück)
Bildschirm "**Konditionstabelle für Ergebnisrechnung anlegen**"	

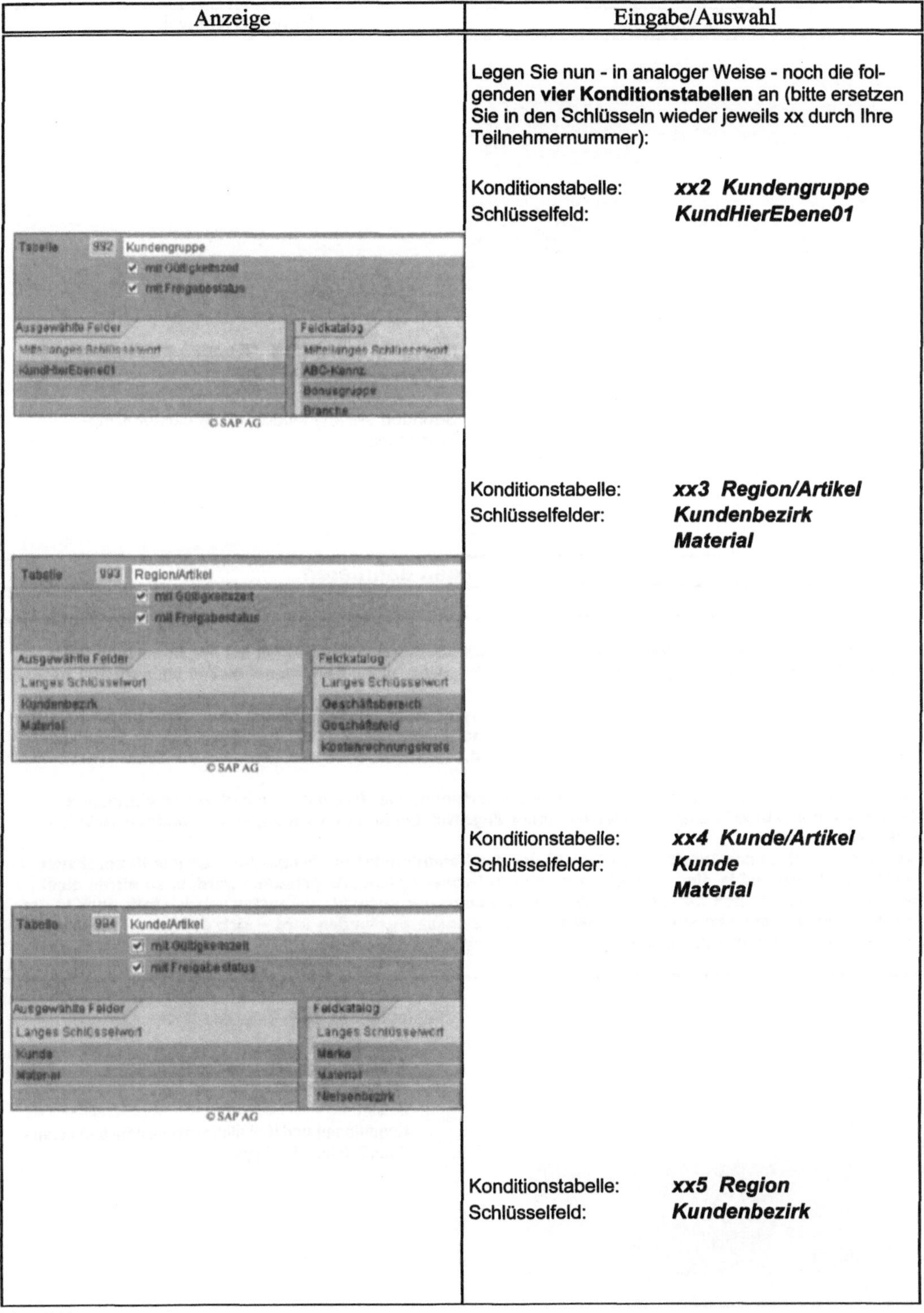

Anzeige	Eingabe/Auswahl
	Legen Sie nun - in analoger Weise - noch die folgenden **vier Konditionstabellen** an (bitte ersetzen Sie in den Schlüsseln wieder jeweils xx durch Ihre Teilnehmernummer): Konditionstabelle: ***xx2 Kundengruppe*** Schlüsselfeld: ***KundHierEbene01***
© SAP AG	
	Konditionstabelle: ***xx3 Region/Artikel*** Schlüsselfelder: ***Kundenbezirk*** ***Material***
© SAP AG	
	Konditionstabelle: ***xx4 Kunde/Artikel*** Schlüsselfelder: ***Kunde*** ***Material***
© SAP AG	
	Konditionstabelle: ***xx5 Region*** Schlüsselfeld: ***Kundenbezirk***

Anzeige	Eingabe/Auswahl
© SAP AG	(Vgl. auch **Tabelle 13: "Konditionstabellen"** im Anhang Eingabetabellen) Beenden sie anschließend die Customizing-Transaktion.
SAP-Referenz-IMG (Einführungsleitfaden)	

M8.2.2 Zugriffsfolgen definieren

Über *Zugriffsfolgen* wird festgelegt, in welchen Konditionstabellen das System bei der Bewertung nach gültigen Konditionen suchen soll und in welcher Reihenfolge diese Konditionstabellen abgearbeitet werden sollen.
Z. B. kann über eine Zugriffsfolge Zxxx bestimmt werden, dass zur Berechnung eines bestimmten Rabattes zunächst in der Konditionstabelle "Kunde/Artikel" und anschließend in der Konditionstabelle "Kundengruppe" nach einem gültigen Konditionssatz gesucht wird.

Durch Setzen eines Kennzeichens "Exklusiv" kann verhindert werden, dass nach einem erfolgreichen Zugriff auf einen Konditionssatz innerhalb einer Zugriffsfolge in den nachfolgenden Konditionstabellen weitergesucht wird.
Würde also z. B. in der Zugriffsfolge Zxxx hinter der Konditionstabelle "Kunde/Artikel" das Kennzeichen "Exklusiv" stehen und in dieser Tabelle ein entsprechender Rabattsatz gefunden werden, so würde nicht weiter nach hinterlegten Rabattsätzen für die Kundengruppe gesucht. Ansonsten würde - falls auch in der zweiten Konditionstabelle ein entsprechender Konditionssatz gefunden wird – sich der Rabatt für den Kunden aus der Summe der beiden gefundenen Rabattsätze berechnen.

Anzeige	Eingabe/Auswahl
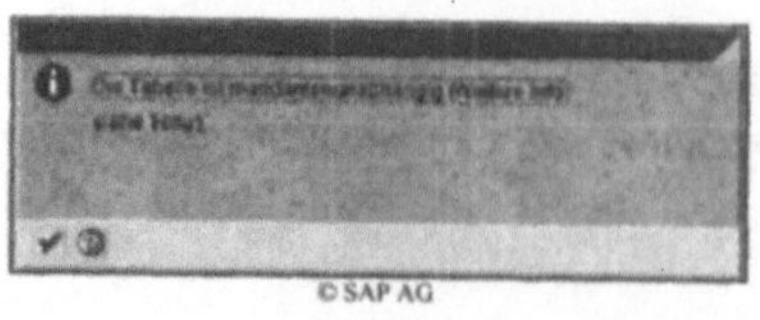 © SAP AG	Wählen Sie im SAP-Referenz-IMG: **Controlling -** **Ergebnis- und Marktsegmentrechnung –** **Stammdaten -** **Bewertung –** **Konditionen und Kalkulationsschemata definieren -** **Zugriffsfolgen festlegen**

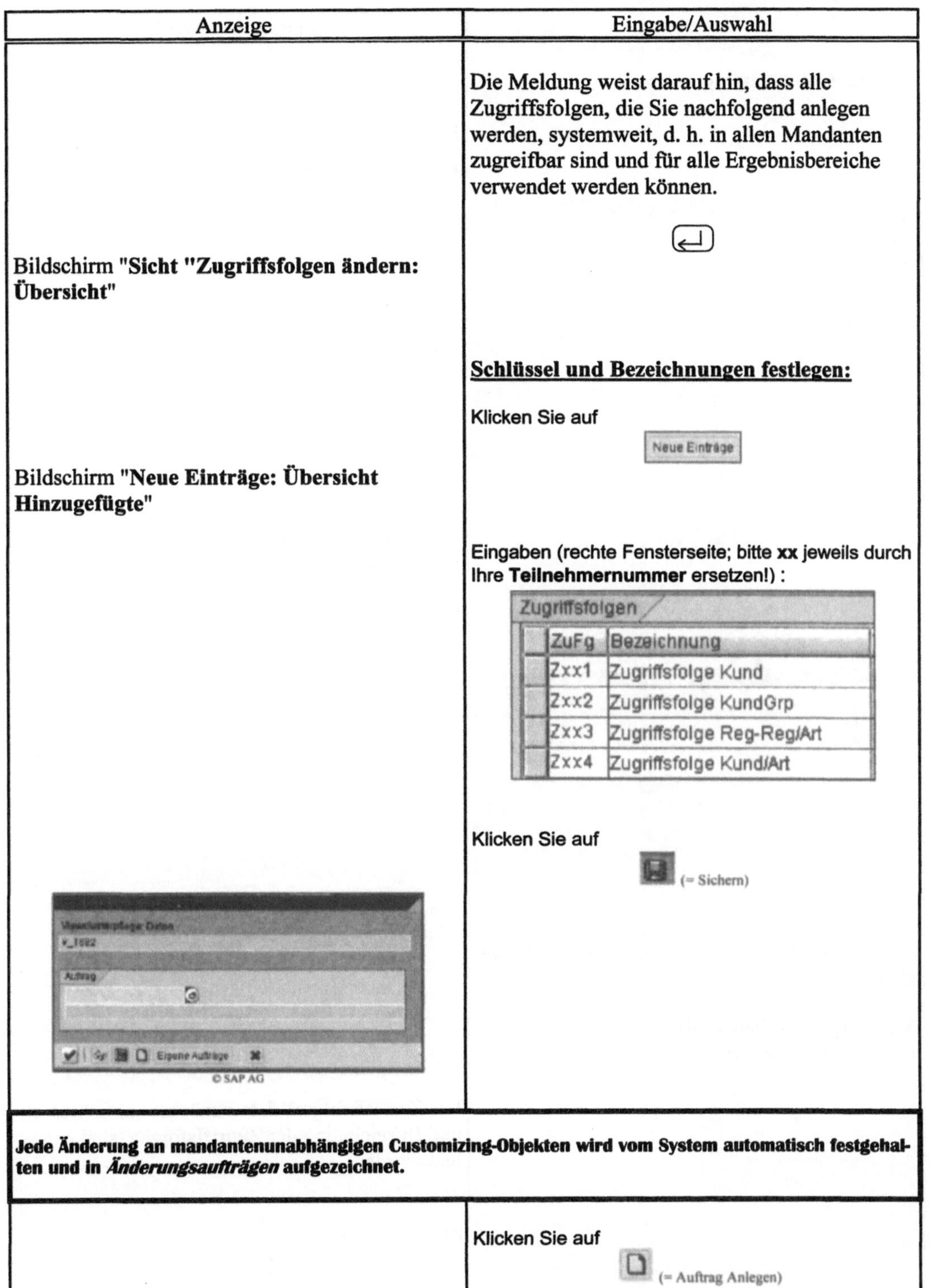

Anzeige	Eingabe/Auswahl
	Die Meldung weist darauf hin, dass alle Zugriffsfolgen, die Sie nachfolgend anlegen werden, systemweit, d. h. in allen Mandanten zugreifbar sind und für alle Ergebnisbereiche verwendet werden können.
Bildschirm "**Sicht "Zugriffsfolgen ändern: Übersicht**"	⏎
	Schlüssel und Bezeichnungen festlegen:
	Klicken Sie auf [Neue Einträge]
Bildschirm "**Neue Einträge: Übersicht Hinzugefügte**"	Eingaben (rechte Fensterseite; bitte **xx** jeweils durch Ihre **Teilnehmernummer** ersetzen!) :
	Klicken Sie auf (= Sichern)
© SAP AG	

Zugriffsfolgen

ZuFg	Bezeichnung
Zxx1	Zugriffsfolge Kund
Zxx2	Zugriffsfolge KundGrp
Zxx3	Zugriffsfolge Reg-Reg/Art
Zxx4	Zugriffsfolge Kund/Art

Jede Änderung an mandantenunabhängigen Customizing-Objekten wird vom System automatisch festgehalten und in *Änderungsaufträgen* aufgezeichnet.

Anzeige	Eingabe/Auswahl
	Klicken Sie auf (= Auftrag Anlegen)

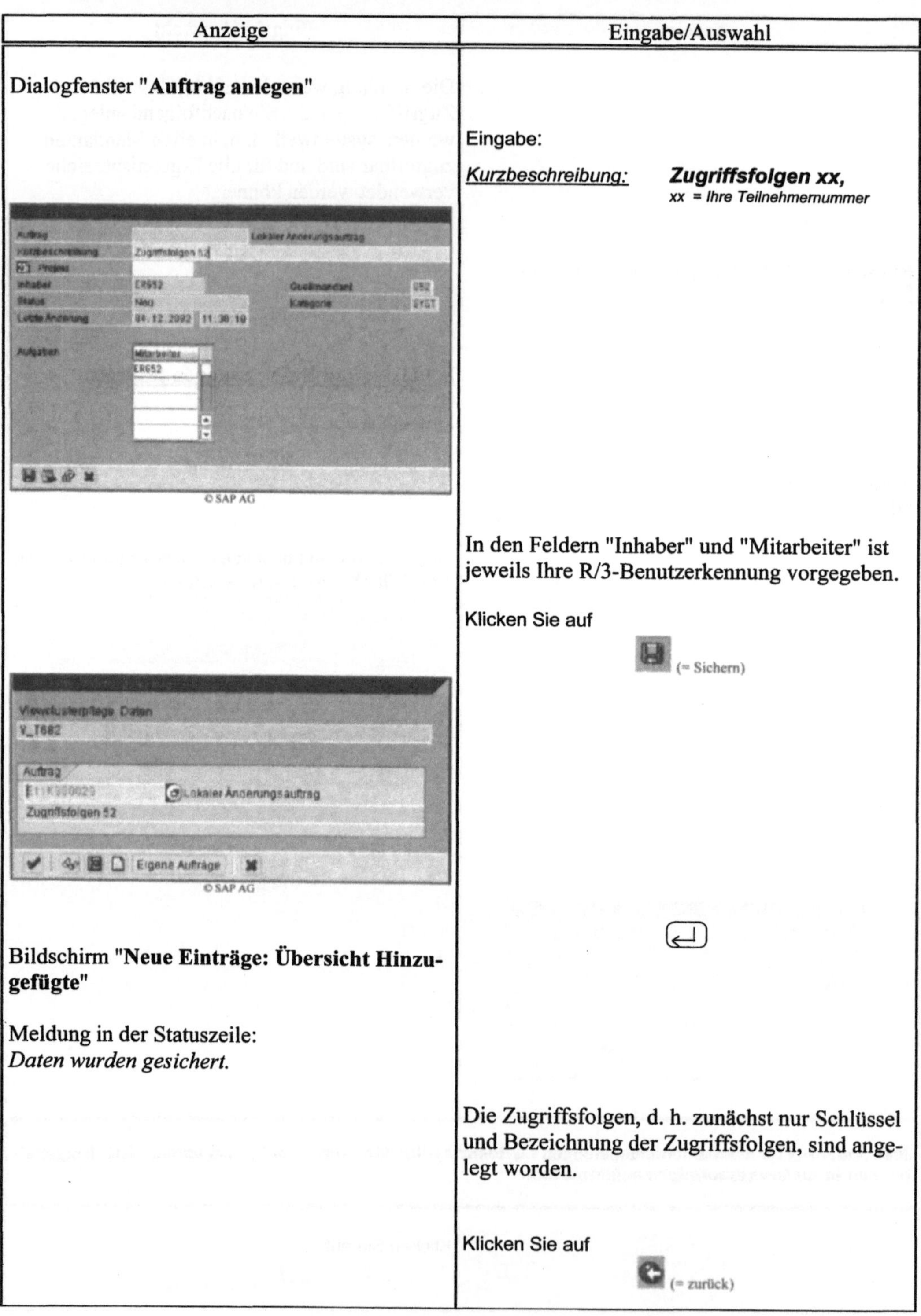

Anzeige	Eingabe/Auswahl
Dialogfenster "**Auftrag anlegen**" © SAP AG	Eingabe: _Kurzbeschreibung:_ ***Zugriffsfolgen xx,*** *xx = Ihre Teilnehmernummer* In den Feldern "Inhaber" und "Mitarbeiter" ist jeweils Ihre R/3-Benutzerkennung vorgegeben. Klicken Sie auf (= Sichern)
© SAP AG	
Bildschirm "**Neue Einträge: Übersicht Hinzugefügte**" Meldung in der Statuszeile: *Daten wurden gesichert.*	Die Zugriffsfolgen, d. h. zunächst nur Schlüssel und Bezeichnung der Zugriffsfolgen, sind angelegt worden. Klicken Sie auf (= zurück)

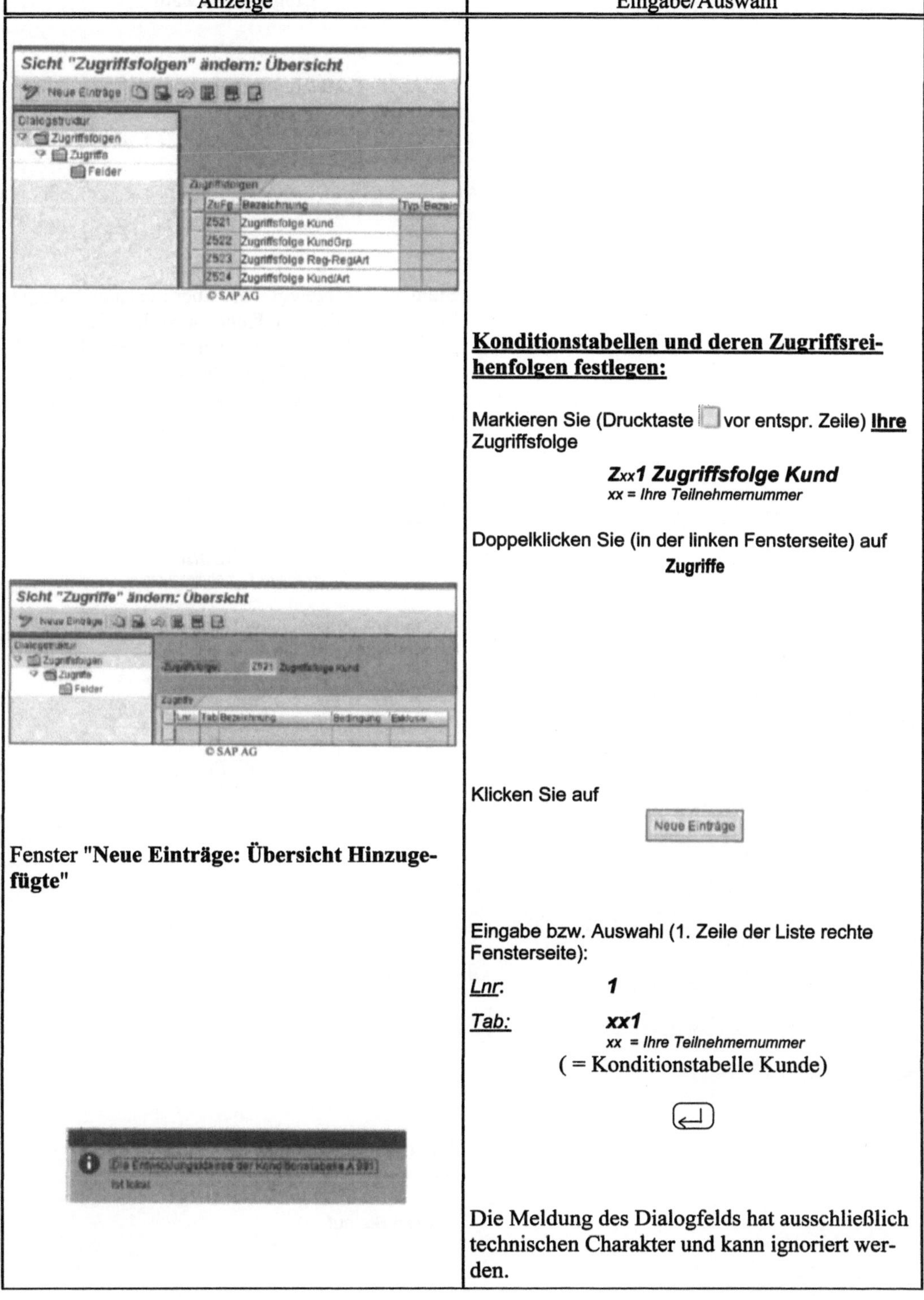

Anzeige	Eingabe/Auswahl
Sicht "Zugriffsfolgen" ändern: Übersicht © SAP AG	
	Konditionstabellen und deren Zugriffsreihenfolgen festlegen: Markieren Sie (Drucktaste vor entspr. Zeile) **Ihre** Zugriffsfolge ***Zxx1 Zugriffsfolge Kund*** *xx = Ihre Teilnehmernummer* Doppelklicken Sie (in der linken Fensterseite) auf **Zugriffe**
Sicht "Zugriffe" ändern: Übersicht © SAP AG	
	Klicken Sie auf Neue Einträge
Fenster "**Neue Einträge: Übersicht Hinzugefügte**"	Eingabe bzw. Auswahl (1. Zeile der Liste rechte Fensterseite): *Lnr:* ***1*** *Tab:* ***xx1*** *xx = Ihre Teilnehmernummer* (= Konditionstabelle Kunde)
	Die Meldung des Dialogfelds hat ausschließlich technischen Charakter und kann ignoriert werden.

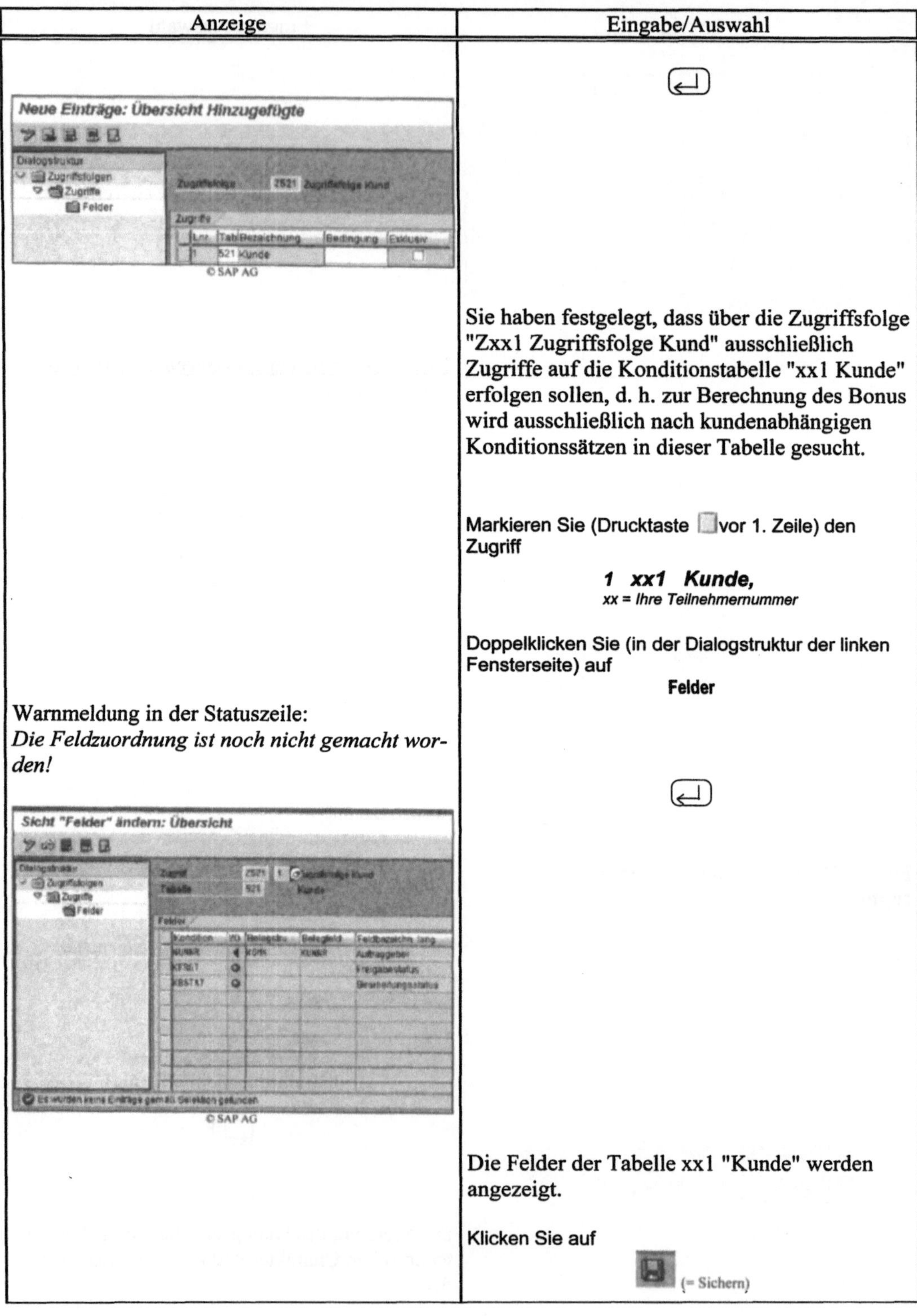

Anzeige	Eingabe/Auswahl
Neue Einträge: Übersicht Hinzugefügte © SAP AG	↵
	Sie haben festgelegt, dass über die Zugriffsfolge "Zxx1 Zugriffsfolge Kund" ausschließlich Zugriffe auf die Konditionstabelle "xx1 Kunde" erfolgen sollen, d. h. zur Berechnung des Bonus wird ausschließlich nach kundenabhängigen Konditionssätzen in dieser Tabelle gesucht.
	Markieren Sie (Drucktaste vor 1. Zeile) den Zugriff ***1 xx1 Kunde,*** *xx = Ihre Teilnehmernummer*
	Doppelklicken Sie (in der Dialogstruktur der linken Fensterseite) auf **Felder**
Warnmeldung in der Statuszeile: *Die Feldzuordnung ist noch nicht gemacht worden!*	↵
Sicht "Felder" ändern: Übersicht © SAP AG	
	Die Felder der Tabelle xx1 "Kunde" werden angezeigt.
	Klicken Sie auf (= Sichern)

Anzeige	Eingabe/Auswahl
Bildschirm "Sicht "Felder" ändern: Übersicht" Meldung in der Statuszeile: *Daten wurden gesichert*	
	Doppelklicken Sie (in der Dialogstruktur der linken Fensterseite) auf **Zugriffsfolgen**
Bildschirm "Sicht "**Zugriffsfolgen" ändern: Übersicht**"	
	Markieren Sie **<u>Ihre</u>** Zugriffsfolge ***Zxx3 Zugriffsfolge Reg-Reg/Art*** *xx = Ihre Teilnehmernummer*
	Doppelklicken Sie (in der Dialogstruktur der linken Fensterseite) auf **Zugriffe**
Bildschirm "Sicht "**Zugriffe" ändern: Übersicht**"	
	Klicken Sie auf Neue Einträge
Fenster "**Neue Einträge: Übersicht Hinzugefügte**"	
	Im Testbeispiel soll die Fracht additiv aus den Konditionen der beiden Konditionstabellen "Region" und "Region/Artikel" berechnet werden. Der Zugriffsfolge Zxx3 (die später der Konditionsart "Fracht" zugeordnet wird) sind dafür Zugriffe auf diese beiden Konditionstabellen zuzuordnen: Eingabe bzw. Auswahl (1. Zeile der Liste rechte Fensterseite): <u>*Lnr*</u>: ***1*** <u>*Tab:*</u> ***xx5*** *xx = Ihre Teilnehmernummer* (= Konditionstabelle Region) (2. Zeile der Liste rechte Fensterseite): <u>*Lnr*</u>: ***2*** <u>*Tab:*</u> ***xx3*** *xx = Ihre Teilnehmernummer* (= Konditionstabelle Region/Artikel)

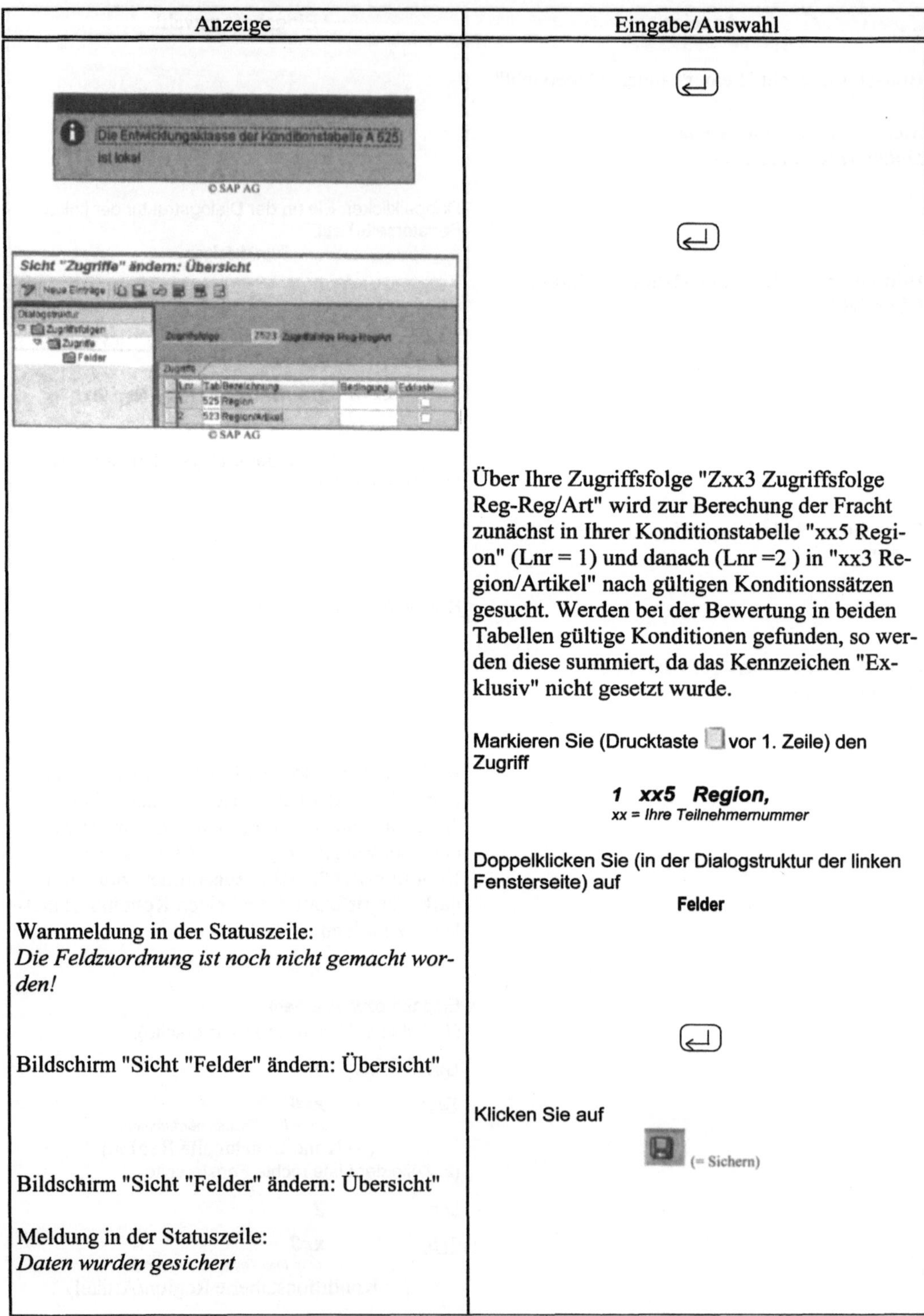

Anzeige	Eingabe/Auswahl
Die Entwicklungsklasse der Konditionstabelle A 525 ist lokal © SAP AG	
Sicht "Zugriffe" ändern: Übersicht © SAP AG	
	Über Ihre Zugriffsfolge "Zxx3 Zugriffsfolge Reg-Reg/Art" wird zur Berechung der Fracht zunächst in Ihrer Konditionstabelle "xx5 Region" (Lnr = 1) und danach (Lnr =2) in "xx3 Region/Artikel" nach gültigen Konditionssätzen gesucht. Werden bei der Bewertung in beiden Tabellen gültige Konditionen gefunden, so werden diese summiert, da das Kennzeichen "Exklusiv" nicht gesetzt wurde. Markieren Sie (Drucktaste vor 1. Zeile) den Zugriff ***1 xx5 Region,*** *xx = Ihre Teilnehmernummer* Doppelklicken Sie (in der Dialogstruktur der linken Fensterseite) auf **Felder**
Warnmeldung in der Statuszeile: *Die Feldzuordnung ist noch nicht gemacht worden!*	
Bildschirm "Sicht "Felder" ändern: Übersicht"	Klicken Sie auf (= Sichern)
Bildschirm "Sicht "Felder" ändern: Übersicht" Meldung in der Statuszeile: *Daten wurden gesichert*	

Anzeige	Eingabe/Auswahl
	Doppelklicken Sie (in der Dialogstruktur der linken Fensterseite) auf **Zugriffe**
Bildschirm "Neue Einträge: Übersicht Hinzugefügte"	
	Markieren Sie (Drucktaste ☐ vor 2. Zeile) den Zugriff ***2 xx3 Region/Artikel,*** *xx = Ihre Teilnehmernummer*
	Doppelklicken Sie (in der Dialogstruktur der linken Fensterseite) auf **Felder**
Warnmeldung in der Statuszeile: *Die Feldzuordnung ist noch nicht gemacht worden!*	
	↵
Bildschirm "Sicht "Felder" ändern: Übersicht"	
	Klicken Sie auf 💾 (= Sichern)
Bildschirm "Sicht "Felder" ändern: Übersicht" Meldung in der Statuszeile: *Daten wurden gesichert*	
	Doppelklicken Sie (in der Dialogstruktur der linken Fensterseite) auf **Zugriffsfolgen**
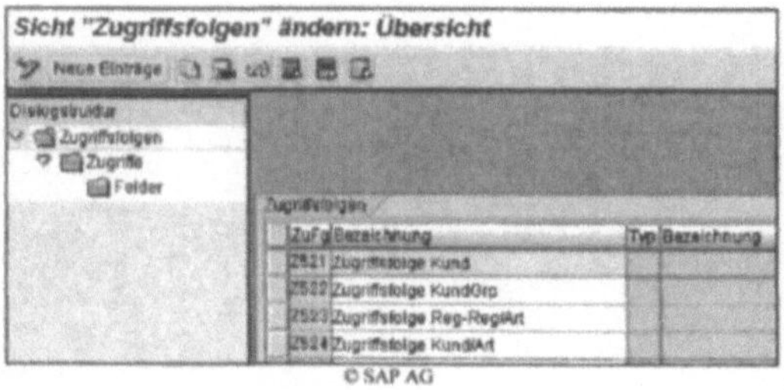 Sicht "Zugriffsfolgen" ändern: Übersicht Neue Einträge Dialogstruktur Zugriffsfolgen Zugriffe Felder Zugriffsfolgen Zugf / Bezeichnung / Typ / Bezeichnung Z521 Zugriffsfolge Kund Z522 Zugriffsfolge KundGrp Z523 Zugriffsfolge Reg-RegArt Z524 Zugriffsfolge Kund/Art © SAP AG	
	Ordnen Sie nun in analoger Weise Ihren restlichen beiden Zugriffsfolgen **Zxx2** und **Zxx4**, xx = Ihre Teilnehmernummer, die nachfolgend aufgeführten Konditionstabellen-Zugriffe zu und sichern Sie jeweils die Feldzuordnungen: Zugriffsfolge: ***Zxx2 Zugriffsfolge KundGrp***

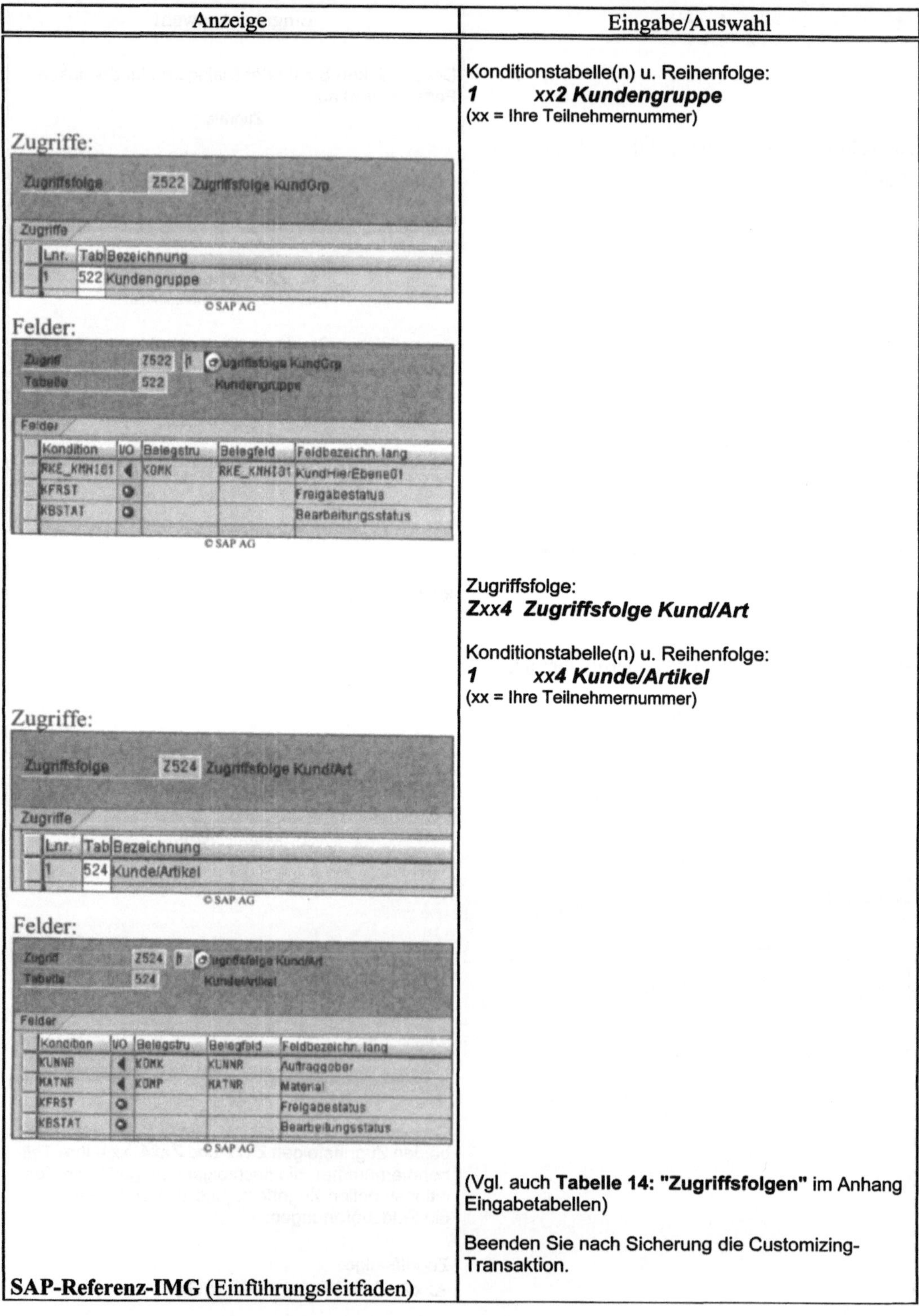

Anzeige	Eingabe/Auswahl
	Konditionstabelle(n) u. Reihenfolge: ***1 xx2 Kundengruppe*** (xx = Ihre Teilnehmernummer)
Zugriffe: Felder:	
	Zugriffsfolge: ***Zxx4 Zugriffsfolge Kund/Art*** Konditionstabelle(n) u. Reihenfolge: ***1 xx4 Kunde/Artikel*** (xx = Ihre Teilnehmernummer)
Zugriffe: Felder:	
	(Vgl. auch **Tabelle 14: "Zugriffsfolgen"** im Anhang Eingabetabellen)
SAP-Referenz-IMG (Einführungsleitfaden)	Beenden Sie nach Sicherung die Customizing-Transaktion.

Anzeige	Eingabe/Auswahl

M8.2.3 Konditionsarten anlegen

Die einzelnen Zeilen (Basisbeträge oder Rechenschritte) des Kalkulationsschemas (Rechenschema zur Berechnung der kalkulatorischen Werte) werden als *Konditionsarten* bezeichnet.

Konditionsarten können als Basis für die Berechnung von Zu- und Abschlägen dienen (Basiskonditionen) oder Zu- und Abschläge prozentual oder mengenmäßig mit Hilfe gestaffelter Zugriffe auf Konditionstabellen berechnen.

Die durchzuführende Rechnung wird durch folgende Eigenschaften (Charakterisierungen der Konditionsarten) festgelegt:

- ***Konditionstyp*** **(Basisbetrag, Preise aus Materialstamm oder Skonto aus Kundenstamm)**
- ***Rechenregel*** **(prozentual, fester Betrag, mengenabhängig, gewichtsabhängig)**
- ***Konditionsklasse*** **(Zu-/Abschläge, Preise)**
- ***Bezugsgröße*** **(Wert- oder Mengenstaffel)**

Anzeige	Eingabe/Auswahl
Bildschirm "**Preisfindung: Konditionsart pflegen**"	Wählen Sie im SAP-Referenz-IMG: **Controlling -** **Ergebnis- und Marktsegmentrechnung –** **Stammdaten -** **Bewertung –** **Konditionen und Kalkulationsschemata definieren -** **Konditionsarten und Kalkulationsschemata anlegen**
	Basiskonditionsarten anlegen: Klicken Sie in der Symbolleiste auf (= Anlegen) Eingabe (rechte Fensterseite): *Konditionsart:* ***KxxU,*** *xx = Ihre Teilnehmernummer* ***Umsatz/Grundpreis***
Ausschnitt rechte Fensterseite: Konditionsart K52U Umsatz/Grundpreis Zugriffsfolge Definition Konditionsart Preise / Basiskonditionsart Zu-/Abschläge / Skonto aus Kundenstamm sonstige Konditionsart / Detailsicht © SAP AG	Wählen Sie die Option **`Basiskonditionsart`** Klicken Sie auf Detailsicht

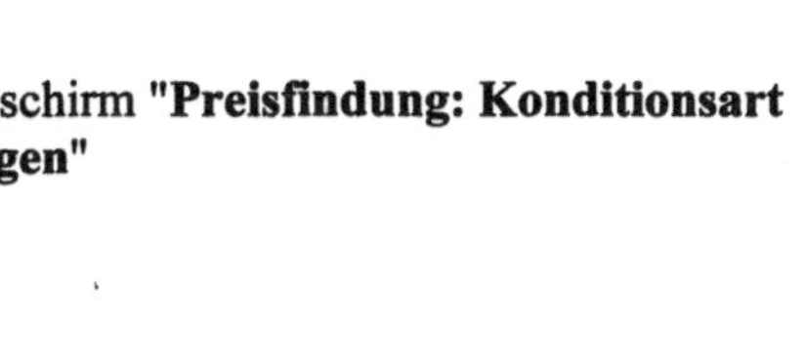

Anzeige	Eingabe/Auswahl
Bildschirm "**Detailsicht: Konditionsart pflegen**"	Eingabe bzw. Auswahl (rechte Fensterseite): *Konditionstyp* : **K** (= Basisbetrag exkl. Steuer) *Rechenregel*: **B** (= Fester Betrag) *Kond.Klasse*: **B** (= Preise) Sichern Sie Ihre Eingaben.
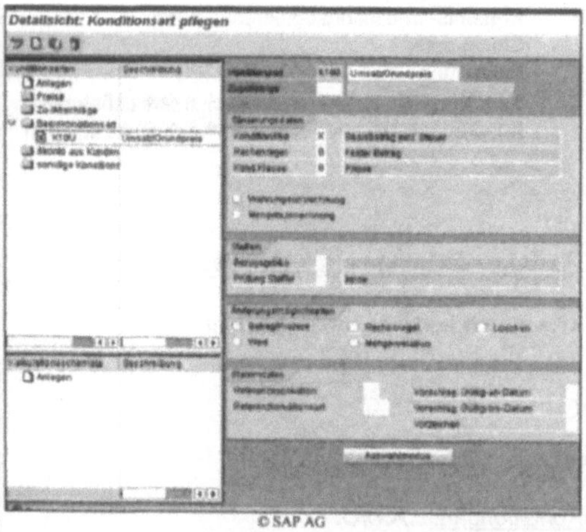 © SAP AG	Legen Sie nun noch die restlichen drei **Basiskonditionsarten** (Rabatt, Sonderbonus, Verpackungszuschlag) nach **Tabelle 15: "Konditionsarten"** des Anhangs Eingabetabellen an. Beachten Sie dabei bitte, bei den Konditionsarten "**Rabatt**" und "**Sonderbonus**" im Feld "**Vorzeichen**" das Kennzeichen "X" (= **negativ**) zu setzen. **Zu-/Abschläge anlegen:** Klicken Sie unter **Konditionsarten** (linker oberer Fensterbereich) auf Anlegen

Anzeige	Eingabe/Auswahl
	Eingabe bzw. Auswahl (rechte Fensterseite): *Konditionsart:* ***KxxK*** ***Skonto*** *xx = Ihre Teilnehmernummer* *Zugriffsfolge:* ***Zxx1,*** (= Zugriffsfolge Kund) *xx = Ihre Teilnehmernummer*
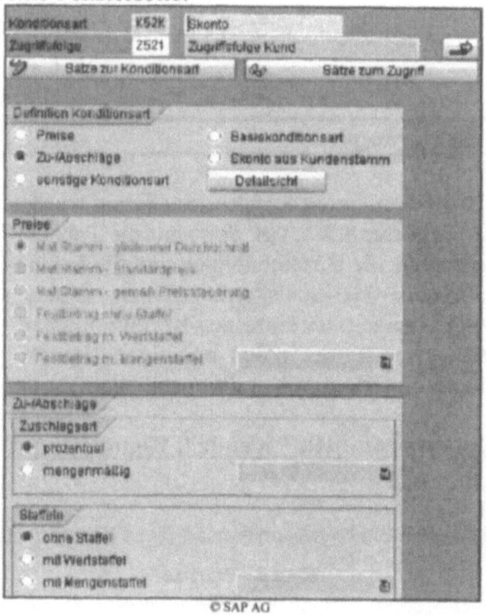	Wählen Sie unter " Definition Konditionsart" die Option: **Zu-/Abschläge**
rechte Fensterseite: © SAP AG	
	Unter "Zu-/Abschläge" sind die Optionen "**prozentual**" und "**ohne Staffel**" bereits gewählt. Klicken Sie auf Detailsicht
Bildschirm "**Detailsicht: Konditionsart pflegen**"	Eingabe bzw. Auswahl (rechte Fensterseite): *Rechenregel :* ***A*** (= Prozentual)

Anzeige	Eingabe/Auswahl
	<u>*Kond.Klasse*</u>: ***A*** (= Zu- oder Abschläge)
	Sichern Sie Ihre Eingaben.
Meldung in der Statuszeile: *Daten wurden gesichert*	
	Legen Sie nun noch die restlichen vier Konditionsarten (**Zu-/Abschläge**) nach **Tabelle 15: "Konditionsarten"** des Anhangs Eingabetabellen an.
Bildschirm "**Detailsicht: Konditionsart pflegen**"	
M8.2.4 Konditionssätze anlegen	
	Für die benötigten Konditionstabellen wurden bisher (unter 8.2.1, vgl. dort) nur die Tabellennummern, die Bezeichnungen und die Schlüsselfelder (=Merkmalskombinationen) angelegt. Die Erfassung der einzelnen Konditionssätze erfolgt nun für die in den jeweiligen Zugriffsfolgen hinterlegten Konditionstabellen.
	<u>**Konditionstabelle "Kunde", Konditionsart "Bonus":**</u>
	Markieren Sie <u>Ihre</u> Konditionsart (linke Fensterseite): **KxxB Bonus** *xx = Ihre Teilnehmernummer*
	Klicken Sie auf (rechte Fensterseite) Sätze zur Konditionsart
Bonus (K52B) ändern: Selektion Konditionsinfo Kunde bis Freigabestatus bis Gültig am 06.12.2002 © SAP AG	
	Klicken Sie auf (= Ausführen)
Bildschirm "**Bonus (KxxB) ändern: Schnellerfassung**"	

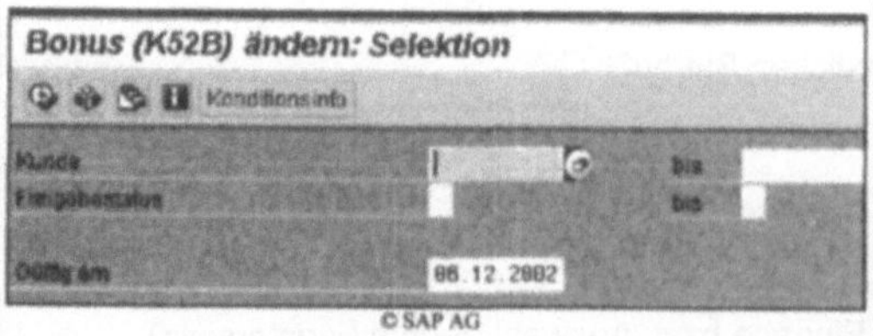

Anzeige	Eingabe/Auswahl

Meldung in der Statuszeile:
Zur eingegebenen Selektion existieren keine Konditionssätze

Eingaben bzw. Auswahl (Zeilen der Tabelle "Kunde"; bitte ***xx*** jeweils durch Ihre **Teilnehmernummer** ersetzen, ***2002*** durch das **aktuelle Jahr**!) :

Kunde	S	Betrag	Einh.	pro	ME	Re..	B	Gültig ab	bis
kxx-1200		1	EUR	100	st	c		1.1.2002	31.12.2002
kxx-1300		2	EUR	100	st	c		1.1.2002	31.12.2002
kxx-1400		1	EUR	100	st	c		1.1.2002	31.12.2002
kxx-1600		1,5	EUR	100	st	c		1.1.2002	31.12.2002
kxx-1800		1	EUR	100	st	c		1.1.2002	31.12.2002
kxx-1900		2	EUR	100	st	c		1.1.2002	31.12.2002

Kunde

Kunde	S	Text	B	Betrag	Einh	pro	ME	Rec	B	Gültig
K99-1200		Kästle-Nord		1,00	EUR	100	ST	C		01.01
K99-1300		Obstler		2,00	EUR	100	ST	C		01.01
K99-1400		Herzog		1,00	EUR	100	ST	C		01.01
K99-1600		Gebelstein		1,50	EUR	100	ST	C		01.01
K99-1800		Kästle-Süd		1,00	EUR	100	ST	C		01.01
K99-1900		Möller		2,00	EUR	100	ST	C		01.01

Damit haben Sie die Bonus-Konditionen für die aufgeführten Kunden in EUR pro Stück (Rechenregel C = Menge) in der Konditionstabelle "Kunde" erfasst.

Sichern Sie Ihre Eingaben.

Meldung in der Statuszeile:
Die Konditionssätze wurden gesichert.

Konditionstabelle "Region", Konditionsart "Fracht":

Markieren Sie Ihre Konditionsart (linke Fensterseite):

KxxF Fracht

xx = Ihre Teilnehmernummer

Klicken Sie auf (rechte Fensterseite)

Sätze zur Konditionsart

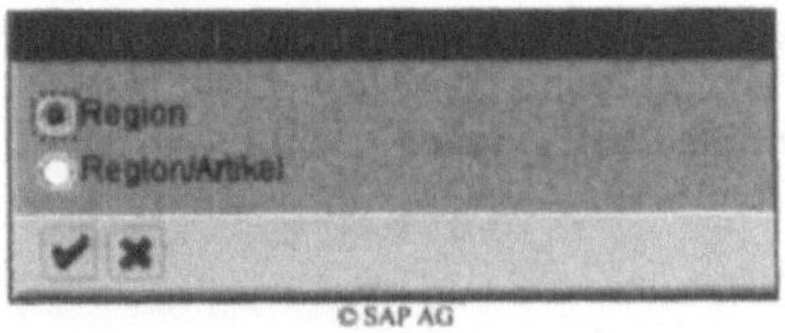

Region
Region/Artikel

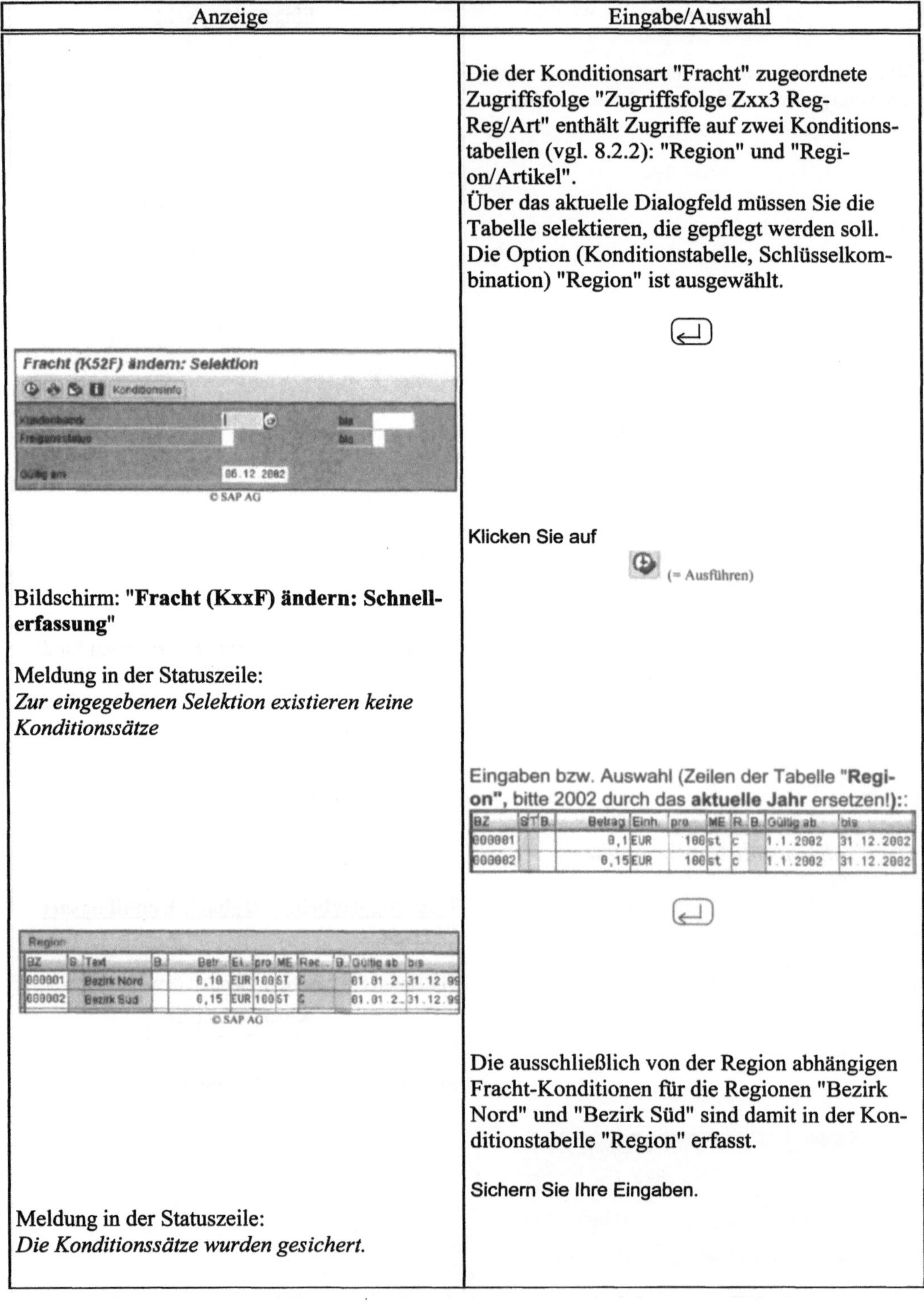

Anzeige	Eingabe/Auswahl
	Die der Konditionsart "Fracht" zugeordnete Zugriffsfolge "Zugriffsfolge Zxx3 Reg-Reg/Art" enthält Zugriffe auf zwei Konditionstabellen (vgl. 8.2.2): "Region" und "Region/Artikel". Über das aktuelle Dialogfeld müssen Sie die Tabelle selektieren, die gepflegt werden soll. Die Option (Konditionstabelle, Schlüsselkombination) "Region" ist ausgewählt.
Fracht (K52F) ändern: Selektion © SAP AG	Klicken Sie auf (= Ausführen)
Bildschirm: **"Fracht (KxxF) ändern: Schnellerfassung"** Meldung in der Statuszeile: *Zur eingegebenen Selektion existieren keine Konditionssätze*	Eingaben bzw. Auswahl (Zeilen der Tabelle **"Region"**, bitte 2002 durch das **aktuelle Jahr** ersetzen!)::
© SAP AG	Die ausschließlich von der Region abhängigen Fracht-Konditionen für die Regionen "Bezirk Nord" und "Bezirk Süd" sind damit in der Konditionstabelle "Region" erfasst.
Meldung in der Statuszeile: *Die Konditionssätze wurden gesichert.*	Sichern Sie Ihre Eingaben.

BZ	S	T	B.	Betrag	Einh	pro	ME	R	B.	Gültig ab	bis
000001				0,1	EUR	100	st	c		1.1.2002	31.12.2002
000002				0,15	EUR	100	st	c		1.1.2002	31.12.2002

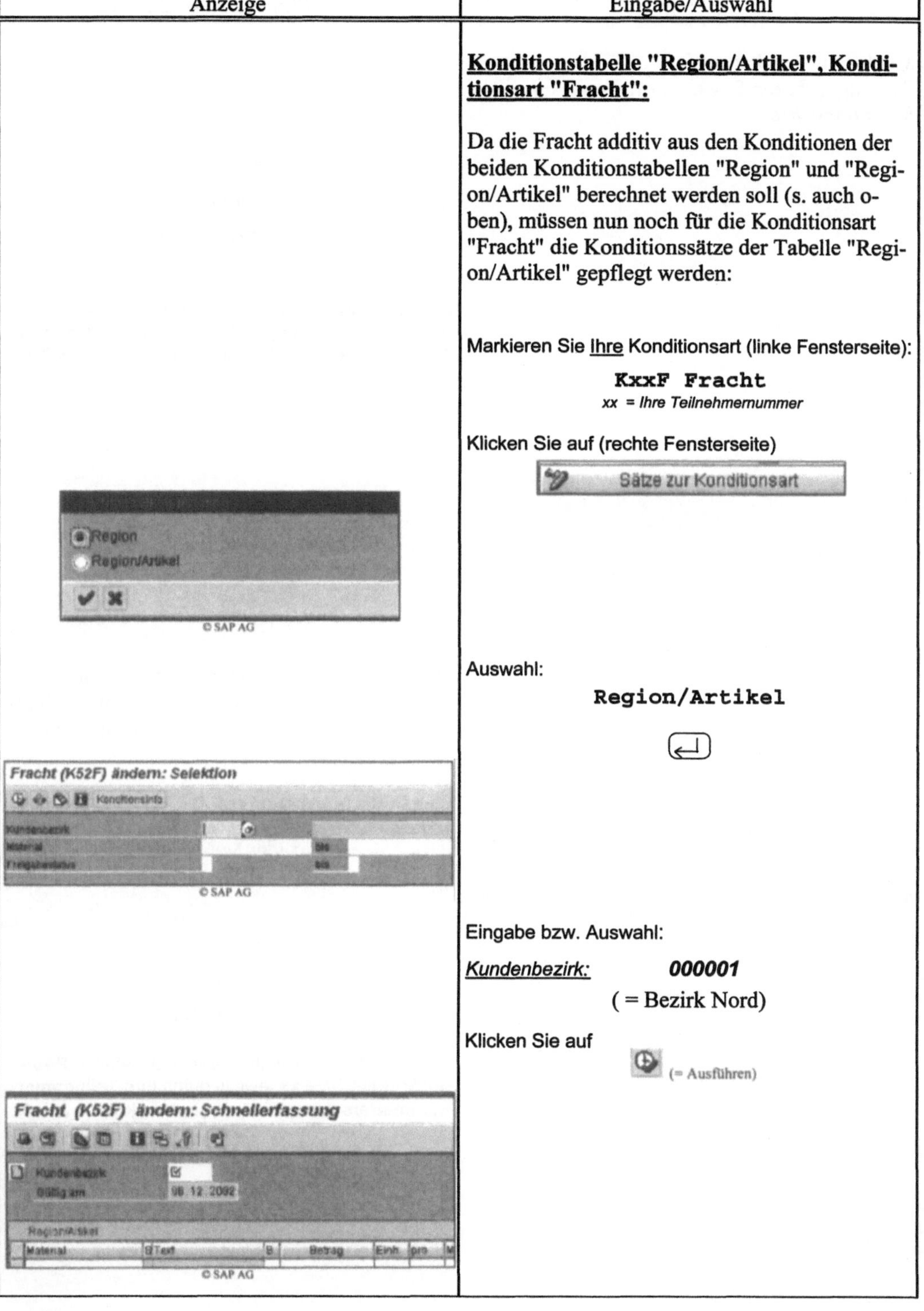

Anzeige	Eingabe/Auswahl
	Konditionstabelle "Region/Artikel", Konditionsart "Fracht":
	Da die Fracht additiv aus den Konditionen der beiden Konditionstabellen "Region" und "Region/Artikel" berechnet werden soll (s. auch oben), müssen nun noch für die Konditionsart "Fracht" die Konditionssätze der Tabelle "Region/Artikel" gepflegt werden:
	Markieren Sie Ihre Konditionsart (linke Fensterseite): **KxxF Fracht** *xx = Ihre Teilnehmernummer*
	Klicken Sie auf (rechte Fensterseite) [Sätze zur Konditionsart]
Region Region/Artikel © SAP AG	Auswahl: **Region/Artikel**
Fracht (K52F) ändern: Selektion Konditionsinfo Kundenbezirk Material bis Freigabestatus bis © SAP AG	Eingabe bzw. Auswahl: *Kundenbezirk:* ***000001*** (= Bezirk Nord) Klicken Sie auf (= Ausführen)
Fracht (K52F) ändern: Schnellerfassung Kundenbezirk Gültig am 09.12.2002 Region/Artikel Material / Text / Betrag / Einh. / pro © SAP AG	

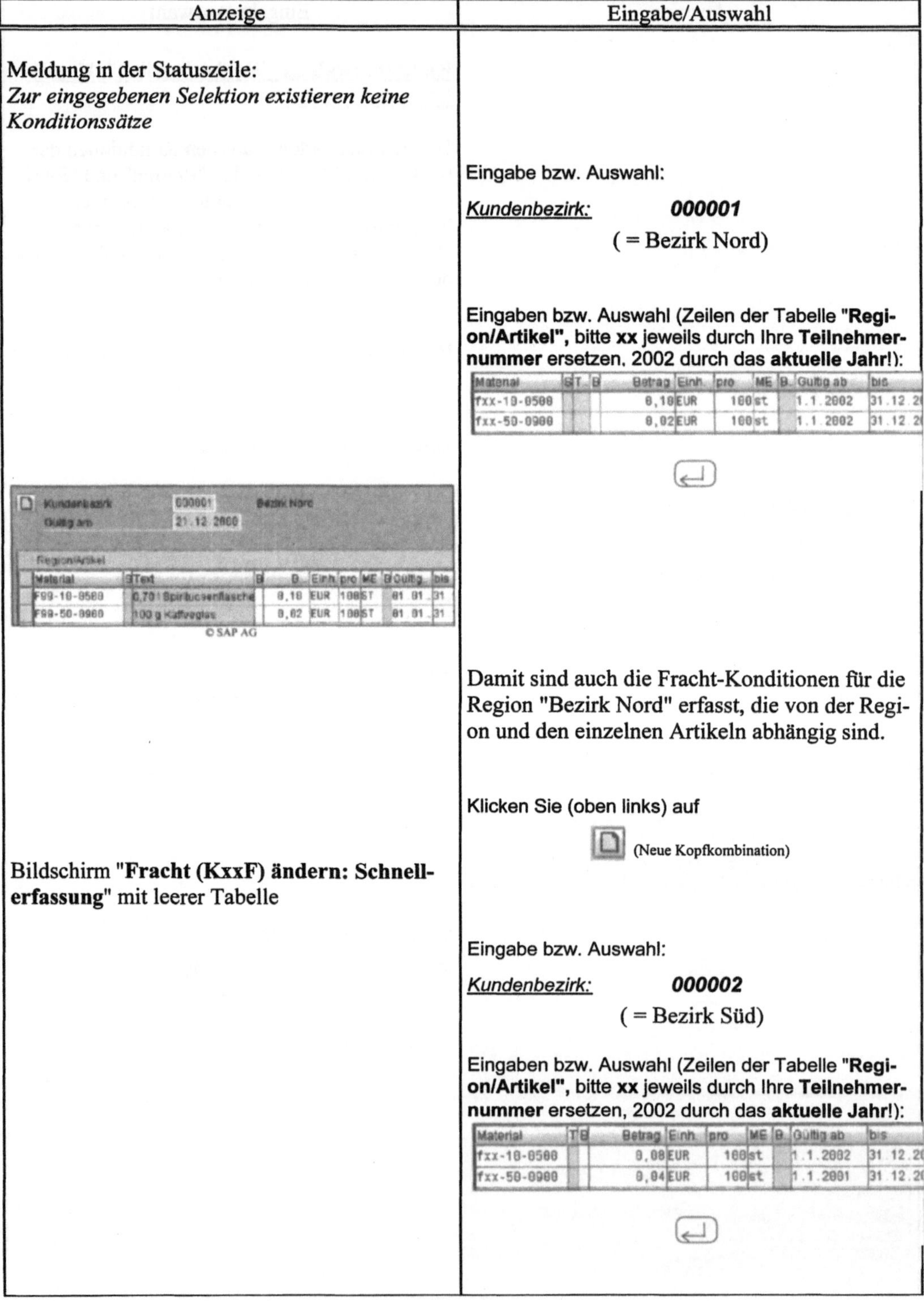

<table>
<tr><th>Anzeige</th><th>Eingabe/Auswahl</th></tr>
<tr><td>Meldung in der Statuszeile:
Zur eingegebenen Selektion existieren keine Konditionssätze</td><td></td></tr>
<tr><td></td><td>Eingabe bzw. Auswahl:
<u>Kundenbezirk:</u> 000001
(= Bezirk Nord)</td></tr>
<tr><td></td><td>Eingaben bzw. Auswahl (Zeilen der Tabelle "Region/Artikel", bitte xx jeweils durch Ihre Teilnehmernummer ersetzen, 2002 durch das aktuelle Jahr!):
<table>
<tr><th>Material</th><th>S</th><th>T.</th><th>B</th><th>Betrag</th><th>Einh.</th><th>pro</th><th>ME</th><th>B.</th><th>Gültig ab</th><th>bis</th></tr>
<tr><td>fxx-10-0500</td><td></td><td></td><td></td><td>0,10</td><td>EUR</td><td>100</td><td>st</td><td></td><td>1.1.2002</td><td>31.12.2</td></tr>
<tr><td>fxx-50-0900</td><td></td><td></td><td></td><td>0,02</td><td>EUR</td><td>100</td><td>st</td><td></td><td>1.1.2002</td><td>31.12.2</td></tr>
</table></td></tr>
<tr><td>© SAP AG</td><td></td></tr>
<tr><td></td><td>Damit sind auch die Fracht-Konditionen für die Region "Bezirk Nord" erfasst, die von der Region und den einzelnen Artikeln abhängig sind.</td></tr>
<tr><td></td><td>Klicken Sie (oben links) auf
(Neue Kopfkombination)</td></tr>
<tr><td>Bildschirm "Fracht (KxxF) ändern: Schnellerfassung" mit leerer Tabelle</td><td></td></tr>
<tr><td></td><td>Eingabe bzw. Auswahl:
<u>Kundenbezirk:</u> 000002
(= Bezirk Süd)</td></tr>
<tr><td></td><td>Eingaben bzw. Auswahl (Zeilen der Tabelle "Region/Artikel", bitte xx jeweils durch Ihre Teilnehmernummer ersetzen, 2002 durch das aktuelle Jahr!):
<table>
<tr><th>Material</th><th>T</th><th>B</th><th>Betrag</th><th>Einh.</th><th>pro</th><th>ME</th><th>B.</th><th>Gültig ab</th><th>bis</th></tr>
<tr><td>fxx-10-0500</td><td></td><td></td><td>0,08</td><td>EUR</td><td>100</td><td>st</td><td></td><td>1.1.2002</td><td>31.12.2</td></tr>
<tr><td>fxx-50-0900</td><td></td><td></td><td>0,04</td><td>EUR</td><td>100</td><td>st</td><td></td><td>1.1.2001</td><td>31.12.2</td></tr>
</table></td></tr>
</table>

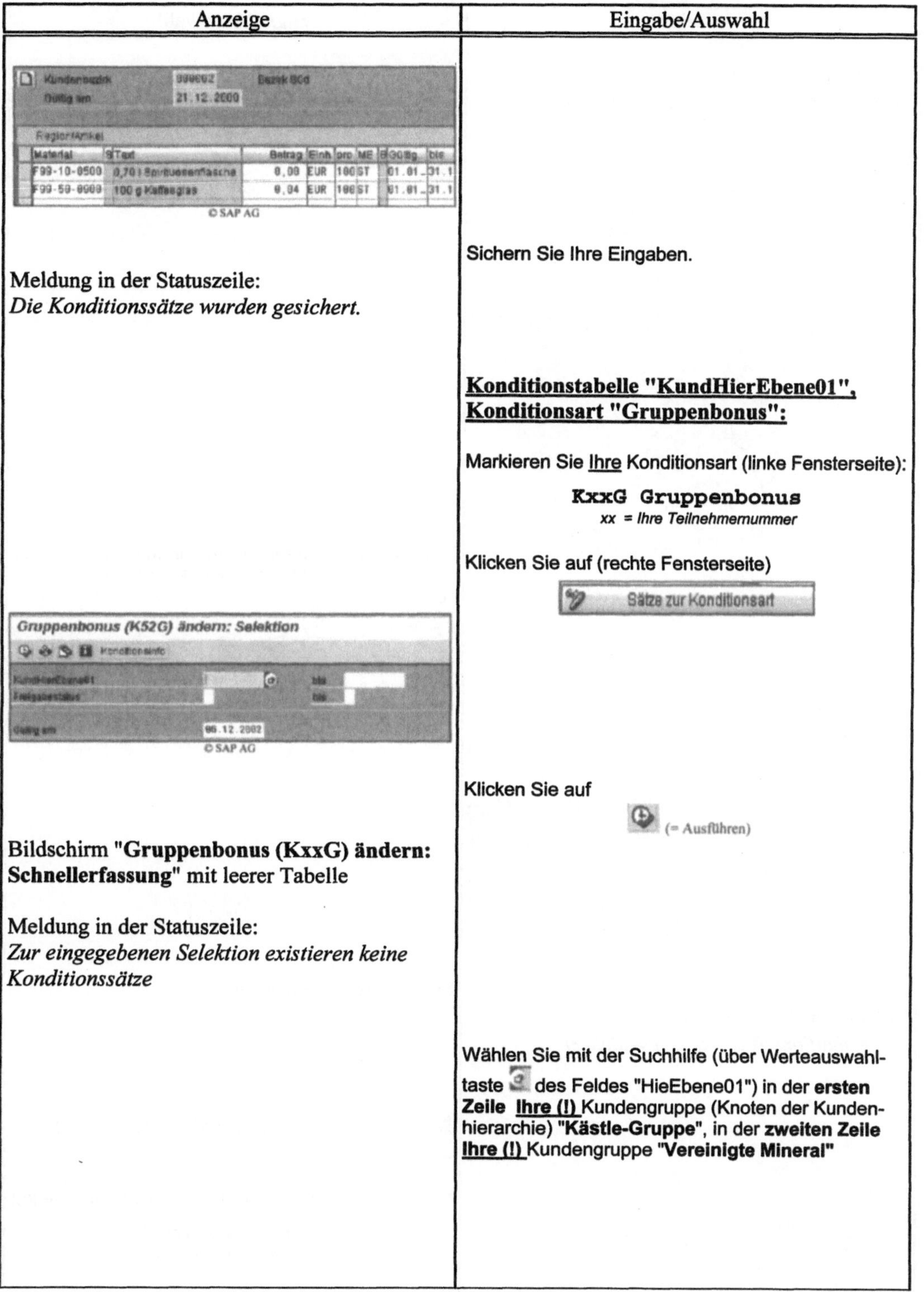

Anzeige	Eingabe/Auswahl
© SAP AG	
Meldung in der Statuszeile: *Die Konditionssätze wurden gesichert.*	Sichern Sie Ihre Eingaben.
	Konditionstabelle "KundHierEbene01", Konditionsart "Gruppenbonus":
	Markieren Sie Ihre Konditionsart (linke Fensterseite): **KxxG Gruppenbonus** *xx = Ihre Teilnehmernummer*
© SAP AG	Klicken Sie auf (rechte Fensterseite) Sätze zur Konditionsart
Bildschirm "**Gruppenbonus (KxxG) ändern: Schnellerfassung**" mit leerer Tabelle Meldung in der Statuszeile: *Zur eingegebenen Selektion existieren keine Konditionssätze*	Klicken Sie auf (= Ausführen)
	Wählen Sie mit der Suchhilfe (über Werteauswahltaste des Feldes "HieEbene01") in der **ersten Zeile** **Ihre (!)** Kundengruppe (Knoten der Kundenhierarchie) **"Kästle-Gruppe"**, in der **zweiten Zeile** **Ihre (!)** Kundengruppe **"Vereinigte Mineral"**

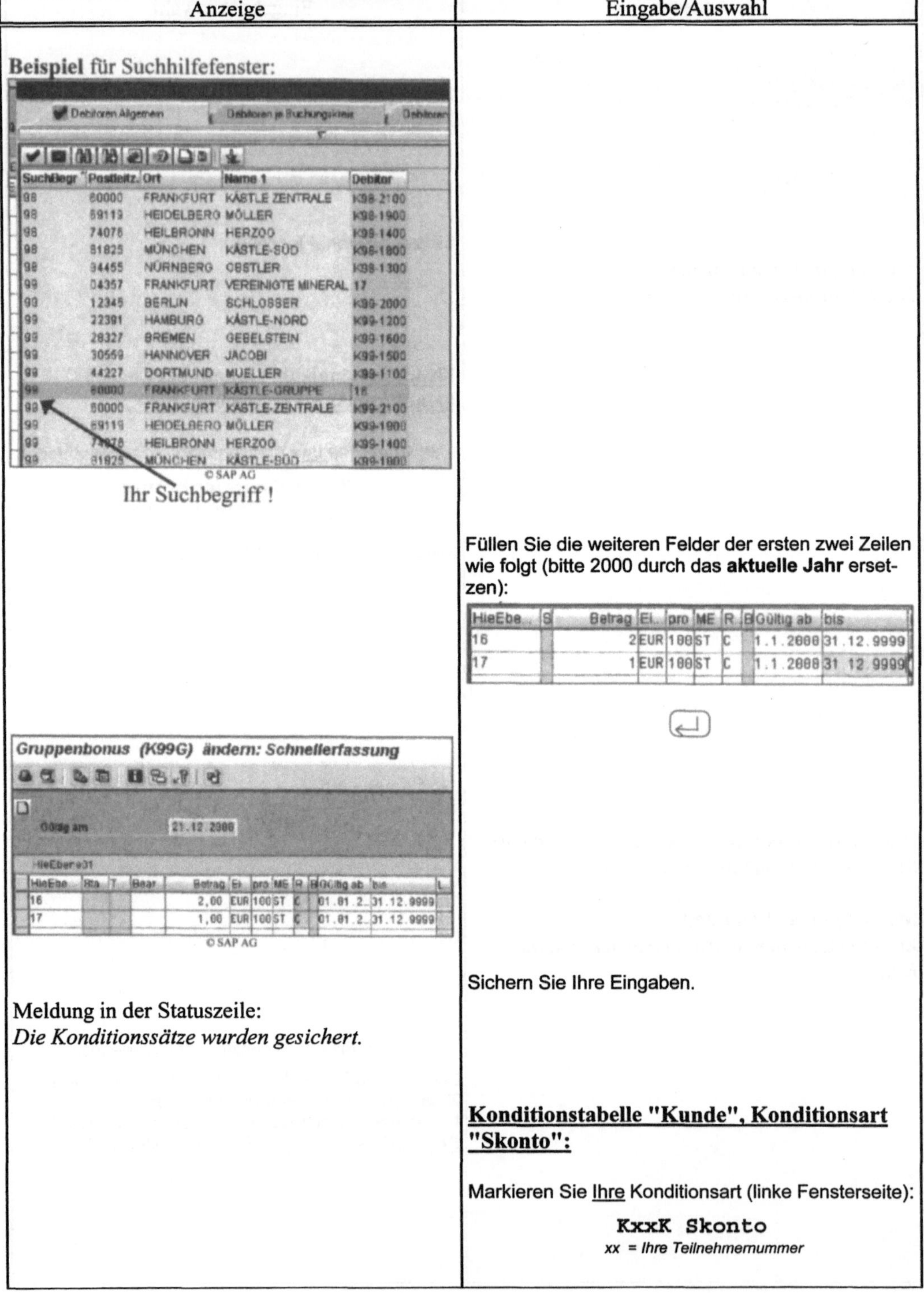

Anzeige	Eingabe/Auswahl
Beispiel für Suchhilfefenster:	

© SAP AG

Füllen Sie die weiteren Felder der ersten zwei Zeilen wie folgt (bitte 2000 durch das **aktuelle Jahr** ersetzen):

HieEbe.	S	Betrag	Ei.	pro	ME	R.	B	Gültig ab	bis
16		2	EUR	100	ST	C		1.1.2000	31.12.9999
17		1	EUR	100	ST	C		1.1.2000	31.12.9999

© SAP AG

Sichern Sie Ihre Eingaben.

Meldung in der Statuszeile:
Die Konditionssätze wurden gesichert.

Konditionstabelle "Kunde", Konditionsart "Skonto":

Markieren Sie Ihre Konditionsart (linke Fensterseite):

KxxK Skonto
xx = Ihre Teilnehmernummer

Anzeige	Eingabe/Auswahl

Klicken Sie auf (rechte Fensterseite)

Sätze zur Konditionsart

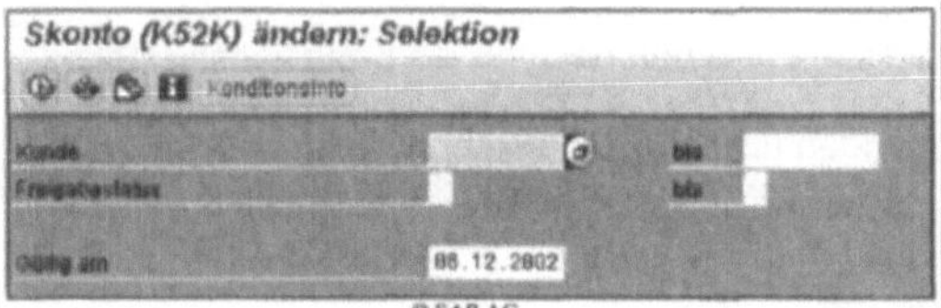

Skonto (K52K) ändern: Selektion

Konditionsinfo

Kunde … bis
Freigabestatus … bis
Gültig am 06.12.2002

© SAP AG

Klicken Sie auf

(= Ausführen)

Bildschirm "**Skonto (KxxK) ändern: Schnellerfassung**"

Eingaben bzw. Auswahl (Zeilen der Tabelle "Kunde"; bitte **xx** jeweils durch Ihre **Teilnehmernummer** ersetzen, 2002 durch das **aktuelle Jahr!**) :

Kunde	S	T	Betrag	E	p	Rechenregel	B	Gültig ab	bis
kxx-1100			3	_		a		1.1.2002	31.12.2002
kxx-1200			3	_		a		1.1.2002	31.12.2002
kxx-1300			3	_		a		1.1.2002	31.12.2002
kxx-1400			3	_		a		1.1.2002	31.12.2002
kxx-1500			3	_		a		1.1.2002	31.12.2002
kxx-1600			3	_		a		1.1.2002	31.12.2002
kxx-1800			3	_		a		1.1.2002	31.12.2002
kxx-1900			3	_		a		1.1.2002	31.12.2002
kxx-2000			3	_		a		1.1.2002	31.12.2002
kxx-2100			3	_		a		1.1.2002	31.12.2002

Kunde

Kunde	S	Text	B	Betr.	Einh.	p	Rechenr.	Gült
K99-1100		Mueller		3,000	%		A	01.0
K99-1200		Kästle-Nord		3,000	%		A	01.0
K99-1300		Obstler		3,000	%		A	01.0
K99-1400		Herzog		3,000	%		A	01.0
K99-1500		Jacobi		3,000	%		A	01.0
K99-1600		Gebelstein		3,000	%		A	01.0
K99-1800		Kästle-Süd		3,000	%		A	01.0
K99-1900		Möller		3,000	%		A	01.0
K99-2000		Schlosser		3,000	%		A	01.0
K99-2100		Kästle-Zentrale		3,000	%		A	01.0

© SAP AG

Damit haben Sie für Ihre sämtlichen Kunden einen Skontosatz von 3 % (Rechenregel = "A prozentual" in der Konditionstabelle "Kunden" erfasst.

Sichern Sie Ihre Eingaben.

Meldung in der Statuszeile:
Die Konditionssätze wurden gesichert.

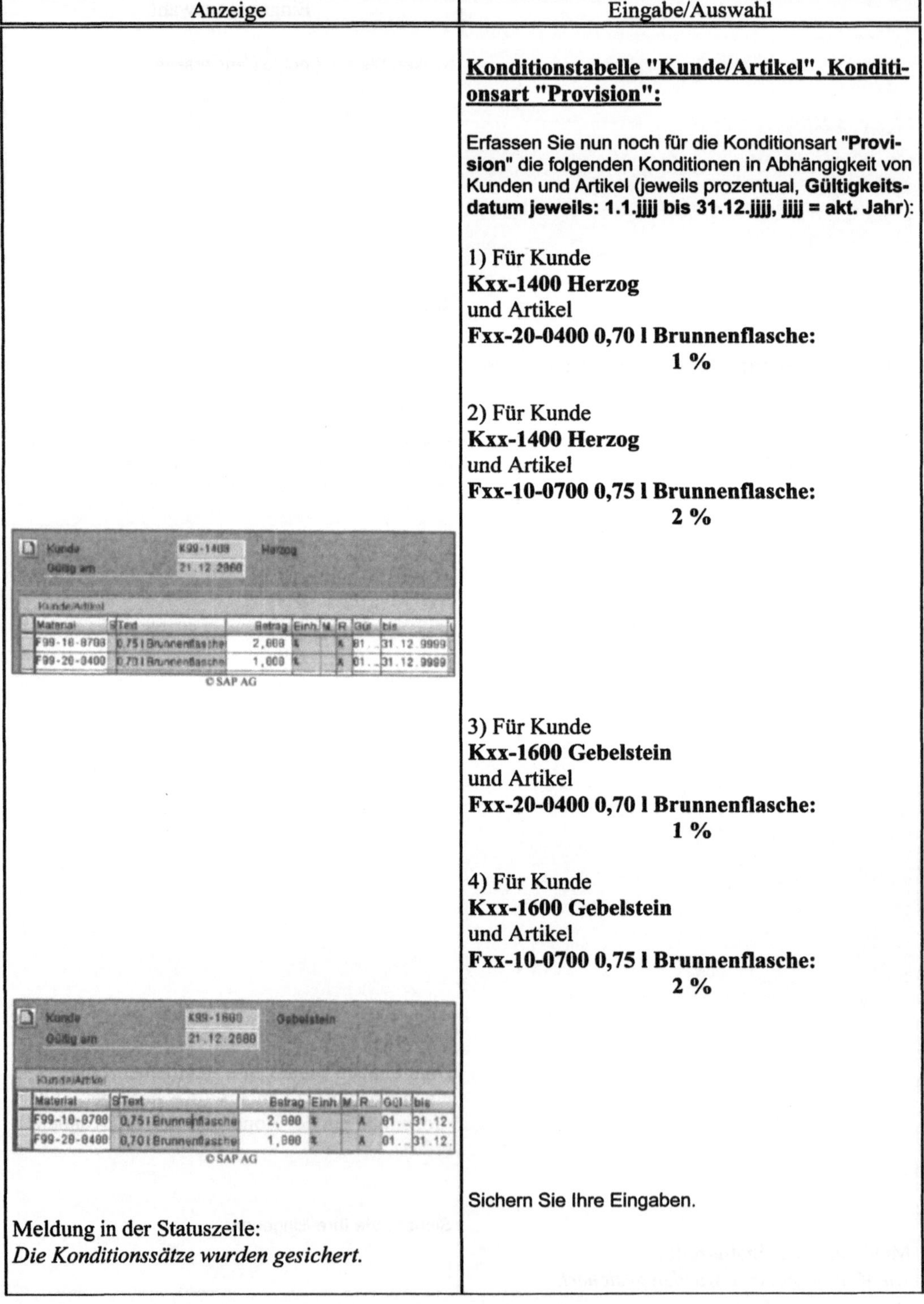

Anzeige	Eingabe/Auswahl
	Konditionstabelle "Kunde/Artikel", Konditionsart "Provision": Erfassen Sie nun noch für die Konditionsart "**Provision**" die folgenden Konditionen in Abhängigkeit von Kunden und Artikel (jeweils prozentual, **Gültigkeitsdatum jeweils: 1.1.jjjj bis 31.12.jjjj, jjjj = akt. Jahr**): 1) Für Kunde **Kxx-1400 Herzog** und Artikel **Fxx-20-0400 0,70 l Brunnenflasche:** **1 %** 2) Für Kunde **Kxx-1400 Herzog** und Artikel **Fxx-10-0700 0,75 l Brunnenflasche:** **2 %**
© SAP AG	3) Für Kunde **Kxx-1600 Gebelstein** und Artikel **Fxx-20-0400 0,70 l Brunnenflasche:** **1 %** 4) Für Kunde **Kxx-1600 Gebelstein** und Artikel **Fxx-10-0700 0,75 l Brunnenflasche:** **2 %**
© SAP AG	
Meldung in der Statuszeile: *Die Konditionssätze wurden gesichert.*	Sichern Sie Ihre Eingaben.

Anzeige	Eingabe/Auswahl
Bildschirm "**Detailsicht: Konditionsart pflegen**"	(Vgl. **Tabelle 16: "Konditionssätze"** des Anhangs Eingabetabellen).

M8.2.5 Kalkulationsschema definieren

Als *Kalkulationsschema* wird im CO-PA ein Rechenschema (Zusammenfassung von Konditionsarten) zur Ermittlung der kalkulatorischen Kosten bezeichnet.

Über das Kalkulationsschema wird festgelegt, welche Konditionen in welcher Reihenfolge zur Ermittlung der Werte herangezogen und auf welchen Basen welche Zu- oder Abschläge berechnet werden sollen.

Die Zeilen eines Kalkulationsschemas sind entweder Konditionsarten (s.o.) oder Summenzeilen, die als Basis für die Berechnung von Zu- oder Abschlägen dienen.

Anzeige	Eingabe/Auswahl
Bildschirm "**Detailsicht: Konditionsart pflegen**"	Klicken Sie unter **Kalkulationsschemata** (linker unterer Fensterbereich) auf [Anlegen]
Bildschirm "**Preisfindung: Kalkulationsschema pflegen**"	Eingabe bzw. Auswahl (rechte Fensterseite): *Kalkulationsschema:* ***KSxx*** *xx = Ihre Teilnehmernummer* [Enter] *Kalkulationsschema (Bezeichnung):* ***Kalkulationsschema xx*** *xx = Ihre Teilnehmernummer*

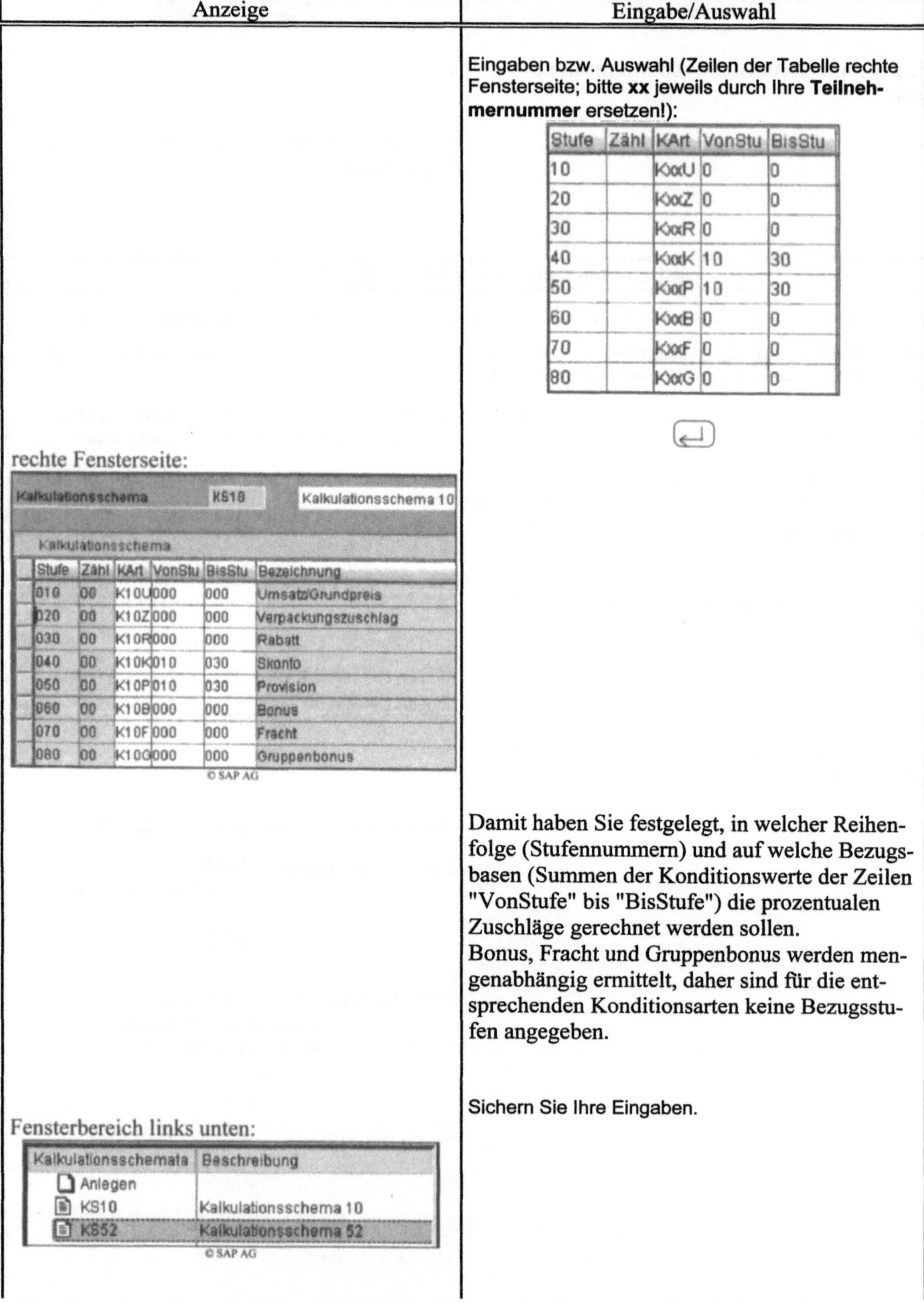

Anzeige	Eingabe/Auswahl

Eingaben bzw. Auswahl (Zeilen der Tabelle rechte Fensterseite; bitte **xx** jeweils durch Ihre **Teilnehmernummer** ersetzen!):

Stufe	Zähl	KArt	VonStu	BisStu
10		KxxU	0	0
20		KxxZ	0	0
30		KxxR	0	0
40		KxxK	10	30
50		KxxP	10	30
60		KxxB	0	0
70		KxxF	0	0
80		KxxG	0	0

rechte Fensterseite:

Kalkulationsschema K510 Kalkulationsschema 10

Kalkulationsschema

Stufe	Zähl	KArt	VonStu	BisStu	Bezeichnung
010	00	K10U	000	000	Umsatz/Grundpreis
020	00	K10Z	000	000	Verpackungszuschlag
030	00	K10R	000	000	Rabatt
040	00	K10K	010	030	Skonto
050	00	K10P	010	030	Provision
060	00	K10B	000	000	Bonus
070	00	K10F	000	000	Fracht
080	00	K10G	000	000	Gruppenbonus

© SAP AG

Damit haben Sie festgelegt, in welcher Reihenfolge (Stufennummern) und auf welche Bezugsbasen (Summen der Konditionswerte der Zeilen "VonStufe" bis "BisStufe") die prozentualen Zuschläge gerechnet werden sollen.
Bonus, Fracht und Gruppenbonus werden mengenabhängig ermittelt, daher sind für die entsprechenden Konditionsarten keine Bezugsstufen angegeben.

Sichern Sie Ihre Eingaben.

Fensterbereich links unten:

Kalkulationsschemata	Beschreibung
Anlegen	
KS10	Kalkulationsschema 10
KS52	Kalkulationsschema 52

© SAP AG

Anzeige	Eingabe/Auswahl
	Ihr Kalkulationsschema KSxx ist angelegt.
	Klicken Sie auf (= Beenden)
© SAP AG	Klicken Sie auf Ja
SAP-Referenz-IMG (Einführungsleitfaden)	

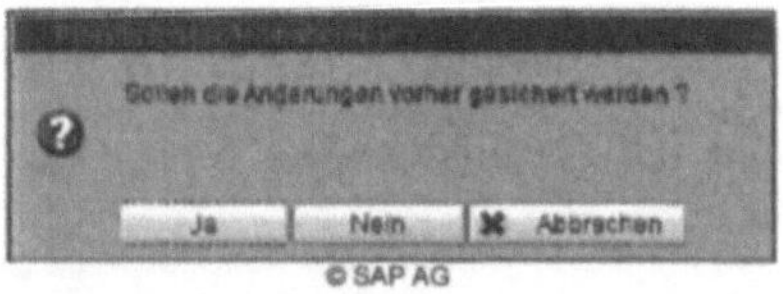

M8.2.6 Konditionsarten den Wertfeldern zuordnen

Damit einerseits die Werte für die Basiskonditionsarten aus den SD-Belegen automatisch übernommen werden können und andererseits die errechneten Werte automatisch zurück in die Ergebnisrechnung (CO-PA-Einzelposten) geschrieben werden können, müssen die angelegten Konditionsarten passenden CO-PA – Wertfeldern zugeordnet werden.

Anzeige	Eingabe/Auswahl
	Wählen Sie im SAP-Referenz-IMG: **Controlling -** **Ergebnis- und Marktsegmentrechnung –** **Stammdaten -** **Bewertung –** **Konditionen und Kalkulationsschemata definieren -** **Wertfelder zuordnen**
© SAP AG	Ihr Ergebnisbereich EGxx ist bereits als Ergebnisbereich eingetragen.
Bildschirm "**Neue Einträge: Übersicht Hinzugefügte**"	Klicken Sie auf Neue Einträge

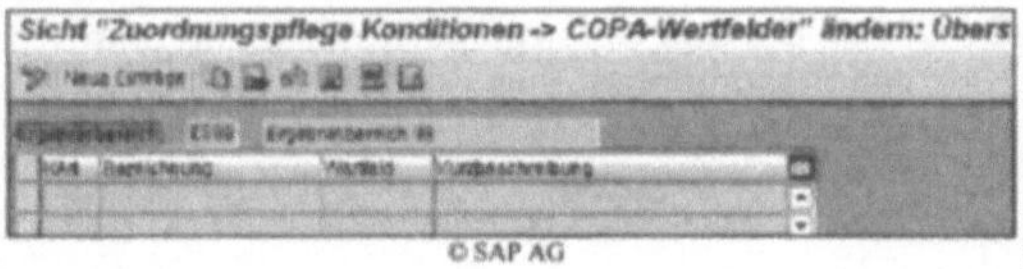

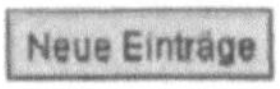

Anzeige	Eingabe/Auswahl

Eingaben bzw. Auswahl (bitte **xx** jeweils durch Ihre **Teilnehmernummer** ersetzen!) :

KArt	Bezeichnung	Wertfeld	Kurzbeschrei
KxxB		JBONU	
KxxF		AUSFR	
KxxG		VVxxG	
KxxK		KWSKTO	
KxxP		PROVV	
KxxR		RABAT	
KxxS		VVxxS	
KxxU		ERLOS	
KxxZ		VVxxZ	

Ergebnisbereich E610 Ergebnisbereich 10

KArt	Bezeichnung	Wertfeld	Kurzbeschreibung
K10B	Bonus	JBONU	Jahresboni
K10F	Fracht	AUSFR	Ausgangsfracht
K10G	Gruppenbonus	VV10G	Gruppenbonus10
K10K	Skonto	KWSKTO	Skonto
K10P	Provision	PROVV	Provision Vertreter
K10R	Rabatt	RABAT	Sonst. Rabatte
K10S	Sonderbonus	VV10S	Sonderbonus10
K10U	Umsatz/Grundpreis	ERLOS	Erloes
K10Z	Verpackungszuschlag	VV10Z	Verpackungszuschl.10

Sichern Sie Ihre Eingaben und beenden Sie die Customizing-Transaktion.

SAP-Referenz-IMG (Einführungsleitfaden)

Schließen Sie das Untermenü "Konditionen und Kalkulationsschemata" wieder.

Anzeige	Eingabe/Auswahl

M8.3 Bewertungsstrategie festlegen

Eine *Bewertungsstrategie* legt – bewertungszeitpunktbezogen - fest, mit welchen Methoden (Bewertung über Konditionstechnik, Bewertung mit Materialkalkulation, Bewertung mit eigenen Routinen) eine Bewertung erfolgen soll und in welcher Reihenfolge diese Methoden angewendet werden sollen.

Anzeige	Eingabe/Auswahl
	Wählen Sie im SAP-Referenz-IMG: **Controlling -** **Ergebnis- und Marktsegmentrechnung –** **Stammdaten -** **Bewertung –** **Bewertungsstrategien -** **Bewertungsstrategie definieren und zuordnen**
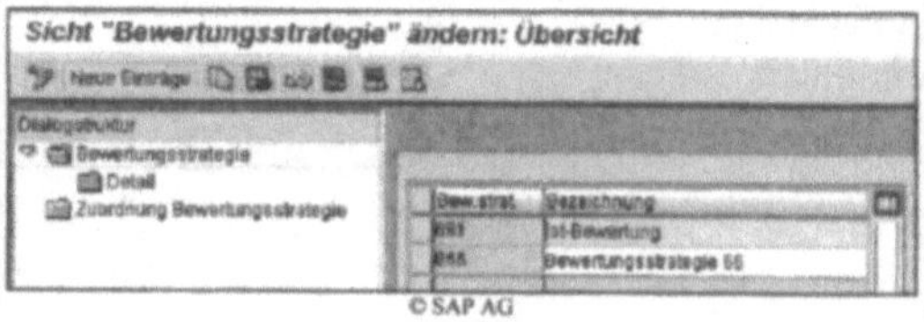 Sicht "Bewertungsstrategie" ändern: Übersicht © SAP AG	Klicken Sie auf Neue Einträge
Bildschirm **"Neue Einträge: Übersicht Hinzugefügte"**	Eingabe bzw. Auswahl (Liste rechte Fensterseite, 1. Zeile): Bew.strat: ***B**xx,* *xx = Ihre Teilnehmernummer* Bezeichnung: ***Bewertungsstrategie** xx,* *xx = Ihre Teilnehmernummer*
© SAP AG	Markieren Sie (Drucktaste vor entspr. Zeile) Ihre Bewertungsstrategie ***B**xx,* *xx = Ihre Teilnehmernummer* Doppelklicken Sie (in der linken Fensterseite) auf **Detail**

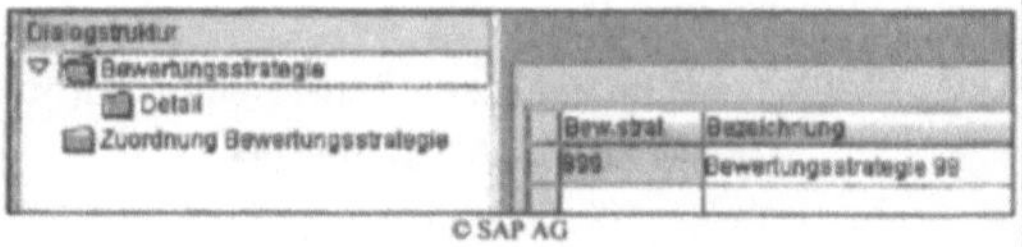

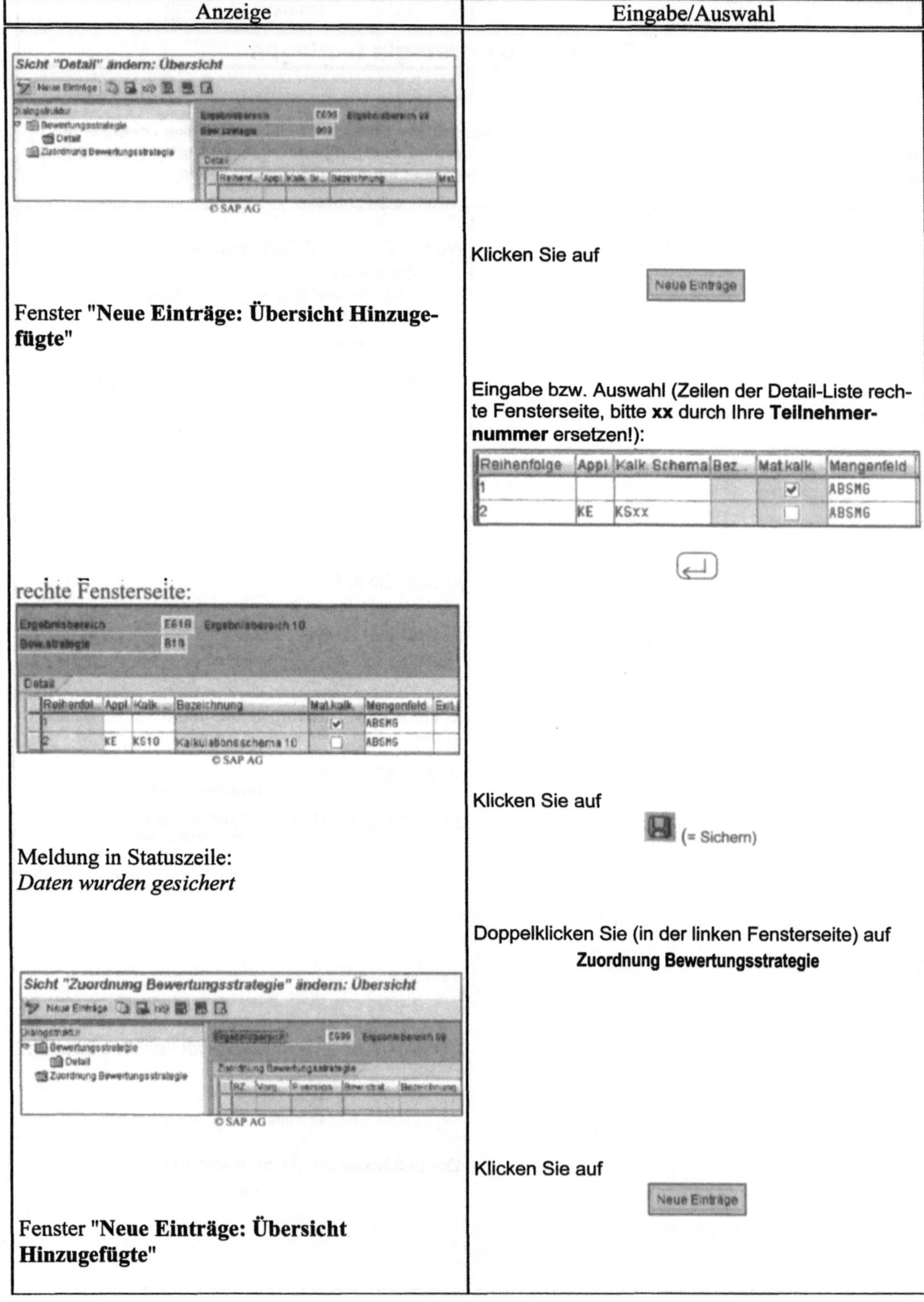

<table>
<tr><th>Anzeige</th><th>Eingabe/Auswahl</th></tr>
<tr><td>Sicht "Detail" ändern: Übersicht
Neue Einträge
Dialogstruktur
Bewertungsstrategie
Detail
Zuordnung Bewertungsstrategie
Ergebnisbereich
Bew.strategie
Detail
© SAP AG</td><td></td></tr>
<tr><td></td><td>Klicken Sie auf
Neue Einträge</td></tr>
<tr><td>Fenster "Neue Einträge: Übersicht Hinzugefügte"</td><td>Eingabe bzw. Auswahl (Zeilen der Detail-Liste rechte Fensterseite, bitte xx durch Ihre Teilnehmernummer ersetzen!):
<table><tr><th>Reihenfolge</th><th>Appl.</th><th>Kalk. Schema</th><th>Bez.</th><th>Mat.kalk.</th><th>Mengenfeld</th></tr><tr><td>1</td><td></td><td></td><td></td><td>☑</td><td>ABSMG</td></tr><tr><td>2</td><td>KE</td><td>KSxx</td><td></td><td>☐</td><td>ABSMG</td></tr></table>↵</td></tr>
<tr><td>rechte Fensterseite:
Ergebnisbereich E610 Ergebnisbereich 10
Bew.strategie B10
Detail
<table><tr><th>Reihenfol.</th><th>Appl.</th><th>Kalk...</th><th>Bezeichnung</th><th>Mat.kalk.</th><th>Mengenfeld</th><th>Ext.</th></tr><tr><td>1</td><td></td><td></td><td></td><td>☑</td><td>ABSMG</td><td></td></tr><tr><td>2</td><td>KE</td><td>KS10</td><td>Kalkulationsschema 10</td><td>☐</td><td>ABSMG</td><td></td></tr></table>© SAP AG</td><td>Klicken Sie auf
(= Sichern)</td></tr>
<tr><td>Meldung in Statuszeile:
Daten wurden gesichert</td><td>Doppelklicken Sie (in der linken Fensterseite) auf
Zuordnung Bewertungsstrategie</td></tr>
<tr><td>Sicht "Zuordnung Bewertungsstrategie" ändern: Übersicht
Neue Einträge
Dialogstruktur
Bewertungsstrategie
Detail
Zuordnung Bewertungsstrategie
Ergebnisbereich
Zuordnung Bewertungsstrategie
BZ. Vorg. P.version Bew.strat. Bezeichnung
© SAP AG</td><td>Klicken Sie auf
Neue Einträge</td></tr>
<tr><td>Fenster "Neue Einträge: Übersicht Hinzugefügte"</td><td></td></tr>
</table>

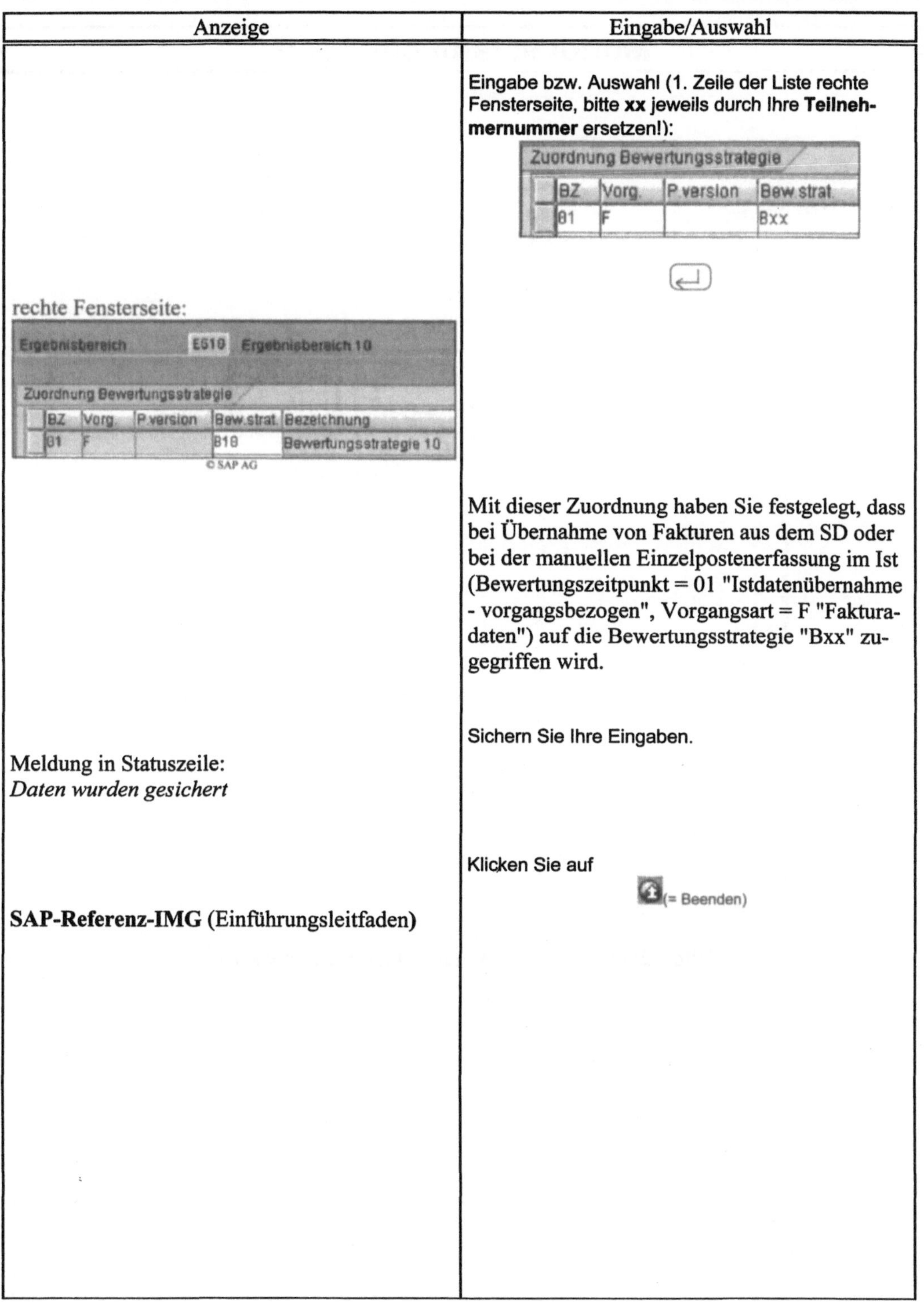

Anzeige	Eingabe/Auswahl
	Eingabe bzw. Auswahl (1. Zeile der Liste rechte Fensterseite, bitte **xx** jeweils durch Ihre **Teilnehmernummer** ersetzen!): Zuordnung Bewertungsstrategie BZ | Vorg. | P.version | Bew.strat. 01 | F | | Bxx
rechte Fensterseite: Ergebnisbereich E010 Ergebnisbereich 10 Zuordnung Bewertungsstrategie BZ | Vorg. | P.version | Bew.strat. | Bezeichnung 01 | F | | B10 | Bewertungsstrategie 10 © SAP AG	Mit dieser Zuordnung haben Sie festgelegt, dass bei Übernahme von Fakturen aus dem SD oder bei der manuellen Einzelpostenerfassung im Ist (Bewertungszeitpunkt = 01 "Istdatenübernahme - vorgangsbezogen", Vorgangsart = F "Fakturadaten") auf die Bewertungsstrategie "Bxx" zugegriffen wird.
Meldung in Statuszeile: *Daten wurden gesichert*	Sichern Sie Ihre Eingaben.
SAP-Referenz-IMG (Einführungsleitfaden)	Klicken Sie auf (= Beenden)

Modul 9: Istbuchungen

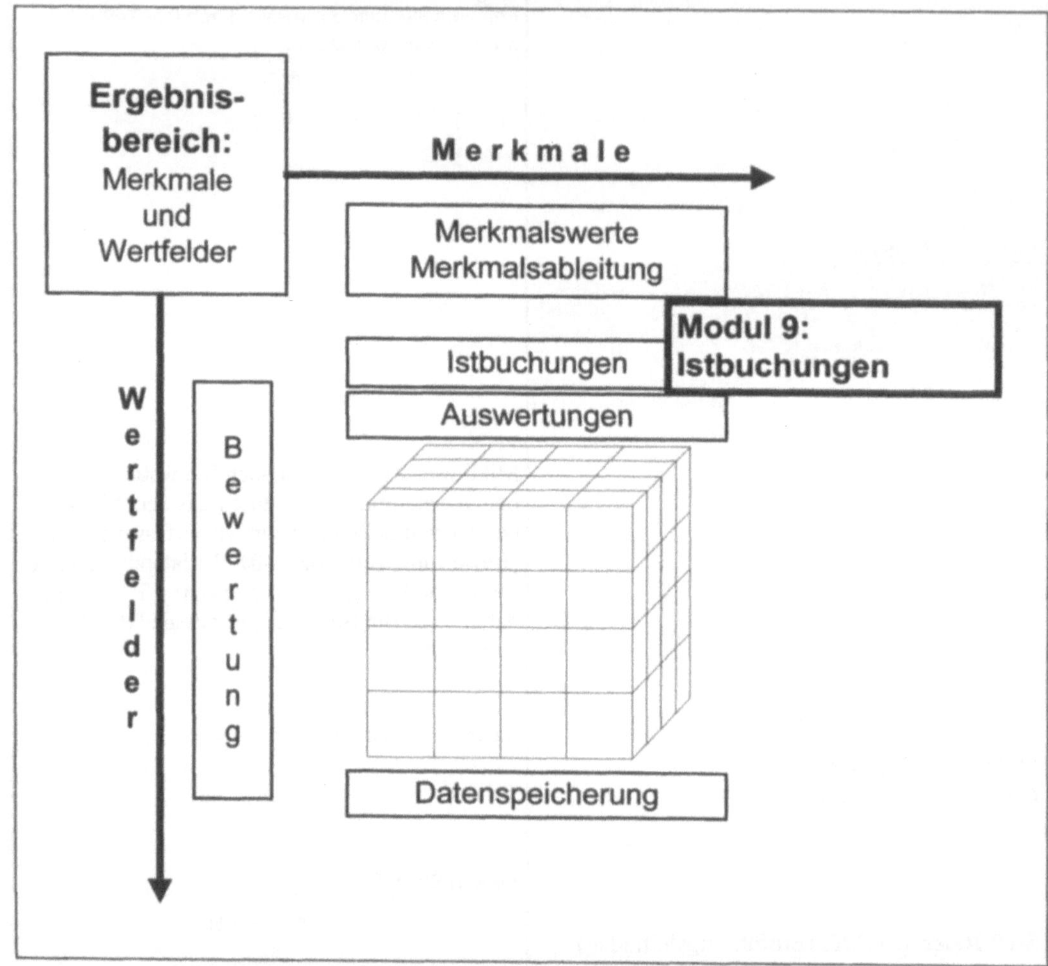

Bild 3.2/37 (Modul 9): Modulstruktur des Testbeispiels

Istbuchungen im Testbeispiel

Das soll herauskommen: **Das muss dafür gecustomized werden:**

Eingabebildschirme

Merkmale

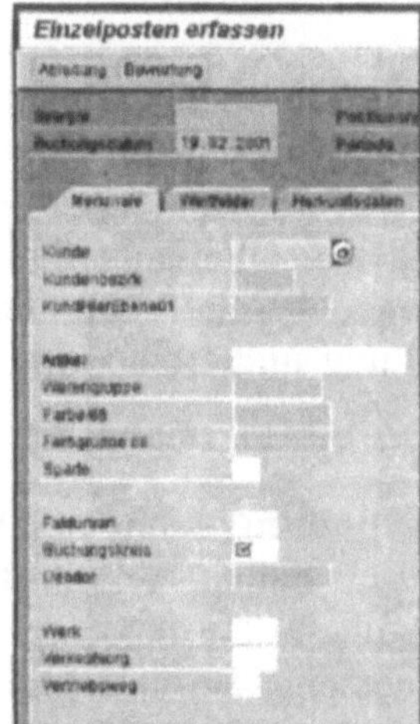

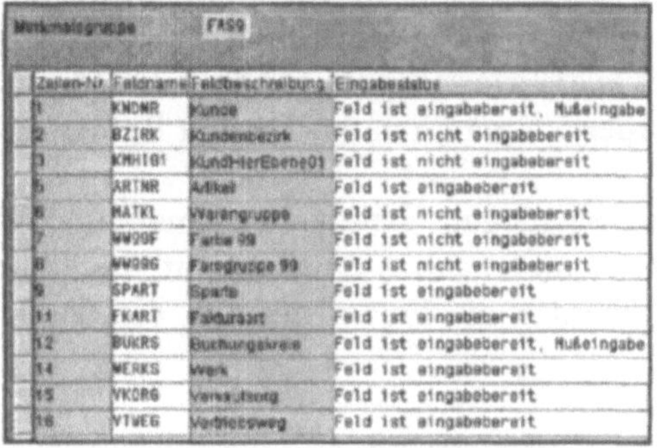

Merkmalsgruppe	FAS9		
Zeilen-Nr.	Feldname	Feldbeschreibung	Eingabestatus
1	KNDNR	Kunde	Feld ist eingabebereit, Mußeingabe
2	BZIRK	Kundenbezirk	Feld ist nicht eingabebereit
3	KMHI01	KundHierEbene01	Feld ist nicht eingabebereit
5	ARTNR	Artikel	Feld ist eingabebereit
6	MATKL	Warengruppe	Feld ist nicht eingabebereit
7	WW09F	Farbe 99	Feld ist nicht eingabebereit
8	WW09G	Farbgruppe 99	Feld ist nicht eingabebereit
9	SPART	Sparte	Feld ist eingabebereit
11	FKART	Fakturaart	Feld ist eingabebereit
12	BUKRS	Buchungskreis	Feld ist eingabebereit, Mußeingabe
14	WERKS	Werk	Feld ist eingabebereit
15	VKORG	Verkaufsorg	Feld ist eingabebereit
16	VTWEG	Vertriebsweg	Feld ist eingabebereit

Wertfelder

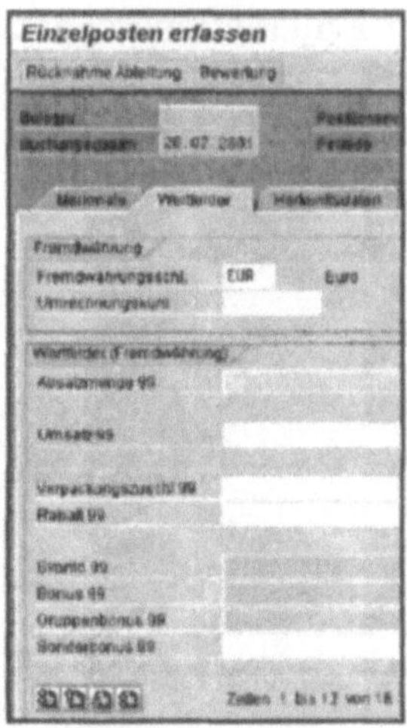

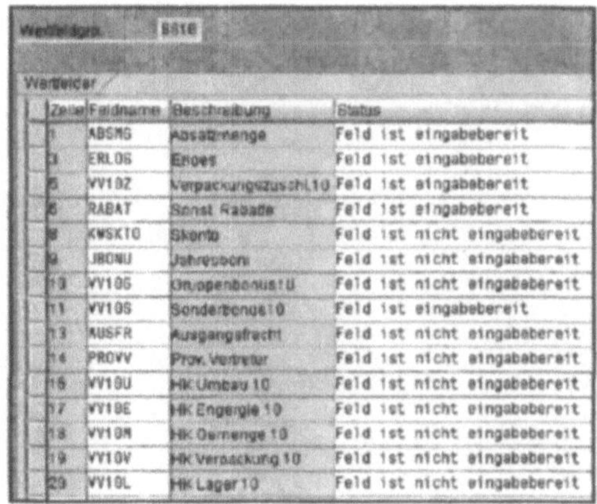

Wertfeldgrp.	S610		
Zeile	Feldname	Beschreibung	Status
1	ABSMG	Absatzmenge	Feld ist eingabebereit
3	ERLOS	Erlöse	Feld ist eingabebereit
5	VV10Z	Verpackungszuschl.10	Feld ist eingabebereit
6	RABAT	Sonst. Rabatte	Feld ist eingabebereit
8	KWSKTO	Skonto	Feld ist nicht eingabebereit
9	JBONU	Jahresboni	Feld ist nicht eingabebereit
10	VV10G	Gruppenbonus10	Feld ist nicht eingabebereit
11	VV10S	Sonderbonus10	Feld ist eingabebereit
13	AUSFR	Ausgangsfracht	Feld ist nicht eingabebereit
14	PROVV	Prov. Vertreter	Feld ist nicht eingabebereit
16	VV10U	HK Umbau 10	Feld ist nicht eingabebereit
17	VV10E	HK Engergie 10	Feld ist nicht eingabebereit
18	VV10M	HK Gemenge 10	Feld ist nicht eingabebereit
19	VV10V	HK Verpackung 10	Feld ist nicht eingabebereit
20	VV10L	HK Lager 10	Feld ist nicht eingabebereit

Bild 3.2/38 (Modul 9): Istbuchungen im Testbeispiel

In den Modulen 9 und 10 wird nun die Ernte eingefahren.

Hier in Modul 9 werden die Geschäftsvorfälle im CO-PA manuell erfasst.

Im Testbeispiel handelt es sich um 16 Fakturen und einer Sonderbonus-Buchung, die in der "Ideal-Praxis" aus den integrierten R/3-Modulen Vertrieb (SD) bzw. Finanzbuchhaltung (FI) automatisch übernommen würden.

Für die manuelle Erfassung im Modul CO-PA ist zunächst ein kleiner Customizing-Schritt erforderlich, nämlich das Design für den Erfassungs-Bildschirm.

Es ist dabei festzulegen, welche Merkmale und Wertfelder erscheinen sollen. Dabei ist zu unterscheiden nach "eingabebereit" und "nicht eingabebereit". Auf "nicht eingabebereit" werden die Felder gestellt, die durch Ableitung und Bewertung gefüllt werden.

Für jeden Geschäftsvorfall wird bei der Erfassung eine **Ableitungs-** und eine **Bewertungsanalyse** durchgeführt, die die einzelnen Schritte der beiden Verfahren nachvollziehbar macht. Bei der Ableitungsanalyse werden die Werte der Quell- (z. B. Artikel) und der Zielfelder (z. B. Sparte) zusammen angezeigt, so dass eine leichte Überprüfung möglich ist. Bei der Bewertungsanalyse sieht man die Werte vor Bewertung und nach Bewertung, bei mehreren Tabellenzugriffen sogar die einzelnen Werte pro Zugriff. Die Details der Schrittwerte sind im Kalkulationsschema dokumentiert.

Was ist zu tun?

M9.1 Customizing: Vorbereitung der manuellen Isterfassung

Merkmalsgruppe FA99

Zeilen-Nr.	Feldname	Feldbeschreibung	Eingabestatus
1	KNDNR	Kunde	Feld ist eingabebereit, Mußeingabe
2	BZIRK	Kundenbezirk	Feld ist nicht eingabebereit
3	KMHI01	KundHierEbene01	Feld ist nicht eingabebereit
5	ARTNR	Artikel	Feld ist eingabebereit
6	MATKL	Warengruppe	Feld ist nicht eingabebereit
7	WW99F	Farbe 99	Feld ist nicht eingabebereit
8	WW996	Farbgruppe 99	Feld ist nicht eingabebereit
9	SPART	Sparte	Feld ist eingabebereit
11	FKART	Fakturaart	Feld ist eingabebereit
12	BUKRS	Buchungskreis	Feld ist eingabebereit, Mußeingabe
14	WERKS	Werk	Feld ist eingabebereit
15	VKORG	Verkaufsorg.	Feld ist eingabebereit
16	VTWEG	Vertriebsweg	Feld ist eingabebereit

Merkmalsgruppe ..

... mit Reihenfolge, Feldstatus und Leerzeilen für den Bildschirmaufbau der Einzelpostenerfassung defieren und ...

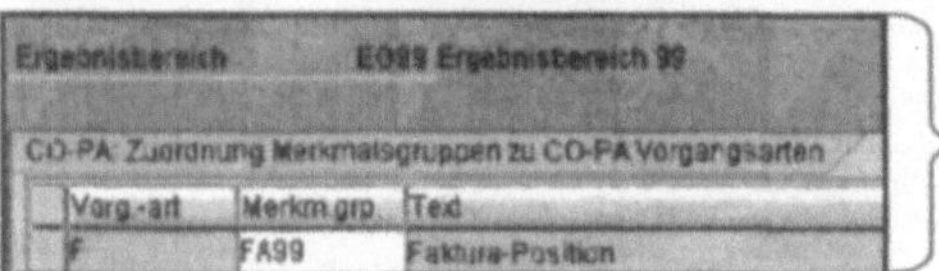

Ergebnisbereich E099 Ergebnisbereich 99

CO-PA: Zuordnung Merkmalsgruppen zu CO-PA Vorgangsarten

Vorg.-art	Merkm.grp.	Text
F	FA99	Faktura-Position

... dem Ergebnisbereich vorgangsartbezogen zuordnen in 9.1.1

Wertfldgrp B618

Wertfelder

Zeile	Feldname	Beschreibung	Status
1	ABSMG	Absatzmenge	Feld ist eingabebereit
3	ERLOS	Erloes	Feld ist eingabebereit
5	VV10Z	Verpackungszuschl.10	Feld ist eingabebereit
6	RABAT	Sonst. Rabatte	Feld ist eingabebereit
8	KWSKTO	Skonto	Feld ist nicht eingabebereit
9	JBONU	Jahresboni	Feld ist nicht eingabebereit
10	VV10G	Gruppenbonus10	Feld ist nicht eingabebereit
11	VV10S	Sonderbonus10	Feld ist eingabebereit
13	AUSFR	Ausgangsfracht	Feld ist nicht eingabebereit
14	PROVV	Prov. Vertreter	Feld ist nicht eingabebereit
16	VV10U	HK Umbau 10	Feld ist nicht eingabebereit
17	VV10E	HK Engergie 10	Feld ist nicht eingabebereit
18	VV10M	HK Gemenge 10	Feld ist nicht eingabebereit
19	VV10V	HK Verpackung 10	Feld ist nicht eingabebereit
20	VV10L	HK Lager 10	Feld ist nicht eingabebereit

Wertfeldgruppe ..

... mit Reihenfolge, Feldstatus und Leerzeilen für den Bildschirmaufbau der Einzelpostenerfassung defieren und ...

Ergebnisbereich E099 Ergebnisbereich 99

CO-PA: Zuordnung Wertfeldgruppen zu CO-PA Vorgangsarten

Vorg.-art	Wfgruppe	Text
F	B699	Bewerteter Geschäftsvorfall

... dem Ergebnisbereich vorgangsartbezogen zuordnen in 9.1.2

Bild 3.2/39 (Modul 9): Überblick M9.1

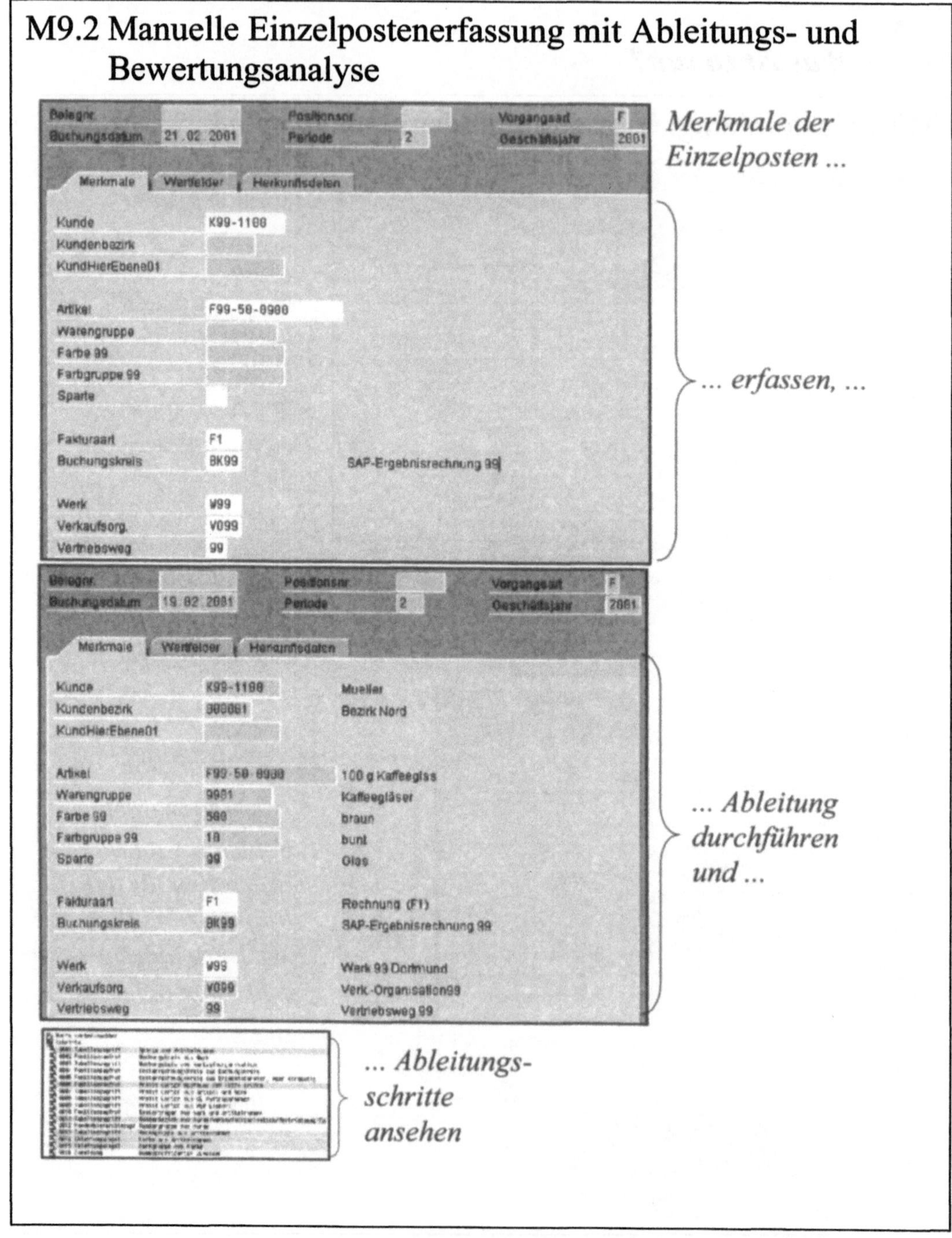

Bild 3.2/40 (Modul 9): Überblick M9.2 (1)

M9.2 Manuelle Einzelpostenerfassung mit Ableitungs- und Bewertungsanalyse

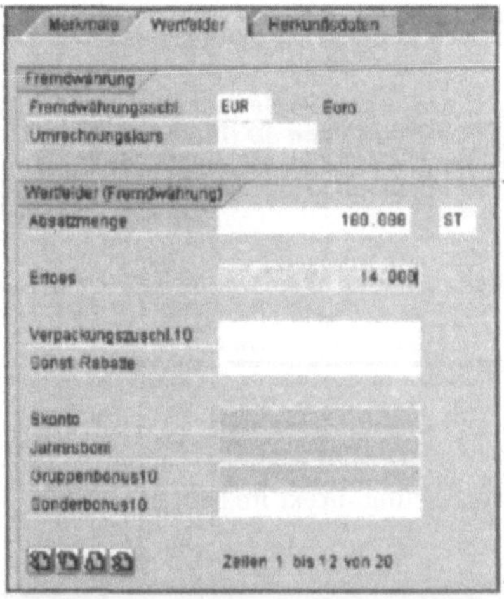

Wertfelder der Einzelposten ...

... erfassen, ...

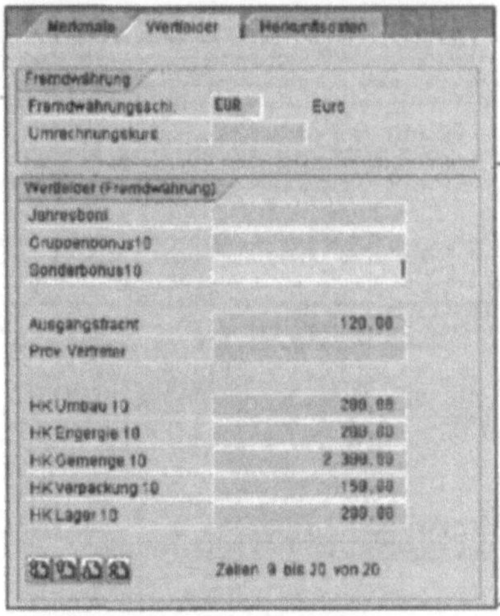

... Bewertung durchführen und ...

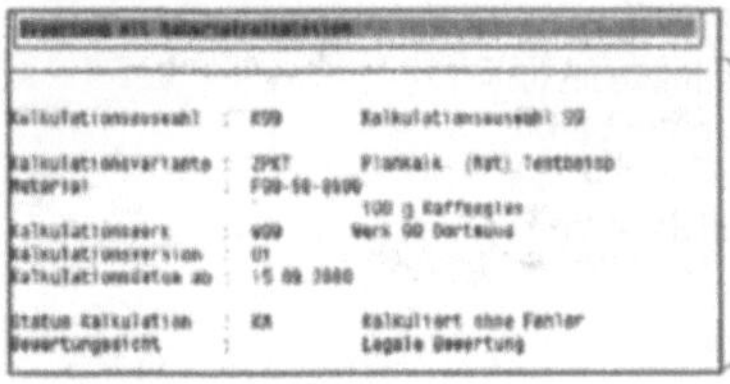

... Bewertungsschritte ansehen.

Einzelposten speichern

Bild 3.2/40 (Modul 9): Überblick M9.2 (2)

Anzeige	Eingabe/Auswahl
Modul 9: Istbuchungen	
Die Daten aller ergebnisrelevanten Buchungen und Vorgänge können in der Ergebnisrechnung integrativ für einen Ergebnisausweis zusammengeführt werden. **Dazu werden Kontierungen auf Ergebnisobjekte bei allen primären und ergebnisrelevanten Buchungen in den Systemen *FI (Sachkontenbuchung), MM (Rechnungseingang, Bestellung) und SD (Kundenauftrag)* unterstützt. Im sekundären Bereich können innerbetriebliche Leistungen auf Ergebnisobjekte kontiert, Kostenstellenkosten und Geschäftsprozesskosten auf Ergebnisobjekte umgelegt, sowie Aufträge, Projekte und Kostenträger an Ergebnisobjekte abgerechnet werden.** **Neben der maschinellen Übernahme der Daten aus den Vorsystemen ist auch eine *manuelle Einzelpostenerfassung* direkt im Modul CO-PA möglich.**	
	Die Fakturen und Gutschriften des Testbeispiels werden (s. M9.2) mit Hilfe der manuellen Einzelpostenerfassung direkt im Modul CO-PA gebucht.
M9.1 Customizing: Vorbereitung der manuellen Isterfassung	
Durch die Bildung von *Merkmals- und Wertfeldgruppen* und deren Zuordnung zu Vorgangsarten können die Merkmale und Wertfelder für die Isterfassung eingeschränkt und Kontierungsbildschirme bzw. Bildschirme für die Einzelpostenerfassung/-anzeige gestaltet werden.	
M9.1.1 Merkmalsgruppe anlegen und zuordnen	
	Wechseln Sie zum Einführungsleitfaden (SAP-Referenz-IMG).
SAP-Referenz-IMG (Einführungsleitfaden)	
	Merkmalsgruppe definieren:
	Wählen Sie im SAP-Referenz-IMG: **Controlling -** **Ergebnis- und Marktsegmentrechnung –** **Werteflüsse im Ist –** **Vorbereitungen -** **Merkmalsgruppen –** **Merkmalsgruppen pflegen-**
Bildschirm "**Sicht „Merkmalsgruppen für Ist und Planung“ ändern: Übersicht**"	
	Klicken Sie auf Neue Einträge
Bildschirm "**Neue Einträge: Übersicht Hinzugefügte**"	

Anzeige	Eingabe/Auswahl

Eingabe bzw. Auswahl (rechte Fensterseite, 1. Listenzeile):

Merkmalsgruppe: ***FA**xx*
xx = Ihre Teilnehmernummer

Text: ***Faktura-Positionen***

Markieren Sie die (neu erstellte) Zeile Ihrer Merkmalsgruppe:

FAxx **Faktura-Positionen,**
xx = Ihre Teilnehmernummer

Neue Einträge: Übersicht Hinzugefügte

© SAP AG

Doppelklicken Sie (in der linken Fensterseite) auf
Merkmale

Bildschirm "**Sicht „Merkmalsgruppen für Ist und Planung“ ändern: Übersicht**"

Klicken Sie auf
Neue Einträge

Bildschirm "**Neue Einträge: Übersicht Hinzugefügte**"

Eingabe bzw. Auswahl (rechte Fensterseite; bitte **Zeilennummerierung** (mit Lücken für Leerzeilen) beachten und **xx** durch **Ihre Teilnehmernummer** ersetzen!) :

Zeilen-Nr.	Feldname	Eingabestatus
1	KNDNR	Feld ist eingabebereit, Mußeingabe
2	BZIRK	Feld ist nicht eingabebereit
3	KMHI01	Feld ist nicht eingabebereit
5	ARTNR	Feld ist eingabebereit
6	MATKL	Feld ist nicht eingabebereit
7	WWxxF	Feld ist nicht eingabebereit
8	WWxxG	Feld ist nicht eingabebereit
9	SPART	Feld ist eingabebereit
11	FKART	Feld ist eingabebereit
12	BUKRS	Feld ist eingabebereit, Mußeingabe
14	WERKS	Feld ist eingabebereit
15	VKORG	Feld ist eingabebereit
16	VTWEG	Feld ist eingabebereit

Anzeige	Eingabe/Auswahl

Zeilen-Nr	Feldname	Feldbeschreibung	Eingabestatus
1	KNDNR	Kunde	Feld ist eingabebereit, Mußeinga
2	BZIRK	Kundenbezirk	Feld ist nicht eingabebereit
3	KMHI01	KundHierEbene01	Feld ist nicht eingabebereit
5	ARTNR	Artikel	Feld ist eingabebereit
6	MATKL	Warengruppe	Feld ist nicht eingabebereit
7	WW52F	Farbe 52	Feld ist nicht eingabebereit
8	WW52G	Farbgruppe 52	Feld ist nicht eingabebereit
9	SPART	Sparte	Feld ist eingabebereit
11	FKART	Fakturaart	Feld ist eingabebereit
12	BUKRS	Buchungskreis	Feld ist eingabebereit, Mußeinga
14	WERKS	Werk	Feld ist eingabebereit
15	VKORG	Verkaufsorg	Feld ist eingabebereit
16	VTWEG	Vertriebsweg	Feld ist eingabebereit

Sichern Sie Ihre Eingaben und beenden Sie die Customizing-Transaktion.

SAP-Referenz-IMG

<u>Merkmalsgruppe für Einzelpostenbildschirm zuordnen:</u>

Wählen Sie im SAP-Referenz-IMG:

Controlling -
Ergebnis- und Marktsegmentrechnung –
Werteflüsse im Ist –
Vorbereitungen -
Merkmalsgruppen –
Merkmalsgruppen für Einzelpostenbildschirme zuordnen

Bildschirm "**Sicht „CO-PA: Zuordnung-Merkmalsgruppen zu CO-PA Vorgangsarten" ändern**"

Klicken Sie auf [Neue Einträge]

Bildschirm "**Neue Einträge: Übersicht Hinzugefügte**"

Eingabe bzw. Auswahl (1. Listenzeile):

Vorg.-Art: ***F***
(= Fakturadaten)

Merkm.grp: ***FAxx***
xx = Ihre Teilnehmernummer

[↵]

Anzeige	Eingabe/Auswahl
Neue Einträge: Übersicht Hinzugefügte Ergebnisbereich EG52 Ergebnisbereich 52 CO-PA: Zuordnung Merkmalsgruppen zu CO-PA Vorgangsarten Vorg.-art / Merkm.grp. / Text F / FA52 / Faktura-Positionen © SAP AG	
	Sichern Sie Ihre Eingaben.
	Damit haben Sie für die Bildschirmmaske der Einzelpostenerfassung/-anzeige von Fakturadaten festgelegt, dass nur Merkmale der von Ihnen definierten Merkmalsgruppe FAxx eingabebereit sind (Quellfelder) bzw. angezeigt werden (abgeleitete Merkmale).
SAP-Referenz-IMG	Beenden Sie die Customizing-Transaktion.
M9.1.2 Wertfeldgruppe anlegen und zuordnen	
	Wertfeldgruppe definieren: Wählen Sie im SAP-Referenz-IMG: **Controlling -** **Ergebnis- und Marktsegmentrechnung –** **Werteflüsse im Ist –** **Vorbereitungen -** **Wertfeldgruppen –** **Wertfeldgruppen pflegen-**
Bildschirm "**Sicht „Wertfeldgruppe“ ändern: Übersicht**"	Klicken Sie auf  Neue Einträge
Bildschirm "**Neue Einträge: Übersicht Hinzugefügte**"	Eingabe bzw. Auswahl (rechte Fensterseite, 1. Listenzeile): *Wfgruppe*: ***BG**xx* *xx = Ihre Teilnehmernummer*

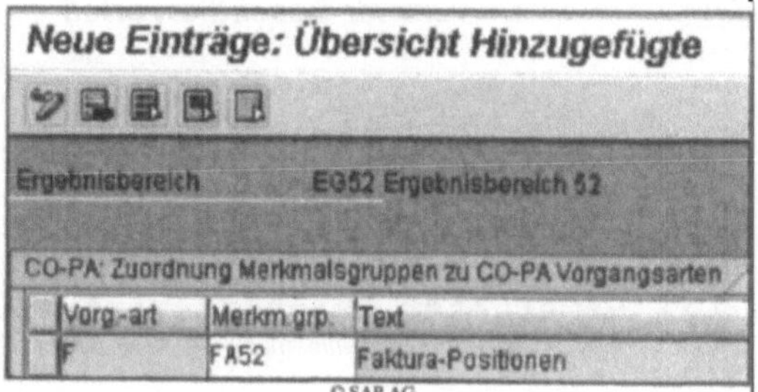

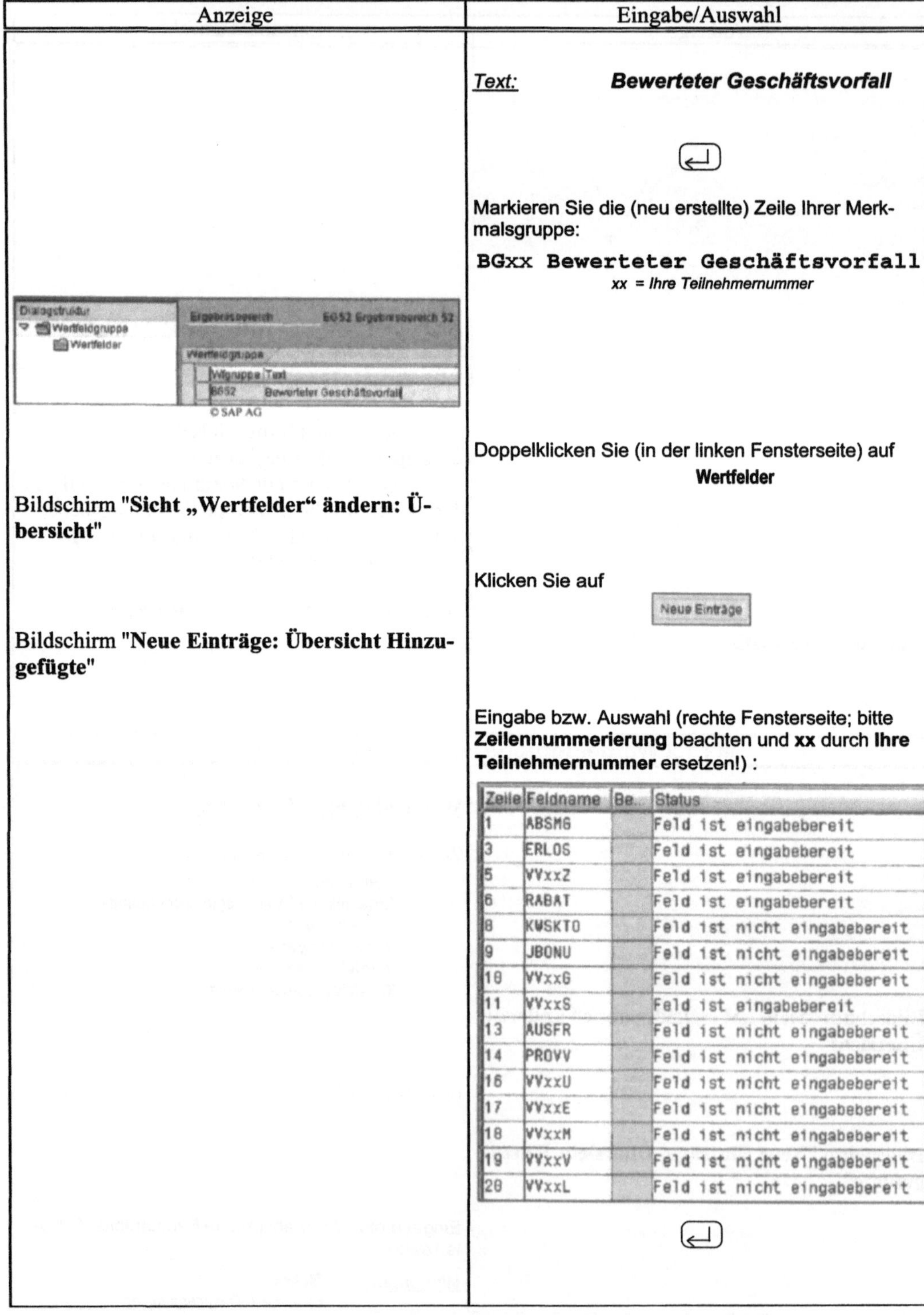

Anzeige	Eingabe/Auswahl
	<u>*Text:*</u> ***Bewerteter Geschäftsvorfall***
	↵
	Markieren Sie die (neu erstellte) Zeile Ihrer Merkmalsgruppe: **BGxx Bewerteter Geschäftsvorfall** *xx = Ihre Teilnehmernummer*
Dialogstruktur Wertfeldgruppe Wertfelder Wertfeldgruppe Wfgruppe Text BG52 Bewerteter Geschäftsvorfall © SAP AG	
	Doppelklicken Sie (in der linken Fensterseite) auf **Wertfelder**
Bildschirm "**Sicht „Wertfelder" ändern: Übersicht**"	
	Klicken Sie auf [Neue Einträge]
Bildschirm "**Neue Einträge: Übersicht Hinzugefügte**"	
	Eingabe bzw. Auswahl (rechte Fensterseite; bitte **Zeilennummerierung** beachten und **xx** durch **Ihre Teilnehmernummer** ersetzen!) :

Zeile	Feldname	Be...	Status
1	ABSMG		Feld ist eingabebereit
3	ERLOS		Feld ist eingabebereit
5	VVxxZ		Feld ist eingabebereit
6	RABAT		Feld ist eingabebereit
8	KWSKTO		Feld ist nicht eingabebereit
9	JBONU		Feld ist nicht eingabebereit
10	VVxxG		Feld ist nicht eingabebereit
11	VVxxS		Feld ist eingabebereit
13	AUSFR		Feld ist nicht eingabebereit
14	PROVV		Feld ist nicht eingabebereit
16	VVxxU		Feld ist nicht eingabebereit
17	VVxxE		Feld ist nicht eingabebereit
18	VVxxM		Feld ist nicht eingabebereit
19	VVxxV		Feld ist nicht eingabebereit
20	VVxxL		Feld ist nicht eingabebereit

↵

Anzeige	Eingabe/Auswahl

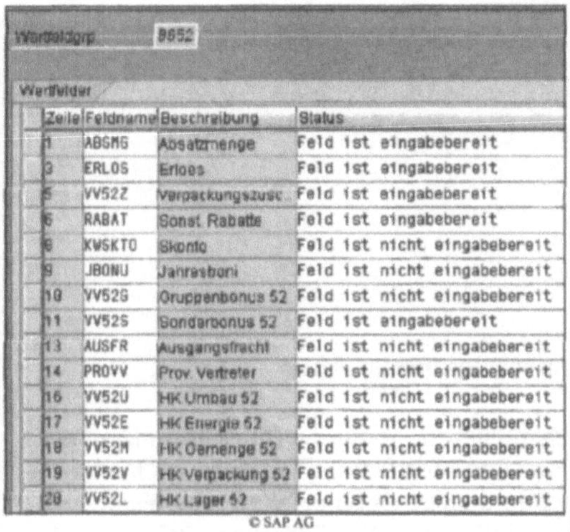

Wertfeldgrp 9652

Wertfelder

Zeile	Feldname	Beschreibung	Status
1	ABSMG	Absatzmenge	Feld ist eingabebereit
3	ERLOS	Erloes	Feld ist eingabebereit
5	VV52Z	Verpackungszusc	Feld ist eingabebereit
6	RABAT	Sonst. Rabatte	Feld ist eingabebereit
8	KWSKTO	Skonto	Feld ist nicht eingabebereit
9	JBONU	Jahresboni	Feld ist nicht eingabebereit
10	VV52G	Gruppenbonus 52	Feld ist nicht eingabebereit
11	VV52S	Sonderbonus 52	Feld ist eingabebereit
13	AUSFR	Ausgangsfracht	Feld ist nicht eingabebereit
14	PROVV	Prov. Vertreter	Feld ist nicht eingabebereit
16	VV52U	HK Umbau 52	Feld ist nicht eingabebereit
17	VV52E	HK Energie 52	Feld ist nicht eingabebereit
18	VV52M	HK Oemenge 52	Feld ist nicht eingabebereit
19	VV52V	HK Verpackung 52	Feld ist nicht eingabebereit
20	VV52L	HK Lager 52	Feld ist nicht eingabebereit

Sichern Sie Ihre Eingaben und beenden Sie die Customizing-Transaktion.

SAP-Referenz-IMG

<u>Wertfeldgruppe für Einzelpostenbildschirm zuordnen:</u>

Wählen Sie im SAP-Referenz-IMG:

Controlling -
Ergebnis- und Marktsegmentrechnung –
Werteflüsse im Ist –
Vorbereitungen -
Wertfeldgruppen –
Wertfeldgruppen für Einzelpostenbildschirme zuordnen

Bildschirm "**Sicht „CO-PA: ZuordnungWertfeldgruppen zu CO-PA Vorgangsarten“ ändern**"

Klicken Sie auf [Neue Einträge]

Bildschirm "**Neue Einträge: Übersicht Hinzugefügte**"

Eingabe bzw. Auswahl (1. Listenzeile):

Vorg.-Art: ***F*** (= Fakturadaten)

Wfgruppe: ***BGxx***
xx = Ihre Teilnehmernummer

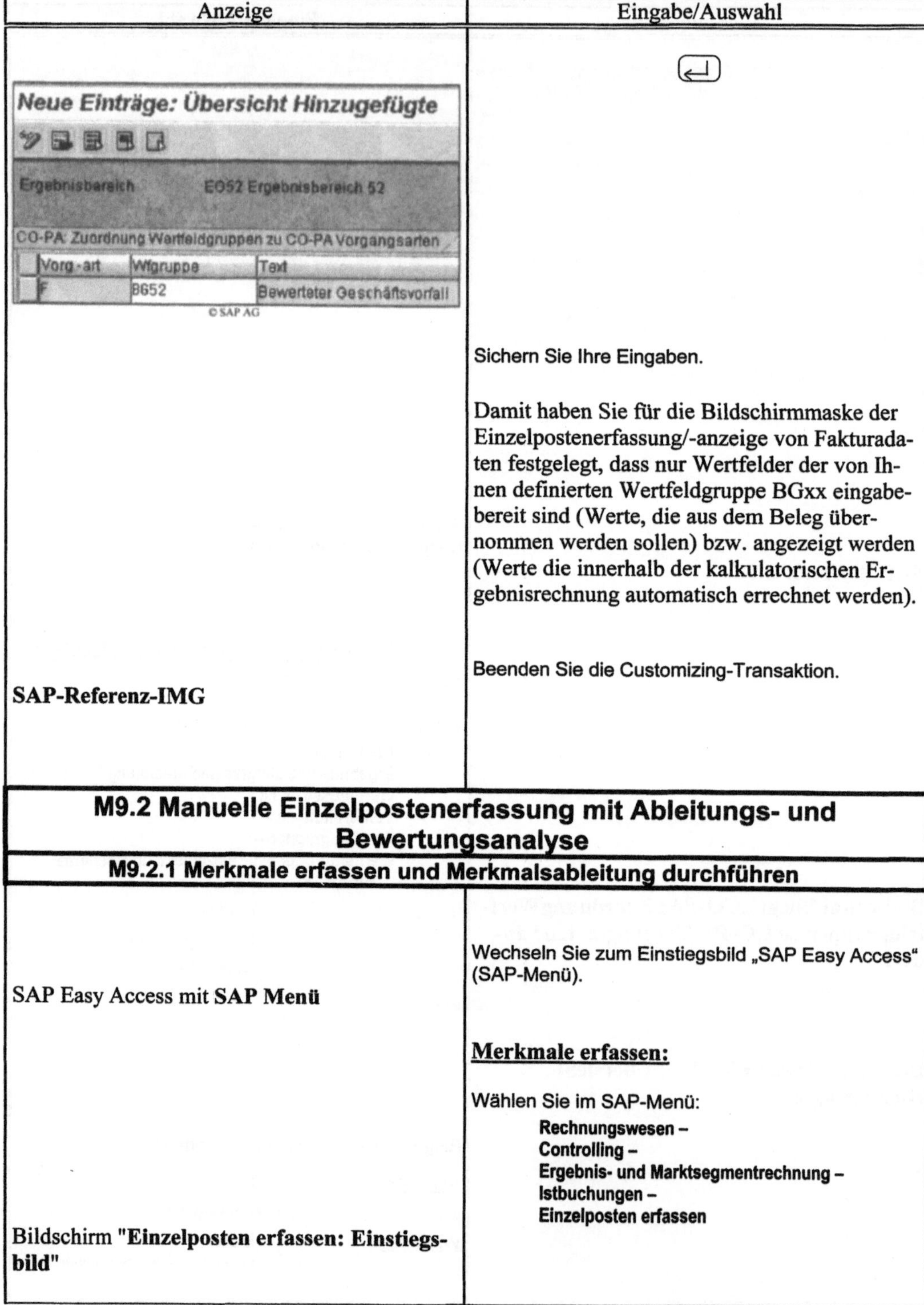

Anzeige	Eingabe/Auswahl
Neue Einträge: Übersicht Hinzugefügte Ergebnisbereich E052 Ergebnisbereich 52 CO-PA: Zuordnung Wertfeldgruppen zu CO-PA Vorgangsarten Vorg.-art | Wfgruppe | Text F | BG52 | Bewerteter Geschäftsvorfall © SAP AG	⏎
	Sichern Sie Ihre Eingaben.
	Damit haben Sie für die Bildschirmmaske der Einzelpostenerfassung/-anzeige von Fakturadaten festgelegt, dass nur Wertfelder der von Ihnen definierten Wertfeldgruppe BGxx eingabebereit sind (Werte, die aus dem Beleg übernommen werden sollen) bzw. angezeigt werden (Werte die innerhalb der kalkulatorischen Ergebnisrechnung automatisch errechnet werden).
SAP-Referenz-IMG	Beenden Sie die Customizing-Transaktion.

M9.2 Manuelle Einzelpostenerfassung mit Ableitungs- und Bewertungsanalyse

M9.2.1 Merkmale erfassen und Merkmalsableitung durchführen

Anzeige	Eingabe/Auswahl
SAP Easy Access mit **SAP Menü**	Wechseln Sie zum Einstiegsbild „SAP Easy Access" (SAP-Menü).
	Merkmale erfassen:
Bildschirm "**Einzelposten erfassen: Einstiegsbild**"	Wählen Sie im SAP-Menü: **Rechnungswesen –** **Controlling –** **Ergebnis- und Marktsegmentrechnung –** **Istbuchungen –** **Einzelposten erfassen**

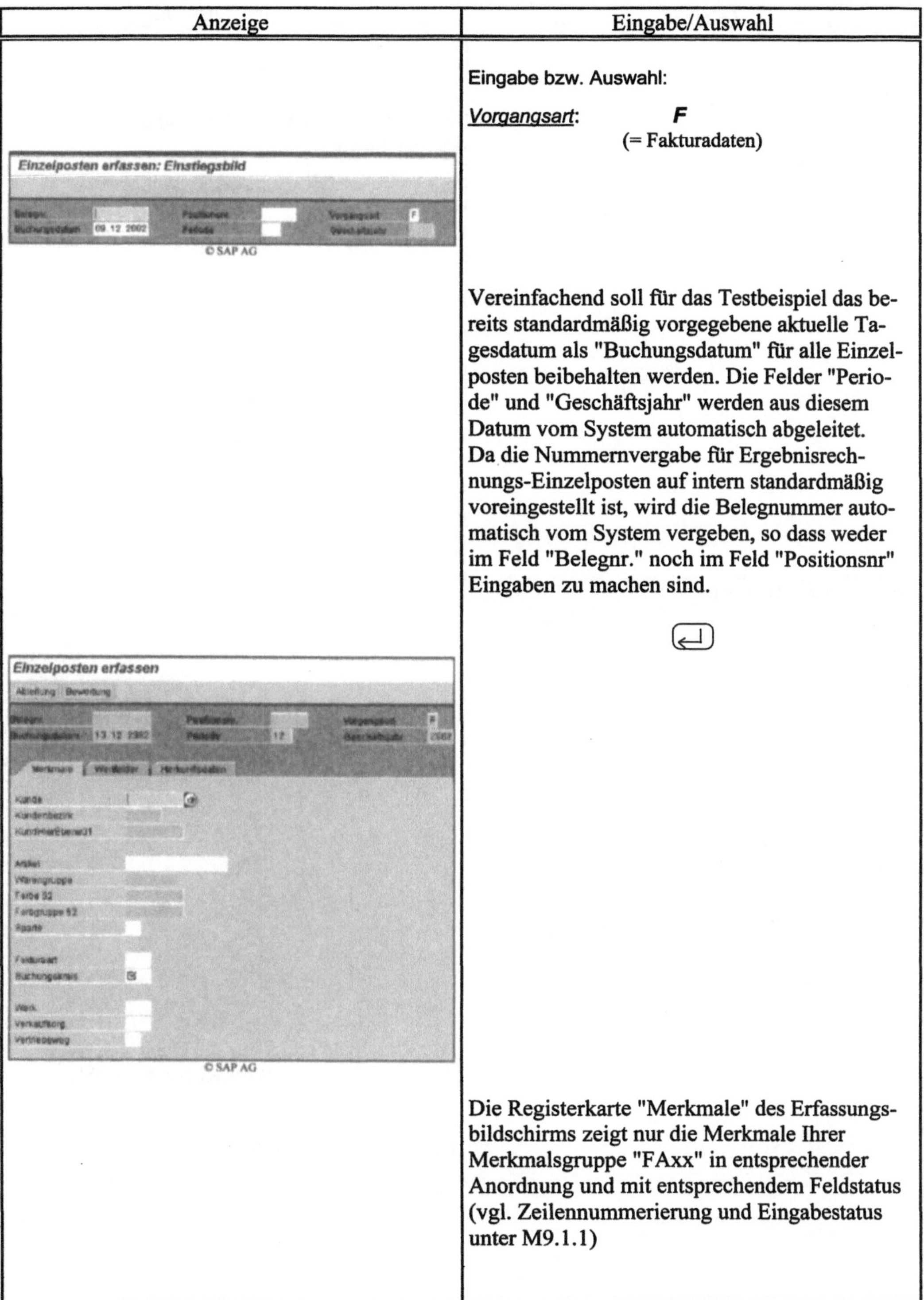

Anzeige	Eingabe/Auswahl
Einzelposten erfassen: Einstiegsbild © SAP AG	**Eingabe bzw. Auswahl:** *Vorgangsart*: **F** (= Fakturadaten)
	Vereinfachend soll für das Testbeispiel das bereits standardmäßig vorgegebene aktuelle Tagesdatum als "Buchungsdatum" für alle Einzelposten beibehalten werden. Die Felder "Periode" und "Geschäftsjahr" werden aus diesem Datum vom System automatisch abgeleitet. Da die Nummernvergabe für Ergebnisrechnungs-Einzelposten auf intern standardmäßig voreingestellt ist, wird die Belegnummer automatisch vom System vergeben, so dass weder im Feld "Belegnr." noch im Feld "Positionsnr" Eingaben zu machen sind.
Einzelposten erfassen © SAP AG	
	Die Registerkarte "Merkmale" des Erfassungsbildschirms zeigt nur die Merkmale Ihrer Merkmalsgruppe "FAxx" in entsprechender Anordnung und mit entsprechendem Feldstatus (vgl. Zeilennummerierung und Eingabestatus unter M9.1.1)

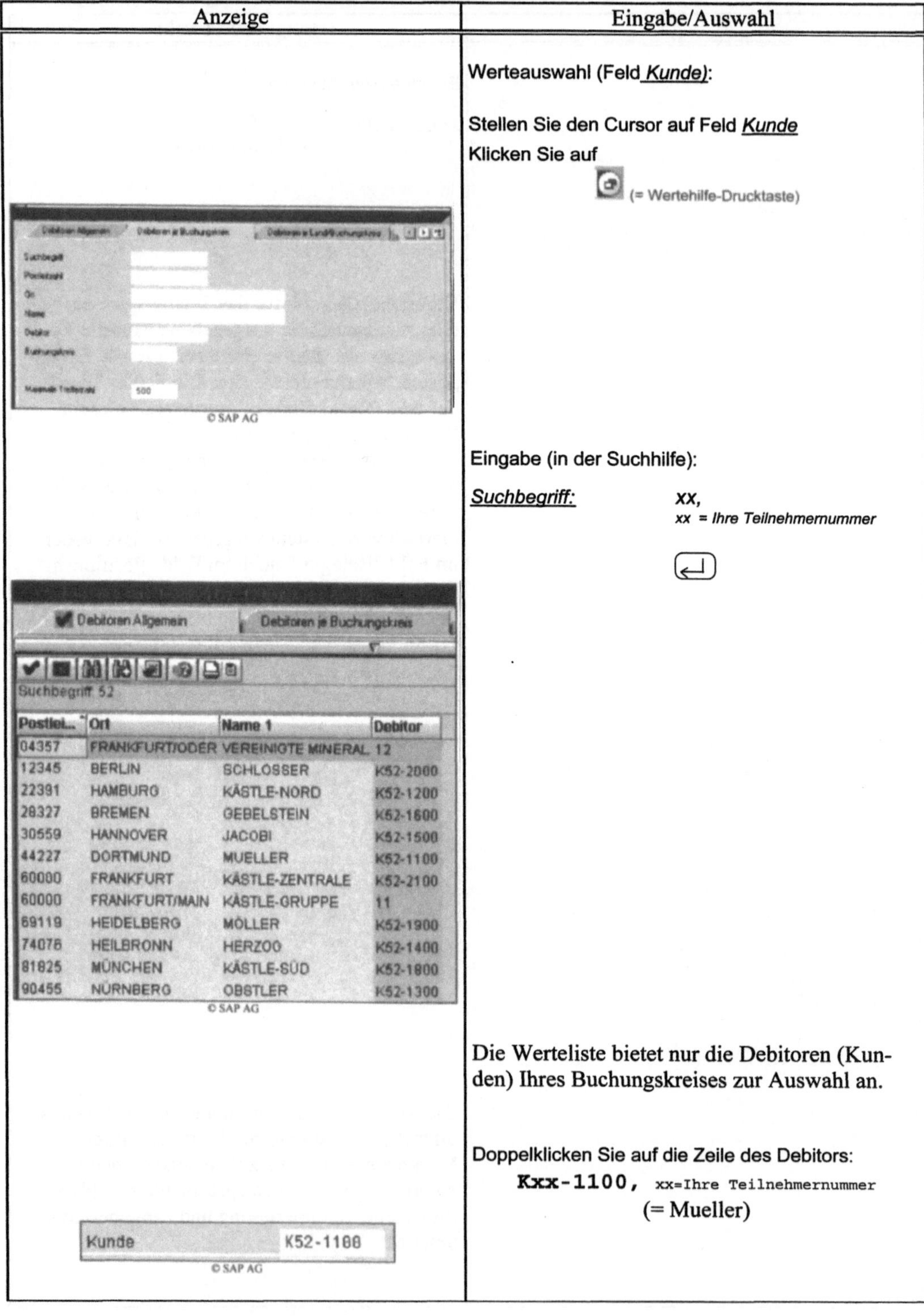

Anzeige	Eingabe/Auswahl
	Werteauswahl (Feld *Kunde*): Stellen Sie den Cursor auf Feld *Kunde* Klicken Sie auf (= Wertehilfe-Drucktaste)
© SAP AG	Eingabe (in der Suchhilfe): *Suchbegriff:* ***xx,*** *xx = Ihre Teilnehmernummer*
© SAP AG	Die Werteliste bietet nur die Debitoren (Kunden) Ihres Buchungskreises zur Auswahl an. Doppelklicken Sie auf die Zeile des Debitors: **Kxx-1100**, xx=Ihre Teilnehmernummer (= Mueller)
© SAP AG	

Postlei...	Ort	Name 1	Debitor
04357	FRANKFURT/ODER	VEREINIGTE MINERAL	12
12345	BERLIN	SCHLOSSER	K52-2000
22391	HAMBURG	KÄSTLE-NORD	K52-1200
28327	BREMEN	GEBELSTEIN	K52-1600
30559	HANNOVER	JACOBI	K52-1500
44227	DORTMUND	MUELLER	K52-1100
60000	FRANKFURT	KÄSTLE-ZENTRALE	K52-2100
60000	FRANKFURT/MAIN	KÄSTLE-GRUPPE	11
69119	HEIDELBERG	MÖLLER	K52-1900
74076	HEILBRONN	HERZOG	K52-1400
81825	MÜNCHEN	KÄSTLE-SÜD	K52-1800
90455	NÜRNBERG	OBSTLER	K52-1300

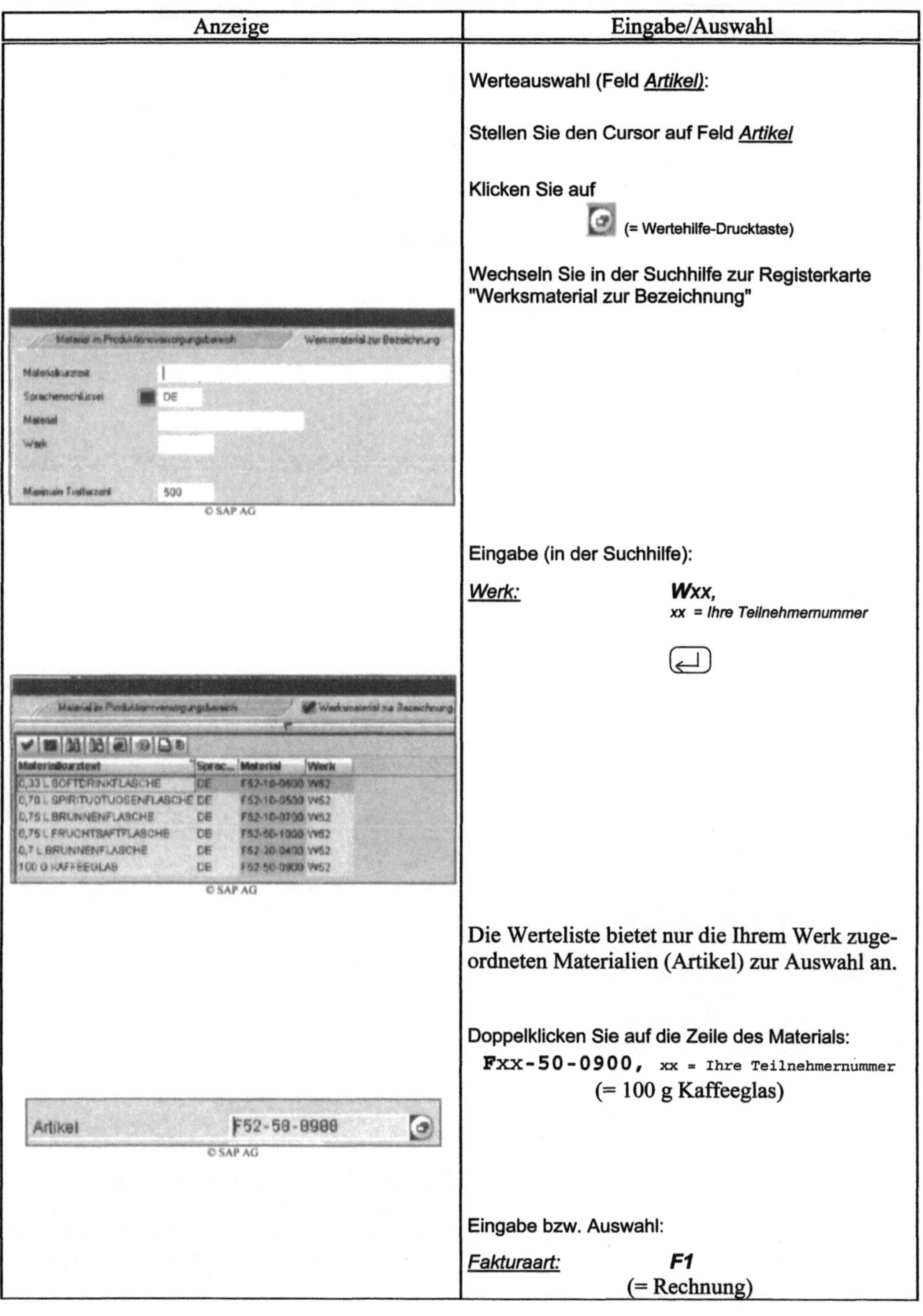

Anzeige	Eingabe/Auswahl
	Werteauswahl (Feld *Artikel*): Stellen Sie den Cursor auf Feld *Artikel* Klicken Sie auf (= Wertehilfe-Drucktaste) Wechseln Sie in der Suchhilfe zur Registerkarte "Werksmaterial zur Bezeichnung"
© SAP AG	Eingabe (in der Suchhilfe): *Werk:* **Wxx**, *xx = Ihre Teilnehmernummer*
© SAP AG	Die Werteliste bietet nur die Ihrem Werk zugeordneten Materialien (Artikel) zur Auswahl an. Doppelklicken Sie auf die Zeile des Materials: **Fxx-50-0900**, xx = Ihre Teilnehmernummer (= 100 g Kaffeeglas)
© SAP AG	Eingabe bzw. Auswahl: *Fakturaart:* **F1** (= Rechnung)

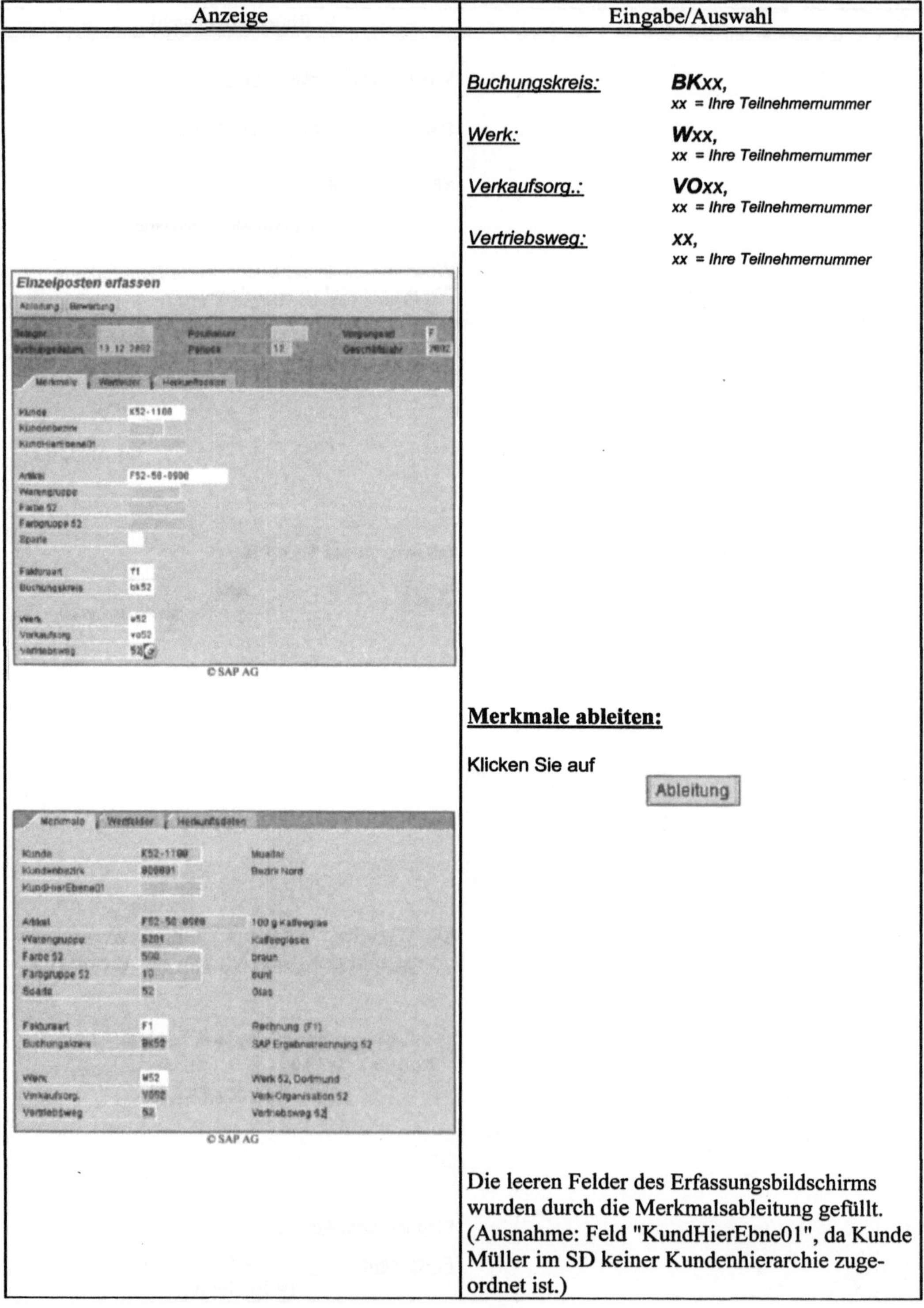

Anzeige	Eingabe/Auswahl
	__Buchungskreis:__ ***BKxx,*** *xx = Ihre Teilnehmernummer* *__Werk:__* ***Wxx,*** *xx = Ihre Teilnehmernummer* *__Verkaufsorg.:__* ***VOxx,*** *xx = Ihre Teilnehmernummer* *__Vertriebsweg:__* ***xx,*** *xx = Ihre Teilnehmernummer*
© SAP AG	**__Merkmale ableiten:__** Klicken Sie auf Ableitung
© SAP AG	Die leeren Felder des Erfassungsbildschirms wurden durch die Merkmalsableitung gefüllt. (Ausnahme: Feld "KundHierEbne01", da Kunde Müller im SD keiner Kundenhierarchie zugeordnet ist.)

Anzeige	Eingabe/Auswahl

M9.2.2 Ableitungsschritte ansehen (Ableitungsanalyse)

Wählen Sie in der akt. Menüleiste:

Zusätze – Ableitungsanalyse

© SAP AG

Unter "Schritte" sind alle Ableitungsschritte Ihrer Ableitungsstrategie (vgl. M7.2) aufgeführt. Bei den gelb unterlegten Schritten wurden durch die Ableitung Werte verändert.

Expandieren Sie die Zeile (Klick auf)

`0001 Tabellenzugriff Sparte aus Artikelnummer`

© SAP AG

Im Ableitungsschritt 0001 = Tabellenzugriff "Sparte aus Artikelnummer" wurde mit dem Schlüsselwert "Fxx-50-0900" (=Wert des Quellfeldes "Artikelnummer") auf die Tabelle "MARA" zugegriffen und der Wert "xx", xx=Ihre Teilnehmernummer, des Feldes "Sparte" (=Zielfeld) übernommern.

Sehen Sie sich nun noch die Analysen der restlichen gelb unterlegten Tabellenzugriffe (Ableitungsschritte 0011 und 0013) an.

Anzeige	Eingabe/Auswahl
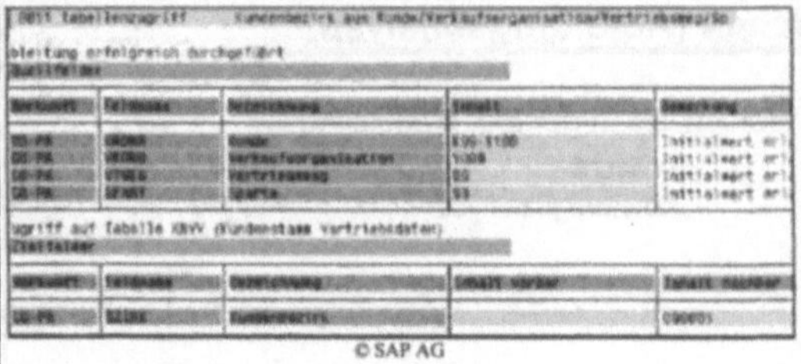 © SAP AG	
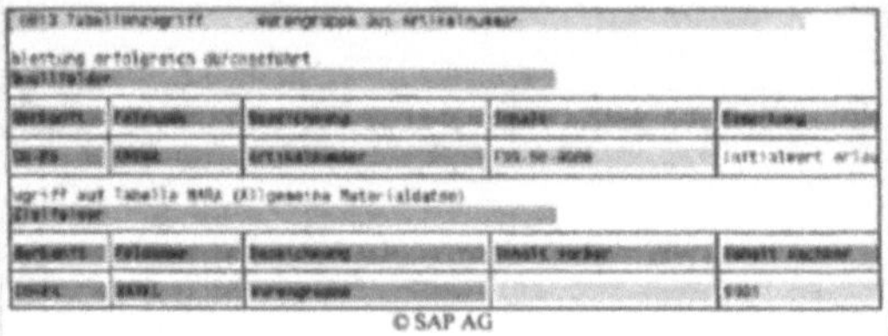 © SAP AG	
	Expandieren Sie die Zeile (Klick auf) **0014 Ableitungsregel Farbe aus Artikelnummer**
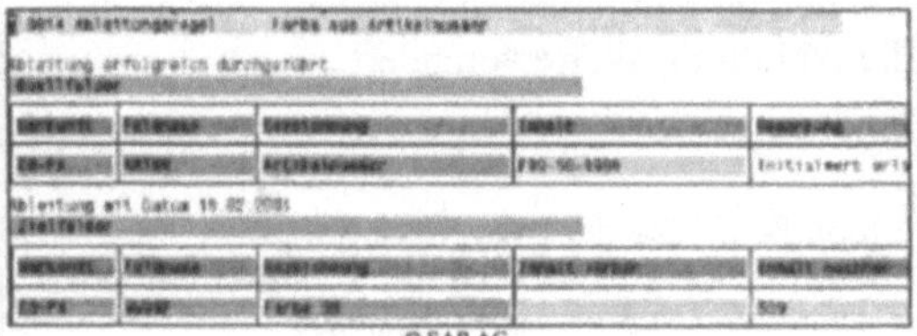 © SAP AG	
	Durch den Ableitungsschritt 0014 = Ihre selbstdefinierte Ableitungsregel "Farbe aus Artikelnummer" (vgl. M7.2.3) wurde in das Zielfeld "Farbe xx" der Wert "500" übernommen.
	Expandieren Sie nun noch Ihre 2. selbstdefinierte Ableitungsregel "Farbgruppe aus Farbe".
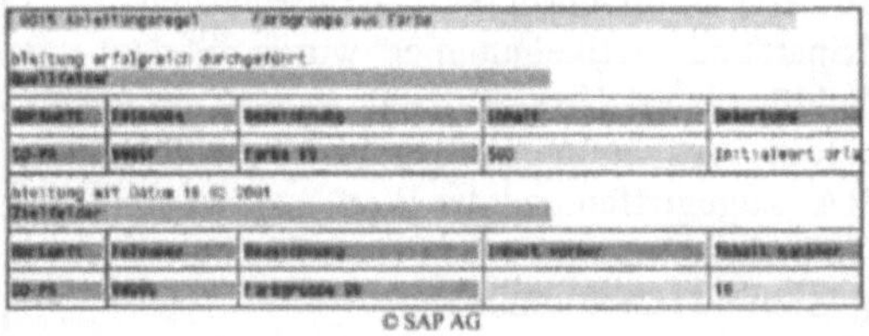 © SAP AG	
	Klicken Sie anschließend auf (= Zurück)
Bildschirm "Einzelposten erfassen", Registerkarte "Merkmale"	

Anzeige	Eingabe/Auswahl
M9.2.3 Werte erfassen und Bewertung durchführen	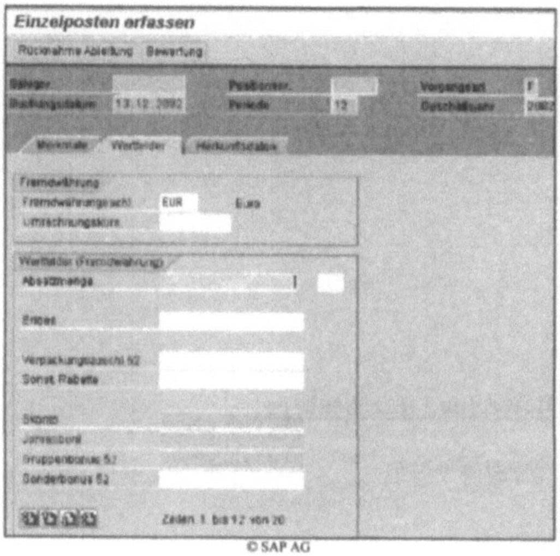
© SAP AG	**Zu buchende Werte erfassen:** Wechseln Sie zu Registerkarte "Wertfelder" Die Registerkarte "Wertfelder" des Erfassungsbildschirms zeigt nur die Felder Ihrer Merkmalsgruppe "BGxx" in entsprechender Anordnung und mit entsprechendem Feldstatus (vgl. Zeilennummerierung und Eingabestatus unter M9.1.2). Eingabe bzw. Auswahl: *Absatzmenge:* **100.000** ***ST*** (= Mengeneinheit) *Erloes:* ***14.000***

Anzeige	Eingabe/Auswahl
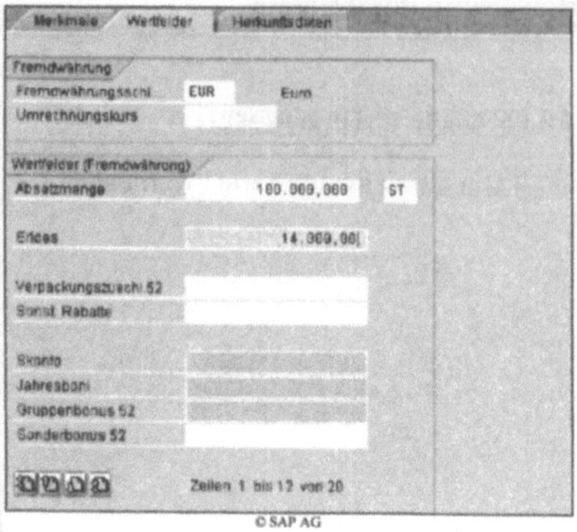 © SAP AG	
	Bewertung durchführen:
	Klicken Sie auf Bewertung
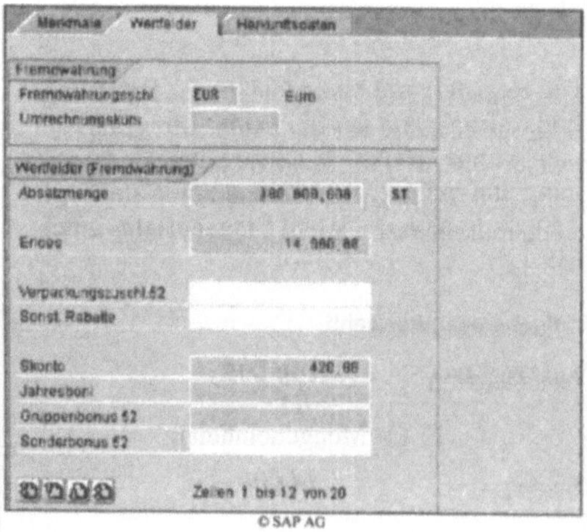 © SAP AG	
	Klicken Sie auf (= Nächste Seite)

Anzeige	Eingabe/Auswahl

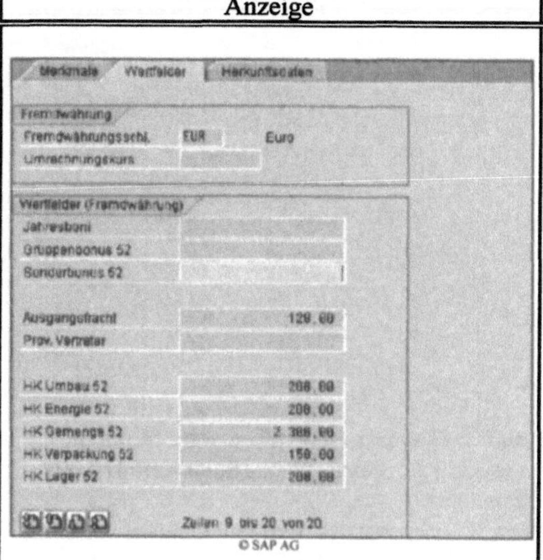

© SAP AG

Die Werte der Felder "Skonto", "Ausgangsfracht" und die der einzelnen Kostenelemente der variablen Herstellkosten (HK Umbau xx, HK Energie xx, HK Gemenge xx, HK Verpackung xx und HK Lager xx) wurden durch die Bewertung errechnet

M9.2.4 Bewertungsschritte ansehen (Bewertungsanalyse)

Wählen Sie in der akt. Menüleiste:

Zusätze –
Bewertungsanalyse

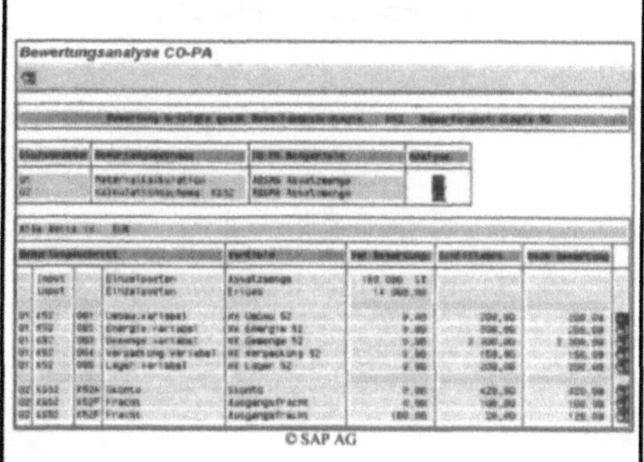

© SAP AG

Klicken Sie auf hinter Stufennummer

`02 Kalkulationsschema KSxx`,

xx=Ihre Teilnehmernummer

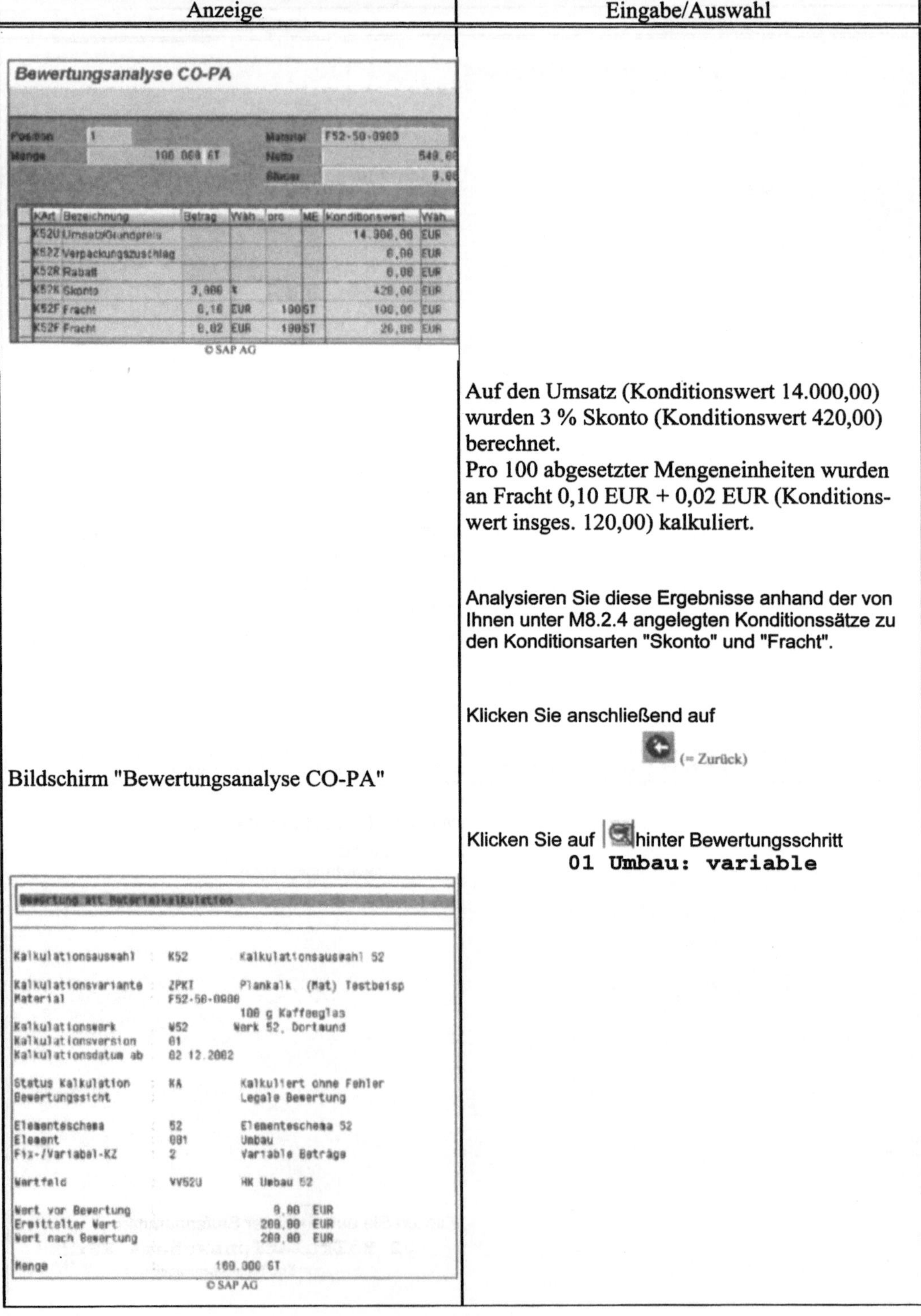

Anzeige	Eingabe/Auswahl
Bewertungsanalyse CO-PA Position 1 — Material F52-50-0900 Menge 100 000 ST — Netto 540,0… KArt / Bezeichnung / Betrag / Wäh. / pro / ME / Konditionswert / Wäh. K52U Umsatz/Grundpreis — 14.000,00 EUR K52Z Verpackungszuschlag — 0,00 EUR K52R Rabatt — 0,00 EUR K52K Skonto 3,000 % — 420,00 EUR K52F Fracht 0,10 EUR 100 ST — 100,00 EUR K52F Fracht 0,02 EUR 100 ST — 20,00 EUR © SAP AG	Auf den Umsatz (Konditionswert 14.000,00) wurden 3 % Skonto (Konditionswert 420,00) berechnet. Pro 100 abgesetzter Mengeneinheiten wurden an Fracht 0,10 EUR + 0,02 EUR (Konditionswert insges. 120,00) kalkuliert. Analysieren Sie diese Ergebnisse anhand der von Ihnen unter M8.2.4 angelegten Konditionssätze zu den Konditionsarten "Skonto" und "Fracht". Klicken Sie anschließend auf (= Zurück)
Bildschirm "Bewertungsanalyse CO-PA"	Klicken Sie auf hinter Bewertungsschritt **01 Umbau: variable**
Bewertung mit Materialkalkulation Kalkulationsauswahl : K52 Kalkulationsauswahl 52 Kalkulationsvariante : ZPKT Plankalk (Mat) Testbeisp Material : F52-50-0900 100 g Kaffeeglas Kalkulationswerk : W52 Werk 52, Dortmund Kalkulationsversion : 01 Kalkulationsdatum ab : 02.12.2002 Status Kalkulation : KA Kalkuliert ohne Fehler Bewertungssicht : Legale Bewertung Elementeschema : 52 Elementeschema 52 Element : 001 Umbau Fix-/Variabel-KZ : 2 Variable Beträge Wertfeld : VV52U HK Umbau 52 Wert vor Bewertung 0,00 EUR Ermittelter Wert 200,00 EUR Wert nach Bewertung 200,00 EUR Menge : 100.000 ST © SAP AG	

Anzeige	Eingabe/Auswahl
Bildschirm "Einzelposten erfassen"	Mit Hilfe der Materialkalkulation wurden für die erfasste Menge (100.000 ST) des Artikels variable Umbaukosten in Höhe von 200,00 EUR ermittelt. Analysieren Sie diesen Wert anhand der von Ihnen unter M4.2 (Tabelle 3) angelegten Einzelkalkulation für den erfassten Artikel "100 g Kaffeeglas" (Material Fxx-50-0900). Klicken Sie anschließend <u>zweimal</u> auf (= Zurück)
M9.2.5 Einzelposten buchen	
Bildschirm "Einzelposten erfassen: Einstiegsbild" Meldung in der Statuszeile *Einzelposten hinzugefügt (Beleg 1)*	**<u>1. Einzelposten buchen:</u>** Klicken Sie auf (= Buchen)
Bildschirm "Einzelposten erfassen", Registerkarte "Merkmale"	**<u>2. Einzelposten erfassen und buchen:</u>** Eingabe bzw. Auswahl: *<u>Vorgangsart</u>*: ***F*** (= Fakturadaten) Als Buchungsdatum steht das aktuelle Tagesdatum. ↵

Anzeige	Eingabe/Auswahl
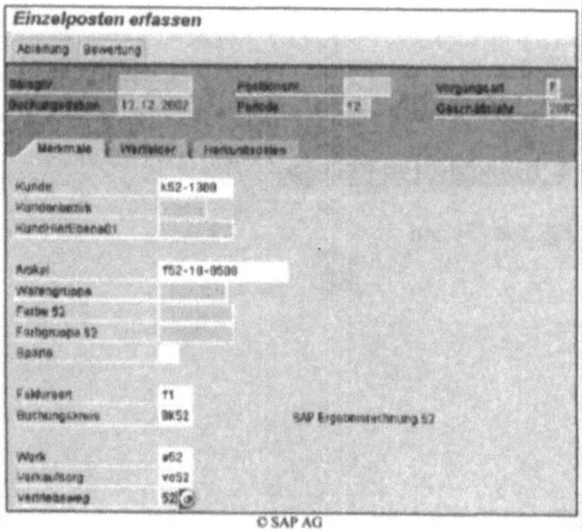 Einzelposten erfassen © SAP AG	Eingabe bzw. Auswahl: *Kunde:* ***Kxx -1300,*** *xx = Ihre Teilnehmernummer* (= Obstler) *Artikel:* ***Fxx -10-0500,*** *xx = Ihre Teilnehmernummer* (= 0,70 l Spirituosenflasche) *Fakturaart:* ***F1*** (= Rechnung) *Buchungskreis:* ***BKxx,*** *xx = Ihre Teilnehmernummer* *Werk:* ***Wxx,*** *xx = Ihre Teilnehmernummer* *Verkaufsorg.:* ***VOxx,*** *xx = Ihre Teilnehmernummer* *Vertriebsweg:* ***xx,*** *xx = Ihre Teilnehmernummer* Klicken Sie auf Ableitung

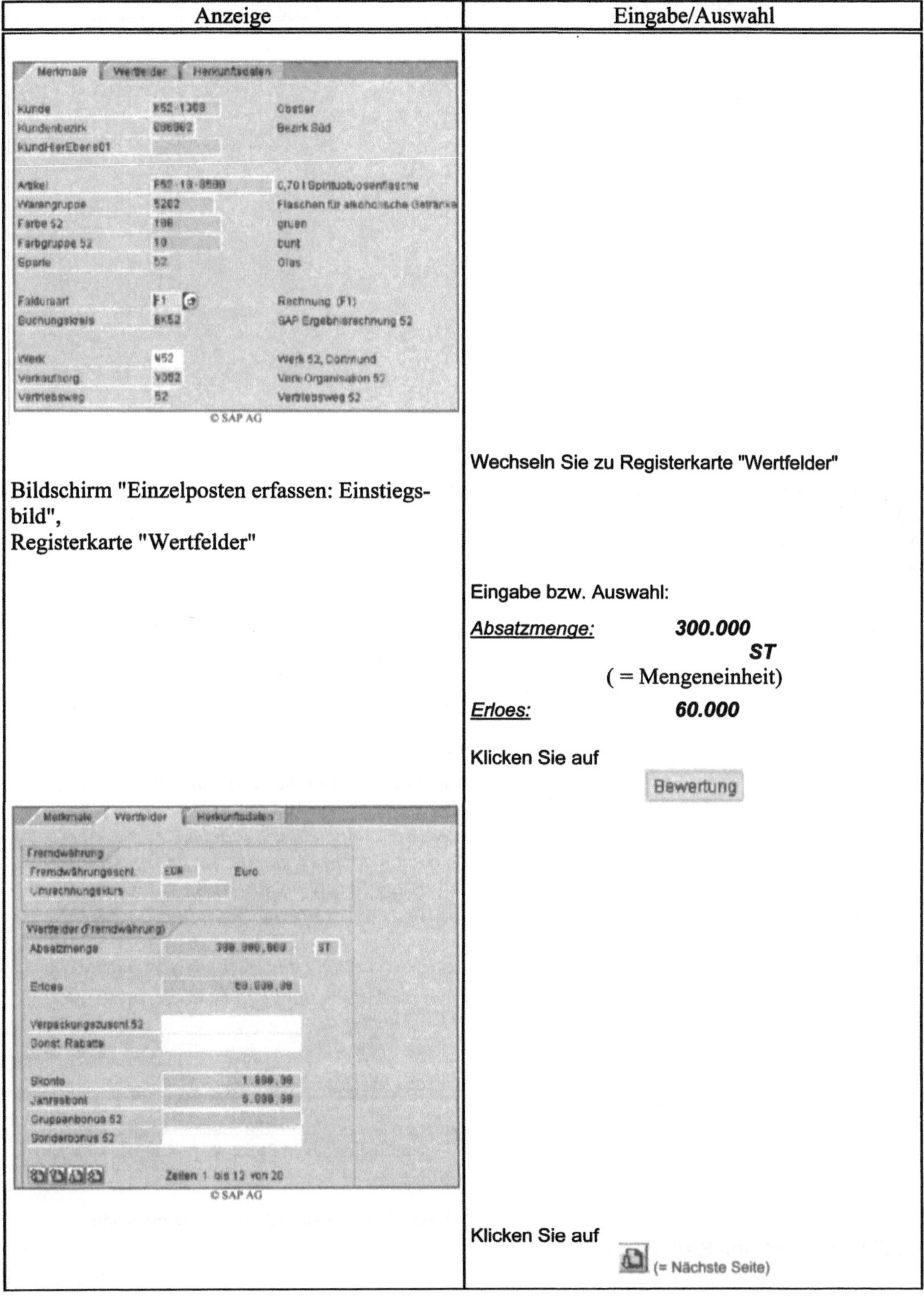

Anzeige	Eingabe/Auswahl
© SAP AG	
Bildschirm "Einzelposten erfassen: Einstiegsbild", Registerkarte "Wertfelder"	Wechseln Sie zu Registerkarte "Wertfelder"
© SAP AG	Eingabe bzw. Auswahl: *Absatzmenge:* **300.000** **ST** (= Mengeneinheit) *Erloes:* **60.000** Klicken Sie auf Bewertung Klicken Sie auf (= Nächste Seite)

Anzeige	Eingabe/Auswahl
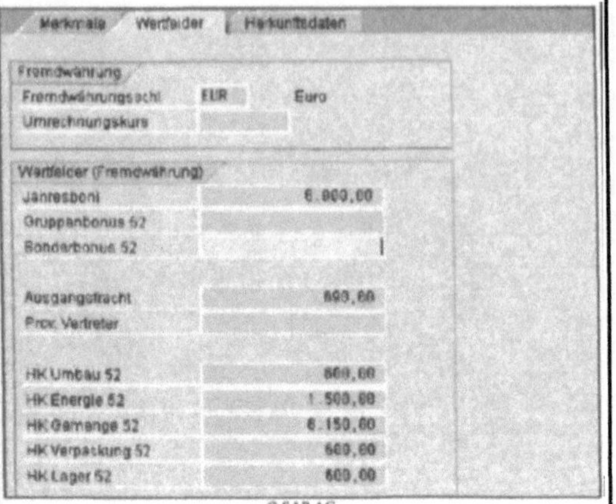 © SAP AG	
Bildschirm "Einzelposten erfassen: Einstiegsbild" Meldung in der Statuszeile *Einzelposten hinzugefügt (Beleg 2)*	Buchen Sie den erfassten Einzelposten.
	Restliche Einzelposten erfassen und buchen:
	Anmerkung: *Beim Buchen werden **Ableitung** und **Bewertung** implizit ausgeführt, müssen also nicht beim Buchen jedes Einzelpostens manuell durch Anklicken der entsprechenden Schaltfläche durchgeführt werden.* *Zur Kontrolle von Eingabefehlern empfiehlt sich jedoch hier die manuelle Ausführung und der sofortige Vergleich der Werte mit denen des Testbeispiels (Tabelle "Geschäftsvorfälle").* *Sollten Eingabefehler aufgetreten sein, so können diese dann unmittelbar nach Anklicken der Drucktasten* Rücknahme Ableitung *bzw.* Rücknahme Bewertung *wieder korrigiert werden.*
	Buchen Sie nun noch die restlichen Einzelposten (Geschäftsvorfall Nr. 3 bis 17) lt. **Tabelle 17: "Einzelposten"** im Anhang Eingabetabellen Beenden Sie anschließend die Transaktion.
SAP Easy Access mit **SAP Menü**	

Modul 10: Auswertungen

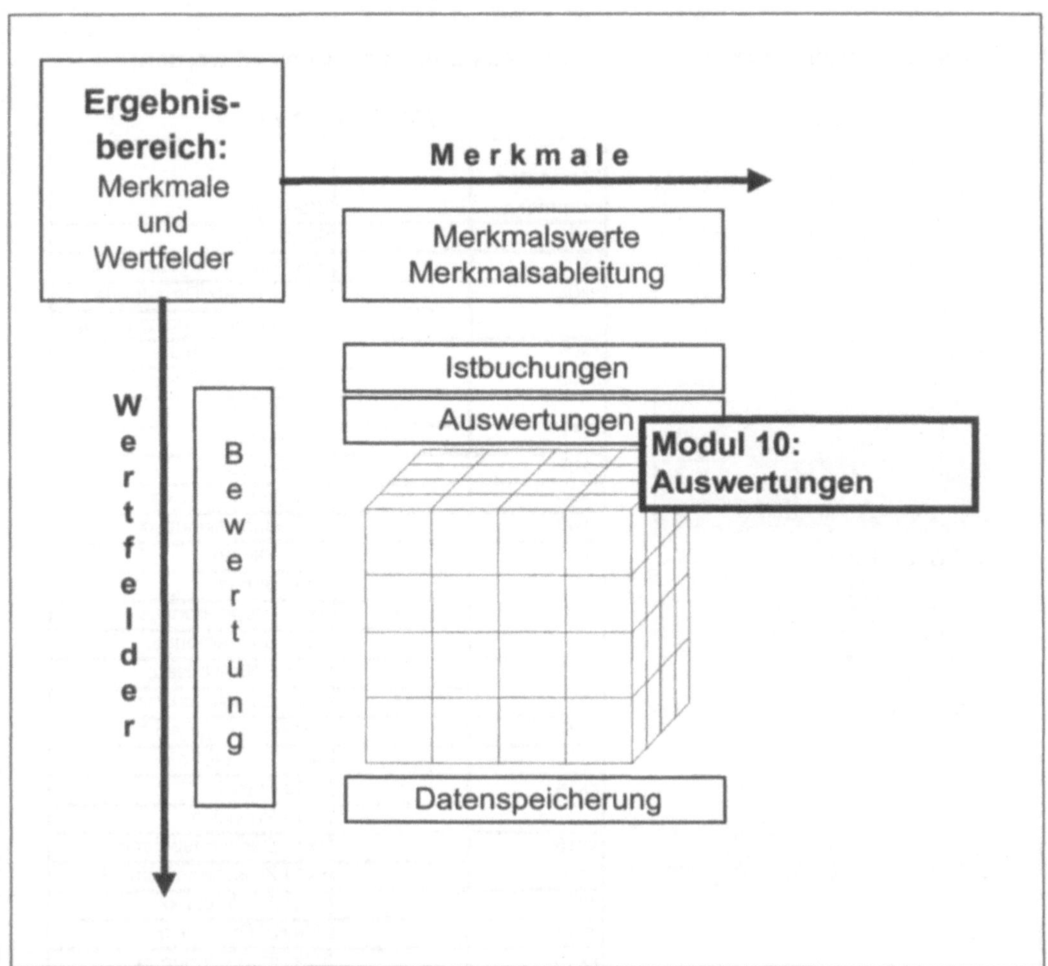

Bild 3.2/41 (Modul 10): Modulstruktur des Testbeispiels

Auswertungen im Testbeispiel

Das soll herauskommen:

DB-Struktur

Kennzahlen	
Umsatz/Grundpreis	719
Verpackungszuschlag	12
Bruttoumsatz	731
RaRRabatt	6-
Netto-Umsatz	725
Skonto	22-
Bonus	45-
Gruppenbonus	31-
Sonderbonus	5-
Zwischensumme 1	102-
Deckungsbeitrag 1	623
Fracht	6-
Provision	3-
Zwischensumme 2	9-
Deckungsbeitrag 2	615
var. Produktionskost	132-
Deckungsbeitrag 3	483
DB 3-% v. Bruttoumsa	66,04

Das muss dafür gecustomized werden:

Rechenschema

Elementen-nummer	VZ	Element
xx01	+	90ii Erloes
xx02	+	90ii Verpackungszuschl.xx
xx03	+	xx01 Umsatz/Grundpreis
	+	xx02 Verpackungszuschlag
xx04	-	90ii Sonst. Rabatte
xx05	+	xx03 Bruttoumsatz
	+	xx04 Rabatt
xx06	-	90ii Skonto
xx07	-	90ii Jahresboni
xx08	-	90ii Gruppenbonus xx
xx09	-	90ii Sonderbonus xx
xx10	+	xx06 Skonto
	+	xx07 Bonus
	+	xx08 Gruppenbonus
	+	xx09 Sonderbonus
xx11	+	xx05 Netto-Umsatz
	+	xx10 Zwischensumme 1
xx12	-	90ii Ausgangsfracht
xx13	-	90ii Prov. Vertreter
xx14	+	xx12 Fracht
	+	xx13 Provision
xx15	+	xx11 Deckungsbeitrag 1
	+	xx14 Zwischensumme 2
xx16	-	90ii HK Umbau xx
xx17	-	90ii HK Energie xx
xx18	-	90ii HK Gemenge xx
xx19	-	90ii HK Verpackung xx
xx20	-	90ii HK Lager xx
xx21	+	xx16 var HK Umbau
	+	xx17 var HK Energie
	+	xx18 var HK Gemenge
	+	xx19 var HK Verpackung
	+	xx20 var HK Lager
xx22	+	xx15 Deckungsbeitrag 2
	+	xx21 var. Herstellkosten
xx23	+	(Deckungsbeitrag 3/Brutto-Umsatz)*100,00

Bild 3.2/42 (Modul 10): Auswertungen im Testbeispiel

Die Auswertung, die am Anfang von Kapitel 3 unter "Das soll herauskommen" angekündigt worden war, läuft auf den mehrdimensionalen Würfel hinaus: Berichtszeilen können nach beliebigen Merkmalskombinationen ad hoc ausgewertet werden.

Zu definieren sind einerseits die **Berichtszeilen**, die in einem sogenannten Rechenschema zusammengefasst werden und neben den eigentlichen Wertfeldern noch Zwischenergebnisse, Prozentwerte usw. aufweisen können. Die Hauptauswertung ist in einer Ergebnis- und Marktsegmentrechnung natürlich immer ein Ergebnisschema, in unserem Fall ein **Deckungsbeitragsschema**.

Zum anderen sind die **Merkmale** auszuwählen, die für die Auswertung zur Verfügung stehen sollen. Das sind im Testbeispiel:

- Artikel
- Kunde
- Kundenbezirk
- Warengruppe
- Farbe
- Farbgruppe.

Nicht ausgewertet werden soll hier nach eher technischen Merkmalen (z. B. Buchungskreis, Fakturaart) und solchen, die nur mit einer Ausprägung vorkommen (Sparte, Vertriebsweg, Verkaufsorganisation, Werk, ..).

Bei der Berichtsausführung werden einige komfortable Funktionen, wie **Grafik**, **Drill-Down** (z. B. Kundenerfolg nach Artikeln aufgeschlüsselt oder umgekehrt), **ABC-Analyse** und **Exception-Reporting** (Ausnahmewerte) gezeigt. Hierzu insbesondere die hierarchische Darstellung von Merkmalen, zu denen eine **Hierarchie** existiert, im Testbeispiel also für Kunde.

Was ist zu tun?

M10.1 Customizing: Berichtsbestandteile definieren

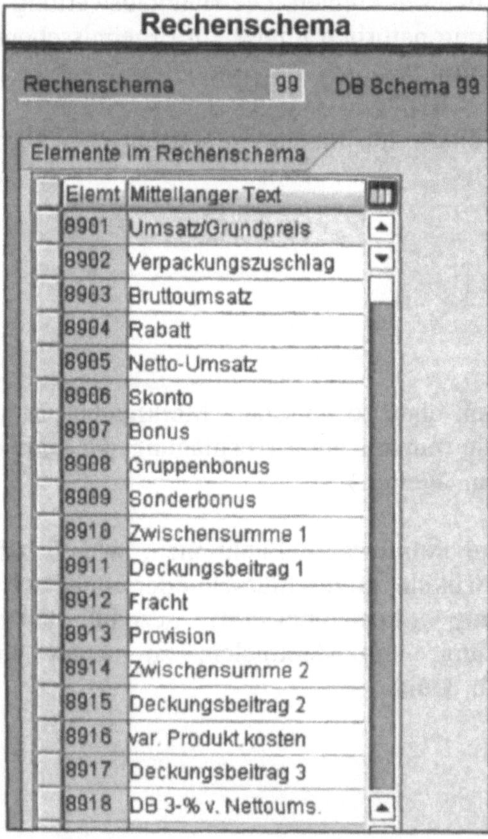

Mit Rechenschema "DB Schema xx" DB-Struktur festlegen in 10.1.1

Bild 3.2/43 (Modul 10): Überblick 10.1 (1)

M10.1 Customizing: Berichtsbestandteile definieren

Merkmale und ...

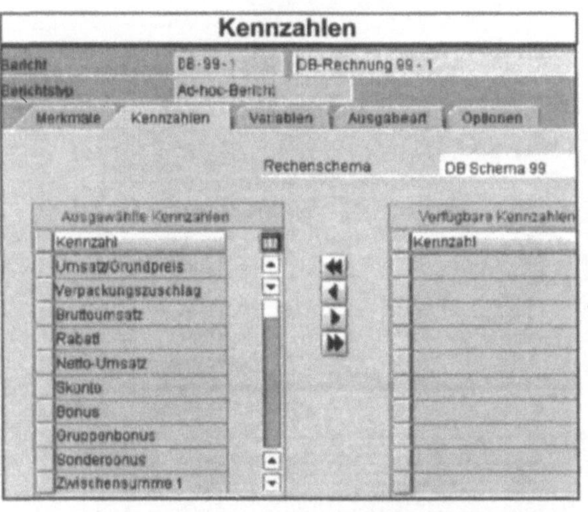

... Kennzahlen für Ad-hoc-Bericht "DB-xx-1" (hier: aus Rechenschema "DB Schema xx") auswählen in 10.1.2

Bild 3.2/43 (Modul 10): Überblick 10.1 (2)

M10.2 Berichte ausführen (Analyse)

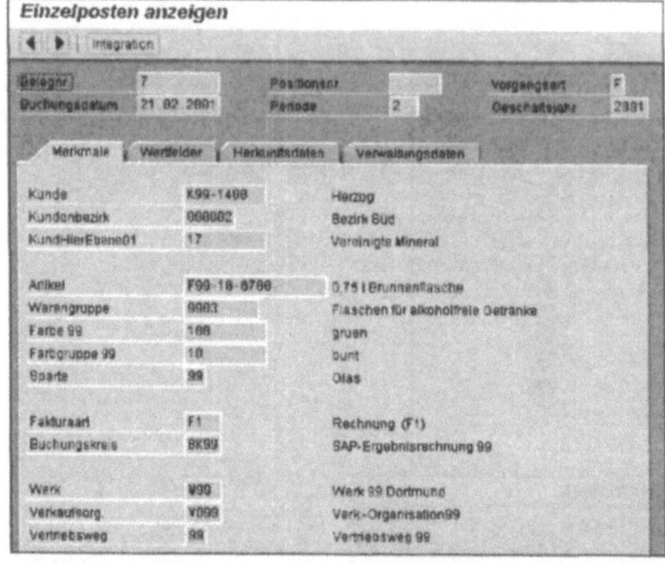

Einzelposten-bericht aufrufen in 10.2.1

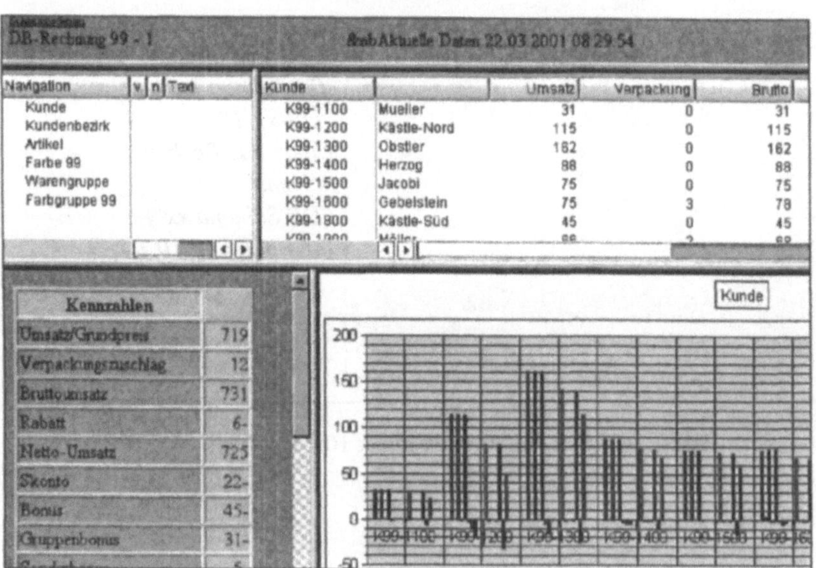

Interaktive Recherche im grafischen Bericht durchführen in 10.2.2

Bild 3.2/44 (Modul 10): Überblick 10.2

Anzeige	Eingabe/Auswahl

Modul 10: Auswertungen

Die in der Ergebnisrechnung gesammelten Daten können mit Hilfe des dialogorientierten Infosystems individuell aufbereitet und nach beliebigen Gesichtspunkten ausgewertet werden.
Bei der *interaktiven Recherche* können beliebige Kennzahlen zur Beschreibung herangezogen werden.

Neben *Einzelpostenberichten* wird innerhalb der Recherche bzgl. des Layouts unterschieden zwischen

***ad hoc Berichten* = einfache datengesteuerte Listen**

und

***Berichten mit Formular* = komplexe formatierte Berichtslisten.**

M10.1 Customizing: Berichtsbestandteile definieren

Die Berichtsdefinition erfolgt *modular*, d. h. einzelne Elemente der Berichte, z. B. *Rechenschemata* (s. u.) oder *Formulare* (=Zeilen- bzw. Spaltenstrukturen), können unabhängig voneinander definiert werden und lassen sich in unterschiedlichen Berichten je nach Bedarf beliebig miteinander kombinieren.

Anzeige	Eingabe/Auswahl
	Für die Auswertungen des Testbeispiels soll ein ad-hoc-Bericht angelegt werden, dem ein selbstdefiniertes Rechenschema (s. M10.1.1) zugeordnet wird. Die Merkmale und Kennzahlen für den Bericht werden dann unter M10.1.2 festgelegt.

M10.1.1 Rechenschema (DB-Struktur) festlegen

Mit Hilfe eines *Rechenschemas* können inhaltlich zusammenhängende Kennzahlen über eine Formelsammlung gebildet werden.

Die Formeln können dabei sowohl auf Wertfeldern als auch auf bereits definierten Elementen (Formeln) innerhalb desselben Rechenschemas basieren.

Anzeige	Eingabe/Auswahl
SAP-Referenz-IMG (Einführungsleitfaden)	Wechseln Sie zum Einführungsleitfaden (SAP-Referenz-IMG).
	Wählen Sie im SAP-Referenz-IMG: **Controlling -** **Ergebnis- und Marktsegmentrechnung –** **Infosystem -** **Berichtsbestandteile –** **Rechenschemata definieren**
Bildschirm "**Sicht** "Rechenschema" ändern: Übersicht"	

Anzeige	Eingabe/Auswahl
	Klicken Sie auf Neue Einträge
Bildschirm "**Neue Einträge: Detail Hinzugefügte**"	Eingabe bzw. Auswahl: *Rechenschema*: ***xx*** *Mittelanger Text:* ***DB Schema xx,*** *xx = Ihre Teilnehmernummer*
Neue Einträge: Detail Hinzugefügte Dialogstruktur Rechenschema Elemente im Rechenschema Ergebnisbereich E010 Rechenschema 10 Mittelanger Text DB Schema 10 © SAP AG	Doppelklicken Sie (in der Dialogstruktur der linken Fensterseite) auf **Elemente im Rechenschema**
Bildschirm "Sicht "Elemente im Rechenschema" ändern: Übersicht"	Klicken Sie auf Neue Einträge
Bildschirm "**Neue Einträge: Detail Hinzugefügte**"	**1. DB-Zeile:** Eingabe bzw. Auswahl: *Elementenummer*: ***xx01,*** *xx = Ihre Teilnehmernummer* *Wertdarstellung*: ***Darstellung in 1.000*** *Zahlenformat*: ***keine Dezimalstellen*** *Menge/Wert*: ***Wertfeld*** *Kurztext*: ***Umsatz*** *Mittellanger Text*: ***Umsatz/Grundpreis***

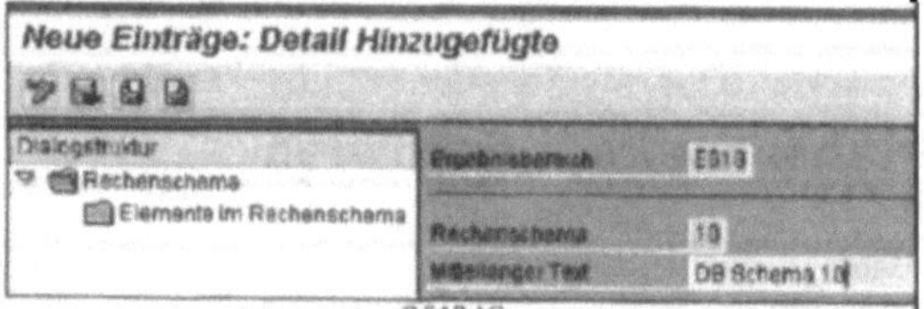

Anzeige	Eingabe/Auswahl
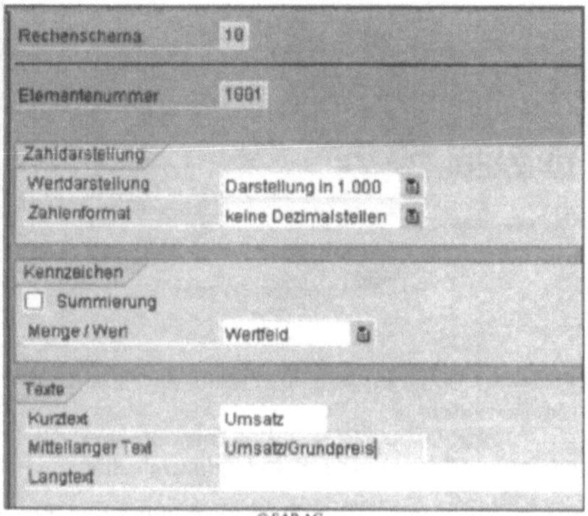 Rechenschema 10 Elementenummer 1001 Zahldarstellung Wertdarstellung Darstellung in 1.000 Zahlenformat keine Dezimalstellen Kennzeichen Summierung Menge / Wert Wertfeld Texte Kurztext Umsatz Mittellanger Text Umsatz/Grundpreis Langtext © SAP AG	
Dialogfenster "Neue Einträge: Detail Hinzugefügte"	Klicken Sie auf Grundformel
Rechenschema 10 Element 1001 Formelangabe Vz Element + 9003 © SAP AG	Auswahl (unter Formelangabe): _VZ_: **+** (= positives Vorzeichen) _Element_: ***90ii Erloes,*** *ii = vom System vergebene Ziffern* Für das Wertfeld "Erloes", Ihres Ergebnisbereichs wurde vom System automatisch die Elementenummer 90ii vergeben.

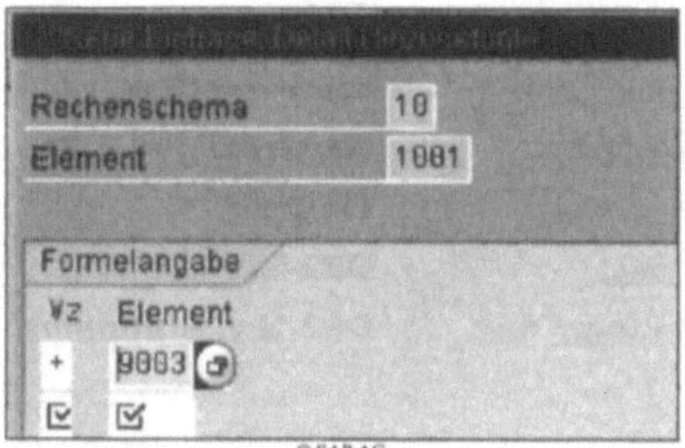

Die Wertfelder eines Ergebnisbereiches sind allen Rechenschemata dieses Bereiches gleichermaßen zugeordnet und werden vom System automatisch mit 9001 bis 9999 bezeichnet.
Für die selbst definierten Formeln (Elemente, Zeilen) eines Rechenschemas können die Nummern 1 bis 8999 vergeben werden.

Anzeige	Eingabe/Auswahl

Bildschirm "Neue Einträge: Detail Hinzugefügte"	
	<u>DB-Zeilen 2 bis 22:</u> Klicken Sie auf  (=Nächster Eintrag) Erfassen Sie für Ihr Rechenschema "xx" nun noch die Elemente **xx02** bis **xx22,** xx = Ihre Teilnehmernr. mit den entsprechenden Formeln (jeweils über Grundformel) nach **Tabelle 18: "Elemente des Rechenschemas"** des Anhangs Eingabetabellen.
	<u>23. DB-Zeile:</u> Klicken Sie auf  (=Nächster Eintrag) Eingabe bzw. Auswahl: *<u>Elementenummer</u>*: ***xx23,*** *xx = Ihre Teilnehmernummer* *<u>Wertdarstellung</u>*: ***keine Rundung*** *<u>Zahlenformat</u>*: ***Darstellung in 0,00*** *<u>Menge/Wert</u>*: ***Wertfeld*** *<u>Kurztext</u>*: ***DB3-%*** *<u>Mittellanger Text</u>*: ***DB3-% v. Bruttoums.***
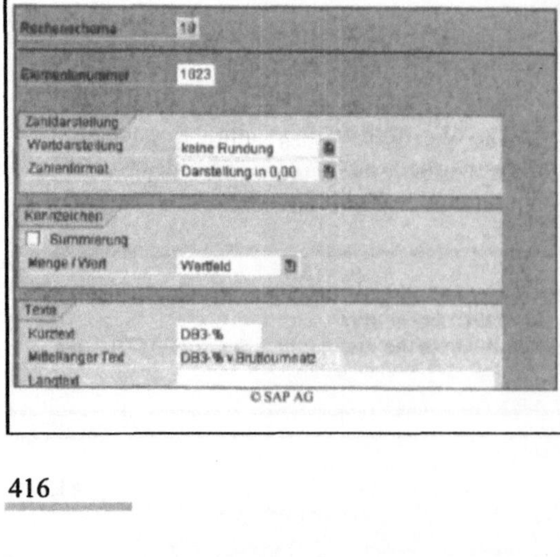 © SAP AG	

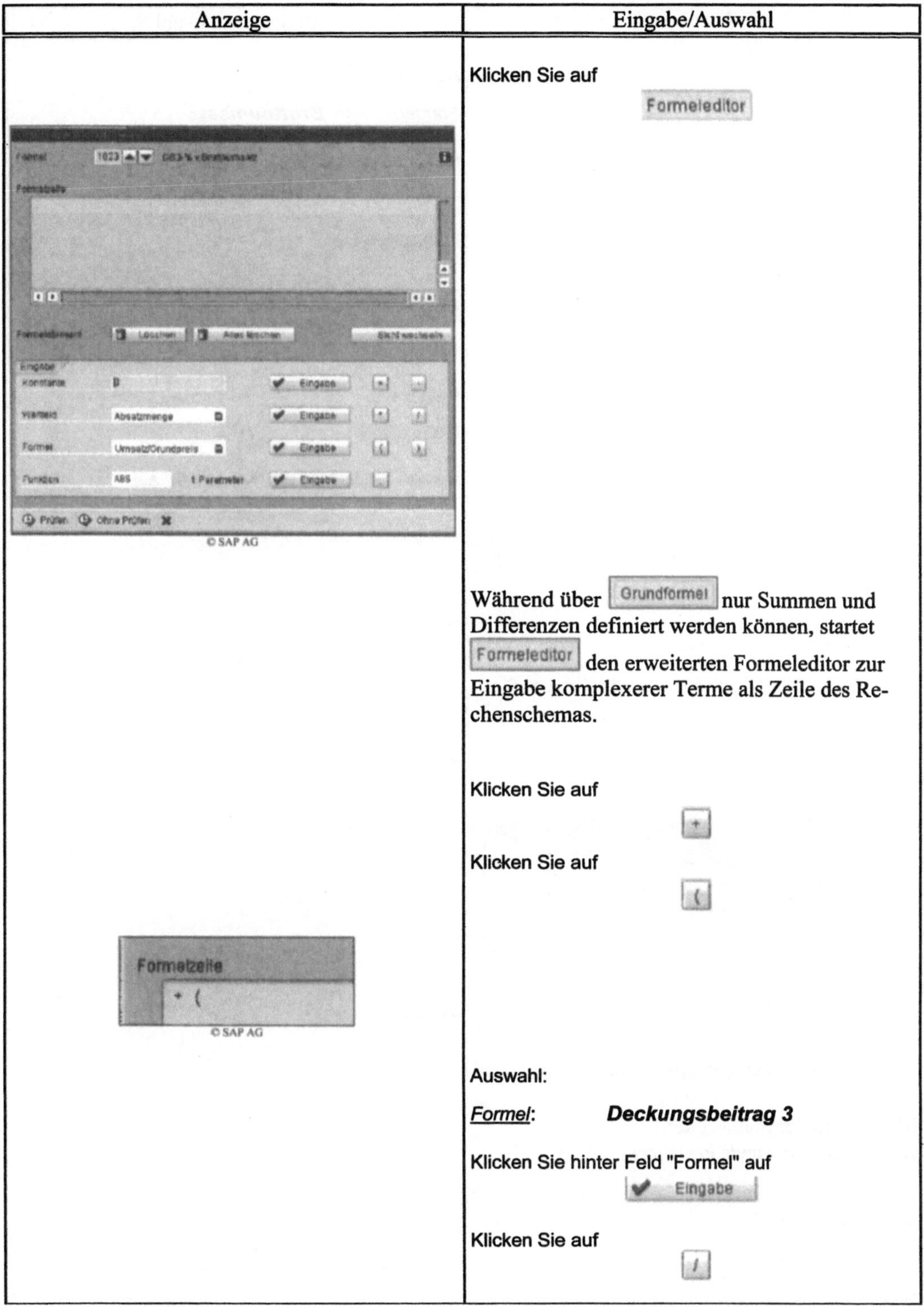

Anzeige	Eingabe/Auswahl
	Klicken Sie auf Formeleditor
© SAP AG	
	Während über Grundformel nur Summen und Differenzen definiert werden können, startet Formeleditor den erweiterten Formeleditor zur Eingabe komplexerer Terme als Zeile des Rechenschemas.
	Klicken Sie auf + Klicken Sie auf (
Formelzeile + (© SAP AG	
	Auswahl: *<u>Formel</u>*: ***Deckungsbeitrag 3*** Klicken Sie hinter Feld "Formel" auf Eingabe Klicken Sie auf /

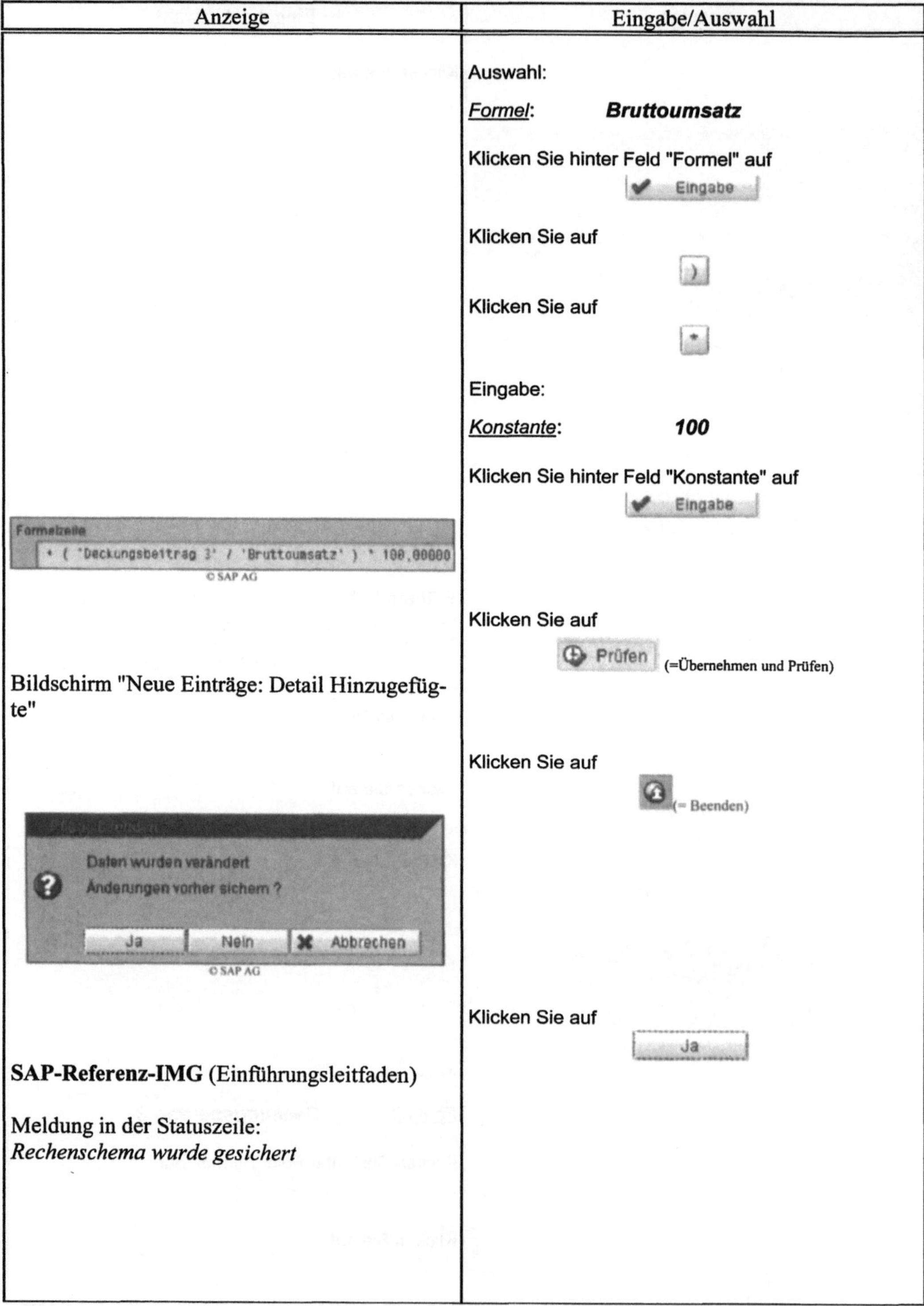

Anzeige	Eingabe/Auswahl
	Auswahl:
	Formel: **Bruttoumsatz**
	Klicken Sie hinter Feld "Formel" auf Eingabe
	Klicken Sie auf)
	Klicken Sie auf *
	Eingabe:
	Konstante: **100**
Formelzeile * ('Deckungsbeitrag 3' / 'Bruttoumsatz') * 100,00000 © SAP AG	Klicken Sie hinter Feld "Konstante" auf Eingabe
	Klicken Sie auf Prüfen (=Übernehmen und Prüfen)
Bildschirm "Neue Einträge: Detail Hinzugefügte"	
	Klicken Sie auf (= Beenden)
Daten wurden verändert Änderungen vorher sichern ? Ja Nein Abbrechen © SAP AG	
	Klicken Sie auf Ja
SAP-Referenz-IMG (Einführungsleitfaden)	
Meldung in der Statuszeile: *Rechenschema wurde gesichert*	

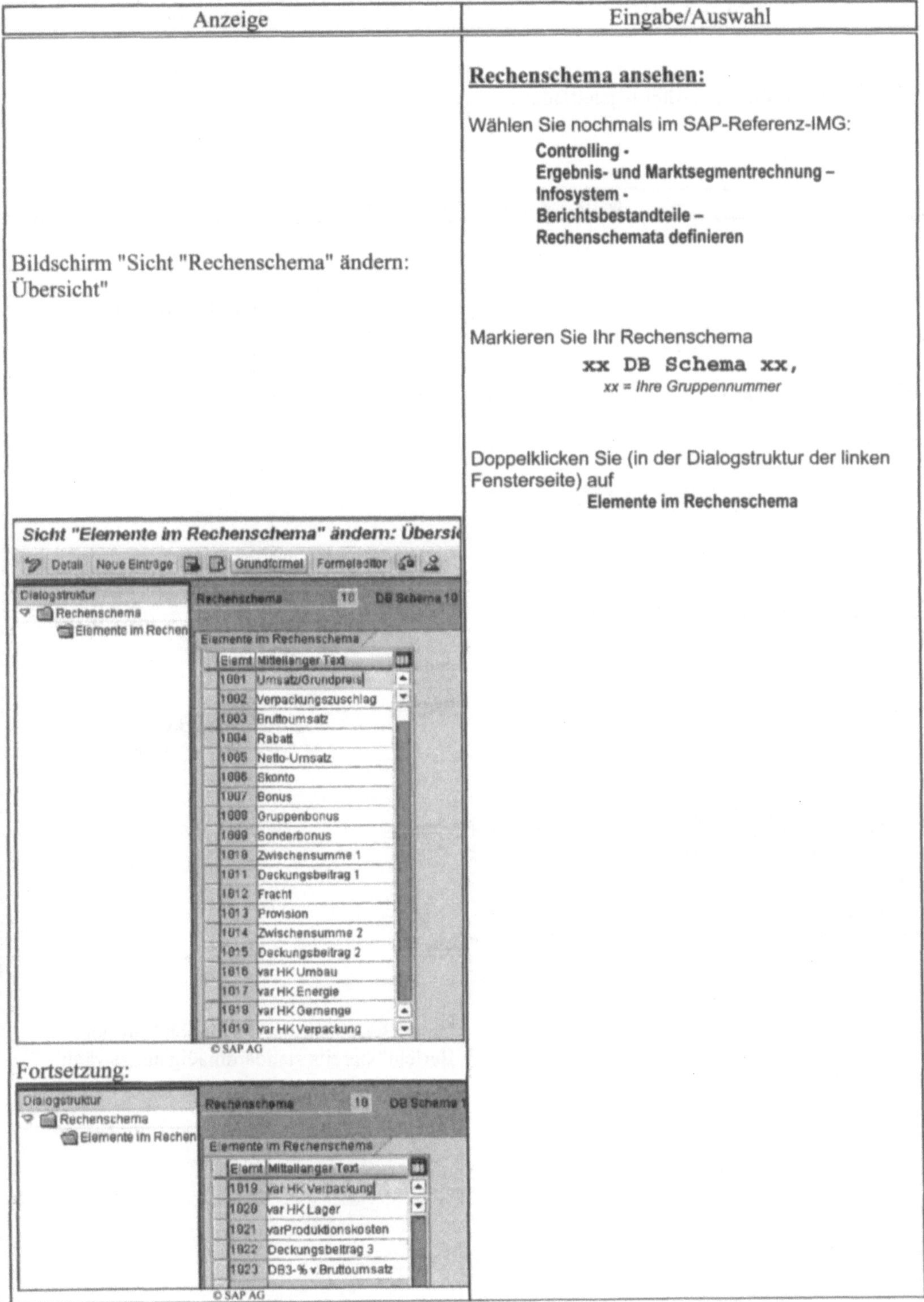

Anzeige	Eingabe/Auswahl
Bildschirm "Sicht "Rechenschema" ändern: Übersicht"	**Rechenschema ansehen:** Wählen Sie nochmals im SAP-Referenz-IMG: **Controlling -** **Ergebnis- und Marktsegmentrechnung –** **Infosystem -** **Berichtsbestandteile –** **Rechenschemata definieren** Markieren Sie Ihr Rechenschema **xx DB Schema xx,** *xx = Ihre Gruppennummer* Doppelklicken Sie (in der Dialogstruktur der linken Fensterseite) auf **Elemente im Rechenschema**
Sicht "Elemente im Rechenschema" ändern: Übersi © SAP AG Fortsetzung: © SAP AG	

Anzeige	Eingabe/Auswahl
SAP-Referenz-IMG (Einführungsleitfaden)	Beenden Sie die Customizing-Transaktion.
M10.1.2 Bericht definieren	
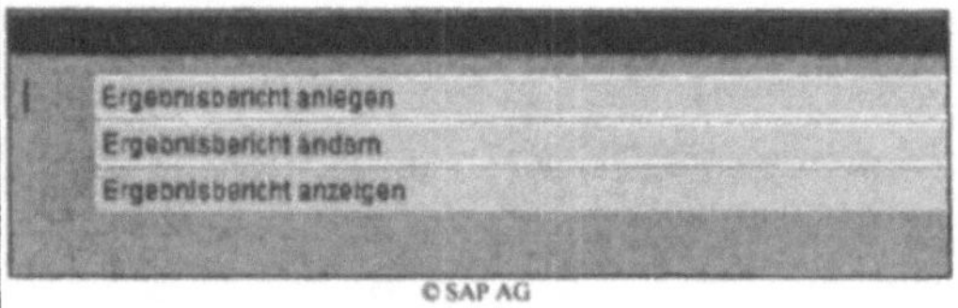 Ergebnisbericht anlegen Ergebnisbericht ändern Ergebnisbericht anzeigen © SAP AG	Wählen Sie im SAP-Referenz-IMG: **Controlling -** **Ergebnis- und Marktsegmentrechnung –** **Infosystem -** **Ergebnisberichte definieren –** **Ergebnisbericht anlegen**
Bildschirm "Ergebnisbericht anlegen: Einstieg" 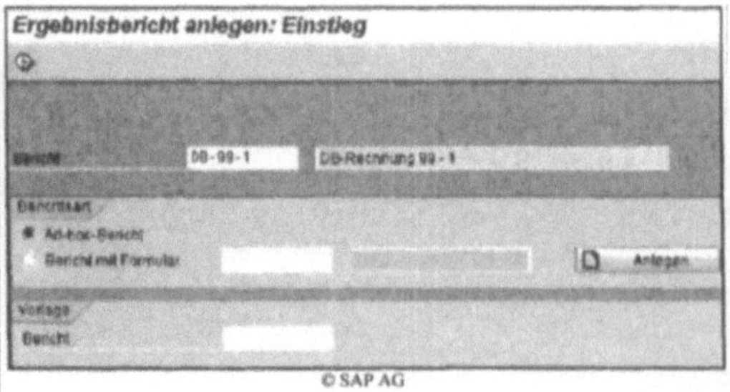	Doppelklicken Sie auf Zeile **`Ergebnisbericht anlegen`**
Ergebnisbericht anlegen: Einstieg Bericht DB-99-1 DB-Rechnung 99 - 1 Berichtsart Ad-hoc-Bericht Bericht mit Formular Anlegen Vorlage Bericht © SAP AG	Eingabe: *Bericht:* ***DB**-xx-**1*** ***DB-Rechnung** xx **- 1*** *xx = Ihre Teilnehmernummer*
	Unter Berichtsart ist die Option "Ad-hoc-Bericht" bereits standardmäßig ausgewählt. ↵

Anzeige	Eingabe/Auswahl

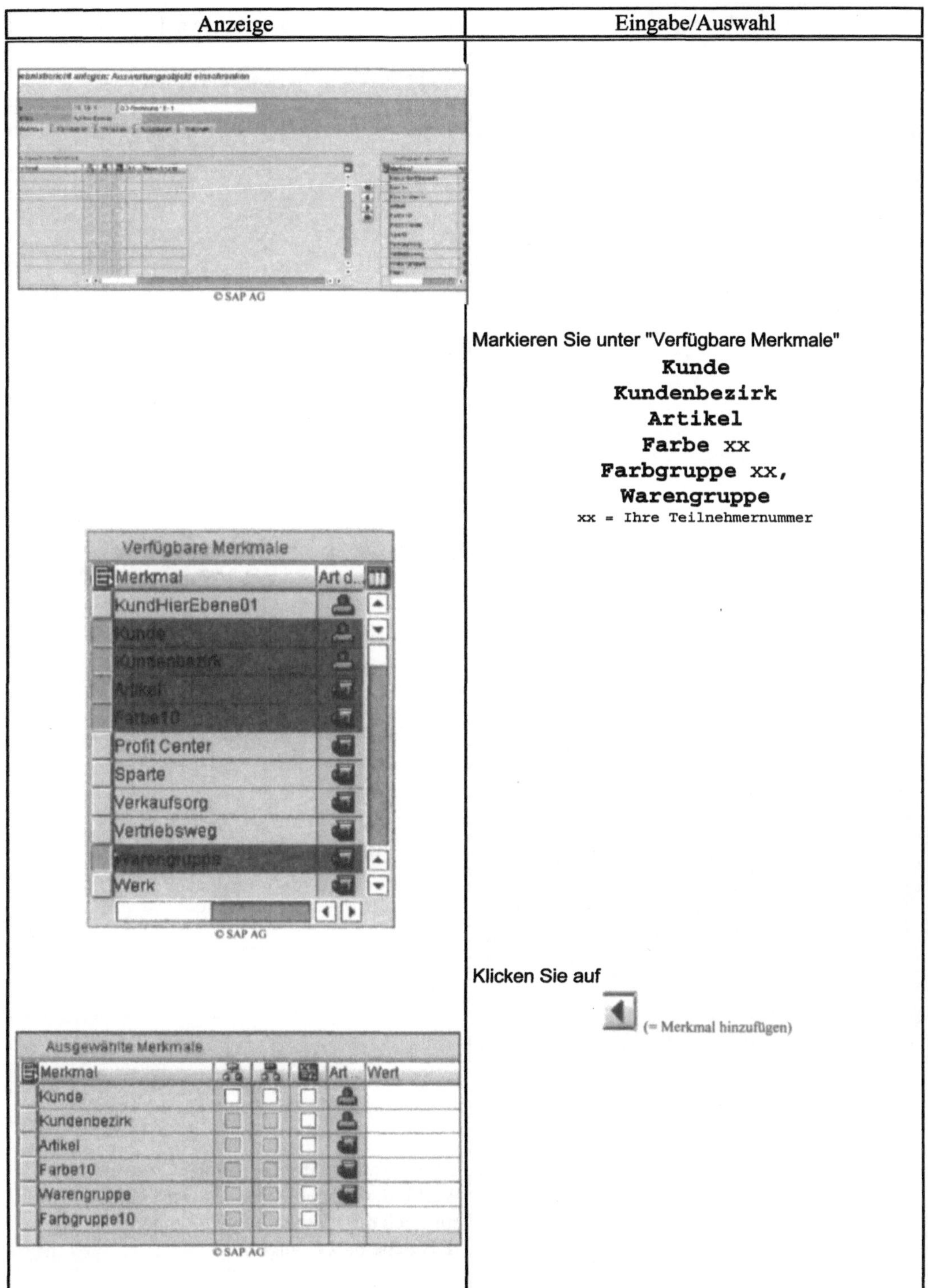

© SAP AG

Markieren Sie unter "Verfügbare Merkmale"

Kunde
Kundenbezirk
Artikel
Farbe xx
Farbgruppe xx,
Warengruppe
xx = Ihre Teilnehmernummer

© SAP AG

Klicken Sie auf

(= Merkmal hinzufügen)

© SAP AG

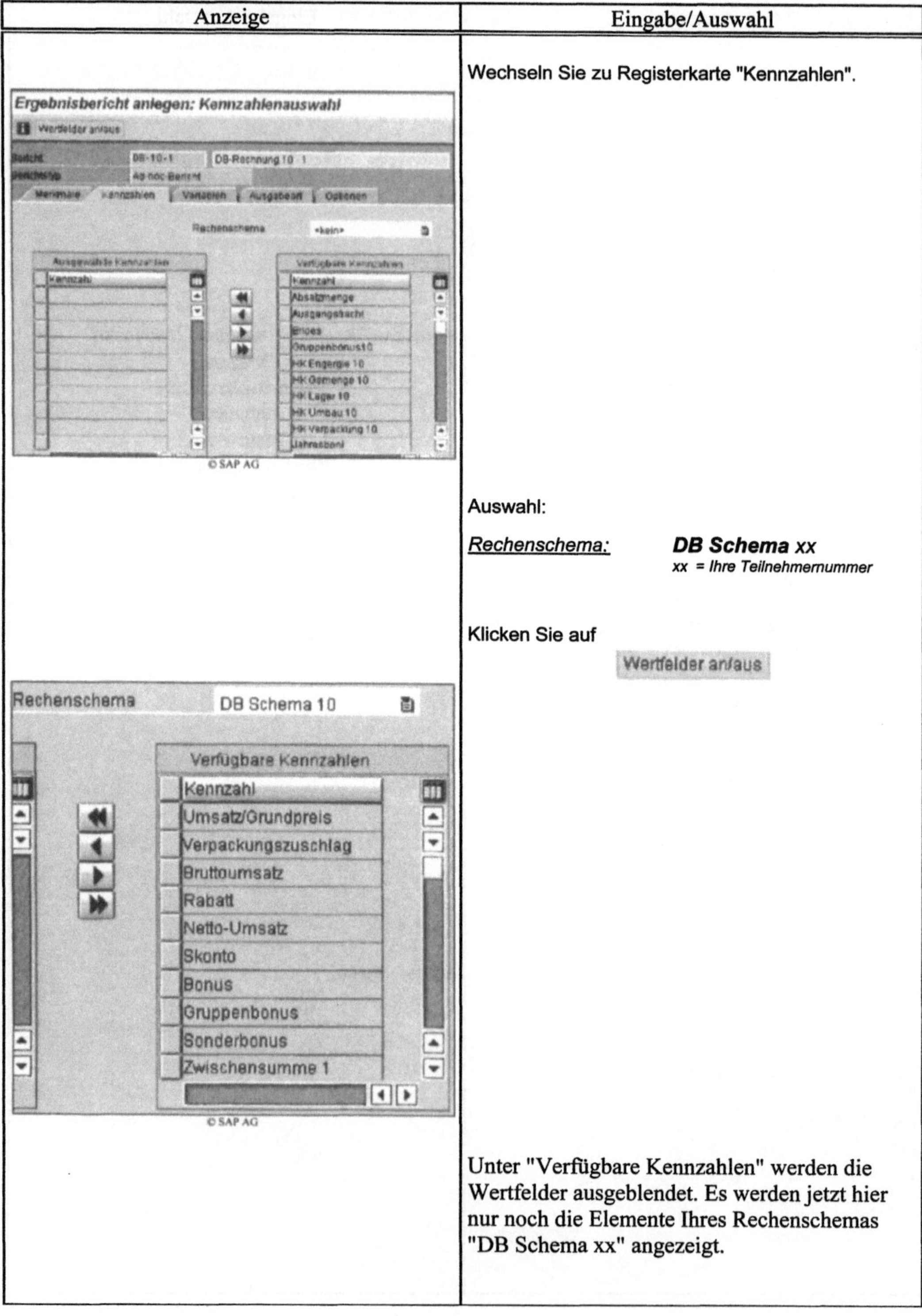

Anzeige	Eingabe/Auswahl
	Wechseln Sie zu Registerkarte "Kennzahlen".
© SAP AG	Auswahl: *Rechenschema:* ***DB Schema** xx* *xx = Ihre Teilnehmernummer* Klicken Sie auf Wertfelder an/aus
© SAP AG	Unter "Verfügbare Kennzahlen" werden die Wertfelder ausgeblendet. Es werden jetzt hier nur noch die Elemente Ihres Rechenschemas "DB Schema xx" angezeigt.

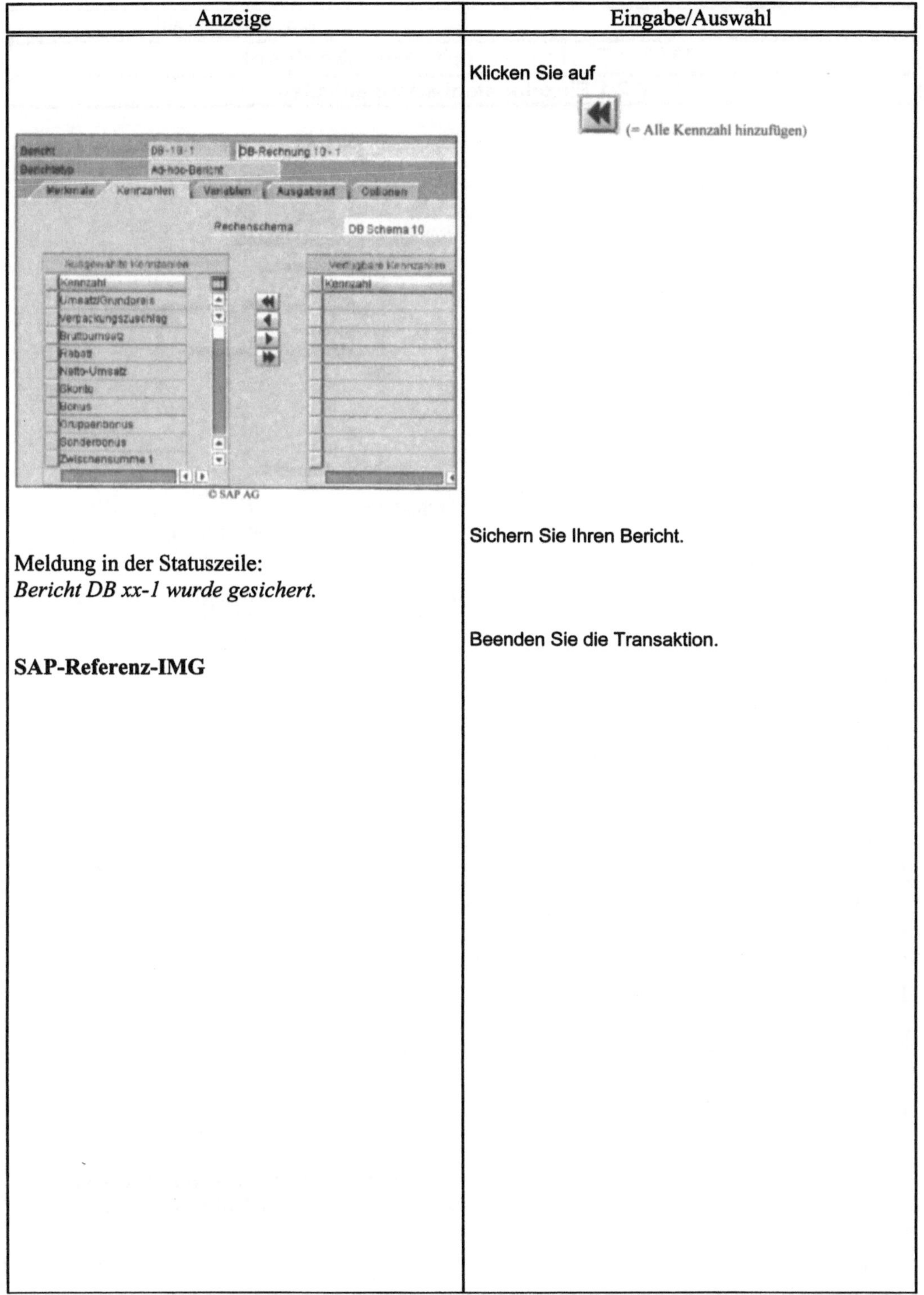

Anzeige	Eingabe/Auswahl
© SAP AG	Klicken Sie auf (= Alle Kennzahl hinzufügen)
Meldung in der Statuszeile: *Bericht DB xx-1 wurde gesichert.*	Sichern Sie Ihren Bericht.
SAP-Referenz-IMG	Beenden Sie die Transaktion.

Anzeige	Eingabe/Auswahl
M10.2 Berichte ausführen (Analyse)	
M10.2.1 Einzelpostenbericht aufrufen	
	Wechseln Sie zum Einstiegsbild "SAP Easy Access" (SAP-Menü).
SAP Easy Access mit **SAP Menü**	Wählen Sie im SAP-Menü: **Rechnungswesen –** **Controlling –** **Ergebnis- und Marktsegmentrechnung –** **Infosystem –** **Einzelpostenliste anzeigen –** **Ist**
Bildschirm "**Ist-Einzelposten anzeigen: Einstieg**"	Eingabe bzw. Auswahl: *Vorgangsart*: **F** (= Fakturadaten) *Periode/Jahr:* *mm.jjjj* *bis* *mm.jjjj*, *mm = aktueller Monat, jjjj = aktuelles Jahr*
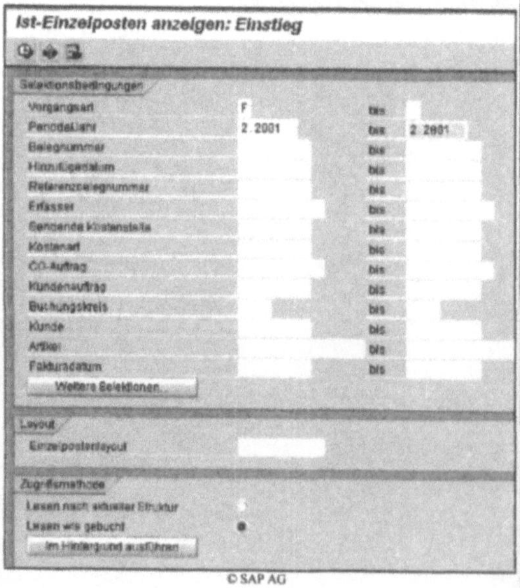 Ist-Einzelposten anzeigen: Einstieg Selektionsbedingungen Vorgangsart F bis Periode/Jahr 2.2001 bis 2.2001 Belegnummer bis Hinzufügedatum bis Referenzbelegnummer bis Erfasser bis Sendende Kostenstelle bis Kostenart bis CO-Auftrag bis Kundenauftrag bis Buchungskreis bis Kunde bis Artikel bis Fakturadatum bis Weitere Selektionen... Layout Einzelpostenlayout Zugriffsmethode Lesen nach aktueller Struktur Lesen wie gebucht Im Hintergrund ausführen © SAP AG	
	Als Zugriffsmethode ist bereits die Option "Lesen wie gebucht" standardmäßig gewählt.

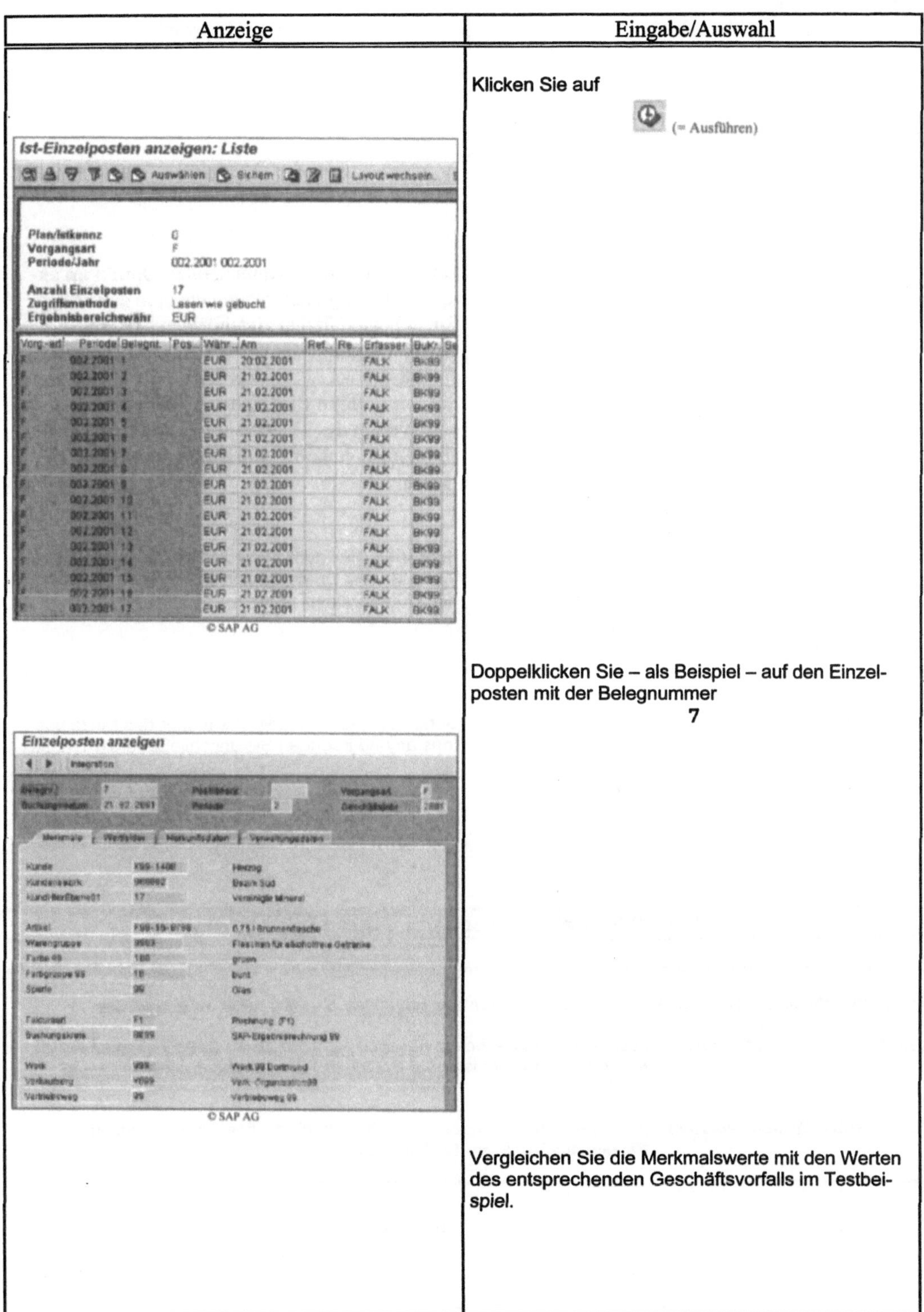

Anzeige	Eingabe/Auswahl
	Klicken Sie auf (= Ausführen)
© SAP AG	Doppelklicken Sie – als Beispiel – auf den Einzelposten mit der Belegnummer **7**
© SAP AG	Vergleichen Sie die Merkmalswerte mit den Werten des entsprechenden Geschäftsvorfalls im Testbeispiel.

Anzeige	Eingabe/Auswahl
Material anzeigen Anzeigen Debitor (Zentral) © SAP AG	Klicken Sie auf Integration
	Durch Wahl der entsprechenden Option im aktuellen Dialogfenster kann aus dem anwählten Einzelposten in den zugehörigen Material-(Artikel-)stammsatz bzw. Debitoren-(Kunden-)stammsatz verzweigt werden. Sollten in Ihren Einzelposten Abweichungen zu den Werten des Testbeispiels aufgetreten sein, so bietet sich damit eine Möglichkeit der Fehleranalyse.
Bilschirm "Einzelposten anzeigen", Registerkarte "Wertfelder"	Schließen Sie – falls keine Abweichungen aufgetreten sind - das Dialogfenster "Integration: Auswahl der Transaktionen" wieder.
SAP Easy Access mit **SAP Menü**	Sehen Sie sich noch die Wertfelder des Einzelpostens an und beenden Sie anschließend die Transaktion.

M10.2.2 Interaktive Recherche durchführen

Beim Berichtsaufruf hat man u. a. die Wahl zwischen den folgenden *Berichts-* oder *Ausgabearten*:

***grafische Berichtsausgabe*:** **besonders ansprechende Bildschirmpräsentation; mehrer Sichten auf die Daten (z. B. Aufrissliste und Detailliste) können gleichzeitig angezeigt werden**

***klassischer Recherchebericht*:** **für höhere Performance bei Berichten mit großem Datenvolumen; für den Ausdruck von Berichtsdaten**

Anzeige	Eingabe/Auswahl
	Hier soll für die Bildschirmrecherche die grafische Berichtsausgabe verwendet werden.

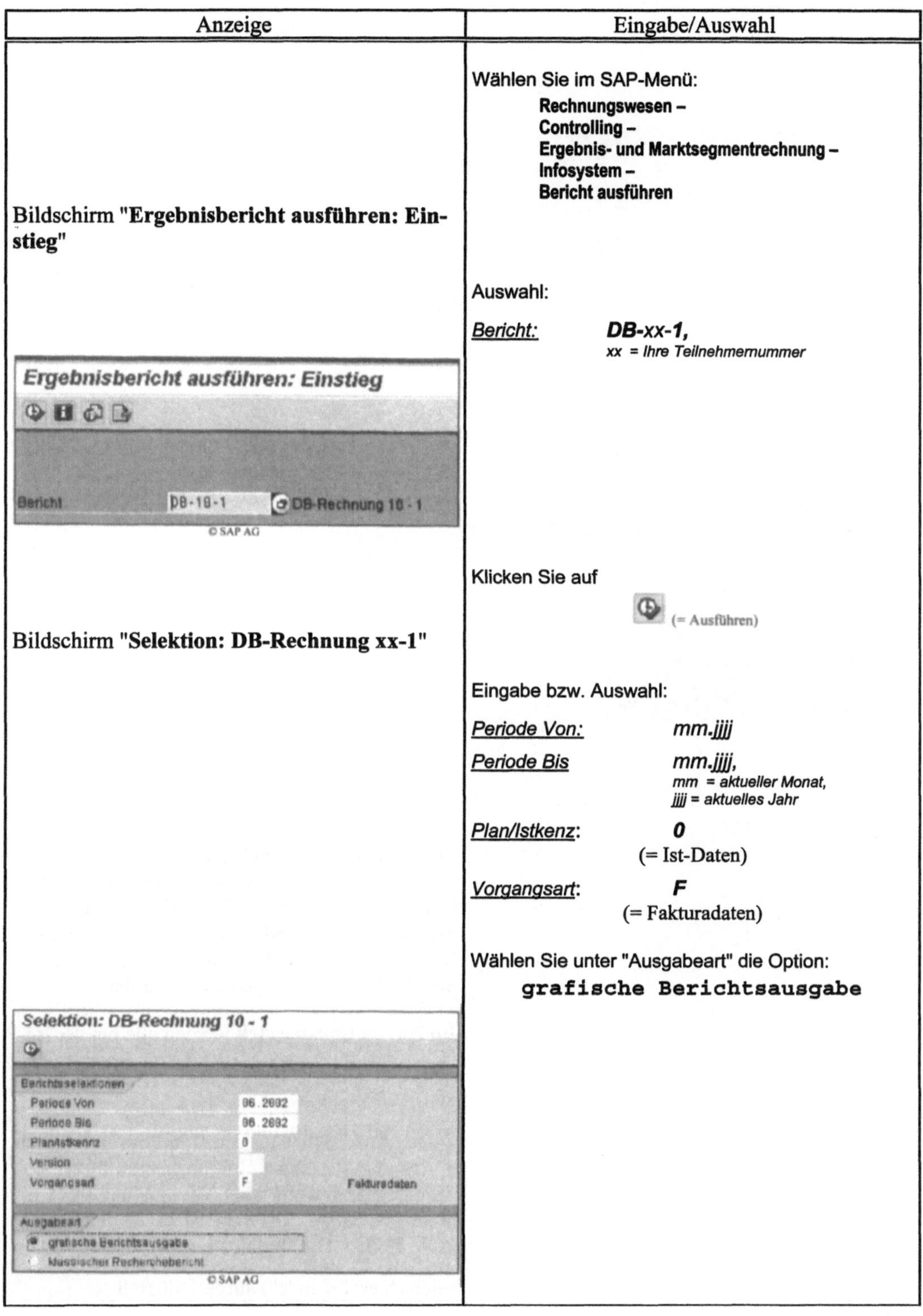

Anzeige	Eingabe/Auswahl
Bildschirm "**Ergebnisbericht ausführen: Einstieg**"	Wählen Sie im SAP-Menü: **Rechnungswesen –** **Controlling –** **Ergebnis- und Marktsegmentrechnung –** **Infosystem –** **Bericht ausführen**
Ergebnisbericht ausführen: Einstieg Bericht DB-10-1 DB-Rechnung 10 - 1 © SAP AG	Auswahl: *Bericht:* ***DB-xx-1,*** *xx = Ihre Teilnehmernummer*
Bildschirm "**Selektion: DB-Rechnung xx-1**"	Klicken Sie auf (= Ausführen)
Selektion: DB-Rechnung 10 - 1 Berichtsselektionen Periode Von 06.2002 Periode Bis 06.2002 Plan/Istkenz 0 Version Vorgangsart F Fakturadaten Ausgabeart grafische Berichtsausgabe klassischer Recherchebericht © SAP AG	Eingabe bzw. Auswahl: *Periode Von:* *mm.jjjj* *Periode Bis* *mm.jjjj,* *mm = aktueller Monat,* *jjjj = aktuelles Jahr* *Plan/Istkenz*: ***0*** (= Ist-Daten) *Vorgangsart*: ***F*** (= Fakturadaten) Wählen Sie unter "Ausgabeart" die Option: **grafische Berichtsausgabe**

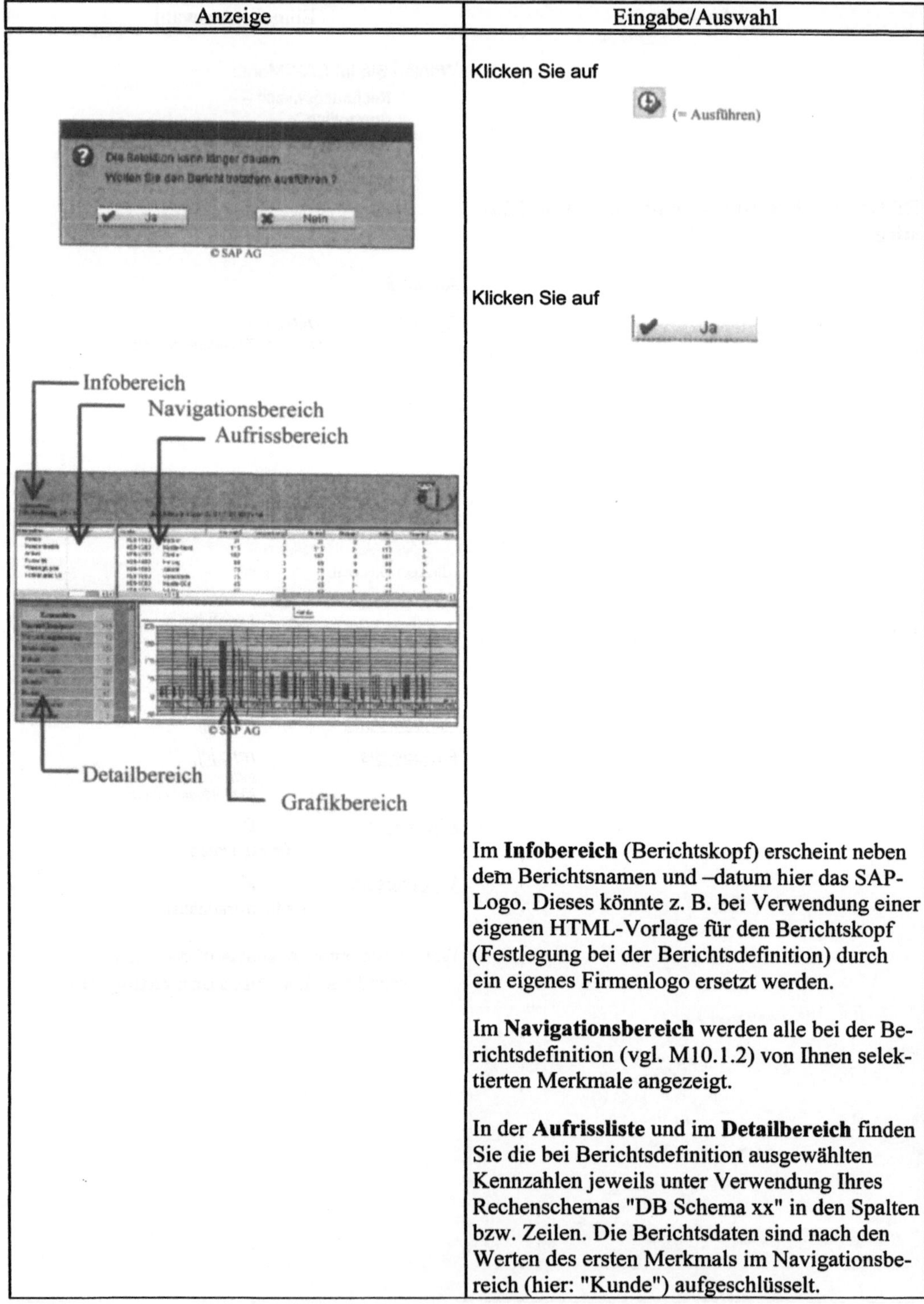

Anzeige	Eingabe/Auswahl
	Klicken Sie auf (= Ausführen)
© SAP AG	Klicken Sie auf Ja
Infobereich, Navigationsbereich, Aufrissbereich, Detailbereich, Grafikbereich © SAP AG	Im **Infobereich** (Berichtskopf) erscheint neben dem Berichtsnamen und –datum hier das SAP-Logo. Dieses könnte z. B. bei Verwendung einer eigenen HTML-Vorlage für den Berichtskopf (Festlegung bei der Berichtsdefinition) durch ein eigenes Firmenlogo ersetzt werden. Im **Navigationsbereich** werden alle bei der Berichtsdefinition (vgl. M10.1.2) von Ihnen selektierten Merkmale angezeigt. In der **Aufrissliste** und im **Detailbereich** finden Sie die bei Berichtsdefinition ausgewählten Kennzahlen jeweils unter Verwendung Ihres Rechenschemas "DB Schema xx" in den Spalten bzw. Zeilen. Die Berichtsdaten sind nach den Werten des ersten Merkmals im Navigationsbereich (hier: "Kunde") aufgeschlüsselt.

Anzeige	Eingabe/Auswahl
	Der **Grafikbereich** zeigt ein Balkendiagramm zu den Werten des ausgewählten Merkmals.
Dialogfenster "Anzeigenvariante definieren"	**Spaltenanzeige ändern:** Wählen Sie in der aktuellen Menüleiste: **Einstellungen – Spaltenanzeige...** Markieren Sie unter "Anzeigefelder" **alle** Felder **bis auf:** **Umsatz** **DB 1** **DB 2** **DB 3** Klicken Sie auf (= selektierte Felder ausblenden)
© SAP AG	Klicken Sie auf Übernehmen

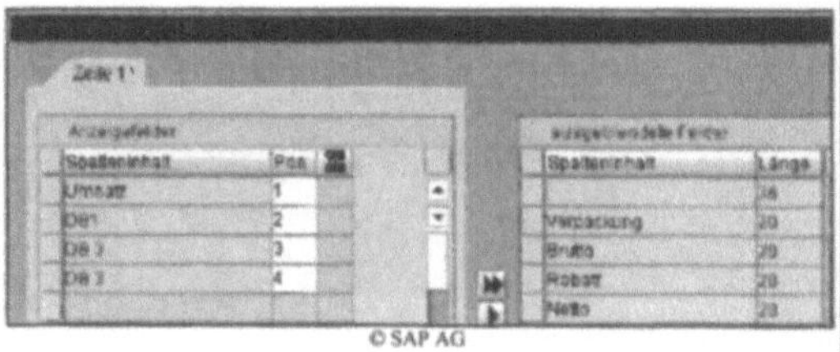

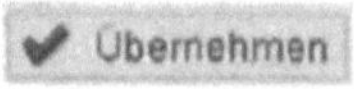

Aufrissbereich:

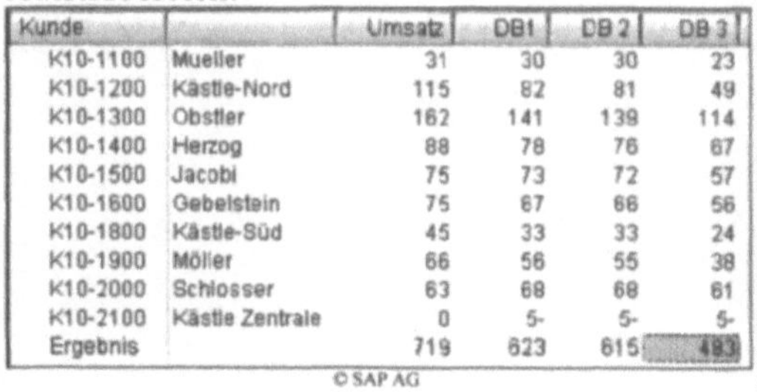

Kunde		Umsatz	DB1	DB 2	DB 3
K10-1100	Mueller	31	30	30	23
K10-1200	Kästle-Nord	115	82	81	49
K10-1300	Obstler	162	141	139	114
K10-1400	Herzog	88	78	76	67
K10-1500	Jacobi	75	73	72	57
K10-1600	Gebelstein	75	67	66	56
K10-1800	Kästle-Süd	45	33	33	24
K10-1900	Möller	66	56	55	38
K10-2000	Schlosser	63	68	68	61
K10-2100	Kästle Zentrale	0	5-	5-	5-
Ergebnis		719	623	615	483

© SAP AG

Der Aufrissbereich zeigt nur noch die ausgewählten Spalten.

Vergleichen Sie Umsätze und Deckungsbeiträge der einzelnen Kunden im Aufrissbereich mit den entsprechenden Werten der Tabelle "Kundenerfolg" im Testbeispiel.

<table>
<tr><th>Anzeige</th><th>Eingabe/Auswahl</th></tr>
<tr><td>

Detailbereich:

Kennzahlen	
Umsatz/Grundpreis	719
Verpackungszuschlag	12
Bruttoumsatz	731
Rabatt	6-
Netto-Umsatz	725
Skonto	22-
Bonus	45-
Gruppenbonus	31-
Sonderbonus	5-
Zwischensumme 1	102-
Deckungsbeitrag 1	623
Fracht	6-
Provision	3-
Zwischensumme 2	9-
Deckungsbeitrag 2	615

© SAP AG

Detailbereich (Fortsetzung):

Deckungsbeitrag 2	615
var HK Umbau	9-
var HK Energie	15-
var HK Gemenge	88-
var HK Verpackung	11-
var HK Lager	9-
varProduktionskosten	132-
Deckungsbeitrag 3	483
DB3-% v.Bruttoumsatz	66,04

© SAP AG

</td><td>

<u>Detailbereich für Gesamtwerte ansehen:</u>

Die **Detailliste** zeigt – wie auch die Ergebniszeile des Aufrissbereichs - die über alle Merkmalswerte des selektierten Auswertungsobjekts (z. Zt. "Kunde") kumulierten Kennzahlen.

</td></tr>
</table>

Anzeige	Eingabe/Auswahl
	Vergleichen Sie die Werte mit den Gesamtwerten der Tabelle "Kundenerfolg" im Testbeispiel.
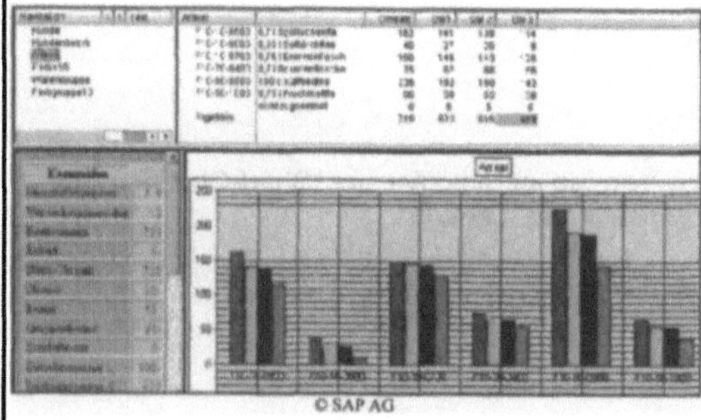 © SAP AG	**Wechsel des Merkmals (Aufrisswechsel):** Doppelklicken Sie im **Navigationsbereich** auf das Merkmal: `Artikel`
	Die Berichtsdaten werden nun nach den Werten des Merkmals "Artikel" aufgeschlüsselt. Vergleichen Sie Umsätze und Deckungsbeiträge der einzelnen Artikel im Aufrissbereich mit den entsprechenden Werten der Tabelle "Artikelerfolg" im Testbeispiel.
Kontextmenü des Grafikbereichs: Gitterlinien formatieren Datenreihe formatieren ▸ Kopieren Chart-Typ... Chart-Optionen... Drucken... Druckansicht Undo Chart-Optionen Ctrl+Z © SAP AG	**Grafik modifizieren (Legende einfügen):** Klicken Sie mit der **rechten** Maustaste auf den **Grafikbereich.**

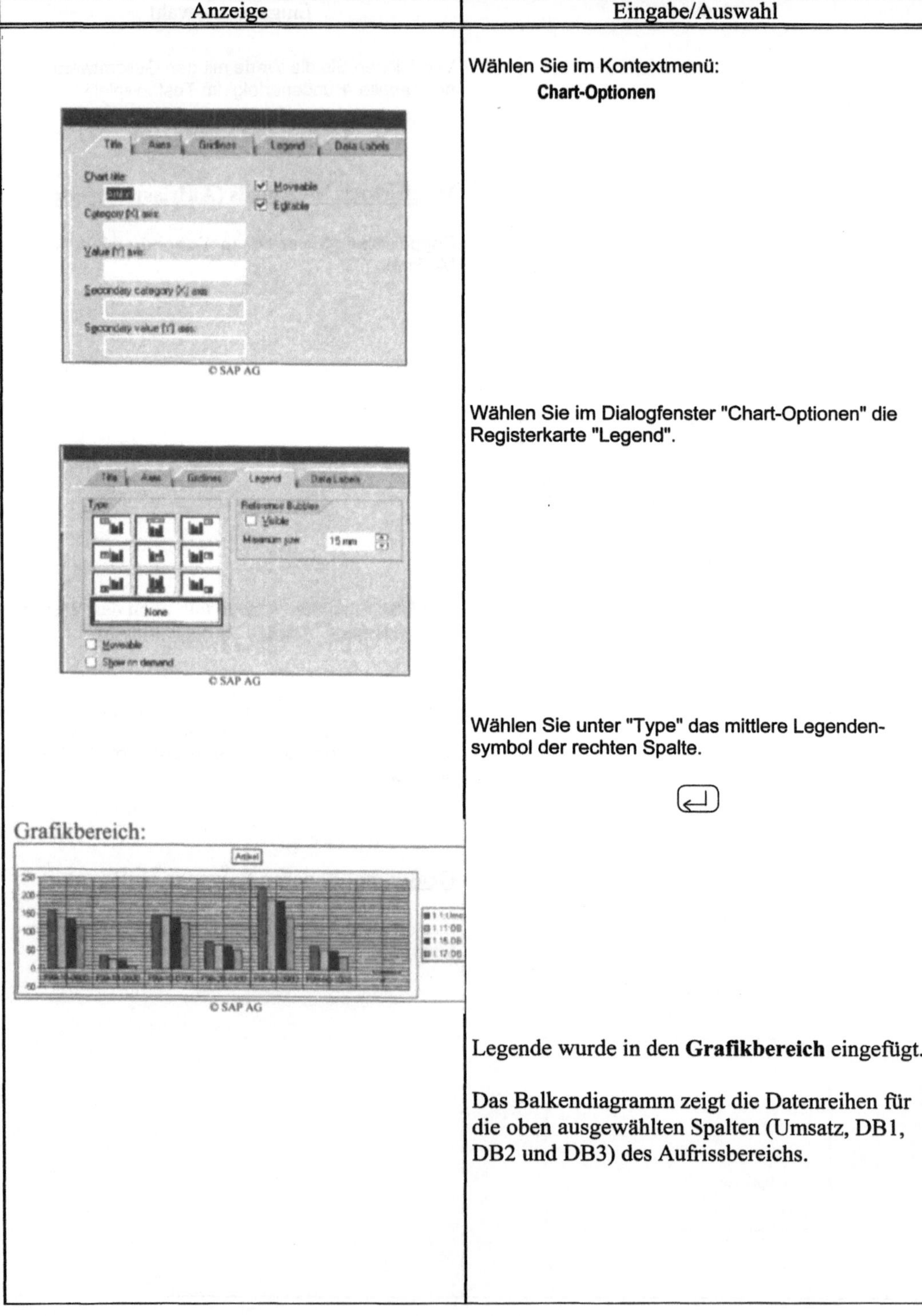

Anzeige	Eingabe/Auswahl
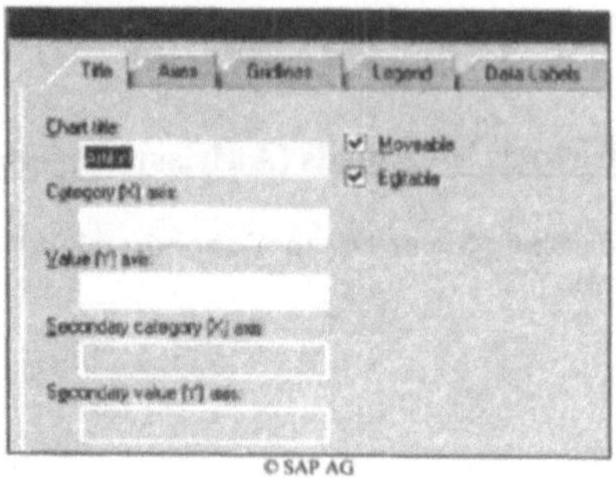 © SAP AG	Wählen Sie im Kontextmenü: **Chart-Optionen**
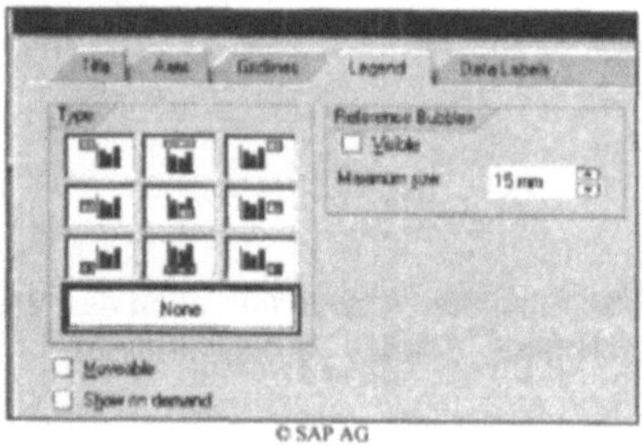 © SAP AG	Wählen Sie im Dialogfenster "Chart-Optionen" die Registerkarte "Legend".
	Wählen Sie unter "Type" das mittlere Legendensymbol der rechten Spalte. ↵
Grafikbereich: 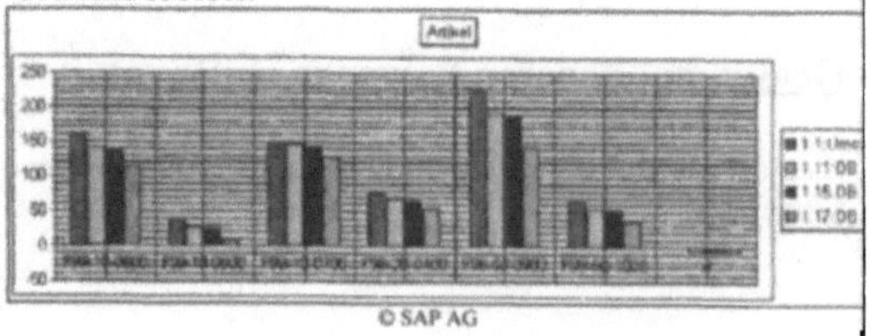 © SAP AG	
	Legende wurde in den **Grafikbereich** eingefügt. Das Balkendiagramm zeigt die Datenreihen für die oben ausgewählten Spalten (Umsatz, DB1, DB2 und DB3) des Aufrissbereichs.

Anzeige	Eingabe/Auswahl
	Drilldown per Drag & Drop (Artikelerfolg aufgeschlüsselt nach Kunden): Ziehen Sie (z. B.) den Merkmalswert **Fxx-50-0900** (= Artikel "100 g Kaffeeglas") aus dem **Aufrissbereich** in den **Navigationsbereich** auf das Zielmerkmal **Kunde**
© SAP AG	Es wird ein Drilldown für den Artikel "100 g Kaffeeglas" durchgeführt. Im **Detailbereich** werden nun alle Kennzahlen des Artikels "100 g Kaffeeglas" angezeigt. Die Berichtsdaten werden im **Aufriss-** und im **Grafikbereich** nach dem Werten des Zielmerkmals "Kunde" aufgeschlüsselt.
Navigationsbereich: © SAP AG	**Zum nächsten Merkmalswert blättern:**

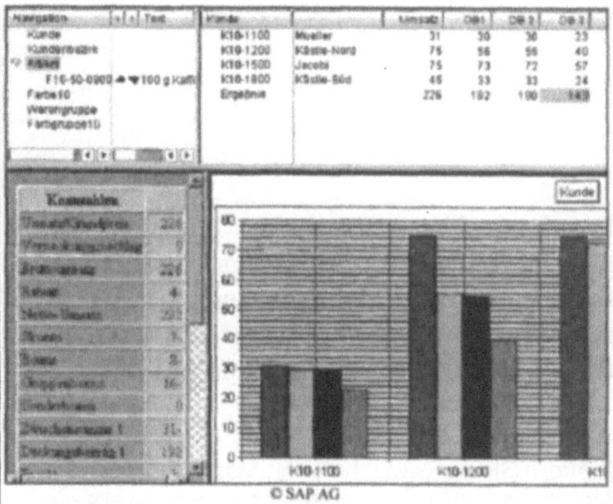

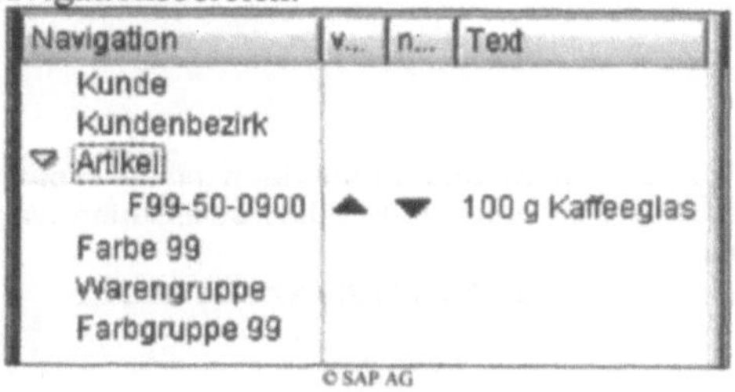

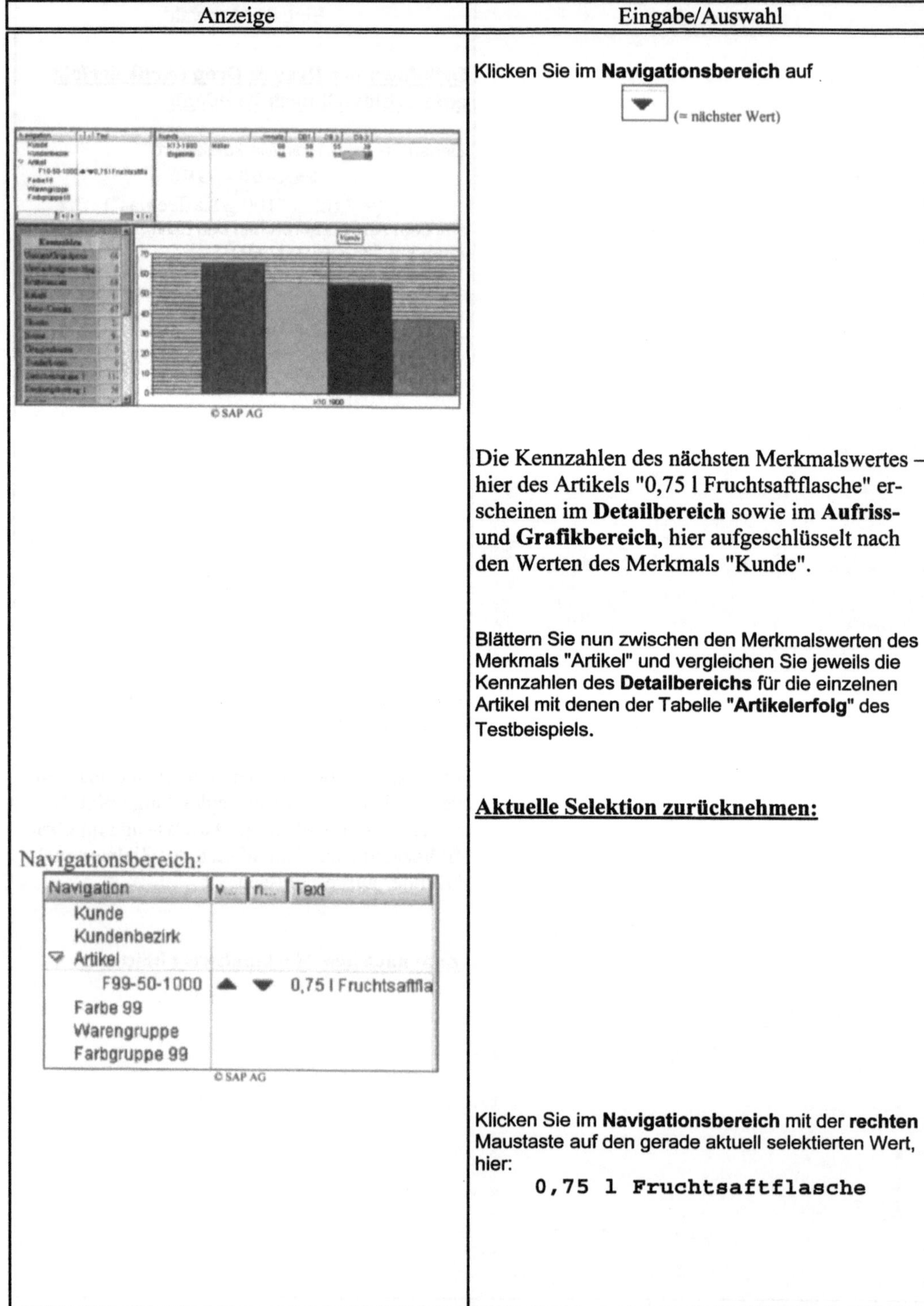

Anzeige	Eingabe/Auswahl
© SAP AG	Klicken Sie im **Navigationsbereich** auf (= nächster Wert)
	Die Kennzahlen des nächsten Merkmalswertes – hier des Artikels "0,75 l Fruchtsaftflasche" erscheinen im **Detailbereich** sowie im **Aufriss-** und **Grafikbereich**, hier aufgeschlüsselt nach den Werten des Merkmals "Kunde".
	Blättern Sie nun zwischen den Merkmalswerten des Merkmals "Artikel" und vergleichen Sie jeweils die Kennzahlen des **Detailbereichs** für die einzelnen Artikel mit denen der Tabelle "**Artikelerfolg**" des Testbeispiels.
	Aktuelle Selektion zurücknehmen:
Navigationsbereich: © SAP AG	Klicken Sie im **Navigationsbereich** mit der **rechten** Maustaste auf den gerade aktuell selektierten Wert, hier: `0,75 l Fruchtsaftflasche`

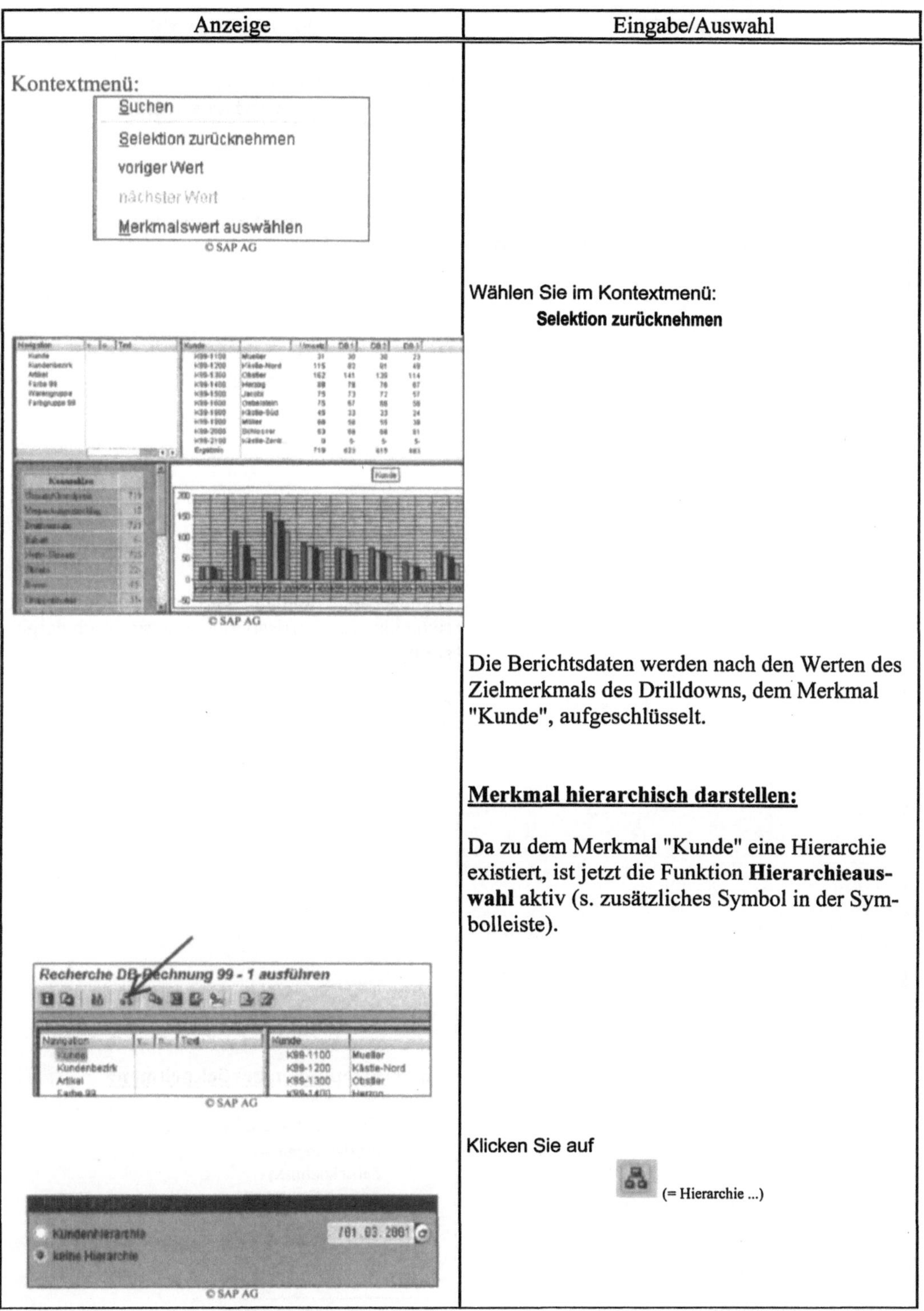

Anzeige	Eingabe/Auswahl
Kontextmenü: Suchen / Selektion zurücknehmen / voriger Wert / nächster Wert / Merkmalswert auswählen © SAP AG	Wählen Sie im Kontextmenü: **Selektion zurücknehmen**
© SAP AG	Die Berichtsdaten werden nach den Werten des Zielmerkmals des Drilldowns, dem Merkmal "Kunde", aufgeschlüsselt.
Recherche DB-Rechnung 99 - 1 ausführen © SAP AG	**Merkmal hierarchisch darstellen:** Da zu dem Merkmal "Kunde" eine Hierarchie existiert, ist jetzt die Funktion **Hierarchieauswahl** aktiv (s. zusätzliches Symbol in der Symbolleiste).
Kundenhierarchie /01.03.2001 keine Hierarchie © SAP AG	Klicken Sie auf (= Hierarchie ...)

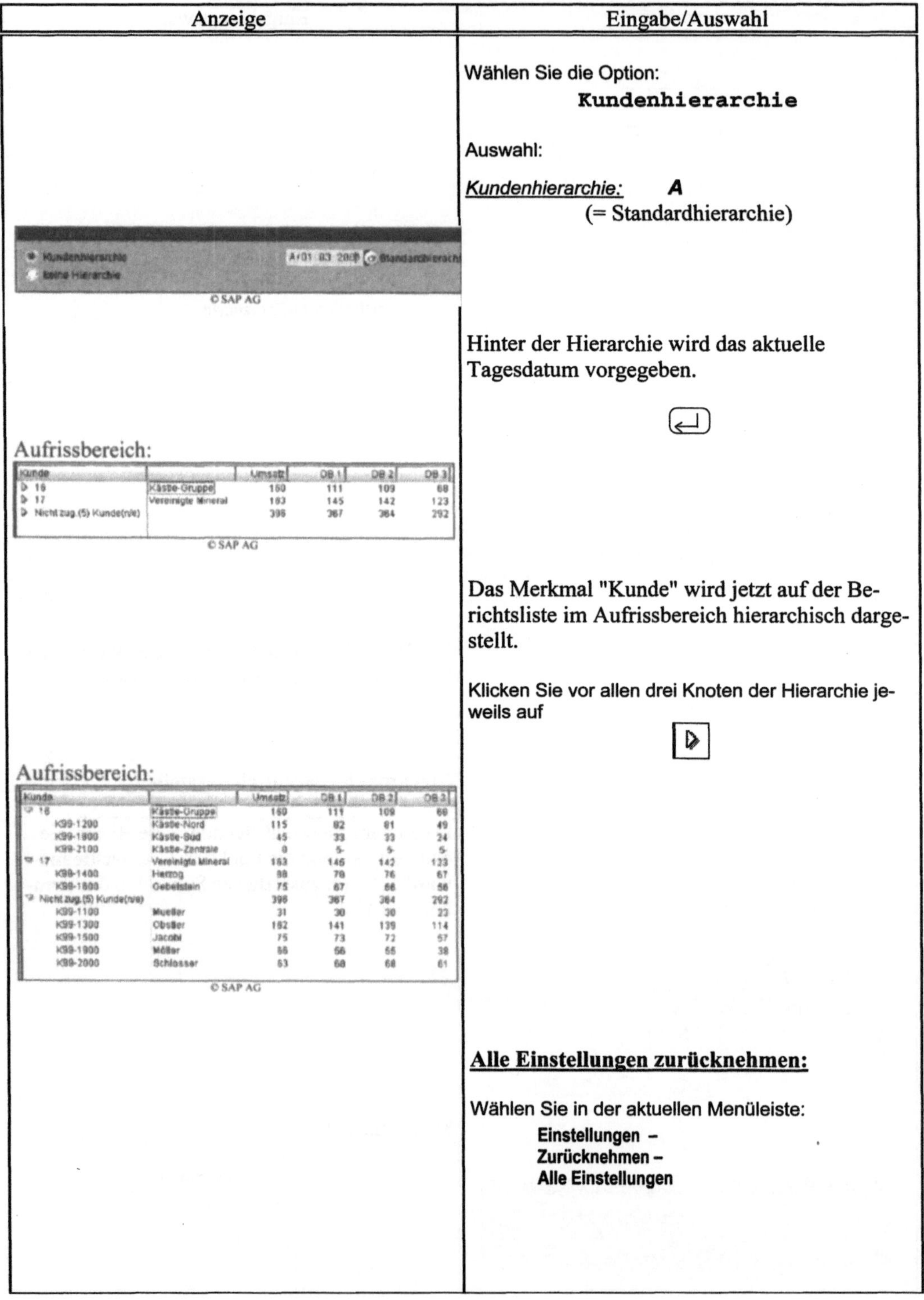

Anzeige	Eingabe/Auswahl

Wählen Sie die Option:

Kundenhierarchie

Auswahl:

Kundenhierarchie: ***A***
(= Standardhierarchie)

Hinter der Hierarchie wird das aktuelle Tagesdatum vorgegeben.

Aufrissbereich:

Kunde		Umsatz	DB 1	DB 2	DB 3
16	Kästle-Gruppe	160	111	109	68
17	Vereinigte Mineral	163	145	142	123
Nicht zug.(5) Kunde(n/e)		398	367	364	292

Das Merkmal "Kunde" wird jetzt auf der Berichtsliste im Aufrissbereich hierarchisch dargestellt.

Klicken Sie vor allen drei Knoten der Hierarchie jeweils auf

Aufrissbereich:

Kunde		Umsatz	DB 1	DB 2	DB 3
16	Kästle-Gruppe	160	111	109	68
K99-1200	Kästle-Nord	115	82	81	49
K99-1800	Kästle-Süd	45	33	33	24
K99-2100	Kästle-Zentrale	0	5-	5-	5-
17	Vereinigte Mineral	163	146	142	123
K99-1400	Herzog	88	78	76	67
K99-1800	Gebelstein	75	67	66	56
Nicht zug.(5) Kunde(n/e)		398	367	364	292
K99-1100	Mueller	31	30	30	23
K99-1300	Obstler	182	141	139	114
K99-1500	Jacobi	75	73	72	57
K99-1900	Möller	56	56	55	38
K99-2000	Schlosser	63	68	68	61

Alle Einstellungen zurücknehmen:

Wählen Sie in der aktuellen Menüleiste:

Einstellungen –
Zurücknehmen –
Alle Einstellungen

Anzeige	Eingabe/Auswahl

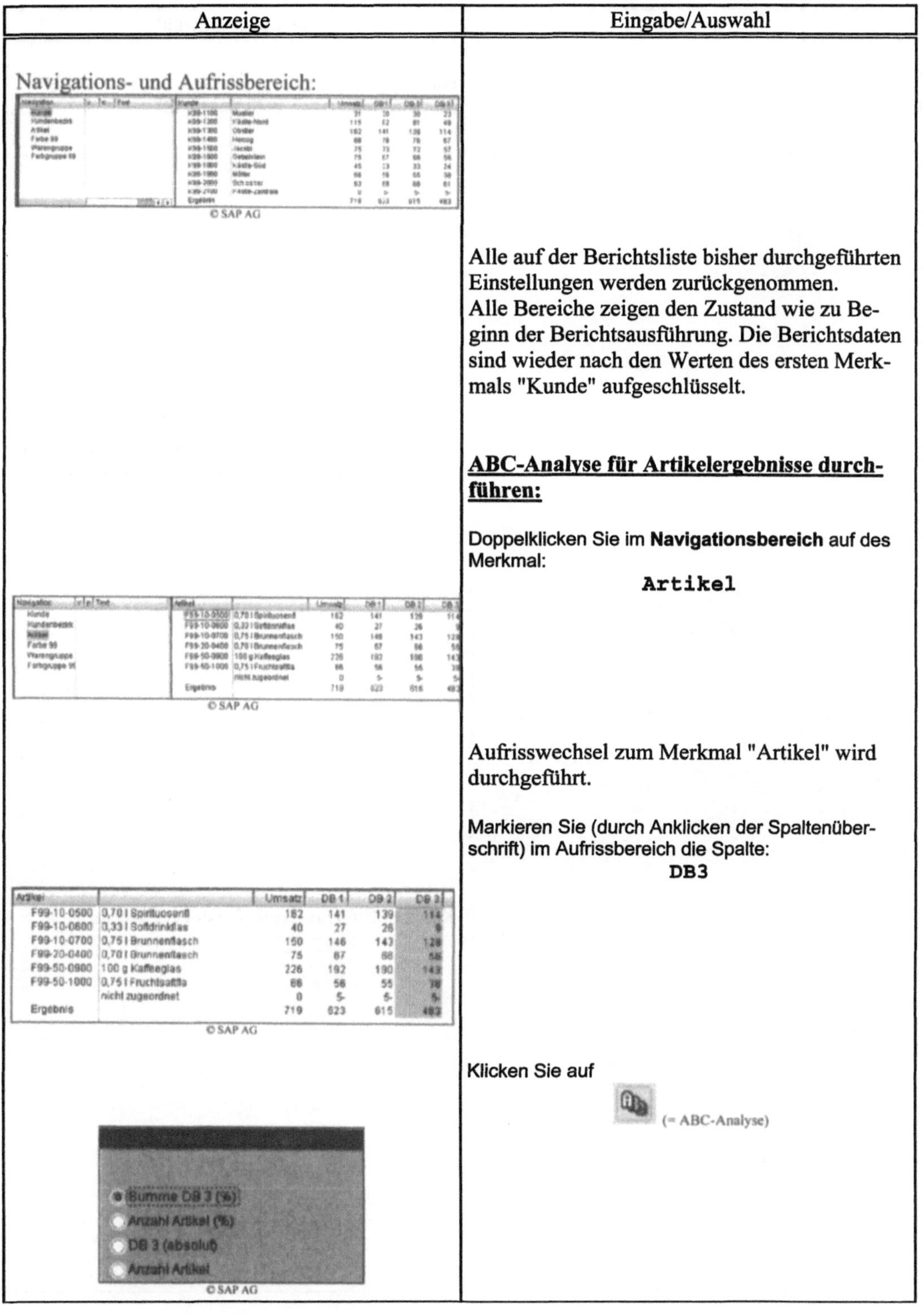

Alle auf der Berichtsliste bisher durchgeführten Einstellungen werden zurückgenommen.
Alle Bereiche zeigen den Zustand wie zu Beginn der Berichtsausführung. Die Berichtsdaten sind wieder nach den Werten des ersten Merkmals "Kunde" aufgeschlüsselt.

ABC-Analyse für Artikelergebnisse durchführen:

Doppelklicken Sie im **Navigationsbereich** auf des Merkmal:

`Artikel`

Aufrisswechsel zum Merkmal "Artikel" wird durchgeführt.

Markieren Sie (durch Anklicken der Spaltenüberschrift) im Aufrissbereich die Spalte:

`DB3`

Klicken Sie auf

(= ABC-Analyse)

Anzeige	Eingabe/Auswahl

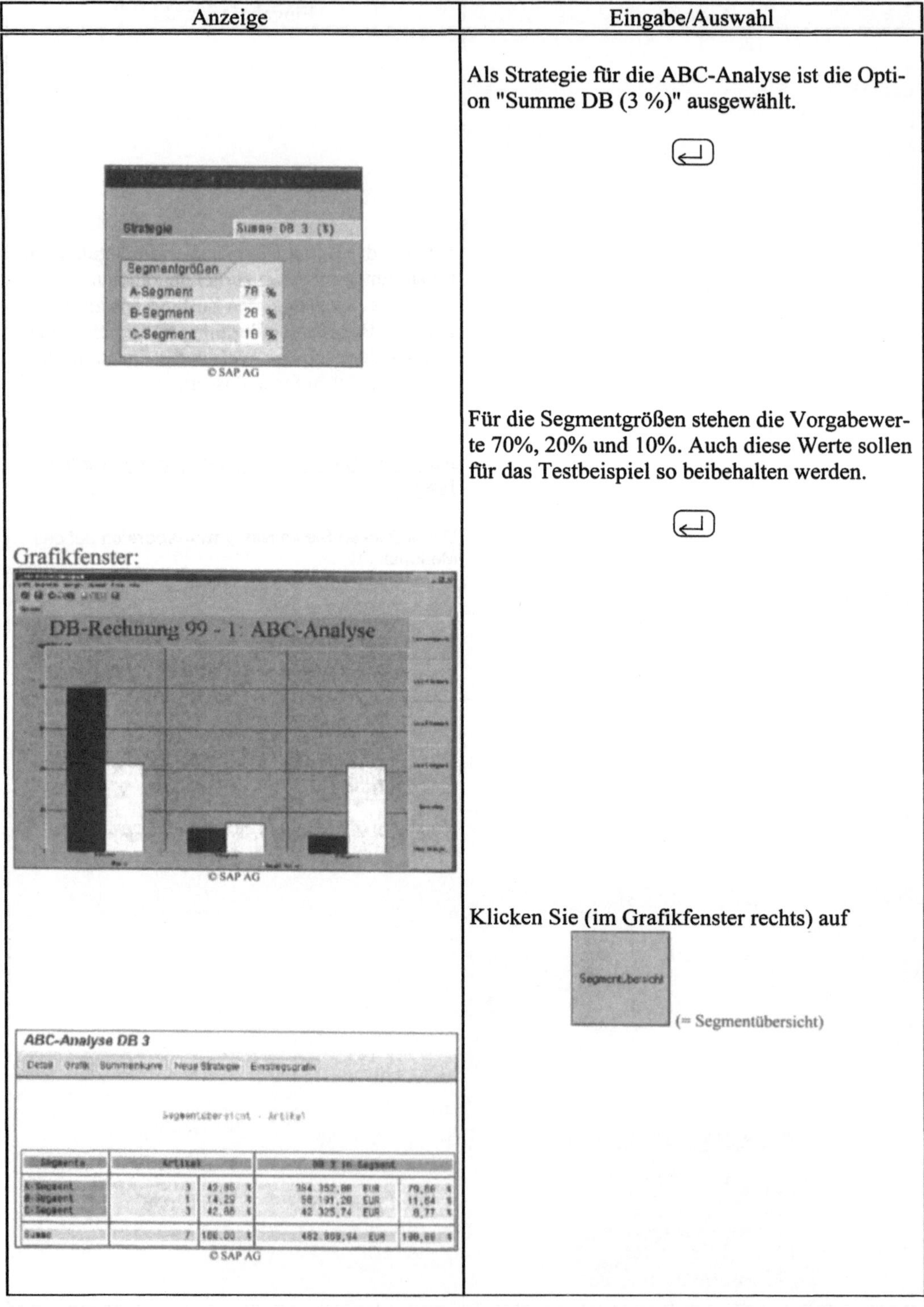

Als Strategie für die ABC-Analyse ist die Option "Summe DB (3 %)" ausgewählt.

Für die Segmentgrößen stehen die Vorgabewerte 70%, 20% und 10%. Auch diese Werte sollen für das Testbeispiel so beibehalten werden.

Klicken Sie (im Grafikfenster rechts) auf

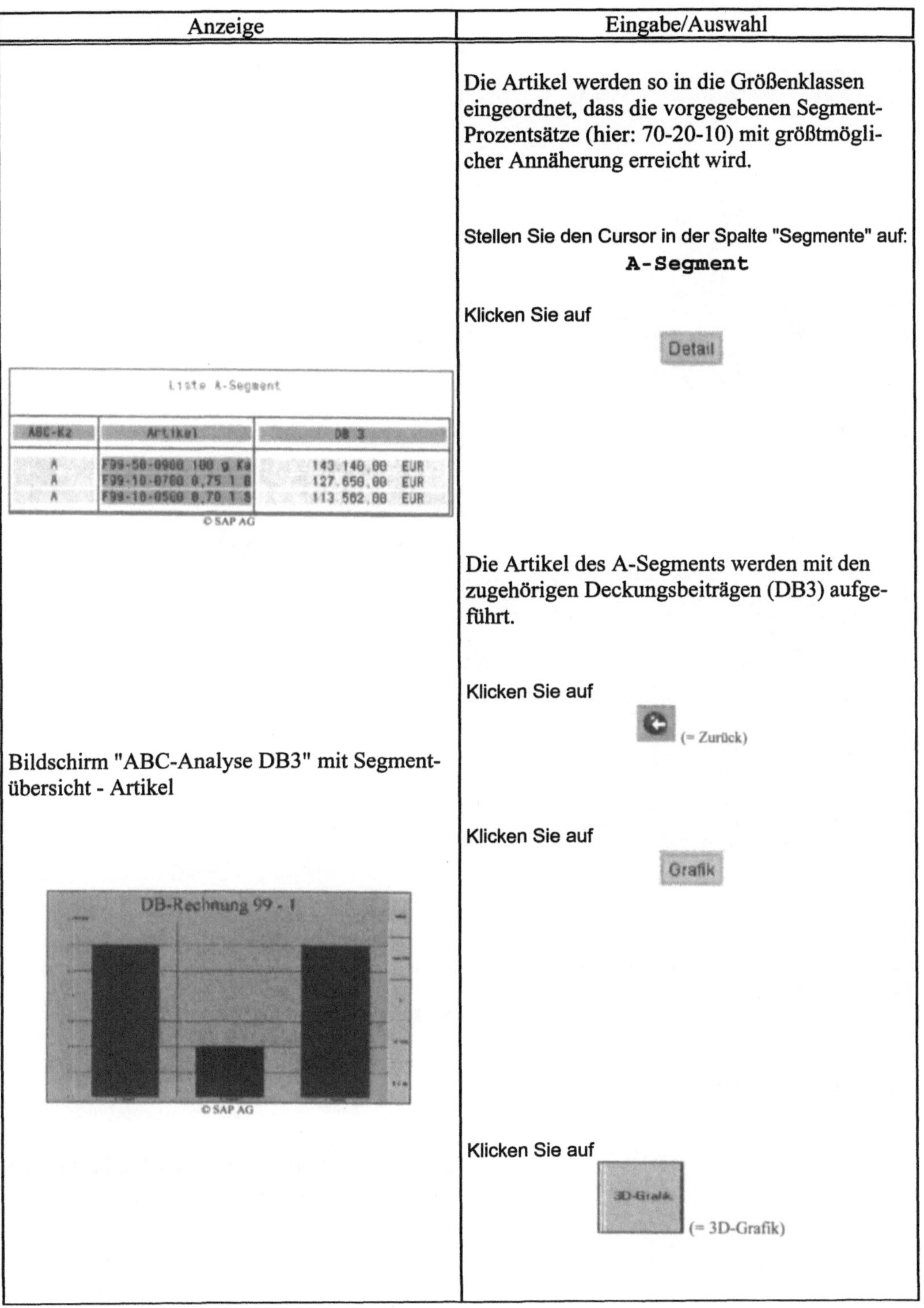

Anzeige	Eingabe/Auswahl
	Die Artikel werden so in die Größenklassen eingeordnet, dass die vorgegebenen Segment-Prozentsätze (hier: 70-20-10) mit größtmöglicher Annäherung erreicht wird.
	Stellen Sie den Cursor in der Spalte "Segmente" auf: **A-Segment**
	Klicken Sie auf Detail
Liste A-Segment ABC-Kz | Artikel | DB 3 A | F99-50-0900 100 g Ka | 143.140,00 EUR A | F99-10-0700 0,75 1 B | 127.650,00 EUR A | F98-10-0500 0,70 1 S | 113.502,00 EUR © SAP AG	Die Artikel des A-Segments werden mit den zugehörigen Deckungsbeiträgen (DB3) aufgeführt.
	Klicken Sie auf (= Zurück)
Bildschirm "ABC-Analyse DB3" mit Segmentübersicht - Artikel	Klicken Sie auf Grafik
DB-Rechnung 99 - 1 © SAP AG	
	Klicken Sie auf 3D-Grafik (= 3D-Grafik)

Anzeige	Eingabe/Auswahl
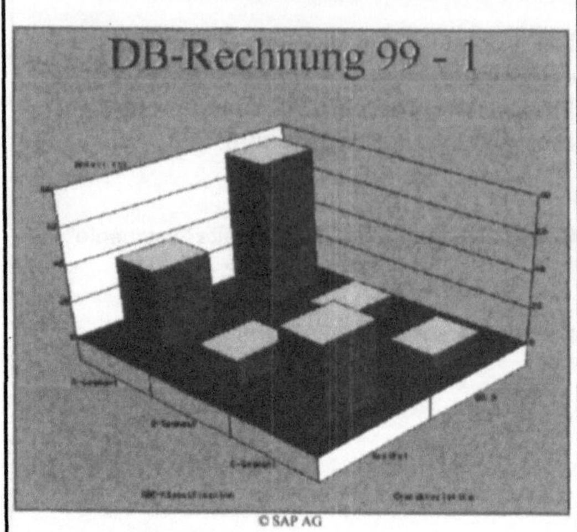 © SAP AG	
	Klicken Sie auf 
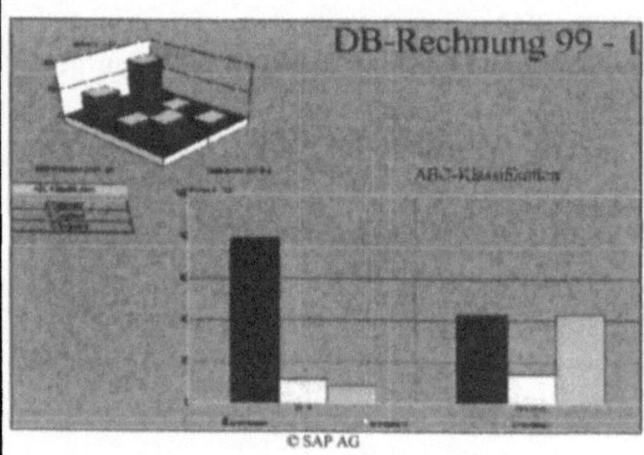 © SAP AG	
	Klicken Sie auf 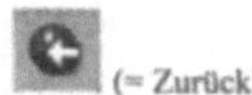 (= Zurück)
Bildschirm "ABC-Analyse DB3" mit Segmentübersicht - Artikel	Klicken Sie auf  (= Ende ABC-Analyse)
Bildschirm "Recherche DB-Rechnung xx-1 ausführen"	Sie sind zum Bericht zurückgekehrt, Spalte DB3 im Aufrissbereich ist noch markiert.
	Klicken Sie im Aufrissbereich auf die Spaltenüberschrift der Spalte: **DB3**

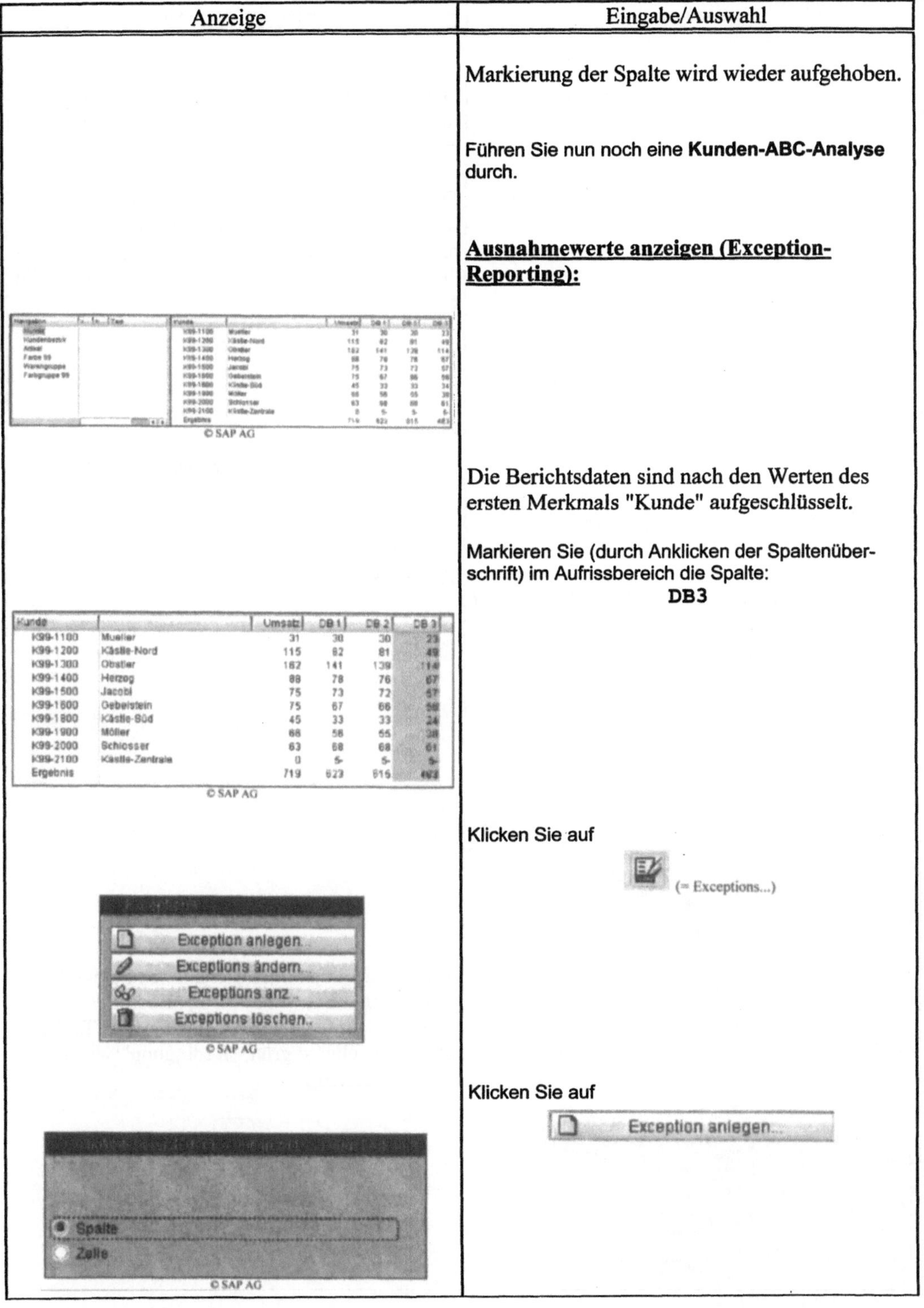

Anzeige	Eingabe/Auswahl

Markierung der Spalte wird wieder aufgehoben.

Führen Sie nun noch eine **Kunden-ABC-Analyse** durch.

Ausnahmewerte anzeigen (Exception-Reporting):

© SAP AG

Die Berichtsdaten sind nach den Werten des ersten Merkmals "Kunde" aufgeschlüsselt.

Markieren Sie (durch Anklicken der Spaltenüberschrift) im Aufrissbereich die Spalte:
DB3

Kunde		Umsatz	DB 1	DB 2	DB 3
K99-1100	Mueller	31	30	30	23
K99-1200	Kästle-Nord	115	82	81	49
K99-1300	Obstler	162	141	139	114
K99-1400	Herzog	88	78	76	67
K99-1500	Jacobi	75	73	72	57
K99-1600	Gebelstein	75	67	66	58
K99-1800	Kästle-Süd	45	33	33	24
K99-1900	Möller	68	58	55	38
K99-2000	Schlosser	63	68	68	61
K99-2100	Kästle-Zentrale	0	5-	5-	5-
Ergebnis		719	623	615	463

© SAP AG

Klicken Sie auf

(= Exceptions...)

© SAP AG

Klicken Sie auf

© SAP AG

Anzeige	Eingabe/Auswahl
	Als Gültigkeitsbereich der Exception ist die Option "Spalte" ausgewählt, das bedeutet, dass die Auswertung unabhängig vom Merkmalsaufriss erfolgen soll. Durch die Beibehaltung dieser Option legen Sie also fest, dass die Exception nicht nur für das aktuelle Merkmal "Kunde" und die Spalte "DB3" ausgewertet werden soll, sondern für alle Merkmale. ↵
Dialogfenster "Definition einer Exception" © SAP AG	Eingabe: *Exception* (hinter 1): ***DB3 - 50*** *Untere Schwelle:* *Schwellwert:* ***50*** *Obere Schwelle:* *Schwellwert:* ***50***
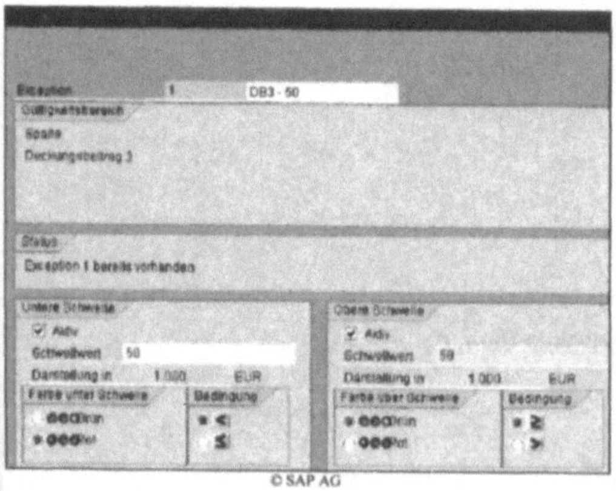 © SAP AG	Voreingestellt sind für den unteren Schwellwert: "Farbe unter Schwelle" = rot, "Bedingung": < (kleiner), für den oberen Schwellwert: "Farbe über Schwelle" = grün, "Bedingung": >= (größer oder gleich). ↵

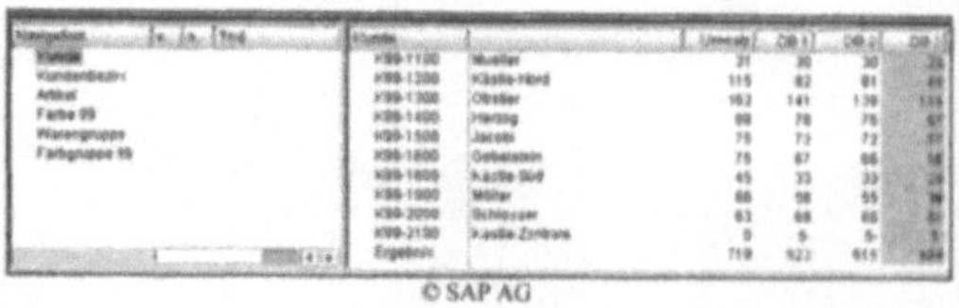

Anzeige	Eingabe/Auswahl

Heben Sie die Markierung der Spalte "DB3" wieder auf.

Kunde		Umsatz	DB 1	DB 2	DB 3
K99-1100	Mueller	31	30	30	23
K99-1200	Kästle-Nord	115	82	81	49
K99-1300	Obstler	182	141	139	114
K99-1400	Herzog	88	78	76	67
K99-1500	Jacobi	75	73	72	57
K99-1600	Gebelstein	75	67	66	56
K99-1800	Kästle-Süd	45	33	33	24
K99-1900	Möller	66	56	55	38
K99-2000	Schlosser	63	68	68	61
K99-2100	Kästle-Zentrale	0	5-	5-	5-
Ergebnis		719	623	615	493

Alle Werte der Spalte "DB3" des Aufrissbereichs, die unterhalb des Schwellwertes (50) liegen sind rot unterlegt, alle Werte dieser Spalte oberhalb des Schwellwertes sind grün unterlegt.

Schauen Sie sich noch die Exception "DB3 – 50" bei den anderen Merkmalen, insbesondere bei Artikeln und den Kundengruppen an.

Exception "DB3 – 50" bei Kundengruppe:

Kunde		Umsatz	DB 1	DB 2	DB 3
16	Kästle-Gruppe	160	111	109	68
K99-1200	Kästle-Nord	115	82	81	49
K99-1800	Kästle-Süd	45	33	33	24
K99-2100	Kästle-Zentrale	0	5-	5-	5-
17	Vereinigte Mineral	183	145	142	123
K99-1400	Herzog	88	78	76	67
K99-1600	Gebelstein	75	67	66	56
Nicht zug.(5) K		398	367	364	292
K99-1100	Mueller	31	30	30	23
K99-1300	Obstler	182	141	139	114
K99-1500	Jacobi	75	73	72	57
K99-1900	Möller	66	56	55	38
K99-2000	Schlosser	63	68	68	61

Beenden Sie anschließend die Recherche.

SAP Easy Access mit **SAP Menü**

Modul 11: Datenspeicherung

Eigene Datenbasis der Ergebnis- und Marktsegmentrechnung

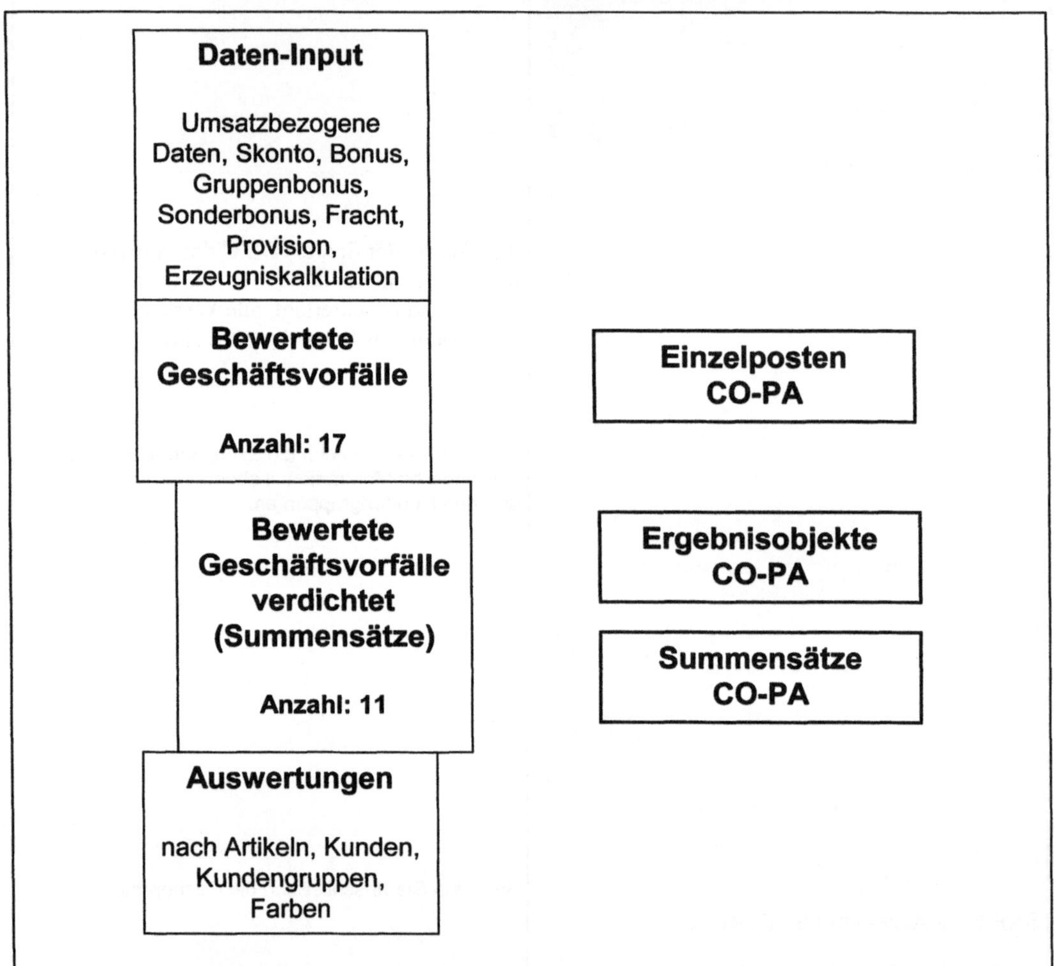

Bild 3.3/1 (Modul 11): Eigene Datenbasis der Ergebnis- und Marktsegmentrechnung

Nachdem das Testbeispiel realisiert ist, sollen in diesem Abschnitt die Daten in der von SAP vorgesehenen Datenspeicherung näher betrachtet werden. Dadurch wird u. a. ein vertieftes Verständnis des SAP-Begriffs **Ergebnisbereich** möglich sein.

Wie in Modul 6 bei der Merkmalverwendung schon angedeutet, werden die Daten einerseits als **Einzelposten**, andererseits als **Summensätze** gespeichert.

Auf der **Einzelpostenebene** sind die Daten noch disaggregiert: es wurde **nicht über** bestimmte **Merkmale** verdichtet.

Als Einzelposten CO-PA gilt dabei ein "bewerteter Geschäftsvorfall", der im vollen Deckungsbeitragsschema mit allen Daten zur Verfügung steht. Man erinnere sich, dass die Daten eines derartigen Einzelpostens teilweise eingegeben (bzw. aus anderen Modulen/Vorsystemen übernommen) (Umsatz, Rabatt), teilweise in einem mühsamen Prozess ermittelt wurden (Herstellkosten aus der Materialkalkulation, abgegrenzte Kostenarten durch Konditionstechnik). Zusätzlich sind über die Merkmalsableitung neue Merkmale entstanden (z. B. Farbgruppe).

Im Einzelposten sind alle Daten noch unverdichtet. In der **Merkmalverwendung** (Modul 6) kann man Festlegungen treffen, ob man alle Merkmale oder nur eine Auswahl von Merkmalen zur Bildung von **Ergebnisobjekten** heranziehen will. Für jedes Ergebnisobjekt wird automatisch ein **Summensatz** gespeichert bzw. fortgeschrieben. Der Zugriff auf Summensätze ist schneller als die Aggregierung (Verdichtung) aus Einzelposten – so der vermutliche Sinn der Speicherung von Summensätzen.

Für die folgenden Betrachtungen sind zu unterscheiden:

- Einzelposten
- Ergebnisobjekte (Merkmalwertkombinationen ausgewählter Merkmale). Für diese werden Summensätze gespeichert.
- Summensätze

Als **Ergebnisobjekte** werden bei SAP nur *die* Merkmal(wert)kombinationen bezeichnet, die durch die Kombination der ausgewählten Merkmale und deren Werte entstehen. Für Ergebnisobjekte werden

- **Summensätze gespeichert** und
- **auf sie** kann man **kontieren.**

Beispiel: In der "Merkmalverwendung" werden Kunde und Artikel, nicht aber der Auftrag für die Bildung von Ergebnisobjekten ausgewählt. Die (vorkommenden) Kunden-Artikel-Kombinationen werden Ergebnisobjekte genannt. Für diese Ergebnisobjekte werden Summensätze gespeichert.

Für die ausgewählten Merkmale generiert das System bei jeder Buchung (jedem PA-relevanten Geschäftsvorfall) automatisch aus der Kombination der Merkmalswerte das Ergebnisobjekt, auf das gebucht wird. Pro Ergebnisobjekt wird ein Summensatz gespeichert bzw. fortgeschrieben.

Nebenbemerkung:
Die Begriffsverwirrung kommt natürlich daher, dass man denkt, Ergebnisobjekte wären alle jene Gebilde/Objekte, für die man Ergebnisse ermitteln kann, also auch der Einzelposten. Aber in der SAP-Sprache bedeutet Ergebnisobjekt nur: "hierfür werden Summensätze gebildet", "hierauf kann man kontieren". Warum man statt Ergebnisobjekt nicht einen weniger irreführenden Begriff wie z. B. "Summenobjekt" gewählt hat, bleibt wie so oft in der SAP-Sprache im Dunkeln.

Die Kontierung auf Ergebnisobjekte ist auch für eine stufenweise Fixkostendeckungsrechnung (die aber im Testbeispiel nicht vorliegt) von Interesse, wo man z. B. bestimmte Aufwendungen, die sich auf eine Produktgruppe beziehen, auch nur vom Deckungsbeitrag der Produktgruppe abziehen will. Eine Verteilung (Schlüsselung) auf Produkte soll gerade unterbleiben (weil nicht verursachungsgerecht).

Der Verzicht auf bestimmte Merkmale in der Bildung der Ergebnisobjekte bedeutet nicht – das sei hier wiederholt -, dass man nach diesen Merkmalen überhaupt nicht mehr auswerten könnte, vielmehr stehen sie nicht als Summensätze zur Verfügung, auf die man "performance-stark" zugreifen kann.

Für alle drei hier interessierenden Betrachtungsgegenstände, nämlich Einzelposten, Ergebnisobjekte und Summensätze werden Tabellen generiert, die **unter der Nummer des Ergebnisbereichs** gespeichert sind.

Zur Wiederholung und Zusammenfassung:
Was ist der Ergebnisbereich und was sind Ergebnisobjekte ?

Der **Ergebnisbereich** ist eine eigene Datenbasis für die Ergebnis- und Marktsegmentrechnung. Sie umfasst Einzelposten, Ergebnisobjekte und Summensätze. Technisch ist der Ergebnisbereich einfach eine Nummer / ein Schlüssel (als Identifizierung der Organisations-/Abrechnungseinheit Ergebnisbereich), unter der alle Daten der Ergebnis- und Marktsegmentrechnung gespeichert werden.

Ergebnisobjekte sind Merkmalswertkombinationen ausgewählter Merkmale: Für **diese** werden **Summensätze** gespeichert, um einen schnelleren Zugriff zu haben. Es werden also nicht alle Merkmale für die Bildung der Ergebnisobjekte herangezogen, sondern nur ausgewählte. Es werden darüber hinaus nur die tatsächlich vorkommenden Merkmalswertkombinationen (und nicht alle potentiell möglichen) gespeichert. Die Auswahl der Merkmale für Summensätze geschieht in der "Merkmalsverwendung".

Nebenbemerkung:
Nachdem eine gewisse Klärung der Begriffe Ergebnisobjekt und Ergebnisbereich erzielt wurde, sei es gestattet, die "Stufen zur Erkenntnis" noch einmal einer Nachbetrachtung zu unterziehen:

Ergebnisbereich

1. Stufe:
Liest man die SAP-Doku, so findet man:

"Der Ergebnisbereich ist die Organisationseinheit des Controllings, die das Unternehmen aus Sicht der Ergebnis- und Marktsegmentrechnung gliedert."

"Teile eines Konzerns, die gleich segmentierte Absatzmärkte besitzen, können im R/3-System mit Hilfe von Ergebnisbereichen abgebildet werden, die dann die Auswertungsebenen für die Ergebnis- und Marktsegmentrechnung bilden."

Beides nicht falsch, aber auch nicht wirklich erhellend, vielleicht sogar eher irreführend.

2. Stufe:
Durch eigenes Nachdenken und Kombinieren wurde beim gegenwärtigen Stand zu Tage gefördert: Der Ergebnisbereich ist eine eigene (teilweise redundante) Datenbasis für die Ergebnis- und Marktsegmentrechnung.

3. Stufe:
Konkretes Beispiel zu den Datensätzen im Ergebnisbereich, siehe im Folgenden.

Ergebnisobjekt

Am SAP-Begriff Ergebnisobjekt kann man noch einmal sehr schön zeigen, wie das Verständnis eines Begriffes in Quantensprüngen wächst, wenn man nicht nur abstrakt, sondern mit einem konkreten Beispiel redet.

1. Stufe:
Zunächst wieder ein SAP-Doku-Zitat:

"Das Ergebnisobjekt ist der Kontierungsbegriff der Ergebnis- und Marktsegmentrechnung und entspricht einem Marktsegment, auf dem durch Gegenüberstellung von Kosten und Erlösen ein Ergebnis ausgewiesen werden kann."

Wie gehabt, nicht falsch, aber so wolkig, dass man mit diesen Trivialitäten keinen Schritt weiter ist.

2. Stufe:
Konkreter: Ergebnisobjekte sind Merkmalskombinationen (oder ganz "pingelig": Merkmals*wert*kombinationen). Einschränkung: Nur für *die* Merkmale (und deren Werte), die in der Merkmalsverwendung ausgewählt wurden. Für sie werden Summensätze gespeichert.

3. Stufe:
Alle lechzen jetzt nach einem Beispiel:

Grüne Flaschen in Süd (oder wie in einem Seminar durch einen Hörfehler zur geliebten Kurzdefinition geworden: Grüne Flaschen in Sylt)

Zurück zum Thema:
Die Datenspeicherung soll für das Testbeispiel dargestellt werden.

	A	B	C	D	E	F	G	H	I	J	K	L	M	N	O
71	**Bewertete Geschäftsvorfälle über Aufträge verdichtet (TEUR)**														
72															
73	Geschäftsvorfall-Nr		1, 16	2, 11, 15	3	4, 13	5	6, 12	7	8, 14	9	10	17		
74															
75	Kunde														
76		Kunden-nr	1.100	1.300	2.000	1.500	1.200	1.900	1.400	1.600	1.200	1.800	2.100		
77		Kunde	Mueller	Obstler	Schlosser	Jacobi	Kästle-	Möller	Herzog	Gebelstein	Kästle-	Kästle-	Kästle		
78							Nord			0	Nord	Süd	Zentrale		
79															
80		Kundengruppe					Kästle-		Vereinigte	Vereinigte	Kästle-	Kästle-	Kästle-		
81							Gruppe		Mineral	Mineral	Gruppe	Gruppe	Gruppe		
82															
83		Region	Nord	Süd	Nord	Nord	Nord	Süd	Süd	Nord	Nord	Süd	ohne		
84															
85	Artikel														
86		Artikel-Nr	900	500	700	900	900	1.000	700	400	600	900	ohne		
87		Artikel-Bezeichnung	100g Kaff	0,70 l Spirit	0,75 l Brun	100g Kaff	100g Kaff	0,75 l Fru	0,75 l Bru	0,70 l Bru	0,33 l Soft	100g Kaff	ohne		
88		Artikelgruppe	Kaffee	alk	AFG	Kaffee	Kaffee	AFG	AFG	AFG	AFG	Kaffee	ohne		
89		Farbe	braun	grün	grün	braun	braun	braun	grün	weiss	grün	braun	ohne		
90		Farbgruppe	bunt	bunt	bunt	bunt	bunt	bunt	bunt	weiss	bunt	bunt	ohne		
91															
92	**Umsatz / Grundpreis**		**30.800**	**162.000**	**62.500**	**75.000**	**75.000**	**66.000**	**87.500**	**75.000**	**40.000**	**45.000**	**0**		**718.800**
93	**Verpackungszuschlag**		**0**	**0**	**7.500**	**0**	**0**	**1.900**	**0**	**3.000**	**0**	**0**	**0**		**12.400**
94	*Brutto-Umsatz*		*30.800*	*162.000*	*70.000*	*75.000*	*75.000*	*67.900*	*87.500*	*78.000*	*40.000*	*45.000*	*0*		*731.200*
95	**Rabatt**		**0**	**0**	**0**	**0**	**2.250**	**1.358**	**0**	**780**	**0**	**1.350**	**0**		**5.738**
96	*Netto-Umsatz*		*30.800*	*162.000*	*70.000*	*75.000*	*72.750*	*66.542*	*87.500*	*77.220*	*40.000*	*43.650*	*0*		*725.462*
97															
98	**Skonto**		**924**	**4.860**	**2.100**	**2.250**	**2.183**	**1.996**	**2.625**	**2.317**	**1.200**	**1.310**	**0**		**21.764**
99	**Bonus**		**0**	**16.200**	**0**	**0**	**5.000**	**8.800**	**3.500**	**4.500**	**4.000**	**3.000**	**0**		**45.000**
100	**Gruppenbonus**		**0**	**0**	**0**	**0**	**10.000**	**0**	**3.500**	**3.000**	**8.000**	**6.000**	**0**		**30.500**
101	**Sonderbonus**		**0**	**0**	**0**	**0**	**0**	**0**	**0**	**0**	**0**	**0**			**0**
102	*Zwi-su 1*		*924*	*21.060*	*2.100*	*2.250*	*17.183*	*10.796*	*9.625*	*9.817*	*13.200*	*10.310*	*5.000*		*102.264*
103	*DB 1*		*29.876*	*140.940*	*67.900*	*72.750*	*55.568*	*55.746*	*77.875*	*67.403*	*26.800*	*33.341*	*-5.000*		*623.198*
104															
105	**Fracht**		**264**	**1.863**	**250**	**600**	**600**	**660**	**525**	**300**	**400**	**570**	**0**		**6.032**
106	**Provision**		**0**	**0**	**0**	**0**	**0**	**0**	**1.750**	**772**	**0**	**0**	**0**		**2.522**
107	*Zwi-su 2*		*264*	*1.863*	*250*	*600*	*600*	*660*	*2.275*	*1.072*	*400*	*570*	*0*		*8.554*
108	*DB 2*		*29.612*	*139.077*	*67.650*	*72.150*	*54.968*	*55.086*	*75.600*	*66.331*	*26.400*	*32.771*	*-5.000*		*614.644*
109															
110	**var HK Umbau**		**440**	**1.620**	**625**	**1.000**	**1.000**	**1.760**	**875**	**720**	**600**	**600**	**0**		**9.240**
111	**var HK Energie**		**440**	**4.050**	**1.000**	**1.000**	**1.000**	**1.760**	**1.400**	**1.500**	**1.800**	**600**	**0**		**14.550**
112	**var HK Gemenge**		**5.060**	**16.605**	**3.500**	**11.500**	**11.500**	**11.000**	**4.900**	**6.900**	**10.000**	**6.900**	**0**		**87.865**
113	**var HK Verpackung**		**330**	**1.620**	**750**	**750**	**750**	**880**	**1.050**	**300**	**4.000**	**450**	**0**		**10.880**
114	**var HK Lager**		**440**	**1.620**	**625**	**1.000**	**1.000**	**1.760**	**875**	**720**	**600**	**600**	**0**		**9.240**
115	*var Herstellkosten*		*6.710*	*25.515*	*6.500*	*15.250*	*15.250*	*17.160*	*9.100*	*10.140*	*17.000*	*9.150*	*0*		*131.775*
116	*DB 3*		*22.902*	*113.562*	*61.150*	*56.900*	*39.718*	*37.926*	*66.500*	*56.191*	*9.400*	*23.621*	*-5.000*		***482.869***
117															
118	*DB 3 % von Netto-Umsatz*		*74,4%*	*70,1%*	*87,4%*	*75,9%*	*53,0%*	*56,9%*	*76,0%*	*72,0%*	*23,5%*	*52,5%*			*66,0%*

Bild: 3.3/2 (Modul 11):Bewertete Geschäftsvorfälle über Aufträge verdichtet

Das Testbeispiel war gegliedert worden in

- Daten-Input
- Bewertete Geschäftsvorfälle
- Auswertungen

Dabei waren 17 bewertete Geschäftsvorfälle verarbeitet worden.
Sechzehn Geschäftsvorfälle waren definiert als Auftragspositionen (Rechnungspositionen): typischer Fall: ein bestimmter Artikel für einen bestimmten Kunden. Dabei kann der Kunde im allgemeinen Fall (und auch im Testbeispiel) in der betrachteten Zeitperiode auch mehrmals bestellen (einen Auftrag erteilen).
Hinzu kam eine Bonusgutschrift

17 oder 11 Datensätze?

In der "Merkmalsverwendung" muss man entscheiden, welche Merkmale zur Bildung sogenannter Ergebnisobjekte herangezogen werden sollen und welche nicht. Nur für diese Ergebnisobjekte werden **Summensätze** verfügbar sein. Wenn man das Merkmal "Auftrag" nicht in die "Merkmalsverwendung" aufnimmt, so wird in den Summensätzen über das Merkmal "Auftrag" verdichtet.

Es werden dann alle *die* Aufträge zusammengefasst (addiert/verdichtet), die dieselbe Artikelnummer und dieselbe Kundennummer betreffen. Wenn sich die Datensätze in Artikel- und/oder Kundenummer aber unterscheiden, werden sie in getrennten Summensätzen weitergeführt.

Analysiert man die **17 Geschäftsvorfälle** des Testbeispiels, so stellt man fest, dass man Zusammenfassungen / Verdichtungen vornehmen kann, wenn man – wie im SAP-System voreingestellt – auf den Auftrag als Merkmal für die Ergebnisobjekte verzichtet.

Im Testbeispiel sind es **11 Datensätze**, die sich ergeben, wenn zwar über die Aufträge verdichtet wird, aber ansonsten Artikel und Kunde als Merkmale für die Summensätze erhalten bleiben.

Pointierung:
Diese Art von Entscheidungen (im Beispiel die Abwahl der Auftragsnummer für das Speichern von Summensätzen) trifft der Controller/Betriebswirt zu recht nur äußerst ungern, weil er damit Festlegungen treffen muss, die später nur schwer revidierbar sind, wenn sich neue Notwendigkeiten ergeben. Gezwungen wird der Betriebwirt dazu vom Informatiker, der mit dem (Totschlag-)Argument der Performance auftritt. An dieser unscheinbaren Stelle wird sichtbar, was die Prospektversprechungen über die beliebigen Auswertungsmöglichkeiten realtime wert waren: nichts, weil sie ohne

den finanziellen Aufwand und die technisch immer noch begrenzten Möglichkeiten bei realistischen Datenmengen gemacht wurden. Im relationalen Modell der Datenspeicherung war von der einheitlichen Datenbasis ohne Doppelspeicherung (nicht-redundant) gesprochen worden. Das relationale Modell ist zwar als logische Sicht existent, aber die physische Datenspeicherung geschieht nach wie vor anders, insbesondere bei SAP, die über ihre "kryptische" Datenspeicherung eine relationale Schicht/Sicht gelegt haben. Letztlich – und das spricht natürlich wieder für die SAP-Software – muss man sich in der Realität den Gegebenheiten stellen und seine Modellwelten verlassen. Die Leistungsfähigkeit der Tools hat bei aller relativen Verbesserung im Zeitverlauf eben ihre deutlichen Grenzen. Trotzdem schade, weil die Entscheidungen, die man vom Controller verlangt, einen Verlust an Flexibilität bedeuten.

Wie gesagt, wer das relationale Datenmodell verinnerlicht hat, ist über Verdichtungen, die zwischengespeichert werden (Summensätze), erstaunt. Verdichtungen sollten nach der Modellvorstellung des relationalen Modells gar nicht gespeichert werden, sondern immer "tagesfrisch", d. h. einschließlich aller Aktualisierungen aus den Urdaten erzeugt werden. Eine zweite Datenbasis, die tatsächlich physisch gespeichert wird, gilt als Redundanz (Doppelspeicherung) und widerspricht den Normalformen. Wenn man nicht aufpasst, haben die Verdichtungen einen anderen Datenstand als die Urdaten, dann nämlich, wenn man das Aktualisieren (updaten) vergisst.

Ende der Pointierung.

Im Folgenden soll die Datenspeicherung für die Ergebnis- und Marktsegmentrechnung im Ergebnisbereich konkret angesehen werden.

Im Testbeispiel wurden 6 Artikel und 10 Kunden betrachtet, was an sich 6 x 10 = 60 mögliche Kombinationen ergäbe. Die anderen Merkmale wie Kundengruppe, Region, Warengruppe und Farbe sind sämtlich entweder artikel- oder kundenabhängig und führen daher zu keinem neuen Multiplikator für die Anzahl der möglichen Kombinationen.

Das Merkmal Auftrag allerdings würde die genannte Zahl von 60 Kombinationen nochmals vervielfachen: wenn pro Kunde und Artikel im Schnitt (in einer Zeitperiode) z. B. 3 Aufträge möglich wären, ergäben sich 60 x 3 Kombinationen. Da aber auf den Auftrag als Merkmal für die Speicherung von Summensätzen verzichtet wird, bleibt es zunächst bei den 60 möglichen Kombinationen.

Wohlgemerkt: im Ergebnisbereich wird in jedem Fall eigens für Zwecke der Ergebnis- und Marktsegmentrechnung eine komplette eigene Datenbasis angelegt. Die Speicherung von Summensätzen (im Beispiel unter Verzicht auf die Auftragsnummer) ist dabei nur ein zusätzlicher Aspekt.

Die Zeitachse (Monat, Jahr), die auch zu einer Vervielfachung der Kombinationen führt, spielt im einperiodigen Testbeispiel keine Rolle.

Darüber hinaus wären im allgemeinen Fall noch durch verschiedene Vorgangsarten (z. B. Rechnungen, Gutschriften), Werke (mit unterschiedlichen Kalkulationen), verschiedene Vertriebsorganisationen usw. Multiplikatoren gegeben, die die Anzahl der Merkmalkombinationen in die Höhe treiben würden, wenn man sie für die Bildung von Ergebnisobjekten nicht abwählen würde.

Von den 60 Kunde-/Artikelkombinationen werden **nur die tatsächlich vorkommenden Kombinationen** gespeichert, im Testbeispiel 11 Kombinationen.

Aufträge/Geschäftsvorfälle, die dieselben Kunden und Artikel betreffen, werden zusammengefasst. Im Testbeispiel betrifft sowohl Auftrag 1 als auch Auftrag 16 den Artikel "100g Kaffeeglas" und den Kunden "Mueller". Diese beiden Aufträge werden daher in allen relevanten Daten des Deckungsbeitragsschemas addiert.

Damit haben wir die Voraussetzungen geschaffen, um die drei Tabellen zu verstehen, die SAP pro Ergebnisbereich speichert.

SAP-Tabellen des Ergebnisbereichs

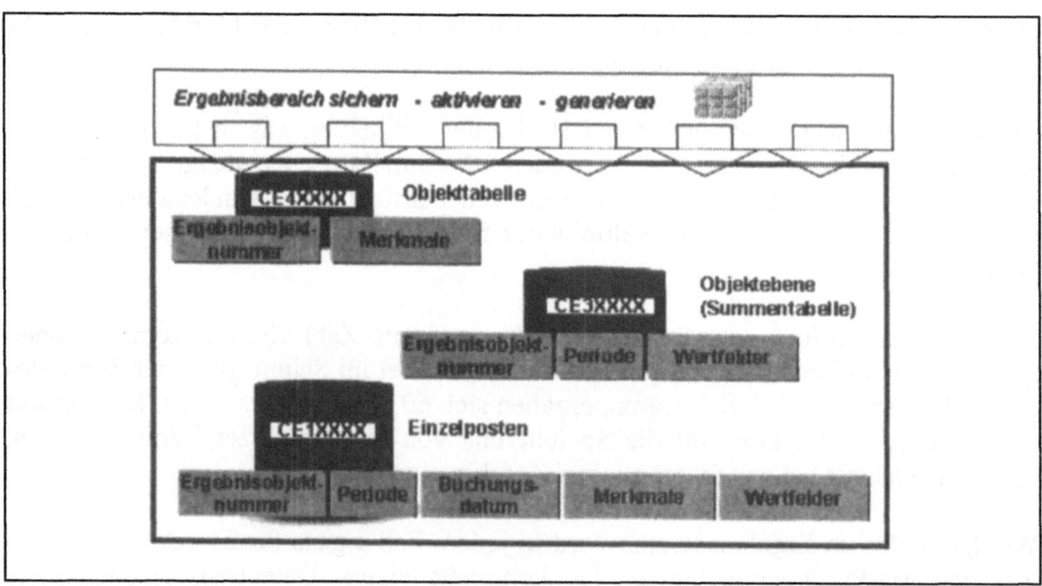

Bild 3.3/3 (Modul 11): SAP-Tabellen des Ergebnisbereichs im Überblick (Quelle: SAP-Dokumentation)

Es sind drei Tabellen zu besprechen:

CE1	Einzelposten	im Testbeispiel 17 Sätze
CE3	Summentabelle	im Testbeispiel 11 Sätze
CE4	Objekttabelle	im Testbeispiel 11 Sätze

CE1 Einzelpostentabelle

					ABSMG	AUSFR	ERLOS	JBONU	KWSKTO	PROVV	RABAT	VV50E	VV50G	VV50L	VV50M	VV50S	VV50U	VV50V	VV50Z
0000000001	1	K50-1100	F50-60-0900	F1	100.000	120	14.000	0	420	0	0	200	0	200	2.300	0	200	150	0
0000000001	16	K50-1100	F50-60-0900	F1	120.000	144	16.800	0	504	0	0	240	0	240	2.760	0	240	180	0
0000000002	11	K50-1300	F50-10-0500	F1	350.000	805	70.000	700.000	2.100	0	0	1.750	0	700	7.175	0	700	700	0
0000000002	15	K50-1300	F50-10-0500	F1	160.000	368	32.000	320.000	960	0	0	800	0	320	3.280	0	320	320	0
0000000002	2	K50-1300	F50-10-0500	F1	300.000	690	60.000	600.000	1.800	0	0	1.500	0	600	6.150	0	600	600	0
0000000003	3	K50-2000	F50-10-0700	F1	250.000	250	62.500	0	2.100	0	0	1.000	0	625	3.500	0	625	750	7.500
0000000004	13	K50-1500	F50-60-0900	F1	300.000	360	45.000	0	1.350	0	0	600	0	600	6.900	0	600	450	0
0000000004	4	K50-1500	F50-60-0900	F1	200.000	240	30.000	0	900	0	0	400	0	400	4.600	0	400	300	0
0000000005	5	K50-1200	F50-60-0900	F1	500.000	600	75.000	500.000	2.183	0	2.250	1.000	10.000	1.000	11.500	0	1.000	750	0
0000000006	12	K50-1900	F50-60-1000	F1	250.000	375	37.500	500.000	1.103	0	750	1.000	0	1.000	6.250	0	1.000	500	0
0000000006	6	K50-1900	F50-60-1000	F1	190.000	285	28.500	380.000	894	0	608	760	0	760	4.750	0	760	380	1.900
0000000007	7	K50-1400	F50-10-0700	F1	350.000	525	87.500	350.000	2.625	1.750	0	1.400	3.500	875	4.900	0	875	1.050	0
0000000008	14	K50-1600	F50-20-0400	F1	160.000	160	40.000	240.000	1.236	412	416	800	1.600	384	3.680	0	384	160	1.600
0000000008	8	K50-1600	F50-20-0400	F1	140.000	140	35.000	210.000	1.081	360	364	700	1.400	336	3.220	0	336	140	1.400
0000000009	9	K50-1200	F50-10-0600	F1	400.000	400	40.000	400.000	1.160	0	1.350	1.800	8.000	600	10.000	0	600	4.000	0
0000000010	10	K50-1800	F50-60-0900	F1	300.000	570	45.000	300.000	1.310	0	1.350	600	6.000	600	6.900	0	600	450	0
0000000011	17	K50-2100		B1	0	0	0	0	0	0	0	0	0	0	0	5.000	0	0	0

CE3 Summentabelle

	AUSFR001	ERLOS001	JBONU001	KWSKTO001	PROVV001	RABAT001	VV50E001	VV50G001	VV50L001	VV50M001	VV50S001	VV50U001	VV50V001	VV50Z001
0000000001	264	30.800	0	924	0	0	440	0	440	5.060	0	440	330	0
0000000002	1.863	162.000	1.620.000	4.860	0	0	4.050	0	1.620	16.605	0	1.620	1.620	0
0000000003	250	62.500	0	2.100	0	0	1.000	0	625	3.500	0	625	750	7.500
0000000004	600	75.000	0	2.250	0	0	1.000	0	1.000	11.500	0	1.000	750	0
0000000005	600	75.000	500.000	2.183	0	2.250	1.000	10.000	1.000	11.500	0	1.000	750	0
0000000006	660	66.000	880.000	1.996	0	1.358	1.760	0	1.760	11.000	0	1.760	880	1.900
0000000007	525	87.500	350.000	2.625	1.750	0	1.400	3.500	875	4.900	0	875	1.050	0
0000000008	300	75.000	450.000	2.317	772	780	1.500	3.000	720	6.900	0	720	300	3.000
0000000009	400	40.000	400.000	1.160	0	1.350	1.800	8.000	600	10.000	0	600	4.000	0
0000000010	570	45.000	300.000	1.310	0	1.350	600	6.000	600	6.900	0	600	450	0
0000000011	0	0	0	0	0	0	0	0	0	0	5.000	0	0	0

CE4 Objekttabelle

0000000001	K50-1100	F50-50-0900	BK50	BK50	W50	V050	50	50	000001		5001	500	10
0000000002	K50-1300	F50-10-0500	BK50	BK50	W50	V050	50	50	000002		5002	100	10
0000000003	K50-2000	F50-10-0700	BK50	BK50	W50	V050	50	50	000001		5003	100	10
0000000004	K50-1500	F50-50-0900	BK50	BK50	W50	V050	50	50	000001		5001	500	10
0000000005	K50-1200	F50-50-0900	BK50	BK50	W50	V050	50	50	000001	31	5001	500	10
0000000006	K50-1900	F50-50-1000	BK50	BK50	W50	V050	50	50	000002		5003	500	10
0000000007	K50-1400	F50-10-0700	BK50	BK50	W50	V050	50	50	000002	32	5003	100	10
0000000008	K50-1600	F50-20-0400	BK50	BK50	W50	V050	50	50	000001	32	5003	200	20
0000000009	K50-1200	F50-10-0600	BK50	BK50	W50	V050	50	50	000001	31	5003	100	10
0000000010	K50-1800	F50-50-0900	BK50	BK50	W50	V050	50	50	000002	31	5001	500	10
0000000011	K50-2100		BK50	BK50	W50	V050	50	50	000001	31			

Bild 3.3/4 (Modul 11): SAP-Tabellen des Ergebnisbereichs im Testbeispiel

Die Tabelle **CE1** zeigt die **Einzelposten**. Gut nachvollziehbar ist die Zuordnung der Einzelposten zu PA-Objekten. Einzelposten gibt es 17, PA-Objekte als tatsächlich vorkommende unterschiedliche Artikel-Kunden-Kombinationen gibt es 11.
Beispiel: Belegnummer (Auftragsposition/Rechnungsposition) 1 und 16 werden dem PA-Objekt 0000000001 zugeordnet.

Geschäftsvorfall 17 betraf den Sonderbonus, der zwar einem Kunden, nicht aber einem Artikel zugeordnet werden konnte. Er wird als eigenes Ergebnisobjekt (...011) geführt.

Die **Summentabelle CE3** gibt für die Ergebnisobjekte die kumulierten Werte der Wertfelder (Umsatz usw.) des Deckungsbeitragsschemas und sonstiger Daten des Ergebnisobjekts.
Beispiel: Für das PA-Objekt 0000000001 wurden die Umsätze (und die anderen Werte des DB-Schemas) addiert: 14.000 + 16.800 = 30.800. Diese Summe findet sich im Summensatz unter dem Wertfeld Umsatz.

Die **Objekttabelle CE4** listet auf, für welche Objekte Summensätze gebildet werden sollen. Die Objekttabelle ist daher nur eine Zusammenstellung aller ausgewählten vorkommenden Merkmalkombinationen (SAP-Jargon: Ergebnisobjekte). Dabei werden nur die Merkmale kombiniert, über die nicht verdichtet wurde, d. h. im Beispiel werden alle (vorkommenden) Kombinationen von Artikeln und Kunden gebildet. Der Auftrag wäre eine zusätzliche unabhängige Dimension und würde als Multiplikator wirken, wenn man nicht das Merkmal Auftrag entscheidungsgemäß für die Speicherung von Summensätzen ausgeschlossen hätte. Die Attribute von Artikeln und Kunden sind in der Objekttabelle ebenfalls erfasst, sie führen aber zu keiner Multiplikation der Kombinationen, weil sie entweder von Artikel oder Kunde abhängig sind.

Damit gibt es im Testbeispiel 11 Ergebnisobjekte (d. h . Merkmalswertkombinationen, für die Summensätze gespeichert sind).

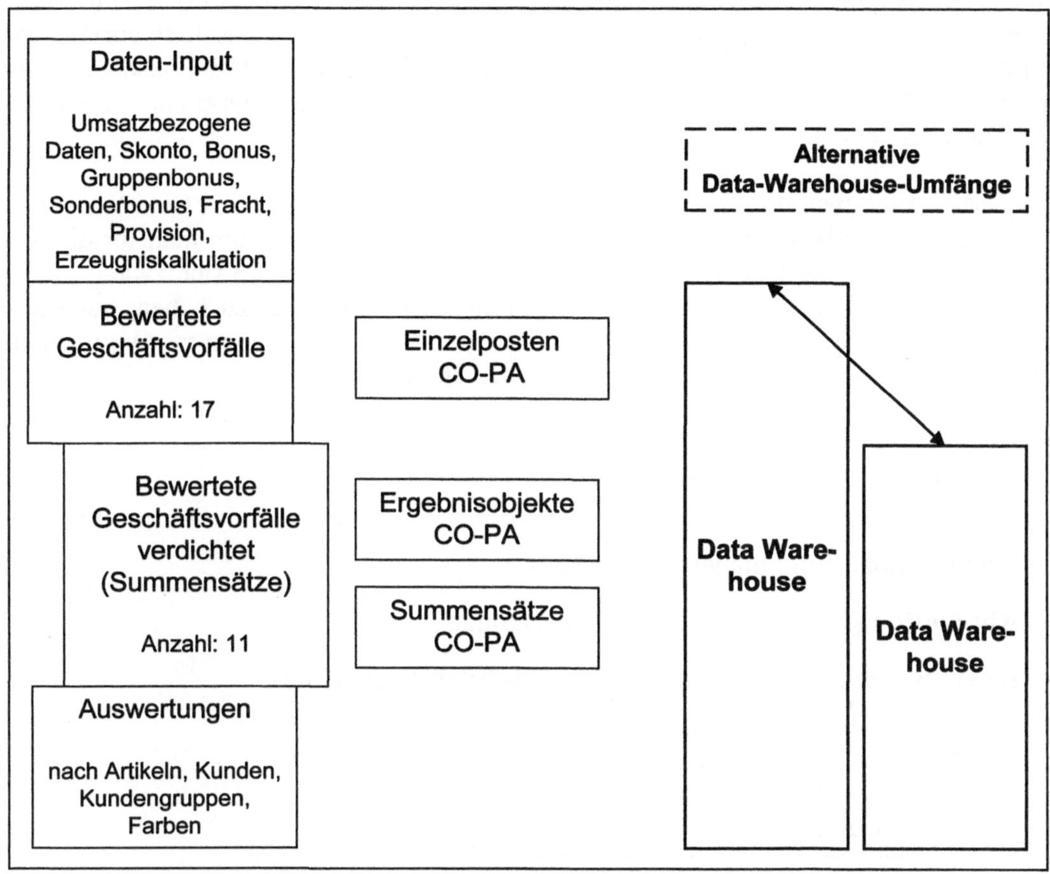

Bild 3.3/5 (Modul 11): Ergebnisbereich als Vorstufe zum Data Warehouse

Der **Ergebnisbereich** als eigene Datenbasis der Ergebnis- und Marktsegmentrechnung kann als **Vorstufe zu einem Data Warehouse** bezeichnet werden. Das soll begründet werden.

Im **SAP-ERP-System** sind alle Daten verfügbar: Es kann auf alle 17 Geschäftsvorfälle zurückgegriffen werden, wobei man auch zu den Einzelheiten der Errechnung der Kalkulationszeilen pro Geschäftsvorfall zurücksteigen kann (z. B. Wie wurde die Zeile Bonus bei Auftrag 2 ermittelt?).

Darüber hinaus werden Einzelposten (=bewertete Geschäftsvorfälle) und Summensätze (annahmegemäß nur die Artikel-Kunden-Kombinationen, ohne das Merkmal Auftrag) gespeichert, dazu noch *die* Ergebnisobjekte, für die Summensätze gebildet werden.

Würde man Überlegungen anstellen, auf welchem Datenniveau man in ein **Data Warehouse** übergehen sollte, so bietet sich an, nur die bewerteten Geschäftsvorfälle im Endergebnis, nicht aber deren Berechnungsgrundlagen ins Data Warehouse zu transportieren. Dabei könnte man zusätzlich auch auf entbehrliche Merkmale (wie z. B. Auftrag) verzichten.

Sicherlich kann man prinzipiell alle Daten des ERP-Systems auch ins Data Warehouse schaffen (eine Binsenweisheit). Aber dann fragt man sich, warum man für die reine Doppelung einen derartigen Aufwand treiben soll. Damit dürfte sich zwangsläufig die Übernahme eines verdichteten Niveaus anbieten, um Platz zu haben, auch aus mehreren SAP-Systemen und aus Fremdsystemen (non-SAP) Daten zu übernehmen und evtl. für Zeitreihen eine längere Historie zu speichern.

Kleiner Exkurs zum Data Warehouse

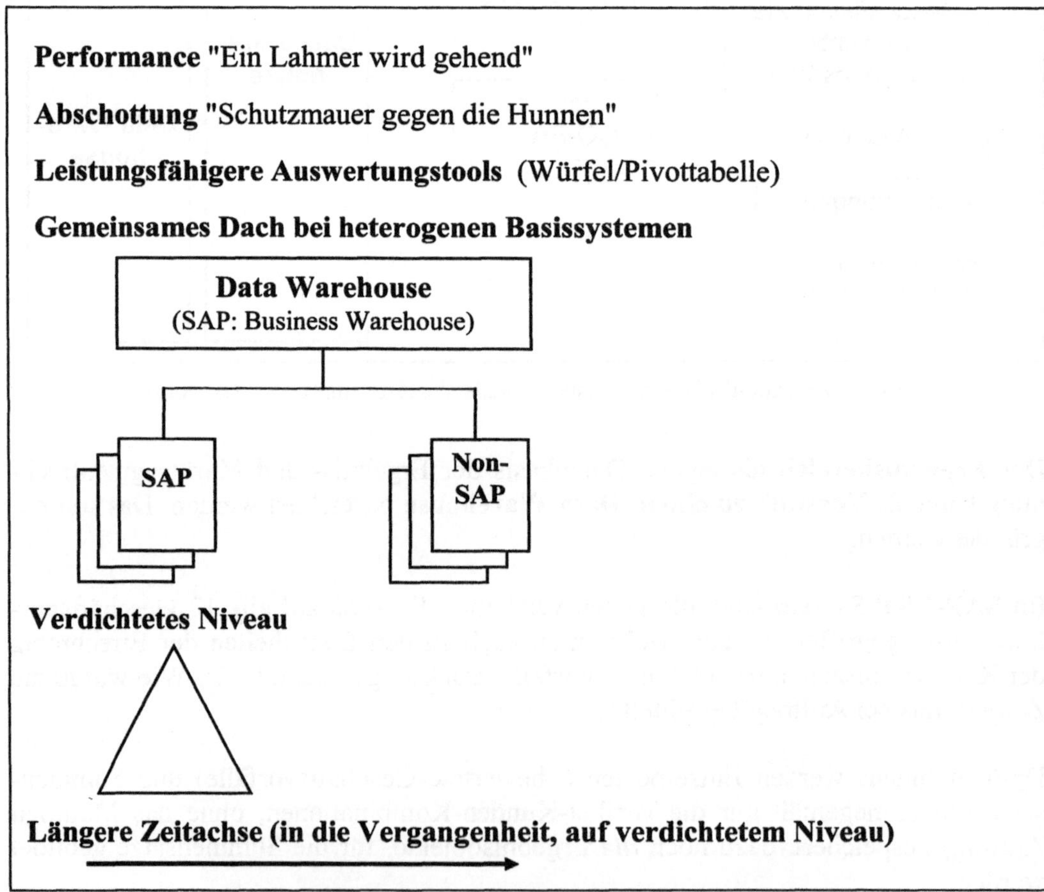

Bild 3.3/6 (Modul 11): Argumente für ein Data Warehouse

Mit den Erläuterungen zum Ergebnisbereich ergeben sich zwanglos einige Anmerkungen zum Data Warehouse. Darunter versteht man ja ebenfalls eine getrennte Datenbasis, zumeist auf verdichtetem Niveau, die für Auswertungszwecke dem Anwender zur Verfügung gestellt wird. Die Auswertungstools sollen zudem eine größere Benutzerfreundlichkeit gewähren als es bei der Basissoftware normalerweise der Fall ist.

Als Begründung für eine getrennte Datenbasis werden angeführt:

- Bessere **Performance**
- **Abschottung** des Basissystems gegen Veränderung der Daten
- Leistungsfähigere **Auswertungsmöglichkeiten**
- Gemeinsames **Dach** bei heterogenen Basissystemen (SAP und non-SAP)
- **Verdichtetes Niveau**
- Vergangenheitsinformationen (auf verdichtetem Niveau) verfügbar machen für **Zeitreihenbetrachtungen**

Die Nachteile liegen ebenso auf der Hand:
Bessere Performance wird erkauft durch Speicherung auf verdichtetem Niveau, d. h. durch den **Verzicht auf Auswertungsdetails**, auf die man glaubt (zur Zeit) verzichten zu können.

Die Abschottung des Basissystems gegen den Anwender wird erkauft durch **unterschiedliche Datenstände** in Basissystem und neuer Data-Warehouse-Datenbasis. Man muss über einen Mechanismus zur regelmäßigen Aktualisierung verfügen.

Wenn man es pointieren wollte: Mit dem Data Warehouse gibt man Produktvorteile auf, die man einst mit großem Marketinggeschrei propagiert hat: realtime, überall im System der gleiche Datenstand; beliebige Auswertungsmöglichkeiten ad hoc ohne Festlegungen, auf welche Auswertungen man von vorneherein verzichten will.
Aber irgendwann muss man sich von seinen Träumen wieder verabschieden, indem man einen neuen Produktvorteil propagiert.

Der wesentliche Produktvorteil, den das Data Warehouse dem Anwender verspricht, sind benutzerfreundliche Auswertungstools, die sich vorteilhaft von der Umständlichkeit der Programmierung (COBOL, SQL und Konsorten) unterscheiden sollen. Man denke von der Funktionalität her etwa an die Auswertungen im mehrdimensionalen Würfel, wie sie für Berichtssysteme im Konzern ("an der Spitze des Eisbergs") Verwendung finden.

Schrittmacher waren hier Berichtssysteme wie MIS Alea (Spreadsheet-Connector / TM/1) der Firma MIS AG, Darmstadt, Hyperion (Microcontrol) der Firma Hyperion,

Frankfurt oder MIKSolution der Firma MIK AG, Reichenau (und dreihundert weitere Mitbewerber, auch SAP hat ein EIS-Modul).

Die Pivot-Tabelle in Excel gibt ebenso einen Eindruck von der Funktionalität benutzerfreundlicher Auswertungen (womit nicht gesagt werden soll, dass die üblichen Microsoft-Office-Produkte für professionelle Lösungen und realistische Datenmengen in Frage kämen).

Das Einsatzgebiet dieser Tools ist wie gesagt das Konzernberichtswesen, das immer auf einem hochverdichteten Niveau erfolgt.

Die Übertragung derartiger Techniken auf die "Niederungen" der operativen Datenbasis wird im Data Warehouse versucht, wo zwar auch üblicherweise mit Verdichtungen gearbeitet wird, wo aber wesentlich mehr Details im Zugriff bleibt als in einem Konzernberichtswesen.

Namedropping: Data Mining
Wenn vom Data Warehouse die Rede ist, darf das Stichwort Data Mining nicht fehlen. Damit meint man die Suche nach Zusammenhängen (Korrelationen) in den Daten. Um nach derartigen Zusammenhängen zu suchen, sollte man tunlichst über ein Data Warehouse verfügen. Ob man dann die in Aussicht gestellten Zusammenhänge wirklich findet, ist "schon die nächste Frage".

Die SAP bietet auf getrennter Systembasis ein Data Warehouse als Business Warehouse (BW) an und vertreibt dieses Produkt unter dem Dach "New Dimension". Die "Old Dimension" heißt jetzt ERP (Enterprise Resource Planning) und umfasst die Module, die früher in der einprägsamen SAP-Wabe dargestellt wurden (FI/CO, Logistik, HR).

Was ist zu tun?

M11 Datenspeicherung

CE1EGxx Einzelpostentabelle

CE3EGxx Summentabelle

CE4EGxx Objekttabelle

- *Felder und Feldeigenschaften der Tabellen...*

Transparente Tabelle	CE1EG52	aktiv
Kurzbeschreibung	Ergebnisbereich 52	

Eigenschaften | Felder | Währungs-/Mengenfelder

Felder	Key	Init.	Feldtyp	Date..	Länge	DezSt..	Prüftabelle	Kurzbeschreibung
MANDT	✓	✓	MANDT	CLNT	3	0	T000	Mandant

... im Object Navigator anzeigen in M11.1.1 (CE1EGxx) bzw. in M11.2 (CE3EGxx und CE4EGxx.

- *Inhalte der Tabellen...*

PAOBJNR	BELNR	KNDNR	ARTNR	FKA	BZIRK	KMH101	MATYL	WW52F	WW520	ABSMG	AUSFR
1	1	K52-1100	F52-50-0900	F1	000001		5201	500	10	100.000,000	120,00
1	16	K52-1100	F52-50-0900	F1	000001		5201	500	10	120.000,000	144,00
2	2	K52-1300	F52-10-0500	F1	000002		5202	100	10	300.000,000	690,00
2	11	K52-1300	F52-10-0500	F1	000002		5202	100	10	350.000,000	805,00
2	15	K52-1300	F52-10-0500	F1	000002		5202	100	10	160.000,000	368,00
3	3	K52-2000	F52-10-0700	F1	000001		5203	100	10	250.000,000	250,00
4	4	K52-1500	F52-50-0900	F1	000001		5201	500	10	200.000,000	240,00
4	13	K52-1500	F52-50-0900	F1	000001		5201	500	10	300.000,000	360,00
5	5	K52-1200	F52-50-0900	F1	000001	11	5201	500	10	600.000,000	800,00
6	6	K52-1800	F52-50-1000	F1	000002		5203	500	10	190.000,000	285,00
6	12	K52-1000	F52-50-1000	F1	000002		5203	500	10	250.000,000	375,00
7	7	K52-1400	F52-10-0700	F1	000002	12	5203	100	10	350.000,000	525,00
8	8	K52-1600	F52-20-0400	F1	000001	12	5203	200	20	140.000,000	140,00
8	14	K52-1800	F52-20-0400	F1	000001	12	5203	200	20	180.000,000	180,00
9	9	K52-1200	F52-10-0600	F1	000001	11	5203	100	10	400.000,000	400,00
10	10	K52-1600	F52-50-0900	F1	000002	11	5201	500	10	300.000,000	570,00
11	17	K52-2100		B1						0,000	0,00

... im Data Browser mit dem ABAP List Viewer anzeigen und Layout ändern in M11.1.2 (CE1EGxx) bzw. in M11.2 (CE3EGxx und CE4EGxx)

- *Export nach MS Excel...*

Microsoft Excel - Mappe2

A1 = PAOBJNR

	A	B	C	D	E	F	G	H	I	J	K	L	
1											ABSMG	AUSFR	ERL
2	0000000001	1	K52-1100	F52-50-0900	F1	000001		5201	500	10	100.000,000	120,00	14.0
3	0000000001	16	K52-1100	F52-50-0900	F1	000001		5201	500	10	120.000,000	144,00	16.8
4	0000000002	11	K52-1300	F52-10-0500	F1	000002		5202	100	10	350.000,000	805,00	70.0
5	0000000002	15	K52-1300	F52-10-0500	F1	000002		5202	100	10	160.000,000	368,00	32.0
6	0000000002	2	K52-1300	F52-10-0500	F1	000002		5202	100	10	300.000,000	690,00	60.0
7	0000000003	3	K52-2000	F52-10-0700	F1	000001		5203	100	10	250.000,000	250,00	62.5
8	0000000004	13	K52-1500	F52-50-0900	F1	000001		5201	500	10	300.000,000	360,00	45.0
9	0000000004	4	K52-1500	F52-50-0900	F1	000001		5201	500	10	200.000,000	240,00	30.0
10	0000000005	5	K52-1200	F52-50-0900	F1	000001	11	5201	500	10	500.000,000	600,00	75.0

... durchführen in M11.1.3 (CE1EGxx) bzw. in M11.2 (CE3EGxx und CE4EGxx)

Bild 3.3/7 (Modul 11): Überblick M11

Anzeige	Eingabe/Auswahl

Modul 11: Datenspeicherung

Für die unter Merkmalsverwendung (vgl. M6.4) im Customizing festgelegten Merkmale bildet das System automatisch - bei ergebnisrelevanten Buchungen - für jede neu auftretende Kombination von Merkmalswerten ein neues Ergebnisobjekt, auf das kontiert wird.

Die Datenbasis, die - nach Festlegung der Merkmale und Wertfelder - bei der Generierung des Ergebnisbereichs erzeugt wurde (vgl. M6.3.2), umfasst u. a. die folgenden drei Datenbanktabellen für CO-PA Bewegungsdaten:

- ***CE1*egxx** ***(Ist-)Einzelpostentabelle***
  Hält alle Ist-Daten auf detailliertester Ebene vor. Ein Einzelposten entspricht z. B. einer Fakturaposition, die um abgeleitete Merkmalswerte (vgl. M7) und um automatisch errechnete Werte (vgl. M8) ergänzt wurde.
- ***CE4*egxx** ***Objekttabelle***
  Ordnet jeder aufgetretenen Kombination von Merkmalswerten eine (Ergebnis-)Objektnummer zu.
- ***CE3*egxx** ***Summentabelle (Objektebene)***
  Enthält kumulierte Wertfelder pro Ergebnisobjekt. Neben der Objektnummer und den Wertfeldern werden hier noch einige technische Felder wie Vorgangsart, Periode oder Plan/Ist-Kennzeichen aufgenommen, jedoch nicht mehr die einzelnen Merkmale.

  ("egxx" steht hier für den jeweiligen Ergebnisbereich)

M11.1 Ist-Einzelpostentabelle des Ergebnisbereichs

M11.1.1 Mit dem Object Navigator auf die Einzelpostentabelle zugreifen

Mit Hilfe des *Object Navigators*, einem Tool zum zentralen Einstieg in die ABAP Workbench, die Entwicklungsumgebung des R/3-Systems, kann u.a. auf Datenbanktabellen zugegriffen werden.

Er dient zur Verwaltung sämtlicher Entwicklungsobjekte (z. B. Programme und Programmteile, Datenbanktabellen und -felder). Diese werden in *Objektlisten*, eingeteilt in *Kategorien* wie
- "Anwendungshierarchie" (alle Entwicklungsobjekte nach Anwendungskomponenten),
- "Entwicklungsklasse" (alle Objekte einer Entwicklungsklasse) oder
- "Programm" (alle Teilobjekte eines ABAP-Programms),
jeweils zu hierarchischen Strukturen zusammengefasst.

Anzeige	Eingabe/Auswahl
SAP Easy Access mit **SAP Menü**	Wählen Sie im SAP-Menü: **Werkzeuge –** **ABAP Workbench –** **Übersicht –** **Object Navigator**

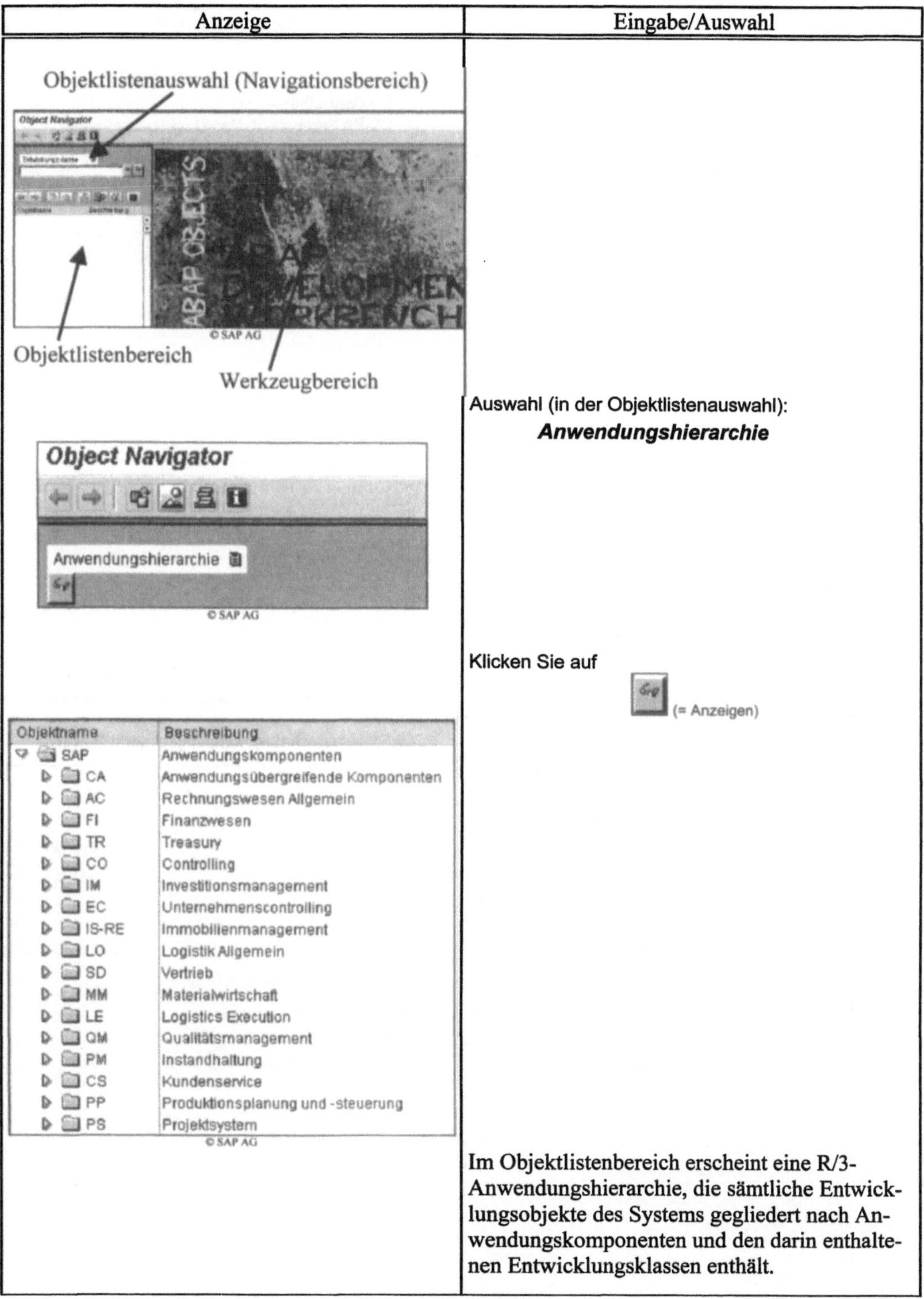

Anzeige	Eingabe/Auswahl
	Auswahl (in der Objektlistenauswahl): ***Anwendungshierarchie***
	Klicken Sie auf (= Anzeigen)
	Im Objektlistenbereich erscheint eine R/3-Anwendungshierarchie, die sämtliche Entwicklungsobjekte des Systems gegliedert nach Anwendungskomponenten und den darin enthaltenen Entwicklungsklassen enthält.

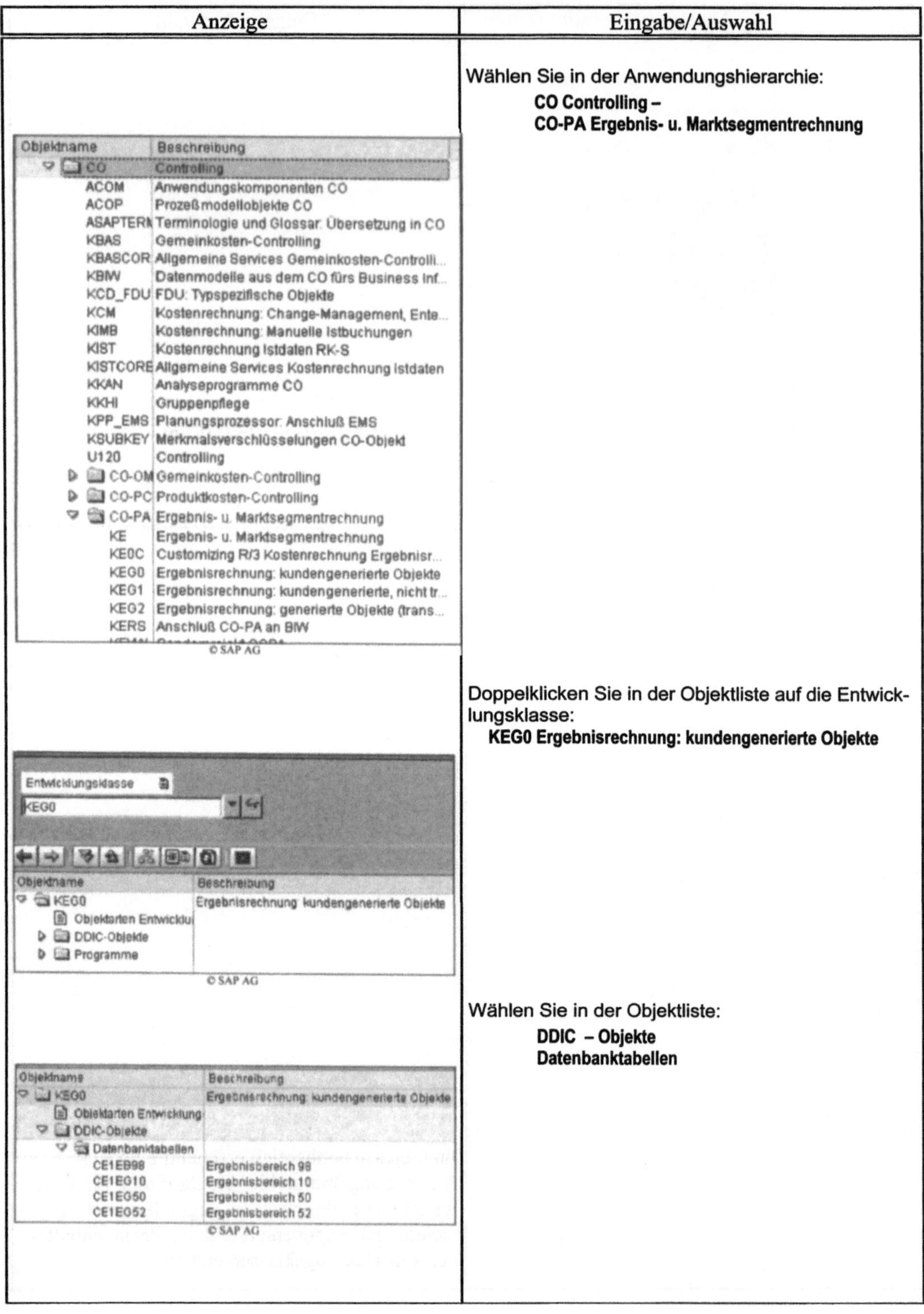

Anzeige	Eingabe/Auswahl
© SAP AG	Wählen Sie in der Anwendungshierarchie: **CO Controlling –** **CO-PA Ergebnis- u. Marktsegmentrechnung**
© SAP AG	Doppelklicken Sie in der Objektliste auf die Entwicklungsklasse: **KEG0 Ergebnisrechnung: kundengenerierte Objekte**
© SAP AG	Wählen Sie in der Objektliste: **DDIC – Objekte** **Datenbanktabellen**

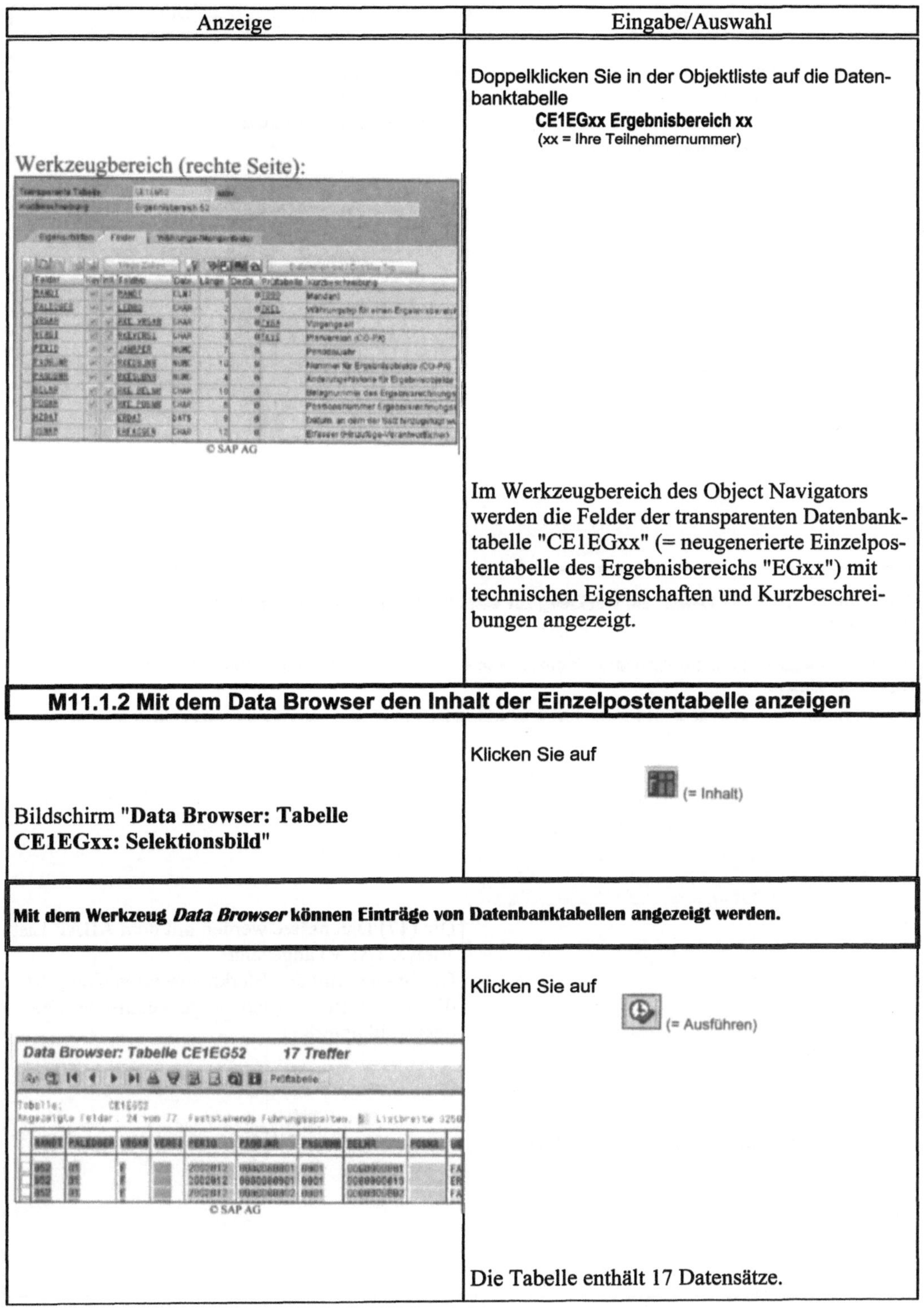

Anzeige	Eingabe/Auswahl
	Doppelklicken Sie in der Objektliste auf die Datenbanktabelle **CE1EGxx Ergebnisbereich xx** (xx = Ihre Teilnehmernummer)
Werkzeugbereich (rechte Seite): © SAP AG	Im Werkzeugbereich des Object Navigators werden die Felder der transparenten Datenbanktabelle "CE1EGxx" (= neugenerierte Einzelpostentabelle des Ergebnisbereichs "EGxx") mit technischen Eigenschaften und Kurzbeschreibungen angezeigt.

M11.1.2 Mit dem Data Browser den Inhalt der Einzelpostentabelle anzeigen

Anzeige	Eingabe/Auswahl
Bildschirm "**Data Browser: Tabelle CE1EGxx: Selektionsbild**"	Klicken Sie auf (= Inhalt)

Mit dem Werkzeug *Data Browser* können Einträge von Datenbanktabellen angezeigt werden.

Anzeige	Eingabe/Auswahl
Data Browser: Tabelle CE1EG52 17 Treffer © SAP AG	Klicken Sie auf (= Ausführen) Die Tabelle enthält 17 Datensätze.

Anzeige	Eingabe/Auswahl
	Auswahl aus Menüleiste: **Einstellungen - Benutzerparameter...**
Dialogfenster "**Benutzerspezifische Einstellungen**", Registerkarte "**Data Browser**"	
© SAP AG	Wählen sie die Option **ALV-Grid-Darstellung**

ALV steht für *ABAP List Viewer*, ein Werkzeug zur einheitlichen Darstellung und Aufbereitung von Listen im R/3-System.

Der ALV ermöglicht u. a. die Navigation innerhalb von Listen, die Sortierung, Filterung, Analyse und den Export der Daten.

Anzeige	Eingabe/Auswahl
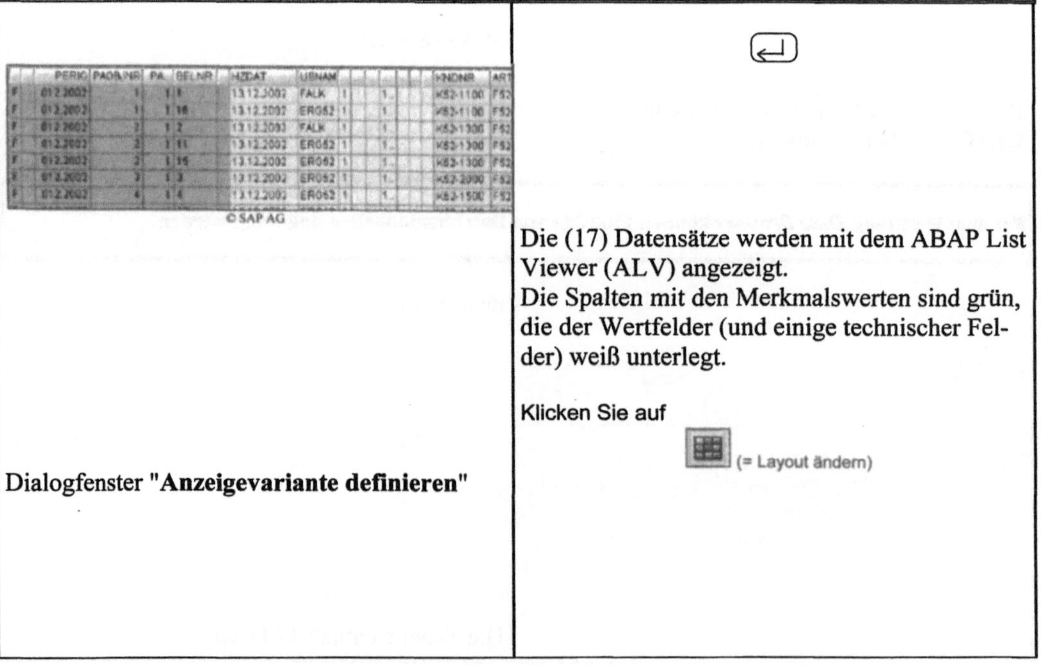 © SAP AG	⏎
	Die (17) Datensätze werden mit dem ABAP List Viewer (ALV) angezeigt. Die Spalten mit den Merkmalswerten sind grün, die der Wertfelder (und einige technischer Felder) weiß unterlegt.
Dialogfenster "**Anzeigevariante definieren**"	Klicken Sie auf (= Layout ändern)

Anzeige	Eingabe/Auswahl
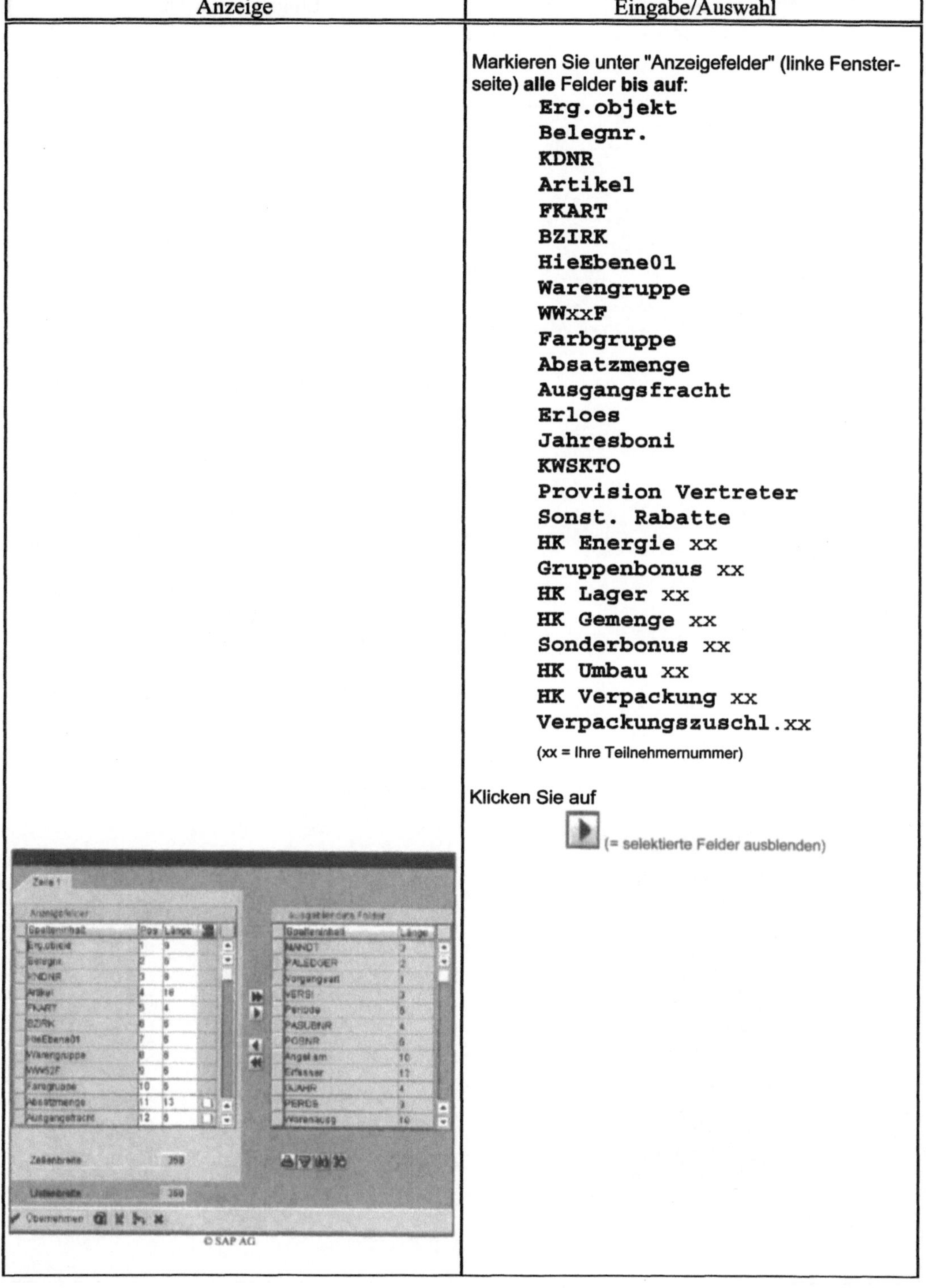 © SAP AG	Markieren Sie unter "Anzeigefelder" (linke Fensterseite) **alle** Felder **bis auf**: **Erg.objekt** **Belegnr.** **KDNR** **Artikel** **FKART** **BZIRK** **HieEbene01** **Warengruppe** **WW**xx**F** **Farbgruppe** **Absatzmenge** **Ausgangsfracht** **Erloes** **Jahresboni** **KWSKTO** **Provision Vertreter** **Sonst. Rabatte** **HK Energie** xx **Gruppenbonus** xx **HK Lager** xx **HK Gemenge** xx **Sonderbonus** xx **HK Umbau** xx **HK Verpackung** xx **Verpackungszuschl**.xx (xx = Ihre Teilnehmernummer) Klicken Sie auf (= selektierte Felder ausblenden)

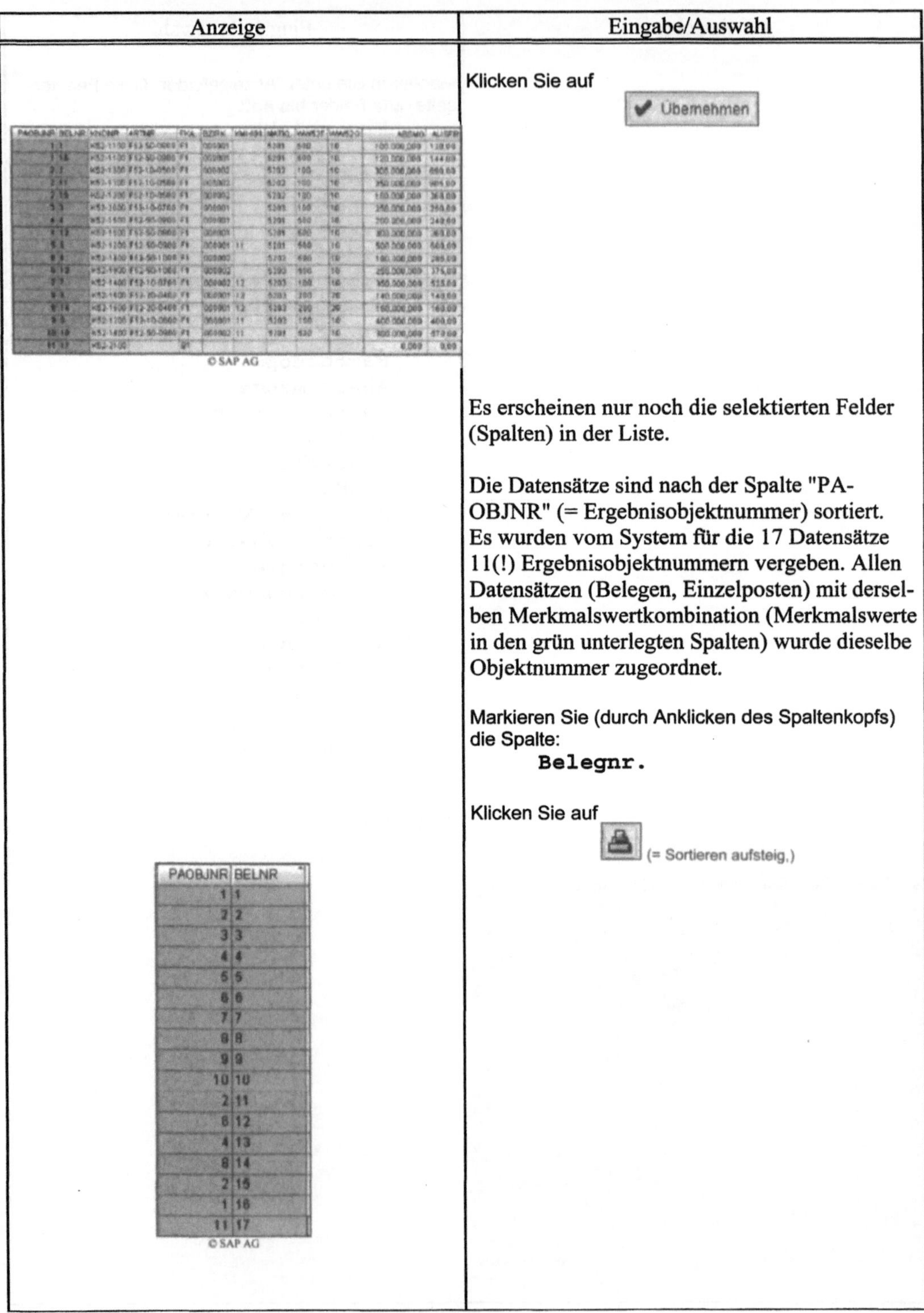

Anzeige	Eingabe/Auswahl
© SAP AG	Klicken Sie auf ✔ Übernehmen
	Es erscheinen nur noch die selektierten Felder (Spalten) in der Liste. Die Datensätze sind nach der Spalte "PA-OBJNR" (= Ergebnisobjektnummer) sortiert. Es wurden vom System für die 17 Datensätze 11(!) Ergebnisobjektnummern vergeben. Allen Datensätzen (Belegen, Einzelposten) mit derselben Merkmalswertkombination (Merkmalswerte in den grün unterlegten Spalten) wurde dieselbe Objektnummer zugeordnet. Markieren Sie (durch Anklicken des Spaltenkopfs) die Spalte: **`Belegnr.`** Klicken Sie auf (= Sortieren aufsteig.)

PAOBJNR	BELNR
1	1
2	2
3	3
4	4
5	5
6	6
7	7
8	8
9	9
10	10
2	11
6	12
4	13
8	14
2	15
1	16
11	17

© SAP AG

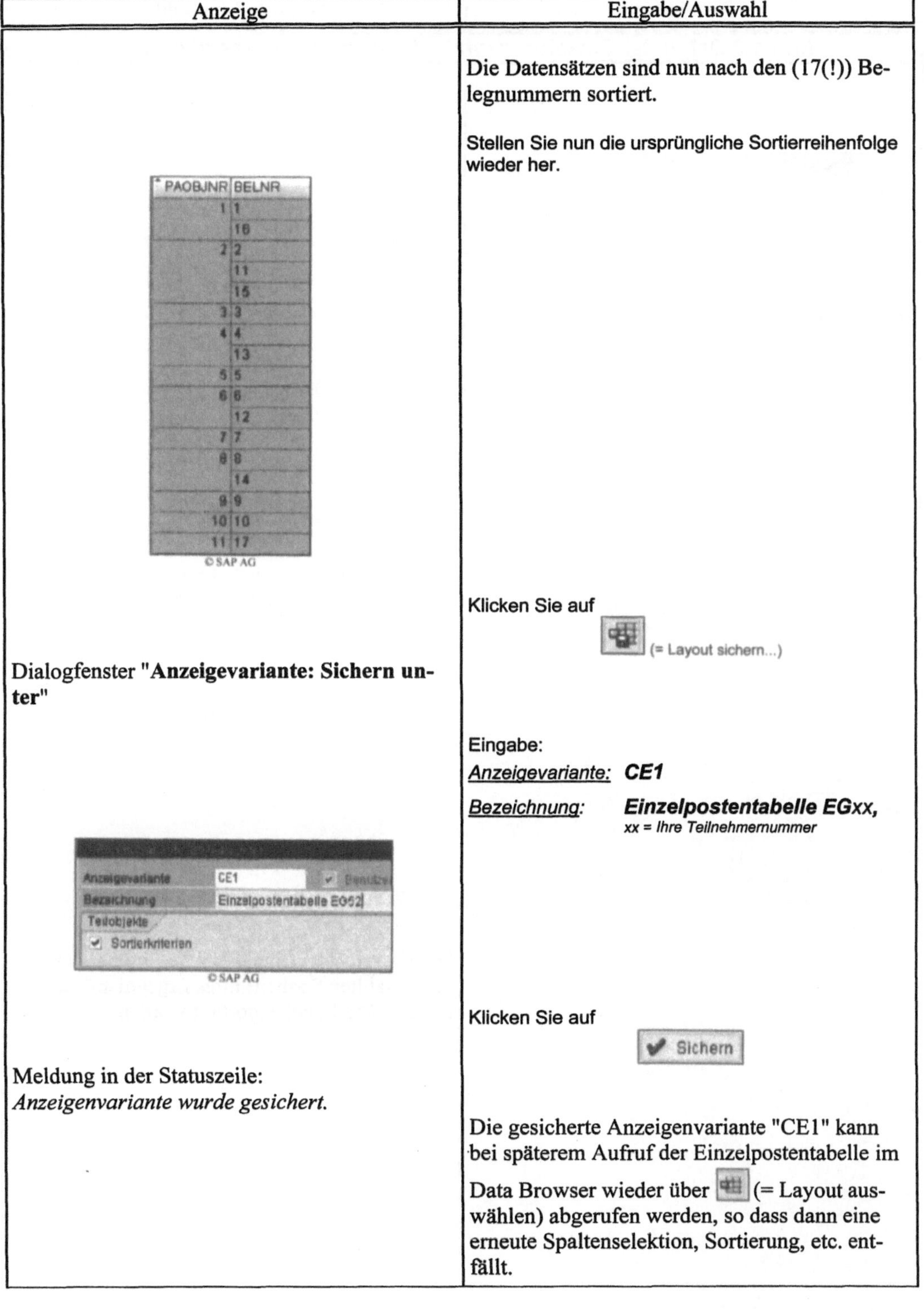

Anzeige	Eingabe/Auswahl
	Die Datensätzen sind nun nach den (17(!)) Belegnummern sortiert. Stellen Sie nun die ursprüngliche Sortierreihenfolge wieder her.
© SAP AG	Klicken Sie auf (= Layout sichern...)
Dialogfenster "**Anzeigevariante: Sichern unter**"	Eingabe: *Anzeigevariante:* ***CE1*** *Bezeichnung:* ***Einzelpostentabelle EGxx,*** *xx = Ihre Teilnehmernummer*
© SAP AG	Klicken Sie auf Sichern
Meldung in der Statuszeile: *Anzeigenvariante wurde gesichert.*	Die gesicherte Anzeigenvariante "CE1" kann bei späterem Aufruf der Einzelpostentabelle im Data Browser wieder über (= Layout auswählen) abgerufen werden, so dass dann eine erneute Spaltenselektion, Sortierung, etc. entfällt.

Anzeige	Eingabe/Auswahl
M11.1.3 Daten der Einzelpostentabelle nach Excel exportieren	
	Klicken Sie auf  (= Tabellenkalkulation...)
 Filter, Sortierung, Summen und Zwischensummen werden nicht berücksichtigt © SAP AG	↵
Dialogfenster "**Exportiere Listobjekt nach XXL**"	Wählen Sie im Dialogfenster die Option: **Excel Anzeige**
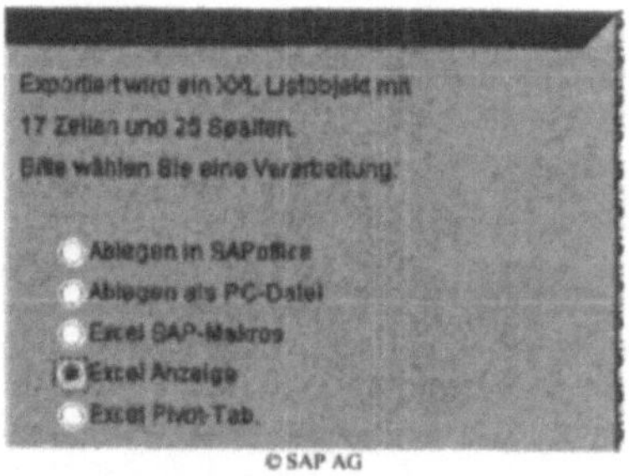 Exportiert wird ein XXL Listobjekt mit 17 Zeilen und 25 Spalten. Bitte wählen Sie eine Verarbeitung: Ablegen in SAPoffice Ablegen als PC-Datei Excel SAP-Makros Excel Anzeige Excel Pivot-Tab. © SAP AG	↵
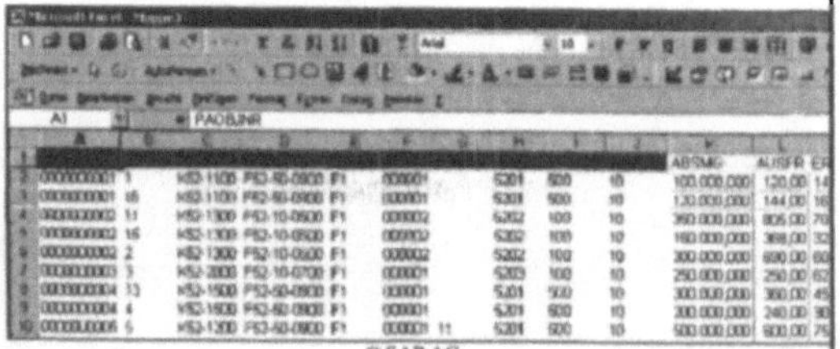 © SAP AG	Die Einzelpostentabelle (d.h. die im Layout ausgewählten Spalten) Ihres Ergebnisbereichs ist nach MS Excel exportiert worden.

Anzeige	Eingabe/Auswahl

M11.2 Objekttabelle und Summentabelle (Ojektebene) des Ergebnisbereichs

Sehen Sie sich nun noch mit Hilfe des Object Navigators und des Data Browsers die Inhalte **der Objekttabelle "CE4EGxx"** und der **Summentabelle "CE3EGxx"** (xx = Ihre Teilnehmernummer) Ihres Ergebnisbereichs an und exportieren Sie diese ebenfalls nach Excel.

Objekttabelle:

PAOBJNR	KNDNR	ARTNR	BZIRK	KMHI01	MATKL	WW52F	WW52G
1	K52-1100	F52-50-0900	000001		5201	500	10
2	K52-1300	F52-10-0500	000002		5202	100	10
3	K52-2000	F52-10-0700	000001		5203	100	10
4	K52-1500	F52-50-0900	000001		5201	500	10
5	K52-1200	F52-50-0900	000001	11	5201	500	10
6	K52-1900	F52-50-1000	000002		5203	500	10
7	K52-1400	F52-10-0700	000002	12	5203	100	10
8	K52-1600	F52-20-0400	000001	12	5203	200	20
9	K52-1200	F52-10-0600	000001	11	5203	100	10
10	K52-1800	F52-50-0900	000002	11	5201	500	10
11	K52-2100						

Summentabelle:

PAOBJ	ABSMG001	AUSFR0	ERLOS001	JBONU001	KWSKT001	PROVV001	RABAT001	VV52E001	VV52O001	VV52L001	VV52M001	VV52S001	VV52U001	VV52V001	VV52Z001
1	220.000,000	264,00	36.600,00	0,00	924,00	0,00	0,00	440,00	0,00	440,00	5.060,00	0,00	440,00	330,00	0,00
2	810.000,000	1.663,00	162.000,00	16.200,00	4.860,00	0,00	0,00	4.050,00	0,00	1.620,00	16.605,00	0,00	1.620,00	1.620,00	0,00
3	250.000,000	250,00	62.500,00	0,00	2.100,00	0,00	0,00	1.000,00	0,00	625,00	3.500,00	0,00	625,00	750,00	7.500,00
4	500.000,000	600,00	75.000,00	0,00	2.250,00	0,00	0,00	1.000,00	0,00	1.000,00	11.500,00	0,00	1.000,00	750,00	0,00
5	500.000,000	600,00	75.000,00	6.000,00	2.182,50	0,00	2.250,00	1.000,00	10.000,00	1.000,00	11.500,00	0,00	1.000,00	750,00	0,00
6	440.000,000	560,00	66.000,00	8.800,00	1.996,28	0,00	1.358,00	1.760,00	0,00	1.760,00	11.000,00	0,00	1.760,00	880,00	1.800,00
7	350.000,000	575,00	87.500,00	3.500,00	2.625,00	1.750,00	0,00	1.400,00	3.500,00	875,00	4.900,00	0,00	875,00	1.050,00	0,00
8	300.000,000	300,00	75.000,00	4.500,00	2.318,50	772,20	780,00	1.500,00	3.300,00	720,00	6.800,00	0,00	720,00	300,00	3.000,00
9	400.000,000	400,00	40.000,00	4.000,00	1.200,00	0,00	0,00	1.000,00	8.000,00	600,00	10.000,00	0,00	600,00	4.000,00	0,00
10	300.000,000	470,00	45.000,00	3.000,00	1.309,50	0,00	1.360,00	600,00	5.300,00	600,00	8.900,00	0,00	600,00	450,00	0,00
11	0,000	0,00	0,00	0,00	0,00	0,00	0,00	0,00	0,00	0,00	0,00	5.000,00	0,00	0,00	0,00

Ceterum Censeo

Ceterum censeo Carthaginem esse delendam.

Im übrigen stelle ich den Antrag, dass Karthago zerstört werden soll.

Cato dem Älteren (römischer Senator) zugeschriebener Ausspruch. Cato soll vor dem Dritten Punischen Krieg (149-146; Rom gegen Karthago, Rom gewinnt, Karthago wird zerstört, der Boden mit einem Fluch belegt) diese Forderung hartnäckig in jeder Senatssitzung gestellt haben.

Die Ruinen von Karthago liegen heute in Tunesien (ca. 1 Autostunde von Tunis entfernt).

Ceterum censeo bedeutet heutzutage eine immer wiederholte Forderung.

Nachdem ein kleines Stück mit der SAP-Software implementiert wurde, soll ein kurzer **Rückblick** angestellt werden.

Der Controller kennt den Betriebsvergleich, den Zeitvergleich und den Soll-/Ist-Vergleich.

Betriebsvergleich:
Bei der Beurteilung der SAP-Software hat sich unter den Experten eingebürgert, entweder zu schweigen (italienisch: **omertà**) oder das **Totschlagargument**: Was ist die Alternative? einzusetzen und jede Diskussion im Keim zu ersticken. Schließlich ist SAP erfolgreich, SAP war so geschickt, eine Menge von Beratern gutes Geld verdienen zu lassen und die Alternativen sind in der Tat nicht berauschend. Gut wenn man seine Probleme nicht einem Möchte-Gern-Wettbewerber von SAP übergeben hat, der heute pleite ist, oder sich in irgendeinem Zustand der Übernahme durch einen Konzern befindet.

Zeitvergleich:
Wenn immer es etwas zu beanstanden gibt in der SAP-Software, winkt am Horizont ein **neuer Release**, in dem (vielleicht) alle aufgetretenen Probleme gelöst werden und neue (durch den neuen Release) auftreten.

Soll-/Ist-Vergleich:
Im Soll-/Ist-Vergleich fragen wir uns nach der Realisierung eines kleinen Problems (Kostenträgerrechnung = SAP-Begriff Ergebnis- und Marktsegmentrechnung), wie das Ganze auf uns gewirkt hat.

Um es kurz zu machen und vor allen beschönigenden Entschuldigungen: wir sind nicht beeindruckt oder: **Das müsste man einfacher lösen können**. So umständlich hatten wir uns das denn doch nicht vorgestellt. Dieser erste Eindruck ist oft der Beste, obwohl er durch eine Fülle von Argumenten hinwegdiskutiert werden kann.

Pingpong-Spiel

Ping (Aufschlag Anwender): Das müsste man einfacher lösen können

Der Betriebswirt hat zwar vielleicht inzwischen verstanden, dass das Organisationsproblem Kostenträgerrechnung etwas mehr Aufwand erfordert als das Rechenproblem Kostenträgerrechnung. Aber letztlich ist die Kostenträgerrechnung eben doch nur eine Tabelle mit Kalkulationszeilen und Kostenträgern und der notwendige Aufwand, um sie zu installieren schien mit vielen wenig einsichtigen "Notwendigkeiten" belastet.

Um dieses minimale Ergebnis zu produzieren, musste ein riesiger Aufwand betrieben werden. Bei so einer umständlichen Software ist es kein Wunder, dass sich die Praxis mit Näherungslösungen zufrieden gibt. Wenn man bedenkt, dass das betriebswirtschaftliche Konzept "im Leben" nicht fertig vorgegeben ist, sondern sich auch nur durch "trial and error" entwickelt, so ist die Umständlichkeit einer Änderung in der Standardsoftware geradezu ein Alptraum.

Im Hinblick darauf, dass das betriebswirtschaftliche Konzept einer ständigen Weiterentwicklung unterliegt, würde man sich eine übersichtliche und leicht änderbare Software wünschen. Das Gegenteil ist der Fall: die kleinste Änderung setzt eine Riesenbürokratie in Gang oder sie unterbleibt, weil die Änderungsprozedur ein Alptraum ist.

Der alte Senator wiederholt seine Forderung, auch wenn es der SAP nicht gefällt: Das müsste man einfacher lösen können.

Ballast aus der Standardsoftware

Das Miniproblem wird mit einer Software realisiert, deren Programme man zu 90 % nicht braucht, die man dennoch mitschleppen muss. Dieser riesige Ballast frisst Ressourcen und muss mit einer riesigen Manpower an Beratern und Spezialisten gleichwohl auf Tauglichkeit für das vorliegende Problem durchgeprüft werden.

Die Programme selbst in der SAP-eigenen Programmiersprache ABAP (eine Mischung aus COBOL und SQL und inzwischen Elementen der objektorientierten Programmierung) kommen einem wie der sprichwörtliche Beton vor, der über das Miniproblem gegossen wurde: Jede Änderung setzt die Riesen-Bürokratie von Experten und Pseudoexperten in Gang oder sie unterbleibt aus Verzweiflung.

Fragmentierung
Das System ist zu groß und unübersichtlich geworden. Um die kleinste Kleinigkeit zu lösen, muss man an weit entlegenen Stellen Einstellungen vornehmen. Nichts ist auf direktem Wege zu lösen. Ehe man das Geringste zustande bringt, sind umfangreiche Vorbereitungen nötig.

Das ist der Fluch der Standardsoftware: die Programme sind einem fremd. Man kann nur raten und durch Trial-and-Error herauszufinden versuchen, wie die Systeme, Programme und Anwendungen eigentlich arbeiten.

Das ist der Fluch der Flexibilität, dass ohne große Vorbereitungen nicht die trivialsten Dinge zustande kommen.

Beispiel:
man will eine Skontoabgrenzung vornehmen und muss über mehrere Unterpunkte des Customizing-Menüs verteilt Einstellungen vornehmen ("von Pontius zu Pilatus"), statt das Problem auf einen Schlag zu erledigen.

Mangelnde Robustheit
Durch das Zusammenspiel von graphischer Oberfläche, Netzwerken, verteilter Software und Datenhaltung sowie Schnittstellen zu Fremdprogrammen ist das Ganze so kompliziert und instabil geworden, dass man schon über den Spieltrieb eines Informatikers verfügen muss, um in dieser Umgebung immer wieder einen Ausweg zu finden.

Releasewechsel
Die ständigen Releasewechsel sind einerseits ein Segen, da sich die Dinge verbessern, andererseits ist eine große Mannschaft mit nichts anderem als Releasewechseln beschäftigt. Was bisher leidlich funktionierte, funktioniert auf einmal nicht mehr.

Keine Software ist fehlerfrei. Wenn man die Fehlerlisten im OSS (Online Service System) betrachtet, erinnert man sich daran. Aber es beschleicht einen auch der Verdacht, dass die ganze hochflexible Standardsoftware ein Irrweg sein könnte.

Dokumentation
Man quält sich mit einer heterogenen Dokumentation (um es freundlich auszudrücken), die doch nie das Wesentliche erklärt, was man gerade braucht.

Aber: Die Dokumentation ist besser geworden, jedenfalls dort, wo sie mit Beispielen arbeitet.

Was immer noch fehlt: Mehr Begründung statt nur Verkündigung. Mehr: Warum ist es so gelöst? Nicht nur: So ist es.

Beispiel:
Merkmale und Wertfelder des Ergebnisbereichs sind mandantenübergreifend, so ist es. Warum um alles in der Welt hat man diese Lösung gewählt ?

Sprache
Dass bei SAP viele Begriffe eine andere Bedeutung haben als in der normalen betriebswirtschaftlichen Welt ist schon ein arges Handicap, obwohl die "Geheimsprache" von allen Experten und Beratern begrüßt wird, weil die Hürde zur Verteidigung der Know-how-Position gar nicht hoch genug sein kann.

Heterogene Technologiestände (Uneinheitlichkeit der Lösungen)
Dazu kommen Probleme mit dem Umfang der Software und der nicht bewältigten Koordination. Der Anwender fragt sich natürlich, wie es einem Software-Hersteller gelingen soll, riesige Entwicklungsteams zu koordinieren, was nach Anschauung des Anwenders in dessen eigenen Unternehmen auch nicht gelingt.

Wenn schon Microsoft es nicht schafft, die Textverarbeitung und die Tabellenkalkulation mehr als notdürftig zu integrieren, wie soll es SAP gelingen. Oder besser: Allenfalls SAP könnte es gelingen, Microsoft sicherlich nie.

So findet man für ein und dasselbe Problem in dem riesigen Gelände der SAP-Software immer wieder andere Lösungen, die allesamt nicht das Komfort-Niveau einer Tabellenkalkulation erreichen.

Beispiel:
Man will einen Prozentsatz wie z. B. 5 % auf eine Basiszeile aufschlagen. Das ist in der Tabellenkalkulation eine Sache von Sekunden. Bei SAP hat es oft den Charme einer COBOL-Programmierung der 70-er Jahre und ist dazu uneinheitlich gelöst.

Weiteres Beispiel:
Hierarchien: Bei Kostenstellenhierarchien hat sich der eine Programmierer etwas anderes überlegt als der andere Programmierer, der bei Kundenhierarchien tätig war. Beide haben unkoordiniert vor sich hingewerkelt, was aber nicht ausschließt, das in einem späteren Release vielleicht eine Vereinheitlichung erfolgt.

Technischer Ballast

Beim Customizing stößt man immer wieder auf wenig einsichtige "Notwendigkeiten", die aus den technischen Restriktionen des Systems notwendig sein mögen, aus Sicht des Anwenders aber nur Ballast sind.

Beispiel:
Es müssen irgendwelche Komponenten der SAP-Module umständlich aktiviert werden.
Warum das? Warum belästigt man den Anwender mit solchen vorsintflutlichen "Notwendigkeiten"?

Auswertung

Die Auswertungsseite hatte man sich mehr oder weniger wie eine Tabellenkalkulation (eine?, es gibt nur die eine: Excel) vorgestellt, am besten gleich in Excel, so dass man nicht einen neuen Standard hinzulernen muss.

Dahinter hinkt die SAP-Oberfläche meileneit hinterher, wenn auch – wie jeder weiß, ein Download nach Excel möglich ist. Warum nicht gleich wie in Excel?

Obwohl man zugeben muss: Die Leute geben sich Mühe (they try hard). Die Auswertung im mehrdimensionalen Würfel in der Kostenträgerrechnung (SAP: Ergebnis- und Marktsegementrechnung) ist fast schon so, wie man sie sich gewünscht hätte.

Pong (Aufschlag Softwareanbieter): Das Imperium schlägt zurück: Wir leben mit SAP in der besten allen möglichen IT-Welten, es kann gar nicht besser sein

Achtung: Hier geht es um ein Argumentationsspiel, nicht um eine Stellungnahme der SAP. Das dürfte ja wohl klar sein. Aber sicher ist sicher. Vielleicht ist es auch ein Schlagabtausch zwischen Betriebswirt und Informatiker.

Komplexität

Es stimmt einfach nicht, dass die Kostenträgerrechnung ein Miniproblem ist. Denn die Kostenträgerrechnung ist datenmäßig sogar hochvernetzt mit einer Vielzahl von Daten des Unternehmens.

Die Kostenträgerrechnung ist nur stand-alone eine Miniproblem, im Integrationszusammenhang ist sie Maxi!

Aufwand
Der Aufwand ist für ein Unternehmen mit mindestens 1.000 Mitarbeitern (Untergrenze 200 Mio Umsatz, besser 1 Mia Umsatz), das pro Jahr 3-5% seines Umsatzes in die IT-Lösung investiert (Untergrenze 3-5 Mio pro Jahr) völlig im Rahmen und sogar höchst wirtschaftlich. Man darf weder mit dem persönlichen Portemonnaie noch mit den ausgemergelten Budgets einer Hochschule vergleichen, sondern es geht hier um professionelle Lösungen in der Geschäftswelt.

Expertise
Die Forderung, das die Informationen sozusagen ohne jede Expertise gewonnen werden können müssen, ist einfach unrealistisch. In jedem Wirtschaftsbereich ist Expertise notwendig und sie ist auch teuer. Warum sollte es ausgerechnet im IT-Bereich ohne teure Experten gehen.

Ironisch: Aus Sicht der Bekämpfung der Arbeitslosigkeit ist die SAP-Software natürlich ein Segen, was sollte man sonst mit den Leuten machen, die früher in der Landwirtschaft tätig waren (95%) und jetzt dort nicht mehr gebraucht werden (90%).

Wieso studiert man für die betriebswirtschaftlichen Trivialitäten viele Semester und warum soll die IT-Technologie ganz ohne Anstrengung zur Verfügung stehen. Hier liegt eine völlig unrealistische Forderung von IT-Ignoranten vor. Die Betriebswirtschaftslehre hat sich leider bei allen Umsetzungsproblemen immer vornehm zurückgehalten und ihre Theorien gepflegt, statt mitanzupacken. Wer Berührungsängste zur Praxis hat, ist allerdings kaum ein akzeptierter Gesprächspartner für die Leute, die die Probleme lösen.

Umsetzung
Organisatorische Umsetzung ist etwas definitiv anderes als die Betrachtung von Rechenverfahren. Die Anwendung eines Prozentsatzes auf eine Basiszeile ist das Triviale. Wo der Dateninput herkommt, wo das Ergebnis hinzuschaffen ist, die Herstellung eines Periodenbezuges, welche Parameter wie lange gültig sind, das sind die eigentlich zu lösenden Punkte.

Fragmentierung
Fragmentierung ist die unvermeidliche Folge der Wiederverwendung von Lösungsbausteinen. Wo sie nicht erfolgen würde, würden sich Redundanzen (Mehrfacharbeiten) ergeben.

Lehre und Praxis sind zwei paar Schuhe

Die Lehrsituation einer Hochschule ist eben eine andere als die Situation der Praxis. Die Wirtschaft ist arbeitsteilig organisiert und in Projekten wird das auf viele Experten verteilte Know-how zusammengeführt. Die Mickey-Mouse-Beispiele der Lehre haben zwar vielleicht ihre Berechtigung für den Einstieg. Auch mag es befriedigend sein, ein Problem von vorne bis hinten selbständig zu lösen. Mit dem "Leben" hat es nichts zu tun. Dort sind professionelle Probleme zu lösen. Als Einzelner leistet man Minibeiträge (man weiß immer mehr über immer weniger) und muss sich über den Zusammenhang zum Rest eines Projektes eben überblicksweise informieren. Vielleicht hat die Hochschule diesen Unterschied zu wenig begriffen. Die Praxis ist mehr eine gesellige als eine intellektuelle Veranstaltung. Soziale Kompetenz ist ebenso wichtig wie Intelligenz.

Technologiestand

Der Technologiestand ist Spitze, er hat sich rasant entwickelt.

Last but not least: die IT-Methoden sind wie sie sind. Mehr als mühselige Programmierung gibt es eben nicht. Dass Wünsche offen bleiben, die mehr als Phantastereien sind, mag sein. Wir arbeiten daran.

Know-how-Konzentration bei Monopolen/Oligopolen

Dass sich das Know-how in Technologiefirmen und Unternehmensberatungen konzentriert und als allgemeines Wissen (für Schulen und Hochschulen) gar nicht mehr oder nur mit Zeitverzögerung zur Verfügung steht, ist ein Merkmal einer Wettbewerbsgesellschaft. Das Know-how muss geschützt werden.

Ping (Aufschlag Anwender): der alte Senator besteht darauf: ceterum censeo: das müsste man einfacher lösen können

(I have a dream)

Ich habe "meine" Daten bei der DV/IT abgegeben und möchte sie in Form von Auswertungen gelegentlich wiedergewinnen können. So einfach ist das.

Ob eine Standardlösung (die ein Fortschritt gegenüber der Individualprogrammierung war) die Antwort ist, ist fraglich. Die Standardsoftware mit ihrer flexiblen Anpassung ist vielleicht doch ein Irrweg.

Was ist die Alternative: **Robuste Basissysteme**, ein **transparentes Datenmodell**, eine **leistungsfähige Auswertungsmöglichkeit und besser ausgebildete Betriebswirte**.

Jedenfalls möchte der Controller das Problem der flexiblen Auswertung in der eigenen Hand behalten und nicht unter dem Vorwand von technologischen Zwängen von selbsternannten "Experten", die ihre Hausaufgaben nicht gemacht haben, abhängig sein.

Mit diesem Schlusswort des Senators ist unsere Sendezeit leider zu Ende.

Cartoons

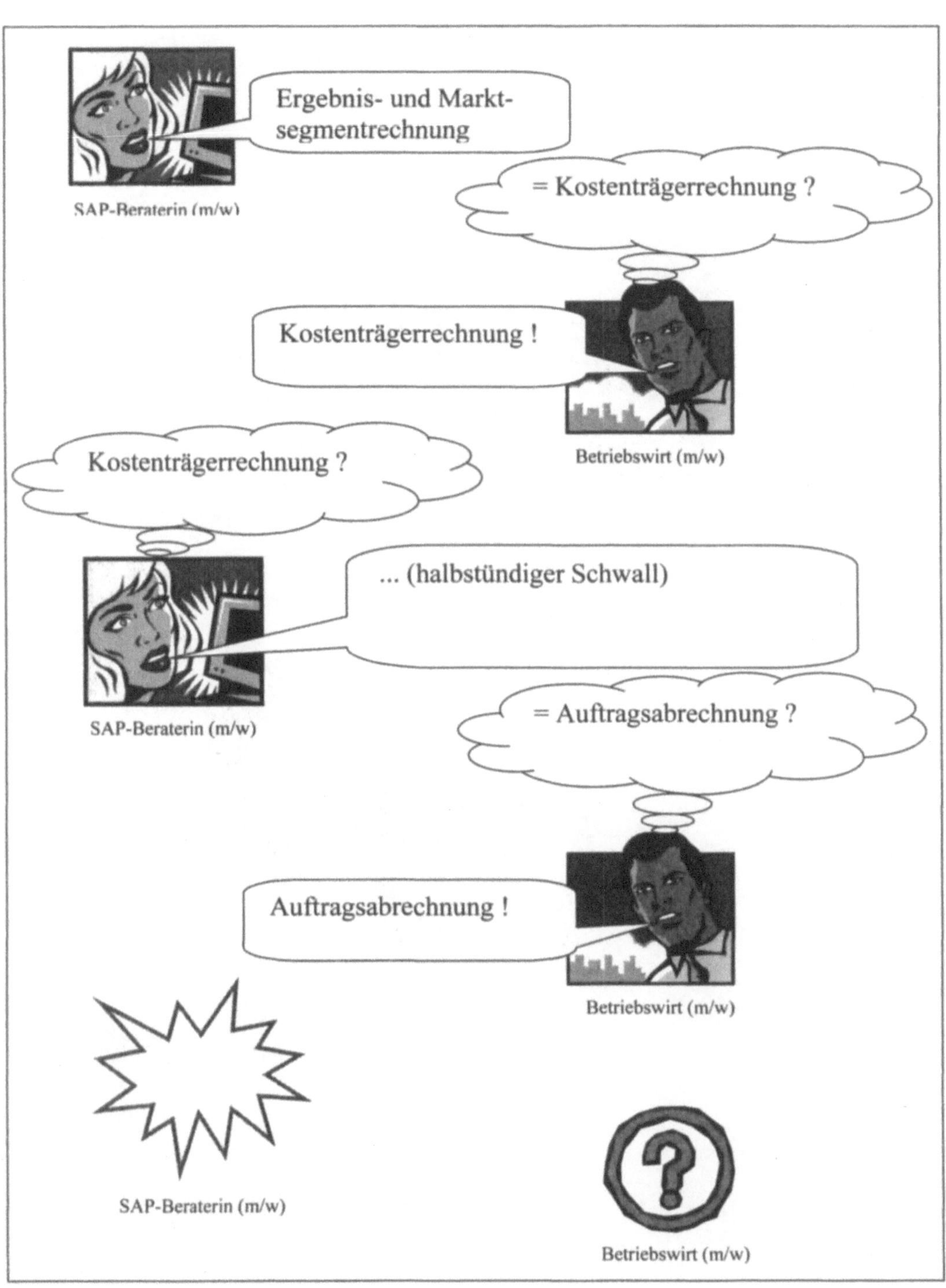
Ergebnis- und Markt-
segmentrechnung
SAP-Beraterin (m/w)
= Kostenträgerrechnung ?
Kostenträgerrechnung !
Betriebswirt (m/w)
Kostenträgerrechnung ?
... (halbstündiger Schwall)
SAP-Beraterin (m/w)
= Auftragsabrechnung ?
Auftragsabrechnung !
Betriebswirt (m/w)
SAP-Beraterin (m/w)
Betriebswirt (m/w)

Mit freundlicher Genehmigung von Susanne Schulze

Sprechblasen:

"Bei einer Analogie zwischen Buchungskreis und Kostenrechnungskreis muß eine Kostenstellenhierarchie..."

"Anschließend legen wir die Feldstatusvariante mit den Feldstatusgruppen für die Debitoren..."

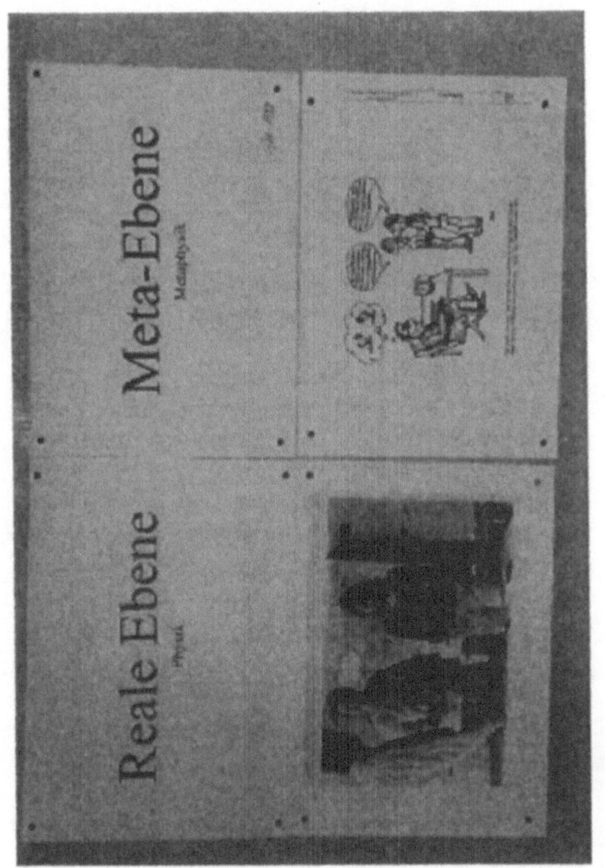

FKL 1999

4. Anhänge

4.1 Anhang: Hinweise für den Systemadministrator

Das Testbeispiel wurde schon mehrfach in Kostenrechnungsseminaren durchgeführt, zuletzt in einem **R/3-System des Release-Stands 4.6 B.** Die Teilnehmer benutzten dabei Client-PCs unter **Windows 98/2000/NT,** auf denen der **SAP-GUI, Version 4.6** als Präsentationsschnittstelle zum SAP R/3-System installiert ist.

Für die Seminare wurde der **SAP-Auslieferungsmandant 000** kopiert. In dieser Mandantenkopie (in den Beispiel-Screenshots unten: Mandant 052) wurden dann die folgenden, für das Testbeispiel notwendigen Einstellungen vorgenommen:

1) Mandantenpflege:

- Auswahl im **SAP-Menü**:

  Werkzeuge –
  Administration –
  Verwaltung –
  Mandantenverwaltung –
  Mandantenpflege
  (Transaktion SCC4)

- Einstellungen:

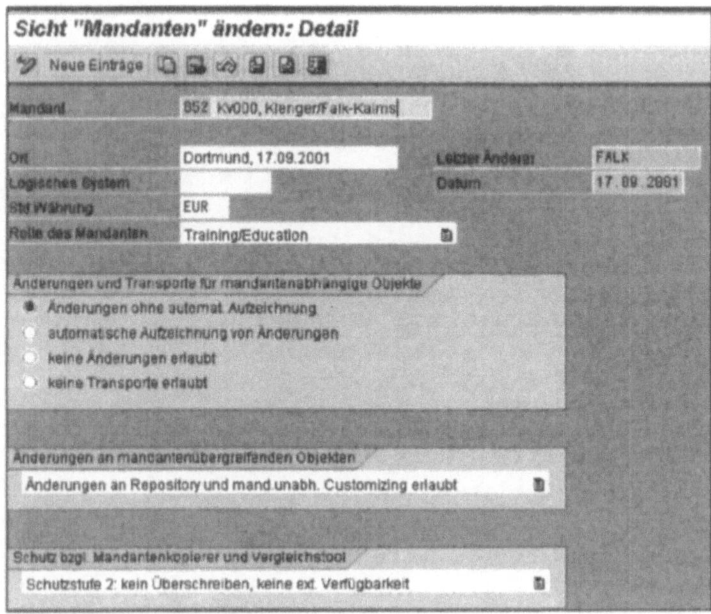

2) Einrichtung von Benutzerstammsätzen:

- Auswahl im **SAP-Menü**:

  Werkzeuge –
  Administration –
  Benutzerpflege –
  Benutzer
  (Transaktion SU01)

- Anlegen eines eigenen **Benutzerstammsatzes erg*xx*** (xx ist dabei durch zwei Ziffern zu ersetzen mit 50 <= xx <= 89) mit dem **Initialkennwort sapkost** für jeden Teilnehmer bzw. jede Teilnehmergruppe.

  ***Anmerkung:* "*xx*"** *entsprach in den durchgeführten Seminaren immer zweistelligen Teilnehmer(gruppen)nummern. Diese Nummern dienen im Testbeispiel auch zur Identifikation betriebswirtschaftlicher Objekte der einzelnen Teilnehmer bzw. Teilnehmergruppen (Beispiel aus dem Tastenteil: "Eingabe in Feld Buchungskreis: Bxx, xx = Ihre Teilnehmernummer").*

  Da bestimmte Nummerierungen vom System automatisch vergeben werden (so z. B. die Wertfelder eines Ergebnisbereichs in Rechenschemata automatisch mit 9001 bis 9999 bezeichnet werden, vgl. z.B. M10.1), wird dringend empfohlen, die Teilnehmernummern aus dem Intervall ***50 <= xx <= 89*** *zu wählen. Nur so ist zu gewährleisten, dass alle von einem Teilnehmer im R/3-System angelegten Objekte anhand derselben zweistelligen Teilnehmernummer identifizierbar sind.*

- Zuordnung der nachfolgenden **SAP-Standard-Berechtigungsprofile** zu allen angelegten Benutzerstammsätzen:

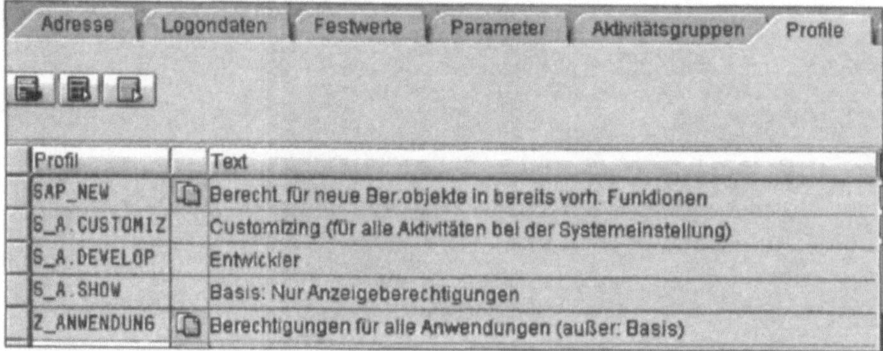

Profil	Text
SAP_NEW	Berecht. für neue Ber.objekte in bereits vorh. Funktionen
S_A.CUSTOMIZ	Customizing (für alle Aktivitäten bei der Systemeinstellung)
S_A.DEVELOP	Entwickler
S_A.SHOW	Basis: Nur Anzeigeberechtigungen
Z_ANWENDUNG	Berechtigungen für alle Anwendungen (außer: Basis)

3) Sachkontenstammsätze im SAP-Standardkontenplan INT anlegen (zu Modul 2 und 4, Tastenteil M2.2 und M4.1):

- Auswahl im **SAP-Menü**:

  Rechnungswesen -
  Finanzwesen -
  Hauptbuch –
  Stammdaten -
  Einzelbearbeitung -
  Zentral
  (Transaktion FS00)

- Auswahl im aktuellen Menü:

  Sachkonto -
  Anlegen

- Anlegen der drei **Sachkontenstammsätze:**

		Typ/Bezeichnug			Steuerungsdaten			Erfassung/ Bank/ Zins
Sach-konto	**Bu-chungs-kreis**	**Konten-gruppe**	**Erfolgs-konto-**	**Kurztext**	**Konto-wäh-rung**	**Einzel-posten-anz.**	**Sortier-schlüs-sel**	**Feld-status-gruppe**
410999	0001	Erfolgs-konten	●	Verpackungs-kosten	EUR	✔	001	G004
415999	0001	Erfolgs-konten	●	Gemenge-kosten	EUR	✔	001	G004
416999	0001	Erfolgs-konten	●	Energie-kosten	EUR	✔	001	G004

im **Musterkontenplan INT.**

Anmerkung: *Durch die Menüauswahl "**Zentral**" werden sowohl die Kontenplandaten für den SAP-Standardkontenplan INT als auch die buchungskreisspezifischen Daten der Sachkonten für den SAP-Standardbuchungskreis 001 angelegt. Der Buchungskreis 001 dient den Teilnehmern des Seminars später als Kopiervorlage für die eigenen Buchungskreise.*

4) Standardkalkulationsvariante kopieren und modifizieren (zu Modul 4, Tastenteil M4.2):

- Pfad in der Hierarchiestruktur des **SAP-Referenz-IMG**:

  Controlling -
  Produktkosten-Controlling -
  Produktkostenplanung –
  Materialkalkulation ohne Mengengerüst

- **Kalkulationsvarianten definieren**
  (Transaktion OKKN)

  ° Kopieren der SAP-Kalkulationsvariante
  PPC1 Plankalkulation (Mat)
  als
  ZPKT Plankalk. (Mat) Testbeisp

  ° In der Kopie (d. h. in der Kalkulationsvariante ZPKT) Änderung der Registerkarte "additive Kosten" wie folgt:

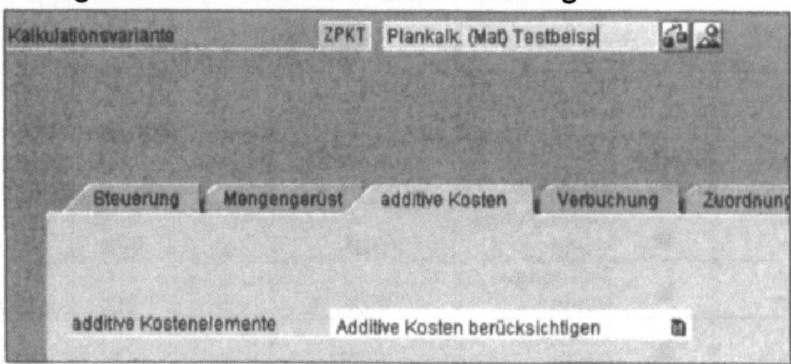

5) Zulässige Kontengruppen für Kundenhierarchien festlegen (zu Modul 5, Tastenteil M5.1):

- Pfad in der Hierarchiestruktur des **SAP-Referenz-IMG**:

  Vertrieb –
  Stammdaten –
  Geschäftspartner –
  Kunden –
  Kundenhierarchie

- **Kontengruppen zuordnen**
  (Transaktion OVH2)

  Neuer Eintrag:

KH-Typ	Bezeichnung	Kontengr.	Bedeutung	UeKontGr	Bedeutung
A	Standardhierachie	KUNA	Debitoren (ext. NrVergabe)	0012	Hierarchieknoten

4.2 Anhang: Eingabetabellen

Tabelle 1: Kostenarten				
Primär:				
Einstiegsbildschirm			Grunddaten	
Kosten-art	**Gültig ab (**)**	**Gültig bis**	*Bezeichnung*	**Kosten-artentyp**
410999	01.01.jjjj	31.12.9999	*Verpackungskosten*	1
415999	01.01.jjjj	31.12.9999	*Gemengekosten*	1
416999	01.01.jjjj	31.12.9999	*Energiekosten*	1
Sekundär:				
Einstiegsbildschirm			Grunddaten	
Kosten-art	**Gültig ab (**)**	**Gültig bis**	**Bezeichnung**	**Kosten-artentyp**
600010	01.01.jjjj	31.12.9999	Umbaukosten	43
600020	01.01.jjjj	31.12.9999	Lagerkosten	43
**: *Bitte verwenden Sie jeweils das aktuelle Jahr anstelle von jjjj*				
Modul 2.2: Kostenarten anlegen				

Bild 4.2/1: Tabelle 1: Kostenarten

Tabelle 2: Warengruppen

Warengrp *	Warengruppenbez	Bezeichnung 2 der Warengruppe
xx01	Kaffee	Kaffeegläser
xx02	alk	Flaschen für alkoholische Getränke
xx03	AFG	Flaschen für alkoholfreie Getränke

*: *Bitte verwenden Sie jeweils Ihre zweistellige Teilnehmernummer anstelle von xx*

Modul 3.1.2: Warengruppen definieren

Bild 4.2/2: Tabelle 2: Warengruppen

Tabelle 3: Materialstammsätze

Einstiegsbildschirm:		Sicht Grundaten1:			Sicht Vertrieb: VerkOrg 1		Sicht Vertrieb: allg./Werk			Sicht Buchhaltung 1
Material-nummer *	**Branche**	**Kurztext**	**Basis-mengen-einheit**	**Waren-gruppe ***	**Sparte ***	**Steuer-klassifi-kation**	**Verfügbar-keits-prüfung**	**Trans-port-gruppe**	**Lade-gruppe**	**Preisein-heit**
Fxx-20-0400	Chemie	0,70 l Brunnenflasche	ST	xx03 (AFG)	xx (Glas)	0	KP	0001	0001	100
Fxx-10-0500	Chemie	0,70 l Spirituosenflasche	ST	xx02 (alk)	xx (Glas)	0	KP	0001	0001	100
Fxx-10-0600	Chemie	0,33 l Softdrinkflasche	ST	xx03 (AFG)	xx (Glas)	0	KP	0001	0001	100
Fxx-10-0700	Chemie	0,75 l Brunnenflasche	ST	xx03 (AFG)	xx (Glas)	0	KP	0001	0001	100
Fxx-50-0900	Chemie	100 g Kaffeeglas	ST	xx01 (Kaffee)	xx (Glas)	0	KP	0001	0001	100
Fxx-50-1000	Chemie	0,75 l Fruchtsaftflasche	ST	xx03 (AFG)	xx (Glas)	0	KP	0001	0001	100

*: *Bitte verwenden Sie jeweils Ihre zweistellige Teilnehmernummer anstelle von xx*

Modul 3.2: Matrerialstammsätze für Produkte anlegen

Bild 4.2/3: Tabelle 3: Materialstammsätze

Tabelle 4: Kostenelementeschema

Elemente:

Elemente-schema	Element	
xx	1	Umbau
xx	2	Energie
xx	3	Gemenge
xx	4	Verpackung
xx	5	Lager

Zuordnung Kostenartenintervall:

Elemente-schema	Kontenplan	Kostenart von	Element
xx	INT	600010	1
xx	INT	416999	2
xx	INT	415999	3
xx	INT	410999	4
xx	INT	600020	5

additive Kosten:

Elemente-schema	Element	Kontenplan	Kostenart
xx	1	INT	600010
xx	2	INT	416999
xx	3	INT	415999
xx	4	INT	410999
xx	5	INT	600020

*: *Bitte verwenden Sie jeweils Ihre zweistellige Teilnehmernummer anstelle von xx*

Modul 4.1 Customizing: (Kosten-)Elementeschema anlegen

Bild 4.2/4: Tabelle 4: Kostenelementeschema

Tabelle 5: Einzelkalkulationen

Material *	Werk *	Kalkulations-variante	Kalkulations-version	Kalkulations-losgröße	Elemente-schema mit Texten	Kalkulations-datum ab **	Kalkulations-datum bis	Bewertungs-termin**	*Zeile / Kostenelement*	Menge	Mengen-einheit	Preis-Gesamt	Preis-einheit
Fxx-20-0400	Wxx	ZPKT	1	100	✓	tt.mm.jjjj	31.12.9999	tt.mm.jjjj	*1 Umbau:*	100	ST	0,24	100
									2 Energie:	100	ST	0,50	100
									3 Gemenge:	100	ST	2,30	100
									4 Verpackung:	100	ST	0,10	100
									5 Lager:	100	ST	0,24	100
Fxx-10-0500	Wxx	ZPKT	1	100	✓	tt.mm.jjjj	31.12.9999	tt.mm.jjjj	*1 Umbau:*	100	ST	0,20	100
									2 Energie:	100	ST	0,50	100
									3 Gemenge:	100	ST	2,05	100
									4 Verpackung:	100	ST	0,20	100
									5 Lager:	100	ST	0,20	100
Fxx-10-0600	Wxx	ZPKT	1	100	✓	tt.mm.jjjj	31.12.9999	tt.mm.jjjj	*1 Umbau:*	100	ST	0,15	100
									2 Energie:	100	ST	0,45	100
									3 Gemenge:	100	ST	2,50	100
									4 Verpackung:	100	ST	1,00	100
									5 Lager:	100	ST	0,15	100
Fxx-10-0700	Wxx	ZPKT	1	100	✓	tt.mm.jjjj	31.12.9999	tt.mm.jjjj	*1 Umbau:*	100	ST	0,25	100
									2 Energie:	100	ST	0,40	100
									3 Gemenge:	100	ST	1,40	100
									4 Verpackung:	100	ST	0,30	100
									5 Lager:	100	ST	0,25	100
Fxx-50-0900	Wxx	ZPKT	1	100	✓	tt.mm.jjjj	31.12.9999	tt.mm.jjjj	*1 Umbau:*	100	ST	0,20	100
									2 Energie:	100	ST	0,20	100
									3 Gemenge:	100	ST	2,30	100
									4 Verpackung:	100	ST	0,15	100
									5 Lager:	100	ST	0,20	100
Fxx-50-1000	Wxx	ZPKT	1	100	✓	tt.mm.jjjj	31.12.9999	tt.mm.jjjj	*1 Umbau:*	100	ST	0,40	100
									2 Energie:	100	ST	0,40	100
									3 Gemenge:	100	ST	2,50	100
									4 Verpackung:	100	ST	0,20	100
									5 Lager:	100	ST	0,40	100

*: *Bitte verwenden Sie jeweils Ihre zweistellige Teilnehmernummer anstelle von xx*

**: *Bitte verwenden Sie jeweils das akutelle Tagesdatum anstelle von tt.mm.jjjj*

Modul M 4.2: Einzelkalkulation anlegen

Bild 4.2/5: Tabelle 5: Einzelkalkulationen

Tabelle 6: Kunden

						Sicht Allgemeine Daten							*Sicht Buchungskreisdaten*	*Sicht Vertriebsbereichsdaten*			
Einstiegsbildschirm:						Adresse:						Steuerungsdaten:	Kontoführung:	Aufträge:			Faktura.
Kontengruppe	**Debitor ***	**Bukrs ***	**Verkaufsorganisation ***	**Vertriebsweg***	**Sparte ***	**Name**	**Suchbegriff 1 ***	**Suchbegriff 2**	**PLZ**	**Ort**	**Land**	**USt-Id.Nr.**	**Abstimmkonto**	**Kundenbezirk**	**Preisgruppe**	**Kundenschema**	**Steuerklassifikation**
Debitoren (ext. NrVergabe)	Kxx-1100	BKxx	VOxx	xx	xx	Mueller	xx	Muel	44227	Dortmund	DE	DE123456789	140000	000001	01	1	0
Debitoren (ext. NrVergabe)	Kxx-1200	BKxx	VOxx	xx	xx	Kästle-Nord	xx	Käst	22391	Hamburg	DE	DE123456789	140000	000001	01	1	0
Debitoren (ext. NrVergabe)	Kxx-1300	BKxx	VOxx	xx	xx	Obstler	xx	Obst	90455	Nürnberg	DE	DE123456789	140000	000002	01	1	0
Debitoren (ext. NrVergabe)	Kxx-1400	BKxx	VOxx	xx	xx	Herzog	xx	Herz	74076	Heilbronn	DE	DE123456789	140000	000002	01	1	0
Debitoren (ext. NrVergabe)	Kxx-1500	BKxx	VOxx	xx	xx	Jacobi	xx	Jaco	30559	Hannover	DE	DE123456789	140000	000001	01	1	0
Debitoren (ext. NrVergabe)	Kxx-1600	BKxx	VOxx	xx	xx	Gebelstein	xx	Gebe	28327	Bremen	DE	DE123456789	140000	000001	01	1	0
Debitoren (ext. NrVergabe)	Kxx-1800	BKxx	VOxx	xx	xx	Kästle-Süd	xx	Käst	81825	München	DE	DE123456789	140000	000002	01	1	0
Debitoren (ext. NrVergabe)	Kxx-1900	BKxx	VOxx	xx	xx	Möller	xx	Möll	69119	Heidelberg	DE	DE123456789	140000	000002	01	1	0
Debitoren (ext. NrVergabe)	Kxx-2000	BKxx	VOxx	xx	xx	Schlosser	xx	Schl	12345	Berlin	DE	DE123456789	140000	000001	01	1	0
Debitoren (ext. NrVergabe)	Kxx-2100	BKxx	VOxx	xx	xx	Kästle Zentrale	xx	Käst	60000	Frankfurt	DE	DE123456789	140000	000001	01	1	0

*: *Bitte verwenden Sie jeweils Ihre zweistellige Teilnehmernummer anstelle von xx*

Modul 5.2: Debitorenstammsätze anlegen

Bild 4.2/6: Tabelle 6: Kunden

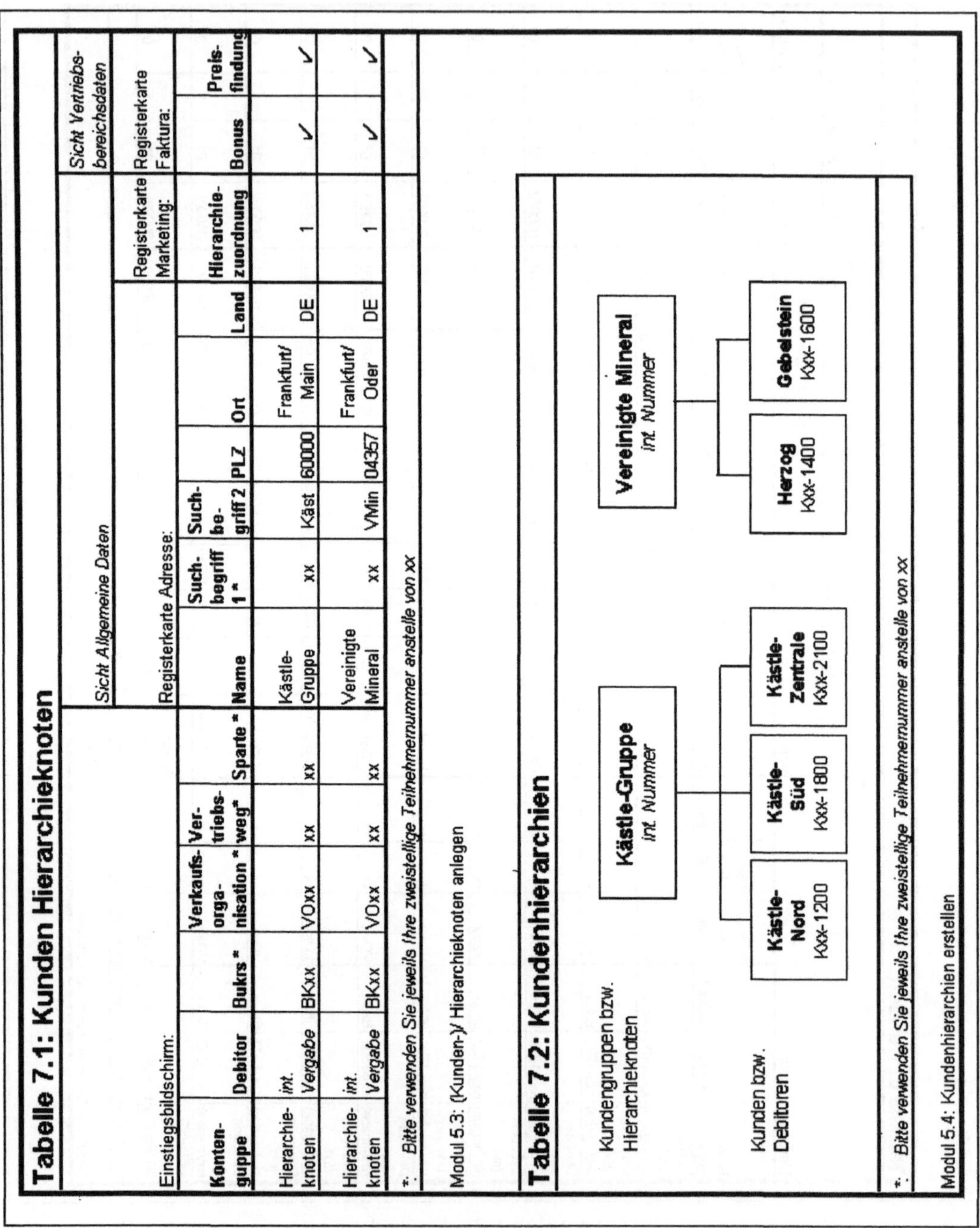

Tabelle 7.1: Kunden Hierarchieknoten

Einstiegsbildschirm:						*Sicht Allgemeine Daten* Registerkarte Adresse:						Registerkarte Marketing:	*Sicht Vertriebsbereichsdaten* Registerkarte Faktura:	
Kontengruppe	**Debitor**	**Bukrs ***	**Verkaufsorganisation ***	**Vertriebsweg***	**Sparte ***	**Name**	**Suchbegriff 1 ***	**Suchbegriff 2**	**PLZ**	**Ort**	**Land**	**Hierarchiezuordnung**	**Bonus**	**Preisfindung**
Hierarchieknoten	*int. Vergabe*	BKxx	VOxx	xx	xx	Kästle-Gruppe	xx	Käst	60000	Frankfurt/ Main	DE	1	✓	✓
Hierarchieknoten	*int. Vergabe*	BKxx	VOxx	xx	xx	Vereinigte Mineral	xx	VMin	04357	Frankfurt/ Oder	DE	1	✓	✓

*: *Bitte verwenden Sie jeweils Ihre zweistellige Teilnehmernummer anstelle von xx*

Modul 5.3: (Kunden-)/ Hierarchieknoten anlegen

Tabelle 7.2: Kundenhierarchien

*: *Bitte verwenden Sie jeweils Ihre zweistellige Teilnehmernummer anstelle von xx*

Modul 5.4: Kundenhierarchien erstellen

Bild 4.2/7: Tabelle 7.1: Kunden Hierachieknoten und Tabelle 7.2: Kundenhierachien

Tabelle 8: Merkmale und Wertfelder (selbstdefiniert)

Merkmale:

Merkmal *		mit eigener Wertpflege	Kurzwort	Überschrift	Datentyp/Länge		Darstellung
WWxxF	Farbe xx	✓	Farbe	Farbe	CHAR	10	1
WWxxG	Farbgruppe xx	✓	Farbgruppe	Farbgruppe	CHAR	10	1

Wertfelder:

Wertfeld *		Betrag	Menge	Kurzwort	Zeit-Aggr.
VVxxZ	Verpackungszuschl.xx	✓		VpZuschl	SUM
VVxxG	Gruppenbonus xx	✓		GrpBonus	SUM
VVxxS	Sonderbonus xx	✓		SondBonus	SUM
VVxxU	HK Umbau xx	✓		HKUmbau	SUM
VVxxE	HK Energie xx	✓		HKEnergie	SUM
VVxxM	HK Gemenge xx	✓		HKGemenge	SUM
VVxxV	HK Verpackung xx	✓		HKVerp	SUM
VVxxL	HK Lager xx	✓		HKLager	SUM

*: *Bitte verwenden Sie jeweils Ihre zweistellige Teilnehmernummer anstelle von xx*

Modul 6.1: Customizing: Merkmale anzeigen und definieren
Modul 6.2: Customizing: Wertfelder anzeigen und definieren

Bild 4.2/8: Tabelle 8: Merkmale und Wertfelder (selbstdefiniert)

Tabelle 9: Datenstruktur Ergebnisbereich

Merkmale
(ohne feste):

Merkmal *	Bedeutung *
BEZIRK	Kundenbezirk
KMHI01	KundHierEbene01
MATKL	Warengruppe
WWxxF	Farbe xx
WWxxG	Farbgruppe xx

Wertfelder
(ohne feste):

Wertfeld *	Bedeutung *
ABSMG	Absatzmenge
ERLOS	Erloes
RABAT	Sonst. Rabatte
KWSKTO	Skonto
PROVV	Prov. Vetreter
JBONU	Jahresboni
AUSFR	Ausgangsfracht
VVxxZ	Verpackungszuschl.xx
VVxxG	Gruppenbonus xx
VVxxS	Sonderbonus xx
VVxxU	HK Umbau xx
VVxxE	HK Energie xx
VVxxM	HK Gemenge xx
VVxxV	HK Verpackung xx
VVxxL	HK Lager xx

*: *Bitte verwenden Sie jeweils Ihre zweistellige Teilnehmernummer anstelle von xx*

Modul 6.3.2: Customizing: Datenstruktur des Ergebnisbereichs festlegen

Bild 4.2/9: Tabelle 9: Datenstruktur Ergebnisbereich

Tabelle 10: Merkmalswerte

Merkmal "Farbe xx " *:

Farbe	Bezeichnung
100	gruen
200	weiss
500	braun

Merkmal "Farbgruppe xx" *:

Farbgruppe	Bezeichnung
10	bunt
20	weiss

*: *Bitte verwenden Sie jeweils Ihre zweistellige Teilnehmernummer anstelle von xx*

Modul 7.1: Merkmalswerte pflegen

Bild 4.2/10: Tabelle 10: Merkmalswerte

Tabelle 11: Merkmalsableitung

Ableitungsregel "Farbe aus Artikelnummer":

Artikelnummer*	Farbe
Fxx-10-0500	100
Fxx-10-0600	100
Fxx-10-0700	100
Fxx-20-0400	200
Fxx-50-0900	500
Fxx-50-1000	500

Ableitungsregel "Farbgruppe aus Farbe":

Farbe	Farbgruppe
100	10
200	20
500	10

*: *Bitte verwenden Sie jeweils Ihre zweistellige Teilnehmernummer anstelle von xx*

Modul 7.2.3: Ableitungsregeln definieren

Bild 4.2/11: Tabelle 11: Merkmalsableitung

Tabelle 12: Kostenelemente - Wertfelder

BZ	Ele	*Bezeichnung Element*	FVKZ	Feldname 1 *
01	001	*Umbau*	2	WxxU
01	002	*Energie*	2	WxxE
01	003	*Gemenge*	2	WxxM
01	004	*Verpackung*	2	WxxV
01	005	*Lager*	2	WxxL

*: *Bitte verwenden Sie jeweils Ihre zweistellige Teilnehmernummer anstelle von xx*

Modul B.1.3: Kostenelemente Wertfeldern zuordnen

Bild 4.2/12: Tabelle 12: Kostenelemente - Wertfelder

Tabelle 13: Konditionstabellen

Tabelle *		mit Gültig-keitszeit	mit Frei-gabestatus	Schlüsselfelder
xx1	Kunde	✓	✓	Kunde
xx2	Kundengruppe	✓	✓	KundHierEbene01
xx3	Region/Artikel	✓	✓	Kundenbezirk
				Material
xx4	Kunde/Artikel	✓	✓	Kunde
				Material
xx5	Region	✓	✓	Kundenbezirk

*: *Bitte verwenden Sie jeweils Ihre zweistellige Teilnehmernummer anstelle von xx*

Modul 8.2.1: Konditionstabellen anlegen

Bild 4.2/13: Tabelle 13: Konditionstabellen

Tabelle 14: Zugriffsfolgen

Zugriffsfolgen		**Zugriffe**		
ZuFg *	**Bezeichnung ***	**Lnr**	**Tab ***	*Bezeichnung Konditionstabelle*
Zxx1	Zugriffsfolge Kund	1	xx1	*Kunde*
Zxx2	Zugriffsfolge KundGrp	1	xx2	*Kundengruppe*
Zxx3	Zugriffsfolge Reg-Reg/Art	1	xx5	*Region*
		2	xx3	*Region/Artikel*
Zxx4	Zugriffsfolge Kund/Art	1	xx4	*Kunde/Artikel*

**: Bitte verwenden Sie jeweils Ihre zweistellige Teilnehmernummer anstelle von xx*

Modul 8.2.2: Zugriffsfolgen definieren

Bild 4.2/14: Tabelle 14: Zugriffsfolgen

Tabelle 15: Konditionsarten

Basiskonditionsarten:

Konditionsart *		Zugriffs-folge *	Definition Konditionsart	Detailsicht: Konditions-typ	Rechen-regel	Kond. Klasse	Vor-zeichen
KxxU	Umsatz/Grundpreis		Basiskonditionsart	K	B	B	
KxxR	Rabatt		Basiskonditionsart	K	B	B	x
KxxS	Sonderbonus		Basiskonditionsart	K	B	B	x
KxxZ	Verpackungszuschlag		Basiskonditionsart	K	B	B	

Zu-/Abschläge:

Konditionsart *		Zugriffs-folge *	Definition Konditionsart	Zuschlagsart	Staffeln	Detailsicht: Konditions-typ	Rechen-regel	Kond. Klasse	Vor-zeichen
KxxK	Skonto	Zxx1	Zu-/Abschläge	prozentual	ohne Staffeln		A	A	
KxxB	Bonus	Zxx1	Zu-/Abschläge	mengenmäßig	ohne Staffeln		C	A	
KxxG	Gruppenbonus	Zxx2	Zu-/Abschläge	mengenmäßig	ohne Staffeln		C	A	
KxxF	Fracht	Zxx3	Zu-/Abschläge	mengenmäßig	ohne Staffeln		C	A	
KxxP	Provision	Zxx4	Zu-/Abschläge	prozentual	ohne Staffeln		A	A	

*: *Bitte verwenden Sie jeweils Ihre zweistellige Teilnehmernummer anstelle von xx !*

Modul M 8.2.3: Konditionsarten anlegen

Bild 4.2/15: Tabelle: Konditionsarten

Tabelle 16: Konditionssätze

Konditionsarten *		Zugriffsfolgen *	Konditionstabellen *						Konditionssätze						
					Schlüsselfeld 1	*Schlüsselfeld 2*	Wert Schlüsselfeld 1	Wert Schlüsselfeld 2	Betrag	Einh.	pro	ME	Rechenregel	Gültig ab	bis
KxxB	**Bonus**	*Zxx1*	xx1	Kunde	Kunde		Kxx-1200		1	EUR	100	ST	C	1.1.jjjj	31.12.jjjj
							Kxx-1300		2	EUR	100	ST	C	1.1.jjjj	31.12.jjjj
							Kxx-1400		1	EUR	100	ST	C	1.1.jjjj	31.12.jjjj
							Kxx-1600		1,5	EUR	100	ST	C	1.1.jjjj	31.12.jjjj
							Kxx-1800		1	EUR	100	ST	C	1.1.jjjj	31.12.jjjj
							Kxx-1900		2	EUR	100	ST	C	1.1.jjjj	31.12.jjjj
KxxG	**Gruppenbonus**	*Zxx2*	xx2	Kundengruppe	KundHier-Ebene01		*n1* **		2	EUR	100	ST	C	1.1.jjjj	31.12.jjjj
							n2 **		1	EUR	100	ST	C	1.1.jjjj	31.12.jjjj
KxxF	**Fracht**	*Zxx3*	xx5	Region	Kundenbezirk		000001		0,1	EUR	100	ST	C	1.1.jjjj	31.12.jjjj
							000002		0,15	EUR	100	ST	C	1.1.jjjj	31.12.jjjj
			xx3	Region/Artikel	Kundenbezirk	Material	000001	Fxx-10-0500	0,1	EUR	100	ST	C	1.1.jjjj	31.12.jjjj
							000001	Fxx-50-0900	0,02	EUR	100	ST	C	1.1.jjjj	31.12.jjjj
							000002	Fxx-10-0500	0,08	EUR	100	ST	C	1.1.jjjj	31.12.jjjj
							000002	Fxx-50-0900	0,04	EUR	100	ST	C	1.1.jjjj	31.12.jjjj
KxxK	**Skonto**	*Zxx1*	xx1	Kunde	Kunde		Kxx-1100		3				A	1.1.jjjj	31.12.jjjj
							Kxx-1200		3				A	1.1.jjjj	31.12.jjjj
							Kxx-1300		3				A	1.1.jjjj	31.12.jjjj
							Kxx-1400		3				A	1.1.jjjj	31.12.jjjj
							Kxx-1500		3				A	1.1.jjjj	31.12.jjjj
							Kxx-1600		3				A	1.1.jjjj	31.12.jjjj
							Kxx-1800		3				A	1.1.jjjj	31.12.jjjj
							Kxx-1900		3				A	1.1.jjjj	31.12.jjjj
							Kxx-2000		3				A	1.1.jjjj	31.12.jjjj
							Kxx-2100		3				A	1.1.jjjj	31.12.jjjj
KxxP	**Provision**	*Zxx4*	xx4	Kunde/Artikel	Kunde	Material	Kxx-1400	Fxx-20-0400	1				A	1.1.jjjj	31.12.jjjj
							Kxx-1400	Fxx-10-0700	2				A	1.1.jjjj	31.12.jjjj
							Kxx-1600	Fxx-20-0400	1				A	1.1.jjjj	31.12.jjjj
							Kxx-1600	Fxx-10-0700	2				A	1.1.jjjj	31.12.jjjj

*: *Bitte verwenden Sie jeweils Ihre zweistellige Teilnehmernummer anstelle von xx !*

**: *n1 = Kundennr. Kästle-Gruppe, n2 = Kundennr. Vereinigte Mineral*

Modul M 8.2.4: Konditionssätze anlegen

Bild 4.2/16: Tabelle 16: Konditionssätze

Tabelle 17: Einzelposten

Einstiegsbildschirm		Registerkarte "Merkmale":								Registerkarte "Wertfelder":					
Buchungs-datum**	Vorg.-art	Kunde*	Artikel*	Sparte	Faktura-art	Buchungs-kreis*	Werk*	Verkaufs-organisa-tion*	Vertriebs-weg*	Absatz-menge		Erlös	Verpack.-zuschlag	Rabatt	Sonder-bonus
tt.mm.jjjj	F	Kxx-1100	Fxx-50-0900		F1	BKxx	Wxx	VOxx	xx	100.000	ST	14.000			
tt.mm.jjjj	F	Kxx-1300	Fxx-10-0500		F1	BKxx	Wxx	VOxx	xx	300.000	ST	60.000			
tt.mm.jjjj	F	Kxx-2000	Fxx-10-0700		F1	BKxx	Wxx	VOxx	xx	250.000	ST	62.500	7.500		
tt.mm.jjjj	F	Kxx-1500	Fxx-50-0900		F1	BKxx	Wxx	VOxx	xx	200.000	ST	30.000			
tt.mm.jjjj	F	Kxx-1200	Fxx-50-0900		F1	BKxx	Wxx	VOxx	xx	500.000	ST	75.000		2.250	
tt.mm.jjjj	F	Kxx-1900	Fxx-50-1000		F1	BKxx	Wxx	VOxx	xx	190.000	ST	28.500	1.900	608	
tt.mm.jjjj	F	Kxx-1400	Fxx-10-0700		F1	BKxx	Wxx	VOxx	xx	350.000	ST	87.500			
tt.mm.jjjj	F	Kxx-1600	Fxx-20-0400		F1	BKxx	Wxx	VOxx	xx	140.000	ST	35.000	1.400	364	
tt.mm.jjjj	F	Kxx-1200	Fxx-10-0600		F1	BKxx	Wxx	VOxx	xx	400.000	ST	40.000			
tt.mm.jjjj	F	Kxx-1800	Fxx-50-0900		F1	BKxx	Wxx	VOxx	xx	300.000	ST	45.000		1.350	
tt.mm.jjjj	F	Kxx-1300	Fxx-10-0500		F1	BKxx	Wxx	VOxx	xx	350.000	ST	70.000			
tt.mm.jjjj	F	Kxx-1900	Fxx-50-1000		F1	BKxx	Wxx	VOxx	xx	250.000	ST	37.500		750	
tt.mm.jjjj	F	Kxx-1500	Fxx-50-0900		F1	BKxx	Wxx	VOxx	xx	300.000	ST	45.000			
tt.mm.jjjj	F	Kxx-1600	Fxx-20-0400		F1	BKxx	Wxx	VOxx	xx	160.000	ST	40.000	1.600	416	
tt.mm.jjjj	F	Kxx-1300	Fxx-10-0500		F1	BKxx	Wxx	VOxx	xx	160.000	ST	32.000			
tt.mm.jjjj	F	Kxx-1100	Fxx-50-0900		F1	BKxx	Wxx	VOxx	xx	120.000	ST	16.800			
tt.mm.jjjj	F	Kxx-2100		xx	B1	BKxx	Wxx	VOxx	xx						5.000

*: Bitte verwenden Sie jeweils Ihre zweistellige Teilnehmernummer anstelle von xx

**: Bitte verwenden Sie jeweils das akutelle Tagesdatum anstelle von tt.mm.jjjj

Ableitung

Bewertung

Bild 4.2/17: Tabelle 17: Einzelposten

Tabelle 18.1: Elemente des Rechenschemas

Elementen-nummer *	Wertdarstellung	Zahlenformat	Menge/ Wert	Kurztext	Mittellanger Text	VZ:	Element *, **
							Formel (Eingabe über Grundformel)
xx01	Darstellung in 1.000	keine Dezimalstellen	Wertfeld	Umsatz	Umsatz/Grundpreis	+	90ii Erloes
xx02	Darstellung in 1.000	keine Dezimalstellen	Wertfeld	Verpackung	Verpackungszuschlag	+	90ii Verpackungszuschl.xx
xx03	Darstellung in 1.000	keine Dezimalstellen	Wertfeld	Brutto	Brutto-Umsatz	+	xx01 Umsatz/Grundpreis
						+	xx02 Verpackungszuschlag
xx04	Darstellung in 1.000	keine Dezimalstellen	Wertfeld	Rabatt	Rabatt	-	90ii Sonst. Rabatte
xx05	Darstellung in 1.000	keine Dezimalstellen	Wertfeld	Netto	Netto-Umsatz	+	xx03 Bruttoumsatz
						+	xx04 Rabatt
xx06	Darstellung in 1.000	keine Dezimalstellen	Wertfeld	Skonto	Skonto	-	90ii Skonto
xx07	Darstellung in 1.000	keine Dezimalstellen	Wertfeld	Bonus	Bonus	-	90ii Jahresboni
xx08	Darstellung in 1.000	keine Dezimalstellen	Wertfeld	GrpBonus	Gruppenbonus	-	90ii Gruppenbonus xx
xx09	Darstellung in 1.000	keine Dezimalstellen	Wertfeld	SBonus	Sonderbonus	-	90ii Sonderbonus xx
xx10	Darstellung in 1.000	keine Dezimalstellen	Wertfeld	Zwi-su 1	Zwischensumme 1	+	xx06 Skonto
						+	xx07 Bonus
						+	xx08 Gruppenbonus
						+	xx09 Sonderbonus
xx11	Darstellung in 1.000	keine Dezimalstellen	Wertfeld	DB 1	Deckungsbeitrag 1	+	xx05 Netto-Umsatz
						+	xx10 Zwischensumme 1
xx12	Darstellung in 1.000	keine Dezimalstellen	Wertfeld	Fracht	Fracht	-	90ii Ausgangsfracht
xx13	Darstellung in 1.000	keine Dezimalstellen	Wertfeld	Provision	Provision	-	90ii Prov. Vertreter
xx14	Darstellung in 1.000	keine Dezimalstellen	Wertfeld	Zwi-su 2	Zwischensumme 2	+	xx12 Fracht
						+	xx13 Provision

*: Bitte verwenden Sie jeweils Ihre zweistellige Teilnehmernummer anstelle von xx

**: ii steht für zwei vom System intern vergebene Ziffern; Auswahl muss über Auswahlliste nach Bezeichnung/Text erfolgen

Modul M 10.1.1: Rechenschema (DB-Struktur) festlegen

Bild 4.2/18: Tabelle 18.1: Elemente des Rechenschemas

Tabelle 18.2: Elemente des Rechenschemas (Fortsetzung)

Elementen-nummer *	Wertdarstellung	Zahlenformat	Menge/ Wert	Kurztext	Mittellanger Text	VZ:	Element *, **
							Formel (Eingabe über [Grundformel]):
xx15	Darstellung in 1.000	keine Dezimalstellen	Wertfeld	DB 2	Deckungsbeitrag 2	+	xx11 Deckungsbeitrag 1
						+	xx14 Zwischensumme 2
xx16	Darstellung in 1.000	keine Dezimalstellen	Wertfeld	HKUmbau	var HK Umbau	-	90ii HK Umbau xx
xx17	Darstellung in 1.000	keine Dezimalstellen	Wertfeld	HKEngergie	var HK Energie	-	90ii HK Energie xx
xx18	Darstellung in 1.000	keine Dezimalstellen	Wertfeld	HKGemenge	var HK Gemenge	-	90ii HK Gemenge xx
xx19	Darstellung in 1.000	keine Dezimalstellen	Wertfeld	HKVerp	var HK Verpackung	-	90ii HK Verpackung xx
xx20	Darstellung in 1.000	keine Dezimalstellen	Wertfeld	HKLager	var HK Lager	-	90ii HK Lager xx
xx21	Darstellung in 1.000	keine Dezimalstellen	Wertfeld	varHeko	var. Herstellkosten	+	xx16 var HK Umbau
						+	xx17 var HK Energie
						+	xx18 var HK Gemenge
						+	xx19 var HK Verpackung
						+	xx20 var HK Lager
xx22	Darstellung in 1.000	keine Dezimalstellen	Wertfeld	DB 3	Deckungsbeitrag 3	+	xx15 Deckungsbeitrag 2
						+	xx21 var. Herstellkosten
							Formel (Eingabe über [Formeleditor]):
xx23	keine Rundung	Darstellung in 0,00	Wertfeld	DB 3 -%	DB 3 -% v.Bruttoumsatz	+	(Deckungsbeitrag 3/Brutto-Umsatz)*100,00

*: Bitte verwenden Sie jeweils Ihre zweistellige Teilnehmernummer anstelle von xx

**: ii steht für zwei vom System intern vergebene Ziffern; Auswahl muss über Auswahlliste nach Bezeichnung/Text erfolgen

Modul M 10.1.1: Rechenschema (DB-Struktur) festlegen

Bild 4.2/19: Tabelle 18.2: Elemente des Rechenschemas (Fortsetzung)

4.3 Anhang: Hinweise zu den Download-Seiten

Aus Gründen eines handhabbaren Gesamtumfanges wurden an einigen Stellen Ausgliederungen vorgenommen, die als Downloads (pdf-Dateien) verfügbar sind. Für eine straffe, an der Software orientierte Durcharbeitung sind sie nicht unbedingt erforderlich, aber sie stellen vielleicht eine willkommene Ergänzung des betriebswirtschaftlichen Hintergrunds dar.

Sie finden diese Downloads unter der Internetadresse (URL)

http://www.wirtschaft.fh-dortmund.de/ktr

in folgender Zuordnung zu den Kapiteln:

0.1 Profil dieser Arbeitsunterlage (vgl. Seite 3)
→ DL 0.1

1.7 Varianten der Kostenträgerrechnung (vgl. Seite 38)
→ DL 1.7

1.8 Ablauf der exakten Kostenträgerrechnung (vgl. Seite 39)
→ DL 1.8

1.9 Näherungslösung für die Kostenträgerrechnung im Ist (vgl. Seite 41)
→ DL 1.9

(Zu Modul 8: Customizing: Bewertung)
Alle Konditionsarten des Testbeispiels (vgl. Seite 325)
→ DL Ka

4.4 Anhang: Aufgaben zur Bewertung - Lösungen

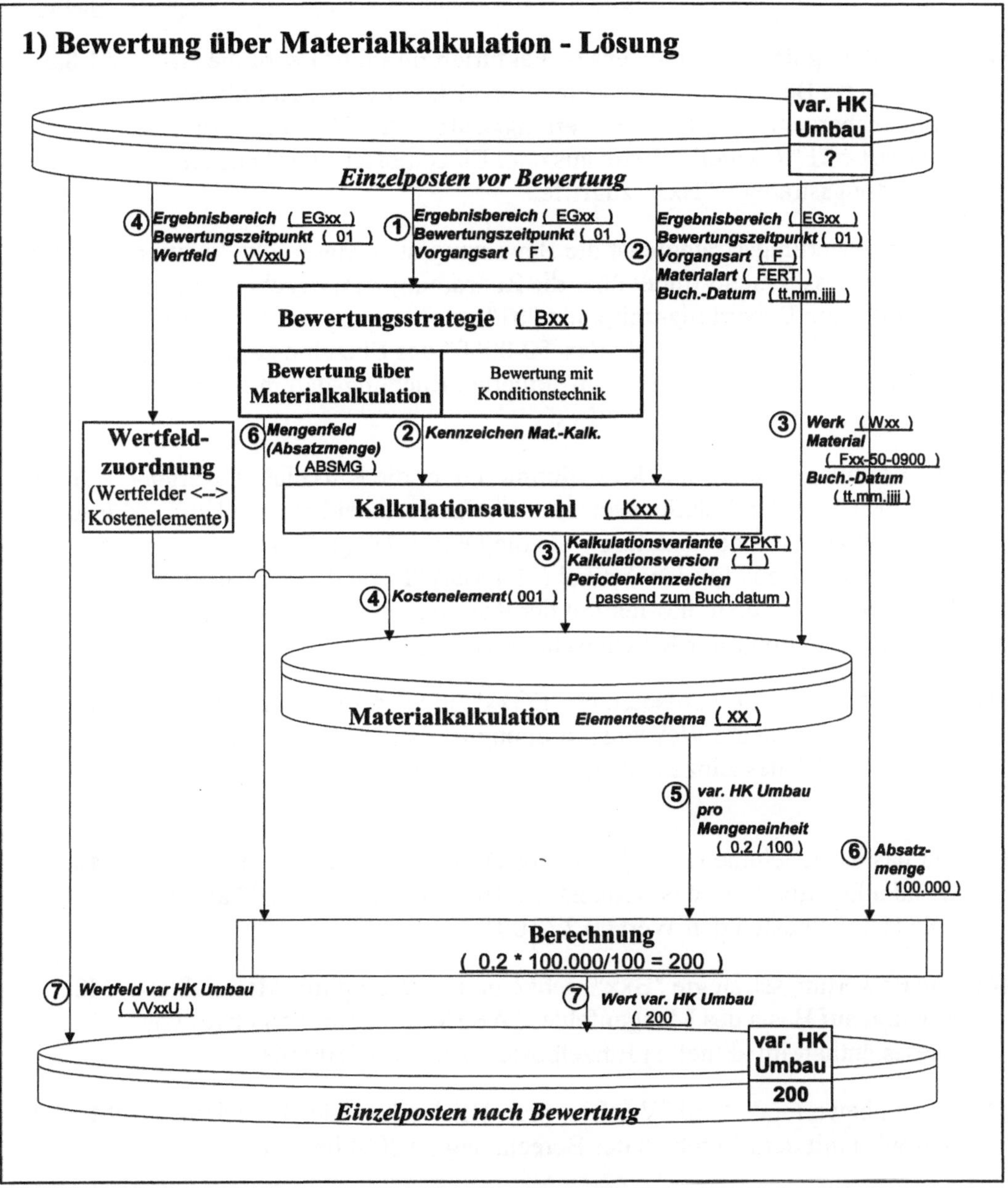

Bild 4.4/1: Aufgaben zur Bewertung - 1) Bewertung "var HK Umbau" - Lösung

Erläuterungen zu 1) Bewertung "var HK Umbau":

		Modul:
(1)	Bei Buchung des Einzelpostens (= Fakturierung im Ist) wird die automatisierte Bewertung im System ausgelöst. Durch die Zuordnung zu Ergebnisbereich = "EGxx", Bewertungszeitpunkt = "01" und Vorgangsart = "F" (aktuelle Werte aus dem Einzelposten) wird auf die Bewertungsstrategie "Bxx" zugriffen.	**M 8.3**
(2)	In der Bewertungsstrategie ist die Bewertung über Materialkalkulation aktiviert. Das System findet über die Zuordnung zum Ergebnisbereich "EGxx", zum Bewertungszeitpunkt "01", zur Vorgangsart "F" und zur Materialart "FERT" (Artikel "Fxx-50-0900" des Einzelpostens gehört zur Materialart "FERT") die zum aktuellen Buchungsdatum tt.mm.jjjj gültige Kalkulationsauswahl "Kxx".	**M8.1.2 und M3.2**
(3)	Die Kalkulationsauswahl "Kxx" definiert über die Kalkulationsvariante "ZPKT", die Kalkulationsversion "1", das Periodenkennzeichen "passend zum Buchungsdatum" und die Option "Zugriffswerk aus dem Einzelposten" für den Artikel (Material) "Fxx-50-0900", dass die Bewertung der Herstellkosten mit der Kalkulation "xx" (=Plankalkulation mit Elementeschema) erfolgen soll.	**M8.1.1 und M4.2**
(4)	Über die für den Ergebnisbereich "EGxx" und den Bewertungszeitpunkt "01" gemachte Wertfeldzuordnung ist das zu bewertende Wertfeld "VVxxU" des Einzelpostens dem Kostenelement "001" zugeordnet.	**M8.1.3**
(5)	Für das Kostenelement "001" (=Umbau) findet das System in der Materialkalkulation "xx" des Artikels (Materials) "Fxx-50-0900" als variable Herstellkosten den Wert "0,2 / 100".	**M4.2**
(6)	Die Bewertungsstrategie "Bxx" sieht eine Bewertung mit Materialkalkulation auf Basis des Mengenfeldes "ABSMG" (=Absatzmenge) vor. Dieses enthält im aktuellen Einzelposten den Wert "100.000".	**M8.3**
(7)	Das zu bewertende Feld "VxxU" (=var. HK Umbau) des Einzelpostens wird mit dem Ergebnis der Berechnung (= 200) bewertet.	**M9.2.3**

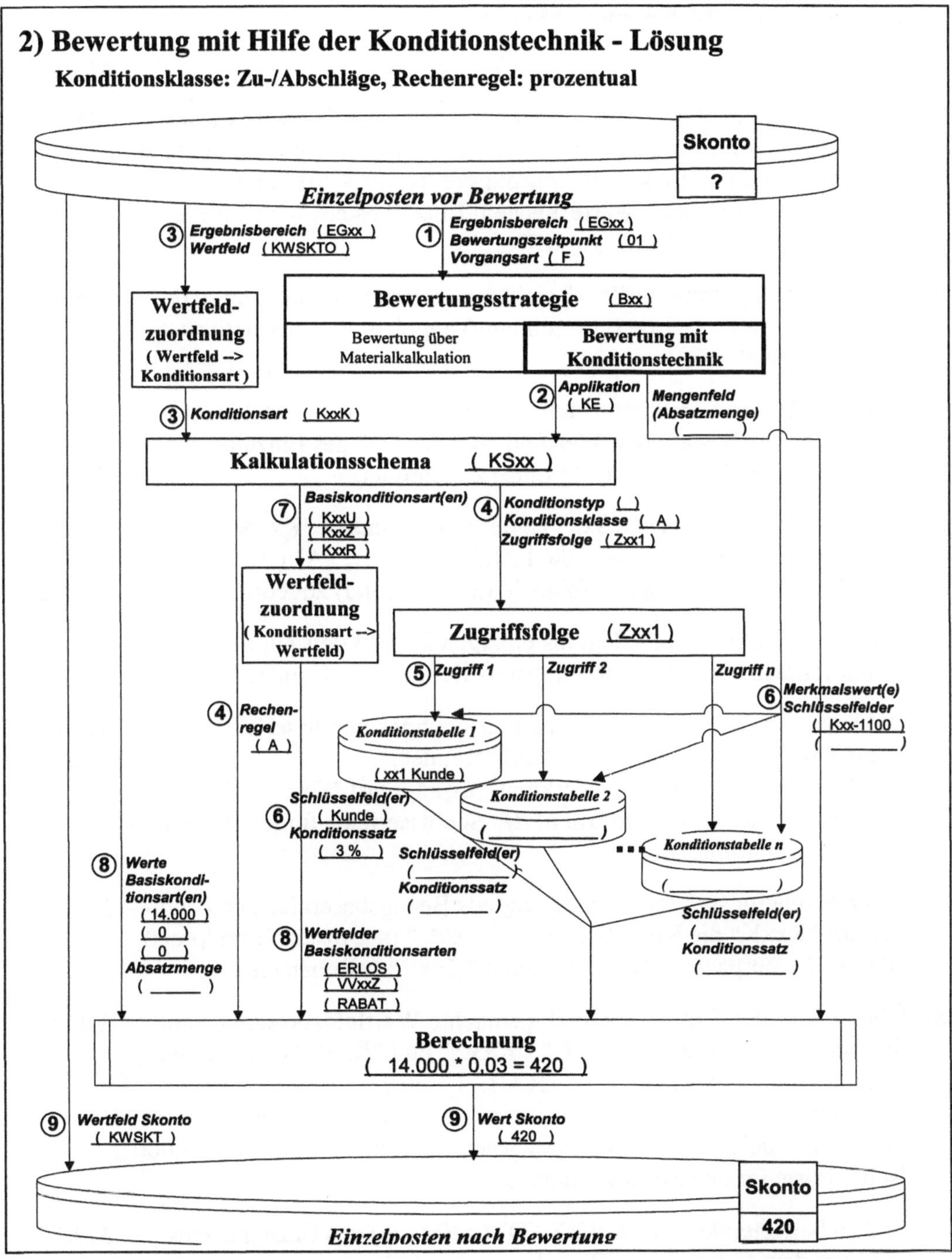

Bild 4.4/2: Aufgaben zur Bewertung - 2) Bewertung "Skonto" - Lösung

Erläuterungen zu 2) Bewertung "Skonto":

		Modul:
(1)	Bei Buchung des Einzelpostens (= Fakturierung im Ist) wird die automatisierte Bewertung im System ausgelöst. Durch die Zuordnung zu Ergebnisbereich = "EGxx", Bewertungszeitpunkt = "01" und Vorgangsart = "F" (aktuelle Werte aus dem Einzelposten) wird auf die Bewertungsstrategie "Bxx" zugriffen.	**M8.3**
(2)	Die Bewertungsstrategie "Bxx" sieht eine Bewertung mit dem in der Applikation "KE" (= Ergebnisrechnung) angelegtem Kalkulationsschema "KSxx" vor.	**M8.3**
(3)	Über die für den Ergebnisbereich "EGxx" gemachte Wertfeldzuordnung ist das zu bewertende Wertfeld "KWSKTO" des Einzelpostens der Konditionsart "KxxK" (= Skonto) zugeordnet.	**M8.2.6**
(4)	Im Kalkulationsschema "KSxx" ist der Konditionsart "KxxK" die Rechenregel "A" (= prozentual), die Konditionsklasse "A" (= Zu-/Abschläge) und die Zugriffsfolge "Zxx1" (= Kund) zugeordnet.	**M8.2.3 und M8.2.5**
(5)	Die Zugriffsfolge "Zxx1" legt als einzigen Zugriff den Zugriff auf Konditionssätze mit der Konditionstabelle "xx1" (= Kunde) fest.	**M8.2.2**
(6)	Die Konditionstabelle "xx1" enthält als einziges Schlüsselfeld zum Zugriff auf Konditionssätze das Feld "Kunde". Für den Merkmalswert (die Merkmalsausprägung) "Kxx-1100" (= Kundennummer im Einzelposten) des Schlüsselfelds findet das System den Konditionssatz "3 %".	**M8.2.1 und M8.2.4**
(7)	Das Kalkulationsschema "KSxx" legt als Bezugsbasen für die Konditionsart "KxxK" die Konditionsarten "KxxU" (= Umsatz/Grundpreis), "KxxZ" (= Verpackungszuschlag) und "KxxR" (=Rabatt) fest.	**M8.2.5**
(8)	Über die für den Ergebnisbereich gemachte Wertfeldzuordnung sind die Basiskonditionsarten "KxxU", "KxxZ" und "KxxR" den Wertfeldern "ERLOS", "VVxxZ" bzw. "RABAT" zugeordnet. Diesen drei Wertfeldern sind im aktuellen Einzelposten bereits die Werte "14.000", "0" und "0" zugewiesen (d. h. die Summe von 14.000 ist die Basis für den 3-prozentigen Zuschlag).	**M8.2.6**
(9)	Das zu bewertende Feld "KWSKTO" (= Skonto) des Einzelpostens wird mit dem Ergebnis der Berechnung (= 420) bewertet.	**M9.2.3**

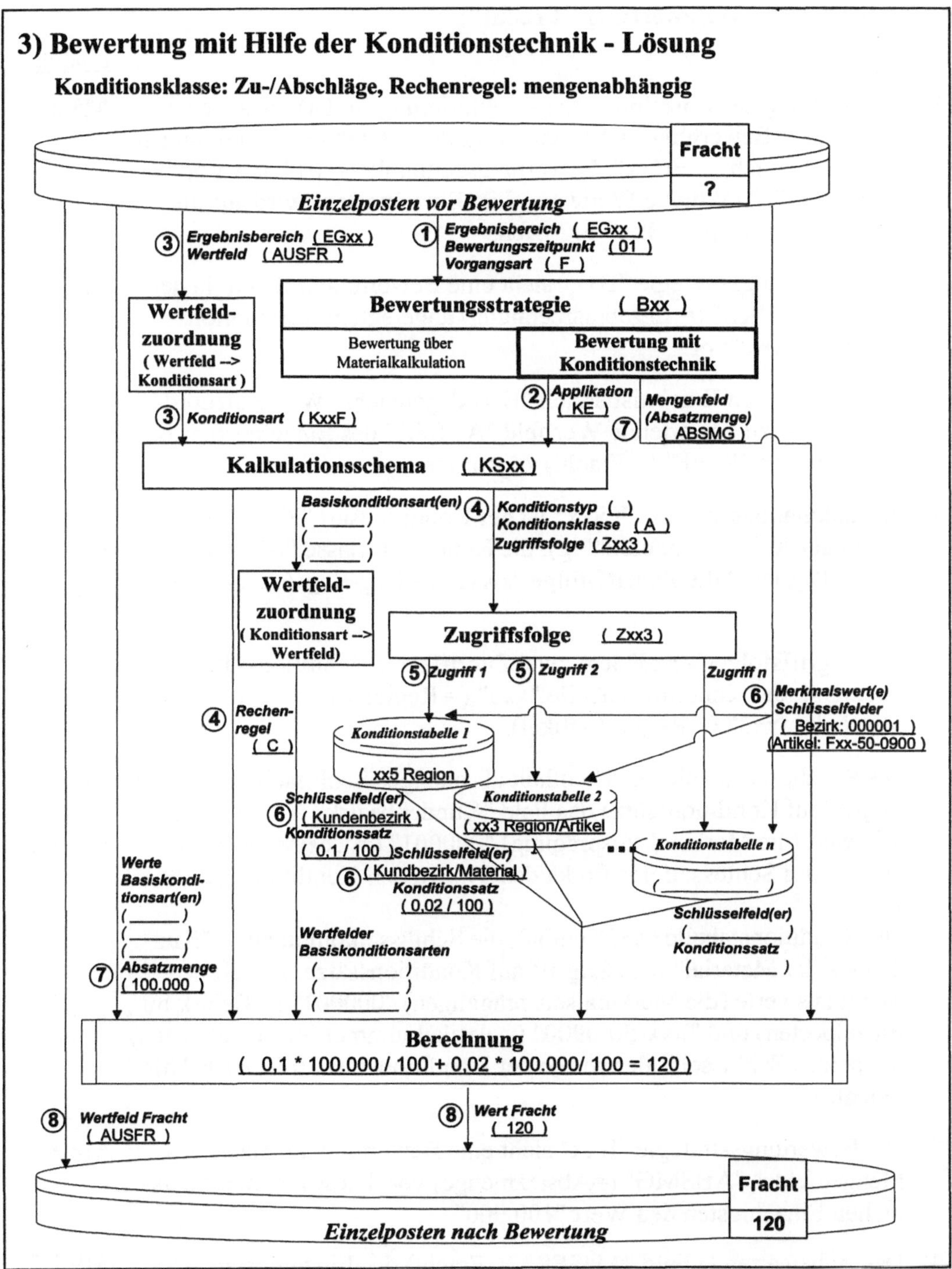

Bild 3.2/37 (Modul 8): Aufgaben zur Bewertung - 3) Bewertung "Fracht" - Lösung

Erläuterungen zu 3) Bewertung "Fracht":

		Modul:
(1)	Bei Buchung des Einzelpostens (= Fakturierung im Ist) wird die automatisierte Bewertung im System ausgelöst. Durch die Zuordnung zu Ergebnisbereich = "EGxx", Bewertungszeitpunkt = "01" und Vorgangsart = "F" (aktuelle Werte aus dem Einzelposten) wird auf die Bewertungsstrategie "Bxx" zugriffen.	**M8.3**
(2)	Die Bewertungsstrategie "Bxx" sieht eine Bewertung mit dem in der Applikation "KE" (= Ergebnisrechnung) angelegtem Kalkulationsschema "KSxx" vor.	**M8.3**
(3)	Über die für den Ergebnisbereich "EGxx" gemachte Wertfeldzuordnung ist das zu bewertende Wertfeld "AUSFR" des Einzelpostens der Konditionsart "KxxF" (= Fracht) zugeordnet.	**M8.2.6**
(4)	Im Kalkulationsschema "KSxx" ist der Konditionsart "KxxF" die Rechenregel "C" (= mengenmäßig), die Konditionsklasse "A" (= Zu-/Abschläge) und die Zugriffsfolge "Zxx3" (= Reg-Reg/Art) zugeordnet.	**M8.2.3 und M8.2.5**
(5)	Die Zugriffsfolge "Zxx3" legt zwei Zugriffe auf Konditionssätze fest: Zuerst mit der Konditionstabelle "xx5" (= Region), dann mit Konditionstabelle "xx3" (= Region/Artikel).	**M8.2.2**
(6)	Die Konditionstabelle "xx5" enthält als einziges Schlüsselfeld zum Zugriff auf Konditionssätze das Feld "Kundenbezirk". Für den Merkmalswert (die Merkmalsausprägung) "000001" (= Bezirk im Einzelposten) des Schlüsselfelds findet das System den Konditionssatz "0,1 / 100". Die Konditionstabelle "xx3" enthält die Schlüsselkombination "Kundenbezirk / Material" zum Zugriff auf Konditionssätze. Für die Merkmalswerte (die Merkmalsausprägungen) "000001" (= Bezirk im Einzelposten) und "Fxx-50-0900" (= Artikelnummer im Einzelposten) der beiden Schlüsselfelder wurde der Konditionssatz "0,02 / 100" hinterlegt.	**M8.2.1 und M8.2.4**
(7)	Die Bewertungsstrategie "Bxx" sieht eine Bewertung auf Basis des Mengenfeldes "ABSMG" (=Absatzmenge) vor. Dieses enthält im aktuellen Einzelposten den Wert "100.000".	**M8.3**
(8)	Das zu bewertende Feld "AUSFR" (= Fracht) des Einzelpostens wird mit dem Ergebnis der Berechnung (= 120) bewertet.	**M9.2.3**

4.5 Anhang: Glossar von SAP-Begriffen, soweit für das Testbeispiel erforderlich

Das Glossar ist nach Sachgebieten geordnet, um den Zusammenhang zwischen den Begriffen eines Sachgebietes herzustellen. Eine alphabetische Liste erschien wegen der Kürze und Überschaubarkeit des Glossars entbehrlich.

SAP-Begriff	**Übersetzung/Erläuterung**
Ergebnis- und Marktsegmentrechnung	
Merkmale	Eigenschaften/Attribute der Kostenträger (Auftrag, Artikel, Kunde), im weiteren Sinne alle Klassifizierungsmöglichkeiten des Datenbestands. Beispiel: Artikelnummer, Kundennummer, Kundengruppe, Warengruppe, Farbe, Periode, aber auch fernerliegende Merkmale wie Buchungskreis.
Merkmalswert	Ausprägung eines Merkmals. Beispiel: Merkmal: Farbe, Merkmalswert: grün.
Ableitung	Automatische Ermittlung von Merkmalswerten aus bereits vorhandenen Merkmalswerten aufgrund logischer Abhängigkeiten. Beispiel: Farbgruppe aus Farbe (genauer: "bunt" aus "grün").
Wertfelder	Mengen- und Währungsfelder (Betragsfelder) zur Abbildung der Kalkulationszeilen, im Testbeispiel die Zeilen des Deckungsbeitragsschemas.
Bewertung	Automatische Ermittlung der Werte (Inhalte der Wertfelder). Entweder sind die Werte schon datenmäßig vorhanden und müssen nur in den Ergebnisbereich übernommen werden (Beispiel: Umsatz aus Fakturierung) oder es muss in der Materialkalkulation aus vorhanden Kalkulationen ausgewählt werden oder die Werte müssen für abzugrenzende Kostenarten in einem Rechenverfahren (SAP-Begriff: Konditionstechnik)

erst ermittelt werden (Beispiel: Bonus als abgegrenzte Kostenart).

Bewertungsstrategie

Festlegung darüber, in welcher Reihenfolge zu einem gegebenen Zeitpunkt welche Bewertungsmethoden angewendet werden sollen.

Beispiel: 1) Materialkalkulation 2) Konditionstechnik, jeweils unter Angabe des zu verwendenden Mengenfeldes.

Die Bewertungsmethoden selbst sind vorher bereits definiert worden und werden in der Bewertungsstrategie nur zeitpunktbezogen zugeordnet.

Ergebnisbereich

Eigene Datenbasis, in der die Daten der Ergebnis- und Marktsegmentrechnung (redundant) gespeichert sind. Technisch: eine Nummer/ein Schlüssel (als Identifizierung der Organisations-/Abrechnungseinheit Ergebnisbereich), unter der alle Daten der Ergebnis- und Marktsegmentrechnung erfasst werden und wiederfindbar sind.

Der Ergebnisbereich wird (in der kalkulatorischen Ergebnisrechnung) aus zwei Dimensionen: Merkmale und Wertfelder gebildet ("aufgespannt", "strukturiert").

Während etwa der Kostenrechnungskreis schon von der Software vorstrukturiert ist, muss der Ergebnisbereich eigens für die jeweilige Anwendung neustrukturiert/aufgebaut/compiliert werden. Das dürfte mit der größeren Variationsbreite der denkbaren Ergebnis- und Marktsegmentrechnungen zu tun haben: von den Merkmalen und Wertfeldern her, aber auch vom Datenvolumen her, das gehandhabt werden muss. Daher Verzicht auf Standardisierung, sondern anwenderspezifische Konfigurierung.

Die Datenbasis umfasst Einzelposten, die Ergebnisobjekte als Gesamtheit vorkommender Merkmalswertkombinationen ausgewählter Merkmale, Summensätze als Verdichtungen für die Ergebnisobjekte.

Ergebnisobjekte

Merkmals*wert*kombinationen ausgewählter Merkmale.

Beispiel: Grüne Flaschen in Region Süd

Für die Merkmalswertkombinationen der ausgewählten Merkmale wird eine Objekttabelle gespeichert. Sie werden im Punkt "Merkmalsverwendung" ausgewählt. Es werden nur die tatsächlich vorkommenden (und nicht alle kombinatorisch möglichen) gespeichert.
Für die Merkmalwertkombinationen der Objekttabelle werden Summensätze (redundant) gespeichert. Das Speichern von Summensätzen hat Performance-Gründe: Der Zugriff auf Summensätze ist schneller als die Berechnung aus Einzelposten.
Auf Ergebnisobjekte kann man außerdem kontieren.

Beispiel:
Im Testbeispiel wurden von den Merkmalen Auftrag, Kunde und Artikel nur die beiden Merkmale Kunde und Artikel, nicht aber Auftrag ausgewählt. Damit wurden in der Datenbasis des Ergebnisbereichs Ergebnisobjekte gebildet; vorkommende Kombinationen von Kunden und Artikeln. Für diese Ergebnisobjekte werden vom System Summensätze gespeichert. Im Ergebnisbereich vorhanden waren also Einzelposten (17 entsprechend der Zahl der Aufträge), Ergebnisobjekte (11 entsprechend der vorkommenden Kunde-Artikel Kombinationen) und Summensätze (je einer pro Ergebnisobjekt, also insgesamt ebenfalls 11).

Begrifflich besteht keine Übereinstimmung zwischen dem betriebswirtschaftlichen Begriff Kostenträger und dem Begriff Ergebnisobjekt, weil der Begriff Ergebnisobjekt nur jene (ausgewählten) Merkmalskombinationen meint, für die Summensätze gebildet werden bzw. die als Kontierungsobjekte dienen. Für die betriebswirtschaftliche Begriffsbildung ist die Bildung von Summensätzen jedoch völlig unerheblich, weil die Bildung von Summensätzen rein technischer Natur ist und auf die Erzielung ausreichender Performance gerichtet ist.

Beispiel: Kunde X kauft Artikel Y im Auftrag Z.

Betriebswirtschaftlich: Kostenträger ist der Auftrag bzw. die Auftragsposition, aber auch die Kombination Kunde X und Artikel Y (alle Aufträge - wenn mehrere - mit denen Kunde X Artikel Y gekauft hat), ebenso kann der Artikel (alle Auftragspositionen aller Kunden, mit denen dieser Artikel gekauft wurde) Kostenträger sein.
Softwaremäßig: Als Ergebnisobjekt werden nur *die* Merkmalwertkombinationen bezeichnet, die sich durch Kombination *ausgewählter* Merkmale ergeben. Für sie werden Summensätze gespeichert. Der Begriff bedeutet aber nicht, dass nur für die Ergebnisobjekte Ergebnisse bestimmt werden können. Ergebnisse kann man auch für Einzelposten bestimmen, die aber dann keine Ergebnisobjekte sind, wenn man den Auftrag in der Merkmalsverwendung für die Bildung von Ergebnisobjekten als Merkmal ausgeschlossen hat.

Kostenträgerrechnung

Betriebswirtschaftlich: Hauptergebnis der Kostenrechnung (neben der Kostenstellenrechnung), in verschiedenen Varianten, z. B. als –stückrechnung (bezogen auf eine Kalkulationseinheit) und –zeitrechnung (bezogen auf eine Zeitperiode)

SAP deckt das betriebswirtschaftliche Gebiet Kostenträgerrechnung mit zwei Modulen ab

- Produktkosten-Controlling
  (umfasst auch die Kostenträgerrechnung im engen SAP-Sinn, in der hauptsächlich Kosten auf Aufträgen gesammelt werden)
- Ergebnis- und Marktsegmentrechnung
  (in der Umsätze und Kosten gegenübergestellt werden)

Materialkalkulation

Kalkulationsauswahl

Auswahl einer Kalkulation aus mehreren vorhandenen Kalkulationsalternativen
(Welche von mehreren vorhandenen alternativen Kalkulationen soll im konkreten Fall für die Bewertung herangezogen werden ?)

Kalkulationsalternativen ergeben sich dann, wenn es für

ein Produkt nicht nur *eine* Kalkulation gibt. Man denke an Plan-Kalkulation und Ist-Kalkulation, aber auch an Werksvarianten: Die Kalkulation für Werk Bratislava stellt sich anders dar als für Werk Porto Allegre.

Weitere Kalkulationsalternativen ergeben sich z. B. durch:
- zeitlich verschiedene Datenstände
  Version 1: Kalkulation gültig bis 31. 12. Laufendes Jahr
  Version 2: Kalkulation gültig ab 1.1. Folgejahr
- inhaltlich verschiedene Datenstände
  Version 3: Kalkulation bei 3% Einkaufspreissteigerung
  Version 4: Kalkulation bei 0% Einkaufspreissteigerung

Kalkulationsschema

Betriebswirtschaftlich: Schema zur Kalkulation der Herstellkosten/Selbstkosten eines Artikels.

Als SAP-Begriff: Rechenschema, das die Regeln für die Berechnung automatisch zu buchender Werte festlegt, z. B. zur Berechnung prozentualer Zuschläge auf Bezugsbasen (an sich eine Trivialität).
Beispiel: Skonto werde auf Nettoumsatz bezogen. Die Bezugszeile Nettoumsatz wird im Testbeispiel aus Bruttoumsatz, Verpackungszusatzumsatz und Rabatt gebildet. Diese Festlegung wird bei SAP in einem "Kalkulationsschema" getroffen.

Elementeschema

Das Elementeschema erlaubt unterhalb der Herstellkostensumme noch Details der Stückkalkulation in Auswertungen zu zeigen. Dabei geht man üblicherweise mit dem Elementeschema nicht herunter bis auf die Ebene der Kostenarten, sondern fasst Kostenarten zu Kostenartengruppen zusammen, die man jeweils einem Element des Elementeschemas zuordnet.

Beispiel: das Elementeschema besteht aus den Elementen Fertigungsmaterial, Materialgemeinkosten, Fertigungslohn, Fertigungsgemeinkosten (=Kostenschichten der Herstellkosten).

Konditionstechnik

Konditionstechnik	Unter Konditionstechnik versteht SAP die Abgrenzung von Kostenarten auf die relevante Periode bzw. den Geschäftsvorfall., z. B. die Berechnung eines Bonus (Vorwegnahme und Zurechnung zur relevanten Periode bzw. zum Geschäftsvorfall, zu einem Zeitpunkt, zu dem noch keine effektiven Aufwandgrößen vorliegen).
Konditionstabelle	In dieser Tabelle werden die unabhängigen Variablen erfasst, die bei der Berechnung der Abgrenzungskostenarten vorkommen. Beispiel: unabhängige Variable sei der Kunde. Diese Variable wird sowohl für die Skonto- als auch für die Bonusabgrenzung verwendet, wenn diese beiden Abgrenzungskostenarten beide kundenabhängig sind.
Konditionsart	In der Konditionsart wird das Rechenverfahren festgelegt, mit der eine Abgrenzungskostenart über eine Zugriffsfolge aus einer oder mehreren Konditionstabellen ermittelt wird (Zu-/Abschläge). Daneben gibt es noch sogenannte Basiskonditionsarten, die als Bezugsbasis für die prozentualen Zuschläge dienen.
Zugriffsfolge	Zugriffsfolge ist die Reihenfolge, in der auf Konditionstabellen zugegriffen wird. Diese ist dann besonders wichtig, wenn Fallunterscheidungen berücksichtigt werden müssen. Beispiel: Kunde erhält kundenspezifischen Bonus. Wenn in der Kundentabelle kein Eintrag besteht, erhält der Kunde gegebenenfalls Kundengruppenbonus (den er aber nicht erhält, wenn er schon einen Kundenbonus bekommt).
Konditionssatz	Prozentsatz oder mengenabhängiger Satz (z. B. 100-Stück-Satz), der bezogen auf eine Bezugsbasis bzw. auf die Absatzmenge angewendet wird.
Basiskonditionsart	Bezugszeilen, auf die sich ein Konditionssatz bezieht. Beispiel: Provision beziehe sich auf den Nettoumsatz, dann sind die Bestandteile des Nettoumsatzes (z. B. Bruttoum-

satz, Zusatzumsatz Verpackung, Rabatt) Basiskonditionsarten.

Zu-/Abschläge — Die eigentlichen Abgrenzungskostenarten, die per Rechenverfahren (aus Basiskonditionsarten und Konditionssätzen) ermittelt werden.

Beispiel: Bonus werde aus Absatzmenge und 100-Stück-Satz berechnet.

Dass das Wort Zu-/Abschlag im üblichen Leben eine andere Bedeutung hat, ist bei SAP nichts Neues.

SAP-Organisationseinheiten / Abrechnungseinheiten

Mandant — Logisches System (im Unterschied zum physischen R/3 System). Unter einer Mandantennummer wird die gemeinsame Datenbasis für eine Anwendung erfasst. In einem physischen R/3 System üblicherweise mehrere Mandanten (z. B. Testmandant, Produktivmandant).

Kontenplan — Eine Nummer (Schlüssel), unter der eine Gesamtheit von Sachkonten erfasst werden.

Kostenrechnungskreis — Eine Nummer/ein Schlüssel (als Identifizierung der Organisations-/Abrechnungseinheit Kostenrechnungskreis), unter der alle Geschäftsvorfälle einer Kostenrechnung erfasst werden. Kann mehrere Buchungskreise übergreifen.

Buchungskreis — Selbständig bilanzierende Einheit. Eine Nummer/ein Schlüssel (als Identifizierung der Organisations-/Abrechnungseinheit Buchungskreis), unter der alle Geschäftsvorfälle eines Jahresabschlusses (GuV und Bilanz) erfasst werden.

Werk — Eine Nummer (Schlüssel) unter der alle Geschäftsvorfälle der logistischen Einheit Werk erfasst werden. Ist dem Buchungskreis untergeordnet. Die Kalkulation eines Produk-

	tes/Artikels ist üblicherweise werksbezogen.
Verkaufsorganisation	Eine Nummer /ein Schlüssel (als Identifizierung der Organisations-/Abrechnungseinheit Verkaufsorganisation des Vertriebs), unter der Aufträge erfasst werden. Beispiel: Verkaufsbüro West.
Sparte	Eine Nummer (Schlüssel), unter der ein vertrieblicher Programm- bzw. Angebotsbereich zusammengefasst wird. Beispiel: Alkoholfreie Getränke.
Vertriebsweg	Eine Nummer (Schlüssel), unter der Aktivitäten eines Vertriebskanals zusammengefasst werden. Beispiel: Direktvertrieb Staubsauger.
Vertriebsbereich	Kombination aus Verkaufsorganisation, Vertriebsweg und Sparte.

Auswertung

Kennzahlen	In der SAP-Sprache verwendet für alle Berichtszeilen, darunter auch Kennzahlen im landläufigen Sinn. Beispiel: Umsatz, Deckungsbeitrag, aber auch Deckungsbeitrag in % von Bruttoumsatz.

Abbildungsverzeichnis

Literaturverzeichnis

Buck-Emden, Rüdiger / Galimow, Jürgen:
Die Client/Server-Technologie des Systems R/3
Addison-Wesley Verlag, 2. Aufl., 1995

Friedl, Gunther / Hilz, Christian / Pedell, Burkhard:
Controlling mit SAP R/3
Vieweg Verlag, 2002

Hummel, Siegfried / Männel, Wolfgang:
Kostenrechnung
Gabler Verlag, 3. Aufl., 1983

Klenger, Franz:
Operatives Controlling
Oldenbourg Verlag, 5. Aufl., 2000

Klenger, Franz / Falk-Kalms, Ellen:
Kostenstellenrechnung mit SAP R/3
Vieweg Verlag, 3. Aufl., 2002

Klenger, Franz / Falk-Kalms, Ellen:
Kostenträgerrechnung mit SAP R/3
Ergebnis- und Marktsegmentrechnung
Vieweg Verlag, 2003

Lüers, Sandra / Schulze, Susanne:
Implementierung der Kundenerfolgs-/Artikelergebnisrechnung
(Kostenträgerrechnung) im SAP R/3 System
Diplomarbeit am Fachbereich Wirtschaft der FH-Dortmund, WS 97/98

Maassen, Andre / Schoenen, Markus:
Lern- und Arbeitsbuch SAP R/3
Vieweg Verlag, 2002

Moos, Eckhard:
Kostencontrolling mit SAP
Galileo Press, 1. Aufl., 2001

SAP AG:
SAP Bibliothek Release 4.6B
Online - Documentation, 1999

Tabanella, Andreas:
Kostenträgerrechnung mit SAP R/3
Diplomarbeit am Fachbereich Wirtschaft der FH-Dortmund, WS 99/00
(behandelt eine Fallstudie aus dem IDES-System)

Teufel / Willems /Röhrich
SAP-Prozesse, Finanzwesen und Controlling
Addison-Wesley, 2. Aufl., 2000

Will, Liane:
SAP R/3 Systemadministration
Galileo Press, 1. Aufl., 1999

Stichwortverzeichnis